Professor Dr. Robert Bodewig

Lehrer, Historiker, Archäologe

II.

Kleinere Schriften, Leben und Werk

Bearbeitung und Redaktion:
Hans G. Kuhn

Mit Beiträgen von:
Horst-Wolfgang Böhme, Hans-Eckart Joachim,
Cliff Alexander Jost, Hans G. Kuhn
und Hans-Helmut Wegner

herausgegeben
vom
Lahnsteiner Altertumsverein 1880 e.V.

Geographisches Register für Band I und II
- Neufassung -

In Folge eines Programmfehlers wurde das in Band II abgedruckte Geographische Register fehlerhaft.

Diese Beilage ist der korrigierte Ersatz.

Geographisches Register

Hinweise für die Benutzung

- Von alternativen bzw. altertümlichen Schreibweisen wird auf die heutige Schreibweise verwiesen; z. T. benutzte Bodewig auch beide Schreibweisen wie z. B: Coblenz - Koblenz.
- Ortsteile sind hier selbständig verzeichnet, da sie im Bezugszeitraum noch selbständige Gemeinden waren.
- Unter Rhein, Mosel, Lahn und Bäche sind auch Komposita subsumiert wie -gegend, -seite, -ufer, -tal.
- Bei Ehrenbreitstein, Rheinfels, Hammerstein wird zwischen Festung und Ort keine Unterscheidung getroffen, da diese im Text nicht immer eindeutig ist.
- Namen von Staaten sind hier aufgeführt, soweit sie im Text als Geographikum verwendet sind.
- Bauwerke aller Art werden hier aufgeführt, soweit sie als geographische Angabe zu verstehen sind.

Professor Dr. Robert Bodewig
Lehrer, Historiker, Archäologe

CIP-Einheitsaufnahme der Deutschen Bibliothek:
Bodewig, Robert:
Professor Dr. Robert Bodewig: Lehrer, Historiker, Archäologe /
hrsg. vom Lahnsteiner Altertumsverein 1880 e.V. - Koblenz: Garwain

1. Größere Schriften / ges. und aufbereitet von Hans G. Kuhn - 1998
ISBN 3-9806009-3-9

Impressum:

garwain: pr+verlag
Dr.-Ing. Reinhard Kallenbach M.A.
Dipl.-Kfm. Dirk Porath
Stephan Otto
GbRmbH
Römerstraße 104, 56073 Koblenz

Satz und Litho:	Martin Kring, Lahnstein
Digitalfotografie:	Foto Ehrit, Mülheim-Kärlich
Umschlaggestaltung:	Moog, Moog & Morgenstern WA, Koblenz
Druck und Einband:	Mix Logistik, Lahnstein
Herstellung:	Rudolf Kring, Lahnstein

Schrift:	Book Antiqua
Papier:	MD Bavaria 115 g/qm matt

Mit freundlicher Unterstützung durch:

Stiftung „Initiative und Leistung" der Nassauischen Sparkasse
Martin Kring, Lahnstein
Moog, Moog & Morgenstern, Koblenz
Foto Ehrit, Mülheim-Kärlich
Mix Logistik, Lahnstein

Dr. Bodewig

Professor Dr. Robert Bodewig
Lehrer, Historiker, Archäologe

I.
Größere Schriften
gesammelt und aufbereitet
von Hans G. Kuhn

herausgegeben
vom
Lahnsteiner Altertumsverein 1880 e.V.

GARWAIN
Koblenz
1998

Vorwort

Seit der 1. Hälfte des 19. Jahrhunderts ist nahezu in ganz Europa eine Besinnung auf die jeweils eigene Geschichte zu beobachten.
In fast allen Staaten Europas geschah dies mit unterschiedlicher Intensität und verschiedenen Intentionen. Heute noch ist diese geistesgeschichtlich interessante und bedeutende Epoche nachzuvollziehen und historisch nachweisbar an den Gründungsdaten der verschiedenen Geschichts- und Altertumsvereine und Gesellschaften, die häufig als Zielrichtung in ihrer Satzung die Erforschung der „vaterländischen und heimischen Geschichte" oder sich ähnliche Aufgaben vorgenommen hatten. Hierzu gehörte vorrangig die Erkundung und Pflege der regionalen, historischen Bestandteile, insbesondere auch solcher aus der Zeit, aus der schriftliche Überlieferungen noch nicht vorlagen. Dabei nahmen einen wesentlichen Bereich die vorgeschichtlichen und römischen Denkmäler der Region und die überregionalen prähistorischen Zusammenhänge ein. So war Robert Bodewig durchaus auch als „Kind seiner Zeit" in diese „historische Aufbruchsstimmung" des vorigen Jahrhunderts hineingeboren.
Gerade Prof. Bodewig ist ein typisches Beispiel für die Fortführung und weitere Initiative in diesen regionalen Zusammenschlüssen, die auch in Lahnstein bestanden, und die er reaktivierte. Nach Durchlauf eines humanistischen Gymnasiums hatte er ein klassisch-philologisches Studium hinter sich gebracht. Aus der Beschäftigung mit der antiken Kunstgeschichte und der lateinischen und griechischen Literatur antiker Autoren und Historiker lag es nahe, die geschichtlichen Zusammenhänge auch in der Landschaft seiner Wahlheimat zu erforschen, aus der solche ausführlichen, schriftlichen Darlegungen aus dieser Zeit nicht vorlagen. So hat Bodewig folgerichtig während seiner Berufstätigkeit als Gymnasiallehrer in Lahnstein diesen Fachbereich und die Forschungsrichtung der prähistorischen und archäologischen Denkmäler bewußt vor Ort betrieben. Durch sein tatkräftiges Wirken sowohl im Gelände – er war zum Streckenkommissar der Reichs-Limes-Kommission ernannt worden – als auch in Form der zahlreichen Veröffentlichungen seiner Forschungsergebnisse in allgemein zugänglichen Publikationen, wie z. B. „Nassauische Annalen" und „Westdeutsche Zeitschrift für Geschichte und Kunst", oder auch in der heute noch als Standardwerk geltenden Veröffentlichung zum „Obergermanischen-Rätischen Limes", hat Bodewig in unserer Region an Mittelrhein und Mosel ein gutes Stück archäologische Grundlagenforschung betrieben.
Noch heute gehen Bestandsaufnahmen und wichtige Dokumentationen zu Gelände- und Baudenkmälern nicht nur im rechtsrheinischen Bereich, sondern auch die Erforschung der prähistorischen und römischen Denkmäler im Stadtwald von Koblenz und angrenzenden Gebieten auf die tatkräftige und gewissenhafte Forschungsarbeit von Robert Bodewig zurück.

Gerade in einer Zeit, in der Veränderungen der Landschaftsoberfläche in so rasantem Maße vorangetrieben werden wie heute und die Zerstörung der archäologischen Denkmäler erschreckend fortschreitet, gewinnen die Beobachtungen von fachwissenschaftlich kompetenten Regionalarchäologen der früheren Zeit besonders an Bedeutung. Auch wenn über manche Thesen Bodewigs die Forschung inzwischen hinweggegangen ist, werden dennoch viele seiner Erkenntnisse, aber auf jeden Fall seine präzisen Dokumentationen und exakten Wiedergaben der archäologischen Befunde in seinen Publikationen und Aufzeichnungen weiterhin als wichtige Grundlage und Teil auch zukünftiger archäologischer Forschungen unserer Region Bestand haben.

Dr. Hans Helmut Wegner
Leiter der Archäologischen Denkmalpflege
Amt Koblenz

Inhalt

kursiv sind die Quellen angegeben

Vorwort VII

Vorwort des Herausgebers XI

Lahnstein im 30-jährigen Krieg 1
Beilage zum Jahresprogramm des Realprogymnasiums Oberlahnstein 1894

Lahnstein in der zweiten Hälfte des 17. Jahrhunderts 43
Beilage zum Jahresprogramm des Realprogymnasiums Oberlahnstein 1895

Die Leiden des Amtes Münstermaifeld während einiger Jahre des 30-jährigen Krieges 79
Rheinische Geschichtsblätter, 1896, S. 366-78

Das Kastell Hunzel 93
Der Obergermanisch-Rätische Limes des Römerreiches, Reihe B, Nr. 5, 1887

Das römische Koblenz 103
Westdeutsche Zeitschrift für Geschichte und Kunst 1898, S. 223-272

Ein Trevererdorf im Coblenzer Stadtwalde 157
Westdeutsche Zeitschrift für Geschichte und Kunst 1900, S. 1-67

Vorrömische Dörfer in Braubach und Lahnstein 223
Nassauische Annalen XXXIII, 1902/03, S. 1-34

Das Kastell Heddesdorf 265
Der Obergermanisch-Rätische Limes des Römerreiches, Reihe B, Kastell Nr. 1, 1903

Das Kastell Marienfels 305
Der Obergermanisch Rätische Limes des Römerreiches, Reihe B, Kastell Nr. 5a, 1903

Römische Gehöfte zwischen Limes und Rhein 331
Nassauische Annalen XXXVI, 1906, S. 133-157

Lahnstein in den Kriegsereignissen des 18. Jahrhunderts 357
Beilage zum Jahresprogramm des Realprogymnasiums Oberlahnstein 1911

Das Limeskastell Ems 395
Der Obergermanisch-Rätische Limes des Römerreiches, Reihe B, Kastell Nr. 4, 1911

Das Straßennetz im Gebiet des Limes von der Lahn bis zur Aar I. 453
Der Obergermanisch-Rätische Limes des Römerreiches, Reihe A, I, 1, 1914

Das Straßennetz im Gebiet des Limes von der Lahn bis zur Aar II. 479
Der Obergermanisch-Rätische Limes des Römerreiches, Reihe A, I, 2, 1916

Vorwort

„Ein Leben für die Vor- und Frühgeschichte seiner Wahlheimat" - auch so könnte der Titel der vorliegenden Edition lauten.

Dr. phil. Robert Bodewig kam 1890 mit 33 Jahren als Gymnasiallehrer nach Oberlahnstein, und noch einmal 33 Jahre sollten ihm bleiben, bis ihn - einen Tag nach seinem 66. Geburtstag - nach kurzer Krankheit völlig unerwartet der Tod ereilte. Sein Lebenswerk schuf der im Bergischen Land Geborene in der Fremde, die ihm zur zweiten Heimat wurde: Er sah die Spuren der Geschichte seiner neuen Heimat vor bzw. unter seinen Füßen, erkannte, was getan werden mußte - und tat es.

Warum sich keiner der Ortsansässigen intensiv der Vorgeschichte des heimatlichen Raumes widmete, wird wohl immer ein Rätsel bleiben; vielleicht kommt Dr. Fritz Michel, der Verfasser der Stadtgeschichten von Nieder- und Oberlahnstein, dessen Lösung am nächsten mit der Feststellung in seinem Kapitel über Kunst und Literatur in der Stadtgeschichte Oberlahnsteins: *„In der aus Bauern bestehenden Bevölkerung, die in sehr harter Arbeit ihr Brot verdiente, konnte der Gedanke an eine eigene künstlerische Tätigkeit wohl auch kaum aufkommen."* Was denn für die Künste so gegolten haben mag, wird auf die Wissenschaften wohl gleichermaßen zugetroffen haben.

In diesem Zusammenhang beweist sich die Weitsicht von Bürgermeister Reusch, der 1873 - im Blick auf die städtischen Finanzen eigentlich wider jede Vernunft - die Übernahme der privaten Höheren Bürgerschule des Geistlichen Antonius Abt in städtische Regie durchsetzte. Von da ab kamen akademisch gebildete Lehrer in die Stadt, die über den kommunalen Horizont hinausblicken konnten. Außer Robert Bodewig traten seine Kollegen Zülch, Diefenbach und Caspari mit wissenschaftlichen Arbeiten an die Öffentlichkeit, zur Geschichte die beiden ersteren, zur heimischen Flora der dritte.

Im Blick auf diese wissenschaftspublizistische Tradition wird auch das 125-jährige Jubiläum des Lahnsteiner Gymnasiums im Herbst 1998 zum Anlaß genommen, den ersten Band zu präsentieren. Möge den Damen und Herren Unterrichtenden dieser Schule deutlich werden, daß akademische Bildung und Heimatgeschichte keine sich gegenseitig ausschließenden Felder sind. Mögen außerdem die Verantwortlichen sich dem Vorschlag zuneigen, dem Lahnsteiner Gymnasium den Namen seines ehemaligen qualifizierten, engagierten und in seiner Zeit hochgeehrten Lehrers zu geben.

Robert Bodewig war unermüdlich an den Wochenenden und in den Ferien in der näheren und weiteren Umgebung unterwegs - zu Fuß, wie es in der damaligen Zeit die Regel war: Er schaute, beurteilte, grub, sammelte, kartierte, skizzierte, katalogisierte, inventarisierte, beschrieb, beriet, hielt Vorträge und baute letztendlich in Oberlahnstein „sein" Museum.

Ohne Helfer allerdings kam er dabei nicht aus. Da ist vor allem der Maler Franz Molitor zu nennen, der Bodewigs grobe Skizzen für seine Publikationen ins Reine zeichnete und später auch die Räume des Museums künstlerisch ausgestaltete.

Auch ohne Sponsoren wäre Bodewigs Arbeit sicherlich nicht zu der letztendlichen Blüte gelangt. In erster Linie sind zu nennen die Lahnsteiner Kaufleute und Industriellen A. Habbel, Anton Lessing, C. S. Schmidt, Julius Schroeder, Theodor Stadelmann und Carl Varena. Als zu Wohlstand und Selbstbewußtsein gekommene Bildungsbürger schlüpften sie in die vom Adel nicht mehr ausgefüllte Rolle der Mäzene. Ohne ihre großzügigen Spenden hätte Bodewig seine Forschungen nicht durchführen und schon gar nicht den Bau des Museums realisieren können.

Sein Schulleiter Dr. Simon Widmann und Bürgermeister Chistian Eduard Reusch förderten ihn ideell, wo immer sie konnten; beide waren als geschichtlich Interessierte auch aktive Mitglieder im Wiesbadener Verein für Nassauische Altertumskunde und Geschichtsforschung, ersterer vor seiner Zeit als Leiter des Oberlahnsteiner Realprogymnasiums sogar dessen Sekretär. Ihre Förderung geschah sicherlich nicht ganz uneigennützig: Der Schulleiter konnte das Ansehen seiner Schule mit einem derart renommierten Kollegen steigern, der Bürgermeister das seiner Stadt, die denn auch nicht nur in der Provinz zu bestem Leumund gelangte; sogar in reichsweiten Fachpublikationen wie der *Westdeutschen Zeitschrift für Geschichte und Kunst*, dem *Archäologischen Anzeiger* sowie dem *Korrespondenzblatt des Gesammtvereins der deutschen Geschichts- und Alterthumsvereine* fanden Robert Bodewig und Oberlahnstein achtungsvolle Erwähnung.

Nach Bodewigs Tod am 2. Dezember 1923 übernahmen Stadt und Gymnasium expressis verbis am offenen Grab des geachteten und geehrten Historikers und Archäologen sein Erbe. Zwanzig Jahre hielten sie es in Ehren. Nach dem Zweiten Weltkrieg jedoch fiel es der Konzentration aller Kräfte auf den politischen und wirtschaftlichen Wiederaufbau und dem Trend zum Vergessen und Verdrängen vergangener Zeiten zum Opfer. Der in Konsequenz der Haltung jener Jahre eingetretene Identitätsverlust ist mittlerweile in seinen negativen Auswirkungen auf Individuum und Gesellschaft erkannt; die besten Denker der Gegenwart mahnen immer wieder die Heimatgeschichte an als unerläßlichen Nährboden für jegliches Heimatgefühl. Worte, die jedem Lahnsteiner ins Gewissen treffen müssen: Eine Stadt mit einer reichen Geschichte droht diese zu vergessen. Nicht nur, daß das Museum in seiner ursprünglichen Zweckbestimmung nicht mehr existiert: Von keltischer, römischer und fränkischer Besiedelung des heimatlichen Raumes wissen nur wenige. Dem will der Lahnsteiner Altertumsverein mit dieser Bodewig-Ausgabe gegensteuern.

Gewidmet sei sie Dr. Fritz Nohr (†), der im Jahre 1984 den Altertumsverein von 1880 reanimiert hat.

Robert Bodewig zählte sicherlich nicht zu den wissenschaftlichen Größen seiner Zeit auf dem Gebiet der römisch-germanischen Archäologie. Wie auf ihn waren jene - hier wären vor allem Felix Hettner, Otto von Sarwey und Ernst Frabicius zu nennen - angewiesen auf viele gleichermaßen idealistische wie selbstlose Engagierte - wie z. B. Robert Bodewig. Letzteren deshalb als einen minderqualifizierten „Wasserträger" zu betrachten, wäre allerdings unangemessen: Seine Entdeckungen und deren Interpretationen in seinen Fundberichten fanden höchste Anerkennung bei seinen großen Kollegen. In der Darstellung seines wissenschaftlichen Werks (im 2. Band) wird dies an Beispielen aufgezeigt werden.

Rund 100 Jahre nach der Erstveröffentlichung der in diesem 1. Band wiedergegebenen Werke muß berücksichtigt werden, daß sich die wissenschaftlichen Methoden verfeinert haben. Bodewigs Forschungsergebnisse und seine daraus gezogenen Schlüsse enstsprechen daher nicht mehr in jeder Hinsicht modernsten Erkenntnissen. Dies mindert aber in keiner Weise seine Verdienste, hat er doch die Basis für die weitere Forschung gelegt.

Der Grund für die relativ geringe Zahl seiner Publikationen findet sich leicht: Im Gegensatz zu den wissenschaftlichen Koryphäen seiner Zeit betrieb Bodewig seine Studien nur nebenamtlich in der oben erwähnten Weise; mehr Möglichkeiten ließ ihm sein Lehrerberuf nicht. So werden z. B. seine Forschungsergebnisse als Straßenkommissar der Reichslimeskommission von Otto von Sarwey als Redakteur veröffentlicht; Bodewig selbst hatte für die Endredaktion seiner Notizen einfach zu wenig Zeit.

In diesem ersten Band finden sich Bodewigs größeren Abhandlungen; im zweiten Band werden zu finden sein seine Biographie, seine kleineren Veröffentlichungen, die Darstellung seines wissenschaftlichen Werks, die Geschichte des Lahnsteiner Altertumsverein 1880 und die des Lahnsteiner Museums, beide untrennbar mit dem Namen Bodewigs verbunden; letzteres wurde im Jahr 1929 sogar in ehrendem Angedenken nach ihm benannt.

Dank . . .

. . . sei all denen gesagt, die mir in irgendeiner Weise behilflich waren und - zum Teil auch tätigen - Rat spendeten. Stellvertretend seien hier genannt Ekkehard Langner und Gottfried Pahl von der Rheinischen Landesbibliothek Koblenz, Willi Eisenbarth, der Betreuer des Lahnsteiner Stadtarchivs, Dr. Hans-Jürgen Sarholz vom Stadtarchiv Bad Ems, Frau Holdorf und Frau Kappes in der Bibliothek der Deutschen Burgenvereinigung auf der Marksburg in Braubach, Michael Koelges vom Stadtarchiv Koblenz und - nicht zuletzt - meiner lieben Frau Ursula für ihre verständnisvolle Nachsicht während der monatelangen Arbeit am Schreibtisch und an Scanner und Computer.

Ein nicht zu bemessender Dank gebührt meinem Freund und Vereinskollegen Rudolf Kring für seine engagierte Unterstützung in Layout- und Druckangelegenheiten. Eigentlich müßte er als Mitherausgeber dieses Bandes firmieren. Erst mit seiner Hilfe wurde diese Edition in einem optimalen Preis-Leistungsverhältnis möglich.

Dank auch dem Satz-Studio Martin Kring, der Druckerei und dem Buchbinder für ihre Arbeit, die in ihrer Qualität die Akzeptanz dieser Edition fördert!

Der Römisch-Germanischen Kommission des Deutschen Archäologischen Instituts Berlin in Frankfurt a. M. sowie dem Verein für Nassauische Altertumskunde und Geschichtsforschung Wiesbaden sei gedankt für die Genehmigung der Übernahme der Arbeiten Bodewigs aus dem Sammelwerk *Der Obergermanisch-rätische Limes des Römerreiches* bzw. den *Nassauischen Annalen*. Das Gymnasium Lahnstein gab gern seine Zustimmung zur Wiedergabe der drei Jahresschriften.

Nicht zuletzt gilt der Dank des Herausgebers der Stiftung „Initiative und Leistung" der Nassauischen Sparkasse Wiesbaden, die diese Publikation über einen Wissenschaftler aus ihrem historischen und auch gegenwärtigen Geschäftsbereich ermöglicht hat.

Lahnstein, im Herbst 1998
Hans G. Kuhn

Editoriale Fußnote:

Bodewigs Werke wurden via Flachbettscanner und OCR in ein Textverarbeitungsprogramm übernommen und für den Computer-Satz vorbereitet; bei einigen Werken war Scannen wegen der mangelhaften Qualität der Vorlage und/oder auch der antiquierten Drucktypen nicht möglich; hier half dann nur Abschreiben. In jedem Fall aber sind Orthographie, Interpunktion und Abbreviation original übernommen, auch, wenn sie nicht heutigen Regeln entsprechen bzw. nicht immer durchgängig identisch sind. Bei der kritischen Würdigung der zum Teil widersprüchlichen Orthographie ist zu berücksichtigen, daß sich diese innerhalb der 22 Jahre, während der Bodewig publizierte, ständig weiterentwickelt hat. (Hier sind vor allem die Schreibweisen mit ß - ss sowie mit t - th zu nennen.) Nur bei offensichtlichen orthographischen Fehlern und bei der Kennzeichnung der Gliederungsabschnitte wurde an sehr wenigen Stellen und dann auch nur sehr restriktiv korrigierend eingegriffen.

Die meisten Abbildungen wurden vom professionellen Satz-Studio eingescannt; der relativ einfache Scanner des Amateurs konnte diese Aufgabe nicht zufriedenstellend meistern.

Lahnstein

im

dreißigjährigen Kriege.

Von

Dr. R. Bodewig.

Beilage
zum Programm des Realprogymnasiums.
Ostern 1894.

Oberlahnstein 18954.
Buchdruckerei von Franz Schickel.

Lahnstein im dreißigjährigen Kriege.

Zu der vorliegenden Abhandlung habe ich die in den Archiven Oberlahnsteins und der umliegenden Orte vorhandenen Schriftstücke benutzt, die mir überall mit größter Bereitwilligkeit zur Verfügung gestellt wurden. Notizen über den Krieg finden sich in denselben nur sporadisch. Der Schultheiß und spätere Zollschreiber von Oberlahnstein, Friedrich Weinbach, trug sich mit dem Gedanken, die Lahnstein betreffenden wichtigen Dinge alljährlich aufzuschreiben. Leider hat er diesen Vorsatz nur wenige Jahre ausgeführt und ist nicht bis zum dreißigjährigen Kriege gekommen. Die Angaben Weinbachs und einige Notizen aus der hier behandelten Zeit, wohl vom Schwiegersohn Weinbachs, Johann Kesselheim, die durch Zufall in ein Protokollbuch von jüngerem Datum eingeheftet sind, habe ich kurz bezeichnet „Oberl. Chronikon". Von den Staatsarchiven zu Coblenz, Würzburg und Wiesbaden wurde mir das bezügliche, für diesen Zeitraum spärliche, Aktenmaterial in größter Freundlichkeit zugänglich gemacht. - Herrn Archivrat Dr. Becker und insbesondere Herrn Bürgermeister Reusch danke ich noch für vielfache persönliche Bemühung. - Der kleinen Arbeit gedenke ich demnächst eine Fortsetzung folgen zu lassen. Dr. Bodewig.

Die Zeit bis zur Einnahme Lahnsteins durch die Schweden.

Im Böhmerlande waren die Würfel gefallen. Dort hatte ein rheinischer Fürst schnell und unerwartet eine Königskrone gewonnen und mit vielem Gepränge die Residenz der Luxemburger Kaiser in Besitz genommen. Schon schickten sich seine Gegner an, mit gewaffneter Hand dem jungen Herrscher den Gewinn zu entreißen; doch dachten unsere Väter nicht daran, daß jener Funke im fernen Osten zu der Flamme werden sollte, die in den gesegneten Fluren des Rheines wie in allen Gauen des deutschen Vaterlandes Wohlstand und Gesittung auf Jahre hinaus vernichtete. Da erschien bereits im Jahre 1620 der spanische Feldherr Spinola von den Niederlanden her mit 25.000 Mann bei Coblenz, überschritt hier den Rhein und schlug für kurze Zeit sein Hauptquartier in Engers auf. Von dort ging's über den Westerwald durch die Wetterau in die Pfalz, um diese im Namen des Kaisers dem Böhmenkönige zu nehmen. Unmittelbar darauf eilte auf demselben Wege eine Kriegerschar unter dem Prinzen Heinrich Friedrich von Oranien herbei in der Absicht, jenes Land gegen den spanischen Angriff verteidigen zu helfen[1]. Zwei Jahre darauf erzählte man sich in unserer Gegend von dem wilden Christian von

[1] Theatrum Europaeum I, 358. Gindely, Gesch. des 30jähr. Krieges IV, S. 108.

Braunschweig, der in der Wetterau und um Frankfurt sein Wesen trieb. Streifzüge und Werbungen machten auch in den folgenden Jahren unsere nächste Umgebung unsicher. Eine Frau, die aus Ems nach Oberlahnstein geflüchtet war, starb hier und wurde am 25. April 1623 in Rhens begraben[2]. Im Jahre 1626 brandschatzten Kaiserliche und Spanier allerwärts in Taunus und Westerwald[3]; in demselben Jahre sahen unsere Väter kurkölnische Scharen vorüberziehen, die im Verein mit dem spanischen General Berdugo die Städte und Burgen der niederen Grafschaft Katzenelnbogen - auch Braubach mit der Marksburg - dem Landgrafen von Kassel nehmen wollten, um sie dem Verwandten in Darmstadt zu übergeben. Nur die Feste Rheinfels hielt sich unter dem tapferen Obersten Johann von Uffeln fünf Wochen lang; dann zog dieser mit seinen Kriegern unter klingendem Spiel und mit wehenden Fahnen über Nastätten auf Cassel zu (3. Sept.)[4]. Immer schlimmer hausten die spanischen Truppen und der grausame kaiserliche Oberst Görzenich in den nassauischen Landen, sodaß viele Bewohner des Taunus Heimat und Herd im Stich ließen, um in den ummauerten Städten des Rheins Schutz zu suchen[5]. Auch das Kurfürstentum Mainz hatte in einigen Teilen viel gelitten. Darum forderte der Kurfürst[6] von „seiner Stadt Oberlohnstein" bereits im Jahre 1622 eine besondere Abgabe von 200 Königsthalern (zu 5 Gld.) und 200 Reichsthalern (zu 4 Gld.)[7], von denen zu Ostern die Hälfte zu erlegen war.

---

[2] Rhenser Kirchenbuch.

[3] Schliephake-Menzel VI, 452. Rhenser Kirchenbuch: Am 6. April 1626 ist begraben worden Johannes Seyler aus Limburg und ein Soldat, welche zu Braubach durch die Soldaten erschossen worden.

[4] Theatr. Eur. I, 928.

[5] Wilhelmi, Mitteil. aus der Gesch. der Gem. Braubach. S. 29.

[6] Kurfürsten von Mainz im 30jähr. Kriege sind:

Johann Schweickhard	1604 - 1626
Friedr. von Greifenklau	1626 - 1629
Anselm Casimir	1629 - 1647
Johann Philipp	1647 - 1673

[7] Bald gilt der Thaler viel weniger; diese Verschiedenheit beruht auf der ungeheuren Münzverschlechterung, die im Anfang des Jahrhunderts Platz gegriffen hatte; selbst die kaiserliche Regierung arbeitete bei den böhmischen Prozessen in schmählicher Weise mit minderwertigem Gelde. Auf einem Tage zu Augsburg im Jahr 1623 beschloß man nun, den Thaler, der stellenweise 12 und 15 Gulden gegolten hatte, auf 18 Batzen, oder 1½ Gld. herabzusetzen. Auch Kurmainz trat dem Beschlusse bei. Infolgedessen setzen die Oberlahnsteiner Einnehmer des Jahres 1626 über ihre Listen:

1 Rchsthlr.	=	1½	Gld.
1 Goldgld.	=	1	Gld. 44 Krz.
1 Dukat	=	2	Gld. 24 Krz.
1 Königsort	=	5	Batzen.

Sie rechnen dann aber nach der in Oberlahnstein gebräuchlichen Münze: 1 Gld. = 2 Kopfstück oder 15 Batzen. Bald verschwindet die Batzenrechnung ganz, und es tritt an deren Stelle der Gulden zu 24 Albus = Weißpfennig.

Vom Jahre 1624 ab betrug die „Landrettungssteuer" je 441 $^3/_4$ Gld. zu Trinitatis und Martini. Im Februar 1628 wurden die Schatzungslisten der vergangenen Jahre vor dem Rat geprüft. Die erste von 1622 zeigte nur 3 Restanten, darunter zwei auswärtige, den Doktor Poland und den Burggrafen Lahneck, Kilian Lögelin; eine Liste vom Jahre 26 weist bereits eine lange Reihe säumiger Zahler auf. Die genannten Steuern verteilen sich im Jahre 1622 auf 158 Schatzungspflichtige; 1602 gab es deren 138; im Jahre 1632 waren es 146. Die Stadt Wiesbaden hatte 1629 bei 224 Schatzungspflichtigen 130 Bürger und im ganzen 915 Bewohner. Die Einwohnerzahl Oberlahnsteins betrug also damals etwa 700[8].

Anscheinend haben die Bewohner unserer Stadt die Kriegssteuer ohne große Beschwerung ertragen. Die Gemeinde hatte von jeher ausgedehnten Landbesitz. Eine Anzahl von Grundstücken wurde alljährlich vom Rat verpachtet; „zum Lichtmeßtag bei währendem Sonnenschein" entrichtete der Pächter den Zins. 500 bis 600 Schafe weideten von Niclas bis Gertraudentag auf den Lahnsteiner Fluren; dafür zahlte der Schäfer 34 Gulden und durfte, „wenn etwa der Schnee zu groß gefallen" 8 bis 14 Tage in die jungen Hecken und Kornstoppeln treiben. Daneben hatten einzelne Hofbesitzer bis zu 100 Schafen auf ihrem eigenen und dem angrenzenden Grunde. Dingte die Gemeinde selbst einen Schäfer, so erhielt dieser 55 Gulden, die die Bürger je nach Zahl ihrer Thiere bezahlten, und das Recht, drei Viertel Schafe und vier oder fünf mehr für sich selbst zu halten[9]. Auch Häuser in der Stadt waren Eigentum der Gemeinde. So verkaufte der Rat 1609 ein baufälliges Haus an den Beseher Servatius Fenger für 465 Gulden Lahnsteiner Währung. Das Geld verwendete er zum Bau eines Gemeindewirtshauses dem Rathaus gegenüber, - das dann wieder eine gute Einnahmequelle abgab, denn wer dort Wein verzapfen lassen wollte, mußte vom Fuder dem Wirte 10, der Gemeinde 5 Gld. entrichten; im eigenen Hause durfte der Bürger nur ein halbes Fuder und aufs höchste 4 Ohm verzapfen.

Wenn wir dann noch verschiedene Oberlahnsteiner Bürger mit kleineren und größeren Gaben in dem Zinsbuche des Niederlahnsteiner Hospitals verzeichnet sehen, so müssen wir wohl annehmen, daß die Kriegssteuer die Gemeinde nicht zu sehr drückte. Darum findet der Stadtpfarrer Groß auch

---

[8] Coblenz hatte 1630 bei 550 Bürgern nach derselben Rechnung ungefähr 4.000 Einwohner; im Jahre 1638 hatte es kaum die Hälfte.
Bemerkenswert ist noch, daß etwa ein Siebentel aller damaligen Oberlahnsteiner entweder Eimuth oder Mangold hieß. Unter den Steuerpflichtigen von 1622 sind 15 namens Mangold, 7 mit Namen Eimuth, so daß neben einander auftreten: Hans Mangold der Jung; Hans M. der Alt; Johannes M. der Jung; Johannes M. der Alt.

[9] Ratsprotokolle von 1598 ab.

noch im Juni Muße zu einem launigen Epigramm auf jenen Monat, der ihm keine einzige Taufe gebracht hatte[10].

Während so hier im Thale unsere Altvorderen in verhältnismäßiger Behaglichkeit lebten und von den Drangsalen des Krieges nur wenig berührt wurden, herrschte droben auf den Bergen, im Westerwald und Taunus, Not und Elend in jeglicher Gestalt. Zahllose Einquartierungen und Durchmärsche vernichteten den Wohlstand des Bürgers wie des Bauern in gleicher Weise. Wenn die Kriegsknechte abgezogen waren, so blieben Hunger und Krankheit, Armut und Jammer zurück. Tiefer Mißmut und finsterer Menschenhaß zogen ein in die Seele des Bürgers, dem sein Gut rücksichtslos genommen, und in die des Landmannes, dessen Saaten von Rosseshuf zerstampft wurden. In der unverschuldeten Not wurden die Gemüter der Unglücklichen hart und grausam, und auf solchem Boden erwuchs jener unglückselige Wahn, der in unsern Gegenden eine Menge Opfer fordern sollte. In den schrecklichen Zauberer- und Hexenprozessen schien das arme gedrückte Volk Rache nehmen zu wollen für alle die Unbilden, denen es jahrelang schonungslos preisgegeben worden war. Allein in Herborn wurden 1629 - 1632 elf Zauberer, zehn Witwen und 65 größtenteils alte Frauen hingerichtet. In jedem Orte waren Männer bestimmt, die als öffentliche Ankläger auftraten, dem Hexengeheimnis nachspüren, und wo es ein Gemurmel gab, die Anzeige machen mußten[11]. Auch unsere stille Stadt blieb von dem Unwesen nicht ganz verschont. Am 14. Juli 1630 wurde eine Tochter der Magdalena Sauer und des einst enthaupteten und verbrannten Joh. von Nievern, genannt der Ürseler, getauft. Pathin war die Frau des Zauberspürers

---

[10] Epigramma in id quod Junius hoc anno infoecundus fuit:
Brachia quando levat Juno, dat parturienti
Prolem, sed negat hoc, brachia dum reprimit.
Junius a Junone suum mutuasse videtur
Nomen, at hoc anno Junius sterilis.
Juni(us), quam causam praetexis sterilitati?
Non aliam, nisi quod brachia Juno premit.
Oberl. Kirchenb. v. 1627 an.

Als Pfarrer während des Krieges werden genannt: Matthias Groß aus Coblenz bis 1635; Jakob Thomas von 1635 an.

Außerdem war bis zum Jahre 1644 zeitweilig ein Frühmesser hier. Dann ging die Stelle ein. 1622 wurden die Einkünfte des Frühmessers und die der Ulrichskapelle auf Lahneck der Pfarrei zugewiesen, und der Pfarrer nahm einen Kaplan in sein Haus, der neben freier Station jährlich 50 Gld. empfing.

Lehrer, die dabei immer Gerichtsschreiber sind, werden folg. erwähnt: Rupert Münster 1628; Adam Fellerig 1634 (Vetter des Pfarrers Groß); Joph. Weinhart 1641, 43, 44; Paulus Becker 1646, 51; Paul Pistorius 1647, 48.

Kurz vor dem Kriege muß eine Schule gebaut worden sein, denn nach der Schwedenzeit wird ein Haus „der alten Schol" gegenüber verkauft.

[11] Keller, Drangs. des nass. Landes 132 ff.

(magiae inquisitoris) Joh. Weißbecker[12]. Hier hatte, wie es wohl häufig der Fall war, das Geschick einen Mann getroffen, der anderer bösen Thaten wegen bei seinen Mitbürgern nicht im besten Rufe stand. Im Jahre vorher stahl Johann von Nievern, der Ürseler, Korngarben und mußte zur Strafe im Herbst den Bürgern ein Ohm Wein zum besten geben[13]. Auch unsere Nachbarstadt Braubach hat um dieselbe Zeit ihren Hexenbrand gehabt. Als der dreißigjährige Krieg schon zu Ende war, wurde vor dem dortigen Gericht Klage erhoben, „daß Jakob Rossels Frau, welche wegen Hexerei hingerichtet wohl vor 24 Jahren, der Stadt Braubach 500 Gulden schuldig geblieben sei wegen ihrer Unkosten". Der Gerichtsschreiber fügt aber hinzu, es sei noch nicht einmal halb so viel gewesen[14]. Die Ankunft der Schweden gab dem Gedanken eine andere Richtung und setzte jenen Prozessen zunächst ein Ziel. Unter dem folgenden Erzbischofe Johann Philipp, dem Freunde des edlen Jesuiten Friedrich Spee, hörten sie im Würzburgischen und Mainzischen ganz auf[15].

Die Schwedenjahre.

A) Kriegsereignisse.

In den letzten Monaten des Jahres 1631 durcheilte der Schwedenkönig Gustav Adolf nach der Schlacht bei Breitenfeld auf raschem Siegeszuge Thüringen und Franken; am 23. Dezember öffnete ihm Mainz die Thore[16]. Jetzt galt es, die Festungen des Rheines zu erobern. In schneller Folge wurden durch den Rheingrafen die festen Plätze auf dem Hunsrück und im Rheingaue den Spaniern entrissen. Am 9. Januar 1632 verließ der spanische Hauptmann Bacharach mit nur noch 10 Mann; die übrigen waren in schwedische Dienste getreten. Tags zuvor zogen die Spanier nach kräftiger Gegenwehr von Caub aus. Sie fuhren zu Schiffe mit klingendem Spiele nach Coblenz; der hessische Oberst Konrad von Uffeln[17] geleitete sie. Bei dieser Fahrt hat er wohl auch Oberlahnstein ins Auge gefaßt, denn bereits am 16. Januar erschien er mit seinen Hessen vor den Thoren der Stadt und forderte dieselbe auf, eine hessische Besatzung einzunehmen. Die Verhandlungen mit

[12] Oberl. Kirchenb.
[13] Oberl. Gerichtsprot.
[14] Braubacher Gerichtsprot.
[15] Hennes, Gesch. der Erzbisch. v. Mainz S. 331
[16] Der Kurfürst floh nach Cöln. Dorthin wurden zwei Ratsherren von Oberlahnstein zu ihm geschickt; sie empfingen dafür aus der Gemeindekasse 6 Reichsthaler.
[17] Theatr. Europ. II, 549; Nass. Annal. 23, S. 96.

ihm führte der Junker Antonius Neuer und einige Gerichtspersonen. Schließlich ließ er sich bereit finden, gegen eine Summe von 300 Reichsthalern auf die Besetzung der Stadt zu verzichten. Damit aber der feste Platz nicht so leicht die Beute der ersten, besten Schar werde, legte alsbald der Kurfürst von Mainz eine Garnison hinein[18]. Hatte das Jahr mit Krieg und Kriegsgeschrei begonnen, so sollte sein Verlauf dem Anfange entsprechen. Der Erzbischof Phil. Christoph von Trier hatte, um sein Land vor der Verwüstung infolge der steten Truppendurchzüge zu schützen, einen Vertrag mit dem französischen König geschlossen und diesem das Besatzungsrecht in den wichtigen Festungen, besonders in Ehrenbreitstein, zugestanden. Damit waren die Domherren keineswegs zufrieden. Sie riefen die Spanier herbei, die alsbald von den Niederlanden anrückten. Eine 3.000 Mann starke Abteilung des spanischen Heeres unter dem General Ernst Merode[19] besetzte im April die Stadt Coblenz. Dann wurde die Besatzung von Oberlahnstein durch spanische Truppen verstärkt, und Spanier besetzten die Burg Lahneck[20]. Inzwischen waren auch die Franzosen von Lothringen aus an den Rhein gerückt. Der General de la Saludie zog mit etwa 1.000 Mann zu Schiff von Bingen nach Lorch, ging dann über das Gebirge nach Montabaur und kam nach Ehrenbreitstein, wo ihm am 6. Juni der Erzbischof selbst die Thore öffnete[21]. So waren die Spanier in Coblenz und die Franzosen in Ehrenbreitstein nur durch den Rheinstrom geschieden und „gar unleidliche Nachbarn; sie sahen einander übel an und begrüßeten sich mit groben Stücken"[22]. Doch sollte das nicht lange währen. Schon war ein französisches Korps unter Marschall d'Effiat vor Coblenz gerückt, mußte aber unverrichteter Dinge abziehen. Jetzt sandte der schwedische Reichskanzler den Feldmarschall Horn, um die Spanier völlig zu vertreiben. Dieser rückte um die Mitte Juni von Mainz mit 14.000 Mann auf der linken Rheinseite gegen Coblenz vor. Den überlegenen Streitkräften hielt Merode nicht lange stand; er kapitulierte und verließ am 1. Juli die Stadt mit klingendem Spiele[23]. Bald nachher übergaben die Sieger dieselbe den Franzosen. Auf der rechten Rheinseite zog zur selben Zeit eine Schar Schweden unter dem Obristwachtmeister Hünerfuß vor Oberlahnstein. Mit diesen Truppen vereinigte der Graf Johan von Nassau-Idstein den Nassau-Saarbrückischen Ausschuß,

[18] Oberl. Chr.

[19] Es ist der Bruder des bekannten kaiserlichen Generals Johann Merode, von dem im Simplicius der Name „Merodebrüder" hergeleitet ist. Hallwich, Merode S. 60.

[20] Keller, Drangs. 180.

[21] Schlieph.-Menzel, Gesch. von Nassau VI, 484.

[22] Th. Eur. II, 607

[23] Theatr. Eur. II, 608.

den er, wie er selbst berichtet, auf 6.000 Mann gebracht hatte. Graf Johann hatte den schwedischen Kanzler um einige schwere Geschütze gebeten, die dieser ihm bereitwillig zusagte und ihm auch jegliche Förderung seines Unternehmens durch den Feldmarschall Horn versprach[24]. Gegen Ende Juni lagerten die Truppen vor der Stadt; 4 Tage widerstanden die Belagerten den Angriffen der Gegner, und manche Kugel mochte inzwischen den Weg in die Stadt gefunden haben; dann machten sie einen Accord mit denselben und verließen am 1. Juli Oberlahnstein und Lahneck; an ihrer Stelle zogen die Schweden ein[25].

Mit der Eroberung von Coblenz und Lahnstein ruhten die Kämpfe in unserer Gegend für einige Monate. Alle entbehrlichen schwedischen Truppen mußten nach Franken gezogen werden, wo seit Mitte Juli Gustav Adolf und Wallenstein bei Nürnberg einander gegenüber lagen, während alle Welt mit Bangen dem Entscheidungskampfe entgegensah. Erst als im Herbste nach unentschiedenem Ringen die Heere auseinandergingen, begannen auch am Rhein die Kämpfe von neuem. An die Spitze der schwedischen Truppen am Mittel- und Niederrhein trat der General Wolf Heinrich von Baudissin, der sich in dem Kriege gegen Polen mehrfach ausgezeichnet hatte. Unter ihm befehligte wieder Graf Johann von Idstein den Wetterauer Ausschuß. Im September verließ Baudissin seine Quartiere in Westfalen und begab sich nach dem Westerwald; am 16. Okt. befand er sich in Herborn[26]. Zu gleicher Zeit kam auch Johann von Idstein mit dem Ausschusse heran; ihm wurde das Regiment Solms beigegeben, weil man auf die Kriegstüchtigkeit des Ausschusses wenig Vertrauen setzte; und nicht mit Unrecht, denn bald lief bei einem nächtlichen blinden Lärm ein großer Teil desselben davon. Es galt nun, die Spanier aus den Orten am Rhein unterhalb Coblenz zu vertreiben. Graf Johann rückte vor Linz, das von 300 Mann unter Kapitän Paßmann besetzt war. Drei Tage lang wurde die Stadt heftig beschossen, dann ergab sie sich am 20. Okt.[27]. Johann blieb hier längere Zeit als Befehlshaber zurück[28]. Baudissin nahm nun einen Platz nach dem andern. Gegen Ende des Jahres waren alle festen Punkte von Coblenz bis Cöln in den Händen der Schweden. Selbst Deutz wurde in der Frühe des 22. Dez. von Baudissin genommen, aber

[24] Nassauische Annalen XXIII, 105

[25] Chronikon: Im Anschluß an die Verhandlung mit dem hess. Obersten von Uffeln heißt es weiter: Darnach Ihro Kurfürstl. Gnaden von Mainz eine Garnison hereingelegt bis an den 1. Juli anno 1632. Dann folgt ein kurzer Bericht über die schwedische Eroberung. Demnach ist Lahnstein und Lahneck gleichzeitig mit Coblenz von den Spaniern geräumt worden.

[26] Keller, Drangsale 185.

[27] Chemnitz, Schwedischer Krieg I, 450; II, 47.

[28] Schliephake-Menzel VI, 486.

bald wieder aufgegeben[29]. Bereits am 26. Nov. hatten die Spanier den letzten Besitz in der Pfalz, das feste Frankenthal, verlassen; auf 6 Neckarschiffen fuhren sie mit Weib und Kind und Kranken an Lahnstein vorbei, um von Coblenz auf der Mosel bis Grevenach geleitet zu werden[30]. Jetzt wurden aber auch von den Kaiserlichen Anstrengungen gemacht, um die Schweden aus ihren Eroberungen zu verdrängen. Der bayr. General Gronsfeld erhielt das Oberkommando am Rhein; General Merode warb neue Truppen im Erzstift Köln. Vor der wachsenden Macht seiner Gegner mußte Baudissin sein Hauptquartier in Siegburg verlassen und sich dem Westerwald zuwenden. Mitte Februar 33 lag er mit seinen Truppen in Nassau. Da kam die Nachricht, daß die Spanier in überlegener Zahl anrückten, und Baudissin brach in der Nacht zum 17. Februar auf und zog durch Ems auf beschwerlichem Marsche, denn alles war mit Schnee und Eis bedeckt, nach Oberlahnstein, um hierhin sein Hauptquartier zu verlegen[31]. Noch während der Nacht kam er an und kampierte zunächst um die Stadt, so gut es eben ging. So bildete Oberlahnstein den Mittelpunkt für die schwedischen Bewegungen am Rhein. Truppenzüge kamen und gingen; Gefangene wurden eingebracht und fortgeschafft[32]; Schiffe und Wagen mit Proviant kamen von allen Seiten; die Grafschaft Hadamar sorgte für die Küche des Generals[33]. Da Baudissins Macht sich zu gering erwiesen hatte, um die Spanier und Kaiserlichen mit Erfolg zu bekämpfen, so zog der Reichskanzler Oxenstierna etliche Tausend zu Fuß und zu Roß aus Franken und anderen Orten zusammen. Diese brachen zu Anfang März unter dem Commando des Pfalzgrafen Christian von Birkenfeld und des Obersten Vitzthum auf und zogen rheinabwärts. Am 10. desselben Monats standen sie vor Oberlahnstein und wurden von Baudissin empfangen. Oberst Vitzthum marschierte sofort mit dem Vortrab über Engers nach Bendorf, wo er 300 feindliche Reiter überraschte und in die Flucht schlug. Das Hauptheer folgte ihm auf dem Fuße. Die Cronsfeldischen hatten inzwischen eine Reihe von Orten am Rhein wieder eingenommen, unter anderem Drachenfels und Hammerstein, und in der Gegend übel gehaust[34]. Mit gesamter Macht belagerten sie jetzt Andernach, auf das sie bereits ohne Erfolg 3.750 Kanonenschüsse abgegeben hatten[35]. Als nun die Schweden

---

[29] Programm des Deutzer Gymnasiums 1878.

[30] Th. Eur. II, 710.

[31] Chemnitz II, 47.

[32] Am 3. April wird der Sohn eines Gefangenen aus Linz getauft. Oberl. Kirchenb.

[33] Keller, Drangs. 187.

[34] Am 20. März wurde in Braubach der Bürger Schweickhard begraben, der von spanischem Volk erschossen worden war; am 28. April wird daselbst der Sohn eines Mannes getauft, der aus dem Wiedischen vor den spanischen Truppen geflohen war; desgleichen wird hier ein fremder Pfarrer begraben am 1. Mai, der vor den Spaniern Schutz gesucht hatte. - Braub. Kirchenb.

[35] Th. Eur. III, 34; Chemnitz II, 105.

[36] Chemnitz II, 105.

unter Baudissin und Christian von Birkenfeld anrückten, hoben sie die Belagerung sofort auf. Die Befestigungswerke wurden von den Schweden zerstört, weil sie meinten, daß zu einer dauernden Verteidigung derselben zu viel Kriegsvolk erforderlich sei[36]. Am 13. März übergab Baudissin, der schon längere Zeit seinen Rücktritt plante, weil Schweden seine Ansprüche nicht genügend befriedigt hatte, sein Commando an den Pfalzgrafen Christian. Er lebte einige Zeit in Ruhe, dann trat er in kursächsische Dienste als Generallieutenant. Bei der Belagerung von Magdeburg im Jahre 1636 wurde er in der Hüfte verwundet und mußte sein Commando ganz niederlegen[37]. Aber auch Pfalzgraf Christian vermochte keinen entscheidenden Schlag gegen die kaiserlichen Generale Merode und Isenburg zu führen. Er beschränkte sich im wesentlichen auf die Sicherung der Lahnlinie, verließ dann am 20. April die Lahn und ging nach Worms[38]. Die Züge und Kämpfe ruhten nun eine Zeitlang. Nur ein kurzes fröhliches Stückchen gedachten die Schweden noch mitten im Winter auszuführen. Die zerstörten Mauern von Andernach waren von den Kaiserlichen wieder ausgebessert worden, und jetzt lag eine Besatzung unter dem Obersten Grimberger darin. In der Frühe des 5. Dezember erschienen zwei Bauern vor Andernach und begehrten Einlaß. Sie erzählten, daß sie eine Anzahl schwedischer Schiffe, mit Soldaten bemannt, auf Lahnstein zu im Anzuge gesehen hätten und gleich darauf um 6 Uhr morgens tauchten die Fahrzeuge vor Andernach auf. Sie fanden ihren Anschlag vereitelt, wurden mit einigen Kugeln empfangen und fuhren alsbald zurück[39]. Erst gegen den Herbst des folgenden Jahres begannen die Kriegszüge von neuem, um nun in ununterbrochener Folge unsere Gegend unsicher zu machen. Schon hatte der spanische Marquis de Celada einen Marsch über den Rhein bis Hachenburg gemacht, war dann aber wieder zurückgegangen[40]. Dann überschritten die kaiserlichen Generale Phil. von Mansfeld und Bönninghausen am 25. November bei Andernach den Rhein. Sie durchstreiften den Westerwald bis Hadamar hin, setzten über die Lahn und drangen bis zur Wetterau vor, überall die Schweden zurückdrängend. Im Februar des Jahres 1635 ist der ganze Rheingau und die Wetterau in ihren Händen[41]. Auf der anderen Seite des Rheins waren die Lothringer und Spanier vorgerückt und hatten am 16. März Trier genommen[42]. Täglich über-

[37] Keller, Drangs. S. 191.
[38] Chemnitz a. a. O.
[39] Chemintz II, 265.
[40] Th. Eur. II, 190.
[41] Droysen, Bernhard von Weimar II, 52
[42] Der Kurfürst Philipp Christoph wurde gefangen unach den spanischen NIederlanden und später nach Linz in Oestreich geführt. Spottend äußerte er, er werde von den spanischen Soldaten sorgfältiger als von Engeln beschützt, denn ungebeten umständen ihn stets mehr, als er wünschte. Masenius, Annales Trevirenses, S. 770.

schritten feindliche Abteilungen von mehreren hundert Mann den Rhein bei Coblenz und beunruhigten die Umgebung[43]. Längs der ganzen Rheinstraße streiften so unaufhörlich kaiserliche Truppen. Am 19. März nahm Bönninghausen Wellmich, und am 21. März schlug die Besatzung von Lahnstein auf dem Wasen[44] eine kaiserliche Streifschar zurück, die zwei gefallene Krieger in Braubach begraben mußten. Desgleichen wurde hier am 22. Oktober ein Soldat bestattet, „der vorm Feind in Lahnstein geblieben" und tags darauf ein Lahnsteiner Soldat, der in Braubach im Gefängnis gestorben[45]. Schon hatte der schwedische Oberfeldherr Bernhard von Weimar die Rheinlinie aufgegeben und sich nach dem Westen zurückziehen müssen, und Graf Ludwig Heinrich von Dillenburg war bestimmt, Lahnstein den Schweden zu entreißen[46], da fiel das Hauptbollwerk derselben, Mainz, den Kaiserlichen in die Hände. Der tapfere Oberst Hohendorf konnte bei den völlig unzulänglichen Verteidigungsmitteln die Festung nicht halten. So sah er sich zur Kapitulation genötigt. In dem Vertrage wurde bestimmt, daß alle diejenigen Personen, die der Krone Schweden, Frankreich oder den evangelischen Bundesgenossen bei diesem Krieg gedient und sich in den Garnisonen zu Mainz, Bingen und Lahnstein befänden, freien Abzug haben sollten. Leibesschwache durften bis zu ihrer völligen Genesung unbehelligt in den genannten Orten bleiben. Alle übrigen sollten am 4. Januar abziehen und sich zur Armee des Herzogs von Weimar begeben. Dem Vertrage gemäß marschierten die Garnisonen von Mainz und Bingen mit Sack und Pack ab; der Commandant von Lahnstein aber erklärte, daß er mit seinen Kriegern der Krone Frankreich diene und nicht abziehen werde[47]. So waren Lahnstein und Hanau, wo der tapfere General Ramsay kommandierte, die einzigen rechtsrheinischen Orte, in denen noch Schweden sich befanden. Die erschöpften kaiserlichen Hülfsvölker aber standen zunächst von einer Belagerung Lahnsteins ab. Oberst Hohendorf, der in diesem Stücke seinen Verpflichtungen nicht hatte nachkommen können, mußte dafür auf dem Marsche nach Metz an die Bedeckungsmannschaft sein Geschütz abtreten[48].

---

[43] Droysen a. a. O. II, 97

[44] Am Einfluß des Schlierbach in den Rhein; dort stand um den Anfang des 16. Jahrhunderts das Lahnsteiner Gerichtshaus und der Galgen. Noch um 1602 wird jene Gegend als der Ort bezeichnet, „wo Traude Heintz am Galgen gehenkt".

[45] Braub. Kirchenb.

[46] Keller, 259.

[47] Bei der damaligen engen Verbindung zwischen Schweden und Frankreich war dieser Ausweg nicht allzu schwer zu finden. Schmidt, Geschichte von Frankreich III, 556 spricht kurzweg von der „französischen Besatzung von Oberlahnstein".

[48] Th. Eur. II, 601. Chemnitz II, 920. Hennes, Gesch. der Erzbisch. von Mainz, 329.

B) Innere Verhältnisse.

Wohl mochte die starke Garnison, die mit der Eroberung durch die Schweden in Stadt und Burg einzog, wegen der mannigfachen Kontributionen den Leitern des Gemeinwesens viel Kopfzerbrechen verursachen. So lesen wir gleich vom Jahre 1632, wie Gericht und Rat bekennen, daß sie vom Hospital 40 Gld. und ein Fuder Wein geliehen zu 100 Gld., dann dritthalb Ohm zurückgegeben, so daß sie dem Hospital im ganzen 120 Gld. schulden, „welches alles zu der Kriegsbeschwernus anverwandt ist worden“[49]. Desgleichen wird nach der Schwedenzeit ein Bürger, Thiebes Rheinbey, verklagt, daß er ein verkauftes Haus zu Kriegszeiten verlassen, den Schlüssel nicht dem rechtmäßigen Eigentümer, sondern einem Soldaten gegeben habe, und das Haus infolgedessen abgebrochen worden sei[50].

Weiter lesen wir: Vorm Kriegswesen hat Johannes Kloster der Maria Buchin versprochen, einen Giebel aufzurichten, und ist der Vertrag geschehen um eine Kuh, welche er selbigen Abend noch bekommen. Die Kuh hat er gleich geschlacht, die Arbeit aber unterwegen gelassen, und mit der Zeit ist das Holz vom eingebrochenen Bau verbrannt worden durch die Soldaten[51]. Doch suchte auch die schwedische Regierung den Ausschreitungen entgegenzutreten. Von den Unterthanen des Amtes Lahnstein-Rhens hatte man sich beschwerdeführend an den Reichskanzler gewandt. Oxenstierna verfügte darum in scharfen Worten, daß der Obristlieutenant Kohlers mit seinen Offizieren und Soldaten sich jeder Beschwerung der Bürger enthalten und hinfüro keinerlei Anlaß zu Klagen geben sollte[52]. Im übrigen betrachteten die Schweden hier wie auch anderwärts das besetzte Gebiet als ihr eigenes. Sie übernahmen die Verwaltung der Stadt und des Zolles und befleißigten sich dabei der größten Centralisation. Der kurmainzische Zollschreiber, der Saalkellner und Amtmann verschwinden. Diese drei wichtigen Ämter wurden in der Hand eines schwedischen Offiziers, des Titus Petrus, vereinigt[53]. Auch der städtische Schultheiß, Joh. Ludw. v. der Eck, muß weichen; an seine Stelle tritt ein schwedenfreundlicher Bürger, Wendel Eimuth[54].

---

[49] Chronikon.

[50] Im Jahre 1632 und in den folgenden Jahren wütete in vielen Gegenden Deutschlands und besonders am Rhein eine furchtbare Pest (Wassenberg, Florus Germanicus 364). Auch in unserer Nachbarstadt Braubach forderte sie zahlreiche Opfer (Wilhelmi, Braubach S. 31 ff.). Ob und wie sie in Lahnstein aufgetreten, darüber findet sich keine Notiz.

[51] Ob. Gerichtsprot.

[52] Progr. des Oberlahnst. Realprogymn. 1890 S. 13. (Die dort mit Fragezeichen versehenen Titel Oxenstiernas lauten : Freiherr zu Kimitho, Herr zu Fiholmen und Tydocen. Theatr. Eur. II, 144 und V, 680).

[53] Die unteren Ämter am Zoll werden ebenso neu besetzt: So ist am 15. August 32 Pathe: Franciscus N., inspector (Beseher) constitutus a Suecis.

[54] Anfangs hatte man dem abgesetzten Zollschreiber Friedrich Weinbach das Amt des Schultheißen übertragen; dieser dankte aber bereits nach einem Vierteljahr ab. - Oberlahnst. Gerichtsprot. im Besitz des Dekan Bonn in Niedererbach.

An der Spitze der Garnison stand in den Jahren 32-34 der Obristlieutenant Kolers, im folgenden Jahre wird Jacob Biel als Obristlieutenant und Commandant bezeichnet und im Jahre 36 lesen wir von Christian N., Commandant in Oberlahnstein[55].

Als Offiziere werden genannt die Capitäne: Lönners, Greis, Saum, Christian Ludw. à Cantara (im Braub. Kirchenb. Cantoral), Curtmann, Andreas Nippel und der Capitänlieutenant Petrus Biel. Die Zahl der Soldaten war wohl stets eine verhältnißmäßig starke. Bei der Einnahme der Stadt durch die Kaiserlichen lagen hier 4 Compagnien. Angefüllt mit Truppen der verschiedensten Regimenter war sie natürlich zu der Zeit, als General Baudissin sein Hauptquartier hier hatte. Damals weilte auch der Oberst Lili Sparr, der in den Kämpfen auf dem Westerwald viel genannt wird, in unsern Mauern und versah zusammen mit Joh. Phil. von der Eck, der früher spanischer Fähnrich gewesen war, und nun „im Schwan" wohnte, Pathenstelle[56].

Im ganzen scheint das Verhältnis zwischen Bürgern und Soldaten sich nicht unfreundlich gestaltet zu haben. Am ersten Juli waren die Schweden eingezogen, und bereits am achten gab der Bürger Hermann Weiland seine Tochter einem Soldaten, einem geborenen Kölner, zur Frau. „Er wirbt nicht lang, er zeiget nicht Gold, im Sturm erringt er den Minnesold". Auch späterhin begegnen wir noch Verbindungen zwischen Soldaten und Bürgertöchtern. Dabei war dies wenigstens für die letzteren kein kleines Wagestück, denn das Los der Soldatenfrau, wie es uns besonders im Simplicius geschildert wird, bot nicht viel Verlockendes[57]. So hoch die Besoldung besonders der höheren Offiziere stieg, so gering war der Lohn des gemeinen Soldaten[58], und oft mußte die Frau tapfer mithelfen, um die täg-

[55] Die Namen finden sich im Kirchenbuche; außerdem wird in einer Prozeßsache (Oberl. Gerichtsprotok.) noch ein Kommandant Schwinhadpi erwähnt, der vielleicht mit dem genannten Christianus N. identisch ist.

[56] Pathen: Joh. Philipp v. Eck, hospes in cygno et Afra, obstetrice huius oppidi (1634, Kirchenb.)

[57] Simplicius S. „Denn etliche nehmen in solchem Elend keiner anderen Ursache halber Weiber, als daß sie durch solche entweder mit Arbeiten, als Nähen, Waschen, Spinnen oder mit Krämpeln und Schachern ernährt werden sollen."

[58] Nach der kaiserl.-bayrischen Verpflegungsordnung von 1638 erhalten vom Stabe des Reiterregiments monatlich:

Der Oberst	450	Reichsthaler	und	Futter	für	17	Pferde,
Obristlieutenant	120	"	"	"	"	10	"
Obristwachtmeister	50	"	"	"	"	8	"
Quartiermeister	40	"	"	"	"	4	"
Schultheiß sammt seinen Leuten	30	"	"	"	"	3	"
Caplan	20	"	"	"	"	2	"
Secretarius	20	"	"	"	"	2	"
Wagnermeister	18	"	"	"	"	2	"
Profoß sammt seinen Leuten	40	"	"	"	"	5	"

liche Nahrung und Notdurft zu gewinnen. Starb der Mann, so erhielt die Frau den geringen Monatssold ausgezahlt und weiter hieß es: „Hiemit sie, die Wittib, angewiesen, ihren Stab weiter zu setzen“[59].

Während der vier Schwedenjahre sind beständig Bürger bei Soldatenkindern und umgekehrt Soldaten bei Bürgerkindern Taufpathen. Ebenso standen die Adligen der Stadt mit den Offizieren der Besetzung in gutem Einvernehmen. Nicht oft wird ein Söhnlein eines Junkers zur Taufe gebracht, bei dem nicht ein Offizier gegenwärtig ist. Besonders angesehen und auch beliebt scheint der erste Beamte Titus Petrus gewesen zu sein. Sehr häufig ist er bei solchen Familienereignissen zugegen, und gelegentlich wird auch ein neuer Weltbürger ihm zu Ehren „Petrus“ genannt. Freilich trat er auch mit den Bewohnern der Stadt und Umgegend infolge seiner Ämter in die mannigfachsten Beziehungen. Mußte er doch sogar eine der vielen Fehden zwischen Lahnstein und Braubach schlichten. Waren da anno 1634 auf den alten Michaelstag (19. September) die Lahnsteiner Bürger Lorenz Diederigs und Georg Steinenbach in ihrem Weingarten am Koppelsteiner Weg und lasen Trauben. Da kamen die Braubacher Flurschützen, nahmen ihnen Karren, Bütt und Trauben weg und fuhren sie nach Braubach, allwo sie 3 Wochen blieben. Klagen liefen hin und her, und schließlich mußten die Braubacher den Karren samt einem Fäßlein Wein von 7 Viertel an den Platz bringen, wo sie die Trauben genommen hatten; „ist der Herr Amtmann damalen hin gewesen mit Namen Tito Peter“[60]. Ein Jahr später war er noch einmal in Braubach, um sein Stiefsöhnlein dort in der Martinskirche zu begraben[61].

---

von der Compagnie:

Rittmeister	175	Reichsthaler und Futter für	6 Pferde,
Lieutenant	70	〃 〃 〃 〃	4 〃
Cornet	50	〃 〃 〃 〃	3 〃
Corporal	18	〃 〃 〃 〃	2 〃
Fourier	18	〃 〃 〃 〃	2 〃

Für die Servitien wurden nur passiert: Notdurft an Holz, Salz, Licht und Lagerstätt. Auf jedes Pferd soll täglich gegeben werden 6 Pfd. Haber, 10 Pfd. Heu und wöchentlich 3 Pfd. Stroh.

Bei den Compagnien zu Fuß erhält monatlich :

Hauptmann	140	Reichsthaler und Futter für	3 Pferde
Lieutenant	45	〃 〃 〃 〃	2 〃
Fähnrich	38	〃 〃 〃 〃	2 〃
Feldwebel	15	〃	
Fourier	10	〃	
Corporal	9	〃	
Feldschreiber	10	〃	
Feldscher	10	〃	
Gefreite und Spielleut	6	〃	
Gemeiner Knecht	5½	〃	

[59] Compagnierechnung von Ehrenbreitstein. (Cobl. Staatsarchiv.)

[60] Chronikon.

[61] Braub. Kirchenb.

Zuletzt sei nun auch noch ein Fall erwähnt, bei dem ein Bürger seiner Abneigung gegen die Schweden Ausdruck giebt. Hermann Fuhrmann hatte sich vernehmen lassen, er wolle lieber den Kaiserlichen als den Schwedischen „den Wein auf Lahneck tragen". Der Commandant, dem dergleichen Reden zu Ohren gekommen waren, hatte daraus Veranlassung genommen, den Bürgern ihren Weinpreis zu machen, wodurch diese in nicht geringen Schaden kamen[62].

Eroberung von Nieder- und Oberlahnstein.[63]

Hatte am Ende des Jahres 35 die Besatzung von Lahnstein die Übergabe verweigert, so sollte der Frühjahrsfeldzug der Kaiserlichen mit der Eroberung dieser Stadt begonnen werden. Seit dem 10. Februar 36 hatte der kaiserliche General Götz in Münstermaifeld sein Hauptquartier genommen[64]; sein Aufgabe war, mit dem festen Dreieck Lahnstein, Coblenz, Ehrenbreitstein die letzte und kräftigste Stütze der schwedisch-französischen Macht am Mittelrhein zu brechen. Am Mittwoch den 26. März zog das Regiment Reinach[65] noch in der Nacht vor Niederlahnstein[66]. Der Ort war nicht befestigt und nur von wenigen Soldaten besetzt. Diese eilten, sobald der Lärm anhub und die ersten feindlichen Kugeln einschlugen, zum Kirchhofe, der die Johanniskirche umgab, „an einem so lustigen Ort, als ich mein Tag eines gesehen". Rings um denselben lief eine ansehnliche Mauer. Innerhalb dieser lagen im Kreise 40 starke Blockhäuschen. Das festeste Bollwerk aber war die Kirche selbst und der Turm, von dem aus der ganze Kirchhof bestrichen werden konnte. Hier waren die Angegriffenen zunächst sicher; auch erhielten sie noch in derselben Nacht Verstärkung. Ein deutscher Lieutenant kam zu Schiffe mit 50 Mann und Proviant. Als er vernahm, daß das Thor, das von der Lahn aus zum Kirchhof führte, der Feinde wegen nicht passiert werden könne, ging er vom Rhein aus in die Befestigungen hinein. Am andern Morgen versuchten die Bayrischen die Mauer zu stürmen, aber vergebens; von der Mauer, der Kirche und dem Turm aus wurde den Stürmenden ein blutiger Empfang. Erst gegen den Abend war der nach Niederlahnstein zu

---

[62] Oberl. Gerichtsprot.

[63] Sie wird erzählt in dem Tagebuch des bayrischen Hauptmannes und nachmaligen Obersten Fritsch, das veröffentlicht ist von Westenrieder im histor. Kalender Jahrg. XVII. München 1810. Fritsch hat während des Krieges an sehr vielen Gefechten und Belagerungen teilgenommen und seine Erlebnisse nicht ohne Humor beschrieben.

[64] Götz blieb dort mit seinem Stabe bis Ende Mai, und die ganze Gegend wurde auf das entsetzlichste ausgesogen. Cobl. Staatsarchiv.

[65] Oberst Reinach ist der Bruder des Feldzeugmeisters Reinach, der durch die hartnäckige Verteidigung Breisachs berühmt geworden ist.

[66] Th. Eur. II, 627.

liegende Teil der Mauer von den Verteidigern geräumt, und nun mußte Hauptmann Fritsch das Pfarrhaus beziehen. Dieses stand nicht weit von der Mauer, und neben demselben ging ein Thor auf den Kirchhof. Hart an der Mauer stand auch eine Weinpresse. In dieser ließ er alsbald eine Mine anlegen, die unter der Mauer her auf den Kirchturm zu gehen sollte. Als es ganz finster geworden war, befahl er einem Wachtmeister, Stroh und Holz an das nahe Thor zu bringen und dasselbe in Brand zu stecken. Der Versuch gelang. Zwar wurde der Wachtmeister erschossen, aber das Thor brannte nieder. Am Morgen schickte er dann einen Trommelschläger zur Kirche und ließ die Franzosen auffordern sich zu ergeben, denn er habe bereits eine Mine bis unter den Turm angelegt und könne die Kirche in die Luft sprengen, jedoch wünsche er das schöne Bauwerk zu erhalten. Wenn aber der Commandant seinen Worten nicht glaube, so solle er selbst kommen und die Mine besichtigen. Der französische Offizier kam und mit ihm ein Vertreter des deutschen Lieutenants, der die Verstärkung herangeführt hatte. Beide verstanden aber kein Wort Deutsch und Fritsch ebenso wenig Französisch, und so mußte er erst einen Kameraden, den Hauptmann Walis, kommen lassen, der die Rolle des Dolmetschers übernahm. Dann schritt man zur Besichtigung der Mine. Am Ende derselben hatte der Hauptmann einen schwarzen Mantel aufhängen lassen, und vor demselben stand eine Schildwache mit gezogenem Schwert, die das Weitergehen verhinderte. „Sie war aber auch nicht länger", meint Fritsch, „hätten wohl noch 6 oder 7 Tag zu arbeiten gehabt, eh wir unter den Turm kommen wären". Darauf begab man sich gemeinsam in die Pfarrstube, um beim Essen über einen Vertrag zu verhandeln. Die Franzosen zweifelten inbetreff der Mine stark und hofften, daß sie in Kürze von Coblenz Entsatz bekommen würden. Darum wollten sie anfangs von einem Accord nichts wissen; als aber der Wein seine Wirkung that, und das Vertrauen wuchs, schlossen sie doch mit Fritsch einen Vertrag, nach dem sie den Kirchhof übergeben und am andern Morgen zwischen 9 und 10 Uhr ausziehen wollten. Fritsch wünschte, daß sie noch an demselben Abend weggingen, aber dazu waren sie nicht zu bewegen. Da Oberst Reinach noch nicht beim Regiment war, so schickte Fritsch einen Boten zum Obristlieutenant, der alsbald selbst in den Pfarrhof kam und den Vertrag guthieß. Darnach kommandierte Fritsch 50 Soldaten auf den Kirchhof, und die französischen Abgesandten begaben sich in die Kirche zurück. Am andern Morgen kam der Generalwachtmeister Schnetter; der Obristlieutenant berichtete ihm, daß Hauptmann Fritsch gestern vorgeschriebener Weise einen Accord mit den Belagerten geschlossen hätte, und daß diese gleich ausziehen würden. „Man hält ihnen keinen Accord, müssen alle sterben", war des Generals kurze Antwort. Darauf stellte sich das Regiment auf der Wiese vor dem Kirchhof auf. Die Besatzung kam heraus; die Deutschen traten auf die rechte, die Franzosen auf die linke Seite. Als dann aber der Befehl kam, die Gewehre niederzulegen, rief der französische Offizier laut: „Das ist wider den Accord". „Hängt den Kerl", entgegnete der Generalwachtmeister. Da in Niederlahnstein kein Henker[67] war, sollte der Regimentsprofoß selber den Verurteilten hängen, doch überredete dieser seinen Niederlahnsteiner Wirt, „welcher für einen Thaler jene Kunst fleißig verrichtet". Dasselbe Los sollte auch dem deutschen Lieutenant widerfahren, doch baten die Offiziere für ihn, und er wurde erschossen. Seine deutschen Kriegsknechte wurden unter das Regiment gesteckt; die 50 Franzosen sollten niedergemacht werden. Dagegen protestierten die Offiziere des Regiments. „Wenn unser Regiment, meinten sie, demnächst vor Coblenz zieht, und wie es wohl bei einer Belagerung geschieht, einige in Gefangenschaft geraten, so werden die Franzosen dieselben ebenfalls töten". Dafür übernahmen drei Compagnien Reiter, die mit dem Generalwachtmeister gekommen waren, das Mordgeschäft und machten alle bis auf den letzten Mann nieder. Darauf zogen die Soldaten in ihre Quartiere in Niederlahnstein; da man stündlich den Obersten Reinach erwartete, wurde für ihn ein Haus freigelassen, welches vorläufig der Generalwachtmeister bezog. Andern Tages wurde eine Brücke über die Lahn geschlagen, und Oberst Reinach erschien nun auch bei seinem Regiment. Tags darauf ritten Schnetter und der Oberst mit 30 Reitern um die Stadt Oberlahnstein, um zu sehen, wo man am besten den Platz angreifen könne.

Abends mußte der älteste Hauptmann des Regimentes, Hagenbach, mit seinem Fähnrich und einem Lieutenant 300 Mann über die Brücke führen. Auf Befehl des Generalwachtmeisters sollte dann ein Laufgraben in der Nähe der Mauer angefangen werden. Bei dieser Arbeit erhielt der General einen Schuß durch die Achsel und mußte hinweggebracht werden. Nachts kam eine Abteilung der Oberlahnsteiner Besatzung heimlich auf Leitern über die Mauer in den Stadtgraben, „welcher ganz trucken, aber ziemlich tief gewesen", überschritt denselben und überfiel die Belagerer. Hauptmann Hagenbach wurde durch einen Schenkel geschossen und gefangen nach Oberlahnstein geführt. Am nächsten Abend wurde Hauptmann Fritsch auf den gefährlichen Posten kommandiert. Hauptmann Vogelsang nahm mit 100 Mann in den Weinbergen, einen Büchsenschuß vom Laufgraben entfernt, Stellung, um Fritsch zu entsetzen, falls die Belagerten einen neuen Ausfall machten. Fritsch traf bei dem Laufgraben den Obersten und den Ingenieur, auf dessen Veranlassung man die Arbeit so nahe bei der Stadtmauer angefangen hatte. Alsbald begann ein erbitterter Wortstreit zwischen dem

---

[67] In gewöhnlichen Zeiten wurde der Scharfrichter von Coblenz berufen, der für seine Verrichtungen gute Bezahlung erhielt. Als er auf der Festung Ehrenbreitstein die Namen der entwichenen Soldaten an den Galgen anschlug, bekam er 3 Reichsthaler. - Compagnierechnung v. Ehrenbreitst. Cobl. Staatsarchiv.

Hauptmann und dem Ingenieur. Dieser verlangte von Fritsch, daß er eine Redoute mache und setzte selbst die Faschinen dazu, legte aber nach der Meinung des Hauptmanns das Werk viel zu groß an, „daß wohl 200 Mann hätten darin Platz gefunden und nicht eine Redoute, sondern eine Schanze daraus geworden wäre“. Innerhalb der Redoute sollte dann der Graben ausgeworfen werden. Fritsch erklärte das ganze Werk für unnütz, denn da es viel zu nahe beim Stadtgraben liege, so könne man von der Mauer, geschweige von den vielen Türmen hineinschießen, sodaß sich bei Tage kein Mensch darin sehen lassen dürfte. Von beiden Seiten fielen bittere Worte, bis der Ingenieur beim Obersten, der etwas entfernt stand, und die beiden Streiter allein gelassen hatte, den Hauptmann verklagte. Der Oberst, der wohl Fritschens Ansicht billigte, befahl diesem, das Werk und den Graben nach seiner Meinung anzulegen und ritt mit dem Ingenieur nach den Weinbergen zu dem Lager des Hauptmanns Vogelsang. Nun förderte Fritsch die Arbeit rüstig. Dabei wurde der Lieutenant von einer Kugel gerade vor den Leib getroffen, daß er zu Boden fiel und sich zu den Wachtfeuern Vogelsangs tragen lassen mußte. Fritsch schickte seinen Burschen nach, um sich nach dem Befinden seines Lieutenants zu erkundigen „denn wenn ich auf den Bauch geschossen würde, so ist es aus mit mir“. Als dieser zurückkehrte, kamen auch der Oberst und der Ingenieur wieder. Der Oberst lobte die Arbeit und meinte, in dem Werke würde er sich bis zum nächsten Abend halten und den Laufgraben fördern können. Dabei gedachte er auch des verwundeten Lieutenants und erzählte, „daß einen greulichen Schuß hätte, mitten auf dem Bauch; ist selbiger ganz blau, und wo die Kugel hingetroffen, ist selbiger Ort ganz schwarz als ein Trommelboden, ist also fest und hat eine Teufelskunst, aber er leidet greuliche Schmerzen“. Darauf entfernten sich der Oberst und der Ingenieur, der letztere mit recht feindseliger Miene, und ritten nach Niederlahnstein zurück. Fritsch brachte die Redoute vor Tagesanbruch fertig und hielt sich auch den folgenden Tag über; nur zwei Soldaten wurden ihm noch getötet. Sechs Tage lang wurde nach vollendeter Schanzarbeit die Stadt beschossen.

Am 7. Tag kam von Oberlahnstein ein Parlamentair und erklärte, daß die Besatzung geneigt sein, wegen der Übergabe zu verhandeln. Fritsch und Vogelsang wurden von dem General Schnetter in die Stadt geschickt, um den Vertrag abzuschließen. Die Besatzung verlangte, mit gesamter Habe, klingendem Spiel und fliegenden Fahnen abzuziehen. Die beiden Hauptleute schickten diese Resolution an den General und ließen ihm dabei mündlich mitteilen, daß die vier braven Compagnien, die in der Stadt lägen, wohl schwerlich anderer Meinung werden würden. Schnetter schickte zurück, sie möchten den Accord abschließen, so gut sie könnten. Man kam überein, daß die Belagerten ausziehen sollten „mit Sack und Pack, Ober- und Untergewehr, ohne aufgesteckte Lunten, mit aller Bagage, doch keine fremden Güter darauf, ohne Trommelschlag und mit eingeschlagenen Fahnen". Dabei wurde ausgemacht, daß diejenigen Knechte und Soldaten von der schwedischen und französischen Partei, so vor diesen etwa unter den Kaiserlichen und Bayrischen gedient, wiederum sollten herüber treten ohne Gefahr. Die Garnison der Burg Lahneck war bei diesen Bedingungen eingeschlossen[68]. Der Accord wurde schriftlich abgefaßt und dem Generalwachtmeister zur Unterschrift zugeschickt, denn ohne diese betrachtete die Besatzung den Vertrag als nichtig, da sie durch das Schicksal der Franzosen in Niederlahnstein belehrt war. Als dann der Vertrag unterschrieben zurückkam, wurden die beiden Hauptleute auf die Mauer und Türme geführt. Sie wunderten sich über die Stärke der Festung und noch mehr darüber, daß die Besatzung so schnell sich ergeben habe; nach ihrer Meinung hätten sich die Belagerten mindestens noch sechs Wochen halten können, da den Bayern kein schweres Geschütz zu Gebote stand. Als sie dann den begleitenden schwedischen Offizieren gegenüber äußerten, sie würden die leichtfertige Übergabe schwerlich bei ihren Vorgesetzten verantworten können, lachten diese und meinten, ein anderer Grund habe sie zur Unterhandlung gedrängt, sonst wären sie wohl alle des Hängens wert. Darauf zeigten sie die vorhandenen Vorräte, und siehe da, diese bestanden aus einer halben Tonne Pulver, einem Zentner Lunte und 1½ Sack Mehl; das letztere wurde noch am selben Abend verbacken und unter die Soldaten ausgeteilt. Am andern Morgen, den 18. April[69], zogen die Schweden in der vereinbarten Weise aus Oberlahnstein und Lahneck ab, und 100 Bayern besetzten die Stadt.

Kriegsereignisse bis zum Friedensschlusse.

Gleich nach der Einnahme Oberlahnsteins verhandelte der Erzbischof mit dem Feldmarschall Götz, damit derselbe die Bayern aus der Stadt ziehe und diese durch mainzische Truppen besetzt werde. Götz war einverstanden, und der Kurfürst schrieb sofort nach Mainz und befahl, daß ein wohl qualificierter Offizier mit etwa 70 Mann aufbrechen und die Stadt Oberlahnstein und Haus Lahneck besetzen sollte. Ihren Unterhalt sollten dieselben aus den ihnen bisher angewiesenen Quartieren empfangen, und der armen Bürgerschaft dieserhalb nichts zugemutet werden. Zoll und Schloß, desgleichen sämtliche Zolldiener sollten von Einquartierung verschont bleiben und eine solche Disziplin geführt werden, „daß die armen Leut nit vollends zu verlaufen und ins Elend zu weichen genötigt werden möchten". Es kamen 30

[68] Theatr. Eur. III, 627 und 641.
[69] Th. Eur. III, 641 ; Oberl. Chr.

bis 40 Mann vom Dohnaischen[70] Regiment unter dem Fähnrich Dietrich von Walrab, die teils in der Stadt, teils auf der Burg untergebracht wurden. In unmittelbarer Nähe entfaltete alsbald der Krieg seinen ganzen Schrecken. Die abziehenden Bayern vermehrten das Belagerungskorps, das unter Leitung des Feldmarschalls Götz vor Coblenz und Ehrenbreitstein lag. Zunächst wurde Coblenz mit aller Macht angegriffen. Fast wäre es hier zu einer blutigen Erwiderung auf die Soldatenschlächterei gekommen, die bei der Einnahme von Niederlahnstein stattgefunden hatte. Eine Anzahl von den unter General Schnetter dienenden Kriegern war von der Besatzung gefangen genommen worden und sollte gehängt werden. Erst als dieselben klar nachwiesen, daß sie an jener Blutthat nicht teilgenommen hatten, stand man von der Hinrichtung ab. Dafür wurde auf der gegenüberliegenden Festung eine angekleidete Strohpuppe aufgehängt als drohendes Wahrzeichen für die Reiterabteilung, die den Befehl des Generals ausgeführt hatte. Als die Stadt mehrere Tage beschossen worden war, begab sich der Commandant Baron de Bussy mit seiner Mannschaft auf bereitstehende Schiffe und fuhr nach Ehrenbreitstein, wo er sich in dem Schloß Philippsthal am Fuße des Burgfelsens festsetzte[71]. Am 6. Mai zog Feldmarschall Götz in Coblenz ein und verblieb dort 6 Wochen mit seinem Stabe. Auch hier hinterließ General Schnetter nicht das beste Andenken. Die arme Stadt berechnete später die Kosten der bayrischen Einquartierung mit mehr als 200.000 Reichsthalern[72]. War Coblenz bald nach Lahnstein gefallen, so leistete Feste Ehrenbreitstein um so zäheren Widerstand. Mit Waffengewalt war ihnen kaum beizukommen, darum mußte sie durch Hunger bezwungen werden. De la Saludie, der Commandant der Festung, hatte dieselbe so viel wie möglich mit Vorräten versorgt. So konnte man der Belagerung zunächst ruhig entgegensehen. Auch machte die Besatzung hin und wieder einen Ausfall und plünderte benachbarte Plätze[73]. Man fürchtete im bayrischen Lager, daß die Franzosen sich Oberlahnsteins bemächtigen und alsdann leichter ihre Verproviantierung bewerkstelligen könnten. Oberst Neuneck, der Commandant von

---

[70] Burggraf Heinrich von Dohna schloß den früher genannten Vertrag mit Oberst Hohendorf wegen der Uebergabe von Mainz. Damals befehligte er 2 Regimenter, ein kaiserliches, das sogenannte rote Dohnaische Regiment und ein mainzisches. Beide wurden im Erzstift unterhalten. Jetzt verabschiedete der Kurfürst das rote Regiment und behielt nur noch sein eigenes, das auf 1.000 Knechte gebracht wurde. Dohna war von da ab nur kurmainzischer Oberst. Schreiben des Kurfürsten vom 24. April 36 im Würzburger Kreisarchiv.

[71] Fritsch, S. 159. Das Schloß war bis gegen Ende des vorigen Jahrhunderts Residenz des Kurfürsten von Trier; es wurde abgebrochen, als das neue Schloß in Coblenz entstand. Wegeler, Beiträge zur Gesch. der Stadt Coblenz 131.

[72] Cobl. Staatsarchiv.

[73] Cobl. Staatsarchiv.
„Am 5. September die Franzosen bei Pfaffendorf Stöß bekommen". Trier. Chronik 1817 S. 104 ff.

Coblenz, berichtete mehrfach an seinen vorgesetzten General Geleen, daß Lahnstein viel zu schwach besetzt sein. Geleen wandte sich an den Obersten Grafen Dohna und ersuchte diesen die Besatzung zu verstärken. Die Antwort traf ihn nicht, und so schrieb er abermals von Heilbronn aus am 6. Dezember 36 an Dohna, schleunigst mehr Truppen nach Oberlahnstein zu schicken, damit nicht „der Widerpart die Stadt nehmen und von der Schiffung daselbst Gewinn haben möchte", und fügte die Drohung hinzu, daß andernfalls der Graf leicht in Ungelegenheiten kommen könnte. Doch diese Warnung war unnötig. Oberst Dohna hatte bereits am 27. November dem Hauptmann Ludwig Lohr befohlen, mit Sack und Pack Seligenstadt zu verlassen und nach Lahnstein zu marschieren, um die dortige Garnison zu verstärken. Es sollte vornehmlich „fleißige Obacht geben, daß die Schiffe, so mit Getreide oder anderem Proviant allda anlangen, oder vorhanden seindt, von des Feindes Parteien nicht hingenommen und denselben nach Ehrenbreitstein oder sonsten zugeführt würden". Am 2. Dezember, vormittags zwischen 8 und 9 Uhr erschien ein Lieutenant mit 30 Mann vor der Stadt, zeigte den Befehl des Grafen Dohna und begehrte Einlaß, um das Commando der Stadt zu übernehmen. Hier geriet man in große Aufregung. Der Fähnrich Dietrich von Walrab berief sich auf einen kurfürstlichen Befehl, wonach ihm das Commando anvertraut sei, bis es vom Kurfürsten selbst anders beschlossen würde. Also weigerte er sich dasselbe abzutreten. Die Bürger aber sahen eine starke Belastung vor Augen, und so kam man überein, den Einlaß zu verweigern bis höherer Befehl eingeholt sei, doch wurde den Knechten „aus Mitleid von bürgerlichen Mitteln mit Brot und Wein etwas gehandreicht". Diese kampierten nun vor der Stadt und suchten der Winterkälte mit Abhauen und Verbrennen von Obstbäumen und Weinbergspfählen entgegenzutreten[74]. Noch an demselben Abend wurde ein Bericht an die kurfürstlichen Räte nach Mainz abgesandt, den der Junker Anton Neuer und der städtische Schultheiß Joh. Melchior Schnatz unterschrieben. Es wurde darin ausgeführt, daß nicht der geringste Grund vorliege, die Stadt mit mehr Soldaten zu beschweren, da die Besatzung vollständig ausreiche, um mit Hülfe der Bürger sich gegen den Feind zu verteidigen. Von der schwachen Besatzung in Ehrenbreitstein sei keine Gefahr mehr zu befürchten, zumal dieser „das auslaufende Handwerk" verboten sei. Es scheint, daß der Bericht Erfolg hatte und die neuen Soldaten

[74] Wahrscheinlich haben sie sich aber alsbald bis zur endgültigen Entscheidung auf Burg Lahneck einquartiert. Am 22. April 1637 berichtet nämlich der Zollschreiber Franz Kaiser, daß, nachdem die Burg von den Schweden bereits sehr mitgenommen war, im Dezember die herunter geschickten und auf Lahneck gelegenen Dohnaischen Knechte in der Kapelle das Fensterwerk, besonders den Altar verschmiert, die Tafel niedergerissen, daß auch Türken nicht schlimmer hätten hausen können. Der Gottesdienst der Ulrichskapelle mußte fortan in der Schloßkapelle und dann in der Pfarrkirche abgehalten werden. Akten der Ulrichskapelle im Wiesbadener Staatsarchiv. Vergl. Sauer in den Nass. Ann. 21, S. 257.

abziehen mußten. Aber jetzt geriet Oberst Dohna in hellen Zorn. Er beschwerte sich aufs heftigste bei den Räten und kündigte ihnen an, daß er dem ungehorsamen Fähnrich den Prozeß machen werde. Bei der derartigen Insubordination müsse jede Autorität schwinden. Die Räte wußten sich nicht zu helfen und baten den Kurfürsten, „den Mißverstand inbezug auf den Fähnrich" in Lahnstein doch beizulegen. Der Kurfürst that es in kluger Weise. Er wies den Fähnrich an, künftighin den Befehlen des Obersten genau nachzukommen und schrieb dem letzteren, daß er ihn bei Kaiserlicher Majestät warm empfohlen habe. In seinem Dankschreiben vom 25. Januar 37 äußerte Graf Dohna: „Die Stadt Lahnstein wird hoffentlich mit den allda befindlichen 40 Mannschaften und dem auf kurfürstlichen Befehl pardonierten Fähnrich versichert sein"[75].

Gegen Anfang des Jahres 37 machte sich in Ehrenbreitstein der Mangel fühlbar. Einige Bauern aus der Umgegend, die den Belagerten heimlich Nahrungsmittel zuführen wollten, wurden von den Bayern ergriffen und gehängt. Doch hoffte man von Tag zu Tag auf Entsatz. Der kam denn auch. Der hessische Obergeneral Melander von Holzappel schickte von Westfalen aus ein beträchtliches Korps mit Proviant. Schon waren die Hessen nahe in den schützenden Bereich der Festungsgeschütze gekommen und sorglos geworden, da wurden sie bei Grenzhausen am 31. Januar 37 von Johann von Werth überfallen und teils gefangen, teils in die Flucht geschlagen[76]. Am Tag vorher erschienen 12 holländische Reiter in der Festung und meldeten, daß 130 Wagen mit Korn und Victualien in Altenkirchen seien; sie wurden eine Beute der Sieger. Die Pferde der Reiter kaufte der Commandant um eine hohe Summe zur Speise für seine Truppen.

Noch einmal lachte den Belagerten das Glück. Boten ihrer Not waren auch nach Hanau geschickt. Der schwedische General Ramsay befrachtete ein Schiff mit 200 Malter Korn, hißte die burgundische Flagge, ließ einige als Mönche verkleidete Soldaten auf Deck spazieren und brachte das Fahrzeug glücklich an Mainz, St. Goar und an der letzten „kaiserlichen Hauptwacht", Oberlahnstein, vorbei vor die Festung am 2. April. Ein weiterer Versuch, in gleicher Weise von Hanau aus Proviant zu liefern, mißlang; das Schiff wurde in Mainz genommen[77]. Damit war das Geschick Ehrenbreitsteins besiegelt. Am 21. Juni 1637 schloß Johann von Werth, der seit dem Januar die Belagerung leitete[78], mit dem General Bussy und de la Saludie einen Vertrag,

---

75 Aus Akten des Würzburger Kreisarchivs.

76 Droysen, Bernhard von Weimar II, 221
Wassenberg, Florus Germanicus S. 330 ff., der das wohlgelungene Reiterstück des Joh. von Werth ausführlicher erzählt und zu einer Verherrlichung desselben benutzt.

77 Th. Eur. III, 778, 782, 792

78 Cobl. St.

wonach die Franzosen, deren Zahl außerordentlich zusammengeschmolzen war, freien Abzug erhielten; am 27., abends um 8 Uhr, verließen sie den Ort ihrer Leiden und wurden nach den Niederlanden geführt[79]. Die Festung kam in Depositum des Kurfürsten von Köln; Commandant wurde ein bayrischer Offizier Junghausen.

Also war unsere Gegend ringsum in den Händen der Kaiserlichen. Damit war dieselbe aber keineswegs der Drangsale ledig. Die mehrfach verstärkte Besetzung von Ehrenbreitstein klagte bald über mangelhaften Unterhalt. Immerfort wurden Briefe zwischen dem jeweiligen Commandanten und dem Trierer Domkapitel[80] gewechselt, worin der eine Teil Geld und Proviant forderte, der andere mit Beschwerden über unendliche Belästigung durch die Besatzung antwortete. Im Mai 39 klagte der Commandant, daß der dritte Teil seiner Soldaten kein Hemd habe. Die Desertionen mehrten sich, und der Zahlmeister, der die Ausgaben für die einzelnen Soldaten aufzeichnet, malt unverdrossen fast auf jeder Seite seines Buches neben den Namen des Empfängers einen Galgen mit den lakonischen Worten „ist vor drei Tagen entlofen". Dann richteten die Zimmerleute für einen Reichsthaler und einen guten Trunk einen Galgen auf, und der Scharfrichter schlug die Namen der Deserteure an demselben an; die Entflohenen aber kehrten damit nicht zurück. Infolgedessen empfing der Oberst von seinem vorgesetzten General die Weisung, er solle den Unterhalt eintreiben, so gut er könne. Das geschah denn auch, und manche Streifschar durchzog die Gegend, um Geld und Lebensmittel einzutreiben. Gemeinden und Private suchten sich dagegen durch militärische Schutzwachen zu sichern. So bezahlte Niederlahnstein bereits im Jahre 38 an „Salvaguardia-Geldern" 44 Thlr. 27 Alb. nach Ehrenbreitstein, und Valentin Mohrenschwanz aus Horchheim entrichtete ebendahin für eine Schutzwache 15 Königsthaler. Wie groß schließlich die Not unter den Bewohnern der umliegenden Dörfer war, lehrt uns der Compagnieschreiber, der als besonderen Posten aufführt: „3 Pauern, so wegen der verfallenen Kontribution auf die Festung in Arrest gebracht worden, und weil sie nicht zu leben gehabt, zu ihrer Notdurft davor zu essen und trinken kaufen lassen - 1 Rchsthlr. 24 Alb." Um die Besatzung zu befriedigen, beschloß das Domkapitel zuletzt, von jedem Hausstand im ganzen Erzstift

---

[79] Wyttenbach: Gesta Trevirorum III, 81
Wassenberg, Florus Germ., hebt die Freude hervor, die allenthalben herrschte, daß Rhein und Mosel nun wieder den Kaiserlichen offen standen. Er erzählt auch, wie die Belagerung zuletzt gezwungen war, Hunde, Katzen und Mäuse et abhorrentia ab humano stomacho animalia zu verzehen. S. 372
Massenius, Ann. Trevir. giebt an, daß eine Maus einen halben Gulden gekostet habe.
Ein schreckliches Bild von den Leiden der Besatzung geben die Aufzeichnungen eines Augenzeugen in der Trierer Chronik vom Jahre 1817, S. 104 ff.

[80] Der gefangene Erzbischof Philipp Christoph wurde erst im Jahre 1645 freigelassen.

monatlich 15 Alb. zu erheben, und zwar sollten gleich 2 Monate entrichtet werden, um den dringendsten Forderungen zu genügen. Ob und wie lange dieser Beschluß ausgeführt wurde, ist nicht zu ersehen.

Gegen Ende des Jahres 1639 näherte sich der Krieg wieder unseren Gegenden. Der Herzog von Longueville führte ein weimarisch-französisches Heer gegen den Rhein, um nach dem Plane Oxenstiernas den Schweden unter Baner im Osten Deutschlands die Hand zu reichen. Schon waren die festen Plätze des Hunsrücks in ihrer Hand; Bingen und Kreuznach wurden belagert. Am 3. Dezember kam von Oberlahnstein die Nachricht nach Coblenz, daß gegen 4.000 Mann bayrischer Völker heranrückten, und man war hier in Zweifel, ob dieselben bei Coblenz „über die Brücke auf den Hunsrück gehen und dem Feind die Spitze bieten, oder sonsten das Winterquartier auf dem Maifeld und daherum beziehen würden". Doch keins von beiden geschah. Es waren bayrische Reiterscharen unter den Obersten Wolf und Neuneck, die den Rhein von Oberlahnstein bis Walluf bewachen sollten, damit die Weimaraner nicht das diesseitige Ufer gewännen. Bereits im November hatten sie eine Abteilung derselben zurückgeworfen. Dennoch setzten diese Anfang Januar 1640 auf 20 Kähnen bei Bacharach und Oberwesel über den Strom und drängten die Bayern zurück[81]. Dann rückten sie über den Taunus und durch die Lahngegend gegen Thüringen, wo die Vereinigung wirklich gelang[82]. Am Rheine aber gewannen die Bayern und Kaiserlichen bald wieder die Oberhand. Der schöne Rheingau hatte bei diesen Zügen nicht wenig zu leiden. Die Bayern erwarben sich schon damals den Ruf tüchtiger Trinker, und unser Hauptmann Fritsch rühmt den guten Wein, den sie hier gefunden[83]. Ein Rheingauer Chronist urteilt darüber freilich anders. Er meint: „Uf Mariä Opferung, 21. November, kommen die Weimarer und werden von den Bayrischen vertrieben; die Bayrischen haben den Wein gesoffen, aber der Wein ist auch kein Kaufmannsgut, sondern sehr sauer gewesen"[84]. In demselben Jahr starb der Oberst Melchior von Reinach, der Oberlahnstein eingenommen, im hessischen Städtchen Hirschfeld[85].

Das Jahr 1641 begann der damalige Pfarrer von Oberlahnstein, Thoma, im Kirchenbuche mit den Worten: „Incipit annus 1641; utinam foelix, pacificus et sanus." Fast schien es, als sollte sein Wunsch vollständig in Erfüllung gehen. – In Regensburg tagte schon seit längerer Zeit der Reichstag, der den Frieden bringen sollte, und die kriegsmüde Welt hoffte eine kurze Zeit, daß die so lange entbehrten Tage friedlicher Arbeit wiederkehren und die rauhen

[81] Keller, Drangsale 375.

[82] Schliephake-Menzel VI, 514.

[83] Fritsch, S. 169.

[84] Roth, Fontes rerum Nassovicarum III, 220.

[85] Fritsch, S. 171.

Kriegsleute aufs neue Schwert und Muskete mit Hacke und Pflug vertauschen würden. Zum ersten Male seit langen Jahren konnte das Trierer Domkapitel schreiben: Das Stift ist Gottlob ohne fremde Kriegsvölker[86].

Auch das folgende Jahr ließ sich anfangs friedlich an, so daß Pfarrer Thoma es mit einigen hoffnungsreichen Distichen einleiten konnte[87]. Bald aber änderte sich die Sachlage. Am Niederrhein standen sich drohend Franzosen unter Guébriant und Kaiserliche unter Lamboy gegenüber. Die Letzteren zogen Verstärkungen heran, und bedeutende Scharen gingen unter Hatzfeld von der Wetterau aus über Limburg, Montabaur, Andernach auf Cöln zu. Ihnen folgten bayrische Truppen unter Enkefort auf demselben Wege. Ein bayrischer Oberst brandschatzte Lützel-Coblenz[88]. Doch ehe die Verstärkungen ankamen, waren die Kaiserlichen bereits geschlagen[89], und bald sehen wir die weichenden Lamboyschen Regimenter wieder in der Nähe von Coblenz. Auch die Lothringer waren an die Mosel gekommen und drangen bis Boppard vor[90].

Das Jahr 1642 wurde durch Erdbeben und Stürme eingeleitet. Starker Schneefall und darauffolgende Regengüsse ließen vom 16.-18. Januar die Lahn zu einer so ungeheuren Höhe heranwachsen, daß sie fast an allen Orten Häuser und Ställe, Vieh und Futter mit sich hinwegriß. In Diez ging das Wasser über die Stadtmauer und riß die Brücke zusammt einem steinernen Turme mit sich fort. In Nassau wurden zwei Bogen von der steinernen Brücke mit einem daran stehenden Hause eingeworfen, und die Trümmer desselben schwammen inmitten von umgestürzten Weidenbäumen die Lahn hinab. In Niederlahnstein wurde fast der ganze Rheindamm und die auf demselben stehenden Bäume hinweggenommen und zwei Häuser und etliche Mauern eingeworfen, „ohn den Schaden, so noch nit kundbar". Als besten Beleg für die Größe der Not hat ein Oberlahnsteiner Bürger überliefert, daß damals 4 Personen, die von hier nach Niederlahnstein übersetzen mußten, für die Fahrt über den angeschwollenen Fluß 1 Gld. 12 Alb. zu entrichten hatten, während sie bei gewöhnlichem Wasserstande 2 Alb. hätten bezahlen müssen[91]. Dafür berührte der Kriegslärm in diesem Jahre unsere Gegend nur wenig. Der schwedische General Königsmark rückte von Westfalen her

---

[86] Cobl. Staatsarchiv.

[87] O pater omnipotens, felix sit et aureus annus;
Omnibus et cunctis prospera fata ruant.
Da pacem optatam mundo vitamque salubrem,
Da veniam iniustis, sis medicina reis. (1642 Kirchenb.)

[88] Theatrum Eur. IV, 797 - Cobl. Staatsarchiv.

[89] Bei Hulst zwischen Kempen und Krefeld.
Schmidt, Gesch. von Frankreich III, 391.

[90] Theatr. Eur. IV, 859.

[91] Keller, S. 391. Chronikon.

gegen den Westerwald vor. Ihn abzuhalten stand dort der uns bekannte General Schnetter, und mehrfache Executionen bezeichneten seinen Aufenthalt auf den Höhen des Westerwaldes[92].

Während der beiden letzten Jahre scheint die Stadt Oberlahnstein von Soldaten ganz frei gewesen zu sein. Es wird nämlich am 10. Januar 1643 dem Stadtwachtmeister Weser in seine Bestallung hineingeschrieben: „So etwa dieser Ort mit Garnison belegt würde, soll er mit Einquartierung nicht beschwert werden, wenn sich deren Zahl nicht 25 beläuft; im Fall aber sich die Zahl über 25 erstreckt, soll er seine Beschwernis wegen Einquartierung gleich andern ertragen". Auch ist im Kirchenbuche während des genannten Jahres kein Soldatenkind aufgeführt.

Gleich zu Anfang des Jahres 1644 aber erschien am 16. Januar der Fähnrich Dietrich von Walrab[93] mit 26 Soldaten und dem zugehörigen Troß, auch einem Marketender, um hier Quartier zu nehmen. Am 18. Januar kamen Zollschreiber, Schultheiß und ein ehrsames Gericht mit ihm überein: „wegen seiner wöchentlichen Computanz, daß er, der Fähnrich, wöchentlich von der Gemeind allhier zu empfangen hab ein und einen halben Reichsthaler, benebens durch den Winter monatlich zween Wagen Holz, durch den Sommer aber monatlich einen Wagen Holz". Schon 14 Tage später ging im Namen der ganzen Bürgerschaft eine Eingabe an den Landesherrn, den Kurfürsten von Mainz, daß sie des Fähnrichs als Commandanten wegen der großen Beschwernis möchte überhoben werden. Ferner wünschten sie, daß auch der Marketender in Zukunft seinen Wein nicht frei verzapfe, sondern der Stadt die gebührende Accis gebe. Wie weit die Bitte der Stadt gewährt wurde, ist nicht klar zu ersehen[94]. Dietrich von Walrab war noch im letzten Kriegsjahr hier, aber im Jahre 47 wird im Kirchenbuche Johannes Seib als Commandant bezeichnet. Wahrscheinlich war noch eine kaiserliche Besatzung hinzu gekommen, wie aus den später genannten Verträgen hervorzugehen scheint. Eine Garnison blieb ständig in der Stadt bis zum Jahre 1660[95]. So begann der Krieg sich wieder fühlbar zu machen. Doch sah sie zu Anfang des Jahres 44 noch keine fremden Kriegsvölker an ihren Mauern vorbeiziehen. Kaiserliche und Franzosen kämpften am Oberrhein miteinander, und nur der Leichnam eines Erschlagenen, der am 28. Juli hier anländete und „auf dem Kirchhof bei dem Nußbaum" bestattet wurde, verkündete, daß weiter oben der Tod reiche Ernte hielt. Dann kam der Krieg näher und näher. Die französischen Generale

---

92 Cobl. Staatsarchiv.

93 Oberl. Gerichspt. Es ist offenbar derselbe Fähnrich, der bereits 1636 hier war und wegen seines Ungehorsams gegen den Obersten wohl nicht befördert wurde. Im Kirchenbuche wird er stets Theodor von Walraff genannt.

94 Oberlahnst. Gerichtsprot.

95 Ober. Gerichtsprot. (im Besitz von Dekan Bonn in Niedererbach.)

Turenne und Enghien rückten in die Pfalz, nahmen Speier und Worms und zogen dann vor Mainz. Ein Reiterregiment, das der bayrische General Mercy zum Entsatze der Stadt schickte, kam zu spät. Am 16. September hatte das Domkapitel die Stadt den Franzosen unter Enghien übergeben. Auf 7 Schiffen fuhr die kurmainzische Besatzung mit ihrer Habe und zwei Kanonen nach Coblenz[96]. Von den Fenstern seines Schlosses in Oberlahnstein hat wohl der Kurfürst Anselm Casimir traurig auf die kleine Flotte geschaut, die ihm verkündete, daß seine Hauptstadt wieder in der Hand des Feindes und ihm entrissen war. Als nämlich Mainz immer enger belagert wurde, hatte er sich nach seinen eigenen Worten nicht ohne äußerste Gefahr nach Oberlahnstein gerettet. Von hier aus schrieb er am 24. September an seinen Residenten Werl in Wien, „wie die Franzosen benebens ihre unverhofften großen Victorias immer noch prosequierten, und daß er noch wenig Anstalten sehe, wie solchen Progressen gesteuert, wenig, wie das Verlorene reouperiert werden möchte“[97]. Auch auf dem Taunus erschienen bereits streifende Scharen, und der Pastor von Katzenelnbogen mußte Schutz hinter den Mauern Braubachs suchen. Den heranrückenden Franzosen sollte an Lahn und Mosel Halt geboten werden. Im September sammelten sich unter dem General Geleen zu beiden Seiten des Rheins in der Umgegend von Coblenz kaiserliche und kölnische Truppen. Über die Eifel rückte der Herzog von Lothringen heran, der im Verein mit dem kölnischen General Vehlen die Mosel decken sollte. Das Hauptquartier Geleens war in Engers. Da mochten wenige Tage vorübergehen, an denen nicht eine reisige Schar an der Mündung der Lahn sich zeigte; begründete doch schon am 2. September der Junker Gottfried von Stein seine Bitte, 2 Fuder Wein in die Stadt einschroten lassen zu dürfen, mit dem Hinweis auf die schwebende Kriegsgefahr. Um die Mitte Oktober beorderte Geleen den Generalwachtmeister Schnetter und den Commandanten von Ehrenbreitstein zu einem Streifzug nach Bacharach, um den Franzosen Stadt und Schloß wieder zu entreißen. Erstere wurde geplündert, das Schloß aber hielt sich. General Schnetter erhielt einen Schuß und starb am anderen Tage[98]. Bis in das Jahr 45 hinein stand das kaiserliche Heer in der Nähe von Coblenz; am 3. Januar verließ Geleen mit der Hauptmacht den Rhein und zog nach Westfalen. Dafür machte der rührige Commandant von Ehrenbreitstein, Oberst Neuenheim, manchen Streifzug in die nähere und fernere Umgebung.

---

[96] Th. Eur. V, 438. In dem Accorde (pag. 441) werden die Truppen teils als mainzische, teils als „immediat kaiserliche“ bezeichnet.

[97] Würzburger Kreisarchiv. Wie lange der Landesfürst sich in Oberlahnstein aufgehalten hat, ist nicht zu ersehen. Ein Andenken hat er seiner Stadt doch hinterlassen. In einem Schreiben vom Jahre 1688 lesen wir, daß Anselm Casimir den Kreuzaltar hat elaborieren und aufirchten lassen. Wiesb. Staatsarchiv.

[98] Theatr. Europ. V, 463

Auf seinen Befehl besetzte Hauptmann Klein, der eben in Ehrenbreitstein angekommen war, im Februar die Stadt Rhens mit 125 Mann vom Goldackerschen Regiment[99]. Die Nachbarstadt Boppard hatten die Franzosen bereits eingenommen. Diese beherrschten die Wetterau. Dann erschienen auch Truppen der Landgräfin von Kassel auf dem Taunus, um dem Darmstädter die niedere Grafschaft Katzenelnbogen zu entreißen[100]. In mannigfachen Kämpfen suchten hier auf der einen Seite Kaiserliche und Darmstädter, auf der andern Kasseler und Franzosen Boden zu gewinnen. So bezog ein französisches Regiment im November 45 in Caub das Winterquartier, wurde aber zu Beginn des folgenden Jahres von den Kaiserlichen und Darmstädtern wieder verjagt[101]. Doch behielten im ganzen die Kasseler unter Geiso in diesen Gegenden die Oberhand. Im Anfang des Jahres 46 fuhr abermals ein Trupp Kaiserlicher zu Schiff von französischen Fahrzeugen geleitet an Lahnstein vorbei nach Coblenz; es war die Besatzung von Kreuznach, die nach langem Widerstand sich ergeben hatte. Ringsum zog sich das Kriegswetter drohend zusammen. An der Mosel standen die Lothringer; in und um Diez und Beilstein lagen von März bis Mai 11 Regimenter Schweden unter General Wrangel[102]. Gegen die Grafschaft Katzenelnbogen rückten die Hessen, und nun erschien der Erzherzog von Österreich mit bayrischen und kaiserlichen Truppen, um dem Darmstädter zu helfen. Auf der anderen Seite des Rheins schickten sich die Franzosen an, über den Strom zu gehen, um Oberlahnstein zu nehmen und dann mit den Schweden sich zu vereinigen. Im Mai schlugen sie bei Lorch eine Brücke; doch kamen nur etwa 1.000 Reiter über dieselbe in den Rheingau, die alsbald wieder zurückberufen und in die Quartiere gelegt wurden. Die mühsam erbaute Brücke wurde durch die Unvorsichtigkeit einiger Soldaten zerstört, die mit einem beladenen Floß dagegen fuhren. Nun sollte bei Oberwesel ein neue errichtet werden, doch blieben sie zunächst auf der linken Rheinseite und nahmen im Juni Rhens wieder ein[103]. Erst im August vereinigte sich Turenne mit Wrangel, und beide zogen über den Main nach Bayern, wohin der Erzherzog ihnen folgte. Oberlahnstein war von der

---

99 Th. Eur. V, 502.
Am 16. März entleibte sich daselbst ein Fähnrich. Rhens. Kirchenb.

100 Der Zollschreiber Franz Kaiser, der im Mai von Oberlahnstein nach Mainz reisen wollte, mußte unterwegs umkehren.

101 Nass. Annal. 23, S. 96.

102 Cobl. St.

103 Theatr. Eur. V. 874

104 Wiesb. Staatsarchiv.

105 Th. Eur. V. 1060.

106 Nass. Annal. 23, S. 96.

107 Graf Johannes wohnte auf der Marksburg. Wilhelmi, Braubach, 34.

108 1. Theatr. Eur. VI, 133

Belagerung verschont geblieben. Doch war man in keiner geringen Sorge gewesen. Der Zollschreiber hatte bereits Vorkehrungen getroffen, um die wichtigsten Habseligkeiten und Schriftstücke zu retten. Im August klagt er, daß er bei den jüngsten Troublen einen Akt dergestalt verpackt habe, daß er ihn nicht wiederfinden könne[104]. Dafür schlossen die Franzosen nun mit Kurmainz im April 47 einen Vertrag, wonach die kaiserlichen Besatzungen aus Gernsheim und Oberlahnstein abziehen und die Städte mit eigenem Volk, doch mit wenigen besetzt werden sollten. Der Commandant von Gernsheim verließ auch die Stadt und ging mit seinen Soldaten nach Ehrenbreitstein[105]. In Oberlahnstein aber blieben die Kaiserlichen. Um dieselbe Zeit rückten die Kasseler unter Mortaigne in die niedere Grafschaft Katzenelnbogen. Diesmal hatten sie rasche Erfolge. Eine Festung nach der andern wurde den Kaiserlichen entrissen, so Reichenberg, St. Goarshausen, Caub mit Gutenfels[106] und die Burg Katz. Die Besatzung der letzteren, Darmstädtische Truppen, wurden nach Braubach abgeführt, aber Graf Johannes[107], der Bruder des Landgrafen von Darmstadt, wollte sie nicht aufnehmen, weil er sich neutral erklärt hätte. So blieb ihnen nichts übrig, als sich unter die Kasselschen stecken zu lassen, um von nun an an der Seite der früheren Gegner zu kämpfen[108]. Am längsten widerstand das feste Rheinfels. Schon bei Beginn der Belagerung floh ein Teil der Bewohner von St. Goar nach Boppard und den umliegenden Orten; ein solcher Flüchtling wurde Ende Juni in Braubach begraben[109]. Die Festung wurde aufs heftigste beschossen, und die Belagerten antworteten nicht minder kräftig. Mortaigne erhielt eine tötliche Wunde und starb am 18. Juli. Zwei Wochen vorher wurde Rheinfels infolge eines Vertrages zwischen Darmstadt und Kassel übergeben[110]. Oberst von Uffeln wurde Commandant der Festung. Während so von Süden her die Hessen unserer Stadt sich näherten, waren auch die Lothringer an der Mosel von Coblenz erschienen[111]. Die bedrängten Domherren in Coblenz hatten in ihrer Not sich an den Commandanten in Ehrenbreitstein gewandt, damit dieser die ungebetenen Gäste von den ausgesogenen Orten der Umgegend fernhalte. Das nahm ihnen der Kurfürst, der im Jahr 45 aus seiner Haft entlassen worden war und alsbald wieder angefangen hatte, Schutz für sein bei den Franzosen zu suchen, gewaltig übel. Er schreibt ihnen am 1. April: Numquid non habuistis deum in Israel, quod ivistis adorare Baal in Accaron?[112] Das ist,

[109] Braub. Kirchenb.

[110] Schlieph.-Menzel, VI, 527.

[111] Die zuchtlosen lothringischen Soldaten verwüsteten von Hammerstein aus die ganze Umgegend auf das rücksichtsloseste, und der kaiserliche General Melander erteilte schließlich den Rat, die Lothringer nicht wie Soldaten, sondern wie Räuber zu behandeln. Ein Kalvinist als kaiserl. Feldmarschall (Melander von Holzappel) Programm der Luisenschule, Berlin, 1890.

[112] 2. Kön. 1,3.

habt ihr nicht Trierische Soldaten gehabt, und ist nicht Succurs genugsam vorhanden gewesen, wo nicht das platte Land, so doch die beschlossenen Landstädte und Örter gegen die Lothringer zu verwahren? Warum lauft ihr da zu des Erzstifts Erzfeinden und Landfriedbrechern auf Ehrenbreitstein, den rechten Baalisten in Accaron? Heißt das nicht, das Land dem Feind in die Hand geben und seinen Herrn damit vertreiben? Wer hat euch denn Gewalt gegeben, um dergleichen Hauptwerk hinterrücks eures Landesfürsten zu attentieren? Der Commandant von Ehrenbreitstein, Lukas Spieck, und die starke Garnison daselbst, die dem Erzstifte erhalten werden mußten, waren dem Kurfürsten überhaupt ein Dorn im Auge. Nun waren gar noch die Lothringer gekommen; so begann Philipp Christoph mit den Hessen zu verhandeln, damit diese ihn von dem Commandanten sowohl wie von den Lothringern befreiten. Schon war man übereingekommen, daß der fürstliche hessische Generalmajor Rabenhaupt anrücken und Lahnstein, den Turm zu Capellen und die Feste Hammerstein nehmen sollte. Dabei wünschte der Kurfürst, daß die beiden letzten Punkte während und nach der Belagerung demoliert würden, damit sie nicht länger Stützpunkte für fremde Truppen seien. Der Landeshauptmann, Graf Cratz in Coblenz, sollte die Verhandlungen insgeheim betreiben. Dabei mußte derselbe dem hessischen General zu verstehen geben, daß der Kurfürst ihn bei seinem Unternehmen gegen das kurmainzische Lahnstein und ebenso wenig gegen die Lothringer offen unterstützen könne; dagegen würde er ihm mit Lieferungen von Proviant jeder Art an die Hand gehen. Der Tod Mortaignes machte den Plänen ein plötzliches Ende. Die Landgräfin Amalie Elisabeth schrieb dem Kurfürsten eigenhändig, daß das Heer ohne Oberhaupt sei und nicht kommen könne, der Commandant von Rheinfels aber sei angewiesen, ihm gegen die Besatzung von Ehrenbreitstein zu Diensten zu sein[113]. Infolgedessen entging Oberlahnstein abermals einer längeren Belagerung, die Hessen aber mußten bald darauf die Gegend verlassen, um das eigene Land gegen die Kaiserlichen zu schützen. So kam das letzte Jahr des Krieges heran und mit ihm die letzten Beunruhigungen unserer Gegend. Zu Anfang Januar waren einige kaiserlichen Regimenter in Limburg und der Niedergrafschaft Katzenelnbogen einquartiert. Sie kamen von der oberen Lahn und wichen vor den schwedischen Generalen Wrangel und Königsmark in die Maingegend[114]. Im März und April rückten die Lothringer wieder an die Mosel; nach dem Wunsche des kaiserlichen Obergenerals sollte Lamboy vom Niederrhein her sich mit ihnen bei Trarbach vereinigen. Der Kurfürst von Trier war in Sorge und wies den Grafen Cratz in Coblenz an, denselben nicht bei Coblenz, sondern bei

[113] Cobl. Staatsarchiv.

[114] Ein Kalvinist als kaiserl. Feldmarschall; Progr. der Charlottenschule, Berlin 1892, Seite 10.

Winningen die Mosel passieren zu lassen. Die Landgräfin von Hessen bat Phil. Christoph, dem Commandanten von Rheinfels bei seiner Proviantierung Vorschub zu leisten[115]. Doch war die Sorge diesmal unnötig, denn Lamboy kehrte um und zog auf Wunsch des Kurfürsten von Köln nach der Weser[116].

So war unsere Gegend von größeren Truppenmassen frei und sollte es bleiben; die letzten Kämpfe wurden in Bayern und da, wo vor 30 Jahren der Krieg seinen Anfang genommen, in Böhmen, ausgefochten.

Innere Verhältnisse nach der Schwedenzeit.[117]

Als die schwedisch-französische Besatzung unsere Stadt verließ, mußte die Verwaltung neu geordnet werden. Die kurfürstlichen Beamten, die vordem hier in Thätigkeit gestanden hatten, waren teilweise gestorben; so der frühere Zollschreiber Friedrich Weinbach und der Schultheiß Joh. Ludwig von der Eck. Amtmann von Oberlahnstein wurde Lothar Walpot von Bassenheim (vor der Schwedenzeit Damian Walpot v. B.). Der kurfürstliche Geheimsecretair Franz Kaiser wurde Zollschreiber und Saalkellner, zugleich Stellvertreter des Amtmanns. Das Schultheißenamt war mit der Stelle des Nachschreibers beim Zoll verbunden, Joh. Melchior Schnatz erhielt dasselbe. Die übrigen Zollbeamten waren schon vor 1632 hier beschäftigt gewesen und traten nun wieder in ihr altes Amt ein, so der Beseher Joh. von Kesselheim und der Nachgänger Kunz von Mehrheim. Die neuen Beamten fanden alsbald vollauf zu thun. Die ständige starke Einquartierung und die wiederholten Durchmärsche hatten dem Wohlstande der Bürger tiefe Wunden geschlagen; die endlosen Streifzüge aber ließen auch in der Folgezeit den Landmann oft schwer zur Aussaat und Ernte kommen. Manche Häuser waren in der Kriegszeit verlassen worden und dem Ruin anheimgefallen, andere bedurften dringend der Besserung. Als im Jahre 1643 die Schornsteine nachgesehen wurden, fanden sich 10 baufällige; Johannes Grenzhauser hatte überhaupt keinen. Viele Mauern in den Weinbergen mußten ausgebessert werden. So kann es nicht Wunder nehmen, wenn wir alsbald zahlreichen Schuldklagen begegnen. Georg Mangolt hat dem Wendel Eymuth von 1632-38 keine Interessen von einem geringen Darlehen zahlen können. Die Witwe des verstorbenen Schultheißen von der Eck wird mehrfach verklagt; sie will mit ihrer „Barschaft an Wein und Hausgerät, desgleichen mit ihren besten Feldgütern die Gläubiger befriedigen, Geld aber ist bei ihr nicht zu haben".

---

[115] Cobl. Staatsarchiv.

[116] Progr. d. Ch. S. 12

[117] Die folgende Darstellung ist in der Hauptsache nach Oberl. Gerichts- und Ratsprotokollen entworfen.

Desgleichen muß Thönnes von Schweighausen, der „im schwedischen Kriegswesen" dem Stiefsohn des Lehrers Münster 4 Ohm Wein für 14 Thaler verkauft hat, im Jahre 43 sich mit dem bedenklichen Troste abfinden lassen, daß er „kontentiert werden solle, falls von dem besagten Stiefsohn noch etwas vorhanden sei". Draußen freilich sah es nicht besser aus. Mußte doch die Stadt selbst dem Prälaten vom Kloster Arnstein die rückständigen Abgaben von seinen hiesigen Gütern für die 4 Schwedenjahre erlassen. Die natürliche Folge der Geldarmut war ein gewisses Zurückgreifen auf die alte Naturalwirtschaft; so wurde im Jahre 43 am 3. November „uff der Kellerey vom Gericht im Beisein des Zollschreibers decretiert, daß man im Herbst an Schulden das rot Viertel Wein soll geben und annehmen für 13½ Alb., und das Viertel weißen Wein für 12 Alb."[118]. Die unteren städtischen Beamten, die Kuh-, Schaf- und Schweinehirten, die früher eine bestimmte Summe Geldes erhalten hatten, bekommen nun ihren Lohn in Naturalien, und dem städtischen Wachtmeister wird „vor seine Belohnung und Ergötzlichkeit zuerkannt, zwei Fuder Wein und nit darüber vor frei zu verzapfen".

Noch ein anderes Übel brachte die lange Dauer des Krieges mit sich. Bei der herrschenden Unsicherheit suchten viele Vertriebene Schutz in den ummauerten Städten, darunter auch mancherlei Personen zweifelhaften Charakters. In der neuen Hospitalordnung von 1643 wird den Hospitalmeistern geboten, solcherlei „Gesindel", das im Hospital etwa Aufnahme oder Anstellung gefunden, auszuweisen und darauf zu achten, daß das Haus von dergleichen Leuten nicht beschwert werde. Für das Vorhandensein solcher Elemente spricht auch die folgende Notiz im Niederlahnsteiner „Armenzinsbuch". Der Hospitalmeister Joh. Weinbach war 1647 dem Hospital bei der Rechnungsablegung 50 Gulden schuldig geblieben. Bald darauf wird der Witwe desselben „wegen deren nun etliche Jahre erhaltenen Fündlingskinder" an diesem Rezeß durch den Amtmann Lothar Freiherrn von Metternich 50 Gulden nachgelassen.

Das Schlimmste, was der Krieg mit sich brachte, war die zunehmende Verrohung der Gemüter, die sich besonders in der großen Menge der Klagen wegen gefallener Scheltworte kundgiebt.

Kein Dingtag vergeht, ohne daß die Schöffen die Scheltworte rügen, die „vor diesem gebraucht seind worden".

Eine bunte Reihe von Schimpfworten aller Art begegnet uns in den Gerichtsverhandlungen. Joh. Fallender wünscht dem Joh. Speyer St. Jakobs-Wunden in den Leib, sein Gegner nennt ihn einen Schelm. Johannes Erb hat den Stoffel Junker „einen Schelm geheißen und will ihm auch einen Schelmenbrief auf den Rücken binden und ihn zur Pforte hinaus weisen". Selbst

[118] Derselbe Preis wird im Jahr 1646 festgesetzt.

beim Gerichtsessen schimpft Wendel Eymuth seinen Nachbarn einen Lecker, und Heinrich Butzbach setzt vollends allen Respekt aus den Augen, schilt das ganze Gericht als Flegel und wünscht den Herren Schöffen freundlichst, daß der Donner und der Hagel in ihr Herz fahre.

Was wollen wir sagen, wenn selbst die Bürgermeister gegen Gericht und Amtmann revoltieren und „mit Trutzen und Pochen" ein gar ärgerlich Wesen treiben[119].

Ja ein Fall vom Jahre 1641 erschien unserm Chronisten[120] so wichtig, daß er ihn besonders verzeichnet. Erschien da am 2. März vor Schultheiß und Schöffen Henricus Lützenkirch, gewesener Schulmeister, wegen verschiedener Injurien, so er wider Herrn Pastoren und andere Personen „ausgegossen". „Hat er allda vor sämtlichem Gericht einen Widerruf gethan, daß er von selbigen Personen nichts anderes wisse, als alles Ehr und Gutes; im Fall aber etwas gesagt sein solle, so sei solches aus Drunkenheit, doch ihm unwissend geschehen". Darnach wurde ihm angekündigt, daß er auf kurfürstlichen Befehl vom 27. Februar die Stadt auf ein Jahr zu meiden habe, und nachdem er das Versprechen gegeben, daß er gegen keinen, weder in Person noch durch andere, Vindict und Rache suchen wolle, ist er dann seines Arrestes entlassen und demittiert worden.

Am allerempfindlichsten waren unsere Altvorderen sicherlich gegen den Schimpfnamen „Schelm" der ihnen sehr häßlich geklungen haben muß; darum wird gegen den armen „Schelm" auch am meisten zu Felde gegangen.

Das Gericht suchte solchem Wesen nach Kräften zu steuern; am leichtesten wurden ihm die Verhandlungen in Sachen streitender Hausfrauen, die weinten und baten um Verzeihung; die Männer aber waren hartnäckiger und suchten ihre Worte abzuleugnen oder sie als berechtigt darzustellen. Lorenz Sauer hat „einen halben Drunk" gehabt und weiß sich der Worte nicht mehr zu erinnern. Hans Glaser hat den Wilhelm Jung einen Hexenpfeifer gescholten, will ihn aber nur schlechtweg einen Pfeifer genannt haben. Philipp Kontzenhausen hat den Hamann Weiler einen Dieb und Meineidigen genannt. Beklagter antwortet, „daß er beschenkt gewesen; hofft nicht, daß die Worte angegebener Maßen gefallen; er sei aber provociert worden". Es half nicht, er mußte 4 Reichsthaler Strafe zahlen, und daß er vor Gericht unziemliche Reden geführt hatte, ward ihm 3 Reichsthaler besonders angerechnet. Dazu wurde ihm und seinem Gegner „bei unnachsichtlicher Leibes- und Geldstrafe" geboten, sich alles Scheltens zu enthalten.

Auch bei den Schuldklagen suchte das Gericht nach Möglichkeit den Gläubigern und Schuldnern gerecht zu werden. Hier bewirkte es längeren Ausstand, dort einen Nachlaß der geschuldeten Summen. Dabei läuft auch

---

119 Siehe Beilage

120 Oberl. Chr.

gelegentlich ein recht salomonisches Urteil mit unter. Johannes Doht begehrt von einem ehrsamen Gericht zu wissen, wo er seine Unkosten wegen Velten Klaudt, derzeitigen Bürgers zu Coblenz, so Zeit seines Arrestes allhie aufgegangen, solle fordern: „Ist der Schöffen Dekret, daß er sich an dem arrestierten Velten Klaudt solle erholen, so gut er kann".

Die vornehmliche Sorge mußte natürlich die sein, Stadt und Umgebung vor dem Überfall räuberischer Scharen zu schützen. So ergeht im April 38 die Verordnung: „Wenn man vermeldet oder gewahr wird, daß eine streifende Partei in Unsers Gnädigsten Kurfürsten Und Herrn Gebiet oder hiesiger Gemarkung auf Rauben und Plündern sich finden lassen würde und mit der Glocke geläutet wird, soll Jeder mit einem guten Rohr oder anderm seinem Gewehr vor dem Rathaus auf dem gemeinen Platz erscheinen und fernere Ordre erwarten". Daneben war ein regelmäßiger Wachtdienst eingerichtet. Nach der Ordnung vom Jahr 44 mußten neben den Soldaten während der Nacht 6, am Tage 2 Bürger Wachtdienst thun[121]. Zu jeder Stunde der Nacht ging eine Runde. Um 8 Uhr die Hauptrunde, um 9 Uhr eine Gerichtsperson, um 10 ein Gefreiter, um 11 eine Gerichtsperson, um 12 ein Gefreiter, um 1 eine Ratsperson, um 2 ein Gefreiter, um 3 eine Ratsperson, um 4 ein Gefreiter, um 5 die Tagesrunde. Den gesamten Dienst beaufsichtigte der städtische Wachtmeister. Er mußte jeden Abend die Wache aufführen, in Abwesenheit des Amtmanns die Losung auf dem Schloß bei dem Zollschreiber oder dem Amtmann holen, oder wenn auch diese abwesend waren, dieselbe den Gerichtspersonen, die die Runde hatten, selber geben. Er hatte ferner bei Eröffnung und Schließung der Thore zugegen zu sein und wegen jeder Fahrlässigkeit dem Schultheißen schriftlichen Bericht zu abzustatten[122]. In Fällen der Not, wo eine schnelle Meldung (oder Warnung) geschehen mußte, verrichteten besondere Läufer diesen Dienst, denn unter den ständigen Posten der Bürgermeisterrechnung findet sich einer über 2 Gld. und 8 Viertel Wein für „die Löper". Um endlich bei einer Beschießung oder einer zufällig entstehenden Feuersbrunst nicht an Wassermangel zu leiden, mußte jeder Bürger vor seiner Thür oder im Hause eine Ohm Wasser haben.

Eine zweite, nicht minder wichtige Aufgabe war die Fürsorge für die durch den Krieg vermehrte Zahl der ärmeren Bürger. Um die Menge der Unvermögenden und dereinst Hülfsbedürftigen nicht noch weiter anwach-

---

[121] Der Wacht der Bürger war wohl das Vieh- und Rheinthor überlassen, denn wir finden je 3 Bürger als Wächter für dieselben bestimmt; die anderen Thore wurden von den Soldaten versehen. Die neu aufgenommenen Bürger waren im ersten Vierteljahr von der Wacht befreit. (Oberl. Gerichtsprot.)

[122] Bestallung des Wachtmeisters Joh. Weser; im Kirchenbuche wird er mit Bezug auf seine Pflichten Vicekommandant genannt.

sen zu lassen, wurde im Mai 38 bestimmt, daß alle diejenigen, die in der Stadt sich aufhielten, ohne Bürger zu sein, bei den Bürgermeistern sich anmelden und ihre „eheliche Geburts- und Abschiedsbriefe" beibringen sollten. Wer dies nicht vermochte, mußte innerhalb von 14 Tagen die Stadt räumen, und kein Bürger durfte ihn ohne Erlaubnis des Herrn Schultheißen oder der Bürgermeister „aufhalten noch beherbergen" bei unnachläßlicher Strafe. Im Jahre 44 finden wir nur 5 Nichtbürger als „Inwohner" verzeichnet, die gleich den Bürgern Wachtdienst thun und Wachtholz geben mußten. Daneben hatten sie eine kleine monatliche Abgabe zu zahlen. Schneider Theiß von Frücht entrichtete das ganze Jahr hindurch 4 Gld. 12 Alb. und mußte ein Fenster in die große Rathausstube machen lassen.

In Verwaltung der Stadt befanden sich eine Reihe von Vermächtnissen, deren Ertrag zum besten der Armen verwendet wurde. So wurden zum Jahrgedächtnis des gewesenen Zollschreibers Friedrich Weinbach jährlich 5 Gld. durch den Bürgermeister den Armen gegeben; an den Fronfasten wegen Niclas Kolb für 4 Gld. und am Peter-Paulstag für 2 Gld. 12 Alb. Brot[123]. - Auch verurteilte das Gericht nicht selten zu Ordnungsstrafen, von denen ein Teil für die Armen bestimmt war. Am meisten nahm sich naturgemäß die Kirche derselben an. In einer Kirchenrechnung von 1640 finden sich verschiedene Legate Verstorbener, in denen nur die Armen bedacht werden; von anderen erhalten Pfarrer und Frühmesser einen kleinen, die Armen den größten Anteil. Am Charfreitag wurden zum Jahrgedächtnis des verstorbenen Pfarrers Richter für 2 Gld. Weißbrot verteilt; desgleichen am Sonntag Misericordias Domini zum Jahrgedächtnis des früheren Pfarrers Peter Lohn. Auch hier ist Friedrich Weinbach mit einem beträchtlichen Legat verzeichnet, und ebenso ein früherer Amtmann Antonius Walpot von Bassenheim.

Endlich sorgte ein reich fundiertes Hospital für die dringendsten Bedürfnisse der Armen. Aus der ausführlichen Ordnung vom Jahr 1643 erfahren wir, daß nicht allein „eingesessene unvermögende Hausarme oder Kranke", sondern auch fremde Arme, die im Hospital einkehrten, mit Geld, Speise und Trank unterstützt wurden. Insbesondere wird noch Fürsorge getroffen für verschämte Arme, die durch Unglück oder Krankheit in Not geraten waren. Damit „deren Notdurft nicht öffentlich kundbar werde, und sie kein Bedenken tragen möchten, Almosen anzunehmen, sollen die Hospitalmeister ihre Namen nicht in das Hospitalbuch eintragen und nur gehalten sein, dem Amtmann oder dessen Stellvertreter jene Personen und den Aufwand für dieselben insgeheim zu nennen. Auch sollen sie ihnen die

---

123 Das Original der Verschreibung des Zollschreibers Niclas Kolb vom Jahre 1559 steht: Annalen XV, 223

Almosen mit aufrichtiger Bescheidenheit mitteilen, damit sie sich derselben erfreuen und der Fundatoren und Benefactoren des Hospitals im Gebet gedenken"[124].

Allmählich ging das Leben aufs neue seinen gewöhnlichen Gang. Der Bauer bestellte wieder seinen Acker und bearbeitete seinen Weinberg mit der Hoffnung auf eine ungestörte Ernte, und der Handwerker fand wieder zu thun und konnte die Erzeugnisse seiner Arbeit unter der Halle des Rathauses feilbieten[125]. Dabei erfuhr die Thätigkeit des Einzelnen eine schärfere Regelung von seiten der Behörden, als eine spätere Zeit sie kannte. Es wird der Landmann darauf hingewiesen, „daß um Johannis die Mistung besichtigt wird, darnach sich ein Jeder zu richten und was ihm bei der vorigen Besichtigung auferlegt worden, solches ins Werk zu setzen". Wer in zwei Jahren seinen Weinberg nicht nach Gebühr gegraben, soll solches bei Verlust des Weingartens vor Johannis thun. Es hat sich einer einfallen lassen, ohne Vorwissen des Saalkellners ein Stück Weinberg als Ackerland zu benutzen und zu besäen. Ihm wird bei Leibesstrafe geboten, solches künftig zu unterlassen und den Platz wieder zum Weingarten zu machen. Die der Frucht schädlichen Bäume in den Feldern müssen weggenommen werden, die Dornhecken an den Wegen zur bestimmten Zeit abgehauen werden. Im Jahr 44 wird bestimmt, daß „jedermann vom Koppelstein bis zur Liebfrauenkapelle einen Obstbaum, als Birn- oder Apfelbaum, haben darf, die übrigen sind abzuschaffen". Zur selben Zeit wird festgesetzt, „daß hinfüro die ganze Länderei in zwei Fluren geteilt und eine brach liegen soll; auf der Übertreter Ländereien aber sollen die Früchte durchs Vieh abgeätzt werden". Dem Fuhrmann ist vorgeschrieben, was er für eine Fahrt aus den Hecken in die Stadt zu nehmen hat, und der Bäcker muß für eine bestimmte Summe Geldes eine bestimmte Menge Brod „ausgebacken" liefern.

Seit 1638 fand wieder regelmäßig gegen Ende Mai oder im Juni der kurfürstliche Dingtag auf „dem Saal" statt. Nachdem Amtmann, Zollschreiber, Schultheiß, die 14 Gerichtsschöffen[126] und die ganze Bürgerschaft sich versammelt hatten, wurden die Namen aller Bürger verlesen, einzelne Übertretungen gerügt und besonders in feierlicher und stets gleicher Weise die Rechte des Landesherrn Stadt und Bürgern gegenüber verkündet.

---

[124] Auch alle anderen Ausgaben des Hospitals werden geregelt. Am merkwürdigsten ist, daß 9 Nachbarn desselben, die namentlich ausgeführt werden, das Recht auf einen jährlichen Schmaus haben.

[125] So verkauften dort die Ofenmacher ihren „Kram", und es wird ausdrücklich angegeben, daß jeder Bürger daselbst feilhaben darf, wann er will.

[126] Die 14 Gerichtsschöffen heißen: Hans Heller, Georg Lohner, Joh. Engel, Friedrich Hambach, Joh. Erbe, Joh. Weißbecker, Quirin Fachbach, Hamann Weyler, Joh. Glaser, Joh. Buch, Peter Bloch, Wendel Eimuth, Quirin Junker, Joh. von Nievern.

Am 19. August des genannten Jahres wurde auch wieder der alljährliche öffentliche Grenzumgang gehalten[127] durch den Zollschreiber Kayser in Begleitung der Bürgermeister Peter Bloch und Johannes Hammelmann, einer Anzahl alter und junger Bürger und etlicher Abgesandten aus den benachbarten Orten als Zeugen. Ein kaiserlicher Notar[128] ging ebenfalls mit, um das Protokoll über den Umgang aufzunehmen. Morgens um 5 Uhr zog die Schar mit fliegenden Fahnen, Pfeifen und Trommeln zur Rheinpforte hinaus, um abends gegen 6 Uhr an derselben Stelle wieder die Stadt zu betreten. Der Weg ging den Rhein hinab bis zur Lahn an der Nieverner und Früchter Grenze entlang bis nach Spieß-Ems, dann an der Dausenauer, Schweighäuser, Becheler und Braubacher Grenze vorbei bis zur Mündung des Schlierbach in den Rhein.

Gewann so das alltägliche Leben wieder sein altes Gepräge, so fanden sich auch nach und nach Anzeichen neuen Wohlstandes. Am 15. Februar 38 erschien vor Gericht und Rat der Kohlenbrenner Matheiß aus Köln und wünschte im Namen seines Kurfürsten ein Stück Wald zu kaufen, um darin für die kurfürstliche Hofhaltung Kohlen zu brennen. Er erhielt ein solches für 90 Rchsthlr., wovon er die Hälfte sofort, die andere einige Zeit später entrichten mußte. Auch bezahlte er den Weinkauf und die Unkosten beim Besichtigen des Holzes mit 5 Rchsthlr. Im Jahre 1640 fühlte man sich so sicher, daß man daran ging, die alte Kirchenmauer umzureißen und zu erneuern. Damals wurde eine 51 Fuß lange und 12 Fuß hohe Mauer gebaut. Dabei erfahren wir, daß der Maurer damals 20 Alb. Tagelohn erhielt, während der Leyendecker für sich 18, für seinen Gesellen 12 empfing[129]. Doch wurde nur der Abbruch der alten Mauer in Tagelohn aufgeführt, die eigentliche Arbeit geschah nach Accord, und zwar bekamen die Maurer für die Quadratrute 4½ Rchsthlr. oder 8 Gld. Dabei wurde ihnen Kalk, Steine, Sand und alles Material zum Verarbeiten fertig geliefert. Als sie den ersten Stein legten, erhielten sie „vor ihre Gerechtigkeit" ½ Viertel Wein (= 2 Maß); wie sie auf Pfingsten Feierabend machten, wurden ihnen 4 Maß verehrt, und als sie das Werk vollendet, kostete die Bewirtung für 10 Maß Wein 2 Gld. 2 Alb. und an „Essenspeiß" 1 Gld. 6 Alb.

Verhältnismäßig gering wurde Frauenarbeit geschätzt, denn „6 Weiber, so einen Tag lang Kalk in die Kirche getragen", erhalten jede 4 Alb. In demselben Jahre wurden auch die Kirchenfenster, die in der Kriegszeit nicht wenig gelitten haben mochten, erneuert und teilweise mit neuen Eisenstäben verse-

[127] Nassauische Annalen XV, S. 235 und 149. Die Namen der Bürgermeister sind geändert nach den Gerichtsprotokollen.

[128] Peter Wolffsfeldt aus Trier.

[129] Dagegen bekamen 4 Gerichtsschöffen, die 6 Tage lang die Kirchenbriefe besichtigten, jeder täglich 13½ Alb.

hen für 20¼ Gld., außerdem erhielt der Glaser bei der Lieferung für 1 Gld. Wein.

Im folgenden Jahre wurde seit langer Zeit zum ersten Male wieder die Herbstweide an einen Schäfer um 24 Gld. verdingt; er durfte 350 Stück auftreiben. Im Jahre 1642 sollte wieder ein Gemeindeschäfer angenommen werden. Als Lohn wurde ihm geboten 6 Malter Korn, und er durfte in 6 Nächten die Pferg zu seinem Nutzen verwenden. Auch war ihm gestattet, drei Viertel Schafe für sich zu halten; der Schäfer Reichart kam aber nicht. Deshalb wurde im nächsten Jahre der Lohn auf 8 Malter Korn erhöht, und nun kam der Schäfer. Auch die Schweine und Kühe wurden verdingt, und es erhielt der Schweinehirt von jedem Stück wöchentlich 6 Pfennige, der Kuhhirt von jedem Stück das ganze Jahr hindurch 4 Hausbrot und 4 Alb. – Für den wachsenden Wohlstand zeugt auch, daß in diesem Jahr eine Reihe von Posten in der Bürgermeisterrechnung ständig gemacht werden, die bis dahin nicht als solche aufgeführt waren. Fortan empfingen an dem Tage, an dem die Bürgermeister-, Kirchen- und Hospitalrechnung abgehört wurde, 30 Beamte je 9 Alb., desgleichen am Neujahrstage 27 Beamte je 5 Alb. und ein bestimmtes Quantum Wein. Auf Faßnacht bekam das Gericht 2 Gld., und die Schöffen, die zu Ostern und Fronleichnam den „Heiligtumskasten" getragen, erhielten jedesmal 3 Gld.

Wenn die Maße auf der Kellerei revidiert wurden, sollten 15 Gld., wenn die Schützen und Förster eingesetzt wurden, 13 Gld. ausgegeben werden. Überhaupt lesen wir von mancherlei kleineren und größeren Nebeneinkünften, die den besoldeten sowohl als unbesoldeten Beamten zufielen. So erhielten aus den Einnahmen des Hospitals auf St. Jakobiabend: „Pfarrherr, Hospital- und Schulmeister, Chorsänger und Glöckner je ein Viertel Wein und für 2 Alb. Brot; desgleichen am St. Jakobitag der Pfarrherr ein halb Viertel Wein und 12 Alb., der Schulmeister ein Maß Wein und 6 Alb. Ebenso finden sich in zahlreichen kirchlichen Vermächtnissen: Pfarrherr, Frühmesser, Schul- und Kirchenmeister bedacht. Schultheiß und Gericht endlich empfingen vom Kurfürsten jährlich statt eines Herbst- und Ernteessens 30 Gld. zu 15 Batzen und „wegen des Westerburgischen Zehnten, so kurfürstliche Gnaden pfandweise an sich gebracht", 32 Gld. zu 24 Alb., wofür Schultheiß und Gericht „Ihre kurfürstliche Gnaden, auch dem Herrn Zollschreiber und Saalkellner, und wem sonsten Quittierens vonnöten sein möchte, gänzlich quittieren".

Am besten tritt die stete Besserung in den Lebensverhätnissen hervor, wenn wir die Brottaxe vom Jahre 1638 und die vom Jahre 1647 vergleichen. So heißt es im erstgenannten Jahre[130]: Wenn das Coblenzer Halbmalter Korn wiegt 135 Pfd. und mit den Unkosten 10 Gld. 3 Alb. gilt, auch für Abgang 22 Alb. berechnet werden, so soll das 6 Alb.-Brot wohl ausgebacken wiegen 3 Pfd. 12 Lot; ein Zweialbus-Weck soll wiegen 15½ Lot; eine Zweialbus-Schößgen 15 Lot.

Weiter lesen wir: Anno 1647 den 9. August ist in Gegenwart des Herrn Saalkellners, des Schultheißen und des ganzen ehrsamen Gerichts und Rats das Coblenzer Weißbrot gewogen worden und befindet sich, daß für 1 Alb. Schößgen wohlgebacken wiegen sollen 1 Pfd. 1 Lot; für 1 Alb. Spitzweck 31 Lot; für ein Alb Brötchen 1 Pfd. 20 Lot; für 4 Alb. Roggenbrot 10 Pfd.

Zeigt sich so bereits eine Wendung zum Besseren in der Lebenshaltung unserer Altvorderen, so sollte nun auch endlich die Gewähr eines dauernden friedlichen Daseins folgen. Am Dienstag den 24. Oktober 1648 wurde nach langen Verhandlungen in Münster der Friede unterzeichnet; die Osnabrücker Unterhändler waren zu diesem Zwecke dorthin gekommen. Am Mittwoch verkündeten Herolde in prächtigem Aufzuge unter Trommelschlag und Trompetenklang in allen Straßen Münsters den Frieden. In feierlichem Dankgottesdienste pries alsdann im Auftrage Oxenstiernas der Braubacher Hofprediger und Geschäftsträger des Landgrafen Johann[131] die Segnungen des Friedens und rührte die Herzen der Anwesenden zu Thränen. Kanonendonner ertönte den ganzen Tag, und überall sah man hoch und niedrig, Bürger und Fremdlinge sich beglückwünschen und die Hände schütteln. Was dort in der Friedensstadt geschah, fand frohen Wiederhall in allen Gauen Deutschlands; überall erdröhnten Kanonen; überall klangen die Glocken. Wie ein liebliches Märchen aus längst vergangenen Tagen erschien dem Ohr der Bürger und Bauern die Kunde, daß endlich Friede und Ruhe einkehren sollten. Auch unsere Stadt, die in den letzten Jahren wieder mancherlei Unruhen erfahren, hat tief aufgeatmet und froh der Zukunft entgegengesehen, die ihr nach einem Vierteljahrhundert voller Krieg und Kriegsgeschrei ebenso lange Zeit segensreichen Friedens bringen sollte.

Beilage.

Den folgenden ergötzlichen Zank glaubte ich beigeben zu müssen, weil derselbe manche interessante Nachrichten über das öffentliche Leben damaliger Zeit erwähnt, die aus Mangel an Raum nicht einzeln besprochen werden konnte.

Den 15. Septembris 43 hat ein ehrsam Gericht beide Bürgermeister: Hamann Weyler und Jost Heinrich Butzbach folgender Ursachen einen jeden um 4 Rchsthlr. gestraft.

---

[130] Es ist das Jahr nach der Einnahme Ehrenbreitsteins. Die gewaltige Anhäufung von Truppen in den vorigen Jahren hatte es dahin gebracht, daß man statt der Äcker und Weinberge vielfach nur Viehweiden und Wege sah und die Bewohner der Umgegend ihr Heim verließen und in die Wälder flohen, um das nackte Leben zu retten. Cobl. Staatsarchiv.
Wyttenbach, gesta Trevirerum III. 81.

[131] Briefwechsel Schupps und des Landgrafen Johann in Braubach. Mitteilungen des Oberhess. Geschichtsvereins. 1890

Erstlich, weil Hamann Weyler seinem Versprechen, als er Bürgermeister ist worden, ganz zuwider sich der Gemeind nit viel bekümmert, sondern allein seinen Privatsachen meistenteils bishero nachgegangen, als ihm auch wegen des Gerichts oder Gemeind etwas öftermal angesagt, hat er sich desselben ganz entschlagen, mit dem Einwurf, er hätte nichts damit zu thun.

Item, als ihm die Gebühr, so dem Gericht zu Faßnacht und Kirchweihung bei der Metzlersuppe jährlichs altem Gebrauch nach ist entrichtet worden, Herr Schultheiß mit dem Gericht den andern Tag abgefordert, hat er mit trutzigen, polterigen Worten die Salzmaße auf dem Schöffentisch herumgeworfen mit expostulieren, wo er's sollte hernehmen; er könne nichts von den Leuten bekommen, das Gericht sollte ihm Bücher geben, mit welchen er's könnte erheben; als man ihm geantwortet, er und sein Geselle hätten Bücher, hat er selbige aus dem Schrank auf den Tisch alldar geworfen und gesagt, die zwei Bücher, nämlich das Türkensteuer- und Gemeindezinsregister wären falsch. Und selbiges hat er auf Abmahnen zum öfteren repetiert und wiederholt mit Trutzen, das Gericht könnte ihn nicht zwingen.

Auch so ist er auf den Kirchweihtag aus der Stadt gangen und hat am zweiten, als er nachmittags wiederkommen, das Gericht bei der Metzlersuppe nit so viel gewürdigt, daß er wär dabei gangen, so er doch samt seinem Gesellen, was neben der Kost verzehrt worden, alles dasjenige samt Tücher etc. sollte haben beigeschafft, so durch ihr beider Ausbleiben von andern hat müssen erstattet werden.

Item so haben beide Bürgermeister, wie Brauch, keinen Weckstahl von Coblenz auf den Kirchweihabend lassen bringen, damit allhiesige darnach angesetzt worden seien, sondern Hamann hat's nur seinen Spott gehabt; als ihm auch vorgehalten worden, daß er und sein Gesell unserm gebietenden Amtmann, als er jüngst allhie gewesen, nit hätten aufgewartet, sondern aus der Stadt gangen, hat er geantwortet, der Amtmann möge 4 oder 5 Tage bleiben, und er hätt unterdessen kein Brot; er wäre dem Herrn Amtmann nit schuldig aufzuwarten; der Herr Amtmann hätt nichts mit ihm zu thun.

Jost Heinrichen anlangend, so ist derselbige auf den Kirchweihabend, als man das Brot hat sollen wägen, die Maße beschütten und das Gewicht besehen, nit allein gar nicht aufs Rathaus kommen, sondern nach Ermahnung trutzig geantwortet, es wär ihm nicht gesagt worden.

Item so hat er weder Kannen noch seinen Wein aufs Haus gebracht, damit selbiger versucht und taxiert wurde, auch die Kan gestochen, sondern alles nach Gefallen denselbigen geben und verzapft.

Item als am Kirchweihmontag das Gericht ihr Gebühr zur Metzelsuppen begehrt, ist er nach langem Begehren und Warten aufs Haus kommen und mit Trutzen, Poltern, Handschnellen und Pochen alles verneint und abgeschlagen mit Vorgeben, er wäre ihnen nichts schuldig, er gebe ihnen auch nichts, er wäre nicht ihr, sondern der Bürger Bürgermeister; mit solchem

Geschrei, wie er dann auch auf öffentlicher Straßen gethan, daß sich nit allein das Gericht vor den Einheimischen, sondern auch Fremden hat äußerst müssen schämen, weilen die Kost schon eine lange Zeit aufm Tisch gestanden und durch gemeldetes halsstarriges Trutzen bekannt worden, daß sie weder Brot noch Wein darzu hätten und dadurch dem Gericht einen großen Schimpf bewiesen, und als ihm deswegen abends ein Stück Vieh gepfändet worden, hat er sich mit dergleichen Trutzen und Pochen unter dem Essen beim Gericht oben so übel verhalten; weil sie dann beide sich nit anders mit dem Trutzen und Pochen vorm Gericht verhalten haben, als ihnen den folgenden Tag die gemeldete Straf vom Herrn Schultheißen im Beisein des Gerichts und Rats ist angesagt worden.

Von gemeldeter Straf sollen den Armen vor 2 Reichsthaler Brot entrichtet werden.

N.B. Item, als die Ohmen beschüttet worden, ist Bürgermeister Hamann Weyler nit darbei gewesen, auch ist dem Gericht ihr gebührlich Essen damals nit geben worden.

Beiträge zur Lahnsteiner Geschichte.

II.

Lahnstein

in der

zweiten Hälfte des 17. Jahrhunderts.

Von

Dr. R. Bodewig.

Beilage
zum Programm des Realprogymnasiums.
Ostern 1895.

Oberlahnstein 1895.
Buchdruckerei von Franz Schickel.

Lahnstein in der zweiten Hälfte des 17. Jahrhunderts.

Vorwort

Zu der vorliegenden Fortsetzung der früheren Arbeit habe ich Urkunden aus den Staatsarchiven von Coblenz, Würzburg und Wiesbaden benutzt. Besonders für die inneren Verhältnisse unserer Stadt wurde mir durch Herrn Archivrat Dr. Sauer reicheres Material freundlichst zur Verfügung gestellt. Außerdem kamen in Betracht: das Ratsbuch, das Gerichtsprotokoll und das Kirchenbuch von Oberlahnstein, sowie gelegentlich die Kirchenbücher von Braubach und Frücht. Als Anhang folgt noch ein Nachtrag zur Geschichte des dreißigjährigen Krieges auf Grund von Akten, die sich im vergangenen Sommer im Staatsarchive zu Wiesbaden gefunden hatten. Eine weitere Abhandlung über das ereignisreiche 18. Jahrhundert gedenke ich bald folgen zu lassen.

Dr. Bodewig

I. Kriegsereignisse.

Nach dem großen Kriege blieb zunächst noch eine ständige Besatzung in unserer Stadt. Im Jahre 1652 ist Philipp Wilh. von Ingelheim Kommandant derselben, und im folgenden Jahre tritt der neue Zollschreiber Andreas Albrecht von Lauterburg, der früher kaiserlicher Rittmeister gewesen war, zugleich an die Spitze der hiesigen Garnison. Unter ihm diente der uns bekannte Fähnrich Theodor von Walfraf, der 1667 hier starb. Die Soldaten führten in den ruhigen Jahren ein recht friedliches Leben, und manche von ihnen betrieben in den Mußestunden auch bürgerliche Hantierung, denn wir lesen gelegentlich im Kirchenbuche von einem Metzger und Soldaten oder von dem Leineweber und Soldaten N. Im Jahre 1660 aber am 3. Juli verkündet uns der Stadtgerichtschreiber fröhlich: „Nachdem unser hiesiges Städtlein mehr denn über 30 Jahre niemals ohne Garnison verblieben, ist es endlich nach erlittener vielfältiger harter Ausplünderung, Blockierungen, Pressuren und Exactionen durch den Kurfürsten Johann Philipp der Garnison entledigt, die Soldaten abgedankt, die ganze Bürgerschaft gemustert und eine Wachtordnung unter den Bürgern eingerichtet worden. Albrecht von Lauterburg überlebte die Abdankung seiner Truppen nicht lange; er starb schon 1662, und an seine Stelle trat der Zollschreiber und Amtsverwalter Joh. Werner Vogt. Aus demselben Jahre ist uns noch eine interessante Notiz über Schloß Lahneck erhalten. Der Zollschreiber klagt, daß einige Soldaten, die für kurze Zeit in dem verfallenen Schloß lagerten, das Eisenwerk an den Fenstern der Kapelle ausgerissen, die schönen Quadersteine zerschlagen und nach Niederlahnstein verkauft haben. Die

Uebelthäter werden mit Namen genannt und der Kurfürst um Bestrafung gebeten. Dann schreibt er weiter, bei seinem Antritt in Oberlahnstein sei die Kapelle noch in gutem Zustande gewesen und habe die schönsten Fenster mit gemalten Figuren aus der Geschichte des Alten u. Neuen Testamentes gehabt. Da er sie zu erhalten wünschte und dieserhalb mit dem Saalkellner Rücksprache nahm, antwortete ihm dieser, es solle auf gnädigsten Befehl alles offen stehen und von sich selbsten verfallen[1]. War die Stadt so zunächst von den Soldaten verlassen, so brachten die folgenden Jahre doch mancherlei Ungemach. Am 8. Juli 1664 tobte über unserem Thale ein furchtbares Gewitter. Als 3 Bürger sich zur Kirche begaben, um zu läuten, fuhr der Blitz in den Turm und erschlug den „frommen und laboriosen Heymon Zopf" neben der Glocke; die beiden anderen fielen nur betäubt zu Boden. Im Herbste 1666 herrschte die Ruhr so stark, daß sie mehrere Monate hindurch fast täglich ein Opfer forderte. Die soldatenlose Zeit dauerte auch nicht lange. Bereits im März 1668 werden im Kirchenbuche Soldaten erwähnt, und vom September 69 an treten sie wieder regelmäßig in stärkerer Zahl auf. Als hiesiger Unterhauptmann wird Michael Stein genannt.

Als Ludwig XIV. mit dem Einfall in Holland 1672 den Raubkrieg begann, schien es, als sollte unsere Stadt und Gegend wiederum in Mitleidenschaft gezogen werden. Von den rheinischen Kurstaaten war Köln auf französischer Seite; Trier und Mainz verhielten sich neutral. Bereits im Jahre vorher hatte Ludwig das Land des Herzogs von Lothringen weggenommen, und dieser gedachte mit Hülfe des Kaisers dasselbe wiederzugewinnen. Lothringische Truppen hatten die trierische Feste Hammerstein und den Flecken gleichen Namens besetzt; da erschien am 11. Oktober ein französischer Oberst Felberger mit einer starken Schar, nahm den Ort ein, hieb einen Teil der lothringischen Verteidiger nieder und machte die übrigen zu Gefangenen; das Schloß aber hielt er belagert. Der Kurfürst von Trier, Karl Kaspar, empfing die Nachricht in Prag und erwirkte sich alsbald kaiserliche Patente an die rheinischen Kurfürsten, wonach diese die festen Punkte am Rheine besetzen und den ungebetenen Gästen jede Zufuhr abschneiden sollten, falls sie nicht auf gütliche Verhandlungen hin wichen. Mainz sollte zu diesem Zwecke Oberlahnstein mit stärkerer Garnison versehen. Interessant ist dabei die Sorge des Kurfürsten, daß die Sache auf friedlichem Wege, nötigenfalls mit Geld, abgemacht werde und sein Name möglichst aus dem Spiele bleibe[2].

Bald schien der Krieg näher zu kommen. Der Kurfürst Friedrich Wilhelm von Brandenburg schloß ein Bündnis mit den Holländern, und der Kaiser sandte unter Montecucoli ein Heer nach dem Westen, um die Reichsgrenze

---

[1] Akten zur Ulrichskapelle (Wiesb. Arch.)
[2] Kriegsakten von 1672 - 1700 (Cobl. Staatsarchiv.)

zu decken. Die kaiserlichen und kurfürstlichen Truppen marschierten vereint an den Rhein. In der Nähe von Frankfurt war im Spätherbst 1672 ihr Hauptquartier, und hier entspannen sich nun endlose Verhandlungen. Holland und der Kurfürst rieten zu entschiedenem Vorgehen und zum Uebergang über den Rhein, da die trierischen Lande von den Franzosen bedroht wurden. Montecucoli aber suchte auf Weisungen von Wien aus in jeder Weise den Kriegseifer zu zügeln, und der Kurfürst von Mainz wollte nur sehr ungern zu einem Marsche über den Rhein die Hand bieten. Endlich erbot er sich, den Uebergang bei Oberlahnstein oder Nierstein zu unterstützen. Die Generale des Kurfürsten waren in ihrer Mehrheit für Lahnstein. Der holländische Gesandte Amerongen riet dem Kurfürsten, nach Coblenz zu ziehen und sich der Lahnstädte: Nassau, Diez und Limburg so zu versichern[3], daß Turenne, der an der Sieg stand[4], die Lahn nicht überschreiten könne. Es wurde nun auch ein Streifkorps an die Lahn geschickt. Der brandenburgische Rittmeister von Arnim und zwei andere Offiziere sollten Nassau, Diez und Limburg besetzen und die Gegend recognoscieren. Sie losten die Orte aus, und Arnim fiel Nassau zu. Er kam am 1. November mit ein paar hundert Reitern nach Nassau, besetzte das Städtchen und erfuhr von Baron von Stein, daß die Franzosen von Montabaur her anrückten und bei Ems die Lahn erreicht hätten. Mit etwa 60 Reitern wollte er auf der Straße nach Montabaur weiter gehen, da begegnete ihm ein Trupp Franzosen unter einem Offizier Lafitte; zwischen den Anführern entspann sich ein Wortwechsel, dem bald ein Handgemenge folgte. Auf beiden Seiten wurde gefeuert; von den Brandenburgern fielen 16, die andern wurden gefangen genommen. Arnim entkam mit einigen Begleitern, indem er durch die Lahn schwamm[5]. Als der Bericht von diesem Zusammenstoß im Hauptquartier ankam, freute sich der Kurfürst, weil die Franzosen auf deutschem Gebiete die Angreifer gewesen seien und der Kaiser jetzt wohl entschiedener vorgehen müsse. Auch Montecucoli schrieb in diesem Sinne nach Wien[6]. Wenige Tage später fand ein zweites Gefecht in unserer Nähe statt, bei dem der junge brandenburgische Graf Dohna fiel. Nach dem Braubacher Kirchenbuche geschah dieses Treffen, von dem sonst weder Ort noch Datum zu finden ist, am 6. Nov. (im Kirchenbuche ist die alte Datierung) bei Vallendar. Der Graf erhielt 3 Schüsse und wurde in der Kirche zu Braubach bestattet[7]. Der Kurfürst sandte deshalb

---

[3] Pribram, Urkunden u. Aktenstücke zur Gesch. des Gr. Kurfürsten, III, 312.

[4] Bereits gegen Ende September fliehen Bürger aus der Gegend von Neuwied vor den Franzosen nach Braubach. (Brb. Kirchenbuch.)

[5] Peter, Krieg des Gr. Kurf. von 1672 - 75, S. 80. Droysen, Gesch. der Preuß. Politik III, 3, S. 416.

[6] Archiv für österr. Gesch., Bd. 57., S. 427.

[7] Wilhelmi, Braubach, S. 37.

an Turenne am 8. Nov. ein Schreiben, und dieser gleich darauf einen Trompeter von Neuwied aus, um sein Bedauern über den Tod Dohnas auszudrücken[8].

Von französischer Seite suchte man die Brandenburger als die Angreifer darzustellen und rechtfertigte damit Brandschatzungen in den klevischen Landen. Doch wies der Kurfürst nach, daß diese letzteren viel eher stattgefunden hätten, als die Scharmützel an der Lahn. Inzwischen hatte Turenne mehr Truppen an diesen Fluß vorgeschoben. Am 19. November klagte der Trierer Gesandte Dr. Sohler im Hauptquartier zu Rüsselsheim, daß Turenne Niederlahnstein besetzt habe, und daß Coblenz und Trier mit ihren schwachen Garnisonen in Gefahr seien[9]. Dennoch kam es nicht zu einer Entscheidung. Zwar wurden noch einmal 4.000 Reiter über die Lahn geschickt unter dem General v. d. Goltz, um die Brücke bei Neuwied zu zerstören, aber der Angriff mißlang[10] (7. Dez.). Darnach zogen die verbündeten Heere nach Westfalen, und der Kurfürst schloß in Sorge um seine klevischen Lande Frieden mit Frankreich.

Die Stadt blieb so von einem besonderen Angriffe verschont, aber bei den häufigen Streifzügen war die Unsicherheit in der nächsten Umgebung recht groß. So wurde am 6. März 1673 ein hiesiger Bürger Gruber im Stadtwalde von einer Kugel niedergestreckt. Im Herbste dieses Jahres finden wir Kaiserliche und Franzosen ungefähr in der nämlichen Stellung wie im Jahre vorher. In den letzten Tagen des Oktober brach Montecucoli von Frankfurt auf und zog auf dem rechten Rheinufer bis Coblenz. Unserer Stadt brachte sein Marsch reiche Einquartierung. In der ersten Woche des November lagen hier Truppen der Regimenter Portia und Key[11]; Montecucoli hat nach einer kurzen Notiz in Niederlahnstein logiert. Am 4. Nov. traf er mit dem Prinzen von Oranien zwischen Andernach und Bonn zusammen, und die letztere Stadt wurde am 12. den Franzosen entrissen[12]. Im folgenden Jahre griff der Kurfürst abermals in den Kampf ein; der Schauplatz des Krieges war aber am Oberrhein, und Oberlahnstein hatte nur seine gewöhnliche Besatzung. Diese stand unter dem Kommando des Oberlieutenants Pöttiger; als Offiziere derselben werden noch erwähnt der Lieutenant Simon Körner und der Fähnrich Georg Ecker. Gegen das Ende des Jahres 75 verließ v. Pöttiger Lahnstein und wurde Kommandant in Bingen; es blieb fortan nur eine geringe Wachtmannschaft zurück unter dem Fähnrich Theodor Christian v. Schledorn[13].

---

[8] Diarium Europ. XXVII, 443.
[9] Pribram III, 623.
[10] Droysen III, 3, 419.
[11] Oberl. Kirchenb.
[12] Peter, S. 187.
[13] Ob. Kirchenb.

Beunruhigende Streifkorps fehlten aber auch in der folgenden Zeit nicht. Am 18. Mai 1675 schreibt der Kurfürst von Trier, daß am Abend der Herzog von Lothringen mit 6-700 Pferden von Nassau aus nach Coblenz kommen wolle[14]. Im folgenden Jahre lagen Lüneburgische Völker den Winter über in der Gegend[15]. Auch die Kriegskontributionen des Landesherren bereiteten den Häuptern der kleinen Stadt manche unruhige Stunde. Am 2. April 77 leihen Gericht und Rat von der Mariotschen Gesellschaft 200 Reichsthaler, die zur Rekrutierung der zu Miltenberg und Buchheim gelegenen Chavagnakschen Kompagnie Dragoner und zu andern Kriegsgeldern verwendet werden müssen; die Summe soll in Jahresfrist bezahlt werden. Um dieselbe Zeit lagerten auf unsern Höhen Münstersche Dragoner, bei deren Herannahen die Dachsenhausener ihren besten Hausrat, Weiber, Kinder und Vieh nach Braubach flüchteten, weshalb die Braubacher nach Dachsenhausen für die Offiziere Wein, Fleisch und Brot liefern mußten[16]. Gerade ein Jahr später muß der Bürgermeister wegen auferlegter Kriegsgelder zum „dicken Ebert" gehen und ihm die zugelassenen Eichbäume zum Verkauf anbieten, und im Juli leiht die Gemeinde 100 Reichsthlr. zur Bezahlung der Lothringischen Winterquartiere und der Reiterverpflegungsgelder[17].

Endlich war der Friede von Nymwegen geschlossen, aber ängstliche Gemüter weissagten neues Unheil, als sich am zweiten Weihnachtstage 1680 und von da an 4 Wochen lang ein „Kometstern mit einem greulichen Ruder" über der Stadt sehen ließ. 14 Tage später war der Rhein vollständig zugefroren, so daß Roß und Mann ohne Gefahr zwischen hier und dem gegenüberliegenden Ufer ab- und zugehen konnten, ein Ereignis, dessen sich auch die ältesten Leute nicht zu erinnern wußten. Die kleine zurückgebliebene Garnison bereitete der Bürgerschaft ebenfalls viele Sorgen. So berichtete dieselbe 1684 nach Mainz, daß sämtliche hiesige Soldaten verheiratet seien und nun auch noch ein verheirateter Lieutenant kommen solle. Drei Jahre später lesen wir, wie die Gemeinde klagt, daß auf den Wachtstuben zu viel Holz gebraucht werde, und daß dem Lieutenant wöchentlich ein, dem Feldwebel monatlich zwei Wagen Holz geliefert werden müßten; auch erhielt der Lieutenant täglich für 2 - 4 Alb. Licht. Im folgenden Jahre 1688 begann Ludwig XIV. aus nichtigen Gründen abermals den Krieg, und seine Heere rückten im Herbst an den Rhein, um die festen Plätze desselben zu gewinnen. Aber auch im Reiche rüstete man diesmal bald und beeilte sich, dem Eindringling entgegen zu treten. Der Kurfürst von Mainz war zweifelhaft,

[14] Kriegsakten (Cobl. Staatsarch.).
[15] Noch im Mai 77 waren sie in Frücht (Früchter Kirchenb.).
[16] Braub. Gerichtsprot.
[17] Oberl. Gerichtsprot.

auf welche Seite er sich stellen sollte. Er rüstete jedoch, und am 19. Okt. verlas der Zollschreiber in Lahnstein der versammelten Gemeinde, „daß wegen bevorstehender Kriegsgefahr, um mehr Soldateska auf die Beine zu bringen, eine besondere Schatzung ausgeschrieben sei, und daß solche Gelder monatlich sollten gesammelt werden". Am 25. Okt. aber übergab der Kurfürst seine Hauptstadt ohne Schwertstreich den Franzosen. Diese durchstreiften nun die ganze Gegend und verbreiteten überall Furcht und Schrecken[18]. Oberlahnstein erhielt wie Mainz eine französische Besatzung. Im Gegensatz zum Kurfürsten von Mainz war der Erzbischof von Trier, Joh. Hugo, den Franzosen wenig günstig gesinnt und wollte sie in seine Festungen nicht aufnehmen. Als sie dann drohend heranrückten, sah er sich nach Hilfe um. Sein Gesandter in Kassel, Hofrat Wetzel, bat den Landgrafen um schleunige Unterstützung, und dieser schrieb am 15. Okt. mit dem Ausdruck der Freude, daß der Kurfürst die Sache des Reiches nicht verlassen wolle, es würden sofort 6 Kompagnieen zu Fuß und 3 Komp. Dragoner unter dem Grafen von der Lippe aufbrechen, um Coblenz und Ehrenbreitstein zu besetzen; in etwa 8 Tagen würden sie im Montabaurschen sein. Nach dem Vorschlage Wetzels sollten Montabaur, Grenzau, Engers und Oberlahnstein besetzt werden. Inbetreff der letzteren Stadt hatte der Landgraf seine Bedenken, wollte aber die Besetzung geschehen lassen, wenn der Kurfürst es wünsche. Zu dem Zwecke sollte dann der Oberst Bardensleben geschickt werden, nach dem Urteile des Grafen von der Lippe ein Offizier, der sich zum Kommandanten von Coblenz eignen würde.

Rasche Hülfe war auch nötig, denn bereits am 18. Okt. wurden die ersten Franzosen von der Mosel her in der Nähe von Coblenz gesehen. Am 21. kam der General v. d. Lippe mit zwei hessischen Regimentern in die Stadt, und am 24. lagerten die Franzosen rings um dieselbe bei Güls, auf der Karthause und in Lützel-Coblenz[19]. Während der Graf v. d. Lippe bei der nun folgenden, 7 Tage dauernden, Beschießung die Stadt aufs trefflichste verteidigte, blieben die hessischen Reiter unter dem Obersten Grafen Joh. Ernst von Nassau auf der rechten Rheinseite. Am 23. Okt. gab Joh. Ernst von Montabaur aus seinem Oberstlieutenant Hanstein den Befehl, mit einer Kompagnie die Lahn abwärts nach Nassau, Dausenau und Ems zu marschieren. Am 25. Okt. verlegte er sein Quartier nach Niederlahnstein. Dieses sollte in aller Eile befestigt werden, damit die Franzosen nicht von Oberlahnstein aus den Ort zu nehmen versuchten. Alle umliegenden Plätze wurden zu starken Lieferungen genötigt. So mußte Pfaffendorf innerhalb Tagesfrist 2.000 Pfähle und 500 Pallisaden nach Niederlahnstein bringen, ebensoviel: Dausenau, Nievern,

[18] Famosa incursio Gallorum, Braub. Kirchenb.
[19] Wegeler, Gesch. von Coblenz S. 113.

Frücht, Miellen, Ems, Schweighausen und Becheln. Auch an den Kommandanten von Braubach erging ein Schreiben, damit er die ihm untergebenen Orte zur Lieferung von Faschinen veranlasse. Frücht, Schweighausen und Becheln mußten 150 Malter Hafer, 200 Centner Heu und 400 Gebund Stroh nach Niederlahnstein schaffen. Auch nach Coblenz hatten dieselben Orte Lieferungen zu machen. So wurden am 27. Okt. von Dachsenhausen 1.000, von Becheln 600 und von Schweighausen 500 Pallisaden gefordert. Ebenso wurden die umliegenden Ortschaften zu Befestigungsarbeiten herangezogen. Horchheim und Pfaffendorf mußten am 26. Okt. je 15 Mann mit Hacken und Schaufeln nach Niederlahnstein zur Arbeit schicken. Dabei liefen reichlich Klagen ein über Unordnungen aller Art, die sich die Soldaten in den Quartieren zu Schulden kommen ließen. General v. d. Lippe erließ dagegen durch Joh. Ernst die schärfsten Verordnungen. Oberstlieutenant Hanstein soll die Soldaten streng bestrafen und auch die Offiziere, die sich ungehörig verhalten, schließen lassen. Dabei liegen einige fette Küchenzettel, die diese für sich aufgestellt haben.

Am 31. Oktober, dem Tage der Belagerung von Coblenz, machte Joh. Ernst dem General die Anzeige, daß er nach Oberlahnstein zu gefahren sei, um den Ort zu besichtigen. Er fand ihn mit Graben, Mauern und Zwingern wohl versehen. Zwei hohe Türme ragten über alle empor. Auch sah er verschiedene französische Offiziere aus- und eingehen[20]. Bald darauf verließen die Franzosen Coblenz und Umgegend, und Oberlahnstein hatte nur noch seine mainzische Besatzung. Auch der Graf v. d. Lippe ging von Coblenz, das eine hessische Besatzung behielt, und zog über den Taunus nach dem Main zu. Die Gegend aber blieb in beständiger Unruhe vor einem neuen Einfall der Franzosen. So schrieb der Amtskellner von Braubach am 25. Nov. dem Grafen, daß die Besatzung der Marksburg unlängst verstärkt sei, es würde sich aber empfehlen, auch Katzenelnbogen stärker zu belegen. Ebenso klagte am 28. der Kurfürst von Trier dem hessischen General, daß die Befestigungsarbeiten nicht mehr so vorangingen, wie unter seiner Leitung, zumal der Frost noch hindernd hinzukomme; Hilfsvölker seien dringend nötig.

Inzwischen hatten auch andere Fürsten ihre Truppen an den Rhein gesandt, um die Grenze des Reiches zu schützen; Hannoveraner unter dem General Chauvet vereinigten sich mit den Hessen. Gegen Ende November war das Hauptquartier derselben in Bergen bei Frankfurt. Der trierische Gesandte, Hofrat Wetzel, war auch dort und bat unablässig um Hülfe für Coblenz und Ehrenbreitstein. Nach seiner Meinung sollte eine starke Abteilung Münstermaifeld und die umliegende fruchtbare Gegend besetzen.

[20] Kriegskorrespondenz des Grafen Joh. Ernst (Wiesb. Staatsarch.)

Da aber der Kurfürst von Mainz immer noch den Verbündeten abgeneigt war, und der Rhein schon Ende November Eis trieb, so wollte sich die Generalität für einen Uebergang über den Rhein nicht entscheiden. Man besetzte aber noch im November die mainzischen Städte Höchst und Aschaffenburg. Endlich beschloß man, daß die Hessen die Winterquartiere um Frankfurt beziehen, die Hannoveraner nach dem Westerwald marschieren sollten. Für Coblenz war eine stärkere Besatzung vorgesehen. Damit hier aber nicht zweierlei Truppen lägen, sollten die Hessen aus- und die Hannoveraner in stärkerer Zahl einziehen. Acht Regimenter, zur Hälfte Infanterie, zur andern Hälfte Cavallerie, marschierten aus, um in Coblenz und auf dem Westerwald Quartier zu nehmen. Für die Stadt wurde das bremische Regiment, aus 8 Kompagnien bestehend, bestimmt. Befehlshaber der Truppen in und um Coblenz war der Hannöversche General du Mont, „ein gar aufrichtiger Mann, guter Ingenieur und Soldat." Diesem war dabei die Aufgabe zugewiesen, die mainzische Stadt Oberlahnstein zur Aufnahme einer hannöverschen Besatzung zu zwingen. Wetzel berichtet darüber am 8. Dez. an den Kurfürsten: „der Marsch soll also eingerichtet werden, daß man das Volk zusammen an die Lahn bis an Niederlahnstein ziehen könne, um bei geschehender Verweigerung des Kommandanten in Oberlahnstein, eine Garnison von unsern Völkern zu den seinigen einzunehmen, man ihm den Ernst zeigen und dazu zwingen möge. Sie haben zu solchem Zweck ihre bei sich habenden sechs Feldstücklein zu gebrauchen und versehen sich keiner Resistenz, in welchem Fall sie Ew. Kurfürstl. Gnaden um ein paar zwölfpfündige Stücke ansprechen werden." Dem Hofrat war die Angelegenheit immerhin etwas bedenklich, aber im Hauptquartier erschienen seine Besorgnisse nicht erheblich genug, um deswegen von dem Plane abzustehen. Für die 8 Regimenter wurden die Quartiere also verteilt: die Cavallerie sollte die Gegend um Siegen und Dillenburg, 1 Regiment Infanterie die Strecke von Wetzlar bis Diez, 1 die Orte Nassau, Dausenau, Oberlahnstein und Engers, 1 Coblenz, 1 Montabaur und die umliegenden Ortschaften besetzen[21].

Dem Beschlusse folgte die Ausführung auf dem Fuße. Am 13. Dezember, früh morgens, ehe der Tag graute, erschienen unversehens mehrere hannöversche Regimenter unter dem Kommando des Generals Du Mont vor Oberlahnstein „mit bei sich habenden Stücken und Feuermörsern". Ein General-Quartiermeister und der trierische Oberstwachtmeister Leddig begehrten und erhielten Einlaß. Sie verlangten, daß der Kommandant von den draußen stehenden Völkern gutwillig eine Besatzung einnehme, „widrigenfalls man den Ort mit Gewalt angreifen und mit Feuer ängstigen wolle, denn man müsse zur Bedeckung von Ehrenbreitstein notwendig dieses Ortes versichert

[21] Kriegsakten (Cobl. Staatsarch.).

sein". Der trierische Oberstwachtmeister aber versicherte im Namen seines Herrn, daß dem Städtlein durchaus kein Schade zugefügt werden solle. Die Truppen sollten für ihr eigenes Geld zehren und unter dem hiesigen Kommandanten stehen. Dieser, Joh. Daniel von Wonsheim, antwortete darauf, daß er vermöge kurfürstlicher Ordre keine andere Besatzung ohne Wissen des Kurfürsten einnehmen oder zulassen könne, daß hiesiger Stadt Gewalt geschehe. Darum bat er, daß man wenigstens so lange von der Stadt abziehe, bis er an den Kurfürsten berichtet und dessen Bescheid habe. Du Mont dagegen begehrte die schriftliche Versicherung des Kommandanten, daß er so lange keine fremden Völker einlassen werde, bis die Antwort des Kurfürsten eingetroffen sei. Diesem Verlangen mußte man sich fügen, und die Truppen zogen mit ihren Geschützen nach Niederlahnstein. Eiligst ritt dann der Zollschreiber Kammerrat Löhr nach Ehrenbreitstein zum Kurfürsten von Trier und stellte ihm vor, daß die Stadt hinlänglich mit Mannschaft besetzt sei, und daß man ohne Einwilligung des Landesherrn nicht eine andere Besatzung einnehmen dürfe. Der Kurfürst war sehr gnädig und meinte, man wolle durchaus nicht dem Erzbischof von Mainz in dessen Präjudiz ein- oder vorgreifen, sondern man wolle nur seiner hohen Erwägung anheim stellen, daß die Stadt so nahe bei der Festung Ehrenbreitstein gelegen und darum in beständiger Gefahr sei, und daß gegen eine größere Macht die geringe Garnison nicht wohl standhalten dürfte, auch könnten die rings herum liegenden Völker ohne Versicherung der Stadt Oberlahnstein nicht gut subsistieren. Deshalb erbiete er sich, wenn der Kurfürst nicht selbst die Stadt stärker besetzen wolle, trierische Truppen dort einrücken zu lassen, damit sie von den anderen Alliierten verschont bleibe. Er gedenke 100 oder 200 Mann unter den Lahnsteiner Kommandanten zu stellen und wegen des nötigen Proviants zeitig Vorsorge zu thun, damit man allerseits subsistieren könne.

Bereits um 10 Uhr vormittags waren die Verhandlungen zu Papier gebracht, und ein Eilbote ritt mit dem von dem Kommandanten und dem Zollschreiber unterzeichneten Schriftstück nach Steinheim, wo der Kurfürst von Mainz damals sich aufhielt. Anselm Kasimir antwortete in einem Schreiben vom folgenden Tage, (4. Dez.) das an die beiden Unterzeichneten gerichtet ist. Nachdem er den Thatbestand kurz wiederholt, fährt er fort: „Nun sehen wir nicht, wie sich dieser Posten gegen einen mit Stück und Feuermörsern Gewalt brauchenden Feind werde defendieren können. Dafern derowegen die braunschweigisch-hannöverschen Truppen nochmals mit Stück und Mörsern angezogen kommen und zu wirklichem Angriff alle Anstalt gemacht werden sollte, habt ihr eine Kapitulation zu veranlassen und dahin geschehen zu lassen, daß des Herrn Kurfürsten zu Trier Liebden unsere Stadt Lahnstein zwar mit ihren Völkern besetzen soll, jedoch so, daß selbige von Ihre Liebden völlig verpflegt werden und unter ihrem eigenen Kommando stehen, und daß Du, der Kommandant, mit deiner unterhabenden Mannschaft dich nach unserer Festung Königstein begeben möchtest. Dahingegen soll nicht allein uns an unserm Zoll und anderen Kellereigefällen kein Eingriff, Abbruch oder Einhalt geschehen, sondern auch unserer Stadt und Bürgerschaft zu demjenigen, was sie an uns zu präsentieren schuldig, einige weitere Beschwernis nicht zugemutet werden. Endlich soll diese kurtrierische Besatzung länger nicht, als gegenwärtige Troublen dauern, daselbst verbleiben, sondern ohne allen Entgelt wieder abziehen. Demnach hast du, der Zollschreiber, dich gleich nach Einlangung dieses zu Ihre Kurtrierische Liebden zu begeben und ihr diese unsere Erklärung zu wissen zu lassen, damit der Accord von deroselben durch eine besondere Schrift ratifiziert und konfirmiert werden möge. Du, unser Kommandant, aber hast dich, wenn die Kurtrierischen unseren Posten zu Lahnstein besetzt haben, obbesagtermaßen nach Königstein zu begeben, wo du kraft dieses eingelassen werden und das Kommando über unsere daselbstige Garnison führen, den Posten auch gegen männiglich nach Soldaten Manier und Gebrauch aufs beste defendieren und behaupten sollst[22].

Leider endet damit die interessante Korrespondenz; doch können wir aus Einträgen im Kirchenbuch einen Schluß auf die folgenden Ereignisse machen. Trierische Truppen kamen wirklich, denn am 3. und 5. Jan. 89 werden Soldatenkinder der hiesigen trierischen Besatzung getauft, wobei das eine Mal ein Lieutenant Melbaum Pathe ist. Desgleichen wird bereits am 28. Dez. ein Hauptmann Bairnois erwähnt, der wohl die Trierer befehligte. Inbezug auf den Kommandanten von Wonsheim aber muß der kurfürstliche Entscheid ein anderer geworden sein; denn Soldaten der mainzischen Besatzung werden neben den trierischen aufgeführt, und ebenso von Wonsheim und dessen Tochter. Es scheint aber, daß die Trierer die Stadt bald wieder verließen, denn nach dem Januar werden sie nicht mehr genannt. Dafür kam in den folgenden Monaten mancherlei andere Einquartierung, und die Bürger wurden vielfach mit Fouragelieferungen beschwert. Am 27. Februar wird einer der Hofleute angewiesen, an Herrn Hauptmann Goltz wöchentlich ein Pfund Unschlitt und alle 2 Wochen 3 Wagen Holz zu liefern; ebensoviel mußte der Grenzlocher Hofmann dem Hauptmann Wentz bringen; der Hofmann Buchholz wöchentlich einen Wagen Holz; der von Kirschheimersborn 1 Wagen Holz und 1 Pfd. Unschlitt, der von Dörstheck wöchentlich 2 Pfd. Unschlitt etc.

Am 1. April und Mai war eine Abteilung des kaiserlichen Regimentes Starhemberg unter dem Hauptmann Wallerbeck hier in Quartier; der Oberst wohnte in Ems. Am 5. Mai beschloß Gericht und Rat eine Bittschrift an diesen einzureichen, weil die Stadt die schwere Fouragelieferung nicht leisten

---

[22] Beide Schreiben sind im Würzburger Staatsarchiv.

könne. Thomas Liescheid überbrachte dieselbe; mit welchem Erfolge ist nicht gesagt. Auch die Manneszucht der fremden Soldaten war nicht immer die beste. So beschwerte sich im Januar die Witwe Jungmann, daß der bei ihr einquartierte Lieutenant Plettenberg gleich bei seiner Ankunft geboten habe, daß jeder aus der Stube wegzugehen hätte, wenn ein Offizier zu ihm komme. Er zog gegen Familienglieder den Degen und trieb sie gelegentlich alle in die Kälte hinaus; auch hielt er sich gar ungebührlich mit Schimpfen und Schmähen. Gegen Ende Mai verließen die Kaiserlichen die Stadt, und die Bürger gaben wohl ihrer Freude kräftigen Ausdruck. Denn als am 28. Mai der Bürgermeister Joh. Müller zum Hauptmann Wallerbeck kam, um sich wegen der Lieferungen und anderer Dinge zu beschweren, sagte die Jungfer Steinbach, in deren Hause der Hauptmann wohnte, der Bürgermeister wolle ihr gerne einen andern Soldaten in ihr Haus legen und die von den Kaiserlichen übrig gelassene Bagage vor die Thür werfen und wollte auch trotz der Gegenrede des Bürgermeisters von ihrer Behauptung nicht abgehen[23].

Wenige Tage später verließen auch die mainzischen Truppen die Stadt, und es blieb für ein Jahr lang nur ein kleiner Wachtposten zurück. Die abziehende Besatzung marschierte am 6. Juni nach Kamp. Damals glaubte man, daß die Franzosen über den Hunsrück an den Rhein kommen würden. In Boppard erwartete man jeden Augenblick eine Belagerung, und der Schultheiß von Knesen schrieb nach Ehrenbreitstein, daß die kleine Schar der Soldaten und Bürger nicht standhalten würde, zumal sie an allem Mangel litten. Darum hatte er am Morgen des 6. Juni mit dem kaiserlichen Lieutenant zu Kamp verabredet, daß er gegen Abend die herauf gekommenen Oberlahnsteiner mit den dort gelegenen Soldaten, zusammen 100 Mann, in 7 oder 8 Nachen einschiffen und sie nacheinander unter klingendem Spiele nach Boppard bringen solle. Dann würden die Franzosen auf dem Hunsrück meinen, es seien irgendwoher frische Truppen angelangt. Valeat, quantum valere potest, schließt er vorsorglich sein Schreiben[24].

Mit dem Abzug der Besatzung war die Kriegslast nicht hinweg genommen. Das wußten die Häupter der Stadt recht gut. Darum beschlossen sie auch am 2. Juni, weil alles Geld ausgegangen und doch bei der schweren Zeit stündlich welches nötig sei, eine Anzahl Eichen zu verkaufen, um bares Geld zu erhalten. Gerade einen Monat später kam der kurfürstliche Befehl, daß Lahnstein 2 Dragoner und 4 Musketiere nebst zugehöriger Montierung innerhalb 14 Tagen unter Strafe der Exekution werben und parat halten solle. Ferner mußte die Stadt zur Unterhaltung des Langwiedschen Dragonerregiments monatlich 55 Gulden beitragen und 8 Tage vor Ausgang des

[23] Oberl. Gerichtsbuch.
[24] Kriegsakten C. St.

Monats nach Mainz zur Kriegskasse liefern. Bald wurde diese Summe auf monatlich 62 Gld. erhöht, wogegen die Gemeinde Beschwerde einlegte, aber ohne Erfolg[25]. Im Juni 90 rückte wieder eine Besatzung hier ein unter dem Hauptmann Fechenbach vom Regimente des Grafen von Leiningen. Am 9. Juni wurde von Gericht und Rat beschlossen, daß ein jeder Jude, weil diese keine Soldaten logierten, monatlich 1 Gld. Kriegssteuer zahlen müsse. Auch sollte der Zollschreiber und Hauptmann Fechenbach angegangen werden, damit kein Soldat auf die Äcker gehen dürfe, da die Dieberei überhand nehme. Am 14. September kam der Befehl, daß die Stadt Lahnstein 48 Malter und 3 Semmer Korn, 41 Malter Hafer, 101 Centner 28 Pfd. Heu und 180 Gebund Stroh zum Magazin zu liefern und die Verteilung auf Bürger und Hofleute sofort vorzunehmen habe. Sie geschah nach dem Vermögen dergestalt, daß beispielsweise zu den 48 Malter Korn ein jeder Bürger ein Semmer, jede Witwe ½ Semmer und diejenigen, die monatlich 12 Alb. Kriegssteuer zahlten, ein zweites Semmer beitrugen. Ebenso wurde im November eine Verbrauchsaccise eingeführt, wonach jeder, der monatlich 6 Alb. Kriegssteuer entrichtete, noch 2 Alb. Accise geben mußte. Die nächsten Monate brachten noch verschiedene Einquartierung; im Taufbuche begegnen uns Soldaten und Offiziere der Regimenter Rollinger und Wandel. Gegen Ende des Jahres war die Besatzung wieder kleiner und im Jan. 91 wurde statt des Hauptmanns Fechenbach ein Fähnrich von dessen Kompagnie Kommandant. Auch war man vor dem Feinde bereits so sicher, daß 3 Bürger in der Nacht des 8. Jan., als sie am Zoll die Wache hatten, an die Kirschpforte gingen und eine von den dort stehenden Pallisaden abhieben, um ihre Wachtstube damit zu heizen. Bei näherer Besichtigung der Pallisaden fand sich, daß bereits 6 oder 8 auf diese Weise verschwunden waren[26]. Doch machte sich der Krieg in seinem verderblichen Folge für die Sittlichkeit noch bemerkbar. Im Juni wurde ein neugeborenes Kind am Viehthor gefunden und ins Hospital gebracht, wo es den Namen „Amschlag" erhielt, weil es am Schlage gefunden worden war[27].

Das Jahr 1692 war für unsere Gegend friedlich; doch hatte die Gemeinde auf kurfürstlichen Befehl noch 252 Gld. zu den Kosten der früheren Kriegszüge beizutragen. Dann erschienen am 20. November noch 10 Dragoner mit einem Korporal, und die Gemeinde entschloß sich, zur Verhütung von Ungebühr ihnen aus gutem Willen zu ihrem Servis auch Brot und etwas Gemüse zu geben. Als Ersatz für die Kriegsgefahr wurde die Stadt am 18. u. 20 September durch mehrere heftige Erdstöße erschreckt.

[25] Oberl. Gerichtsbuch.
[26] Oberl. Gerichtsbuch.
[27] Oberl. Kirchenbuch.

Das Jahr 93 brachte dreifache Schatzung mit 1.134 Gld.[28]. Der Krieg aber berührte unsere Gegend nicht mehr, und so konnte der Kurfürst im Herbst 95 u. 96 teils hier, teils in Ems seinen Hof halten, wo er die Kur gebrauchte[29]. Im September 97 waren Engländer unter General Graf von Frieß in Braubach, und der dortige Amtmann hatte alte Hände voll zu thun, um Offiziere und Soldaten in die Schiffe zu bringen, die die fremden Gäste der Heimat zuführen sollten. Gelegentlich finden wir noch Soldaten des kaiserlichen Generals von Thüngen erwähnt, der lange Zeit in Mainz Kommandant war. Als der Krieg bereits zu Ende und der Ryswiker Friede geschlossen war, kam um die Weinlese des Jahres 99 ein Trupp Thüngenscher Soldaten von Ems und lagerte teilweise vor den Thoren der Stadt, sodaß die Feldschützen sich durch einige bewehrte Bürger verstärken mußten, um die Weingärten vor nächtlichen Besuchern zu schützen[30]. Die ständige Besatzung bestand seit 1698 wieder aus Soldaten des Hauptmanns von Wonsheim.

II. Grenzstreitigkeiten.

Neben den großen Kriegen des Jahrhunderts ging für unsere Stadt noch ein kleiner, der die Gemüter der Bürger nicht weniger erregte: das war der Streit um die Grenze zwischen Oberlahnstein und Braubach, Mainz und Hessen-Darmstadt

Eifersüchtig wurde von Gemeinde und Staat darüber gewacht, daß nicht ein Fuß breit Landes verloren gehe oder das Hoheitsrecht des Fürsten einen Abbruch erleide. Gemütlich liest sich's, wenn der Zollschreiber erzählt: „Im Forstgrund, etwa 1 Meile von hier ist eine kleine Bach, welche hiesige und hessische Gemark scheidet, etwas länger als ein Musketenschuß, darin giebt es jederweilen Krebse und Forellen. Selbige Bach aber wird von keinem Teil einzig, sondern vom Amtmann zu Braubach und Zollschreiber zu Oberlahnstein ein über das andere Jahr gefischt. Alsdann giebt es vielleicht ein Essen Krebse und Forellen, welche jeweilen an der Bach zugerichtet und genossen werden. Kostet also die Fischerei mehr, als der Fang wert ist; allein wird es darum exerciert zu Erhaltung jeder Herrschaft Gerechtigkeit." Kam man hier friedlich mit einander aus, so entbrannte der Streit desto heftiger über ein Jahrhundert am Schlierbachthale und entwickelte sich am Ende unserer Periode zu einem kleinen Krieg im Frieden. Da wo der Schlierbach in den Rhein mündet, stand ein Bildstock mit dem Mainzer Wappen; nicht weit von

---

[28] Oberl. Ratsbuch.

[29] In den Jahren 93 und 94 ließ der Kurfürst für sich ein Haus in Ems bauen, wozu die Stadt Eichenstämme und Arbeiter sandte, doch „nur aus gutem Willen, nicht aus einiger Gerechtigkeit." (Oberl. Gerichtsb.)

[30] Irrungen zwischen Mainz und Hessen (Wiesb. St.)

der Quelle des Baches auf einem kleinen Hügel das Oberlahnsteiner Hochgericht, während der Braubacher Galgen von dem Nachbarhügel herüber winkte. Nun betrachtete man in Oberlahnstein den Bildstock und den Bach als Grenze, während diese von den Braubachern etwas weiter nach unten verlegt und die sogenannten Wetzlarer Wiesen und der Koppelstein als der hessischen Jurisdiktion zuständig betrachtet wurden. Zu einem ernsteren Zusammenstoß kam es im Jahre 1653, als die Lahnsteiner Bürgerschaft unter dem Zollschreiber und Kommandanten Albrecht von Lauterburg, begleitet von Notar und Zeugen am 20. und 21. August ihren feierlichen Grenzumgang machte. Sie kamen am Morgen des letzteren Tages von Becheln her in den Steinweg an der Schlierbach. Da sahen sie in dem tiefen Steinweg den Amtskellner von Braubach, den Kommandanten der Marksburg, Hauptmann Hensel, und den Forstmeister. Daneben stand die gesamte Bürgerschaft mit Obergewehr, der Ausschuß aus den Amtsdörfern und einige Soldaten. Sie sperrten den Gang und drängten die Lahnsteiner nach rechts in einen tiefen Graben, denn das sei der richtige Gang. Lauterburg protestierte, brach dann aber den Gang ab, um Blutvergießen zu vermeiden, und zog auf unbestrittenem Gebiet in die Stadt zurück. Dann bat er in Mainz um mehr Mannschaft, damit er den Gang nötigenfalls mit Gewalt zu Ende führen könne, und der Kurfürst Joh. Philipp war seinem Begehren nicht abgeneigt. Aber erst am 18. Januar des folgenden Jahres wurde der Rest des Umgangs gemacht zwischen 8 und 12 Uhr morgens. Die ganze Bürgerschaft zog bewaffnet hinaus, und 25 Mann der Besatzung standen zum Schutze am Rhein. Da den Braubachern erst um 6 Uhr morgens Nachricht gegeben war, so ging alles ruhig von statten. Am Rhein erwartete die Teilnehmer ein Schiff, das sie bestiegen und bis in die Mitte des Flusses und dann nach Lahnstein fuhren. Als man gerade wieder zum Stadtthore einziehen wollte, kam der Forstmeister von Braubach nachgeritten, um im Namen des Fürstes zu protestieren, und wenige Stunden später brachte abermals der Forstmeister und Hauptmann Hensel eine Beschwerdeschrift.

Nun sollte aber die Sache bald entschieden werden. Die Regierungen von Mainz und Darmstadt entschlossen sich, Räte an den strittigen Ort zu schicken, die den Streit endgültig regeln sollten. Am 20. April kamen die geheimen Räte Dr. Brahm und Dr. Großhans hier an, Darmstadt entsandte den Amtmann Joh. Schütz von Holzhausen und den Licentiaten der Rechte Martin Drachen. Man beging die fraglichen Stellen, verhandelte mit einander und kam endlich in Rhens, als einem unbeteiligten Orte, zusammen, wo dann ein 27 Seiten langes Schriftstück verfaßt wurde, das die Sache aber nicht entschied. Da versuchten denn die Gemeinden selbständig den Austrag. Sie fielen mit bewaffneten Bürgern und Soldaten in das umstrittene Gebiet am Rhein, schnitten die Weiden ab und schonten auch die nichtstreitigen Äcker des Nachbarn nicht, und recht beweglich klagt der Zollschreiber in Mainz;

daß die hiesige Besatzung zu schwach sei, während die Braubacher ihre Garnison verdoppelten. Endlich einigte man sich auf ein Schiedsgericht. Richter sollten sein der Kurfürst von Trier und Eberhard von Würtemberg, Obmann der Herzog von Pfalz-Neuburg. Deputierte behandelten in Frankfurt die Angelegenheit und entschieden, daß zunächst geschworene Steinsetzer die Grenzsteine heben und nach den Merkzeichen in der Erde erkennen sollten, welches die richtigen Steine seien[31]. Wieder war Dr. Großhans hier und in Braubach der Kammerrat Wannenmacher im März und April 1659. Das Zeugnis der Steinsetzer, das wieder in Rhens verfaßt wurde, stimmte nicht überein; zudem beschuldigte man sich auf beiden Seiten der Beeinflussung derselben. So schrieb Landgraf Georg am 13. Juni an den Kurfürsten: „Die Landschieder widersprechen sich; es muß alles redressiert und neu gemacht werden trotz der großen Kosten." Bereits am 8. Okt. konnte der Schultheiß von Oberlahnstein dem Kurfürsten mitteilen, daß die Braubacher am Koppelstein Trauben gelesen unter Beihülfe des Kommandanten mit seinen Soldaten und auch den Zehnten von Weinbergen genommen hätten, die zu Oberlahnstein gehörten. Ferner hätten sie den Bildstock um und um gesetzt, einen Galgen darauf eingeschnitten und sich noch dabei gloriiert, als hätten sie die Mauern Konstantinopels überteufelt. Erst am 20. März 1662 wurde ein vorläufiger Vergleich in Frankfurt getroffen, nach welchem bis zu einem späteren Austrage auf den strittigen Orten alles dem Herkommen gemäß gehalten werden sollte. Die Streitigkeiten nahmen bald wieder ihren Anfang, und am Ende des Jahres 76 dachte man abermals an die endgültige Entscheidung. Im November war eine mainzische Kommission hier unter dem Kanzleidirektor Dr. Bentzel, um die Fundamente für die Lahnsteiner Ansprüche festzustellen; durch den Tod beider Landesfürsten wurde die Sache wieder vertagt.

Dann waren noch einmal Dr. Heydel und Kammerrat Agricola hier, aber die Angelegenheit ruhte dennoch. Im Frühjahr 1682 beim Hochwasser nahmen die Braubacher den Bildstock und ließen ihn treiben; aber die Lahnsteiner fischten ihn auf und setzten ihn wieder an seine Stelle. Da gingen die Braubacher um Mitternacht mit 50 Soldaten hin und warfen ihn abermals in den Rhein. Ein neuer wurde aufgerichtet, der hatte dasselbe Schicksal. Erst im folgenden Jahre wurde ein anderer an die Stelle gesetzt, nachdem die Braubacher auf den Beschluß der Deputierten beider Lande 6 Gulden für die weggeschwemmten bezahlt hatten.

Nun begannen die Streitigkeiten aufs neue. Die Braubacher nahmen mit Gewalt den Zehnten von zwei Lahnsteiner Weinbergen am Koppelstein, pfändeten einen Ochsen in den strittigen Wiesen, und der Zollschreiber hielt

---

[31] Neben die Grenzsteine wurden wie in der Römerzeit kleine Steine und andere Dinge in die Erde gelegt, die als Geheimnisse, Zeugen oder Enkelin bezeichnet werden.

ihr Schiff an und nahm so viel Waren, wie der Wert des Ochsen und des Zehnten betrug. Im Jahre 1696 wollte man der Sache wieder näher treten und neue unparteiische Feldscheider wählen. Zuvor aber gedachten die Lahnsteiner noch eine Messung des Bezirkes vorzunehmen. Glücklich hatten sie mit einiger Mühe einen Landmesser von Ehrenbreitstein geholt und ihn bei seiner Ankunft „mit Wein wacker begrüßt". Man überlegte, ob man nicht bei Nacht mit bewehrten Bürgern das Messen vornehmen sollte und suchte dem Landmesser die Sache klar zu legen. Diesem aber war von dem Empfangstrunk „etwas dunkel" geworden, und er weigerte sich nun entschieden mitzugehen, weil er nicht vorhätte, von den Braubachern eingesteckt zu werden. Erst als er langsam nüchtern geworden war, ließ er sich doch bereit finden. Sein Schriftstück war natürlich für Lahnstein günstig. Inzwischen hatten die Lahnsteiner sich Landscheider von Montabaur und Vallendar ausgesucht, aber der Amtskellner von Braubach wies diese zurück, weil die Gemeinde mit beiden Orten wegen der Prozessionen in Streit lag. Als die Montabaurer auf dem strittigen Stück die Fahne aufrollen und singen wollten, arretierten die Braubacher den Geistlichen, und bei gleichem Anlasse hatten sie die Vallendarer bis an die Grenze zurückgetrieben. Endlich einigte man sich über die Landscheider, und im Anfang des August langten die Deputierten in Braubach und Lahnstein an. Hier waren die geheimen Hofräte und Hofgerichtspräsidenten von Ridder, Berninger und von Raigersberg, in Braubach Dr. Krebs und Paster. Auf den Wetzlarer Wiesen wurde für die vornehmen Herren ein Häuschen errichtet und die Landschieder, darunter 3 Ackergerichtsgeschworene aus Frankfurt, vereidigt. Sie erklärten die von den Braubachern als Grenzstein angesehenen Steine auf den Wetzlarer Wiesen für Erben- oder Gütersteine.

Eben war die Kommission fort, so ging man hier wieder daran, den Streit praktisch zu entscheiden. Am 11. Oktober war ein Braubacher Bürger in Lahnstein. Wie er sich nun bei der Wachtstube an der Oberpforte zu thun machte, hörte er, wie Bürger und Soldaten sich erzählten, daß man morgen den Zehnten von einem Weinberg am Koppelstein holen, „und wenn Weigerung geschehe, die Braubacher mit stattlichen Schlägen empfangen wolle, zumal man jetzt Soldaten hätte". Am andern Morgen ging den auch der Bürgermeister, ein Zehntschreiber und 3 Zehntknechte von einem Korporal und 4 Musketieren begleitet, an den betreffenden Ort. Da stand aber schon der Schultheiß von Braubach, bewaffnete Bürger und eine Anzahl Soldaten kampfbereit. Wie nun der Schultheiß und der Bürgermeister einander in die Haare gerieten, rief der letztere in seiner Not: „Soldaten heraus", und es entwickelte sich eine stattliche Schlägerei, aus der die Lahnsteiner arg zerschunden und ohne den Zehnten heimkehrten. Dafür spannte man einen Braubacher Ochsen auf der Straße aus, von dessen Erlös der Stadtchirurgius bezahlt wurde, der die Wunden geflickt hatte. Im folgenden Jahre hatten die

Braubacher mit Ausschuß und Soldaten an 500 Mann aufgeboten, den strittigen Weinberg vor der Lese Tag und Nacht umstellt und dann den Zehnten genommen. Dafür nahmen die Lahnsteiner 100 Bürden Weiden weg und verschonten auch ein Braubacher Kohlfeld nicht. „Sie haben, schreibt der dortige Amtsverweser, den armen Leuten viel hundert Häupter Kraut in Stücken gehauen und ihr Mütlein durstiglich daran gekühlt, quasi sei es eine ausgekünstelt kluge That, so der Posterität zu hinterlassen". 1698 sollte die Sache nun klug angefangen werden. Der pfiffige Schöffe Joh. Jungmann ging mit einer Frau einige Zeit vor der Lese hin, und während diese sich stellte, als ob sie Laub abstreife, nahm sie still den Zehnten von dem angegebenen Weinberg. Beide kamen mit den Trauben fröhlich nach Lahnstein. Aber bald zeigte es sich, daß der erfahrene Jungmann der Frau einen falschen Weinberg gezeigt hatte, der einer Braubacher Witwe gehörte, und nun nahmen diese dem Schwager des Zollschreibers, der in Braubach begütert war, eine Ohm Wein weg. Im folgenden Jahre hatten die Braubacher wieder zeitig nachts 3 Wächter an den Weinberg gesetzt. Lahnsteiner Feldschützen und Bürger gingen hin, fanden zwei im holden Traume und nahmen sie mit nach Lahnstein. Der dritte schlug Lärm; bald kamen die Braubacher, ergriffen noch bei der Nacht einige Feldschützen vor dem Thore und brachten sie nach Braubach. Im Dezember berichtete der Amtmann nach Mainz, daß die Braubacher gedroht hätten, wenn man ihnen am Zoll werde Plackereien machen, so sollten die Lahnsteiner vor ihrem Thore nicht mehr sicher sein, und der Zollschreiber schlug vor, den betreffenden Weinberg auszuhauen und die Jesuiten dafür anderweitig zu entschädigen.

Unter diesen Umständen kam die Mainzer Regierung am 12. Jan. 1700 zu dem vernünftigen Beschlusse, die Eintreibung des Zehnten, der solche Weitläufigkeiten gar nicht meritiere, einstweilen bis zum Austrag der Sache zu unterlassen. Erst in der folgenden Periode kam der mehr als hundertjährige Streit zur Ruhe[32].

III. Innere Angelegenheiten.

Stadt und Umgebung[33].

Unsere Stadt hatte im Jahre 1668 117 Häuser; dazu kam noch der Pfarrhof und 5 adelige Behausungen: die Höfe der Junker Ludwig und Friedrich von Stein, der Ingelheimer Hof, der Brandenburgerhof, der dem Jesuitenkollegium zu Coblenz gehörte, und der Pyrmonter Hof des Herrn von

[32] Irrungen zwischen Mainz und Hessen-Darmstadt. Wiesb. Staatsarch.

[33] Vieles in der nachfolgenden Darstellung ist dem Oberlahnsteiner Jurisdiktionalbuche (W. St.) entnommen, das die Verhältnisse der Stadt und ihrer Bürger im Jahre 1668 darstellt.

Honsbruch, in dem der Beseher von Kesselheim wohnte. Verhältnismäßig wenige Neubauten sind im Laufe des Jahrhunderts hinzugekommen, trotzdem der Erbauer eines neuen Hauses alles nötige Eichenholz umsonst aus dem Stadtwalde holen durfte und auf viele Jahre hinaus von manchen Abgaben befreit war[34]. Die dauernden Kriegsunruhen ließen die Baulust nicht aufkommen, und innerhalb der Stadtmauern lag mancher verödete Bauplatz und mancher Wein- und Obstgarten. Die Namen einzelner Häuser: zum Rosenbaum, zum Wolf, zum schwarzen Adler weisen auf ihre Bestimmung hin.

Hatte die Stadt nur wenige Häuser, so wies sie um so mehr Gassen und Gänge auf. Es waren neben der Hochstraße 23. Sie mögen hier in der Reihenfolge stehen, wie sie in einem Register der Frühmesse vom Jahre 1678 aufgezeichnet sind. 1. Die Zollgasse, 2. die Taubergasse, 3. die Schwarzgasse, 4. die Bischofsgasse, 5. die Behrengasse, 6. ein Gäßchen zu Weißges Garten bis an den Mainzer Hof, 7. ein Gäßchen bis zum Heringsgarten, 8. die Korb- und Kellergasse, 9. ein Gäßchen zum Grätzesborn, 10. ein Gang bis zur Schule, 11. die Kirchgasse, 12. die Kegelbahn neben der Neuerburg, 13. u. 14 2 Saalgassen, 15. die Frühmessergasse, 16. die Schlimmbackhausgasse, 17. die Schülergasse, 18. die Paradiesgasse, 19. die Viehgasse, 20. die Hühnergasse bis an die Hospitalkirche, 21. Rädergasse, 22. die Langwiesergasse, 23. die Pfeilgasse.

Die nähere Umgebung unserer Stadt bot in jener Zeit ein in mancher Beziehung anderes Bild. Obgleich bereits 1573 unter Erzbischof Daniel ein großer Teil der an sumpfigen Stellen gelegenen Weingärten in Äcker verwandelt worden war, so wuchs doch noch Wein an den meisten Stellen unserer Gemarkung, wo heute sich Äcker und Wiesen ausdehnen. Mitten durch die Weingärten hindurch ging die Reichs- oder Hochstraße von Braubach aus östlich an unserer Stadt vorbei nach der Lahn zu. Nicht weit von der Lahn zweigte sich eine Straße ab, die durch die Niederpforte in die Stadt führte. An der Lahn lagen Kähne und eine Ponte, die den beiden Fergen von Ober- und Niederlahnstein gemeinsam gehörten[35]; die Reichsstraße war in den sechsziger Jahren recht belebt, denn Aachener, Lütticher und Brabanter Kaufleute führten damals ihre Waren zu Lande hier vorbei und gingen bei Coblenz über die Rheinbrücke. Der hiesige Landzoll warf infolgedessen eine erkleckliche Summe ab. Während der Lahnferge jährlich 12 Thlr. Pacht bezahlte, erhielt der Rheinferge jährlich eine halbe Ohm Wein. Nicht weit von der Stadt am Rheine, dem Rhenser Thor gegenüber, wird einmal ein Siechenhaus erwähnt, über das sich sonst keine Notizen finden.

---

[34] Anfangs 20, später 10 Jahre. Ein neu hinzugezogener Bürger zahlte 4 Rchsthlr. Bürgergeld.

[35] Dort war auch in dieser Periode das Fergenhaus erbaut worden.

Um die genannte Zeit begann in dem entferntern Gebiete unserer Stadt eine wichtige Veränderung. Eben atmete man auf von den schweren Leiden des dreißigjährigen Krieges, da begann auch die Unternehmungslust sich überall von neuem zu regen. Etwa um 1665 war ein Bergmeister hier und ließ an verschiedenen Stellen des Stadtwaldes Grabungen vornehmen auf Erze, stand aber dann wieder von dem Unternehmen ab. Um dieselbe Zeit legte ein Fremder im Distrikt Tiefenthal eine Schiefergrube an, trat aber bald gleichfalls von seinem Vertrage mit der Gemeinde zurück, weil die Steine zu dick fielen und sich nicht spalten lassen wollten. Von großer Wichtigkeit aber wurde die Eisenhütte, die ein Welscher, Jean Mariot, auf Ahl einrichtete. Die Verhandlungen mit dem jeweiligen Hüttenbesitzer spielen fortan im Gerichtsbuche eine große Rolle.

In den folgenden Kriegszeiten muß der Hüttenmeister öfter der Gemeinde mit Vorschüssen unter die Arme greifen, und der größte Posten in der Gemeinderechnung ist der Erlös für das an die Hütte gelieferte Kohlenholz. Bereits im Jahre 1665 verkaufte die Stadt an dieselbe für 800 Rchsthlr. Der Betrieb der Eisenhütte hatte aber noch eine andere wichtige Einrichtung zur Folge. Als durch das Abhauen des vielen Holzes große Strecken des Waldes gelichtet waren, dachte die Gemeinde daran, diese in Ackerland zu verwandeln und Höfe zu errichten[36].

So erhielten 1671 Dietrich Schröder und Peter Wirtz Land auf der Emser „Schlecht" zugewiesen. Das Holz zur Errichtung der Gebäude durften sie dem Stadtwalde entnehmen. Drei Jahre waren sie frei von der Pacht, dann mußten sie jährlich 4 Malter Korn entrichten. So entstand 1673 der Welsche Hof, 1687 Kirschheimersborn usw. In einem Bericht des Pfarrers Limpert vom Jahre 1695 lesen wir, daß vor etlichen 30 Jahren als erster der Hof Durstheck, dann vor etlichen 20 Jahren der Dietrichs- und der Welsche Hof erbaut worden sei. Die neu geschaffenen Bauerngüter ernährten ihren Mann. Bereits 1688 wurde den Hofleuten eine Maximalzahl für ihr Vieh vorgeschrieben. Dietrich Schröder durfte nicht mehr als: 6 Ochsen, 5 Milchkühe und 4 Rinder halten. In einem Schriftstück vom Jahre 1693 lesen wir dann, daß auf den neu erbauten Höfen etwa 20 Bauern saßen. Ehe wir von den Neubauten auf der Höhe Abschied nehmen, wollen wir noch einer Einrichtung Erwähnung thun, an die heute nur der Distriktname erinnert, und dessen einstige Bedeutung man schon 1653 nicht mehr genau kannte, es ist das sogenannte Gebück. In diesem Jahre dachte man an die Ausbesserung desselben, und der

[36] Zu Anfang des Jahrhunderts stand auf dem Berge, nicht weit von der Stadt, ein Hof, der dem Junker von Neuern, später der Familie von Ingelheim, gehörte. Der Hofmann erhält eine besondere Vergünstigung von der Gemeinde, weil er die Bürger beherbergte, die am Abend nicht mehr in die Stadt eingelassen werden konnten. Jetzt besaßen die von Ingelheim nur noch einen Hof auf dem Wintersberg und in Spieß-Ems.

damalige Amtmann berichtete darüber nach Mainz: Das Gebück liegt eine Stunde von hier auf der Höhe an der Landstraße nach Diez und Katzenelnbogen und diente, wie man glaubt, zur Versicherung des diesseitigen Reviers, damit nicht nächtlicher Weil jemand zu Roß oder mit Gefährt durchkommen könne. Durch dasselbe gehet die hohe Landstraße, und ist der Weg mit einem doppelten Schlag und starken Riegeln geschlossen gewesen, wie an dem noch vorhandenen, verfaulten Gehölz zu sehen. Auf der linken Seite bis nach der Lahn ist noch die Anzeig eines Grabens, so beiderseits gleichsam eine Brustwehr gehabt, und ebenso erstreckte sich der Graben auf der rechten Seite bis zur Braubacher Gemarkung. Das Gebück selbst ist noch so verwachsen, daß außerhalb etlichen Lücken mit Gefährt oder zu Pferde nicht durchzukommen ... Hierbevor haben die geschworenen Förster solche Schläge nicht nur des Nachts, sondern auch zur Zeit man vernommen, daß die Nassauer ein Jagen vorgehabt, beschließen müssen, wie denn einstmals durch dieselben gemeldete Schläge mit den Pfosten und Schlössern ausgehoben und niedergelegt; als man solches aber gewahr worden, hat man einige hier gestellten Garne weggenommen.

Endlich müssen wir noch einer anderen Neugründung gedenken. Die alte Bann- oder Weiße Mühle konnte bei Hochwasser oder niedrigem Wasserstande oft 4 - 6 Wochen nacheinander nicht mahlen. Deshalb hatte bereits 1677 Stephan Schmalz eine andere Mühle an der Lahn gebaut, sie aber schon im folgenden Jahre für 104 Rchsthlr. verkauft. Diese sogenannte Schmalzmühle scheint sich aber auch nicht bewährt zu haben. Als in den 90er Jahren starke Einquartierung hier lag, mußte der Zollschreiber das Korn nach Braubach schicken und für das Militär mahlen lassen. Daher errichtete Dietrich Schröder im Forstgrunde die Forstmühle, die aber für die Gemeinde zu abgelegen war. So beschlossen Gericht und Rat den Bau einer neuen Mühle an der Lahn, die bei jedem Wasserstande arbeiten konnte. Im Jahre 1695 wurde dieselbe fertig gestellt; sie kostete neben freiem Bauholz 1.200 Gld. und war zu Anfang 1695 in Betrieb[37]. Es entstand jedoch infolge dieses Baues ein langdauernder Streit mit dem Zollschreiber, dem Erbpächter der Bannmühle, welcher behauptete, daß dieser durch die neue Mühle Eintrag geschehe. Dem neuen Müller, der an die Gemeinde 24 Mltr. Korn Pacht entrichtete, wurde das Leben ziemlich sauer gemacht. Er durfte nur dann in die Stadt fahren und Getreide einholen, wenn der Bannmüller die Arbeit nicht bewältigen konnte. Die neue Mühle hielt sich aber dennoch; 1699 brachte sie der Gemeinde 18 Bopparder Mltr. Pacht, wovon diese 6 an die kurfürstliche Kammer als Wasserpacht geben mußte, denn der „öffentliche Fluß" gehörte dem Landesherrn[38].

---

[37] Es ist wohl die heutige Wolfsmühle.

[38] Akten über die neue Mühle (W. St.)

Die städtische Verwaltung

bietet in dieser Zeit noch dasselbe Bild wie zu Anfang des Jahrhunderts. Landesherr ist der Kurfürst von Mainz und neben ihm das Domkapitel, denn diesem wird die Erbhuldigung geleistet für den Fall, daß der Kurfürst stirbt oder gefangen wird. Nach der Neuwahl des Erzbischofs wird dieselbe im Schloß durch 4 Domherren mit offenem Brief und großem Siegel angezeigt, und die Beamten legen in die Hände der Gesandten den Treueid ab.

Der Huldigung folgte jedesmal ein fröhliches Gelage, das der Gemeinde im Jahre 1673 40 Thlr. für Wein kostete, während die kurfürstlichen Beamten sich 53 Thlr. vom Zollschreiber vorschießen ließen. Oberste Instanz nach dem Kurfürsten ist der Amtmann, Freiherr Walpot von Bassenheim. Er ist nur selten in der Stadt und tritt mehr und mehr zurück gegen den Zollschreiber, der zugleich den Titel Amtsverwalter führte. Besonders geschah dies, als von 1684 ab der Kammerrat Joh. Ehrhard Löhr dieses Amt bekleidete[39].

Die städtischen Angelegenheiten wurden von Rat und Schöffen gemeinsam verwaltet; an der Spitze derselben stand der Schultheiß[40]. Das Schöffenamt war lebenslänglich und konnte seinem Inhaber nur wegen ungehörigen Lebenswandels entzogen werden. Einmal im Jahre 1667 wird Joh. Riesch abgewiesen wegen „befundenen Aussatzes". Starb ein Schöffe, so präsentierte das Kollegium 3 Personen, von denen die Regierung die passende auswählte. Der neue Schöffe leistete den vorgeschriebenen Eid und maß nach altem Herkommen die kurfürstlichen Weinberge und Äcker mit dem Schöffenseil. Im Rathause sowohl wie in der Kirche, wo die Schöffen ihre besonderen Stühle hatten, mußten sie jederzeit in ihren Mänteln erscheinen. Am Neujahrstage früh morgens erschienen die 14 Schöffen und die 6 Ratsherren im großen Saale des Rathauses und empfingen jeder 5 Albus zum neuen Jahr und zum Gedenken, daß sie jederzeit auf Erfordern in gemeiner und herrschaftlicher Gelegenheit sich auf dem Rathause einfinden und solche anhörend sich vortragen lassen. Für ihre Mühe und Arbeit das ganze Jahr hindurch sollte ein Tag den Schöffen fröhliche Entschädigung bringen, das war der geschworene Montag, an dem die Grafen von Nassau als Zehntherren das sogenannte Schöffenessen zu geben hatten. Das Mahl begann früh morgens und endete mit dem Abendläuten, worauf häufig noch Spiel und Tanz folgte. Die vorgeschriebenen Speisen, die noch aus der Blütezeit des Bürgertums geblieben, machen dem Geschmack unserer Vorfahren al[illegible]re.

[39] Seine Familie war eine der einflußreichsten im Kurfürstentum und wird noch im folgenden Jahrhundert als allmächtig in Mainz bezeichnet. Er war Schwiegersohn des früheren Zollschreibers Werner Vogt, sein Sohn war Hofrat in Mainz, und sein Schwiegersohn folgte ihm als Zollschreiber in Lahnstein.

[40] Dieser galt als kurfürstlicher Beamter und wurde von der kurfürstlichen Kellerei bezahlt. Meistens ist er zugleich der zweite Zollbeamte.

Der Küchenzettel lautet nämlich also: „Erstlich den Tisch decken, darauf zu legen Frischweck und ein Trank in silberner Schale. Ein Vorgebackenes mit Wildbret, Rindfleisch mit gesottenen Hühnern und Senf dabei. Danach Schwarzpfeffer mit Wildpret, Reisbrei und Gebratenes, das soll sein von Geisen, Spanferkel und Hahnen, darnach ein Gallereydt, darin sollen sein Hühner und Spanferkel. Darnach Gebackenes mit Zucker, Käse, Äpfeln und Nüssen. Nachmittags soll man uns geben ein frisch Gebratenes, Lebersoll mit Ferkeln und Hühnern, ein frisch Gebackenes, Käse und guten Weins genug von dem Morgen an bis auf den Abend, und wäre es, daß deren eins mangelt, so soll man uns den anderen Tag ein Mittagessen geben." An diesem solemnen Essen nahmen nicht nur die Schöffen, sondern alle, die im Dienste der Stadt standen, teil, etwa 60 Personen; nur die 7 Schröter wurden vorher bei brennender Kerze gespeist, und wenn diese erlosch, erhielt jeder ein Maß Wein, ein Pfd. Fleisch und ein Brot mit nach Haus. Es kann uns nicht Wunder nehmen, wenn die Beamten, die so manchen mageren Tag im Jahre sahen, bei dieser Gelegenheit dem Dargebotenen wacker zusprachen. So mußte 1673 der Schöffe Liescheidt mit einer Ohm Wein bestraft werden, weil er „sich auf der Gerichtsstube wider Vernunft mit Essen und Trinken zuviel repetieret" etc. Die Nassauer Grafen aber waren dem teuren Brauch recht wenig hold, und mancher Brief wanderte zwischen Weilburg und Mainz, worin um Abschaffung desselben gebeten wurde. Noch 1699 schrieb die Weilburger Regierung: „Mit dem Schöffenessen geht ein solcher sündlicher Exzeß vor, daß am besten wäre, wenn solche Schwölgerei abgestellt, und dafür eine mäßige Summe zum besten der Gemeinde verrechnet würde." Zollschreiber und Gemeinde jedoch wehrten sich, weil die Nassauer zwar den Zehnten voll haben, die Entschädigung für das Essen aber nur mäßig berechnen wollten.

Neben dem aristokratischen Kollegium der 14 Schöffen, das sich durch Kooptation ergänzte, treten die 6 Ratsherren, die alljährlich von der ganzen Bürgerschaft neu gewählt wurden, in den Hintergrund. Sie hatten naturgemäß den Teil der Bürger zu vertreten, der nicht zu den Schöffenfamilien gehörte, und zuweilen tritt ein schwacher Gegensatz zwischen Schöffen und Ratsherren hervor.

In den Fällen, die dem Gericht zur Beurteilung unterlagen, spielen diesmal die Schimpf- und Scheltworte eine weniger wichtige Rolle. In der Hauptsache sind es Schuldklagen, Käufe und Verkäufe, Erbschaftsangelegenheiten und dgl. Nur einmal hatten Gericht und Rat nicht übel Lust, sich auf das Feld der hohen Justiz zu begeben. Am 16. Mai 1660 beschlossen sie, „zur Ausrottung des verdammlichen Zauberei-Lasters einen ernstlichen Anfang zu machen" und sandten dieserhalb den Wendel Eimuth und Thiebes Rheinbey zum Amtmann nach Bassenheim, erhielten aber eine abschlägige Antwort.

Die Rechnung zu führen über Einnahmen und Ausgaben der Stadt war Sache der beiden Bürgermeister, von denen alljährlich einer aus dem Rat gewählt wurde. Sie haben ihr Amt durchweg in Treue geführt, nur einmal im Jahr 1674 finden wir den merkwürdigen Amtsbefehl, daß die Bürgermeister und Schützen bei Strafe von 25 Gld. auf Niederlahnstein Kirmeß keinen Baum den Bendern oder sonsten verkaufen und, wie geschehen, versaufen sollen.

Ebenso wie die Bürgermeister wurden auch die 4 Flurschützen und die 4 Stadtförster jährlich gewählt; ein ständiger Förster hatte außerdem die Aufsicht über die wenigen kurfürstlichen Gebiete, insbesondere den sogen. Forstwald. Sie erhielten von den Strafgeldern für Forst- und Flurfrevel die Hälfte. Zur Unterstützung des Stadtfrons, der für seine Thätigkeit 8 Gld. und 2 Paar Schuhe erhielt, wurden am Samstag vor der Kirchweih noch 4 Wäpner[41] eingesetzt, um jeden Unfug wegen des Festes zu verhüten. Dafür durften sie am folgenden Montag an der Metzelsuppe auf dem Rathause teilnehmen zusammen mit den Schöffen. Sie wurde von der Gemeinde bestritten, und es ging infolgedessen nicht allzu hoch her. Darum nennt sie auch der Gerichtsschreiber „ein fein ehrbares Gelag".

Kirche und Schule.

Die einst reichen Einkünfte der Kirche waren nach und nach sehr zusammengeschmolzen. Die der Kirche, Frühmesse und Präsenz gehörigen Äcker lagen vielfach wüst und unbebaut. Die Erträge des Antonius-Katharinen- und Barbaraaltars waren von den Kurfürsten eingezogen, und bei dem Streit um den nassauischen Zehnten, wovon dem Pfarrer ein Teil zukam, wurde dieser ebenfalls öfters geschädigt. Dafür gab der Kurfürst von Mainz ihm jährlich 5 Mltr. Korn und 1½ Malter Hafer, wogegen der Pfarrer die Seelsorge auf den neuerbauten Höfen übernehmen mußte, was manchmal nicht ohne Gefahr geschah. So brach der Kaplan Severus Knopf im tiefen Schnee zusammen und wurde von des Weges kommenden Bauern aufgenommen und für tot nach Becheln getragen. Daher kam es, daß 1693 der Pfarrer Limpert klagen mußte: „Ich finde, das früher bei 10 Geistlichen hier gewesen sind, die die Lasten tragen halfen, jetzt bei den geringen Gefällen bin ich und der Kaplan allein." Er zählt in seinem Berichte die ständigen jährlichen Einkünfte also auf: Die Grafen von Nassau sollen geben 8 Ohm Wein, liefern aber nur 4; an eigenem Wein durchschnittlich 10 Ohm; an Früchten 10 - 12 Mltr. Korn, dazu vom Kurfürsten 5 Mltr. Korn und 1½ Mltr. Hafer.

An Geldgefällen 20 Gld., vom Hospital wegen der Freitagsmesse 20 Gld. 4 Krz.; die Herren Zollbeamten geben wegen einer Messe in der Liebfrauenkapelle 12 Gld.; der Kurfürst wegen der Schloßkapelle 64 Gld.[42]. Dafür

[41] Gewappnete

[42] Es waren die Einkünfte des früheren Ulrichsaltars auf Lahneck; die für diesen gestiftete Messe wurde seit 1640 am Bartholomäusaltar in der Schloßkapelle gelesen. Akten der Ulrichsk. (W. St.)

muß er dem Kaplan die Kost und 45 Gld. geben und hat die Chorsänger, 10 - 12 Personen, jährlich dreimal zu gastieren.

Im Jahre 1689 starb Pfarrer Junk. Als nun seine Erben mit dem Schultheißen Eberts im Pfarrhaus saßen, um sich wegen der Hinterlassenschaft zu vergleichen, „und sich ziemlich bezecht", brach plötzlich nächtlicher Weile ein Feuer aus, und das Pfarrhaus, Stallung, Scheune und Kelterhaus brannten vollständig nieder. Allgemein glaubte man, daß die Haushälterin des Pfarrers das Feuer vorsätzlich angelegt habe, weil die Erben ihr nicht ihren Lohn und 100 Thlr., die sie ihrem Herrn vorgestreckt hatte, herausgeben wollten. Der neue Pfarrer Limpert mußte zur Miete wohnen, und da die Nassauer Grafen wegen des Neubaues mit der Gemeinde in Streit gerieten, so wurde schließlich von dem Zollschreiber auf Befehl des Kurfürsten jenen der Zehnte eingehalten und das neue Pfarrhaus erbaut. Fertig wurde es erst um 1715. Der traurige Brand hatte aber doch auch einige fröhliche Gesichter gemacht, nämlich die der Schuljugend, denn das Schulhaus war ebenfalls abgebrannt, und es dauerte einige Zeit, ehe bei den Kriegsunruhen die arme Gemeinde den Neubau ausführen konnte. Die jeweiligen Lehrer waren nicht auf Rosen gebettet, und erst eine Reihe von Nebenbeschäftigungen brachte ihnen genügenden Unterhalt. So klagt Pfarrer Limpert 1696, daß der Schulmeister zugleich Glöckner, Organist und Gerichtsschreiber sein müsse zum Schaden der Schule und der Jugend. Der damalige Lehrer, Kaspar Vogt, hatte aber Glück; er wurde bald darauf kaiserlicher Notar. Unmittelbar nach dem Brande des Schulhauses scheint der Kaplan Severus Knopf den Schuldienst mit übernommen zu haben, denn er sagt 1692 denselben auf, und an seine Stelle wird Mathias Klein aus Wetzlar gewählt. Im Jahre vorher war das Lehrereinkommen neu geregelt worden. Er erhielt von der Gemeinde zehn Malter Korn, von jedem Kinde jährlich 6 Alb. und als Glöckner von jedem Bürger ein Viertel Wein; dazu 3 Wagen Holz und einige geringe Geldgefälle.[43]

Erwerb und Steuern.

Durch die neu gegründeten Höfe erhielt der Ackerbau in dieser Zeit einen starken Aufschwung. Es werden Korn, Hafer, Spelt, Gerste, Erbsen, Wicken und Linsen zum Zehnten herangezogen. In den ausgehauenen Hecken wurden mit Vorliebe Ölsaaten gebaut, und Rüböl bildete das wichtigste Küchenfett der armen Leute. Die Schafzucht scheint in dieser Periode aufgehört zu haben, nur die Metzger durften 50 Hämmel im Herbste in die untere

[43] Pfarrer sind: Thoma 1633 - 54, Junk 1654 - 89, Limpert 1689 - 1718
Kapläne: Tilemann Carnoth, Joh. Filtzengräber, Christ. Baur, Wilh. Reiner, Jac. Dodt, Severus Knopf
Lehrer: Paul Pistorius, Rudius, Ludw. Thoma, J. K. Kautz, Severus Knopf, J. K. Vogt, Joh. Jannert, Konrad Klein

Gemarkung treiben. Gegen die Geisen, die an jungen Bäumen und Weinstöcken Schaden anrichteten, wird auch jetzt ein ständiger Kampf geführt. Dagegen hielt die Stadt wie früher einen Kuh- und Schweinehirten, die eine Gemeindewohnung und auch ein Stück Land mit Obstbäumen hatten. Die Zahl der Schweine hing wesentlich davon ab, ob die Eicheln und Bucheckern in den Waldungen gerieten. War dies der Fall, so durfte der Kurfürst 50, der Amtmann 25, der Zollschreiber 13 und der Saalkellner 6 Schweine mit in die Mast treiben. Den Haupterwerbszweig bildete natürlich der Weinbau, der auf jede Weise geschützt und gefördert wurde.

Alljährlich wurde der Preis vom Gericht festgesetzt; er schwankt gewöhnlich zwischen 11 - 13 Alb. das Viertel, oder 4 Rchsthlr. die Ohm. Sorgfältig wurde darüber gewacht, daß kein fremder Wein in die Stadt gebracht wurde, von dem nicht für jedes Fuder 1 Goldgulden Accise entrichtet war; ebenso durften die Wirte, so lange Wein in der Stadt zu haben war, nur hiesigen verzapfen. Sie zahlten als Abgabe von jedem Fuder 17 Gld.; 12 an den Landesherrn und 5 an die Gemeinde[44].

Die wichtigste Änderung aber vollzog sich in dieser Periode auf dem Gebiete des Handwerks. Im März 1657 traten sämtliche Handwerker der

[44] Als Beleg für Preis und Lebensweise möge hier eine Rechnung stehen, die der Barbier und Wirt Peter Walter im Jahre 1696 schrieb bei Gelegenheit des früher erzählten Grenzstreits.
Was die Herren Landschieder bei mir an Speis und Trank verzehrt haben:

		Gld.	Alb.	Krz.
11. August:	2 Landschieder und der Bürgermeister zum Nachtessen	1	-	-
	Gedronken 2½ Maß weißen Wein à 10 Alb.	-	25	-
	An Brandewein vor	-	2	1
12. August:	Des Morgens an Brandewein vor	-	5	-
	Zum Mittagessen 2 Landsch., der Bürgerm. und Joh. Jungmann	1	10	-
	Zum Essen gedronken 2 M. w. Wein	-	20	-
	Ins Feld genommen 2 M. w. Wein	-	20	-
	Die 4 zu Nacht gespeist	1	10	-
	Zum Essen gedronken 2 M. w. Wein	-	20	-
13. August:	3 Landsch., Bürgerm., J. Jungmann, 1 Bürger zu Essen	2	-	-
	Gedronken 4 Maß Roten	1	20	-
	Zu Nacht gespeist 5 Personen	1	20	-
	Gedronken dazu 3½ Maß Roten	1	13	1
14. August:	Des Morgens an Brandewein	-	2	1
	Mittagessen vor 5 Personen ins Feld hinaus	1	7	1
	Noch mit hinausgenommen 2½ Roten	1	1	1
	Item hinaus holen lassen 2 M. w. Wein	-	20	-
	Zu Nacht gespeist 7 Personen	2	10	-
	Zum Essen gedronken 5 M. Roten	2	2	1
	Zum Essen gedronken 1 M. w. Wein	-	10	-
15. August:	Für ein Frühstück von 4 Personen	-	20	-
	Gedronken 1 M. Roten	-	12	-
		22	**24**	**1**

Stadt zusammen und beschlossen, sich zu einer Zunft zusammen zu thun; es waren 7 Bäder, 2 Metzger, 3 Schneider, 4 Schuhmacher, 7 Faßbinder, 5 Zimmerleute und Schreiner, 2 Maurer, 2 Leyendecker und 2 Wagner. Sie wandten sich an den Kurfürsten und klagten, daß das Handwerk sehr darniederliege, besonders weil ein hier ausgebildeter Lehrling keinen Lehrbrief erhalte und dort, wo das Handwerk zünftig sei, von neuem anfangen und einen solchen erwerben müsse. Darum wünschten sie, da das Handwerk allein zu schwach sei, eine gemeinsame Zunftordnung. Der Amtmann Freiherr von Bassenheim unterstützte ihr Begehr und ebenso der Zollschreiber Albrecht von Lauterburg. Unter mancherlei Verhandlungen gingen zwei Jahre hin, dann erhielten sie die Ordnung am 1. Juli 1659. Sie umfaßt 45 Artikel und enthält sowohl allgemeine Vorschriften über die Annahme von Lehrlingen und Knechten, Brudermessen und dergleichen, als auch besondere für jedes einzelne Handwerk. Bezeichnend für die bereits eingetretene Periode der Engherzigkeit ist der Artikel 4, wonach kein Meister mehr als einen Lehrjungen und einen Gesellen halten durfte. Andererseits war die Zulassung zum Handwerk mit nicht geringen Unkosten verknüpft. Wer sich als Lehrling vor der versammelten Zunft einschreiben ließ, hatte derselben eine Imbiß und Ehrentrunk zu geben, der Lade 1 Goldgld., dem Schreiber 6 Alb. zu entrichten. Ebensoviel kostete die Lossprechung, und der Lehrbrief noch besonders 2 Rchsthlr. Die neue Zunftordnung erwies sich als heilsam. Die Zahl der Handwerker wuchs, und auch einige Auswärtige traten der Zunft bei. Mehr als 30 Jahre hielten sie in Eintracht zusammen, dann schlich sich allmählich bei der größeren Zahl der Unfriede ein. Im Jahre 1696 beschlossen die Schmiede, Schlosser, Wagner, Maurer, Zimmerleute, Schreiner, Bender und Leyendecker, sich von den übrigen zu trennen und eine eigene Zunft zu bilden. Sie richteten ein Schreiben an die Mainzer Regierung, das in der Stilisirung nichts zu wünschen läßt und die volltönende Anrede bietet:

„Hochwürdige, hochwohl- und hochedelgeborene, hoch- und wohledle, gestrenge und hochgelährte, gnädig, großgünstig, hochgeehrte Herren!" Darin schildern sie, wie wegen der Verschiedenheit der Interessen bei den gemeinsamen Zusammenkünften stets Mißverständnisse und Streit entständen. Deshalb wünschten sie für sich eine besondere Ordnung, was sich um so eher machen ließe, da die Bäcker, Metzger, Schneider und Schuhmacher zusammen noch 30 Mitglieder aufwiesen.

Die übrigen Zunftgenossenschaften, denen auf ihren Wunsch das eingereichte Schriftstück übersandt wurde, waren von der Bildung einer neuen Zunft wenig erbaut. Nach ihrem Berichte herrschte bis 1692 stets Friede, dann kamen einige Schreier und Widerspenstige, die in Strafe genommen werden mußten. Ihnen schlossen sich zwei neue Meister an, die ihr Meistergeld noch nicht entrichtet hatten. Diese 4 haben einige Meister von den Handwerkern, die den Hammer gebrauchen, aufgestachelt, und trachten danach eine neue, die Hammerzunft, zu bilden. Doch dürfte dies dem gesamten Handwerk nicht zum Nutzen gereichen.

Der Protest blieb jedoch erfolglos. Amtmann und Zollschreiber sprachen sich in ihren Gutachten beide für die Trennung der Zunft aus, zumal beide Gruppen annähernd gleich stark seien, und die Trennung den vielen Streitigkeiten ein Ende machen werde. Von der Regierung aufgefordert, eine neue Ordnung für die neue Zunft zu entwerfen, übersandten sie am 19. Nov. 96 die Artikel der Hammerzunft von St. Goar, die ebenfalls von den übrigen Handwerkern gesondert war. Dem Zollschreiber erschien darin besonders empfehlenswert, daß die von der Zunft verhängten Strafen zur Hälfte der Herrschaft zufielen.

In Mainz erfuhr die eingeschickte Ordnung eine gründliche Umänderung. Erst am 20. Mai 1697 erschien das neue Statut, das statt der ursprünglichen 29 Artikel 17 und Vorschriften über das Meisterstück der Huf- und Wagenschmiede, der Schlosser, Büchsenmacher, Maurer, Zimmerleute, Leyendecker, Schreiner, Sattler, Wagner, Bender und Glaser enthält. Die einzelnen Artikel sind weitschweifig ausgeführt, und häufig tritt das Bestreben hervor, den in den Zünften eingerissenen Mißbräuchen zu steuern. Der neu eintretende Meister soll 6 Gld. in die Zunftlade geben, im übrigen aber „mit überschwänglichen Imbsen und Kösten nicht beschwert werden". Wenn der eintretende Lehrling in das Zunftbuch eingetragen ist, soll er der Zunft 1 Rchsthlr. und für Einschreibung 5 Alb., „sonst aber weiter nichts erlegen". Wenn in der früheren allgemeinen Ordnung dem Meister nur gestattet war, 1 Lehrling und 1 Gesellen zu haben, heißt es jetzt in Artikel 14: „Der Meister soll, nachdem er Arbeit hat, um jedermann darin zu befördern, so viel Gesellen halten und gebrauchen, als er bedürftig." Auf der Zunftstube hat jeder seinen Platz nach der Zeit seines Eintritts in die Zunft, und in dieser Reihenfolge sagt er auch seine Meinung nach vorheriger Aufforderung durch den Zunftmeister. Dort darf auch nur der gesamten Zunft Nutzen und Wohlfahrt, ohne sonst einige andere Sachen oder Händel zu berühren, beratschlagt werden. (Artikel 4.) Endlich ist im letzten Artikel der Bürger in Schutz genommen, falls der Meister ihn im Lohn unbillig steigert oder in der Arbeit zu lange aufhält. Alsdann soll es jenem erlaubt sein, sich auch ausländischer Arbeit und Meister zu bedienen.

Ein Jahrzehnt lebten beide Zünfte neben einander, dann brachte das neue Jahrhundert eine weitere Änderung, die wir der nächsten Arbeit vorbehalten[45].

[45] Zunftsachen (W. St.).

ZOLL.

Was der Stadt immer noch eine besondere Wichtigkeit verlieh, war der Charakter als kurfürstliche Zollstadt. Das kriegerische 17. Jahrhundert hatte freilich die Einnahmen des Zolles gewaltig verringert. In den Jahren 1680-92 wurden an Rheinzoll 103.266 Gld. eingenommen, im Durchschnitt jährlich 8.605 Gld. Wie sehr die Kriegsjahre in die Wagschale fielen, zeigt ein Vergleich zwischen 1648 und den unruhigen Zeiten 1688/89. Im ersteren Jahr betrug die Einnahme 17.973 Gld.; im Jahre 88 3.725 und im Jahre 89 3.538 Gld.[46]. Von diesem Gelde erhielt das Domkapitel jährlich 2.400 Rchsthlr., dann bekam der Kurfürst von der Pfalz einen Turnosen, nämlich von je 1.000 Gld. Einnahme 26 Gld. 6 Alb. Eine Anzahl von Fürsten und Grafen, die nach alten Verträgen Anteil an Zoll hatten, waren nach und nach entschädigt worden, während „unterschiedliche Freiherren, Adelige und Geistliche", die auch Pensionen vom Zoll zu erhalten hatten, bei den schlechten Zeiten nichts bekamen.

Neben dem Wasserzoll wurde auch ein Landzoll erhoben, dessen Einnahmen aber in der Saalkellerei verrechnet wurden. Wer damals von dem darmstädtischen Braubach an dem mainzischen Oberlahnstein in des trierische Niederlahnstein fahren wollte, zahlte in Braubach von jedem Pferd 3, in Oberlahnstein 6, dann das Fährgeld an der Ponte und in Niederlahnstein wieder 6 Kreuzer. Oft dachte man daran, statt auf die Pferde, den Zoll auf die Waren zu legen, stand aber immer wieder davon ab, weil der Zollschreiber erklärte, daß bei einer Erhöhung des Zolles die Fuhrleute einen Weg über die Berge suchen werden.

An der Lahn wurde seit 1610 von Trier ein Zoll erhoben und zwar vom Faß Wein ein Maß oder der Geldwert, vom Malter Korn 2 Pfennige, vom ledigen neuen Faß 1 Alb. und von andern Gütern und Flößen je nach dem Wert[47]. Auch Mainz dachte daran, an der Lahn Zoll zu erheben, und es wurde der Regierung als ein geeigneter Platz das Wehr des Hüttenwerks in Ahl bezeichnet, weil dort der Paß so eng sei, daß sich die Schiffe nicht auf die trierische Seite schlagen könnten[48]; doch stand man von dem Plane wieder ab.

Die im Vergleich zur heutigen Zeit durchaus nicht geringen Steuern bestanden hauptsächlich in Naturallieferungen.

Die einzige alljährlich wiederkehrende Geldsteuer war die Beed (Bitte), die mit der Zeit aus einer ursprünglich freiwilligen zu einer ständigen

---

[46] Dabei waren eine Reihe von Orten und Personen vom Zolle befreit. So kam alljährlich beim Bürgermeisterwechsel von Coblenz eine Deputation nach Oberlahnstein, um beim Zollschreiber die Befreiung vom Rheinzoll für das Coblenzer Marktschiff nachzusuchen. Sie erhielten dieselbe und zugleich einen Weintrunk, aus guter Nachbarschaft (Wegeler, Coblenz S. 112). Ebenso war nach Reichsgesetz alles zollfrei, was zum Hofhalt eines Reichsfürsten gebraucht wurde.

[47] Zollsachen (Wiesb. St.).

[48] Schriftstück im Besitze des Herrn Schickel, Oberl.

Abgabe geworden war. Sie wurde im Mai gesammelt und betrug nur 4 Gld., 6 Alb., wovon die Grafen von Nassau 3 Gld., der Kurfürst den Rest erhielt. Auf dieselbe Weise war die Weinbeed ständig geworden; sie brachte dem Kurfürsten jährlich ein Fuder, 3 Ohm, 13 Viertel[49] und 20 Malter Korn von den in Ackerland verwandelten Weinbergen; die Grafen von Nassau aber erhielten 6 Fuder Beedwein. Früher war auch noch ziemlich regelmäßig eine Türkensteuer erhoben worden, die aber bei den fortwährenden Kriegsnöten im eigenen Lande aufhörte. Dafür trafen die außerordentlichen Schatzungen, die vom Landesherrn je nach Bedürfnis auferlegt wurden, die Gemeinden umso härter. Die beiden Schatzheber mußten die 5 Kopfstücke, die sie für ihre Mühe erhielten, sauer verdienen, und öfter lesen wir: „Die Gelder sind wegen Armut anjetzo schwer zu bekommen."

Die bei weitem schwerste Aufgabe für den Bürger war aber der Wein- und Fruchtzehnte. Der Kurfürst bekam davon nur den kleinsten Teil, an Wein durchschnittlich 4 Fuder. Alles Übrige gehörte seit vielen Jahrhunderten den Grafen von Nassau, die ihrerseits wieder den dritten Teil dem Pfarrer abzugeben hatten. Zur Zeit der Weinlese standen die Wagen des nassauischen Vogtes und des Saalkellners am Fuße der Weinberge, und die Zehntknechte brachten den der Herrschaft gehörigen Anteil dorthin. Ebenso geschah es bei der Ernte. Waren die Zehntknechte nicht zugegen, so ließ man den Zehnten auf dem Felde liegen und nicht immer sehr gewissenhaft, wie häufig geklagt wird. Auch wollen die Bürger von ihren Feldern nach altem Herkommen nicht die zehnte, sondern die elfte Garbe geben und wurden hierbei von dem Zollschreiber gegen den Grafen unterstützt. Den langwierigsten Streit aber veranlaßte der sogenannte Röderzehnte.

An etwa 16 - 18 Stellen des Lahnsteiner Waldes lagen die Röderhecken, von denen den Bürgern jedes Jahr bestimmte Strecken zugewiesen wurden, um dort ihre Weinbergspfähle zu holen und das übrige Gehölz als Brennmaterial zu gebrauchen. Die umgerodeten Strecken besäten die Bürger mit Getreide oder auch mit Rübsamen, die ihnen das Küchenfett lieferten. Dann blieb das Gehölz liegen, bis abermals nach 10 - 15 Jahren junges Gehölz dort herangewachsen war. Von den Früchten erhielten die Grafen von Nassau und der hiesige Pfarrer den Zehnten. Nun waren, wie früher erwähnt, infolge der starken Holzungen ein Anzahl Höfe erbaut und diesen auch ein Teil der Hecken zugewiesen worden, die die Hofleute in Ackerland verwandelten. Die Nassauer erhoben von den Höfen den Zehnten; als aber der Kammerrat Löhr hier sein Amt antrat, erklärte er die Höfe für ein Novale, eine Neugründung, von der nach Reichsgesetz der Zehnte dem Territorialherrn, also dem Kurfürsten, gebührte. Dabei betonte er, daß die Höfe auf

[49] 1 Fuder à 4½ Ohm - 1 Ohm à 15 Viertel.

früherem Waldgebiet erbaut seien, von dem nur die Gemeinde die Nutzung gehabt. Die nassauischen Beamten dagegen beriefen sich auf die Hecken, von denen ihnen immer der Zehnte zugestanden habe. Eine große Zahl von Schriftstücken wurde gewechselt und von Nassau aus die Hülfe des Kurfürsten von Trier angerufen, der als Bischof von Speier Lehnsherr über den Oberlahnsteiner Zehnten war. Johann Hugo schrieb auch mehrfach an Anselm Franz, aber vergebens. Erst als Lothar Franz den erzbischöflichen Stuhl bestieg, fanden die Grafen ein geneigteres Ohr. Sie sandten den geheimen Rat Melchior nach Trier, um die Vermittlung des Erzbischofs anzurufen und ihm die ganze Sache noch einmal mündlich auseinanderzusetzen. Im September 95 war Lothar Franz in Ems, und von hier aus schrieb er am 13. an Amtmann und Zollschreiber, daß zwei Tage darauf an Ort und Stelle der Augenschein eingenommen werden solle. Am 22. Dez. wurde der endgültige Beschluß abgeschlossen. Nassau durfte fortan den Zehnten von den Höfen erheben, verzichtete dagegen auf die in den vergangenen Jahren durch den Zollschreiber eingezogenen Gefälle[50].

Geringer war das Streitobjekt, um das es bereits im Jahre 1649 zu Zerwürfnissen kam. Der Zehnte von einem kleinen „Placken" bei der heiligen Geistkapelle wurde auf Lahnsteiner Seite dieser zuerkannt. Ehe es noch zu Auseinandersetzungen kam, wurden die Nassauer im Jahre 1650 durch die Theorie der vollendeten Thatsache überrascht. Der nassauische Vogt und der Pastor hatten von besagten Placken den Zehnten eingesammelt und ihn bis zur Abteilung in Garben an einen Baum gelegt. Als sie sich darauf entfernten, kam der Schulmeister Paul Pistorius als Einnehmer des heiligen Geist-Zehnten und nahm alles weg. Die Klagen fruchteten nichts; das strittige Stück blieb der Kapelle.

Hiermit schließen wir unsere Darstellung, um uns demnächst der ereignisreichen Zeit des 18. Jahrhunderts zuzuwenden.

Nachtrag.

Als Johann von Nassau-Idstein am 1. Juli 1632 Oberlahnstein einnahm, wurde ihm von Oxenstierna und Horn angeboten, die Stadt zu behalten und in seine Verwaltung zu übernehmen. Graf Johann schlug das Anerbieten aus und begehrte nur, daß er und seine Brüder in dem Genusse der althergebrachten Rechte und Gefälle nicht beeinträchtigt werden möchten. Das wurde ihm zugesagt, und als er später mit seinen Truppen gegen das Kölnische vorrückte, versprach es ihm der schwedische Kriegsrat Sparr nochmals. Die Gerechtsame, die der Graf in Oberlahnstein beanspruchte, waren folgende:

---

[50] Irrungen zwischen Mainz und Nassau (W. St.) Menzel, Geschichte Nassaus VII, 47.

Nassau hat den Pfarrer einzusetzen und besitzt die Vogtei daselbst; an den Vogt ist ein Teil des Wein- und Fruchtzehnten einzuliefern.

Es hat Anteil an der Besetzung der Richterstelle; es ist Oberrichter über Hals und Haupt vom Leben zum Tod; ihm gebührt ein Teil der Wetten und Bußen; die Unkosten bei peinlichen Exekutionen werden zwischen Nassau und Mainz halbiert; jedes Haus in Oberlahnstein hat jährlich ein Semmer Vogthafer[51] zu liefern; Nassau hat zu Jagen und zu Hegen nach allerhand hohem und niederem, schwarzem und rotem Wildpret in den Oberlahnsteiner Wäldern, in und außerhalb der Schläge bis in den Rhein mit Hunden und Wildgarn, mit Dienstleuten und Unterthanen. (Innerhalb der Schläge ist dies letzthin mainzischerseits ungerechter Weise verwehrt worden.) Endlich hat Nassau vom Reiche zu Lehen 3 Turnosen an dem Zolle zu Lahnstein. Im Jahre 1506 haben sich Mainz und Nassau dahin verglichen, daß von einem jeden Zollschreiber jährlich 1.000 Goldgulden in vier Raten bezahlt werden sollten. Dieser Pflicht hatte sich Mainz im Jahre 1605, als Graf Joh. Ludwig von Nassau-Weilburg als letzter männlicher Sproß seiner Linie starb, entzogen und erklärt, jene 3 Turnosen wären nun für Nassau verloren.

Nassau begann jetzt den Rechtsstreit. Als die neue Linie die Belehnung mit Wiesbaden nachsuchte, wurde zugleich die Belehnung mit den 3 Turnosen am Lahnsteiner Zoll erbeten. Um den Anspruch zu stützen, erbaten sich die Nassauer Rechtsgutachten von der Tübinger, Freiburger, Frankfurter (a. d. Oder) und Kölner Universität, die sich alle zu ihren Gunsten aussprachen. Trotz dieser Beweismittel, und trotzdem ein nassauischer Gesandter sich wegen dieser Sache lange in Wien aufhielt, wurde im Jahre 1631 endlich vom Kaiser den Erzbischof Recht gegeben; jedoch wurde darauf hingewiesen, daß Nassau und Mainz sich wohl noch besonders darüber einigen würden. Dieses Urteil erschien dem Grafen um so ungerechter, weil man sich vom Kaiser zu versehen geglaubt hatte, daß er „nicht allein die seit zehn Jahren erlittenen Kriegskontributionen, sondern auch die vielen Kriegspressuren und Schäden, die allein beim Hause Nassau-Saarbrücken auf etliche Millionen Geldeswert sich veranschlagen ließen, in mitleidige Consideration ziehen werde".

Das war nun nicht geschehen, darum hoffte man aber um so sicherer, daß die schwedische Dankbarkeit den Nassauern wieder zum vollen Besitz aller Rechte verhelfen werde. Bald nach der Eroberung war von den Schweden zum Oberamtmann für Lahnstein und Umgegend Rasmus Stor Kelson eingesetzt worden, der im kurfürstlichen Schlosse Wohnung nahm. Bald sollte es sich zeigen, wie dieser über die nassauischen Rechte dachte. Im Anfang des

[51] Der Vogthafer heißt gewöhnlich Rauchhafer, weil von jeder Rauch ein Semmer entrichtet werden mußte.

Oktober wollte der nassauische Vogt Hans Mangolt die Maße prüfen und mit der Einforderung des Zehnten beginnen, aber der schwedische Amtmann Rasmus hinderte ihn und erklärte alle Gefälle für königliches Eigentum. Mangolt berichtete an den Amtmann Joh. Gottfried Emmerich in Nassau; dieser sandte „wegen eigener Leibesschwachheit" seinen Bruder nach Oberlahnstein, der aber dieselbe Antwort erhielt wie der Vogt; jedoch versprach der Schwede, an den Reichskanzler das eigenhändige Schriftstück zu übersenden, worin die nassauischen Rechte auseinandergesetzt und dem schwedischen Amtmann Kosten und Weiterungen angedroht waren. Dieser forderte dagegen von Schultheiß, Gericht und Rat einen schriftlichen Bericht ins Schloß, welche Bürger ausgewiesen seien, welche Güter diese hätten und wo dieselben gelegen. Zugleich untersagte er ihnen, an irgend einen Fürsten oder Grafen, der eine Gerechtsame in Oberlahnstein habe, etwas auszuliefern, es sei denn, daß König oder Kanzler es befehlen würden. Am 23. Okt. schrieb Graf Johann selbst an den Reichskanzler Oxenstierna, erinnerte ihn daran, wie er seiner Zeit „durch göttliche Verleihung" die spanische Garnison aus Oberlahnstein auf eigene Kosten herausgeschafft und die Stadt Ihrer Kgl. Majestät überantwortet habe, und bat um Aufrechterhaltung seiner Rechte, die in voller Ausführlichkeit beigefügt wurden. Kurz zuvor hatten auch die nassauischen Räte in Idstein an den Kanzler geschrieben und ihm bemerkt, daß die Handlungsweise des Lahnsteiner Amtmanns im Widerspruch stehe mit dem früheren Versprechen des Statthalters des Erzstiftes, des Kriegsrates Joh. Sparr.

Der Tod Gustav Adolfs und die folgenden Kriegsereignisse haben anscheinend die Verhandlungen unterbrochen. Das nächste Schriftstück datiert vom 8. Okt. 1633. Oberstlieutnant Kohlers, der Befehlshaber der schwedischen Truppen in Oberlahnstein, bittet den Amtmann in Nassau, er möge eine Anzahl Fuhrwerke auftreiben und dieselben nach Becheln schicken, wo die Förster ihnen Holz für die Garnison anweisen würden, damit der Ort nicht ruiniert und die Garnison durch Einreißen der Häuser geschont würde.

Zur selben Zeit lief in Idstein ein Schreiben ein von der Gemeinde Miehlen. Diese hatte im Jahre 1624 bei schwerer Einquartierung der Kaiserlichen zur Verhütung gänzlichen Ruines von dem Beseher in Lahnstein 500 Gulden leihen müssen gegen einen jährlichen Zins von 30 Gulden. Zu anfänglicher Verehrung, damit sie das Geld desto leichter erhalten möchten, versprachen sie dem Beseher 9 Maß Butter. Dieser hatte sich inzwischen zu einer Sicherung nach Köln begeben und war noch daselbst. Nun forderte der schwedische Amtmann das rückständige Geld und auch die Butter. „Dieweil aber Miehlen durch die zu Oberlahnstein gelegenen Spanier zu verschiedenen Malen mit sehr harter Geld- und anderen Forderungen mitgenommen", bat die Gemeinde die nassauischen Räte um Hülfe. Beigelegt ist ein Brief des Rasmus, der ihnen mitteilt, die Miehlener hätten sich verlauten lassen, der

Beseher könnte kommen und mit ihnen rechnen. Am Freitag hätten die Herren zu erscheinen und Quittung vorzulegen über Geld und Butter, sonst werde er sehen, ob er nicht am Samstag 100 Mann hinaufschicken könnte, die sie zur Vernunft brächten.

Graf Johann sandte beide Schreiben nach Mainz und erhielt umgehend Antwort, daß bezüglich der Zinsen und der Butter der Amtmann bis auf weiteren Bericht einhalten solle. Was aber die Holzfuhren angehe, so möge der Graf des Amtmanns Begehren erfüllen, da die Garnison doch notwendigerweise mit Holz versehen sein müsse.

Um dieselbe Zeit begann auch wieder die Sorge um den Weinzehnten. Amtmann Emmerich meldete nach Idstein, daß in Scheuern der Wein erfroren sei, in Nassau nicht, aber man fände „an 3 oder 4 Stöcken kaum ein Träublein". Vogt Mangolt von Lahnstein hatte noch nichts geschrieben. So wandte sich Graf Johann wieder nach Mainz und bat die Regierung, den Amtmann anzuweisen, daß er den vorjährigen und den jetzigen Weinzehnten verabfolge. Die Räte erwiderten am 30. Okt., Rasmus sei augenblicklich in Mainz und habe erklärt, es hätte niemand den Zehnten gesammelt, also hätte er es gethan, doch solle er denselben gegen Erstattung der Sammelkosten verabfolgen. Inbezug auf die Holzfuhren solle der Graf eine Anweisung an den Amtmann in Nassau ergehen lassen, denn weil das Amt Nassau sich der Festung Lahnstein im Notfall zu erfreuen habe und aus dem Walde Nutzen ziehe und ihn beweide, könne es auch wohl einige Frondienste leisten, da es im Lahnsteiner Walde nicht an Holz, wohl aber in der Stadt an Fuhrwerken mangele. Johann dankte für die Gewährung der Zehnten und versprach die Holzfuhren zu unterstützen, nur sollte sich die schwedische Regierung die Mitherrschaft im Amte Nassau, Nassau-Katzenelnbogen, um eine Mitverordnung an die gemeinschaftlichen Unterthan ersuchen.

Mit dem Schreiben der schwedischen Regierung versehen, begab sich Emmerich von Nassau nach Lahnstein. Rasmus versprach die Unkosten zu berechnen und den Wein zu liefern. Auch übergab er ihm ein Schreiben an den Grafen, worin er ausführte: „Vergangenes Jahr bin ich fremd und unbekannt mit den Verhältnissen als Amtmann eingesetzt worden mit dem Befehl keinerlei Gefälle zu verabfolgen ohne Anweisung Sparrs. Nun kommt der Befehl. Alldieweil aber allhie, daß Gott erbarm, zwei schlechte, sehr saure und wenig weinreiche Jahr gefallen sind, und ich des Weins, obgleich er schlecht, wegen der Garnison nicht wohl entraten kann, da wir doch noch mehr Wein herkommen lassen müssen, so will ich statt der hiesigen Weine andre von Elfeld im Rheingau schicken lassen, u. dieselben, wenn es Eure Gnaden beliebt, übersenden".

Emmerich erklärte in seinem Begleitschreiben dieses Anerbieten in seiner Weise. Er meint: „Der schwedische Amtmann ist ein 'seltzamer fandast'. Er hat mir mündlich gesagt, daß er von Elfeld oder Bacharach Weine kommen lassen wolle, doch sollen dort die Trauben erfroren und schlechter als die Lahnsteiner sein. Aber, wie der Graf will". Das Jahr verstrich, der Lahnsteiner Wein war an die Soldaten verteilt, der Eltviller kam nicht. Rasmus ging um die Weihnachtszeit auf 4 Wochen nach Mainz. So mußte im Januar 34 Emmerich nach Idstein berichten, daß nichts zu erhalten sei; die Räte aber antworteten ihm, daß der Graf bis zum März weg sei und darum in betreff der Weine sich nichts thun lasse. Hier endigen die Schriftstücke; Rasmus wurde bald darnach durch den Amtmann Titus Peter ersetzt[52].

Die Grafen von Nassau aber erhielten den Zehnten nicht. Als die Schweden die Stadt verließen, zog der Kurfürst denselben ein und gab das Schöffenessen. Auch der Pastor Jakob Thoma wurde von Mainz aus präsentiert und von dem Archidiakon in Dietkirchen ordiniert. Erst der Friede von Münster und Osnabrück brachte den Grafen ihre Rechte wieder.

Am 7. Nov. 1648 wurden auf kurfürstlichen Befehl die Nassauer wieder in den Besitz der Zehntherrschaft eingesetzt, und am 14. Dezember waren Joh. Friedr. von Botzheim und Zacharius Grallius, Kanzleidirektor und Licentiat der Rechte hier, um in feierlicher Weise für den Grafen das alte Zehntrecht zu erneuern. Die Rechtmäßigkeit der Wahl des Pfarrers Thoma mußten sie ausdrücklich anerkennen, doch starb dieser bald darauf (1654)[53].

[52] Er lebte noch im Jahre 1638 in Mainz; von ihm ist ein Schriftstück aus dem Jahre 1633 vorhanden, worin er Bürgermeister und Rat der Stadt Rhens auffordert, einen Grenzstein aufzurichten an der Mündung der Schlierbach. (Irrungen zw. Mainz und Hess.-Darmstadt. W. St.)

[53] Irrungen zw. Mainz u. Nassau. (W. St.)

Die Leiden des Amtes Münstermaifeld während einiger Jahre des dreissigjährigen Krieges

Von Oberlehrer Dr. Bodewig, Oberlahnstein

Im Frühling des Jahres 1636 sammelte sich ein beträchtliches kaiserlich-bayrisches Heer unter dem General Götz an Mosel und Rhein, um den Schweden und Franzosen die einzigen ihnen am Mittelrhein gebliebenen Plätze: Koblenz, Ehrenbreitstein und Lahnstein zu entreissen. Lahnstein und Koblenz fielen bereits 1636, die Feste Ehrenbreitstein erst im folgenden Jahre. Der General Götz nahm sein Hauptquartier zunächst in dem wohlhabenden Amte Münstermaifeld, und der bayrische Oberst Fritsch rühmt in seinem Tagebuche (mitgeteilt von Westenrieder; Historischer Kalender. München 1810) die trefflichen Quartiere, die er dort gefunden. Was aber die unglückliche Gegend infolge der Durchmärsche und Einquartierungen zu erleiden hatte, und wie die einzehnen Orte in kurzer Zeit dem vollständigen Ruin anheimfielen, das schildert der Stadtschreiber von Münstermaifeld mit trockenen Zahlen und durch die Gegenüberstellung von „Einst und Jetzt" ergreifender, als die Feder des besten Schriftstellers es vermocht hätte. Dabei erfahren wir zugleich, in wie glücklichen Verhältnissen die Gemeinden des genannten Amtes vor dem Jahre 1632 lebten, und nicht alle werden heute den gleichen Reichtum an Vieh aufweisen können. Wenige Orte des deutschen Vaterlandes dürften aber in der Lage sein, eine so genaue Aufzeichnung über Personen- und Besitzstand in gleich entfernter Zeit zu besitzen. Die hier mitgeteilte Zusammenstellung ist an das Trierer Domkapitel gerichtet (der Erzbischof Philipp Christoph war damals gefangen in Oesterreich) und befindet sich im Koblenzer Staatsarchiv. Einzelne Rechenfehler sind wohl dadurch entstanden, dass der Schreiber die Rechnung zuerst im Unreinen aufstellte und sie dann abschrieb. Bei den Namen der Orte ist die vorgefundene Schreibweise beibehalten, im Uebrigen ist die nicht immer gleichmässige Orthographie abgeändert.

Designation

dero durch die Kurtrierische Einquartierung und Kontributionen, auch Plünderungen dem Amt Münster, Cobern und Alken verursachten Unkosten und Schaden samt dabei kontrahierter Schulden.

Die Stadt Münster-Meinfeld und Metterich.

Anno 1636 des Goltischen oder Pappenheimischen Regimentes Stab in 7 Wochen gekostet an Geld, Korn, Spelzen, Vieh und Essen zusammen, alles auf das schlechteste gerechnet	2.030	Rchsthlr.
Anno 1636 von dem 10. Februar bis auf den letzten Mai in der Stadt Münster des General Götzischen Hof und Generalstab an Geld, Korn, Spelz, Vieh, Wein und Essen gekostet	4.500	〃
Noch die Stadt und Metterich vor das Amt an Geld, Korn, Wein, Fleisch, Ihre Excellenz Hofmeistern, Offizieren und Dienern, welches Ihrer Excellenz allein zuzurechnen und nicht auf die Compagnie Dragoner gutgemacht, samt hingenommenen und zu Tod getriebenen Pferden und dann auch sechsmonatliche Kontribution zusammen	22.792	〃
Anno 1637 durch des Bliestedischen Regiments Stab an Kost, Geld, Vieh, samt Pferdefutter, Reuterschaden zusammen gekostet	5.547	〃
Der de Werthischen Dragoner Stab im Jahre 1638 und mitgeführte Pferde	3.040	〃
Und ist diese Gemeinde von obgemeldeten Einquartierungen noch schuldig, so man hin und wieder aufgesprochen und alle Güter davor verobligieret vor das ganze Amt	20.000	〃
Summa	**57.909**	〃

Anno 1632 an Bürgern zu Münster und Metternich

gewesen	90	jetzt	80
Pferde	80	〃	27
Kühe	400	〃	29
Schafe	1.700	〃	0
Schweine	400	〃	50

Carden.

Golten- und Pappenheimische Einquartierung	700	Rchsthlr.
Götzische Einquartierung und Kontribution	450	〃
Bliestedische Einquartierung und Durchzug	1.024	〃
Werthische Dragoner	430	〃
An Schulden aufgenommen	800	〃
Summa	**3.104** (so!)	〃

Anno 1632	an	Bürgern	gehabt	39	jetzt	11
	〃	Pferden	〃	10	〃	0
	〃	Rindvieh	〃	70	〃	2

MUEDEN.

Anno 1635 Bönninghausens Reiter das Dorf und die Kirche geplündert, 175 Stück Rindvieh genommen, so geschätzt	5.524	Rchsthlr.
Goltische Einquartierung	2.738	〃
Götzische 〃	2.982	〃
Bliestedische 〃	3.555	〃
Werthische Dragoner	2.262	〃
An Schulden aufgemacht	3.000	〃
Summa	**19.611** (so!)	〃

Anno 1632	an	Bürgern	40	jetzt	16
	〃	Rindvieh	200	〃	6

KERN.

Goltische Einquartierung	600	Rchsthlr.
Götzische 〃	2.824	〃
Bliestedische 〃 und Schaden des Durchzuges	4.050	〃
Werthische Dragoner	3.200	〃
An Schulden aufgemacht	2.000	〃
Das Dorf 4 mal geplündert worden, so geschätzt	4.000	〃
Summa	**16.079**	〃

An	Bürgern	1632	38	jetzto	18
	Rindvieh	1632	160	〃	6

HATZENPFORTZ.

Anno 1635 durch die Jung-Tillyschen ausgeplündert worden, so an Vieh und sonstigem Schaden	1.300	Rchsthlr.
Goltische Einquartierung	3.378	〃
Götzische 〃 samt Durchreisenden zu der Wacht zu Koblenz und sechsmonatlicher Kontribution gekostet	5.821	〃
Bliestedische Einquartierung und was kontribuiert worden	3.376	〃
Werthische Dragoner, Obristen-Wachtmeisters Einquartierung gekostet	1.620	〃
An Schulden kontrahiert	2.000	〃
Summa	**17.495**	〃

Anno 1632	an	Bürgern	gewesen	40	jetzo	noch	22
		Rindvieh	〃	150	〃	〃	4
		Schweinen	〃	70	〃	〃	0

Loeff.

Goltische Einquartierung gekostet		600	Rchsthlr.
Götzische 〃	und sechsmonatliche Kontribution	720	〃
Bliestedische Einquartierung		1.384	〃
Werthische Dragoner		704	〃
Bei diesen Einquartierungen Schulden aufgemacht		1.400	〃
	Summa	**4.808**	〃

Anno 1632 an Bürgern gewesen 24, jetzt 13, so mehrenteils betteln gehen, dann das halbe Dorf von den Schweden abgebrannt worden.

An Pferden	damals gehabt	8	jetzt	2
〃 Kühen	〃 〃	45	〃	4

so nicht bezahlt sein.

Lemen.

Goltische Einquartierung		620	Rchsthlr.
Götzische 〃	und sechsmonatliche Kontribution	500	〃
Bliestedische Einquartierung		2.222	〃
Werthische Dragoner		708½	〃
An Schulden kontrahiert		1.400	〃
	Summa	**4.850½**	〃

Anno 1632 an Bürgern 28, jetzt 12, deren jetzo keiner das Brod zu essen hat, an Rindvieh 70, jetzt 6 Stück.

Niederfell.

Goltische Einquartierung		1.200	Rchsthlr.
Götzische 〃	und sechsmonatliche Kontribution	420	〃
Bliestedische Einquartierung		1.416	〃
Werthische Dragoner		460	〃
An Schulden kontrahiert und gemeinen Gütern verkauft		1.000	〃
	Summa	**4.496**	〃

Anno 1632	an	Bürgern	37	jetzt	12
	〃	Rindvieh	78	〃	3

Gontorf.

Goltische Einquartierung		650	Rchsthlr.
Götzische „	mit 6monatl. Kontribution	960	„
Bliestedische „		1.214½	„
Werthische „		340	„
An Schulden kontrahiert		500	„
	Summa	**3.664½**	„

Anno 1632	an	Bürgern	25	jetzt	9
	„	Rindvieh	32	„	5

Dresselich.

Goltische Einquartierung		530	Rchsthlr.
Götzische „	u. 6monatl. Kontrib.	440	„
Bliestedische „		822	„
Werthische „		1.500	„
	Summa	**3.292**	„

Das Dorf ist bei dieser Einquartierung mehrenteils abgebrannt, durch die Schwedischen und andere dreimal geplündert worden; dieser Schaden ist nicht zu erachten; an Schulden kontrahiert mehr als das Dorf und Güter wert sein auf etliche 1000 Reichsthaler.

Anno 1632	an	Bürgern	40	jetzt	10
	„	Pferden	32	„	6
	„	Kühen	150	„	8
	„	Schafen	800	„	0
	„	Schweinen	150	„	9

Cobern.

Goltische Einquartierung		1.000	Rchsthlr.
Götzische „	u. 6monatl. Kontrib.	1.250	„
Bliestedische „		2.956	„
Werthische Dragoner		1.544	„
An Schulden kontrahiert		2.000	„
	Summa	**8.750**	„

Anno 1632	an	Bürgern	geh.	100	jetzt	50
	„	Rindvieh	„	200	„	8
	„	Schweinen	„	75	„	6

LONNIG.

Goltische Einquartierung		400	Rchsthlr.
Götzische 〃	und Kontribution	440	〃
Bliestedische 〃	und Reiterschaden	921	〃
An Schulden kontrahiert		400	〃
	Summa	**8.750**	〃

Anno 1632	an	Bürgern	gehabt	12	jetzt	4
	〃	Pferden	〃	23	〃	3
	〃	Kühen	〃	30	〃	4
	〃	Schafen	〃	40	〃	0
	〃	Schweinen	〃	50	〃	7

DRECKENACH.

Goltische Einquartierung		200	Rchsthlr.
Götzische 〃		130	〃
Bliestedische 〃	u. Reiterschaden an Korn	900	〃
Werthische Dragoner		60	〃

Bei diesen Einquartierungen sind ihnen gewaltsam genommen worden, an Pferden 27 Stück
an Kühen und Rindern 100 〃
an Schafen 800 〃
und an Schweinen 70 〃

so zum geringsten Wert gewesen	2.700	Rchsthlr.
Dabei Schulden kontrahiert	300	〃
Und ist nichts besäet aus Mangel der Pferde.		
Summa	**4.290**	〃

Anno 1632	an	Bürgern	gewesen	27	jetzt	5, deren keiner sein Brot hat.
	〃	Pferden	〃	30	〃	2
	〃	Kühen	〃	140	〃	2
	〃	Schafen	〃	600	〃	0
	〃	Schweinen	〃	150	〃	0

(V.) Roeveren.

Goltische Einquartierung	50	Rchsthlr.
Götzische 〃	290	〃
Bliestedische 〃	222	〃
Die Reuter an Früchten im Feld Schaden zugefügt	1.120	〃
An Schulden kontrahiert	1.000	〃
Die Werthische Dragoner an Früchten im Felde, Abbrennungen von 14 Häusern und Verdestruierung anderer Schaden zugefügt	800	〃
Summa	**3.932**	〃

Anno 1632	an	Bürgern	gew.	30	jetzt	9
	〃	Pferden	〃	30	〃	2
	〃	Kühen	〃	200	〃	3
	〃	Schafen	〃	300	〃	0
	〃	Schweinen	〃	140	〃	4

Küittig.

Goltische Einquartierung	300	Rchsthlr.
Götzische 〃 und Kontribution	250	〃
Bliestedische 〃 und Reuterschaden	667	〃
Werthische Dragoner	100	〃
An Schulden kontrahiert	700	〃
Summa	**8.750**	〃

Anno 1632	an	Bürgern	gehabt	27	jetzt	5
	〃	Pferden	〃	30	〃	3
	〃	Kühen	〃	100	〃	2
	〃	Schafen	〃	300	〃	0
	〃	Schweinen	〃	130	〃	4

Kalt.

Goltische Einquartierung	400	Rchsthlr.
Götzische 〃 und Kontribution	300	〃
Bliestedische 〃 und Reuterschaden	1.296½	〃
Werthische Dragoner an Häusern verwüstet und Schaden gemacht	200	〃
An Schulden kontrahiert	400	〃
Summa	**2.596½**	〃

Anno 1632	an	Bürgern	gehabt	25	jetzt	6
	〃	Pferden	〃	34	〃	2
	〃	Kühen	〃	125	〃	3
	〃	Schafen	〃	400	〃	0
	〃	Schweinen	〃	160	〃	4

GAPPENACH.

Goltische Einquartierung	500	Rchsthlr.
Götzische 〃	250	〃
Bliestedische 〃		
und Wolfisch		
und Neuneckische Reuterschaden	1.454	〃
Werthische Dragoner	100	〃
An Schulden kontrahiert	400	〃
Summa	**2.704**	〃

Anno 1632	an	Bürgern	gehabt	31	jetzt	9
	〃	Pferden	〃	34	〃	4
	〃	Kühen	〃	80	〃	4
	〃	Schafen	〃	300	〃	0
	〃	Schweinen	〃	150	〃	1

GIRSCHENACH.

Goltische Einquartierung		300	Rchsthlr.
Götzische 〃	und Kontribution	200	〃
Bliestedische 〃	u. Gelingischer Reuterschaden	989	〃
Werthische Dragoner		100	〃
An Schulden kontrahiert		400	〃
	Summa	**1.989**	〃

Anno 1632	an	Bürgern	gehabt	20	jetzt	7
	〃	Pferden	〃	30	〃	5
	〃	Kühen	〃	90	〃	3
	〃	Schafen	〃	300	〃	0
	〃	Schweinen	〃	100	〃	6

und ist das Dorf fast ganz abgebrannt

Naunheim.

Goltische Einquartierung		959	Rchsthlr.
Götzische 〃	und Kontribution	875	〃
Bliestedische 〃	und Gelingischer Reuterschaden	2.424	〃
Werthische Dragoner		160	〃
An Schulden kontrahiert		236	
	Summa	**4.435**	〃

Anno 1632	an	Bürgern	gehabt	33	jetzt	10
	〃	Pferden	〃	36	〃	7
	〃	Kühen	〃	84	〃	3
	〃	Schweinen	〃	133	〃	8
	〃	Schafen	〃	344	〃	0

und ist nicht der dritte Teil der Länder besäet.

Poelich.

Goltische Einquartierung		900	Rchsthlr.
Götzische 〃	und Kontribution	1.200	〃
Bliestedische 〃	und		
Gelingischer Reuterschaden an Korn		3.133½	〃
Werthische Dragoner, Schaden		400	〃
Kontrahierte Schulden		1.000	〃
	Summa	**6.633½**	〃

Anno 1632 an Bürgern gehabt 50, jetzt nach ganz ruiniertem Dorf noch aufständig 14

An	Pferden	gehabt	36	jetzt	4
〃	Kühen	〃	300	〃	4
〃	Schafen	〃	600	〃	0
〃	Schweinen	〃	230	〃	0

und ist das Land noch nicht das vierte Teil besäet.

Kelling.

Goltische Einquartierung		200	Rchsthlr.
Götzische 〃		300	〃
Bliestedische 〃	und Reuterschaden	2.424	〃
Werthische Dragoner		40	〃
An Schulden kontrahiert		400	
	Summa	**1.734**	〃

Anno 1632	an	Bürgern	gehabt	14	jetzt	4
	〃	Pferden	〃	27	〃	1
	〃	Kühen	〃	63	〃	1
	〃	Schafen	〃	350	〃	1
	〃	Schweinen	〃	69	〃	0,

und ist fast nichts gesäet und jetzo fast gebaut.

LESERRIG.

Goltische Einquartierung	150	Rchsthlr.
Götzische 〃 und Kontribution	200	〃
Bliestedische Kontribution und Reuterschaden	234	〃
Kontrahierte Schulden	200	
Summa	**784**	〃

Anno 1632 an Bürgern gehabt 20, jetzt 7, so alle betteln gehn und mit Holztragen sich ernähren müssen, und fast nichts besäet.

an	Pferden	gehabt	12	jetzt	0
〃	Kühen	〃	30	〃	2
〃	Schafen	〃	200	〃	0
〃	Schweinen	〃	58	〃	0

MOERTZ.

Goltische Einquartierung	200	Rchsthlr.
Götzische 〃 und Kontribution	250	〃
Bliestedische 〃 und Reuterschaden	191	〃
Werthische Dragoner	100	〃
Kontrahierte Schulden	600	〃
Summa	**1.341**	〃

Anno 1632	an	Bürgern	gehabt	20	jetzt	5, ist wenig besäet.
	〃	Pferden	〃	20	〃	0
	〃	Kühen	〃	50	〃	1
	〃	Schafen	〃	250	〃	0
	〃	Schweinen	〃	100	〃	0

Suybs.

Goltische Einquartierung		1.200	Rchsthlr.
Götzische	〃 an Pferdeschaden u. Kontribution	925	〃
Bliestedische Einquartierung		240	〃
Werthische Dragoner		200	〃
Kontrah. Schulden bei diesen Einquartierungen		1.000	
	Summa	**3.965**	〃

Anno 1632	an	Bürgern	gewesen	13	jetzt	5,	gehen 3 betteln, ist
	〃	Pferden	〃	31	〃	4	fast wenig besäet.
	〃	Rindv.	〃	22	〃	2	
	〃	Schafen	〃	300	〃	0	
	〃	Schweinen	〃	24	〃	0	

Moentenich.

Goltische Einquartierung		200	Rchsthlr.
Götzische	〃 und Kontribution	400	〃
Bliestedische	〃 und Reuterschaden	140	〃
Werthische Dragoner		30	〃
Kontrahierte Schulden		100	〃
	Summa	**870**	〃

Anno 1632	an	Bürgern	gehabt	11	jetzt	4,	ist fast nichts besäet.
	〃	Pferden	〃	16	〃	5,	so nicht viel wert.
	〃	Kühen	〃	36	〃	0	
	〃	Schafen	〃	200	〃	0	
	〃	Schweinen	〃	40	〃	0	

Ochtendung.

Goltische Einquartierung	300	Rchsthlr.
Obr.Vomundt 60 Mann in 14 Tagen aufgetrieben mit Schaden	1.000	〃
Götzische Einquartierung und Kontribution	460	〃
Bliestedische 〃	1.800	〃
Durch Werthische, Gelingische und andere zusammen 7 Regimenter zu Pferd unter Werth. Kommando, selbigen an Früchten genommen worden: 1.000 Mltr. jeder à 7 Rchsthlr. thut	7.000	〃
Werthische Dragoner	67	〃
Kontrahierte Schulden	100	〃
Summa	**13.627**	〃

Neben dem sein fast alle Bäue eingerissen worden.

Anno 1632	an	Bürgern	gehabt	75	jetzt	18
	〃	Pferden	〃	66	〃	12
	〃	Kühen	〃	225	〃	14
	〃	Schweinen	〃	275	〃	21
	〃	Schafen	〃	1.500	〃	0

POLCH UND ZUBEHÖR.

Goltische Einquartierung	2.300	Rchsthlr.
Götzische Einquart. u. Kontrib. samt genommenen Früchten und Pferde, zusammen	9.010	〃
Bliested. Einquart. u. Werthischer Reutersch.	11.311	〃
Werthische Dragoner und Durchzug derselben	3.000	〃
Kontrahierte Schulden	1.000	〃
Summa	**27.721**	〃

Anno 1632 sein	an	Bürgern	gewesen	125	jetzt	50, so mehrenteils verderbt.
	an	Pferden	gehabt	90	〃	20
	〃	Kühen	〃	300	〃	10
	〃	Schafen	〃	2600	〃	0
	〃	Schweinen	〃	400	〃	20

MERTLOCH.

Goltische Einquartierung	3.000	Rchsthlr.
Götzische 〃 und Kontribution	4.000	〃
Bliestedische 〃 und Reuterschaden	7.000	〃
Werthische Dragoner	400	〃
Kontrahierte Schulden	1.400	〃
Summa	**14.800**	〃

Anno 1632	an	Bürgern	gehabt	60	jetzt	19
	〃	Pferden	〃	73	〃	17
	〃	Rindvieh	〃	300	〃	12
	〃	Schafen	〃	1.000	〃	0
	〃	Schweinen	〃	400	〃	20

Kollich.

Goltische Einquartierung			400 Rchsthlr.
Götzische	〃	und Kontribution	500 〃
Bliestedische	〃	und Reuterschaden	1.484½ 〃
Kontrahierte Schulden			800 〃
		Summa	**3.154½** 〃

Anno 1632	an	Bürgern	gewesen	27	jetzt	4
	〃	Pferden	gehabt	24	〃	1
	〃	Kühen	〃	70	〃	0
	〃	Schafen	〃	300	〃	0
	〃	Schweinen	〃	75	〃	0

und ist fast nichts gesäet noch gebauet.

Gering.

Goltische Einquartierung			350 Rchsthlr.
Götzische	〃	und Kontribution	400 〃
Bliestedische	〃	und Reuterschaden	1.260 〃
Kontrahierte Schulden			700 〃
		Summa	**2.710** 〃

Anno 1632	an	Bürgern	17	jetzt	5
	〃	Pferden	18	〃	2
	〃	Kühen	50	〃	2
	〃	Schafen	340	〃	0
	〃	Schweinen	60	〃	2

und ist fast nichts gesäet noch gebauet.

Jeich.

Goltische Einquartierung			300 Rchsthlr.
Götzische	〃	und Kontribution	400 〃
Bliestedische	〃	und Reuterschaden	820 〃
Kontrahierte Schulden			600 〃
		Summa	**2.120** 〃

Anno 1632	an	Bürgern	10	jetzt	3
	〃	Pferden	16	〃	2
	〃	Kühen	36	〃	3
	〃	Schafen	300	〃	0
	〃	Schweinen	70	〃	0

Carden.

Goltische Einquartierung		3.610	Rchsthlr.
Götzische 〃		300	〃
Bliestedische 〃		6.282	〃
Werthische Dragoner		335	〃
Kontrahierte Schulden		600	〃
	Summa	**11.127**	〃

Anno 1632	an	Bürgern	110	jetzt	50
	〃	Kühen	100	〃	4
	〃	Schweinen	40	〃	0

Summarium aller Auslagen und Zehrkosten samt ausständigen Schulden, so noch zu zahlen sein, neben gemeinen Landschulden und Privatschulden, in specie, welche hierin nicht begriffen: 262.298 Rchsthlr.

Aus Befehl: Johannes Saneck, Stadt- und Hochgerichtsschreiber zu Münster-Meinfeld.

[Designation der Kurbairischen Winterquartiere im Amt Münster-Meinfeld, überschickt Anno 1638.]

SONDERABDRUCK AUS DEM WERKE:

DER OBERGERM.-RAET. LIMES DES ROEMERREICHES

IM AUFTRAGE DER REICHS-LIMESKOMMISSION

HERAUSGEGEBEN VON

DEN DIRIGENTEN

O. VON SARWEY
GENERALLEUTNANT Z. D.

E. FABRICIUS
PROFESSOR DER GESCHICHTE

KASTELL HUNZEL

(MIT ZWEI TAFELN)

STRECKENKOMMISSAR: OBERLEHRER Dr. R. BODEWIG

HEIDELBERG

VERLAG VON OTTO PETTERS

1897

Nr. 5
Das Kastell Hunzel

(Mit zwei Tafeln.)

STRECKENKOMMISSAR: Dr. R. BODEWIG.

Westlich von dem Dorfe Hunzel[1] beginnt ein Wiesenthal, durch welches der Hunzelbach nach dem Mühlbach fliesst, der bei Nassau in die Lahn mündet. An dem sanft ansteigenden Südhange dieses Thales liegt das Kastell (vergl. Taf. I), während an dem ebenso sanft sich erhebenden Nordhange, zweihundert Meter von jenem entfernt, sich der Pfahl hinzieht[2]. Man übersieht von hier nordwestlich das feindliche Gebiet bis ungefähr dahin, wo beim Dorfe Berg der steile Abfall des Mühlbachthales beginnt, östlich bis auf die Höhe, wo der Pfahl aus dem zwischen Hunzel und Pohl gelegenen Walde heraustritt. Der Distrikt, in dem das Kastell sich befindet, heisst „Im Broch", und zwar mit Recht, denn das Terrain ist äusserst wasserreich[3]. Die Westseite der Front und deren Eckrundung liegen in dem anstossenden Distrikt „Engwiesen". Bisher war über das Vorhandensein des Kastells nichts bekannt, und nur wenige Bewohner des kleinen Dorfes wussten, dass in dem betreffenden Gebiete Mauerreste gefunden wurden. Der treffliche Ackerboden hat bewirkt, dass schon vor langer Zeit die Trümmer beiseite geschafft und die Mauern teilweise bis zur Sohle ausgebrochen wurden. Da zu erwarten war, dass ungefähr in dieser Gegend in der Nähe des Pfahls eine Befestigung gewesen sei, wurden wir auf diese Stelle aufmerksam, auf welcher römische Scherben und Steingeröll sich vorfanden, während die umliegenden Äcker sich völlig steinfrei zeigten.

Die Ausgrabung geschah im Auftrage der Limeskommission in der zweiten Hälfte des September 1896[4].

Das Kastell bildet ein Rechteck, dessen Ecken mit einem Radius von 12 - 13 m abgerundet sind, und dessen Schmalseiten dem Pfahl parallel laufen. Von

---

[1] Der Name bedeutet wohl soviel wie Hundeschwanz; in einer Urkunde vom Jahre 1096 (vgl. Kehrein, Nass. Namenbuch S. 218) heisst der Ort Hundeszagel.

[2] Dieser ist zwar noch nicht festgelegt, doch ist seine Richtung durch ein noch vorhandenes Stück des Walles und nach den Mitteilungen der Dorfbewohner ziemlich sicher bestimmt.

[3] „Im Broch" ist wohl nur mundartlicher Ausdruck für „Im Bruch". Bruch als Bezeichnung für feuchtes Gebiet kommt unter den Nassauer Flurnamen sehr häufig vor (Kehrein S. 359 und 360).

[4] Sie wurde von den Bewohnern Hunzels aufs beste unterstützt. Herr Landesbauinspektor Eschenbrenner von Oberlahnstein übernahm freundlichst die Aufnahme des Kastells und das Nivellement des Terrains.

diesen ist die Front 84,50, die Dekumanseite 83,50 m lang. Die rechte Prinzipalseite misst 89,20, die linke 89 m. Das Flächenmaass beträgt 7.484 qm; das Kastell ist also etwas grösser als Augst, Heftrich und Feldberg, etwas kleiner als Wörth. Von der Rückseite zur Front fällt das Terrain um 5,50 m, und ebenso senkt sich dasselbe von der rechten zur linken Prinzipalseite um 6,10 m (vergl. Taf. II, Fig. 2 u. 5).

Die Umfassungsmauer ist durchweg 1,20 m stark; sie ruht auf einer dünnen Kiesschicht und ist etwa 10 cm tief in den gewachsenen Boden eingeschnitten.

Aufgehendes Mauerwerk ist nur noch an der Front vorhanden, sonst ist durchweg nur das Fundamentmauerwerk erhalten, und auch dieses ist vielfach so ausgerissen, dass nichts als die Fundamentgruben und Geröll zu erkennen sind. Die Frontseite hat neben der Ostecke eine 7 m lange Verstärkung in zwei treppenartigen Absätzen von 7 - 13 cm Breite. Einzelne schwere Steine, die an dem östlichen Anfange derselben lagen und das Ansehen einer Geschützbettung darboten, erwiesen sich als Mauerabsturz. Die Verstärkung hat wohl ihren Grund darin, dass diese Kastellseite am tiefsten gelegen und dem Wasserablauf am meisten ausgesetzt ist. Den Verband der hier gut erhaltenen Mauer bildet Kalkmörtel. Da das nördliche Viertel der Umfassungsmauer von der porta praetoria bis zur porta principalis sinistra in feuchten Wiesen liegt und die Gräben sich dort sogleich mit Wasser füllten, konnten Ausgrabungen hier überhaupt nicht vorgenommen werden; es konnte auch nicht festgestellt werden, ob eine entsprechende Mauerverstärkung vorhanden war.

Die beiden Flankenthore stimmen in der Anlage vollständig überein. Sie liegen der Vorderseite näher als der Rückseite und zwar so, dass die Eingänge von der letzteren 54 m entfernt sind. Diese sind durch je zwei quadratische Türme flankiert, deren Seiten 3 m lang und 60 cm stark sind. Von den Türmen der porta dextra ist der nordöstliche besser erhalten; bei diesem fanden sich auch Stücke von Deckschieferplatten. Über der porta sinistra lagert eine starke Schicht von aufgefülltem Boden, die die Zerstörung der Fundamente durch Hacke und Pflug verhindert hat, so dass hier die Maasse der Türme deutlich genommen werden konnten. Die Durchfahrt ist 4,20 m breit, doch wird sie vorne um 80 cm verengert, indem die Kopfseiten der Umfassungsmauer um je 40 cm vorspringen. So weit die Köpfe erhalten sind, bestehen sie aus grossen, geglätteten Steinen.

An der porta praetoria liegt der nordwestliche Turm unter einem Wege, der die Distrikte „Im Broch“ und „Engwiesen“ scheidet; da dieser während der Ausgrabungszeit befahren wurde, war eine Untersuchung nicht thunlich. Die Mauern des ebenfalls quadratischen südöstlichen Turmes waren 3,40 m lang und 80 cm stark und im aufgehenden Mauerwerk noch 30 cm hoch erhalten. Der Eingang ist von sehr starkem Absturz überdeckt, er war nur

3,40 m breit und liess ein Vorspringen der Umfassungsmauer über die Turmwangen nicht erkennen.

Die porta decumana hat keine Türme, aber einen doppelten Eingang von 3,30 und 2,40 m Breite. Zwischen beiden ist eine 45 cm breite und ebenso lange Grube eingeschnitten, die auf den vier Seiten von aufrecht stehenden und innen geglätteten Steinen umschlossen wird. Sie enthielt wohl ursprünglich einen schweren Stein, auf dem die Thorflügel sich drehten; in derselben fanden sich Nägel und der Boden einer Thorpfanne; es war eine runde Eisenscheibe von 5 - 6 cm Durchmesser und 1 cm Stärke. In den Eingängen war über dem gewachsenen Boden eine Schicht von gelbem mit Kies untermischtem Lehm, wie er bei Miehlen sich findet, aufgetragen; er war noch in einer Stärke von 10 cm erhalten. Die gleiche Lehmschicht trat auch in der porta dextra zu Tage.

Der das Kastell umgebende Spitzgraben (Taf. II, Fig. 6) hat eine Breite von 4 m und eine Tiefe von 1,37 m unter dem gewachsenen Boden. Die Berme ist 1 m breit. An der porta decumana ist der Graben unterbrochen, indem vor dem Thor eine Rampe lag. Ob dasselbe an den Flankenthoren der Fall war, oder ob hier Brücken vorhanden waren, konnte nicht mehr untersucht werden. War der Graben unterbrochen, so muss ein Durchlass geschaffen gewesen sein für das Wasser, das vom Hügel herab kam und von dem Graben ins Wiesenthal geleitet wurde, wie es das wasserreiche Terrain unbedingt fordert.

Von Wegen war nur die via principalis durch eine 3 m breite, dünne Sandschicht kenntlich; ein Steinkörper zeigte sich nirgends. Von der via praetoria hatte die Feuchtigkeit des Bodens und der Ackerpflug jede Spur vernichtet.

Das Hauptgebäude des Kastells, das Praetorium, ist in seinen wichtigsten Teilen erhalten und erweist sich als ein schwach fundamentierter Bau. Die vorhandenen Mauern sind nur leicht in den gewachsenen Boden eingesetzt; die Apsis und die Zwischenmauern sind 50, die Umfassungsmauern 60 cm stark. Diese liegen parallel zu den Seiten des Kastells. Eine von der Mitte der porta decumana zur Mitte der porta praetoria gezogene Linie stösst senkrecht auf die Apsis. Die der via principalis parallel laufenden Seiten sind 27,40, die beiden andern 19,75 m lang. Von der sog. Exerzierhalle war eine Spur nicht zu finden. Das Praetorium hat eine ganz ungewöhnliche Gestalt, indem dem Atrium (5) nicht nur eine, sondern zwei Querhallen (3 und 4) vorgelegt sind. Seitlich von dem Atrium liegen, wie vielfach, je zwei Langhallen (1, 2 und 6, 7). Welchem Zwecke diese gedient haben, lässt sich bei dem nur in der untersten Schicht erhaltenen Mauerwerk und dem vollständigen Mangel an Fundstücken nicht entscheiden. Nach Südwesten stösst das Atrium an den Hof (8), an dessen Enden vielleicht nach Analogie anderer Praetorien je ein Raum abgetrennt war. Von der Mitte desselben gelangt man zu dem Sacellum (11), dessen Apsis 1,50 m über der Umfassungsmauer vorspringt. Es ist nicht unterkellert. Südöstlich vom Sacellum liegen die zwei Räume 12 und 13; in dem einen (12) fand sich der Boden einer Sigillataschale. Der vom Sacellum nordwestlich liegende Raum zeigte keine Quermauer, doch ist es nicht unwahrscheinlich, dass sie einst vorhanden war, da das entsprechende Quermäuerchen auf der Ostseite auch nur sehr mangelhafte Erhaltung zeigte. An die Abschlussmauer setzt sich 5 m nordwestlich vom Sacellum ein Mauerstück an, das 11 m nach aussen sich erstreckt, dann bricht es ab, auch findet sich keine anschliessende Mauer; doch die in grösserem Umkreise auftretenden starken Trümmer weisen darauf hin, dass hier ein Gebäude an das Praetorium angelehnt war. Als dieses bis auf den Grund zerstört wurde, schwand auch die Westecke des Praetoriums vollständig. Ebenso ist die Ostecke des Praetoriums gänzlich ausgebrochen. Spuren einer Heizanlage zeigten sich in keinem Raum, ebenso wenig Fundstücke ausser Nägeln, kleinen Bruchstücken von Deck- und Hohlziegeln und einer unkenntlichen Bronzemünze.

Ein zweites unweit der decumana gelegenes Gebäude B wird nach der gleichen Lage in anderen Kastellen ein Magazin gewesen sein. Von ihm ist nur noch ein 7 m langes und 80 cm breites Mauerstück erhalten, das der via praetoria parallel läuft. Nach der Ausdehnung der Trümmer zu schliessen, lagen die Langseiten parallel der Umfassungsmauer und der via principalis.

Das Material zum Bau der Mauern lieferte wohl der nahe Kukuksberg, denn ausser Schiefer, wie er hier gebrochen wird, fanden sich nur in der Nähe des Praetoriums vereinzelte Stücke von rotem Sandstein. Aus den fortgeschafften Trümmern dürfte das eine oder andere Haus in Hunzel errichtet sein.

Nordwestlich vom Praetorium und in der Praetentura bezeichneten Brandstellen, Scherben, Stücke von Lehmstakwerk und vereinzelte Steine bis etwa 3 m von der Front entfernt die Stätten der Soldatenhütten.

Ein Brunnen wurde bei der Grabung nicht gefunden, doch war die Anlage eines solchen innerhalb des Kastells mit Schwierigkeiten nicht verknüpft, da der Boden überall reichlich Wasser spendet.

Ausserhalb des Kastells wurde auf allen Seiten mit der Sonde nach dem Badegebäude gesucht, aber ohne Erfolg; es liegt daher die im Limesblatt Nr. 20 bereits ausgesprochene Vermutung nahe, dass das früher ausgegrabene Militärbad in Marienfels auch von der Besatzung in Hunzel benutzt worden sei; die Entfernung bis zu jenem beträgt etwa 15 Minuten. Steine und Scherben finden sich allein südwestlich vom Kastell hinter der Dekumanseite, aber auch hier begegnet uns kein zusammenhängendes Mauerstück. Es sind die Spuren der bürgerlichen Niederlassung, die demnach nur in leichten Hütten bestanden haben kann. Ausgedehnt war sie nicht, denn das Scherbengebiet erstreckt sich nur etwa 100 m weit.

Den aus dem Kastell führenden Strassen konnte eine eingehendere Untersuchung nicht gewidmet werden. Ein Strassenkörper war in der Nähe der Thore mit dem Eisen nicht festzustellen und dürfte hier ebensowenig vorhanden sein wie im Innern des Kastells. Es ist anzunehmen, dass der Hauptweg von der porta decumana durch die bürgerliche Niederlassung nach Süden zu auf die Höhe führte, denn hier liegen am Marienfelser Wege, dem sog. Kirchrech, die Reste eines Gebäudes, 200 m vom Kastell entfernt. In dessen Nähe mündete der Weg wahrscheinlich in die alte Strasse, die zwischen den Distrikten „In den Stassenstückern" und „Auf der Strasse" von Marienfels nach Pohl ging und dort auf die ins Ausland führende jetzige Poststrasse traf. Die alte Strasse dient jetzt als Flurgrenze. Von dem Kastell aus führt ein Weg, teils Fahrweg, teils Fussweg durch das Hunzelbachthal nach dem Mühlbach. Da er in der trockenen Jahreszeit die bequemste Verbindung mit dem Thale bietet und nicht weit von Marienfels in dieses einmündet, so ist anzunehmen, dass er auch in der Römerzeit benutzt wurde.

Die Funde sind ausserordentlich gering; kein Inschriftstein und kein Ziegelstempel belehrt uns über die einstige Besatzung, die nach der Grösse des Kastells ein Numerus gewesen sein muss.

Einzelfunde.

Münzen.

1. Faustina jun. Mittelerz Av. [Fa]ustina Aug. Pii [Aug. fil.], Büste n. r., Rv. unkenntlich; gef. 1896 in den Baracken der Praetentura.
2. Unbestimmbares Mittelerz, gef. 1896 im Praetorium.

Stein.

Schleuderkugel aus Tufstein, auf einer Seite abgeplattet, 7 cm Dm., 250 Gramm schwer, gef. 1896 auf der via principalis vor dem Praetorium.

Thon.

I. Die Bruchstücke von Gefässen aus Sigillata haben in dem feuchten Boden teilweise den Überzug verloren, sodass sich auch kein Töpferstempel erhalten hat. Sie gehören durchweg der späteren Zeit an und reichen nicht in das erste Jahrhundert zurück. Scherben von Kumpen mit Reliefverzierung haben den Eierstab teils mit, teils ohne scheidendes Stäbchen. Das auf Taf. II, Fig. 7 abgebildete Bruchstück zeigt zwei Figuren und von einer dritten ein Bein; ganz rechts steht ein vermutlich bärtiger Mann in kurzer Gewandung mit Helm oder asiatischer Mütze, die rechte Hand zum Kinn erhoben, mit der Linken hält er einen Gegenstand, der unten kugelförmig sich erweitert. Auf ihn zu läuft ein nackter Jüngling, mit einem im Rücken fliegenden Gewand, der in der erhobenen Hand einen Dolch zu führen scheint.

II. Bruchstück eines Bechers mit schwarzem Überzug aussen und innen und einer mittels Rädchen hergestellten Verzierung.

III. Die Scherben aus grauem Thon zeigen die Randformen der späteren Zeit, vergl. Taf. II, 8-10.

Glas:

Randstückchen einer kleinen Schale.

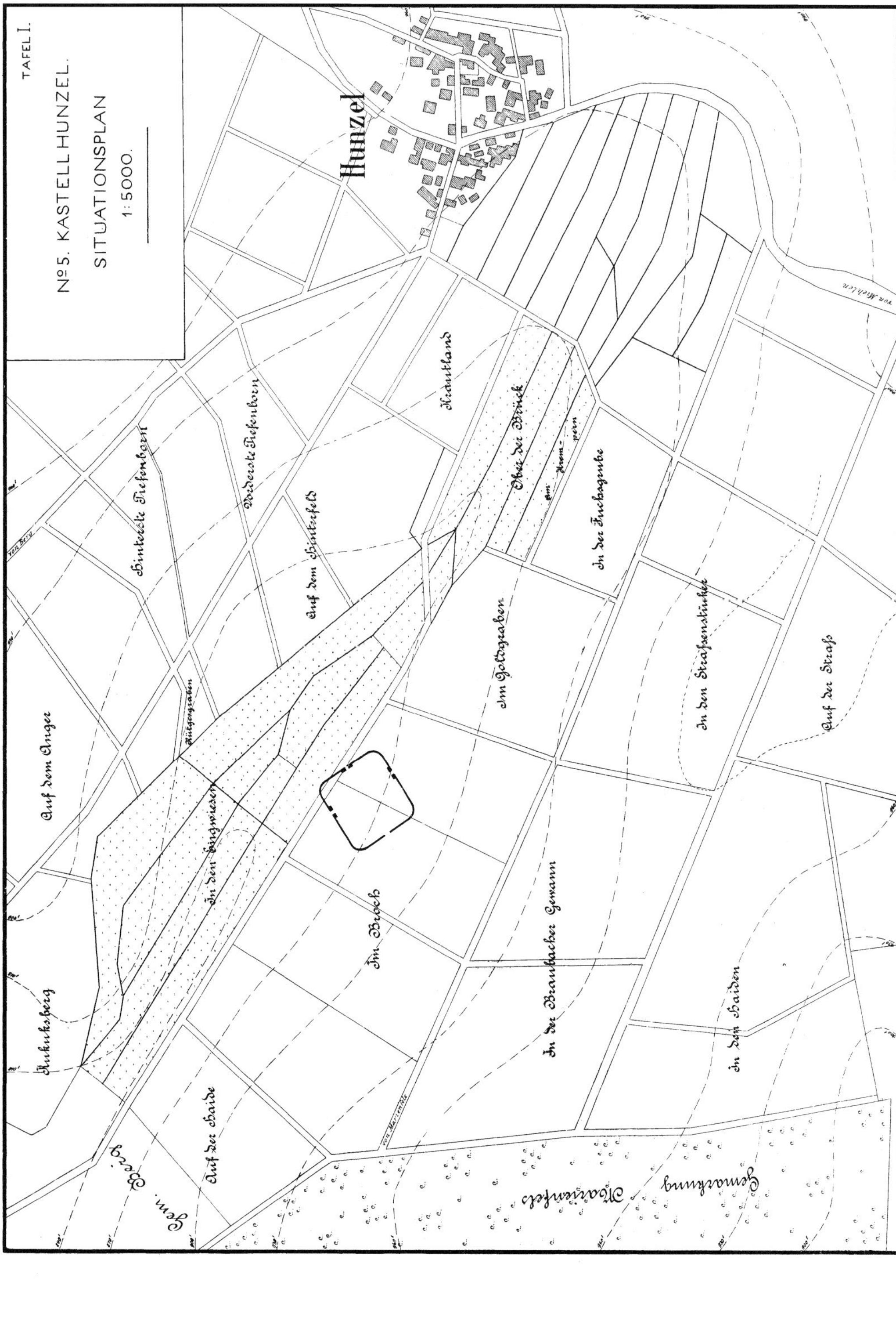
TAFEL I.
No 5. KASTELL HUNZEL.
SITUATIONSPLAN
1:5000.
Hunzel
Krautland
Obert der Brück
am Krumstein
In der Fuchsgrube
Hinterste Tiefenborn
Vorderste Tiefenborn
Auf dem Hinterfeld
Im Goltzgraben
In den Straßenstücker
Auf der Straß
Auf dem Anger
Kulgengraben
In den Engwiesen
Im Broch
In der Braubacher Gewann
In den Haiden
Kukuksberg
Auf der Haide
Gem. Berg
Gemarkung Marienfels
von Berg
von Miehlen
von Marienfels

№ 5. KASTELL HUNZEL.

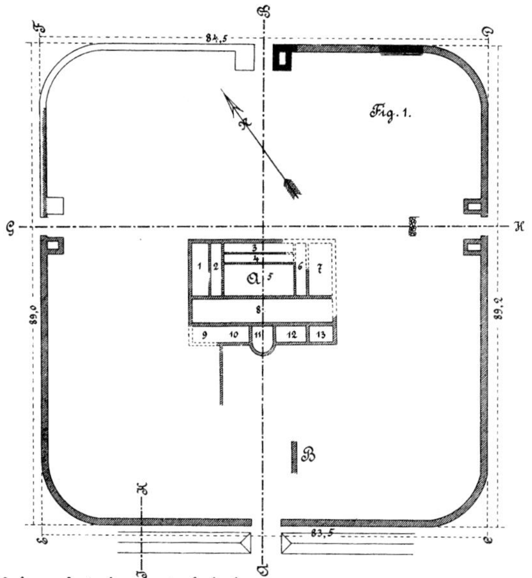

Aufg. von Landesbauinspector Eschenbrenner.

Darstellung des Mauerwerkes:
Fundamentmauerwerk; Aufgehendes Mauerwerk;
Nicht ausgegraben; Strassen.

Maassstab für Fig. 1–6, 1:1000.

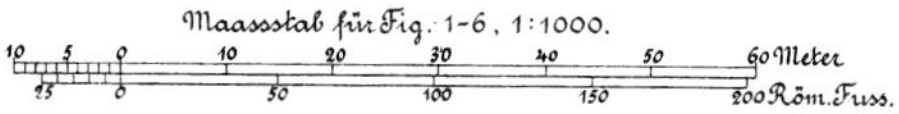

Fig. 2.

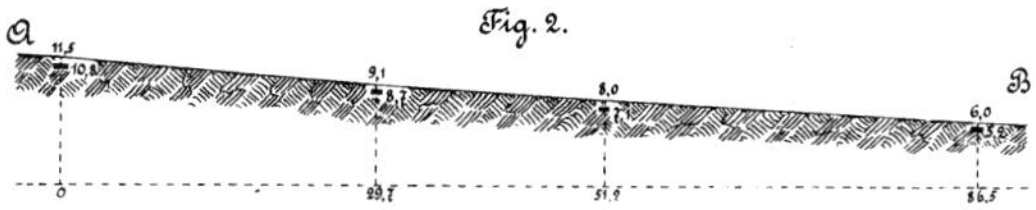

Fig. 3.

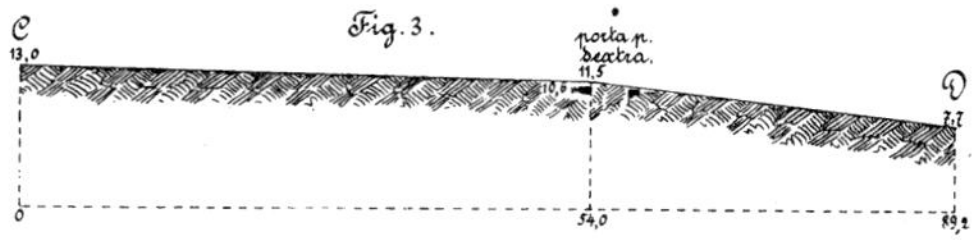

Fig. 4.

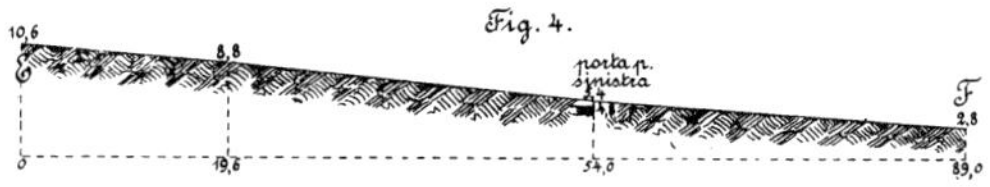

Fig. 5.

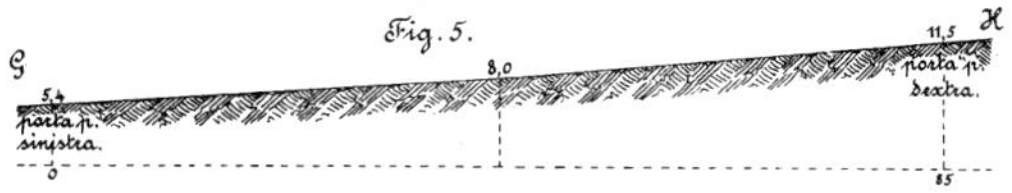

Fig. 6.

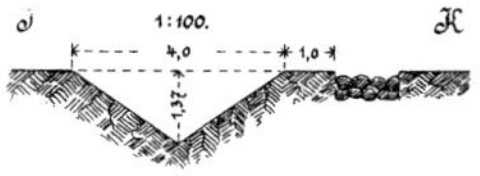

Fig. 7.

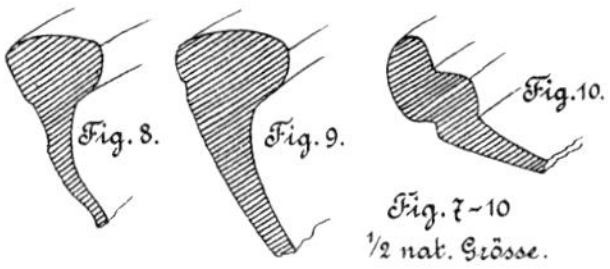

Fig. 7–10
½ nat. Grösse.

GEZEICHNET VON A. EBERTZ, ARCHITEKT IN TRIER.

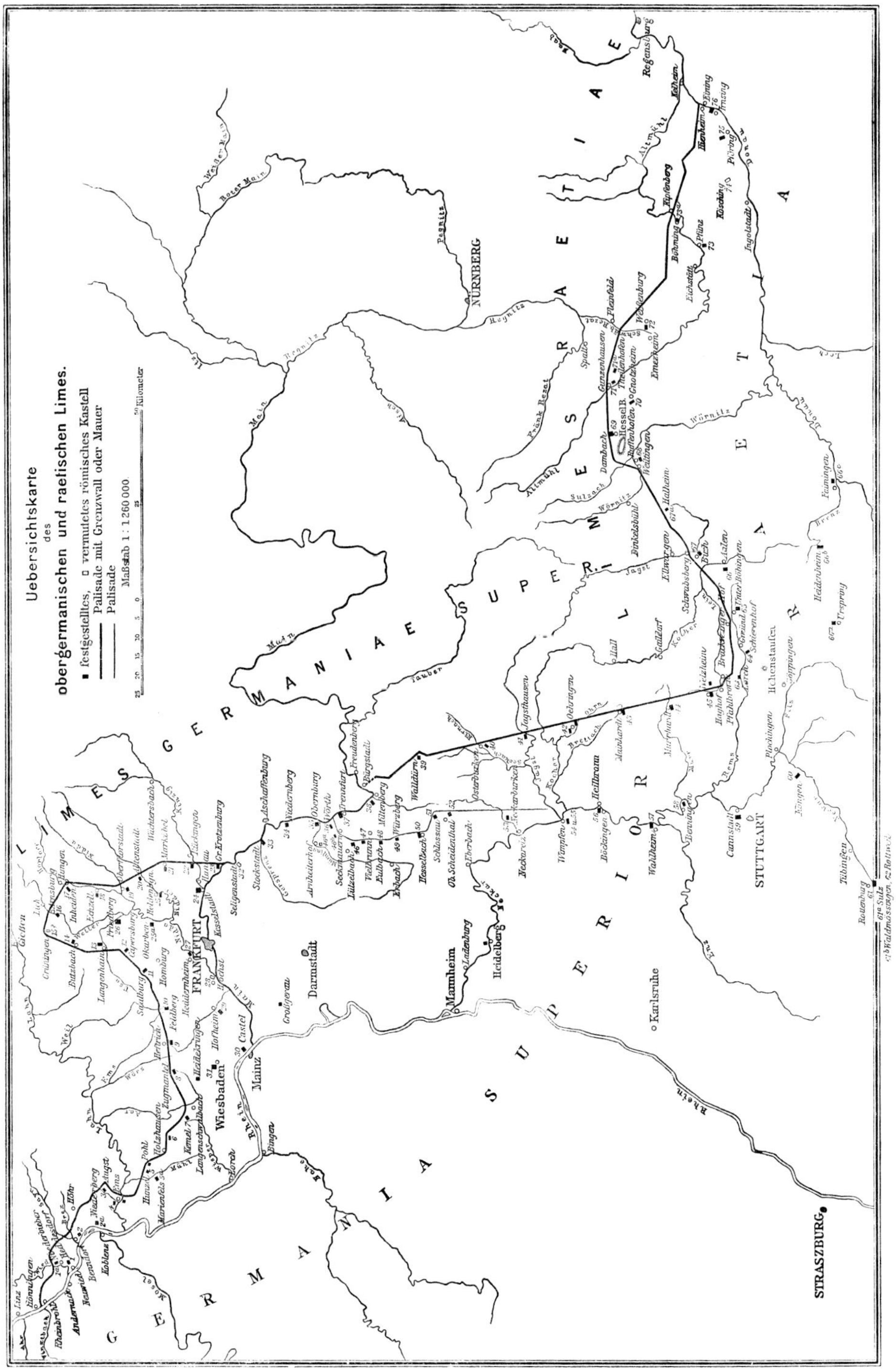

Uebersichtskarte
des
obergermanischen und raetischen Limes.
festgestelltes, vermutetes römisches Kastell
Palisade mit Grenzwall oder Mauer
Palisade
Maßstab 1 : 1 260 000.
Kilometer
LIMES GERMANIAE SUPERIORIS
LIMES RAETIAE
GERMANIA SUPERIOR
RAETIA
FRANKFURT
Wiesbaden
Mainz
Darmstadt
Mannheim
Heidelberg
Karlsruhe
STUTTGART
NÜRNBERG
STRASZBURG
Regensburg
Ingolstadt
Aschaffenburg
Koblenz

Das römische Coblenz.

Von Oberlehrer Dr. Bodewig in Oberlahnstein.
Hierzu Tafel 2 - 4.

Die Arbeit über das römische Coblenz habe ich auf Wunsch des Herrn Professors Hettner, des archäologischen Dirigenten der Reichslimeskommission, unternommen. Sie soll im Wesentlichen eine Zusammenstellung aller bisherigen Funde und darauf fussend einen kurzen geschichtlichen Abschnitt bringen. Damit hoffe ich die Grundlage geschaffen zu haben, auf der die spätere Forschung ergänzend und ändernd weiter bauen kann. Den vielen Coblenzer Freunden und Bekannten, die mich auf die zuvorkommendste Weise unterstützt haben, insbesondere Herrn Jordan und Herrn Günther, sage ich den herzlichsten Dank, ebenso den Herren Peelen und Molitor aus Oberlahnstein, von denen ersterer die Skulpturstücke von Coblenz photographiert, letzterer die von Stolzenfels gezeichnet hat.

A. Inschriftliches.

I. Steininschriften.

1)

VBCEIVS SYN E DR O S
NIDVIVVS II MONVM
MEN T V M ISAVIÆ PC (Brower).

M ////// VS //// DS ///// SIBIVIVVS //////
/////// MONVMENTVM //////////////
/////////////// VHMAVIXI ////////////// (Haakh).

M · C : IVS /// I DI : S /// \ IIIVIVVSIV
/// I D //// ∩ O ///// M ˇ I · I M / //////// R
/////////// I //////// I /// O/// I V I //// M \ I ////// (Brambach)

Brambach, Corpus inscript. Rhenan. 705.

Das älteste und lange Zeit einzige römische Denkmal von Coblenz stammt wahrscheinlich aus der Mosel und befindet sich jetzt im alten Konferenzzimmer des Gymnasiums. Es ist bei Brower, Annal. Trever. I, 58 abgebildet und von Lersch, Rheinl. Inschriften III, 62 ff. also beschrieben: „Das Denkmal besteht aus grobkörnigem Feldspath, war mehrere Jahrhunderte nahe der Kornpforte in der Stadtmauer, dann in der Sammlung des Grafen Renesse-Breitbach. Nach deren Auflösung kam es 1836 in das Gymnasium. In der oberen muschelförmigen Nische erblickt man 3 verstümmelte Gestalten sitzend, wie es scheint, Mann und Frau, hinter denen eine dritte sitzende Gestalt. Unter der Inschrift sind 5 Brustbilder, wahrscheinlich die Kinder, alle mit aufgehobener rechter Hand. An jeder [Schmal]seite eine Männergestalt, Knie und Arme wie in Betrachtung aufgestützt, vielleicht Freigelassene (Brambach: Attis). Über dem Haupte befindet sich ein Medaillon mit Lotosblättern als Verzierung. Tracht und Haltung dieser beiden Figuren hat etwas von den Mithrasbildern".

Die Inschrift ist so verwischt, dass jeder Versuch sie genauer zu bestimmen aussichtslos erscheint, ich habe deshalb nur die dreifache Lesung aus Brambach hierher gesetzt. Sicher scheint aus derselben nur hervorzugehen, dass jemand sich bei Lebzeiten sein Grabmal herrichten liess.

2-4) Drei Fragmente, 1865 unter den Brückenresten in der Mosel gefunden (Brambach 106).

2) ein nackter Genius mit den Endbuchstaben einer siebenzeiligen Inschrift:

1. . . . AE . . . 2. . . . RORI . . . 3. . . . RIO . . . 4. . . . IT . . .
5. . . . NIVS . . . 6. . . . IVS . . . 7. . . . IT . . .

Die Darstellung entspricht derjenigen auf einem später (Nr. 14) zu erwähnenden Steine.

3) Reste einer grossen Inschriftplatte

TIAE · I . . . HIE . . . EN . . .

4) ein grosser Block mit I · H ·

Alle drei Steine befinden sich im Bonner Provinzialmuseum.

5) SEMVS · I · ABT

Inschrift auf der unteren Fläche eines Quaderstücks, auf dessen vorderen Seite eine nackte männliche Figur zwischen einem Baume links und zwei Frauengestalten rechts. Kalkstein. Gefunden 1865 auf dem rechten Moselufer bei den Brückenresten (Brambach, im Nachtrag 2053, der auf Grund eines Abklatsches die Inschrift für mittelalterlich hielt). Wo der Stein sich jetzt befindet, ist nicht bekannt.

6, 7) Von ungewisser Herkunft waren früher in der Sammlung des Gymnasiums 2 Fragmente einer Kalksteintafel, jetzt sind sie nicht mehr aufzufinden (Brambach, unter den Addendis 2054):

6) O N I O M
VODE · F
C M /// Æ S ET

7) A I //// I I //////// ATIV
N//ANIA PROCELLA
FILIAE EORVM · FC

Mehrere Töchter, darunter eine Juniania Procella, lassen ihren Eltern ein Denkmal setzen.

8) QVADRIVI
CIRCVMSÆPTVM
ET PORTAMEXVO
TO SVSCEPTO
C · CRISPINIVS
CLADÆVS PVBLI
CANVS · V · S · M ·

Bonner Jahrb. L S. 295. Gefunden auf dem Hügel zwischen der Liebfrauenkirche und der Mosel bei der Legung der Gasrohre. Nachdem Gymnasialprogramm von 1871 vor dem Eingang des katholischen Pfarrhauses zu U. L. Fr. (des alten Hofgerichtes) am 13. Juli 1871 gefunden. Hiernach lautete die letzte Zeile: CANUS · V · S · L · M. Die Inschrift befindet sich auf einer 18 Zoll langen, 17 Zoll hohen 5½ Zoll dicken Kalksteinplatte. Die Buchstaben sind 1⅓ Zoll hoch, äusserst scharf und deutlich, und deuten auf das 1. oder 2. Jahrhundert.

Prof. Freudenberg sprach über die Inschrift in einer Sitzung des Vereins von Altertumsfreunden im Rheinlande und teilte sie ebenfalls früher Zeit zu (Bonn. Jahrb. 52 S. 191).

Den Kreuzweggöttern Quadriviis oder laribus compitalibus (Brambach 1139) werden wiederholt Altäre gewidmet. In neuerer Zeit wurde ein solcher in Köln gefunden (B. Jahrb. 94 S. 169). Ein publicanus (Pächter) vicesimae libertatis begegnet uns auf einer Mainzer Inschrift (Bramb. 957).

Wohin dieser wichtige Stein gekommen ist, ist leider nirgends gesagt, er ist weder im Coblenzer Gymnasium, noch im Bonner Provinzialmuseum zu finden.

9) Ein im Jahre 1828 gefundener Stein, der im Gymnasialprogramm dieses Jahres angezeigt wurde, und ein Brustbild Domitians mit Umschrift enthielt, wurde von Lersch (Rheinl. Inschr. III, 62 ff.) als die Nachbildung einer Münze und als Arbeit des 16. Jahrhunderts erkannt.

10)

ᐟVMIᐟ
ΛNNO
XVI·

6 cm hohe Buchstaben auf dem Bruchstück einer 8 cm dicken Kalksteinplatte, die auf allen Seiten abgeschlagen ist. Bis jetzt unediert. Der Stein ist wahrscheinlich von den bei den Kanalisationsarbeiten der letzten Jahre beschäftigten Leuten in die Sammlung gebracht worden, wo er sich jetzt befindet. Dass er aus der Stadt stammt, bezeugt die gelbliche Farbe, durch die sich die hier gefundenen Skulpturstücke von den aus der Mosel gezogenen unterscheiden.

Die schrägen Abstriche des M und die volle Form des O weisen auf frühe Entstehungszeit (Zangemeister, Westd. Zeitschr. III, 237). In der ersten Zeile scheint der Schrägstrich zu dem Fusse eines R zu gehören, dann würde das Fragment wohl die Grabschrift eines Soldaten angeben, bei der zuerst die Zahl der Dienstjahre, (stipendio)rum IX?, dann das Lebensalter, anno(rum) (X)XVI?, bestimmt ist, während gewöhnlich die umgekehrte Folge beobachtet wird.

11) C A P V S O ı
O A R T I S Ƨ I O
F · ΞΓ · D A N
A F C O

Auf einer Kalksteinplatte, die 20 cm dick, 38 cm hoch und 45 cm breit ist; die Buchstaben sind 4 cm hoch. Bis jetzt nicht ediert. Fund- und Aufbewahrungsort wie bei der vorigen Inschrift. Die linke Seite des Steines ist oben unbeschädigt, desgleichen die rechte Seite hinter der 2. - 4. Zeile. Unten ist er abgeschlagen, so dass die Zahl der folgenden Zeilen ungewiss bleibt; aus dem vorhandenen Fragmente ist ein sicherer Schluss auf den Charakter der Inschrift nicht zu machen.

12) F V Ↄ Ͻ V Ↄ
ꞩ C A N N E I ////·/

Auf dem Bruchstück einer runden Säule aus Kalkstein, 14 cm. hoch, Durchmesser 18 cm; die Buchstaben sind 5 cm hoch. Der Stein wurde bei der Kanalisation an der Ecke von Münzstrasse und Markt gefunden und befindet sich jetzt in der Coblenzer Sammlung. Noch nicht ediert.

Die Ligatur von A und N in Zeile 2 ist nicht sicher; der Buchstabenrest vor C in derselben Zeile kann wohl nur einem S angehören, und dieses wäre dann der Rest des Wortes cives. (Nach einer Mitteilung von Dr. Ritterling.) Eine Ala der Cannenafaten (Cananefaten) wird auf einem bei Mainz gefundenen Steine (Bramb. 968) und in Militärdiplomen vom Jahre 74, 82 und 90 erwähnt (W. Zeitschr. X S. 111 ff.). Da Heimatsangaben bei Privaten nicht gerade häufig sind, so ist es wahrscheinlich, dass hier eine Soldateninschrift vorliegt, die dann der zweiten Hälfte des 1. Jahrh. angehören würde.

13) I N H D D
D E A· T I
\· R
Λ T I
N Λ
V · S ·

Kalksteinplatte, 22 cm breit, 32 cm hoch, 10 cm dick; die Buchstaben sind 3,5 cm hoch und von schlechter Arbeit. Links unten fehlt etwa ein Drittel des Steines. Derselbe wurde während der Kanalisation an der Ecke von Gemüsegasse und Markt gefunden und ist jetzt in der Coblenzer Sammlung. Noch nicht ediert.

Die zur Ehre des Kaiserhauses einer Göttin geweihte Tafel war an einem Tempel oder Altare angebracht. Nach dem Anfange des Namens der Göttin zu schliessen, handelt es sich wohl um einen Lokalkult; leider ist wegen des fehlenden Drittels der volle Name nicht zu bestimmen. Weiheinschriften zur Ehre des göttlichen Kaiserhauses kommen erst nach der Mitte des 2. Jahrhunderts vor (Becker, Vorrede zu den Mainzer Inschriften), ebenso beginnt die Vorsetzung des Wortes deo oder deae vor dem Namen des Gottes oder der Göttin erst nach 180, und dauert auf der linken Rheinseite bis in die christliche Zeit hinein (Westd. Zeitschr. XVII S. 18). Daher gehört der Stein einer späten Zeit an, wofür auch die wenig sorgfältige Behandlung der Buchstaben spricht.

14) L · R \////
E T · M ·//
r r ////////

Auf einem unten 1,20 m, oben 65 cm breiten, 80 cm hohen und 40 cm dicken Kalksteinblocke; die Buchstaben sind 11 cm hoch. Der Stein stammt aus der Mosel und ist jetzt in der Coblenzer Sammlung. Noch nicht ediert.

Die Darstellung zeigt oben die beschuhten Füsse und einen Teil der Unterschenkel einer männlichen Figur. Darunter hält ein nackter Genius die obere Hälfte der Ansa einer Tafel mit der Inschrift. Von der dritten Zeile ist nur die obere Buchstabenhälfte vorhanden, die andere muss auf einem darunter liegenden Blocke gestanden haben, sodass die ganze Inschrift mindestens aus 5 Zeilen bestand, und das vollständige Grabmonument wenigstens 6 ähnliche Blöcke umfasste. Die Buchstabenformen, insbesondere die senkrechten Abstriche des M, scheinen auf spätere Entstehungszeit hinzudeuten. Abgeb. Taf. 4 Fig. 4.

15)

//////V L· V A I//////
//A †L A E I
E T F R A T ' //////////
//M I V L I C//////////
///N I V L I///////////////

Auf einem stark fragmentierten, würfelförmigen Block aus Kalkstein, 88 cm hoch, 80 cm breit und 51 cm tief. Die Buchstaben sind 8 cm hoch, die linke Seite ist besonders beschädigt. Der Stein wurde 1895 an der römischen Brücke gefunden und ist jetzt im Bonner Provinzialmuseum mit der Nummer 9721.

Nach den erhaltenen Buchstaben scheint die Inschrift zu einem mehreren Gliedern einer julischen Familie gestifteten Grabdenkmal zu gehören.

16) In der Coblenzer Sammlung befindet sich noch ein kleines Bruchstück einer härteren, 8 cm dicken Kalksteinplatte mit den gut gearbeiteten Anfangsbuchstaben der beiden letzten Zeilen einer Inschrift. Es stammt aber aus der Fabrik des Herrn Oellig bei Urmitz.

L I I
V X

17, 18) In den Nassauer Annalen 9, S. 135 ff. und in den Bonner Jahrb. 39 und 40 S. 339 f. werden zwei altchristliche Inschriften von unbestimmtem Fundort, vielleicht aus der Umgegend von Coblenz, beschrieben, die damals in der Sammlung des Gymnasiums waren. Wo sie jetzt sind, ist nicht zu ersehen.

19)

V
////// \ E S Λ F ////////////
//// ϽN T · M ⁄ ////////// \ I b
P O T IIII I M P VIII
C O S D E S I G IIII P · P
Λ B M O G M P
L I X

Meilenstein. Der Stein wurde im Juli d. J. 30½ m westlich vom Engelspfade am Fusse der Karthause beim Ausschachten eines Neubaus aufrecht stehend gefunden und von dem Besitzer, Herrn Lehrer Zimmermann, bereitwilligst der Coblenzer Sammlung geschenkt, wo er sich jetzt befindet. Er ist 2,25 m hoch, wovon 75 cm auf den viereckigen Sockel fallen. Der Durchmesser der Säule ist 45-48 cm, der Sockel ist unten 50, oben 47 cm breit. Vom Sockel bis zur Zahl ist ein freier Raum von 60 cm. Die Ziffern sind 11½ cm, die Buchstaben 6-7 cm hoch. Die oberste Zeile zeigt nur noch ein V, zu beiden Seiten ist der Stein abgeschlagen; dasselbe gilt bei der zweiten Zeile links von der Hasta des A und rechts von dem Reste des R; die dritte Zeile ist zu Anfang und in der Mitte beschädigt, der letzte Buchstabe ist der untere Teil eines B, dessen untere Rundung bedeutend grösser ist als die obere, wie bei dem B der sechsten Zeile. Die Hasten des M sind senkrecht oder nur sehr wenig schräg gestellt, die Rundung des P reicht nicht ganz an den senkrechten Strich; O und G haben volle Formen.

Nach der später noch zu erwähnenden Darstellung Zangemeisters in dieser Zeitschrift III S. 312 kann kein Zweifel sein, dass die Säule unter Claudius errichtet und ein Seitenstück zu einer in Capellen gefundenen Meilensäule ist. Durch die bestimmte Angabe der Attribute sind wir jetzt imstande, die genaue Zeit festzusetzen. „Die in Betracht kommenden Daten für die Zeitbestimmung des Meilensteines sind: die trib. pot. läuft vom Ende Januar d. J. 44 bis ebendahin 45; obwohl Claudius das IIII. Consulat erst im Jahre 47 bekleidete, war er doch schon seit 44 dazu designiert (Mommsen, Staatsrecht I^3 587 Anmerk. 2). Die VIII. imperatorische Begrüssung stimmt zu der Zeit auf das Beste; die IX. erfolgte wahrscheinlich i. J. 45; die VIII. hat er erst im J. 44 erhalten, da imp. VII noch mit trib. pot. IIII begegnet. Die Inschrift gehört also jedenfalls in das Jahr 44, wahrscheinlich in dessen zweite Hälfte". (Ritterling). Ergänzt lautet sie nach Zangemeister:

*Ti Claudi*V*s drusi f*
*c*ΛESΛR *aug. germ.*
PONT MΛ*x* TRIB
POT IIII IMP VIII
COS DESIG IIII P · P
Λ B MOG M P
L I X

50 cm nördlich von der ersten Säule stand eine zweite, wie die erste aus weissem Kalkstein. Ihr Sockel ist 60 cm, die Säule noch 1,30 m hoch. Auf der Rückseite ist sie flach; auf der einen Seite läuft eine 7½ cm breite Rinne von oben bis in die Mitte des Sockels. Auf der anderen Seite sind Spuren einer solchen zu sehen. Sie hat keine Schrift, auch weist nichts darauf hin, dass diese ausgemeisselt ist. Wir haben es also mit einer unfertigen Säule zu thun, wogegen die flache Rückwand spricht, oder es hat eine kurze Inschrift auf dem abgebrochenen oberen Ende gestanden. In diesem Falle ist es nach der später zu erörternden Beschaffenheit der Strasse wahrscheinlich, dass sie früher als die erste aufgestellt wurde.

II. Ziegelstempel.

1) Legio 13: EMPF (*leg* XIII *ge*MPF). Auf dem Bruchstück eines Flachziegels. Brambach 707a.

2) Legio 14: VIX. Rückwärts zu lesender Stempel auf dem Bruchstück eines Hohlziegels. Brambach 707b.

Beide Stempel sind abgebildet bei Kruse, Deutsche Altertümer III, 3, Tafel 1, Halle 1828. August Wilhelm, der Verfasser eines kleinen Aufsatzes über Confluentes, hat sie von Coblenz geschickt bekommen, von wo sie angeblich stammen sollen, ein näherer Fundort ist nicht angegeben. Wo sie geblieben sind, ist nicht bekannt.

3) Legio 22: LEG XXIIC////. Auf einem Stück eines Hohlziegels, der 1835 in der Gemüsegasse gefunden wurde und in die Gymnasialsammlung kam; jetzt ist er nicht mehr aufzufinden. Gymnasialprogr. 1835 S. 29; Bramb. 707c.

Derselbe Stempel wurde auch in Boppard (Bramb. 718) und in Worms mit dem vollen Beinamen CV *(Claudia victrix)* gefunden. Da die Sitte, Ziegel mit dem Stempel des fabrizierenden Truppenteils zu versehen, nicht lange vor dem Jahre 70 aufgekommen ist, nach dieser Zeit aber die Steine der XXII. Legion gewöhnlich den Beinamen PF aufweisen, so ist anzunehmen, dass der Ziegel unter Claudius oder Nero hergestellt worden ist. Wolff, Nass. Annal. XXVII S. 49.

4) Fragmente von gestempelten Ziegeln sollen bei Grabungen in der Florinskirche gefunden und in die Renessische Sammlung gekommen sein. Sie werden in einem Auszuge aus dem Kataloge derselben in folgender Weise bezeichnet (Bonn. Jahrb. 58 S. 117):

leg XII
coh IIIIV*in*
coh II(IIV*ind*)
coh IIIA . . . T H (Rundstempel).

5) Nach dem Gymnasialprogramm von 1849 wurden dem Gymnasium aus dem Gebiete des römischen Belginum (Stumpfer Turm) Ziegelstücke übergeben mit den Stempeln ARM und P : CAROADI. In der Sammlung des Gymnasiums findet sich aber ausser diesen noch ein Stück einer Hypokaustplatte, auf der zweimal der Stempel CAPI steht. Der gleiche Stempel wurde 1893 in Köln gefunden (Bonn. Jahrb. 99 S. 39). Alle drei gehören Privatziegeleien an und kommen in der Umgebung von Trier häufiger vor (Hettner, Westd. Korr. V, 129.) Es ist wohl anzunehmen, dass die Hypokaustplatte ebenfalls vom Stumpfen Turm herrührt.

6) Im Coblenzer Stadtwald gefunden und in Stolzenfels aufbewahrt.

a. LG · XXIIR.

Der deutliche Stempel befindet sich auf einem Ziegelstücke, das anscheinend aus einer dünnen Hypokaustplatte oder aus einem Dachziegel ausgeschnitten ist. Die volle Form des G, sowie das Fehlen des PF weisen auf frühen Ursprung. (Ähnlich ORL. VII, 24, Hofheim.)

b. LEC · I AD

Der Stempel befindet sich ebenfalls auf dem Bruchstück eines dünnen Ziegels. Das I ist der letzte Buchstabe gewesen, denn hinter diesem beginnt oben die Einbiegung der Umfassungslinie zur Ansa.

c. 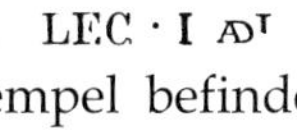 (Das E steht auf dem Fusse des L.)

Auf dem runden Stück einer Hypokaustplatte. Nach freundlicher Mitteilung des Herrn Professor Wolff gehört der Stempel der 14. Legion und ist in Rheinzabern hergestellt. Die Bedeutung der Buchstaben A in der Ansa ist noch nicht festgestellt, wahrscheinlich bezeichnen sie den Zieglermeister. Der Ziegel stammt aus dem ersten Jahrhundert, denn die 14. Legion kommt wahrscheinlich bereits unter Domitian nach Pannonien (Ritterling, Westd. Zeitschr. XII, 232), ebenso gehört wohl auch Nr. a ins erste Jahrhundert, da der Beiname P F fehlt.

III. Fabrikantenstempel.

Sie befinden sich, wenn der Besitzer nicht angegeben ist, in der Coblenzer Sammlung und sind teils bei der Kanalisation gefunden, teils aus Gräbern genommen. Ist der genauere Fundort bekannt, so ist er bezeichnet.

BLABTI auf einem Schildbuckel aus Bronzeblech über Eisen gezogen, gefunden im 1. rechtsseitigen Pfeiler der römischen Moselbrücke, im Besitze des Herrn Rentners Jordan.

AVGVSTALIS FEC auf dem Boden eines Sigillatatellers, im Coblenzer Stadtwald gefunden und in Stolzenfels aufbewahrt.

ACNDIVS stark profilierter Sigillatateller, gef. Löhrstrasse (Kaufm. Douqué).

ANDFC Boden eines terra nigra-Tellers.

ADNAS : IS Sigillataboden.

AИИAS VS undeutlicher Stempel auf Sigillataboden (Kaufmann Laa).

OF APEP Sigillataboden.

AQVIL dünne, stark profilierte Tasse.

ARMNIOF Sigillataschale (Günther).

ATEI ◇ undeutlicher Stempel auf einer Sigillataschale.

ATEI◇
EVHOD Sigillataboden (Florinsmarkt).

ATILLVS auf Thonlampe (Löhrchaussee, Besitzer Architekt Günther).

ATIVSAFF undeutlicher Stempel auf Sigillataboden (Kaufm. Laa).

ATTIAN undeutlicher Stempel auf Sigillatatasse (Gerichtsstrasse).

BASSVS auf einer grossen, stark verzierten Sigillataschale.

CAFII
F undeutl. Stempel auf grauer Thonlampe (Löhrchaussee, Douqué).

OF COELI Sigillataschale (Löhrchaussee, Douqué)

COFTVS auf stark profiliertem Sigillatateller (Löhrchaussee, Douqué)

COVIV Schale aus terra nigra; gall. Stempel? (Löhrchaussee, Günther).

DASONI Boden eines dünnen Sigillatatellers (Schlossstr. 4).

F L A
V I . F in rundem Schilde unter dem hohen Halse einer zweihenkligen Amphora früher Form (Gerichtsstr.).

INPLE zwischen 6 weissen Kreisen auf 12 cm hohem, schwarzem Becher.

IVCFI Boden eines Gefässes aus terra nigra.

IVIMA undeutlicher Stempel einer Sigillatatasse (Löhrchaussee, Günther).

IVMIVS Thonlampe (Löhrchaussee, Douqué).

IXI Sigillataboden.

IXI auf profilierter Tasse; auf der Unterseite des Bodens ist ein liegendes Kreuz eingekratzt.

LATINVS F Sigillataboden.

IMACCAR auf einem flachen Sigillatateller, der im Brande gewesen ist, daher undeutlich (Löhrchaussee, Douqué).

MEIVS FECI auf schön verzierter Sigillataschale.

Derselbe " " " "

MEL · P Sigillataboden.

MISCE zwischen weissen Kreisen auf schwarzem Becher (Löhrstr., Günther).

NFC////// auf dem Boden eines dünnen Sigillatatellers.

NOVIIK auf einem Teller aus terra nigra.

OF PATRIC auf flachem, stark profilierten Sigillatateller (Herr von Ehrenberg).

PATRVITI · M · auf einer Sigillatatasse.

PATRVITVS FECIT auf einer flachen Sigillataschale von 16 cm Durchmesser.
Derselbe, auf einer etwas kleineren Schale.
Denselben, anderswo nicht erwähnten, Stempel fand ich im Erdkastell Marienfels.
Alle 3 Gefässe haben am Rande je zwei zierliche Henkel.

POS · C$\overline{\text{VR}}$ auf dem breiten Henkel eines grossen Kruges früher Form (Schlossstrasse 4).

SABINVS Sigillatateller.

SAIV auf einer Tasse mit Strichverzierung; undeutlich.

OF SILVANI Sigillataboden.

STROBILI
F auf einer gelben Thonlampe (Löhrchaussee, Douqué).

OF TI Sigillatatasse.

Derselbe "

VIRGIN auf dem Henkel einer Amphore.

VITRIO FEC auf dem Bodenstück eines Sigillatatellers, im Coblenzer Stadtwald gefunden und in Stolzenfels aufbewahrt.

VOTA FE Sigillataboden.

////ATTIA//// auf dem Boden eines dünnwandigen Sigillatagefässes.

VR weisse Buchstaben auf einem Bruchstücke eines dickwandigen schwarzen Gefässes; unter denselben weisse Striche.

In die Renessesche Sammlung sollen Töpferstempel von Coblenz gekommen sein, die an der bereits erwähnten Stelle (Bonn. Jahrb. 58, 117) also bezeichnet werden:

Schwarze Schale: *relan.*
Sigillataschale: *monn.*
Sigillataschale: *bass.*

Lampe: *eucarpi.*
Lampe: *cattio.*
Lampe: *festi.*

Aus derselben Sammlung werden 2 Becher als aus Coblenz stammend genannt, die die Aufschrift tragen: 1. REPLE
2. FELIX (Bramb. 708).

In der Coblenzer Sammlung befinden sich noch einige Stempel auf Amphorenhenkeln, die aber wahrscheinlich von Urmitz aus der Ziegelei des Herrn Oellig herrühren; zwei derselben sind sehr deutlich:

AELF O
MAIANVS · F

B. Skulpturstücke ohne Inschrift.

I. Aus der Stadt.

1) Porträtkopf einer älteren männlichen Person aus Kalkstein, 20 cm hoch, der Scheitel ist flach gearbeitet. Er wurde bei der Kanalisation vor dem alten Hofgericht gefunden, Coblenzer Sammlung, abgeb. Taf. IV, Fig. 1.

2) Kleiner Kalksteinblock mit dem mittleren Teil einer weiblichen Gewandfigur, wahrscheinlich am Markt gefunden, Cobl. Samml., abgeb. Taf. IV, Fig 2.

3) Stück einer kanellierten Säule mit Basis und Kompositkapitell, gefunden am Münzplatz, Cobl. Samml., abgeb. Taf. IV, Fig. 3.

4) Säulenstück mit ionischer Basis, 60 cm Durchm., gefunden bei der Kanalisation.

5) Bruchstück einer Verzierung aus Kalkstein, Cobl. Samml..

6) Ein auf drei Seiten mit Schuppen verzierter Block, der sich nach oben verjüngt, wohl Bekrönung eines Monumentes darstellend, gefunden bei Grabungen am Rheinkavalier vor dem Regierungsgebäude. Gezeichnet auf Tafel III, 1 der Bonner Jahrb. 62.

II. Aus der Mosel.

7) Die früher in der Mosel ausgebaggerten Skulpturstücke sind im 42. Hefte der Bonner Jahrbücher gezeichnet und beschrieben und werden deshalb hier nicht wiederholt; sie befinden sich meist im Bonner Museum.

8) Am Moselwerft ist nahe der Stelle, wo die römische Brücke stand, ein 45 cm hoher und 45 cm breiter Block eingemauert. Auf demselben zieht ein Fischer ein Netz mit Fischen aus dem Flusse, während andere Fische neben demselben schwimmen. Die rechte Seite ist beschädigt, so dass von dem Manne nur der untere Teil erhalten ist. Die schöne Darstellung ist an dieser der Witterung und der Hochflut ausgesetzten Stelle leider bald dem Verderben geweiht.

9) Gleich neben dem westlichen Aufgang zum Kaiserdenkmal liegt an der Mosel ein grosser Kalksteinblock, daneben ist eine Säule in den Boden eingelassen, die über einen Meter aus demselben hervorragt, ein grosses und zwei kleine bearbeitete Gesimsstücke sind in die Werftwand eingemauert.

10) Ein Kalksteinblock, 80 cm breit, 65 cm hoch und 40 cm dick, anscheinend Postament. Es ist durch parallele Bandstreifen in Rhomboide geteilt, die mit 2 Arten von Blüten ausgefüllt sind, Coblenzer Samml., abgeb. Taf. IV, Fig. 10.

11) Ein 75 cm hoher, oben 80, unten 60 cm breiter Block aus Kalkstein. Er zeigt die Figur eines Mannes, der den rechten Arm leicht gebogen nach unten hält. In dem linken, nur teilweise erhaltenen Arme ruht anscheinend ein Gegenstand. Auf der rechten Seite tritt der Kopf eines Stieres hervor. Das Relief ist absichtlich abgeschlagen, um eine möglichst ebene Fläche zu gewinnen; Coblenzer Samml., abgeb. Taf. IV, Fig. 11.

12) Ein 55 cm hoher, unten 80, oben 60 cm breiter und 40 cm starker Block zeigt sehr undeutlich zwischen zwei überwölbten Pfeilern einen Grabkrug; auf der linken Seite hat er, in ähnlicher Weise umrahmt, einen liegenden Becher von später Form; die übrige Darstellung ist nicht zu erkennen. Coblenzer Samml.

13) Auf einem 40 cm hohen und 80 cm breiten Block tritt eine Reihe in Rechtecke eingeschlossener Blüten hervor, Coblenzer Samml.

14) Ein 1,20 m breiter, 90 cm hoher Block zeigt eine unbeschriebene Tafel von schön ausgearbeiteten Weinreben umschlossen, Coblenzer Samml., abgeb. Taf. IV, Fig. 14.

15) Ein kleinerer Block, 70 cm hoch und 25 cm breit, ist auf 2 Seiten bearbeitet; die dritte ist abgeschlagen; er bildete wohl die Ecke eines grösseren Monumentes. Die eine Seite ist mit Schuppen verziert, die andere zeigt eine Pilasterdekoration; eine nackte männliche Figur trägt einen Akanthuskelch, auf dem das Piedestal für die darauf folgende Figur ruht; Coblenzer Samml., abgeb. Taf. IV, Fig. 15.

16) Ein etwas kleinerer Kalksteinblock ist ebenfalls auf 2 Seiten bearbeitet, auf der dritten abgeschlagen; gleichfalls Ecke eines grösseren Grabmonumentes. Auf der einen breiteren Seite erscheint der vordere Teil eines weiblichen Gewandes, auf der anderen Seite steht eine weibliche Figur mit unbekleidetem Oberkörper. Das Gewand ist auf die Füsse herabgesunken. Mit beiden Händen hält sie ein anderes Gewandstück empor, anscheinend, um es überzuwerfen, darüber der Akanthuskelch, Coblenzer Samml., abgeb. Taf. IV, Fig. 16.

17) Ein 75 cm hoher und 85 cm breiter Block zeigt auf der Seite den unteren Teil des Gewandes einer weiblichen Figur in ruhiger Haltung. Auf der Ecke der Vorder- und linken Seite steht eine kleine nackte, männliche Figur, die stark beschädigt ist. Die Bearbeitung ist vortrefflich, Coblenzer Samml., abgeb. Taf. IV, Fig. 17.

18) Ein kleiner dreieckig zugehauener Block zeigt den oberen Teil eines in die Höhe blickenden Mannes. Der Gegenstand, nach dem er sieht, ist vielleicht ein Segel. Als Bekleidung trägt er ein vorn mit den Beinen zugebundenes Tierfell, Coblenzer Samml., abgeb. Taf. IV, Fig. 18.

19) Ein etwas grösserer Block hat in der Mitte eine undeutliche, palmettenartige Verzierung, Coblenzer Samml.

20) Mehrere Skulpturstücke aus dem Coblenzer Stadtwald sind S. 244 [hier S. …] beschrieben.

C. Münzen.

I. Aus dem von der ältesten Stadtmauer umschlossenen Gebiete.

Sie wurden grösstenteils bei Gelegenheit der Kanalisation gefunden und befinden sich in der Coblenzer Sammlung. Einige von dort stammende Stücke sind in den Händen der Herren Jordan (J.), Laa (L.), Günther (G.). Soweit der Fundort genauer bekannt ist, ist er hinzugesetzt.

Augustus	1	Dannestrasse L.
Col. Nemausus	1	
Nero und Drusus	1	Ecke der Baugasse und des Marktes.
Caligula	1	
"	1	Münzstrasse J.
Claudius	1	Münzplatz L.
"	1	Altenhof.
Grosserze (unb.)	1	
"	1	Marktplatz (Schüllerhaus) L.
"	1	Altenhof.
Mittelerz 1. Jahrh.	1	Markt G.
Mittelerze	10	darunter 2 mit Stempeleinschlag.
"	1	Altenhof.
Faustina iun.	1	Florinsmarkt.
Philippus sen.	1	Münzplatz.
Constantinopolis	1	Unter dem Stern.
Roma	1	
"	1	Münzstrasse J.
"	1	Florinsmarkt.
Constantin II	1	"
"	1	(L.)
Constans	8	
Gallienus	2	
"	1	Münzstrasse L.
"	1	Florinsmarkt.
Postumus	1	
Tetricus sen.	4	
" "	3	Altenhof.
" "	1	Florinsmarkt.
Claudius II	2	Altenhof.
"	2	Florinsmarkt.
Probus	1	Markt G.
Maximianus Herc.	1	Dannestr. G.
Maxentius	1	Münzstrasse L.
Constantius 1	1	
Constantin 1	2	
"	2	Münzstrasse L.
"	2	Altenhof.
"	1	Etzegässchen J.
Constantinopolis	3	
"	1	Münzstrasse L.
Valentinian I	4	Altenhof.
Valens	2	
"	3	Altenhof.
"	4	Fruchtmarkt.
	1	Gemüsegasse L.
"	1	Münzstrasse L.
"	2	Mehlgasse L.

Constans	1	Schöffenhaus L.	Gratian	6	
"	1	Unter dem Stern.	"	1	Altenhof.
"	1	Etzegässchen J.	"	1	Liebfrauenkirche L.
"	2	Florinsmarkt.	Magnus Maximus	1	Altenhof.
Constantius II	1		"	1	Marktplatz L.
"	2	Altenhof.	Flav. Victor	1	Altenhof.
"	1	Stern.	Unbestimmb. Kleinerze	14	Florinsmarkt.
Magnentius	1	Florinsmarkt.	Unbestimmb. Kleinerze	32	
Decentius	1	Florinspfaffengasse G.			
Julian	3				
Valentinian 1	11				

Zusammen 178 Münzen, davon 28 aus dem 1. und 2. Jahrhundert.

II. Aus der Stadt, deren Fundstelle bestimmt ist.

Sie befinden sich grösstenteils im Besitze des Herrn Jordan, einige in dem der Herren Günther (G), Wegeler (W), Laa (L). Da sie besonders für die Besiedelung in Betracht kommen, zähle ich sie nach den Fundorten auf.

Rheinwerft	1	Tiberius.
"	1	Caligula.
Gerichtsstrasse	1	Nero.
Karmeliterstrasse	1	Augustus.
Poststrasse	1	Trajan (G.)
Göbenplatz	1	Vespasian.
Hinter Bellevue	1	Augustus.
(Bau von Wegeler)	1	Domitian.
"	1	Mittelerz.
Regierungsstrasse	1	Augustus.
Beim Regierungsgebäude (wahrscheinlich)	1	Augustus.
Rheinanlagen	1	Domitian (G.)
Mainzerlandstrasse	1	Antoninus (L.)
Schlossplatz (Seligmann)	1	Gratian,
Nagelgasse	1	Tetricus.
"	1	Constans.
"	1	Gratian (L.)
Gymnasialstrasse	1	Maximian Hercul.
Entenpfuhl (Drei Reichskronen)	1	dickes Kleinerz, in Alexandria geprägt.
Jesuitenplatz	1	Probus, 1 unbest. Mittelerz, 1 Gallienus.
Am Plan	1	Kleinerz, konstantin. Zeit.
Wöllersgasse	5	Kleinerze (Cobl. Samml.).

Pfuhlgasse	1 Grosserz.
„	1 Mittelerz
Löhrstrasse	1 Kleinerz, 1 Valens.
Reitbahn (Löhrglacis)	1 Antoninus.
Weisserthor	1 Hadrianus.
Ochsenturm	2 Münzen von Syrakus (wahrscheinl. unecht).

III. Münzen von Coblenz ohne bestimmte Fundstelle.

Aus dem Gebiete der Stadt sollen Münzen stammen, die früher sich in der städtischen Bibliothek befanden und jetzt der Coblenzer Sammlung überwiesen worden sind. Leider ist bei ihnen die Fundstelle nicht genauer bezeichnet. Die grosse Zahl der unter denselben vertretenen Kaiser scheint darauf hinzudeuten, dass sie das Geschenk eines Sammlers sind. Ausserdem besitzt Herr Jordan noch einige Stücke, deren Fundort er nicht kennt, die aber auch aus dem Stadtgebiete herrühren sollen. Auch in der Sammlung des Gymnasiums ist eine beträchtliche Zahl römischer Münzen, von denen sicherlich ein grosser Teil dem Boden von Coblenz entstammt, denn nach den alten Programmen wurden gelegentlich Münzen geschenkt, die die Schüler am deutschen Eck fanden. Da dieselben aber jetzt ohne jede nähere Bestimmung des Fundortes aufbewahrt werden, so sind sie für die Geschichte der Stadt nicht zu verwerten.

	Cobl. Samml.	Jordan
Augustus	2	4
Germanicus	1	
Tiberius	1	
Claudius	1	
Nero	1	1
Vespasian	2	1
Titus	1	1
Domitian	4	1
Trajan	4	1
Hadrian	2	1
Antoninus	3	2
M. Aurel	4	
Faustina iun.	2	
Septimius Sev.	2	
Maximin	1	1
Gordian	1	
Philippus sen.	1	1
Trajanus Decius	1	
Gallienus	4	
Tetricus iun.	1	1
Claudius Goth.	3	
Probus		2
Diocletian	1	
Maximian Herc.	1	
Constantius I	1	
Maximinus II	1	
Licinius sen.	1	
Konstantin I	10	
Konstantinopolis	1	
Roma	1	1
Crispus	3	
Konstantin II	1	
Konstans	1	
Konstantius II	2	
Magnentius	1	
Julianus	2	
Valentinian I	4	
Valens	4	

Postumus	1	Gratian	2
Victorinus	4	Valentinian II	1
Tetricus sen.	2	Magnus Maximus	1

IV. Münzen vom deutschen Eck.

Im Herbste 1877 wurden beim Baggern in der Mosel am Hundsschwanz (deutsches Eck) „die Reste eines gesunkenen römischen Schiffes", Holzstücke und eine 60 cm lange Rudergabel gefunden. Ebenso kamen eine Menge Münzen, besonders Gross- und Mittelerze zum Vorschein. 81 Stück derselben, darunter Münzen der Kolonie Nemausus, des Trajan und Antoninus Pius gelangten in den Besitz des Herrn Dr. Rud. Schaafhausen in Coblenz (Bonn. Jahrb. 63, 167). Um dieselbe Zeit erwarb der Hotelier Hammermann in Niederlahnstein eine Menge Münzen von dort, die sich noch in den Händen der Witwe des genannten Herrn befinden. Als dann bei den Arbeiten zur Herstellung des Platzes für das Kaiserdenkmal am deutschen Eck gebaggert wurde, kamen wieder zahlreiche Münzen zum Vorschein, die ebenso wie die von der Moselbrücke in ausgedehnter Weise nach allen Richtungen verhandelt wurden. Einen grossen Teil erwarb Herr Jordan, etwa 100 Herr Kohlbecher, ungefähr 50 Herr Später jun., eine kleine Anzahl Herr Günther. Alle Stücke sind stark patiniert und die meisten bis zur Unkenntlichkeit verdorben, was darauf hinweist, dass längere Zeit das Wasser nicht über sie hinweggelaufen ist, denn dieses hindert erfahrungsgemäss die Oxydation. Ich zähle hier nur die von den Herren Jordan und Günther gesammelten Münzen auf, weil diese dieselben von Anfang an von den übrigen genau gesondert gehalten haben.

	Jordan	Günther		Jordan	Günther
Republikanische M.	3	1	Galba	1	-
Augustus, darunter 33 von Münzmeistern, die nur bis 14 vor Chr. schlugen	87	-	Vespasian	16	3
			Domitian	13	5
			Nerva	7	-
			Trajan	23	3
Münzen mit Rekognitionsstempel	32	-	Hadrian	36	2
			Sabina	2	-
Agrippa	2	1	Antoninus	34	1
Nemausus	22	1	Faustina sen.	5	2
Antonia	1	-	M. Aurel	12	1
Tiberius	2	-	Faustina jun.	12	2
Germanicus	6	-	Lucius Verus	3	-
Caligula	7	1	Commodus	6	-
Claudius	15	1	Alex. Severus	2	-
Nero	20	2	Postumus	1	-

Etwa 500 Gross- und Mittelerze, die nicht zu bestimmen sind.

Hier sind anzuschliessen 12 Münzen im Besitze des Herrn Jordan, die denselben Charakter tragen und am linken Moselufer nicht weit von der Mündung gefunden sind. Davon gehören 4 dem Augustus, 1 dem Antoninus, 1 der Faustina jun.; 6 Mittelerze sind nicht bestimmbar. Herr Günther hat von derselben Stelle eine Münze des Nero.

D. Moselbrückenfund.

Bei der Entdeckung der Moselbrücke im Jahre 1865 wurden zwischen den Pfählen des ersten linksseitigen Pfeilers zwei Münzen gefunden, die eine von Vespasian, die andere von Gratian. Im Jahre 1868 kam ein an der Moselbrücke gefundener Augustus in die Sammlung des Gymnasiums (Progr. 1868). Als dann 1894 bei der Brücke gebaggert wurde, zeigten sich in dem ersten Pfeiler auf der Coblenzer Seite zahlreiche Münzen. Sie waren mit dem Flusssande und anderen Gegenständen zu dicken, schwarzen Klumpen zusammengeballt, von denen einige sich im Besitze des Herrn Jordan befinden. Herr Apotheker Dr. Bender untersuchte einen solchen und fand dass die schwarze Farbe hervorgerufen sei durch einen Gehalt an Schwefeleisen, das sich durch Einwirkung verwesender tierischer Körper auf eiserne Gegenstände gebildet habe. Es wurden auch etwa ein Sack voll Knochenreste, Tierzähne und Rindviehhörner zutage gefördert. Die Fundstelle lag nach einem Berichte des Wasserbauinspektors Versmann auf der Ostseite des Brückenpfeilers. Sie war nach der Stromrichtung nicht ganz 9 m lang und kaum 1 m breit. Die Stromsohle lag vor Beginn der Baggerarbeiten 1 m über Null am Coblenzer Pegel. Die schwarze Erdschicht, in der die Gegenstände gefunden wurden, reichte 60-80 cm unter Null. Die meisten Gegenstände lagen in der oberen Schicht bis zu Null am Pegel; tiefer als 30 cm unter Null wurde nichts gefunden. Auf die vielen Münzen wurde man erst aufmerksam, als in dem weiter flussabwärts aufgeworfenen Baggergut die Jugend das Werk des Schatzgrabens begann, wobei sich alsbald ein schwunghafter Handel entwickelte, durch den weite Kreise mit römischen Münzen versorgt wurden. Wie viele Tausende damals ausgebaggert wurden, lässt sich auch nicht annähernd schätzen. Eine Anzahl kam in die Hände der Strombauverwaltung und wurde dem Bonner Provinzialmuseum überwiesen, eine weit grössere Menge aber befindet sich in den Händen von Privaten. Von den mir bekannt gewordenen Besitzern nenne ich die Herren Jordan, von Ehrenberg, Günther, Kohlbecher, Später jun., Hauptmann Kaul in Coblenz, Witwe Hammermann in Niederlahnstein. Die Zahl der von den drei erstgenannten Herren erworbenen Stücke, sowie der des Bonner Museums reicht hin, um aus ihnen einen Schluss auf die Gesamtheit zu ziehen. Die Angabe der Bonner Münzen geschieht nach freundlicher Mitteilung des Herrn Assistenten Könen.

Die Erhaltung der Münzen ist durchweg eine gute: sie sind sämtlich ohne Patina und wenig oder gar nicht abgeschliffen. Die des Claudius Gothicus und Tetricus haben schlechtes, vielfach barbarisches Gepräge. Erst die spätesten, ausserordentlich kleinen Stücke des Theodosius, Honorius und Arcadius sind öfter abgegriffen. Ausser einer Goldmünze und wenigen Denaren finden sich nur Bronzen, meist Kleinerze bis zum kleinsten Maasse. Als Kuriositäten kommen zwei unbestimmbare Bleimünzen vor, die sich im Besitze des Herrn Günther befinden.

	Jordan	v. Ehrenberg	Günther	Museum Bonn		Jordan	v. Ehrenberg	Günther	Museum Bonn
Augustus	5	3	-	-	Tiberius	5	2	-	-
Livia	1	-	-	-	Caligula	1	-	-	-
Agrippa	1	2	-	-	Claudius	3	2	-	-
Nero	2	3	-	-	Theodora	9	-	2	3
Galba	1	-	-	-	Gal. Maximianus	4	1	-	-
Vespasian	1	3	-	-	Maximinus Daia	1	1	-	-
Domitian	1	-	-	-	Licinius jun.	11	4	1	-
Nerva	1	1	-	-	Constantin	71	45	5	4
Trajan	2	1	-	-	Constantinopolis	20	7	4	4
Hadrian	3	-	-	-	Roma	25	10	10	12
Antoninus	3	8	-	-	Populus Romanus	2	1	1	-
Faustina sen.	1	1	-	-	Fausta	2	-	-	-
Marc Aurel	5	4	-	1	Crispus	3	5	1	-
Lucius Verus	1	-	-	-	Dalmatius	1	-	-	-
Commodus	1	1	-	-	Constantin II	18	13	3	4
Septimius Severus	1	-	-	-	Constans	134	18	24	48
Caracalla	1	-	-	-	Constantius II	103	37	7	44
Julia Domna	1	-	-	-	Vetranion	1	-	-	-
Julia Paula	-	1	-	-	Magnentius	31	7	6	4
Alexander Severus	-	2	1	-	Decentius	6	2	-	-
Philippus jun.	1	-	-	-	Constantius Gallus	-	-	2	1
Valerian	1	-	-	1	Julian	14	1	1	2
Gallienus	13	1	-	-	Valentinian 1	98	28	15	97
Salonina	3	-	-	-	Valens	133	25	47	113
Postumus	2	1	-	1	Gratian	95	24	11	47
Victorinus	8	2	-	-	Valentinian II	49	10	3	24
Claudius II	46	20	1	18	Theodosius	53	18	4	33
Aurelian	1	-	1	-	Magnus Maximus	20	11	3	17
Severina	-	1	-	-	Flavius Victor	11	2	3	6
Tetricus sen.	33	8	1	7	Engenius	-	-	-	4
Tetricus jun.	8	-	-	2	Honorius	7	3	-	1

	Jordan	v. Ehrenberg	Günther	Museum Bonn		Jordan	v. Ehrenberg	Günther	Museum Bonn
Tetricus od. Claudius, barbarisch	9	-	-	-	Arcadius	67	18	7	56
Probus	4	1	-	-	Unbestimmte Kleinerze	56	-	-	-
Magnia Urbica	1	-	-	-	Gloria exercitus (Constans od. Constantius)	6	-	-	-
Diocletian	7	4	1	-					
Maximian Hercul.	1	1	-	-					
Constantius 1	3	7	2	-					
Helena	14	4	2	2	Zusammen	1248	375	170	556

Dazu noch in Bonn unter Nr. 9615 eine Anzahl unbestimmbarer Kleinerze.

Ausser den Münzen und Knochenresten barg die Fundstelle im Pfeiler der Brücke noch eine Reihe anderer Gegenstände. So besitzt Herr Günther von dort Haarnadeln von Bronze und Bein, eine Näh- und eine Stecknadel, einen Schlüssel und einen Gladiator aus Bronze. Die Figur ist 9½ cm hoch und zeigt sehr kräftige Formen. Statt des Kopfes hat sie einen beweglichen Helm. Das linke, vorgestreckte Bein ist mit einer Schutzschiene versehen; das rechte ist nackt. Die Lenden sind gedeckt durch einen Schurz, der von einem Gürtel zusammengehalten wird.

Herr von Ehrenberg hat eben daher: 20 verschiedene Haarnadeln, teilweise mit facettiertem Kopfe, aus Bronze und Bein; ferner 1 Nähnadel, 1 Griffel, 4 kleine und zwei grosse Fibeln, 1 Ohrlöffelchen und einen Draht mit Brennkolben an beiden Enden, einen Messergriff in Form eines Pferdekopfes, verschiedene Ringe, darunter einen mit liegendem Kreuz und einen mit dem Monogramm Christi, 2 Tassen, die eine 13, die andere 9 cm weit, beide 4½ cm hoch. Die genannten Gegenstände sind alle von Bronze; aus Eisen sind dort eine Speerspitze, ein Angelhaken, Beschlagstücke und eine 10 cm lange Pfeilspitze. Ein Bleiklumpen umgibt unten die Tülle derselben, in der noch das Holz steckt. Es ist ein sogenannter Martiobarbulus, ein Wurfpfeil, dem Vegetius ein eigenes Kapitel widmet (vgl. Vegetius, de re militari I, 17). Endlich sind noch zu nennen aus Blei das 25 gr schwere Gewicht einer Laufwage und aus Thon eine Perle, die wohl schon von einem fränkischen Halsschmucke herrührt.

Auch das Bonner Museum hat aus demselben Funde 11 Bronzenadeln, meist mit facettiertem Kopf, 5 Nähnadeln, eine kleine Haarzange, eine Kette mit Anhängsel, eine Armbrustscharnierfibel, einen lakonischen Schlüssel, einen Sporn und mehrere Ringe und Beschlagstücke.

Die meisten und interessantesten Gegenstände besitzt Herr Jordan. Zunächst nenne ich die aus Bronze. Eine 3½ cm hohe Bacchusbüste mit Bleifullung. Das Haar fällt auf die Schultern herab und ist mit Weinreben bekränzt. Das Diadem zeigt über der Mitte der Stirn ein Loch, in dem früher wohl ein Stein sass. Die die Augen darstellenden Steine sind ebenfalls ausgefallen; in der einen Höhle sieht man noch etwas von dem Kitte, der den Stein hielt. - Ein Schildbuckel ist bereits unter den inschriftlichen Zeugnissen erwähnt (vgl. S. 229 [hier S. 110]), als Spielzeug oder Beschlagstück kommt er noch einmal in der Breite von 2 cm vor. - Ein Adler mit ausgebreiteten Flügeln, 11 cm spannend, steht auf einem Eisenstückchen, das nach unten etwas verjüngt und wohl dazu bestimmt ist, in einen anderen Gegenstand hineingeschoben zu werden. - Eine 12 cm weite Tasse; auf der Aussenseite sind 4 fliehende Tiere eingraviert. - Ein ebenso weites, flaches Tellerchen hat keine Verzierung. - Eine Lampe mit Ösen zum Aufhängen. - Ein breiter goldglänzender Löffel mit langem, sehr spitzen Stiel und ein kleineres Löffelchen, vielleicht sind beide als ärztliche Instrumente aufzufassen. - Von solchen ist vorhanden: eine Sonde mit Brennkolben, 1 Ohrlöffelchen und eine Pincette. - Zahlreich vertreten sind Näh- und Stopfnadeln in jeder Grösse, dabei auch eine Nadel mit Öhr an beiden Enden zum Durchziehen von Band oder groben Fäden, wozu sich noch ein niedriger Fingerhut, 17 mm hoch, gesellt. - Auch Schlüssel sind mehrfach vorhanden. - 3 Griffe ohne Stange zeigen die gleichen ornamentalen Formen wie mehrere in dem Werke Jakobis über die Saalburg abgebildete (Saalburg S. 477 Nr. 43, 44, 45). Bei einem Schlüssel fehlt der Bart, bei einem der Griff; zwei kleine Hohlschlüssel waren wohl für Schatullen bestimmt, ebenso wie die folgenden drei, von denen einer einen Griff in Form eines Ringes hat; darauf ist ein Petschaft mit liegendem Kreuz; die beiden andern sind Ringschlüssel mit kurzer, in rechtem Winkel zum Ringe stehender Stange von der gewöhnlichen Form. - Eigentümlich sind 8 Hämmerchen mit Feder, die wohl zu einer Schelle gehört haben. - Ein wie ein Zuckerhut geformter Stempel von 4 cm Höhe zeigt auf der flachen Seite einen Christuskopf, der, wenn er nicht fälschlich den römischen Gegenständen zugeschoben ist, unter die ältesten christlichen Denkmäler am Rheine gerechnet werden muss. - Eins der schönsten und am besten erhaltenen Stücke ist eine 16 cm lange Schnellwage (Saalburg S. 437). Sie ist genau so eingerichtet, wie die unsrigen, die mehr und mehr ausser Gebrauch kommen. An dem breiten kurzen Hebelarm der Last hängt an einem Doppeldraht eine mit Goldbronzeblech überzogene Bleikugel, die wieder zwei Haken trägt zur Aufnahme der Last oder einer Schale. Der längere Hebelarm hat das Laufgewicht, eine grössere in derselben Weise überzogene Bleikugel. Der kurze Hebelarm hat ausserdem noch zwei Haken zum Anfassen der Wage. Das Verhältnis des Lastarmes zum Kraftarme wird ein anderes, je nachdem man den einen oder anderen Haken in die Hand nimmt. Demgemäss hat die Wage auch zwei verschiedene Skalen. Bei längerem Lastarm gilt diejenige, die durch zwei Striche in drei Abschnitte eingeteilt ist. Der erste ist durch 10 Punkte in 11 Teile geschieden, die Mitte durch 2 Punkte besonders bezeichnet. Dasselbe gilt vom zweiten Abschnitte; der letzte geht nur bis zum 7. Punkte. Die andere Skala zeigt sieben durch Striche bezeichnete Abschnitte, die wieder durch Punkte halbiert sind; die Mitte ist durch 3 neben einander gestellte Striche hervorgehoben. - Ebenfalls zu einer Schnellwage gehörte ein Gewicht in Form eines Kopfes mit verhüllten Augen.

Zahlreich sind auch die Schmucksachen aus Bronze. 5 Armbrustscharnierfibeln mit Strich- und Kreisverzierung auf Bügel und Fuss, eine andere Fibel, bei der die Nadel aus einer Spirale hervorgeht. - Ein Rad, das wohl den Kopf einer Gewandnadel bildete. - 6 Armbänder, eins aus einfachen, 2 aus gewundenem Draht, eins aus dreifach aneinander gelegtem Draht mit einer Bernsteinperle; zwei aus Bronzeblech, von denen das eine mit Kreisen, das andere mit Vögeln verziert ist. Fingerringe sind etwa 30 in jeder Grösse vorhanden, teils einfache, teils Siegelringe. Ein dünner, hohler Goldreif, den ich hier als das einzige Stück aus edlem Metall hinzuziehe, hat die Form einer Schlange, die sich in den Schwanz beisst. Die Oberseite ist durchbrochen (Saalburg, Tafel 66 Nr. 16). Von den Siegelringen zeigt der eine die eingeschnittene Büste eines bärtigen Mannes mit Mantel und Helm, dessen Kamm einen Drachen darstellt. Auf dem zweiten ist ein Zweig und ein Vogel, auf dem dritten ein Delphin dargestellt. Der vierte zeigt mehrfach die Figur des Kreuzes und die Buchstaben N und E.

Neben 3 kleinen Ohrringen finden sich 33 Haarnadeln mit runden und facettierten Köpfen; bei der einen ist der Kopf ein Hahn, bei der anderen ein Rad. Ferner begegnen uns noch verschiedene kleine Zierscheiben und Knöpfe (Saalburg, Tafel 52 Nr. 19), ein Kettchen mit einem Hund als Anhängsel, verschiedene Kettenstücke und 7 grössere und kleinere Schnallen mit Dorn. Eigentümlich ist noch ein kleines Rhomboid von durchbrochener Arbeit, dessen Seiten 3 cm lang sind. In der Mitte ist ein Leopard. - Als Beschlagstück diente eine 10 cm lange Zierscheibe, in der Mitte ist eine Urne, zwei Fische halten mit dem aufgesperrten Maule je einen Henkel derselben. Hierhin gehören auch einige kleinere Beschläge in Form von Blättern und Blumen.

Aus Kupfer sind mehrere geschmolzene Klumpen, Stückchen Kupferblech, mehrere dünne Stangen, ein kleiner mit Punkten verzierter Ring, an dem drei andere Ringelchen hängen, ein schön gearbeiteter kleiner Sattel mit darauf stehendem Ring als Sattelaufsatz zum Durchziehen des Riemens und mehrere gleiche Ringe, die wohl ebenfalls am Sattelzeug angebracht waren.

Auch die Gegenstände aus Eisen sind sehr zahlreich. Eine Anzahl Nägel, Kreuznägel und solche mit einfachem Kopfe bis zur Länge von 30 cm, bei einem ist der Kopf eine Scheibe, die wie der Hut eines Pilzes geformt ist. Eine vollständig erhaltene Pferdetrense mit eisernen Seitenstücken, ein kleiner Spaten und eine Handsichel. Zwei Hämmer, der kleinere mit Zinken zum Ausziehen der Nägel, zwei Bohrer, ein Feuerhaken mit gedrehtem Stiel und verschiedene kleine Schmiedegeräte (Saalburg, S. 236, Nr. 14, 15, 16).

Ein Messer zeigt die breite Form, wie sie auf Altären häufig abgebildet ist, ein zweites hat eine schmale Klinge mit breitem Griff; bei einem dritten verdünnt sich der runde, eiserne Griff sofort zu einer schmalen Klinge. Ferner sind zu nennen: zwei Angelhaken, zwei kleine Fussangeln, ein Vorstecker (Lone) zum Festhalten des Rades, ein Hufeisen von breiter Form und verschiedene Ringe, wovon einer am Rande stark eingekerbt ist. - Interessant ist eine vollständig erhaltene Schraube. An der Stange, die infolge des Abblätterns wie versteinertes Holz aussieht, zeigt sich das Schraubengewinde, darüber liegt die Schraubenmutter. Da Schrauben verhältnissmässig selten vorkommen, ist das Stück von besonderem Werte. - Ein Rundschloss von 5 cm Durchmesser wird in der Mitte von einem Kupferring umschlossen; die innere Einrichtung ist erhalten. - Von Waffenstücken finden sich 5 Pfeilspitzen und ein Dolch.

Ausser den bereits genannten Bleigewichten an der Schnellwage ist noch eine Bleikugel mit Haken vorhanden, die ebenfalls als Gewicht diente. Dazu kommen mehrere kleine Bleistangen und Stückchen geschmolzenes Blei. Eine 3 cm hohe, zusammengedrückte dünne Bleischeibe hat auf beiden Seiten 5 liegende Kreuze, wahrscheinlich auch die Bezeichnung eines Gewichtes.

Zuletzt sind noch da von Bein 5 Haarnadeln und das Stück eines zweiseitig gezahnten Kammes von gewöhnlicher Form. Die Mitte ist auf beiden Seiten durch aufgelegte und mit Eisennieten befestigte Streifen verstärkt.

E. Andere römische Funde.

I. Funde innerhalb der Stadtmauer

Aus dem von der ältesten Stadtmauer umschlossenen Gebiete haben wir die erste Nachricht über römische Kleinfunde im Gymnasialprogramm von 1835. Am Gemüsemarkt zeigte sich ein Stück einer Handmühle und in der Gemüsegasse neben Scherben und Ziegelstücken eine in dem Sande stehende Amphora und der unter den inschriftlichen Zeugnissen erwähnte Legionsziegel (S. 228 [hier S. 108]). Dann lesen wir die kurze Notiz (Bonner Jahrb. 50, S. 295), dass während der Gasrohrlegung im Jahre 1871 auf diesem Terrain fast überall älteres Mauerwerk, Bruchstücke römischer Ziegel, Töpfergeschirr u. a. m. zutage traten. In den letzten Jahren wurde bei Gelegenheit der Kanalisation von dem städtischen Bauamte den römischen Fundstücken eine besondere Aufmerksamkeit gewidmet, so dass diesmal eine ganze Anzahl derselben gerettet wurde. Sie werden hier nach dem Stoffe aufgezählt.

Eine Gemme, hellbraune Glaspaste, sehr stark verwittert. Herr Prof. Hettner hatte die Freundlichkeit, dieselbe zu untersuchen und teilte darüber folgendes mit: „Meines Erachtens ist Amor und Psyche dargestellt. Links (im Siegelabdruck) steht Psyche, sie ist nur unterwärts bekleidet; der eine Flügel ist ganz deutlich, in der gestreckten rechten Hand hält sie die Fackel. Den linken Arm, der nicht sichtbar ist, hat sie vermutlich um Amor geschlungen. Dass die neben Psyche stehende Figur männlich sei, kann man freilich nicht sicher sehen, die Brust ist etwas stark. Aber dies darf nicht als entscheidend angesehen werden, es kann leicht eine Folge des Gemmenschnittes sein. Ob über der linken Schulter noch der Rest eines Flügels sichtbar wird, ist mir nicht ganz sicher. In der gestreckten linken Hand hält er einen Gegenstand, es kann auch eine Fackel sein".

Aus Glas fanden sich ausserdem nur der Hals einer kleinen Flasche, grössere Stücke eines gefältelten Bechers und mehrere kleine Bruchstücke von Gefässen.

Zahlreicher sind die Bronzegeräte. Es sind: ein Hohlschlüssel, ein Griffel, eine 10 cm hohe Glocke mit elliptischem Durchschnitt, eine Lampe mit Ösen zum Aufhängen und eine 12 cm lange Büchse mit 3 ärztlichen Instrumenten. Eine Sonde mit Brennkolben wurde gesondert am Altenhof gefunden. Ferner fanden sich ein Schmuckstück in Form eines kleinen Hufeisens, mehrere Schnallen und Schnallenstücke, desgleichen verschiedene Fibeln und Teile derselben, sowie mehrere Nadeln und eine Broche in Form eines Kreuzes am Florinsmarkt. Interessant ist der Griff eines grösseren Bronzegefässes, der beim Schöffenhause gefunden wurde. An der Unterseite zeigt derselbe im Relief eine hockende weibliche Figur mit unbekleidetem Oberkörper. Die beiden Hände sind vorgestreckt; in der einen scheint sie einen kleinen Handspiegel zu halten, so dass wohl eine Badescene dargestellt werden soll.

Aus Eisen fanden sich: ein feiner Wagebalken von einer gewöhnlichen Wage mit Ringelchen zum Aufhängen der Schalen, ein kurzes Schwert oder Messer, 34 cm lang, wovon 12 cm auf den Griff fallen; die Schneide ist 7 cm breit. Ferner eine vierkantige Glocke und eine Reihe Ackergeräte, darunter Wagenreifen, Nabenringe, ein Spaten, eine Pflugschar und verschiedene mit Holz und Steinen zusammengebackene Eisenteile, deren einstige Bestimmung sich bei der jetzigen Verfassung nicht erkennen lässt.

Aus Thon: 2 Gewichte, 12 cm hoch, oben durchbohrt, das eine eckig, das andere fast rund, beide ohne Zeichen. Über ihre Verwendung ist öfter geschrieben worden. Die mit Zeichen versehenen sind sicher eigentliche Gewichtsteine, da wo sie in grösserer Zahl zusammengefunden werden, dienten sie wohl als Webergewichte, und wo nur einzelne sich finden, mögen sie auch zur Herstellung eines selbstthätigen Thür- oder Fensterverschlusses gebraucht worden sein. Ferner: eine kleine Figur mit Kugel und Kreuz in der Hand, und zwei Lampen, die eine von rotem, die andere von grauem Thon, beide ohne Stempel. Ausser den früher genannten mit Stempel versehenen Gefässen und Bruchstücken müssen hier erwähnt werden: eine Terranigra-Tasse mit Strichverzierung, ein urnenförmiges Gefäss mit kleinen Ohren und Horizontalrand, ein gefältelter, schwarz gefärbter Becher und ein ebenso gefärbtes glattes Krüglein mit weissen Kreisen ohne Schrift, ein 8 cm hohes

Becherchen ohne Henkel, ein Topf mit weiter Öffnung und schmalem Fuss, ein roher, kleiner zweihenkliger Krug, eine unten spitz zulaufende zweihenklige Urne, 40 cm hoch, eine 34 cm hohe ohne Henkel und mehrere Wölbtöpfe, unten spitz zulaufend und mit Querrillen versehen. Sie sind den schmalen, hohen Krügen der Karolingerzeit ähnlich. - Daneben wurde eine Menge Bruchstücke von Gefässen aus der frühesten bis in die späteste Kaiserzeit gefunden.

Von Blei ist zu nennen ein Stück eines Rohres mit Schraubengang, und ein anderes mit grösserem Durchmesser vom Altenhof; ein drittes von der Synagoge.

Endlich sind aus Bein verschiedene Haarnadeln und ein Kamm mit einer Reihe Zähne. Diese sitzen zwischen zwei auf einander genieteten dreieckigen Schalen.

II. Funde ausserhalb der Altstadt.

Bei dem Oswaldschen Neubau an den Rheinanlagen wurden Gefässreste und ein kleines Bronzeglöckchen gefunden, das jetzt im Besitze des Herrn Laa ist. Der Neubau des Herrn Wegeler bei der Regierungsstrasse lieferte neben den bereits erwähnten Münzen eine Anzahl Gefässstücke des 1. Jahrhunderts. Aus dem Hause Nr. 12 der Rheinstrasse besitzt Herr Günther zwei Krüge der Antoninenzeit. In dem Gebiete des Festungsgürtels wurden bei Gelegenheit der Fortifikationsarbeiten in den Jahren 1818-1820 eine Anzahl von Gegenständen gefunden, die zum Teil in die Renessesche Sammlung kamen (Bonn. Jahrb. 58, S. 109 ff). Aus dieser wurden 29 Glas- und Thongefässe dem Gymnasium geschenkt (Programm 1839). Vereinzelte Gefässreste zeigten sich in der Wöllersgasse nicht weit vom Altengraben und am Jesuitenplatz.

III. Aus Coblenz, ohne nähere Bestimmung des Fundortes

Von dort hat Herr von Ehrenberg einen rot gefärbten Teller aus grauem Thon mit weissen Strichen auf dem inneren Rande, der frühen Kaiserzeit angehörig; eine 23 cm hohe, weitbauchige Urne und zwei Teller späterer Zeit. Ebenso standen früher in der Bibliothek, jetzt in der Coblenzer Sammlung eine Anzahl Gegenstände, deren genauer Fundort nicht angegeben ist. Nach ihrer guten Erhaltung zu schliessen, entstammen sie wohl meist Coblenzer Gräbern.

Von Bronze befinden sich dort eine schöne Lampe in Form eines Satyrkopfes mit Weinreben und Trauben verziert, 7 Fibeln verschiedener Grösse, eine Broche, 4 cm im Durchmesser, mit eingekerbtem Rande. Darauf liegt ein Delphin, der sich um die Niete bewegen lässt. Auf der Unterseite sitzt das Scharnier für die Nadel.

Ein eisernes Langschwert dürfte aus den Keltengräbern auf der Höhe stammen.

Von Glasgefässen sind vorhanden: eine Vase, 1 Tasse und 2 viereckige Flaschen mit breitem, senkrechtem Griff, wie sie durch die ganze Kaiserzeit hindurch vorkommen.

Von Thongefässen sind noch zu erwähnen: 2 Urnen aus terra nigra, 27 cm hoch (Könen, Gefässkunde, Tafel XI, 1) und ein 18 cm hoher Krug aus demselben Thon; zwei gefältelte Becher, zwei Tassen mit Sigillataüberzug und mehrere Teller und Krüge aus gewöhnlichem Thon, die der späteren Zeit angehören; dabei befindet sich auch ein frühfränkisches Töpfchen.

IV. Fund im Coblenzer Stadtwalde.

Am sogenannten Pastorspfade, der von Kapellen nach Waldesch führt, etwa 500 m, nachdem er auf der Höhe den Kaleschenweg gequert hat, zeigen sich die Reste eines römischen Hauses, das von einer unregelmässigen, fast elliptischen Mauer umgeben ist. Der Distrikt wird „am Schüllerhof" und am „Altenkloster" genannt. Hier wurde um 1848 gegraben (Bonn. Jahrb. 26, 1 ff.). Wie Herr Jordan von einem Augenzeugen jetzt in Erfahrung brachte, hat der damalige Schlosskastellan Pfeiffer die Grabung auf eigene Hand vorgenommen und die Gegenstände an die Schlossverwaltung verkauft. Die Fundstücke kamen nach Schloss Stolzenfels. In dem Verzeichnisse des Inventars findet sich nur die kurze Notiz, dass die Gegenstände zu einer bestimmten Summe angekauft seien. Da die Stücke wohl nur selten gezeigt werden, so sind sie der Vergessenheit anheimgefallen, sie verdienen aber wegen ihrer eigentümlichen Beschaffenheit erwähnt zu werden.

Es sind zunächst eine Anzahl Skulpturstücke aus Kalkstein, darunter Teile von einer männlichen und einer weiblichen Figur. Die erste muss weit über Lebensgrösse dargestellt gewesen sein, das zeigt ein Fuss mit Sandale (abgeb. Taf. 3 Fig. 2), ein Kniestück und besonders eine Hand, die einen weichen Gegenstand hält, der durch den Druck des Daumens zusammengepresst wird. Oben auf demselben kriecht eine Schildkröte, an der Seite windet sich um ihn eine Schlange (Fig. 1).

Die weibliche Figur ist nur wenig über Lebensgrösse dargestellt gewesen; von ihr ist vorhanden der obere Teil des Kopfes mit Diadem und ein Fuss, ebenfalls mit Sandale (abgeb. Taf. 3 Fig. 3 und 4).

Eine nur 15 cm hohe weibliche Figur war als architektonischer Schmuck verwendet (abgeb. Taf. 3 Fig. 5), ebenso ein kleines, 7½ cm hohes männliches Köpfchen (abgeb. Taf. 3 Fig. 6). Weil sie ziemlich beschädigt sind, ist bei der Zeichnung ein grösserer Massstab angewandt, als bei den übrigen Stücken.

Von den anderen Skulpturresten ist noch zu erwähnen ein Schulterstück mit übergeschlagenem Gewande. Um den Ansatz des Armes scheint wieder ein Stück von einer Schlange zu liegen. Es gehört zu der grösseren Figur, ebenso ein Armstück mit Gewandresten.

Ein 1 m hoher Säulenabschnitt mit 35 cm Durchmesser dürfte der Säulenhalle des Gebäudes entstammen.

Ausserdem liegen noch dort verschiedene zierlich gearbeitete Architekturstücke, wahrscheinlich von einem Altar, und ein Fruchtstück.

Da die früher erwähnten Ziegelstempel den Gedanken erweckten, dass die Anlage im Walde einen militärischen Zweck gehabt habe, wurde sie auf Veranlassung des Herrn Jordan noch einmal kurz darauf hin untersucht. Die Umfassungsmauer war jedoch nur 75 cm stark und noch 80 cm über dem gewachsenen Boden erhalten; ein Graben ist nicht vorhanden. Hart an der Mauer lagen zu beiden Seiten viele Deck- und Hohlziegel. Vielleicht bildeten sie die Bekrönung der Mauer, vielleicht waren auch im Innern Baracken an dieselbe angelehnt. Das Haus scheint ganz durchsucht zu sein. Über dem Zimmerestrich lagert eine starke Humusschicht, die von Ziegelbrocken und Wandstücken durchsetzt ist, die meistens rote, aber auch schwarze, weisse und grüne Farbe zeigen. Der Boden ist in der Weise hergestellt, dass grosse Wacken neben einander gesetzt und mit Sand und Kalk ausgegossen wurden. Der Estrich bildet über den Steinen eine 5 - 6 cm starke Decke. Von Hypokauststücken zeigte sich keine Spur mehr. Die Anlage ist zweifellos nicht militärisch, die Soldatenziegel müssen also wohl an die Stelle verschleppt, doch dürften sie ursprünglich in der Nähe gebraucht sein. Jedenfalls bleibt der eigenartige, zunächst nicht zu erklärende Kult, auf den die Skulpturreste hindeuten, der Beachtung wert.

Kaum 200 m nördlich, ebenfalls am Pastorspfade, liegt ein anderes von einer Umfassungsmauer umschlossenes Gehöft. Die Mauerstärke ist auch hier 80 cm.

F. Grabfunde.

Sie sind von besonderer Wichtigkeit, weil der Inhalt der Gräber uns fast regelmässig auf die Zeit ihrer Anlegung einen Schluss gestattet, und weil die Römer gleich den andern alten Völkern ihre Toten an Wegen und Strassen bestatteten; daher belehrt uns der Zug der Gräber stets über die Richtung eines frühen Verkehrsweges. Bereits aus der ersten Hälfte dieses Jahrhunderts bis zum Jahre 1867 haben wir schriftliche Kunde über römische Gräber, die mit Ausnahme eines einzigen, von dem später die Rede sein wird, sämtlich an der Löhrstrasse gefunden wurden.

1821 bei Erbauung des neuen Löhrthors fand man dicht an der Chaussee ein Grab, das nach den abgebildeten Gefässen der frühesten Kaiserzeit angehört. Es sind dies eine Urne aus terra nigra und ein einhenkliger Krug[1].

[1] Kruse, Deutsche Altertümer III[3] Tafel 1. Von den andern dort abgebildeten 5 Gefässen, die gleichfalls aus Coblenz stammen sollen, gehören 2 derselben Zeit an.

Im Herbste 1842 stiess man bei der Fundamentierung eines Gebäudes, Löhrstrasse 706 (die Nummern sind inzwischen geändert), Hohenfelder Haus, auf römische Gräber aus der konstantinischen Zeit. Man fand nämlich neben Glas- und Thongefässen eine Münze des Maximianus Herkuleus, des Constantius II (statt der angegebenen Buchstaben NO AVG ist zu lesen NOB C) und des Crispus (vgl. Gymnasialprogr. 1843). Ein im Jahre 1842 gefundener Krug aus der Löhrstrasse befindet sich in der Sammlung des Gymnasiums; er ist aus der späteren Zeit und gehört wohl zu diesem Funde. Ein anderer Krug, ebenfalls aus späterer Zeit in derselben Sammlung, ist nach einem beiliegenden Zettel im Jahre 1847 Löhrstr. 200 gefunden. Beim Ausgraben eines Fundamentes am Löhrthor fand man einen Sarg aus Tuffstein, darin waren Knochen, ein Schädel, ein Trinkbecher aus Glas, eine kleine Bronzeschnalle, eine Metallspange und ein Gegenstand von Kupfer (Bonn. Jahrb. 29, 280 [1859]). Nach der Beschreibung handelt es sich hier wohl um ein fränkisches Grab. Dann zählt Eltester in der Abhandlung über Coblenz noch einige Grabfunde auf: vom Jahre 1856 beim Bau des östlichen Eckhauses am Löhrplatz, 1863 beim Hinterhause von Biermann und 1867 im Hause von Küpper neben St. Barbara (Bonn. Jahrb. 42, 26 ff.). 1885 wurden Löhrstrasse 51 verschiedene Krüge und Becher gefunden; daneben eine kleine Thonfigur, eine Matrone, die einen Gegenstand in der Hand hält. Aus dem Hause Löhrstr. 77, der Eisenbahnstrasse gegenüber, besitzt Herr Günther 4 spätrömische Gefässe. 1886 stiess man beim Mostertschen Neubau an der Löhrstrasse auf verschiedene Gräber, in denen sich auch Skelette fanden (B. J. 82, 192). Bei der Polizeidirektion vor der Schultreppe wurden ein oder mehrere fränkische Gräber gefunden. Eine Anzahl Thonperlen, eine Gürtelschnalle und ein kleines Töpfchen kam an das Bauamt und von hier in die Coblenzer Sammlung. Ebendaher erwarb Herr Kohlbecher eine grössere Zahl Thonperlen und eine Streitaxt (Franciska), die jetzt im Besitze des Herrn Jordan sind. Aus einem Grabe der Löhrstrasse stammt ein gefältelter Becher, den Herr Günther besitzt. Ebenso kommen aus Gräbern eine dicht an der Löhrstrasse in der Wöllersgasse gefundene silberne Scharnierfibel, sowie mehrere kleine Bronzestückchen, die jetzt in der Coblenzer Sammlung sind. Ausserdem wird von Eltester, sowie im Gymnasialprogramm von 1838 ein Grabfund erwähnt, der bei der Schwanenapotheke gemacht wurde. Dort, „auf dem Boden des Kronbergerhofs wurden ein Aschenkrug und Gebeine gefunden, die keine Spur von Brand zeigten." Diese Notiz würde geschichtlich zu verwenden sein, weil die genannte Stelle innerhalb des bereits von Eltester als spätrömisch bezeichneten alten Mauerzuges liegt. Da die Römer zu keiner Zeit innerhalb der Stadtmauer ihre Toten begruben, so müsste das Grab einer früheren Periode angehören, und in dieser hätte dann auch der Punkt nicht innerhalb einer Befestigung fallen können. Wahrscheinlich aber beruht die Notiz auf einem Irrtum, denn da in der Nähe eine Villa liegt, so dürften die unverbrannten Gebeine Speisereste sein, wie sie stets in und bei römischen Häusern gefunden werden.

Die nun folgenden Funde sind durchweg in der neueren Zeit gemacht worden. An der Löhrchaussee fand man beim Ausschachten des dem Herrn Wilh. Douqué gehörigen Hauses eine Reihe von Gräbern, die darum unser besonderes Interesse in Anspruch nehmen, weil sie der ersten Hälfte des 1. Jahrhunderts angehören und die Fundstücke noch in der Sammlung des Herrn Douqué vereinigt sind. Sie sollten photographiert und näher beschrieben werden, was dann wegen Verhinderung des Besitzers einer späteren Zeit vorbehalten bleiben musste. Auf einem verhältnismässig kleinen Raume kamen 9 Lampen, 6 Glasfläschchen, 1 Glasschale, 16 Gefässe aus terra nigra (Könen, Gefässk. X, 8, 21), 4 scharf profilierte flache Teller, zwei reich verzierte Schalen und 3 kleine Tässchen aus terra sigillata zum Vorschein. Die daneben vorkommenden 18 Gefässe aus gewöhnlichem Thon zeigen durchweg den Typus der frühen Zeit. Es befindet sich darunter ein kleines von der Form eines Glasfläschchens und ein weisser Teller, dessen innere Seitenflächen mit dunkleren Strichen verziert sind. Die Krüge haben einen hohen, cylindrischen Hals, von dem der Bauch mit scharfem Ansatze ausgeht. (Könen, Taf. XI, 25 und 26.) 4 kleine Gefässchen sind offenbar als Kinderspielzeug bestimmt gewesen. Von anderen Gegenständen fanden sich noch eine breite Lanzenspitze, ein Ring, ein ärztliches Instrument, eine Haarnadel, eine Broche und zwei Fibeln.

Die genauere Zeitbestimmung geben zwei Grosserze des Germanicus und zwei des Caligula. Nach Angabe des Herrn Douqué standen die Gefässe alle nahe zusammen; zwei Urnen waren mit Asche gefüllt und mit einem Teller zugedeckt; eine aus Steinen oder Schiefer gebildete Grabkammer war nicht zu erkennen. Es ist daher nicht unwahrscheinlich, dass die aufgeführten Gegenstände den Inhalt eines Familiengrabes ausmachten, wobei zu bemerken ist, dass Waffenstücke sonst äusserst selten in römischen Gräbern gefunden wurden. Um die Mitte Juli wurden etwa 40 m von dem Hause des Herrn Douqué auf den Moselbahnhof zu ebenfalls an der Westseite der Löhrchaussee neue Gräber aufgedeckt. Sie liegen 5 m von der Strasse entfernt 1,20 m unter Terrain dicht neben einander. Auch hier sind die Krüge mit einer Schale zugedeckt; eine Grabkammer ist nicht vorhanden. Die Gräber sind durch eine Münze des Augustus datiert. Die Gefässe, darunter solche mit Goldglimmerplättchen (Könen Tafel XI, 4-5), sind im Besitze des Herrn Günther.

Aus demselben Terrain, Löhrchaussee 10, stammt ein Krug aus grauem Thon mit Barbotineschmuck, ebenfalls frühzeitig, ein Lämpchen, das in der Mitte einen Frauenkopf zeigt und ein Salbfläschchen aus Glas im Besitze des Herrn Günther. Auf der gegenüberliegenden Seite im Hause Nr. 9 fanden sich ebenso frühe Gräber. Herr Günther hat von dort 5 Urnen aus terra nigra, eine

Schale aus demselben Thon, 5 Krüge der ersten Kaiserzeit und 3 Thonfiguren, von denen die eine eine stehende, die andere eine sitzende Matrone, die dritte einen sitzenden Hund mit Halsband darstellt. Dieselbe Figur ist als von Coblenz stammend abgebildet bei Kruse III[3] Taf. I h.

In eine etwas jüngere Periode führt uns der in der Sammlung Douqué befindliche Inhalt eines oder mehrerer Gräber aus dem Hause Nr. 7. Es sind neben einem Mittelerz des Trajan ein Lämpchen, ein gefältelter kleiner Becher aus grauem Thon, eine kleine Tasse und eine verzierte Schale aus terra sigillata und zwei Thonfiguren, von denen die eine eine stehende Matrone mit Schleier, die andere zwei sich umarmende Personen darstellt. Über die Bedeutung der vielfach in Gräbern auftretenden Thonfigürchen ist man nicht völlig im Klaren. Der Hund ist wohl sicher ein Spielzeug, das hier, wie anderwärts ein Hahn, einem Kinde als lieber Besitz mitgegeben wurde. Die beiden sich umarmenden Figuren werden als Amor und Psyche, das Sinnbild treuer Liebe, aufgefasst; die stehenden oder sitzenden weiblichen Figuren teilt man dem ursprünglich keltischen Matronenkultus zu.

Herr Douqué besitzt ferner eine Reihe von Gefässen, die aus Gräbern in der Nähe des Markenbildchenweges (Neubau von Surges) herstammen. Sie tragen sämtlich den Typus der spätrömischen Zeit. Die meisten sind aus schlechter terra sigillata hergestellt, selbst die Urnen haben diesen Thon, wie denn überhaupt der Gebrauch dieser Gefässe in der späteren Zeit weit allgemeiner, die Ware aber dafür schlechter wurde. Die Teller und Schalen sind alle ohne Stempel. Dazu kommen noch blaugraue Teller und kleine Kumpen, wie sie in den Töpfereien bei Urmitz hergestellt wurden; dort liegen an einer Stelle bei der Fabrik des Herrn Oellig einen halben Meter hoch die Reste von solchen beim Brande misslungenen Gefässen mit Thonstücken darunter; ein schwarz gefärbter oder ein mit roter Farbe überzogener Becher, der mit tief eingeschnittenen keilförmigen Strichen verziert ist. Aus Glas ist eine kleine geriefte Flasche und ein Trinkbecher mit kugeligem Boden, wie sie in den Merowingergräbern gefunden werden. Zu diesem Inhalte passt eine Angabe des Herrn Günther, dass ein schräg zum genannten Wege liegendes Grab neben den gewöhnlichen Beigaben ein vollständiges Skelett enthalten habe, eine Bestattungsart, die im 4. Jahrhundert mit der Ausbreitung des Christentums Eingang fand. Herr Günther besitzt aus demselben Grabgebiet mehrere Schalen aus gewöhnlichem Thon und eine aus terra sigillata, einen Krug späterer Zeit, eine kurze Speer- und eine Pfeilspitze nebst mehreren grösseren Nägeln, die wohl die Wände eines rohen Holzsarges zusammenhielten. Die letzten Gegenstände weisen bereits auf einen fränkischen Krieger.

Bei der Kanalisation wurde zu Anfang dieses Jahres vor dem Hause Schlossstrasse 4 nahe dem Schlossrondell unter dem Bürgersteig ein Grab mit frührömischen Gefässen und einem Grosserz des Caligula gefunden.

Endlich fand man bei der Anlage eines Kanals in der Nähe der neuen Pionierkaserne vor dem Weisser Thore mehrere durch Steinplatten hergestellte Gräber, die gleichfalls der augusteischen Periode angehören, mit einem Mittelerz des Agrippa und einem andern, sehr verschliffenen, des Tiberius. Aus terra nigra waren darin eine 26 cm hohe Urne, die in ihrer oberen Hälfte zwei Gurtbänder mit Strichverzierung zeigt, ein flacher Teller mit schwarzem Überzug auf der Innenseite und ein 14 cm hoher Becher mit papierdünnen Wänden und scharfem Absatze in der Mitte des Bauches. Dazu kommen 4 Gefässe aus gewöhnlichem Thon, ein einhenkliger und ein doppelhenkliger Krug, eine weitbauchige Urne von rötlicher Farbe und ein einhenkliger weisser Krug. Unter mehreren Scherben ist bemerkenswert ein Stück eines roheren Gefässes mit gelbem Überzug und weisser Strichverzierung. Aus Bronze fanden sich zwei Fibeln, eine kleine Schnalle und einige Zierknöpfe. In der Nähe wurde jetzt wieder ein Grab mit einer Urne und darüber gedecktem Teller aus terra nigra gefunden. Erwähnt werden mag hier die auffällige Lage der Gräber. Die aus der früheren Kaiserzeit beobachteten sind durchweg weit vom Zentrum der Bebauung entfernt, während die jüngeren in unmittelbarer Nähe desselben gefunden sind. Dagegen hat man bei den mit Mauern umschlossenen Plätzen die Wahrnehmung gemacht, dass die ältesten Gräber den Thoren am nächsten liegen (Jakobi, Saalburg S. 130). Es liesse sich der Schluss ziehen, dass in der frührömischen Zeit die erste Siedelung weit zerstreut an den Verkehrswegen gelegen habe. Wahrscheinlicher aber ist, dass man im 3. und 4. Jahrhundert, als die alten Gräber längst zerstört waren, mit den neuen wieder in der Nähe des Ortes begann, weshalb auch in dem Gräberterrain in der Wöllersgasse Stücke terra nigra und frühe Scherben neben Münzen des 4. Jahrhunderts gefunden wurden.

G. Verkehrswege.

Die für den Verkehr wichtigste Strasse war die den Rhein begleitende Reichsstrasse. Als Heerweg bot sie den grossen Vorteil, dass der Marsch der Truppen durch die im 1. Jahrhundert gegründete Kriegsflotte des Rheins unterstützt werden konnte. Von Capellen aus, wo der Johanniskirche gegenüber zwei römische Meilensteine gefunden wurden, geht sie in der Laubbach durch das Terrain der Gasanstalt in der Richtung des Engelspfades, der Löhrchaussee, Löhr- und Marktstrasse. Zu beiden Seiten ist sie von römischen Gräbern begleitet. Unsicher ist ihr Lauf durch die Altstadt nach dem Moselufer zu. Beim Ausschachten des Terrains der städtischen Gasanstalt in der Laubbach trat sie etwa 100 Schritte weit in senkrechtem Profil zutage. Ihre Oberfläche lag dort etwa 4 Fuss unter dem jetzigen Strassenniveau und zwar unter der untersten Weinbergsterrasse, welche westlich das sogenannte Engelspfädchen begrenzt und nur wenige Fuss von diesem entfernt. Die

Strasse war genau 20 Fuss römisch (18¾ Fuss rheinisch) breit, nach oben leicht gewölbt, ohne Bankett und ohne sichtbare Gräben (Bonn. Jahrb. 52, 173). In der Fortsetzung auf Coblenz zu zeigte sie dagegen 21 Fuss Breite und ein durch Bordsteine geschiedenes, gepflastertes Bankett bis zu 6 Fuss Breite (Bonn. Jahrb. 66, 10). Wenn nach Wolffs Untersuchungen (Röm. Strassen in der Wetterau, Westd. Zeitschr. XVI, S. 24) das Normalprofil der älteren Militärstrassen 4,50 m, das der jüngeren 5,80-6 m Breite zeigt, so giebt uns die Beschreibung Eltesters das Profil der jüngeren und jüngsten, was auch zu den bei der Ausschachtung gefundenen Münzen des 3. und 4. Jahrhunderts passt. Da die Gräben infolge späterer Zerstörung der Böschungen und durch Überschüttungen oft schwer zu erkennen sind, so dürften auch diese bei genauerer Untersuchung sich zeigen. Über die Beschaffenheit des Strassenkörpers lesen wir folgendes: „Auf dem gewachsenen Lehm ruht eine 10 Zoll hohe Steinlage von senkrecht oder etwas seitwärts geneigten Thonschieferbruchsteinen, darauf eine zweite Schicht von 8 Zoll Kleinbeschlag aus zerschlagenem Rheingeschiebe, Kieseln etc., endlich eine dritte, bestehend in einer 10 Zoll hohen Beschüttung von grobem Rheinkies mit Lehm und Rheinsand. Da die Rheinseite mehr abgenutzt war, so ist sie durch eine 6 Zoll hohe, nach der Mitte der Strasse allmählich sich verlaufende, neue Beschüttung erhöht, das Ganze nochmals mit Rheinkies überfahren und so das horizontale Niveau vorsichtig wieder hergestellt worden". Die letzte Beobachtung weist wohl auf eine Erbreiterung der Heerstrasse hin, wie sie in gleicher Weise auch bei anderen Strassen erfolgte. (Siehe Profil 8, Elisabethenstrasse, Westd. Zeitschr. XVI, Taf. I).

Wann die Heerstrasse zuerst angelegt ist, lässt sich nicht mit Sicherheit bestimmen. Die Wahrscheinlichkeit spricht dafür, dass sie bereits unter Augustus durch Drusus erbaut wurde, denn für diesen war sie zur Unterstützung seiner Germanenzüge und zur Verbindung der von ihm angelegten Rheinkastelle kaum zu entbehren. Dafür sprechen auch die Gräber mit Münzen des Augustus und Germanicus, die an ihrer Seite liegen. Die weitere Bebauung der Löhrchaussee wird uns sicher bei sorgfältiger Beobachtung weiteres entscheidendes Material bringen. Eine sachgemässe Untersuchung dieses frühen Grabfeldes wäre sehr zu wünschen; sie würde uns wahrscheinlich einen Schluss auf die Bevölkerungsdichtigkeit von Confluentes im ersten Jahrhundert ermöglichen. Den ersten Beweis für die frühe Anlage derselben erbrachte Zangemeister in einer Abhandlung über die Capellener Meilensteine, die von ihrem Fundplatze der Niederlahnsteiner Johanniskirche gegenüber nach dem oberen Teile des Dorfes verschleppt und dann am Burgwege aufgestellt wurden. Jetzt sind sie in die Vorhalle zum Schlosshofe gebracht, wo sie einen etwas dunkeln Standort haben, aber vor weiterer Zerstörung geschützt sind. Die Errichtung des einen setzte Zangemeister mit überzeugenden Gründen in die Regierungszeit des Claudius und in die Jahre 43-45 nach Christi

Geburt und konstatierte den ältesten Meilenstein in Obergermanien, der für die Mitte des 1. Jahrhunderts das Vorhandensein der Strasse bezeugte. Durch den Fund des Coblenzer Steines, der die kaiserlichen Attribute noch vollständig hat (nach einer Vergleichung der Coblenzer Inschrift mit der Capellener liess sich jetzt feststellen, dass in der ersten Zeile des Capellener Steines hinter den beiden ersten Strichen der Bogen des C, in der dritten der letzte Buchstabe B, in der vierten das P von IMP und der letzte Strich von VIII, in der fünften PP am Schlusse und in der sechsten das P am Ende noch zu erkennen sind), findet die Auseinandersetzung Zangemeisters ihre volle Bestätigung, und wir wissen nun, dass die Arbeiten an der Strasse und die Aufrichtung der Steine im Jahre 44 erfolgte, nachdem im Jahre vorher Claudius auf seinem Zuge nach Britannien in den Rheingegenden sich aufgehalten hatte. Auf den Capellener Meilensteinen findet sich die Zahl 56 milia passuum als die Entfernung von Mainz bis nach Capellen angegeben. Die Entfernung von dort nach Coblenz beträgt nach dem Itinerar sowohl wie nach der Peutingerschen Tafel 38 Leugen oder 57 m. p. Die Steine mussten also die letzten vor Coblenz gewesen sein. Es sind aber von der bezeichneten Stelle bis Coblenz-Altstadt noch über 3 m. p., und es wäre der nächste Stein bereits in der Gegend der Einmündung des Königsbachs in den Rhein zu suchen. Den letzten Stein vor Coblenz haben wir jetzt gefunden; er hat die richtige Zahl 59 m. p. Die Verschiedenheit in der Angabe der Entfernung ist so zu erklären, dass in der Zeit, aus der die Zahlen des Itinerars und der Peutingerschen Tafel stammen, bereits eine Neuregulierung der Strasse stattgefunden hatte, durch welche die Strecke von Mainz bis Coblenz um 3 römische Meilen verringert wurde.

Die Auffindung des Coblenzer Meilensteines brachte noch eine weitere Erscheinung zutage, die für die Beurteilung römischer Strassen von Wichtigkeit sein kann. Der Stein stand aufrecht an seiner ursprünglichen Stelle 30½ m vom Engelspfade, die Inschrift diesem zugekehrt, 960 m vom Löhrthor entfernt. Die Stelle soll durch eine Steintafel bezeichnet werden. Der Stein Nr. 60 dürfte unmittelbar an der Mosel stehen. Der Engelspfad geht in der Laubbach dicht neben der gepflasterten römischen Strasse her und bezeichnet auch weiterhin deren geradlinige Richtung. Es stand daher zu erwarten, dass die gepflasterte Strasse sich in geringer Entfernung vom Steine, zwischen diesem und dem Engelspfade zeigen werde. Das war aber nicht der Fall. Statt dessen erschien 1½ m von der Säule anfangend eine 5 m breite Kiesstrasse. Sie zeigt über dem Lehmboden zuerst eine 10 cm starke Schicht feineren Kies und über dieser eine 15 cm hohe Schicht von groberem Kies. Von der gepflasterten Strasse fand sich auch bei der weiteren Ausschachtung noch keine Spur. Sie muss noch weiter nach dem Engelspfade zu liegen. Daraus geht hervor, dass im Jahre 44 zur Zeit des Claudius die Heerstrasse nur aus Kies hergestellt und die früheste gepflasterte Strasse, manchmal mit Abweichung von der alten Trace, später erbaut wurde.

Wie die gepflasterte Strasse im Bereiche der Altstadt wahrscheinlich auf die römische Brücke zuging, soll später erwähnt und auch einiges über die mutmassliche Zeit der letzteren gesagt werden.

Hier soll nur dem Brückenfunde ein Wort gewidmet sein, weil wir einer ähnlichen Erscheinung begegnen und diese danach beurteilt werden muss. Was die Nägel und die grösseren Eisenteile betrifft, so ist wohl kein Zweifel, dass dieselben bei der Erbauung der Brücke verwendet und verloren gegangen sind. Im Mainzer Museum sind solche Geräte, die bei den Brückenresten gefunden wurden, haufenweise aufgetürmt. Die Knochen können in römischer und späterer Zeit in den Fluss geworfen sein und sich zwischen den Pfahlresten festgesetzt haben. Unverständlicher könnte der Münzfund und die grosse Zahl kleiner Gegenstände erscheinen. Aber auch das ist nicht ohne Beispiel. De Caumont erwähnt in seinem Abécédaire de l'Archéologie S. 31 eine gepflasterte Furt (gué pavé) über die Majenne in Frankreich, wo in dem Kies der Flusssohle mehr als 12 000 Münzen der römischen Kaiser lagen, so dass jeder Schaufelstich 4 oder 5 solcher Stücke enthielt (Bonner Jahrb. 79, S. 99). Er vermutete mit Recht, dass dieselben von denjenigen Leuten, die die Furt durchschritten, dem Flussgott zum Opfer gegeben waren. Das bezeugt auch die Art der in der Brücke gefundenen Münzen, die fast alle Kleinerze, vielfach von kleinster Grösse sind, und wir dürften nicht fehlgehen, wenn wir annehmen, dass die vielen einer Periode angehörigen Stücke bei hervorragenden Ereignissen, insbesondere Heeresübergängen, der Mosella mit einem Stossgebet um glückliche Wiederkehr dargebracht wurden. Die wenigen Denare und die Goldmünze werden von solchen Teilnehmern des Zuges herrühren, die gewohnt waren, mit ihrem Besitze weniger sparsam umzugehen. Die kleinen, oft wertlosen Gegenstände, wie Haarnadeln, Schnallen und Fibeln entsprechen den Hosenknöpfen im Klingelbeutel, andere wertvollere, wohl auch dem Ring des Polykrates, bestimmt, den Neid der Götter abzuwenden.

Welchen Weg die gepflasterte Rheinstrasse auf der Nordseite der Mosel einschlägt, und wie sie sich an die Brücke anschliesst, ist nicht bekannt und bedürfte der Untersuchung. Man nimmt an, dass die jetzige Landstrasse nach Andernach dem Zuge der alten Römerstrasse folge (Bonn. Jahrb. 31, S. 67 ff.). Hierauf scheint auch ein Grab hinzudeuten, das im April 1853 beim Marceaudenkmal gefunden wurde, von dem eine Glasflasche sich in der Gymnasialsammlung befindet. Ihre Richtung ist nicht immer dieselbe gewesen, denn während die Peutingersche Tafel 9 Leugen als Entfernung zwischen Coblenz und Andernach angiebt, rechnet der Meilenstein von Tongern nur 8.

Von ihr zweigte sich in der Richtung der heutigen Landstrasse die Strasse nach Trier ab. An dieser wurde 1849 in der Sandkaute bei den Röhrer Höfen ein Grab gefunden, aus dem 2 Gefässe, eine Sigillatatasse und eine keltische

Urne, in die Sammlung des Gymnasiums kamen (Programm von 1850, hier wird nur der Topf erwähnt). Die Urne gehört der jüngeren La Tène-Periode an und weist darauf hin, dass das Grab etwa der Augusteischen Zeit zuzuschreiben ist. Sie ist das einzige keltische Gefäss aus der nächsten Nähe von Coblenz. Rübenach und Bassenheim sind als Römersiedelungen seit langer Zeit bekannt (Hoffmann, Zerstörung der Römerstädte am Rhein S. 26). Aus Rübenach von der Strasse nach Bassenheim hat Herr Douqué den Inhalt eines Grabes; ein am Karmelenberge bei Bassenheim gefundener Krug aus spätrömischer Zeit ist in der Coblenzer Sammlung, früher in der Bibliothek. In dem letzteren Orte wurde auch eine Villa aufgedeckt (Bonn. Jahrb. 80, 232).

Wenn nun auch der Lauf der gepflasterten Strasse bis an das Gebiet der Altstadt sicher bekannt ist, und nach den frühen Gräbern der Löhrchaussee die älteste Kiesstrasse dieselbe Richtung gehabt hat, so muss doch die früheste Übergangsstelle über die Mosel näher nach der Rheinmündung zu gelegen haben. Zu dieser Annahme werden wir genötigt durch den grossen Münzfund am deutschen Eck. Bestimmend für die Wahl des Platzes war jedenfalls eine Insel, die früher vom Rhein sich bis weit in die Mosel hinein erstreckte. Sie ist auf einer Reihe von Stadtbildern, französischen, italienischen und holländischen, aus dem 17. Jahrhundert gezeichnet. Auf einem in Paris 1691 gedruckten steht dabei geschrieben: Insel, wann das Wasser klein ist. Die genaue Lage der Übergangsstelle kann zunächst nicht festgelegt werden. Der Fund, der sich auf eine weite Strecke verteilt, kann für dieselbe nicht unbedingt massgebend sein, denn es ist wohl anzunehmen, dass die Münzen, wenn sie nicht wie bei der Brücke durch dicht zusammen stehende Pfähle festgehalten wurden, mit dem Flussgeschiebe bis zum deutschen Eck fortgetragen wurden, wo sie einen Halt fanden und die Landzunge mit bilden halfen, wodurch sie dann, als das Wasser nicht mehr über sie hinwegging, die starke Patina annahmen. Es ist darum nicht ausgeschlossen, dass die frühe Übergangsstelle nicht allzu weit von der späteren entfernt gewesen ist. Von einer weiter unterhalb der bekannten Brücke gelegenen Fähreinrichtung scheint bereits Nobiling, in freilich sehr undeutlicher Weise, zu sprechen, was dann Hübner zurückweist (Bonn. Jahrb. 42, S. 52). Auf welche Weise der Übergang bewerkstelligt wurde, lässt sich nicht bestimmen. Zunächst würde man geneigt sein, eine Brücke zu suchen, etwa in der von Caesar beschriebenen Bauart, denn wenn im Bataverkriege der Insurgentenführer Tutor die Nahebrücke bei Bingen (Tacit. Hist. IV, 70) abbrechen lässt, so möchte man annehmen, dass auch die Mosel ebenso wie die Nahe um diese Zeit überbrückt gewesen sei.

Weiterhin scheint aber auch die früheste Strasse sich in der Nähe des Rheines gehalten zu haben, denn in Coblenz-Neuendorf fand Herr Günther ein Gräbergebiet unmittelbar am Rhein, aus dem er einige schöne frührömische Gefässe besitzt.

Von dem Gebiete der Altstadt führte in der Richtung auf Moselweiss zu ein Weg stromaufwärts, wie der Grabfund vor dem Weisserthore bezeugt. Auf denselben Weg deutet wohl ein im Anfange der fünfziger Jahre bei Anlage der Moselstrasse gefundenes Grab am Weltersbache, dessen Inhalt sich in der Sammlung des Gymnasiums befindet (Progr. 1867).

Unbekannt ist dagegen die Richtung des Weges von der Altstadt zum Rheine. Als solcher galt die Rhein- und Firmungsstrasse, weil man beobachtet zu haben glaubte, dass die Verlängerung derselben die verlängerte Löhr- und Marktstrasse auf der Höhe der Altstadt im rechten Winkel schneide. Weil nun die römischen Ingenieure bei der Absteckung eines Kastells zwei rechtwinklig sich kreuzende Gräbchen, den cardo und decumanus zogen, in deren Richtung dann die beiden Hauptstrassen, die via praetoria und die via principalis angelegt wurden, so glaubte man diese und deren Verlängerung in den genannten Strassenzügen sehen zu müssen. In Wirklichkeit aber schneiden sich dieselben unter einem stumpfen Winkel. Bei der Kanalisation hat sich in der Rheinstrasse keine Spur eines alten Weges gezeigt, der freilich der Beobachtung leicht entgehen konnte, weil auf dem sandigen Terrain auch eine leichte Kiesschotterung einen für gewöhnlich trockenen Weg bildete. Mit einiger Sicherheit werden wir hier erst urteilen können, wenn es uns gelingt, die Stelle zu finden, wo die von Niederberg kommende Strasse in Ehrenbreitstein an den Rhein stösst. Beachtenswert ist jedenfalls die Bemerkung, die von verschiedener Seite gemacht wurde, dass im sogenannten Kapuzinergrund neben der jetzigen Schiffbrücke ebenfalls Eichenpfähle gefunden seien. Von Ehrenbreitstein sind bis jetzt nur wenige Funde bekannt geworden. Nach dem Programm von 1867 wird dem Gymnasium ein Krug geschenkt, der auf dem Oberehrenbreitstein bei Anlage eines Magazins gefunden wurde. Aus dem Rhein bei Coblenz und Ehrenbreitstein gebaggerte Funde kamen 1869 nach Bonn, wie man den Bonn. Jahrb. 46, 153 entnehmen kann. Daselbst werden S. 185 römische und germanische Urnen aus Ehrenbreitstein erwähnt. Herr Laa besitzt einen Antoninus Pius aus der Sophienstrasse.

Mit Bestimmtheit lässt sich dagegen eine andere Übergangsstelle über den Rhein festlegen. Sie verband den durch das Thal des Laubbaches von der Höhe herab führenden Weg mit dem durch das Thal des Horchheimer Baches auf der rechten Rheinseite ziehenden Wege und das Keltendorf und die spätere römische Niederlassung dieses Ortes mit der linken Rheinseite. Dort wurden bei Anlage der Eisenbahnbrücke im Flusse ein keltisches goldenes Armband und eine Münze des Trajan gefunden. Ebenso zeigten sich Spuren keltischer Wohnungen auf der Insel Oberwerth (Bonn. Jahrb. 61, 147 und 78, 204). Nach Aussage des Herrn Holler in Horchheim brachten die bei Baggerarbeiten beschäftigten Leute eine grosse Menge Münzen aus dem Flusse mit. Herr Holler jun. besitzt noch eine Anzahl derselben, die auf der Horchheimer Seite der Südspitze der Insel und am Hollerschen Garten gefunden wurden, und den Beweis liefern, dass der Übergang bis in die letzte Zeit der Römerherrschaft benutzt wurde. Es sind: 1 republ. Denar, 3 Mittelerze des Augustus, 1 Agrippa, 1 Claudius, 1 Nero, 2 Vespasian, 3 Trajan, 1 Hadrian, 2 Antoninus, 1 M. Aurel, 4 unbest. Mittelerze des 1. und 2. Jahrh., 1 Tetricus jun., 2 Constantin I, 2 Constans, 1 Arcadius. Ebenso hat der Unternehmer Dierdorf auf der linken Seite der Südspitze der Insel eine Reihe Münzen gefunden, die er später der Coblenzer Sammlung schenkte. Es sind dies: zwei republ. Denare, 1 Augustus, 1 Claudius, 2 Denare Vespasians, je drei des Trajan und Antoninus, je einer des M. Aurel, der Faustina jun., des Sept. Severus, des Caracalla und Alexander Severus und eine Anzahl Kleinerze des 3. und 4. Jahrh. Aus demselben Terrain hat Herr Günther noch je einen Denar des Sept. Severus, des Caracalla und Gordianus.

Unsicher bleibt wiederum, welche Wegerichtung das Grabgebiet an der Markenbildchenstrasse bezeichnet. Beim Bahnbau glaubten Eltester und ein bei der Leitung der Arbeiten beschäftigter Ingenieur konstatieren zu müssen, dass die Stelle, wo der sogenannte Kreuzweg (Kirchhofsweg), die Verlängerung des Markenbildchenweges, die römische Heerstrasse kreuzt, durch eine besondere Pflasterung verstärkt sei, die sich nur auf den Kreuzungspunkt beschränke. Daraus wird dann gefolgert, dass der genannte Weg bereits in römischer Zeit die Verbindung zwischen Pfaffendorf und Moselweiss gewesen sei. Da aber an demselben Punkte noch weitere Pflasterungen jüngerer Zeit gefunden wurden, die über den alten lagerten, so dürfte die Unterscheidung doch nicht auf unbedingte Sicherheit Anspruch machen. Wir möchten zunächst annehmen, dass die Gräber am Markenbildchenweg in Verbindung mit dem Grabe an der Schlossstrasse auf einen Weg hinweisen, der von der Heerstrasse abzweigend, in das ebenfalls besiedelte Gebiet am Rhein führte. Darauf scheint auch die Beobachtung zu deuten, dass das eine Skelettgrab schräg zum Markenbildchenwege lag. Die weitere Aufdeckung dieses Gebietes wird hier sicher bald Aufklärung schaffen.

Endlich müssen wir noch der Strasse Erwähnung thun, die über die Höhe des Hunsrück nach Boppard und vielleicht weiter nach Bingen führte. Sie gilt im Munde der Anwohner auf der Höhe als „Römerstrasse“. Auf einer Karte des Jahres 1720 die sich auf dem Bauamt befindet, heisst sie „die gemeine Landstrass“. Ihre Anlage führt weit in die vorrömische Zeit hinein, das bezeugen die Grabhügel, die dieselbe begleiten, und die sich besonders auf der Westseite des Kühkopfes und bei Waldesch in den Distrikten „Hübinger“ und „Lehnheck“ vorfinden. Ihre Zahl muss nach früheren Beschreibungen durch den Waldbau und die Neugier unberufener Schatzgräber bedeutend verringert sein (Malten, Stolzenfels, Frankfurt 1844). Einen einzigen Grabfund weist das Coblenzer Museum auf, der zwar nicht zu unserer Strasse gehört, sondern einen Weg bezeichnet, der von dieser ab in das Conderthal führte, der aber wegen seiner Eigenartigkeit hier verzeichnet werden mag. Man fand nämlich im Remsteckerfeld (Günthersfeld) am 17. März 1832 unter einem Erdhügel verschiedene römische Gefässe und einen Hallstattring. Derselbe ist gewunden, an beiden Enden verdünnt und hat einen lichten Durchmesser von 17½ cm. An ihm sind 7 kleine in einander verschlungene Armringe. (Der Ring ist gezeichnet in Nass. Annal XXI Tafel I d.) Der Fund ist ein Beweis, dass auf dem Gebiete keltischer Gräber auch in römischer Zeit weiter bestattet wurde.

Oberstlieutenant Schmidt hält die Höhenstrasse nur für eine Verbindung zwischen Boppard und Coblenz. Nach ihm wird sie zwischen dem Jesuitenhof und Waldesch zuerst sichtbar, lässt den letzteren Ort westlich liegen und zieht immer die Wasserscheide haltend an dem Kühkopfe herab gegen das Fort Alexander (Bonn. Jahrb. XXXI S. 168). Malten kennt noch ein Stück derselben an der Eisernen Hand, auf der Ostseite der jetzigen Landstrasse; Eltester erwähnt Strassenreste am Kühkopf. Ob aber die Strasse in vorrömischer und römischer Zeit in der Richtung der heutigen Landstrasse über die Karthause herabgeführt hat, ist erst nach genauer Untersuchung zu bestimmen. Ihre geradlinige Verlängerung von Waldesch aus weist auch auf der schon genannten alten Karte nach der Laubbach hin. Und hier heisst auch der Distrikt zwischen dem Tummelberg und dem westlichen Wege zur Laubbach „Altestrass". In demselben ist auf einer längeren Strecke noch ein alter Weg zu sehen. In der Laubbach schloss sich die Strasse dann an die schon erwähnte Übergangsstelle über den Rhein.

Wie an andern Orten, so hat sich auch hier unter den Römern der Verkehr auf der keltischen Hochstrasse in der alten Weise fortgesetzt und wohl noch vermehrt. Das zeigen die vielen römischen Siedelungen, die in bald grösserer, bald geringerer Entfernung von der alten Strasse den Coblenzer Stadtwald füllen. Sie sind teilweise von Cohausen in den Bonner Jahrbüchern aufgezählt, wo sie dazu dienen müssen, ein ausgedehntes Verteidigungssystem zwischen Mosel und Rhein herzustellen. Noch wunderlichere Kastelle hat Malten in der Beschreibung von Stolzenfels auf der Höhe aufzuweisen. Immerhin ersehen wir aus den genannten Arbeiten, welch reiches Leben auf der Höhe von Coblenz in römischer Zeit, wo eine Villa die andere ablöste, geherrscht haben muss, und wenn wir dann die vorhandenen Trümmer betrachten, die vor 50 Jahren sich noch in beträchtlicher Höhe präsentierten, so merken wir mit Bedauern, dass einige weitere Jahrzehnte hinreichen werden, um auch die letzten Spuren einer gewaltigen Kultur zu vernichten. In einer weiteren Arbeit gedenke ich den Stadtwald mit seinen historischen Resten und alten Wegen zu behandeln.

Ob die Hochstrasse in römischer Zeit eine Pflasterung gehabt hat, oder ob die Römer sich wie die Kelten mit der trockenen Lage auf der Wasserscheide zufrieden gaben, ist ohne genauere Untersuchung nicht festzustellen. Beim Bahnbau wurde in der Gegend, wo die nach Eltesters Meinung von der

Karthause herabkommende Höhenstrasse mit der im Thal sich kreuzen musste, kein darauf schliessendes Anzeichen gefunden. In der Nähe der Eisernen Hand, wo bei Biegungen der Landstrasse der alte Weg die Sehne bildet, zeigte sich bei der Untersuchung mit dem Eisen keine Spur einer Pflasterung. An der eisernen Hand selbst ist jetzt eine alte Strasse neben der neuen nicht zu sehen, wohl aber kreuzt hier der ebenfalls uralte Verbindungsweg zwischen Rhens und Lay die Landstrasse. Dagegen zeigt sich nördlich von Waldesch und südlich von diesem Orte die alte Strasse mit einem groben Wackenpflaster. Es bleibt zu untersuchen, ob dieses bis in die römische Zeit hineinreicht, oder ob wir hier eine mittelalterliche Wegebesserung vor uns haben.

H. Alt-Coblenz und seine römischen Mauerreste.

Schon früher galt das von Altengraben, Entenpfuhl, Plan und Kornpfortstrasse umschlossene Gebiet als von den Römern bebautes Terrain. Aus diesem stammen die wenigen Stücke, deren Fundort, von der Gräberstrasse abgesehen, bekannt war. Hier stiess man auch beim Legen der Gasrohre 1871 allenthalben auf Mauerwerk und römische Reste, ohne dieselben jedoch einer besonderen Aufmerksamkeit zu würdigen. Dagegen wurden während der Kanalisation von seiten des Bauamtes die Mauerreste verzeichnet und die Fundstücke gesammelt und dadurch unsere Kenntnis des römischen Coblenz wesentlich erweitert. Es zeigte sich dabei, dass in der That das ganze genannte Gebiet von römischen Bauwerken bedeckt ist.

Als älteste Fundstelle begegnet uns die Gemüsegasse, in der man bereits 1835 einen Dachziegel mit dem Stempel der 22. Legion, römische Gefässe und Scherben fand. Hier wurden denn auch in den letzten Jahren eine Reihe die Strasse querender Mauerzüge blosgelegt und verschiedene Bronzefibeln und römische Gefässe gefunden. An der Ecke der Gemüsegasse und Marktstrasse traf man auf den Votivstein, der zur Ehre des kaiserlichen Hauses einer Göttin geweiht ist (S. 226 [hier S. 106]), deren Name uns auf dem fragmentierten Steine nicht völlig erhalten ist. Hoffentlich bringt einmal eine neue Grabung das fehlende Drittel und damit die Angabe des Lokalkultes, der hier gepflegt wurde. Vor dem Hause Nr. 8 zeigte eine 2 m unter Terrain gefundene Mauer die Stärke von 2 m. Auch das Etzegässchen ist durch Münzfunde und bei seiner Mündung in die Mehlgasse durch starken römischen Schutt, Gefässscherben und Ziegelbrocken vertreten. Die Mehlgasse selbst hat dagegen nach dem Florinsmarkt zu eine zusammenhängende Reihe neuerer Kellermauern, die bei der Zurücklegung der Häuserfront stehen geblieben sind und Zeugnis ablegen, wie bescheiden der Anspruch der ehemaligen Bewohner an Luft und Licht war. In dem schmalen übrigen Teile der Gasse fehlt es nicht an römischen Scherben aller Art. Da wo sie nach dem Florinsmarkt ausgeht, lagert sich vor dieselbe ein römischer Bau mit Heizanlage

(Hypokaust), deren Pfeiler aus breiten quadratischen Ziegeln hergestellt waren. Die benachbarte Florinspfaffengasse weist Mauerwerk auf in der Nähe des alten Hofgerichtes, des jetzigen Pfarrhauses. Vor dem Eingang desselben fand man 1871 einen wohlerhaltenen Votivstein, den ein vornehmer Römer C. Crispinius Cladaeus den Kreuzweggöttern weihte. Nach der Form des Steines war derselbe wahrscheinlich an einem Altare vermauert, der laut der Inschrift mit einem Zaune umgeben war. Dass Cladaeus den Kreuzweggöttern seinen Dank abstattete, dürfte mit seinem Stande zusammenhängen; er war nämlich publicanus, Zoll- oder Steuerpächter, und wir gehen wohl nicht fehl, wenn wir annehmen, dass er die Einnahmen des Wege- und Wasserzolles gepachtet hatte. In der letzten Zeit wurden vor demselben Hause zwei Kalksteinwürfel von 75 und 45 cm Stärke mit Klammerloch gefunden, desgleichen der Kopf einer älteren männlichen Person, ebenfalls aus Kalkstein. Die angrenzende Dannestrasse zeigt quer über dieselbe ziehendes Mauerwerk, und in der Florinskirche sollen bei einer Grabung gestempelte Ziegel gefunden und in die Renessesche Sammlung gekommen sein. Vor dem Schöffenhause liegen römische Mauern und viele Gefässreste und Ziegelstücke. Der Florinsmarkt ist überall von Mauern durchzogen. In der Flucht der Synagoge, 5 m von deren Ecke entfernt, stiess man auf das Mauerwerk einer Villa mit Hypokausten. Der Betonboden war noch erhalten, desgleichen einige Pfeiler aus grossen quadratischen Ziegeln; die darüber liegenden Ziegeldeckplatten waren ebenfalls sehr stark. Die Gefässscherben, die dabei zutage traten, zeigen die Formen der späteren Zeit: rohe Kumpen, mit rotem Farbüberzug versehene Schalen etc. Auch die Münzen, dabei ein wohlerhaltener Magnentius, gehören ins 4. Jahrh. Bronzestücke, darunter der schöne Gefässhenkel, ein Eisengriffel und Stücke von Bleirohren fanden sich gleichfalls an dieser Stelle. Als der Betonboden durchschlagen wurde, fand sich, dass derselbe auf aufgefülltem Boden lag. Die aus diesem herausgehobenen Scherben gehörten sämtlich ins erste Jahrhundert. Stücke von glatten, weissen Krügen, von dünner strichverzierter terra nigra und Scherben von sehr harter, dünner und reich verzierter terra sigillata. Auch vor dem Hause 7 erschien römisches Mauerwerk mit Stücken der farbigen Wandbekleidung und dem gewöhnlichen römischen Bauschutt, während vor den Häusern 5 und 3 mittelalterliche Mauern bis fast unter die jetzige Oberfläche traten. Die Burgstrasse brachte römische Scherben und vor dem Hause 6 in 3,20 m Tiefe eine Anzahl dünner Bleibarren. Ebenfalls tief, 2,20 und 2,50 m unter der Oberfläche liegen Gebäudefundamente in der Münzstrasse. Vor dem Hause 16 stiess man in 3 m Tiefe auf starken Brandschutt. Ihm ist wohl die Erhaltung einer Menge Eisenteile zu verdanken, die darauf hinweisen, dass der einstige Besitzer Ackerbau trieb. Daneben lagen Wölbtöpfe, die im Innern noch anhaftende Mörtelspuren zeigen. An verschiedenen Stellen wurden die Reste eines Wackenpflasters beobachtet, doch kann dasselbe nicht der römischen Zeit angehören, da es von bedeutend tiefer liegendem Mauerwerk durchschnitten wird. Die Münzstrasse kann daher auch nicht die Richtung der nach der Moselbrücke führenden römischen Strasse bezeichnen, wie wohl angenommen wurde, was im übrigen auch nach der Lage jener unwahrscheinlich ist. Vor dem Hause Münzstrasse 8 wurden neben Scherben und Ziegeln mehrere Bronzefibeln gefunden, vor 6 und 4 eine Säulentrommel, ein schwarzer Becher und das Bruchstück einer dünnen Säule mit dem Namen des Canenefaten Fuscus. Nach der Lage und den begleitenden Fundstücken ist nicht anzunehmen, dass der Säulenrest als Grabstein bestimmt war, er muss mit zu den Bruchstücken eines villenartigen Hauses gehört haben oder ein Votivdenkmal gewesen sein, dessen Stifter seine Heimat an den Mündungen des Rheines verlassen hatte. Die Verlängerung der Münzstrasse nach dem Münzplatze hin brachte vor Nr. 2 wieder beträchtliche Mauerstücke, ein Säulenkapitell und eine Basis. Die obere Marktstrasse ist ganz von schräg durch dieselbe ziehendem Mauerwerk angefüllt. Vor Nr. 16 zeigte sich in der Tiefe von 3 m starker Brandschutt mit Eisenteilen und Scherben untermischt, während zwischen den Häusern 21 und 28 ein Hypokaustum zu tage trat, in dem sich sowohl kleine runde als auch quadratische Pfeilerplatten vorfanden, ein Umstand, der darauf hinweist, dass auf den Fundamenten eines zerstörten Gebäudes aus früher Zeit später ein anderes aufgebaut wurde. So fand man in Wien bei einem Hypokaustum ebenfalls beide Arten Platten, von denen die runden den Stempel der 13. Legion trugen, die am Ende des 1. Jahrh. in Wien stand, während die quadratischen von der 10. Legion gestempelt sind, die im 2. Jahrh. die Besatzung von Wien bildete (v. Domaszewsky, Westd. Korrbl. 1891 Nr. 80). Auf der Nordseite der Liebfrauenkirche zieht sich durch die Marktstrasse in der Tiefe von 1 m eine 1,50 m starke Mauer hin, die wohl als die ehemalige Umfassung des Kirchhofs zu betrachten ist, weil innerhalb derselben überall, ausserhalb dagegen keine Spuren ehemaliger Bestattung beobachtet wurden. Dicht an der Kirche zeigten sich 2 mit Knochenresten und Erde angefüllte Steinsärge von roher Arbeit 1 m unter der Oberfläche. Der anliegende Boden zeigte ebenfalls keinerlei die Zeit bestimmende Gegenstände, als ein kleines Bronzeanhängsel mit dem Reliefbildchen eines Heiligen, wohl aber noch viele Knochen. Die Gräber entstammen sicher einer nicht weit zurück liegenden Periode. Da der kleine Friedhof häufig zu eng wurde, und neuer Platz geschaffen werden musste, so brachte man die Skelettreste der früher Bestatteten in eine gemeinsame Gruft. Eine solche fand sich in der Nähe der Kirche. Die schweren Steinsärge widerstanden einer Fortschaffung, und so haben sie wohl ihren Standort unmittelbar neben der Kirche gerettet, bis im vorigen Jahrhundert der Kirchhof verlegt wurde. Eine eigenartige Beobachtung wurde vor dem Hause Nr. 2 an der Ecke der Mehlgasse und Marktstrasse gemacht. Hier stiess man 50 cm unter dem jetzigen Boden auf eine 2 m starke, aus Bruchsteinen und Kiesmörtel aufgeführte Mauer, die sich 70 cm tiefer auf 3 m verstärkte und in der Tiefe von 4 m an der einen Seite auf einer älteren 80 cm starken Mauer in Kalkmörtel ruhte, die noch 1 m tiefer bis auf eine Bimssandschicht ging. Gleichfalls in 4 m Tiefe zeigten sich vor dem Hause 32 die Reste eines Hypokaustums. Ein solches war bereits 1865 unter dem Stadtbrauhaus gefunden worden. „Hier traf man nämlich beim Ausgraben eines Kellers auf eine grosse Anzahl circa 1 Fuss hoher, viereckiger Tuffsteinpfeilerchen mit Resten von Schieferplatten", die man richtig als zu einer Heizanlage gehörig erkannte, während die Höhe der Säulchen wohl zu niedrig angegeben ist (Bonn. Jahrb. 42). Das benachbarte Schulgässchen zeigt noch eine Hausmauer vor Nr. 7.

Im unteren Teile der Marktstrasse lag 1,29 m unter der Oberfläche ein Pflaster, weiterhin fand sich keine Spur mehr von demselben. Dagegen stiess man wieder auf ein solches aus eng aneinander geschlossenen Wacken beim Anfange der Altehofstrasse zwischen Haus 9 und 10. Es dürfte dieses darauf hinweisen, dass hier die römische gepflasterte Heerstrasse bereits ihre Richtung geändert hat, um quer über den Münzplatz nach der Burgstrasse und der Moselbrücke zu gelangen, doch ist auf diesem Terrain ein Strassenkörper nicht beobachtet worden. An das Pflaster schliesst sich zuerst in der Ausdehnung von 4 m eine Betondecke, darauf eine fast 2 m starke Mauer und eine wohlerhaltene spätzeitliche Hypokausteinrichtung. Die Pfeiler sind 50 cm hohe Tuffsteinsäulen, die nach der Mitte zu sich verjüngen. Über denselben lagen als Deckplatten schwere Schiefer. Auch die Unterlage der Säulen besteht aus Schieferplatten. An die 5,60 m lange Säulenkammer schliesst sich ein 1,38 m breites Bassin, dessen Wände aus aufrecht stehenden Wand- und Deckziegelstücken gebildet waren. Der Beton bestand hier aus Kalk und Sand mit einer reichlichen Beimischung von Ziegelstücken. 3 m weiter kam eine 80 cm starke Mauer zutage, der in der Entfernung von 4,60 m eine ebenso starke folgte. Kaum 3 m weiter zeigten sich dünne Parallelmauern, deren Zweck sich in dem schmalen Graben nicht wohl bestimmen liess, doch schien eine starke Schicht Asche zwischen denselben auf das Praefurnium hinzudeuten.

Eine Anzahl kleiner Fundstücke: 1 Glocke, eine Bronzesonde mit Brennkolben, verschiedene Haarnadeln, ein Hornkamm, fanden sich neben zusammengebackenen Stücken aus Holz und Eisen, die auf gewaltsame Zerstörung durch Feuer schliessen lassen. Von Architekturstücken kam nur ein profilierter, rechteckiger Sockel aus Kalkstein zum Vorschein, der in der Mitte ein viereckiges Loch hat zur Befestigung einer Säule oder Figur. Kleinerze des Tetricus, Valentinians I und des Valens weisen das Gebäude dem Ende des 3. und dem 4. Jahrh. zu, was durch viele Scherben des späten Typus bestätigt wird. Daneben fanden sich aber auch einige Terranigra-Scherben aus grauem Thon mit Längsstreifen und ein Löwenköpfchen vom Ausguss einer Reibeschale aus der Antoninenzeit, ein Zeichen, dass auch früher schon an dieser Stelle Wohnungen bestanden.

Rings um dieses römische Häusergebiet zieht eine Mauer, deren Oberbau noch an vielen Stellen sichtbar ist. So wie sie hier sich darstellt, gehört sie zweifellos dem Mittelalter an und diente bis in die Mitte des 13. Jahrh. als Umfassung der Altstadt. Bär (Der Coblenzer Mauerbau, S. 23) glaubt aus zwei Urkunden schliessen zu können, dass sie in der Zeit zwischen 1018 und 1182 erbaut worden sei, was die erhaltenen Mauerstücke mit den vielen Bogen zu bestätigen scheinen. Man hat aber bereits früher mit Recht angenommen, dass diese mittelalterliche Mauer auf der einstigen römischen aufgebaut sei, wenn auch nicht in allen ihren Abschnitten. Da nach der notitia dignitatum Confluentes um 400 ein mauerumgürteter Garnisonsort ist, die römischen Reste überall bis an diese Mauer heranreichen, ausserhalb derselben aber nur vereinzelt auftreten, so ist an dieser Annahme nicht zu zweifeln, zumal die Beschaffenheit des Fundamentes übereinstimmt mit der bei anderen spätrömischen Umfassungsmauern. Ihren Lauf hat Eltester festgestellt und beschrieben, so dass es im allgemeinen genügt, auf das im 42. Hefte der Bonner Jahrbücher Gesagte zu verweisen. Abweichen müssen wir jedoch in der Bestimmung der Nordseite. Hier glaubte Eltester in der Meinung, dass die Ummauerung die bekannte Form eines Kastells zeigen müsste, ihre Richtung von dem grossen Turme des katholischen Pfarrhauses nach der alten Burg hin suchen zu sollen. Auch glaubte er hierfür einen Anhalt zu haben in einer Urkunde des 10. Jahrhunderts, wo das Florinsstift als *infra castellum* gelegen bezeichnet wird. Doch ist hier wohl mit *castellum* nur das umfriedigte oder ummauerte Gebiet des in der Südwestecke der alten Befestigung gelegenen Königshofes gemeint, wie ja um diese Zeit eine jede Burg *castrum* oder *castellum* genannt wurde. In der That wurde in der angegebenen Richtung keine Spur einer Schlussmauer von der bekannten Stärke gefunden, dagegen zeigten sich bis nahe an die Moselmauer römische Massivbauten genau wie auf dem ganzen Terrain, so dass man den Eindruck gewinnt, als sei die nach spätrömischer Weise unregelmässige Form dadurch entstanden, dass man möglichst alle vorhandenen Häuser in den Ring einschliessen wollte, der nun einen Raum von 5 Hektar, die Grösse des Kastells Niederbieber, umspannte. Am deutlichsten zeigte sich dies in der engen Strasse „unter dem Stern". Hier ist neben dem Schöffenhause die alte Stadtmauer in ihrem oberen Teile auf der Nordseite der Strasse noch sichtbar. Bei der Kanalisation arbeiteten die Leute auf einer Strecke von 12 m an dem Fundament entlang und fanden hier besonders in der Nähe des Schöffenhauses in der Tiefe zahlreiche römische Scherben und Dachziegelfragmente, auch einige kleine Thonkrüglein und späte Münzen. Vor dem Hause 7a ging in die Einfahrt desselben eine Mauer hinein, die sich von der alten Stadtmauer abzweigte, so dass hier ein Turm oder ein an die Mauer angelehntes Haus zu suchen ist. Dagegen haben die beiden Rundtürme am alten Hofgericht anscheinend mit der alten Stadtmauer nichts zu thun, sondern sind mit jenem gleichzeitig errichtet. Die Stadtmauer berührt die Türme nicht, sondern läuft in einiger Entfernung an diesen vorbei. Ebenso liegt das sogenannte Thor „unter dem Stern“ ausserhalb des alten Mauerringes und ist wohl nur als eine Überbauung der Strasse anzusehen.

Das Fundament der Mauer fand man früher beim Auswerfen eines Kellers im alten Brauhause und bezeichnete die Stärke derselben mit 11 Fuss (Bonn. Jahrb. 53, S. 314). Der beim Bau beteiligte Herr Unternehmer Göbel wusste sich derselben noch genau zu erinnern. Sie kommt aus dem Hause Braugasse 1, wo eine Backstube in einen Turm angelegt sein soll und geht nordwestlich neben dem Eingange der Wirtschaft zum alten Brauhause durch dieses hindurch in den Hof des Steckerschen Hauses, Markt 32, wo sich nach der Aussage des Herrn Göbel, 6 m von einander entfernt, zwei Rundtürme mit je 1,50 m starken Mauern befinden sollen. In der Schmiede des Schlossermeisters Nittinger, Kornpfortstr. 13, wo die Mauer bereits stark dossiert ist, besitzt sie noch eine Stärke von über 2 m; eine 1,50 m tiefe Nische ist dort in sie eingehauen. Die gleiche Breite lässt sich im Keller des Fischerschen Hauses am Plan beobachten, wo die Vorderfront auf der alten Stadtmauer ruht. Sie passt zu der an anderen spätrömischen Anlagen gefundenen Stärke. So massen die Umfassungsmauern von Neumagen, Jünkerath und Bitburg in ihren Fundamenten 3,65 - 3,80 m (Westd. Zeitschr. X, S. 284 ff.). Die grosse Breite war nötig, weil man das alte System, wonach die Mauer nur die Verkleidung des Walles bildete, verlassen und den Wehrgang auf die Mauer verlegt hatte. Einen Wall hat auch das spätrömische Confluentes sicher nicht gehabt, denn die Gebäude reichen viel zu nahe an die Stadtmauer heran, um für einen solchen Raum zu lassen. Auf den Wehrgang kam man durch die Türme oder über einen besondern Aufgang. Ob ein Graben vorhanden gewesen ist, lässt sich nicht mit völliger Sicherheit entscheiden, doch war es sehr wahrscheinlich nicht der Fall, denn sonst wären wohl ausserhalb der Mauer Scherben und Reste beobachtet worden, die sich bei einer Querung des Grabens sicher hätten finden müssen.

Die eigene Art der spätrömischen Befestigung, die der mittelalterlichen nahe kam, erklärt es, dass man später die vorhandenen Substruktionen und Reste zu einer neuen Verteidigungsanlage benutzte und sie durch breite Gräben verstärkte. So geschah es in Bitburg, ebenso wie in Coblenz, wovon der „Altegraben“ Zeugnis ablegt.

I. Geschichte des römischen Coblenz.

Die Zahl der schriftlichen Zeugnisse über das römische Coblenz ist gering. Das früheste ist eine Notiz bei Sueton im Leben des Caligula (c. 8), wo derselbe berichtet, dass nach der Meinung des Plinius Secundus der genannte Kaiser supra Confluentes im vicus Ambitarvius geboren sei, wo auch Altäre ständen mit der Inschrift: *ob puerperium Agrippinae*. Sueton weist dann nach, dass zwar zwei Schwestern des Caligula in jener Gegend geboren seien, der Kaiser selbst aber in Antium das Licht der Welt erblickt habe.

Es wird ferner genannt im Itinerarium Antonini, in der tabula Peutingeriana und auf dem Meilenstein von Tongern. Diese fallen sämtlich in das Ende des 3. oder in das 4. Jahrhundert. Dem Itinerarium liegen sicher ältere Reisehandbücher zugrunde (Bergk, Geschichte. und Topographie der Rheinl. S. 147).

Im 4. Jahrh. berichtet Ammianus Marcellinus von dem Zuge Julians im Jahre 356 (l. XIII c. 3) längs des Rheines nach Colonia Agrippina. Die im vorigen Jahre durch den Einfall der Germanen heimgesuchte Gegend schildert er mit den Worten: *Per quos tractus nec civitas ulla visitur, nec castellum, nisi quod apud Confluentes, locum ita cognominatum, ubi amnis Mosella confunditur Rheno, Rigomagum oppidum est, et una prope ipsam Coloniam turris.*

Ausonius erwähnt zwar in der im Jahre 370 (Bonn. Jahrb. VII, 1845) verfassten „Mosella" Confluentes nicht, sagt aber am Schlusse von der Moselmündung: *qua Germanis sub portubus ostia solvis.*

Endlich wird in der notitia dignitatum imperii occidentis um 400 ein praefectus militum defensorum Confluentibus unter dem Kommando des Oberbefehlshabers in Mainz aufgezählt p. 116 u. 117 (ed. Böcking).

Das Bild, das wir uns aus diesen Notizen und den Funden von der Geschichte des römischen Confluentes machen können, bleibt freilich gleich der Überlieferung und den vorhandenen Resten lückenhaft, es hat dafür aber Aussicht, bei weiterer Beobachtung des Bodens und gewissenhafter Sammlung der Fundstücke eine spätere Ergänzung zu erfahren. Zunächst ist festzustellen, dass eine grössere keltische Siedelung auf dem Boden des heutigen Coblenz nicht bestanden hat. Unter den vielen Gräbern an den Verkehrswegen hat sich im Thale keine keltische Begräbnisstätte gefunden. Das einzige keltische Gefäss, das im übrigen auch der augusteischen Zeit angehört, stammt aus einem Grabe bei den Röhrer Höfen. Das hindert natürlich nicht, dass wie auf der Insel Oberwerth, so auch auf dem Dreieck zwischen Mosel und Rhein vereinzelte gallische Bauern ihre Hütten errichteten und den Acker bebauten. Das Centrum des Lebens und Verkehrs aber bildete in dieser Zeit die Höhe des Stadtwaldes, wovon die Gräber, die Keltenburg am Dommelsberge (dort wurden jüngst mehrere vorrömische Mahlsteine gefunden) und die Ackerraine zwischen diesem und dem Rittersturz hinreichend Zeugnis ablegen. Von der Stärke der Besiedelung vermögen die noch vorhandenen Grabhügel keinen vollen Maassstab abzugeben. Die meisten sind im Laufe der Jahrhunderte eingeebnet. So fanden wir vorrömische Scherben in der Schüllerwiese, da wo der Pastorspfad von Capellen aus die Höhe erreicht, in den auseinander gescharrten Maulwurfshügeln. Das Geschick der Verschleifung droht jetzt auch verschiedenen auf einer Wiese liegenden Gräbern bei Waldesch.

Erst in der augusteischen Zeit, als die Heereszüge längs des Rheines und die beständigen Kämpfe mit den Germanen begannen, musste die Übergangsstelle des Heerweges über die Mosel von Bedeutung werden. Das bestätigen unsere Funde, die zahlreichen Augustusmünzen und die Gräber mit Münzen des Augustus und Germanicus an der Heerstrasse, deren erste Anlage dadurch mit grosser Wahrscheinlichkeit dem Drusus zugeschrieben werden konnte, von dessen ausgedehnter Thätigkeit am Rheine die Quellen berichten. Aus dieser Zeit mag auch der Name des Ortes, Confluentes, stammen, der gleichfalls bezeugt, dass die Anlage desselben den Römern zuzuschreiben ist, denn diese liessen die bereits vorhandenen keltischen Ortsnamen bestehen, wie die Nachbarplätze: Antunnacum = Andernach, Baudobriga = Boppard, zeigen. Der Name Confluentes ist im übrigen einer Reihe von Orten gegeben worden, bei denen sich zwei Flüsse vereinigten (Bergk, Gesch. u. Topogr. der Rheinl. S. 7). Die ersten römischen Ansiedler wählten bereits das hoch gelegene Gebiet der Altstadt, um dort ihre Wohnungen aufzurichten. Das ersehen wir aus den dort gefundenen frührömischen Münzen und den vielen Scherben von Gefässen der ersten Kaiserzeit. Eine Reihe derselben weist noch auf italischen Import, wie die in der letzten Zeit vielfach besprochene Sigillataware mit dem Stempel des Ateius. Dahin gehören die Stücke von stark profilierten und reich verzierten Schalen, sowie die Bruchstücke von flachen Sigillatatellern. Die Gefässreste aus terra nigra sind derselben Periode zuzurechnen.

In der gleichen Zeit muss auch schon das Gebiet am Rheine besetzt gewesen sein, wie die frührömischen Gefässe und Münzen aus dem Boden des Wegelerschen Neubaues an der Regierungsstrasse, die mancherlei Münzfunde aus dieser Gegend und das Grab an der Schlossstrasse beweisen. Der am Rheinkavalier gefundene geschuppte Block lässt sich einer bestimmten Periode nicht zuweisen; er spricht nur für die Besiedelung dieses Terrains überhaupt. Das gleiche dürfte mit einem andern Funde der Fall sein. Auf der Westseite der Heerstrasse wurde eine von der Höhe des Laubbaches herabkommende Wasserleitung aufgedeckt, die diese Strasse auf der angegebenen Seite begleitet, am Fusse der Karthause aber bei einem quadratischen Sandsteinblocke mit viereckigem Loche aufhörte und dann vermutlich unter dem Strassenkörper her nach dem Rheine zuführte (Bonn. Jahrb. 66, S. 9).

Die hier aufgeführten Behausungen dürfen wir uns nicht als massive Steinbauten vorstellen, es waren leichte Holzhäuser, die gleich den untergegangenen mittelalterlichen Dörfern keine Spuren hinterliessen. Dass diese früheste Periode des römischen Coblenz eine verhältnismässig glänzende gewesen sein muss, zeigen die Gefässe, die uns aus derselben erhalten sind. Die Zahl der der Zeit der julisch-klaudischen Dynastie zuzuschreibenden ist so gross wie die aller Thongefässe der späteren Zeit. Einen sicheren Maassstab kann bei näherer Untersuchung das Grabfeld an der Löhrstrasse abgeben. Es gewinnt nach den jüngsten Funden an der Löhrchaussee den Anschein, als sei die ganze römische Strasse vom Markt bis in die Nähe des Moselbahnhofs, wo bei den früheren Grabungen keine Funde gemacht wurden, mit Gräbern der frühen Epoche in zusammenhängender Reihe besetzt gewesen. Das würde mit Sicherheit auf eine starke Bevölkerungsziffer schliessen lassen, zumal auch an anderen Stellen Gräber derselben Zeit gefunden wurden. Dass damals auch römische Soldaten auf kürzere oder längere Zeit hier ihren Aufenthalt hatten, ist freilich nur durch einen frühen Stempel der 22. Legion aus der Gemüsegasse bezeugt. Es war aber ein solcher schon bedingt durch die Arbeit an der Heerstrasse unter Claudius, wozu es wohl zu passen scheint, dass derselbe Stempel auch in Boppard gefunden wurde. Auch musste notwendigerweise beim Übergang über die Mosel eine Mansio der Staatspost hergestellt werden, Arbeiten, bei denen die Soldaten vorzugsweise thätig waren.

Im wesentlichen aber war die Bevölkerung sicher eine civile, denn sonst müsste uns wenigstens eine sichere Soldateninschrift erhalten sein, die an Orten mit militärischer Besatzung immer die übrigen weit überwiegen. Die schnelle Entwicklung verdankte der Ort der Lage an der Moselmündung, wo die vielfachen Heereszüge längere Zeit zum Übergange brauchten, und dem Handelsverkehr mit den benachbarten Keltenorten auf der rechten Rheinseite. Dem Zeugnis der vorhandenen römischen Reste würde die erste historische Notiz nicht widersprechen, die besagt, dass im vicus Ambitarvius oberhalb Confluentes die Gattin des Germanicus wiederholt ihre Niederkunft erwartet habe. Diesen vicus hat man in der Nähe von Coblenz überall gesucht und zuletzt auf Grund eines ähnlich lautenden mittelalterlichen Gaunamens nach Münstermaifeld verlegt. Andere haben denselben in Zerf oder Conz zu finden geglaubt, wobei sie sich darauf stützten, dass von den Römern mit „Confluentes" jeder Punkt an der Mündung eines Flusses in einen andern bezeichnet wird. Dagegen ist wohl mit Recht geltend gemacht worden, dass der Schriftsteller, wenn er schlechthin von „Confluentes" im Treverergebiet spricht, er nur den Punkt gemeint haben kann, wo der bedeutendste Fluss der Treverer in den Rhein fliesst, während er jeden andern Ort seinen hauptstädtischen Lesern genauer hätte bezeichnen müssen.

Die sicher an sich richtige Bemerkung Bergks (Gesch. u. Topogr. d. Rheinl. S. 89), dass die kaiserliche Prinzessin in schwerer Stunde ihren Wohnort nur dort aufschlagen konnte, wo ihr der gewohnte Komfort nicht ganz fehlte, und wo sie den Feinden nicht allzu nahe war, und der darum Conz bei der Hauptstadt der Treverer vorschlägt, verliert an Bedeutung, weil wir wissen, dass Coblenz beim Tode des Augustus bereits stärker besiedelt war und auf der rechten Rheinseite Keltendörfer bei Horchheim, Oberlahnstein und Braubach lagen. Der Feind, hier die Germanen, wohnte also immer noch durch römerfreundliche Gemeinden und den hindernden Strom geschieden.

Daher möchten wir den vicus Ambitarvius doch in der Nähe von Coblenz suchen und es nicht für unwahrscheinlich halten, dass nach weiterer Auffindung und Festlegung der keltischen und römischen Reste in der Umgegend jenes viel besprochene Keltendorf sich zeigen werde[2].

Anders dagegen steht es mit dem Drususkastelle. Da Florus den Drusus am Rheine mehr als 50 Kastelle errichten lässt, so ist so ziemlich für jeden linksrheinischen Ort eins davon beansprucht worden. Doch giebt die kurze Notiz keinen weiteren Anhalt, und da die Kastelle sicher Erdwerke waren, von denen schon auf freiem Terrain jede sichtbare Spur durch den Ackerbau verwischt ist, während auf städtischem, überbautem Boden sich auch in der Tiefe das Profil eines ehemaligen Grabens nicht mehr erkennen lässt, so werden wir hier wohl schwerlich jemals zu einer sicheren Erkenntnis kommen. Die Lage des Ortes, die Gräber mit Münzen des Augustus und Germanicus, die vielen frührömischen Antikaglien lassen dagegen mit hoher Wahrscheinlichkeit vermuten, dass in Confluentes eine solche Anlage gewesen ist. Wir haben sie dann wohl auf der Höhe der Altstadt zu suchen, mit der Front nach dem Rheine, und der östlich nach der frühen Übergangsstelle an ihr vorüberziehenden, ältesten Heerstrasse gerichtet.

Auf diese erste Blütezeit folgte das Jahr 69 und der Bataveraufstand unter Civilis, der den Rheingegenden harte Kämpfe und mancherlei Veränderungen brachte. Die Gallier auf der rechten Rheinseite, die mit Civilis und ihren Landsleuten hielten, scheinen damals von dort weggefegt zu sein, denn in den Keltengräbern von Horchheim finden sich noch römische Gefässe dieser Periode, aber keine späteren, dasselbe ist in Braubach der Fall. Confluentes wird in der ausführlichen taciteischen Beschreibung dieses Krieges nicht erwähnt, was wohl darauf schliessen lässt, dass von einer besonderen militärischen Bedeutung nicht die Rede sein konnte. Doch wird es dem Geschicke anderer rheinischer Plätze die damals vernichtet wurden, schwerlich entgangen sein, was die runden Hypokaustplatten neben den eckigen in demselben Gebäude anzudeuten scheinen. Jedenfalls aber begann bald wieder die Bebauung und Besiedelung, denn auch das 2. Jahrhundert hat auf der Höhe der Altstadt Spuren zurückgelassen in mancherlei Gefässresten. Desgleichen begegnen uns Münzen des Trajan und Hadrian im Gräbergebiete. Immerhin aber ist die Zahl der aus dieser Zeit vorhandenen Gegenstände im Vergleich zu der der früheren gering. Aus dem Gebiete der Altstadt lässt sich mit Sicherheit nur die eine Münze der jüngeren Faustina derselben zuweisen.

[2] Im Zusammenhang damit mag erwähnt werden, dass in dem Gebiete der Ziegelei des Herrn Peters in Brey, nicht weit von Rhens, ein Spitzgraben sich zeigt, neben dem eine Anzahl keltischer Scherben der jüngeren Periode sich finden. Desgleichen wurden dort im Juni mehrere Hallstattgräber aufgedeckt.

Doch müssen auch jetzt in der Nähe des Rheines Wohnungen gewesen sein, denn die Gefässe der Rheinstrasse, die Herr Günther besitzt, gehören der Antoninenzeit an, ebenso wohl die beiden Tassen der Gerichtsstrasse, von denen die eine den abgekürzten Stempel des Attianus trägt. Das Stocksche Gebäude in der Poststrasse lieferte eine Münze des Trajanus, und beim Ausschachten der Post sollen nach der Versicherung der dabei beteiligten Arbeiter viele Gefässreste, auch eine grosse Urne gefunden, aber zerschlagen worden sein. Die Bebauung dieses Gebietes war natürlich, weil sich seit der Entstehung des Kastells Niederberg und der vielen benachbarten Siedelungen ein lebhafter Verkehr nach der rechten Rheinseite entwickeln musste. Das Terrain hat bisher wenig Beachtung erfahren, weil man gewohnt war, das römische Coblenz nur auf der Höhe der Altstadt mit ihren vielen Resten zu suchen. Von einer militärischen Besetzung von Confluentes im 2. Jahrhundert kann nicht die Rede sein, dazu sind die Reste aus dieser Zeit viel zu gering. Die beiden einzigen Fragmente, die vielleicht auf einen Militär hinweisen, das des Canenefaten (12) Fuscus und das mit der Angabe des Lebensalters (10) gehören ins erste Jahrhundert. Kein gestempelter Ziegel wurde bei den vielfachen Strassendurchschnitten der letzten Jahre in den verschiedenen Hypokaustanlagen gefunden. Auch hat sich keine Spur gezeigt, die auf die Umfassung eines Kastells des 2. Jahrh. mit Mauer und Graben hinweisen würde. Die einzige bisher unbestimmte Mauer, die an eine solche hätte erinnern können, läuft in einer Stärke von 1,50 m durch die Nagelsgasse, wo sie sich nach Süden in den Garten des Generalkommandos wendet. Ausser einigen spätrömischen Münzen und dem Stück eines Hohlziegels wurden keine römischen, aber viele mittelalterlichen Reste gefunden, doch würde eine genauere Untersuchung der Mauer von Interesse sein.

Dass militärische Arbeiten gegen Ende des 1. Jahrh. in der Umgegend stattgefunden haben, scheinen die beiden Ziegel, der der 14. und der der 22. Legion aus dem Coblenzer Stadtwalde zu beweisen, denn es ist wohl nicht anzunehmen, dass sie aus zu weiter Entfernung nach dort verschleppt sind.

Dagegen erwecken die angeblich in Coblenz gefundenen gestempelten Ziegel mancherlei Bedenken. Das von Brambach der 13. Legion zugeschriebene Fragment kann derselben nicht angehören, da sie bereits unter Nero aus Obergermanien kam und hier keine gestempelten Ziegel hinterlassen hat. Die Buchstaben MPF könnten noch passen auf die I Minenia und die X Gemina, die beide dem niederrheinischen Heere angehören. Das Bruchstück mit der rückläufigen Zahl VIX ist seiner ungewöhnlichen Form wegen verdächtig. Die Stempel der 4. Vindeliciercohorte, die bei Grabungen in der Florinskirche gefunden sein sollen, dürften von dem benachbarten Niederberg, wo sie in grosser Zahl vorkommen, ihren Weg nach Coblenz und in die Renessesche Sammlung gefunden haben; sie treten fast ohne Ausnahme nur in den rechtsrheinischen Limeskastellen auf.

Der Befund der römischen Reste, der darauf hinweist, dass im 2. und im Anfange des 3. Jahrhunderts die Bedeutung von Confluentes geringer war als im ersten, und dass an eine militärische Besetzung in dieser Zeit nicht zu denken ist, dürfte auch auf andere linksrheinische Plätze im römischen Obergermanien zutreffen. Mit der Vorschiebung der Grenze über den Rhein und mit der Erbauung der Limeskastelle musste notwendiger Weise der Verkehr auf der linksrheinischen Strasse Einbusse erleiden, und da die Auxiliarcohorten die Besatzung der Limeskastelle bildeten, so erscheint es unmöglich, dass von der einen Legion, die seit der Mitte des 2. Jahrh. in Mainz stand (XXII), stärkere Abteilungen an eine Reihe von befestigten Plätzen abgegeben wurden.

Seit der Mitte des 3. Jahrh. wurde der Rhein wieder die römische Grenze, und die Statthalter Galliens gründeten mit mehr oder weniger Glück hier eigene Herrschaften. Auch wehrten Postumus, Laelianus und Tetricus dem Andrange der Germanen. Postumus, der den Titel eines dux limitis transrhenani führte (Trebellius Pollio: de Postumio), konnte sogar auf der rechten Rheinseite einige zerstörte Kastelle wieder aufbauen, die freilich alsbald wieder verloren gingen. Um diese Zeit gewann die Rheinstrasse erhöhte Bedeutung, und jetzt beginnt auf dem Boden von Altcoblenz von Gallienus anhebend eine zusammenhängende Münzreihe, die erst mit dem Ende des 4. Jahrh. schliesst. Um diese Zeit bedeckte sich das Gebiet der Altstadt mit Gebäuden, wie die Fundamente mit ihren spätzeitlichen Hypokausteinrichtungen darthun. So sind auch die zutage tretenden Scherben in ihrer Mehrheit spätzeitlich: schlechte Sigillata ohne Stempel und ohne Verzierung, Stücke von gefärbten Schalen und Bechern und von rohen Kumpen treten in grosser Menge auf. Dazu passt auch der Befund der Gräber. Durchweg alle, die an der Löhrstrasse sich zeigten, gehörten, soweit die Beschreibung erkennen lässt, der konstantinischen Epoche und dem 4. Jahrh. an; ebenso die am Markenbildchenweg.

Wann das bebaute Terrain durch den steinernen Mauerring umschlossen wurde, lässt sich leider nur ungenau bestimmen. Einigen Anhalt hierfür scheint die Strassen- und Brückengeschichte zu bieten. Die dicht längs des Rheines führende Heerstrasse, die in Neuendorf durch frührömische Gräber bezeichnet ist, scheint mit dem Aufhören der Römerherrschaft auf der rechten Rheinseite ihre Bedeutung verloren zu haben, weil die zahlreichen an sie anschliessenden Überfahrtsstellen über den Rhein mit geringen Ausnahmen nicht mehr benutzt wurden. Die Münzen der Überfahrt am deutschen Eck schliessen mit Alexander Severus. Dafür treten jetzt an der Moselbrücke die des gallischen Teilherrschers Tetricus und seines Sohnes in grösserer Zahl auf, ebenso die des gleichzeitigen Claudius. Es scheint daher um diese Zeit die alte Übergangsstelle verlassen und dafür die neue eingerichtet und fortan ausschliesslich benutzt zu sein. Damit dürfte auch die früher angedeutete Strassenkorrektion in Verbindung stehen, die die Krümmungen längs des

Rheines mied und dafür eine um eine gallische Meile kürzere Strecke zwischen Coblenz und Andernach gewann. Dass dies in späterer Zeit geschehen ist, beweist die Peutingersche Tafel, die die Entfernung der beiden Orte noch mit 9 Leugen angiebt, während der Meilenstein von Tongern diese auf 8 bemisst. Für diese Regulierung haben wir endlich ein direktes Zeugnis in dem einen der bei Salzig gefundenen Meilensteine, aus dessen Inschrift hervorgeht, dass Aurelian, der Besieger des Tetricus, im Jahre 271 an der rheinischen Heerstrasse gearbeitet und das Stück von Mainz bis Coblenz ebenfalls um 2 gallische Meilen kürzer gemacht hat (Nass. Annal. VI, 304). Sie wird gleichfalls bezeugt durch die Münzen, die beim Durchbruch der gepflasterten Strasse in der Laubbach gefunden wurden. Von den 8 Stück gehören 2 Tetricus sen., 2 Claudius, 2 Tetricus oder Victorinus, je 1 dem Maximianus Herculeus und Valentinian I (Bonn. Jahrb. 52 S. 173). Da nun in dem Brückenpfeiler zuerst aus dieser Zeit Münzen in starker Zahl auftreten, während die am deutschen Eck gänzlich aufhören, so glauben wir daraus schliessen zu müssen, dass gleichzeitig mit der Strassenregulierung unter Aurelian die Moselbrücke angelegt worden ist. Die geringe Anzahl frühzeitiger Münzen, die ebenfalls an derselben Stehle gefunden wurden, erklärt sich daraus, dass die Münzen der Kaiserzeit vielfach sehr lange in Kurs blieben; sie beweist nichts für frühe Anlage der Brücke. Die umfangreiche Besprechung der letzteren im 42. Hefte der Bonner Jahrbücher enthebt uns einer weiteren Behandlung derselben. Durch den Münzfund wissen wir jetzt, dass dieser Pfeiler sicherlich der erste im Flusse stehende war; die kurze Strecke zwischen der alten Stadtmauer und dem jetzigen Moselufer dürfte daher bei genauerer Untersuchung Aufschluss über die Art des Brückenaufgangs bieten. Die neu gefundenen Skulpturstücke sind angeführt, weil sie durchweg eine gute Arbeit zeigen und sicherlich ein grosser Teil derselben den Ruinen von Coblenz und der näheren Umgebung entnommen ist.

Es liegt nahe zu vermuten, dass gleichzeitig mit der Brückenanlage oder bald nach derselben zu ihrer Sicherung und zum Schutze der Niederlassung der Mauerbau begonnen habe. Sicherlich hat die letztere durch die Arbeiten an Strasse und Brücke in ihrer Bedeutung gewonnen, das zeigt die wachsende Zahl der in der Altstadt gefundenen Münzen. An eine Befestigung der Brücke aber scheint man nicht gegangen zu sein, denn sonst hätte man dieselbe auch auf dem linken Moselufer wahrnehmen müssen; hier aber hat sich bis jetzt noch nicht die geringste Spur gezeigt. Im Jahre 356 zog Julian längs des Rheines nach Colonia Agrippina, nachdem im Jahre vorher die Franken einen verheerenden Einfall in das gallische Gebiet gemacht hatten. Er fand auf seinem Wege keine Befestigung ausser Remagen und einem Turm in der Nähe von Köln. Doch war Confluentes für ihn ein wichtiger Punkt, weil er hier mit seinem Heere einen grösseren Fluss überschreiten musste. Dass er sich hierbei der Brücke bediente, zeigen die im Pfeiler ungewöhnlich zahlreich vertretenen Münzen von Constantin und dessen Söhnen, unter deren Regierung Julian den Zug unternahm. Die einzige Goldmünze ist ebenfalls ein Constantius im Besitze des Herrn Jordan.

Nach der Beschreibung Ammians ist also wohl anzunehmen, dass Coblenz entweder noch nicht befestigt war, oder dass seine Mauern von den anstürmenden Franken im Jahre zuvor niedergeworfen wurden. Unter den Orten, die Julian im Jahre 359 als feste Plätze wieder herstellte, wird Confluentes nicht genannt (Amm. Marcellinus 18, 24). Zehn Jahre später begann Valentinian I den Bau einer Reihe von Befestigungen längs des ganzen Rheinstromes und legte selbst auf der rechten Rheinseite wieder einige feste Wachthäuser (aedificia) an (Amm. Marc. 28, 2). Wir werden wohl nicht fehlgehen, wenn wir annehmen, dass unter den Festen, die damals neu errichtet, oder auch wiederhergestellt und verstärkt wurden (castra extollens altius), Confluentes sich befand. Von den Zügen Valentinians reden wieder die ausserordentlich zahlreichen Münzen von ihm und seinem Mitkaiser Valens im Brückenpfeiler. Ausonius, der um 370 in Trier seine Mosella schrieb, scheint den Ort im Schutze seiner Mauer nicht gekannt zu haben, denn er erwähnt Confluentes nicht. Von der Mosel aber sagt er, dass sie sich unter den germanischen Häfen in den Rhein ergiesse, woraus wir wenigstens entnehmen können, dass Confluentes damals eine Station für die Rheinschiffahrt war, die aus dem getreidereichen Britannien die Speicher der befestigten Rheinorte mit Getreide versorgen musste (Amm. Marcell. 18, 2, 4).

Nicht lange darauf wird Confluentes zum ersten Male als Garnisonsort erwähnt. In der notitia dignitatum imperii occidentis tritt unter den Reichsbeamten ein praefectus militum defensorum Confluentibus auf. Was für eine Truppe dies gewesen ist, lässt sich nicht bestimmen; sie werden in der notitia noch mehrfach genannt und in juniores und seniores geschieden. Ebensowenig lässt sich angeben, welche Stärke die Abteilung der defensores hatte, doch können wir aus dem unregelmässigen Mauerzuge und aus dem Umstande, dass die vielen Häuserreste mit den Münzen der spätesten Zeit offenbar privaten Charakter tragen, mit Sicherheit schliessen, dass Civil- und Militärbevölkerung gemeinsam in dem Beringe der Stadtmauer wohnten. An welcher Stelle des befestigten Ortes die Quartiere der Truppen lagen, ist bis jetzt durch Funde nicht zu erweisen. Vielleicht deuten die in ihrer Richtung von den übrigen abweichenden Mauerzüge in der Marktstrasse auf militärische Bestimmung. Lange hat diese zweite Blütezeit nicht gedauert. Als mit dem Anfange des 5. Jahrhunderts die Rheintruppen nach dem gefährdeten Italien gezogen wurden, verlor auch Confluentes seine defensores, und die über den Rhein vordrängenden Germanen zerstörten den Ort und vernichteten die Brücke. Die letzten Münzen im Pfeiler sind von Honorius und Arkadius; sie treten noch in beträchtlicher Zahl auf, darüber hinaus kommen keine mehr vor. Dasselbe ist im Gebiete der Altstadt der Fall.

Auf oder neben der Trümmerstätte siedelten sich vereinzelte Franken an. Doch ist ihre Zahl sicherlich sehr gering gewesen, denn die Summe der Fundstücke aus der Merowingerzeit ist verschwindend klein. Noch im 6. Jahrhundert, als bereits über den Trümmern der gestürzten Römerstadt ein fränkischer Königshof sich erhob, der das herrenlose Gebiet als Königsgut in Anspruch nahm, kann die Besiedelung nur gering gewesen sein, denn der Bischof Gregor von Tours, der im Jahre 585 den jungen König Childebert II im Königshofe zu Coblenz aufsuchte, musste zur Nachtzeit auf die andere Moselseite fahren, um dort Wohnung zu nehmen (Richter, St. Castor S. 8). Daher erwähnt auch der im 6. Jahrhundert lebende Venantius Fortunatus in der Beschreibung seiner Reise von Metz nach Andernach zwar die Stelle des Zusammenflusses von Mosel und Rhein, aber nicht Coblenz (Venantius Fort. X, 9). Erst die Karolingerzeit brachte dem alten Confluentes neues Leben und eine frische Blüte, die in den folgenden Jahrhunderten sich langsam, aber stetig entfaltete.

Mosel - Fluss
Rhein
Strom
Festungswerke
nach Köln
Röm. Brücke
Münzt.
Schwanenpforte
Mosel - Strasse
Castor Hof
St. Castor Platz
Castorpfaffen-Str.
Nagels-Str.
Rheinzoll-Strasse
Firmungs Strasse
Rhein Strasse
Kornpfort Strasse
Burg-Strasse
Münzstr.
Gemüsegasse
Mehlgasse
Altergraben
Weisergasse
Weisserthor
Stations-Geb.
Eisenbahn-Strasse
Entenpfuhl
Am Plan
Plan
Parade Platz
Am Rhein
Gymnasial-Str.
Karmeliter Strasse
Clemens Platz
Clemens Str.
Casino-Strasse
Magazin-Str.
Louisenstr.
Wasserthurmsmauer
Baldwin-Str.
Görgen Gasse
Pfuhlgasse
Strasse
Schloss-Strasse
Friedrichs Str.
Victoria
Löhrthor
Löhrchaussee
Glacis-Strasse
Rondell
Neustadt
Schloss
Königliches Schloss
Mainzerthor
Rechtsrheinische Eisenbahn
Rhein - Anlagen
Karthause
nach der Karthause
Empfangsgebäude
Rheinische Eisenbahn
Kiesstr.
Säulen
Markenbildchenweg
Maſsstab 1:8000
Strasse
Vermutete Strasse
+++ Gräber
.... Münzen
///// Kleinfunde
m.
800
700
600
500
400
300
200
100
0
50
100

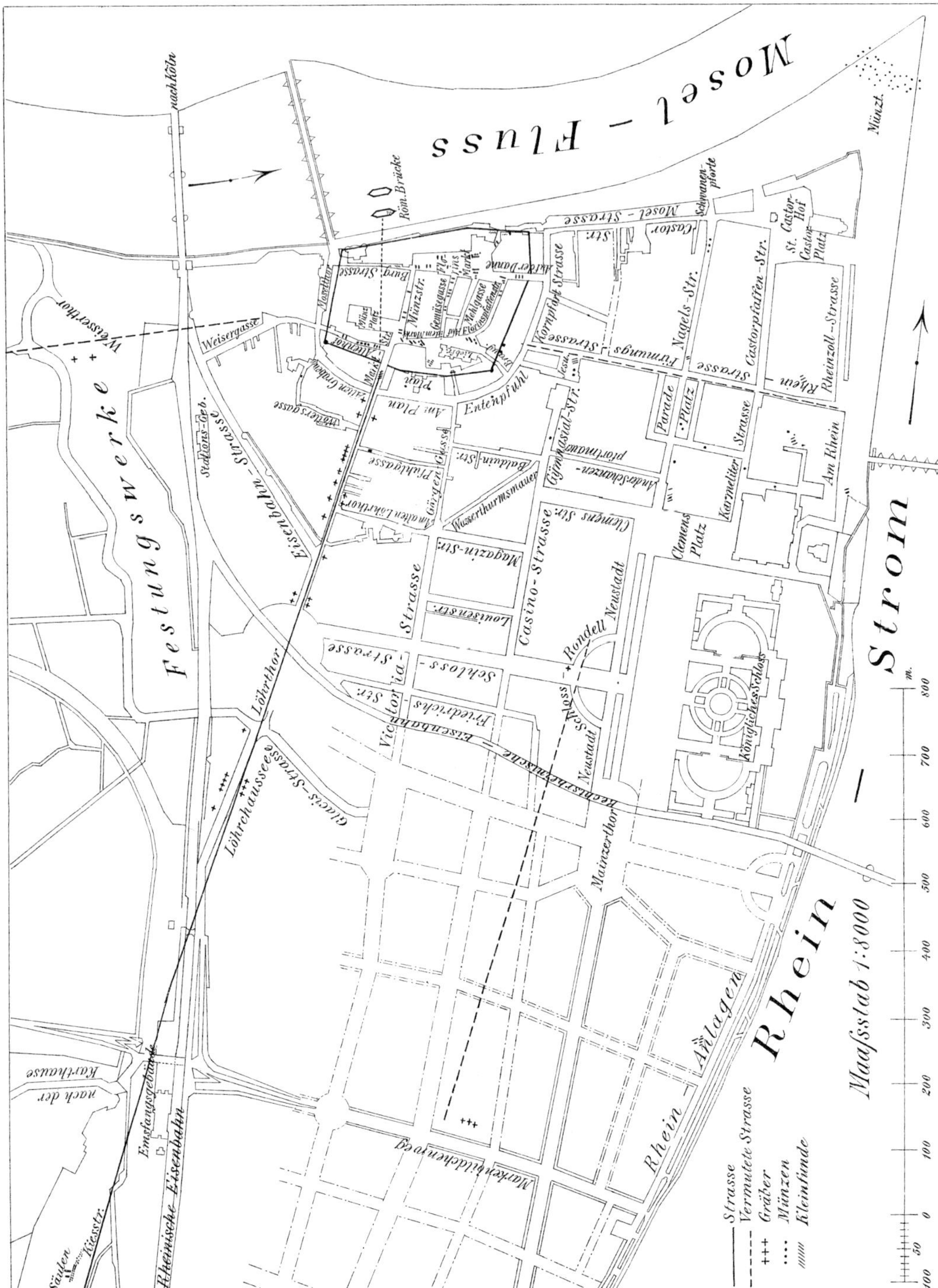

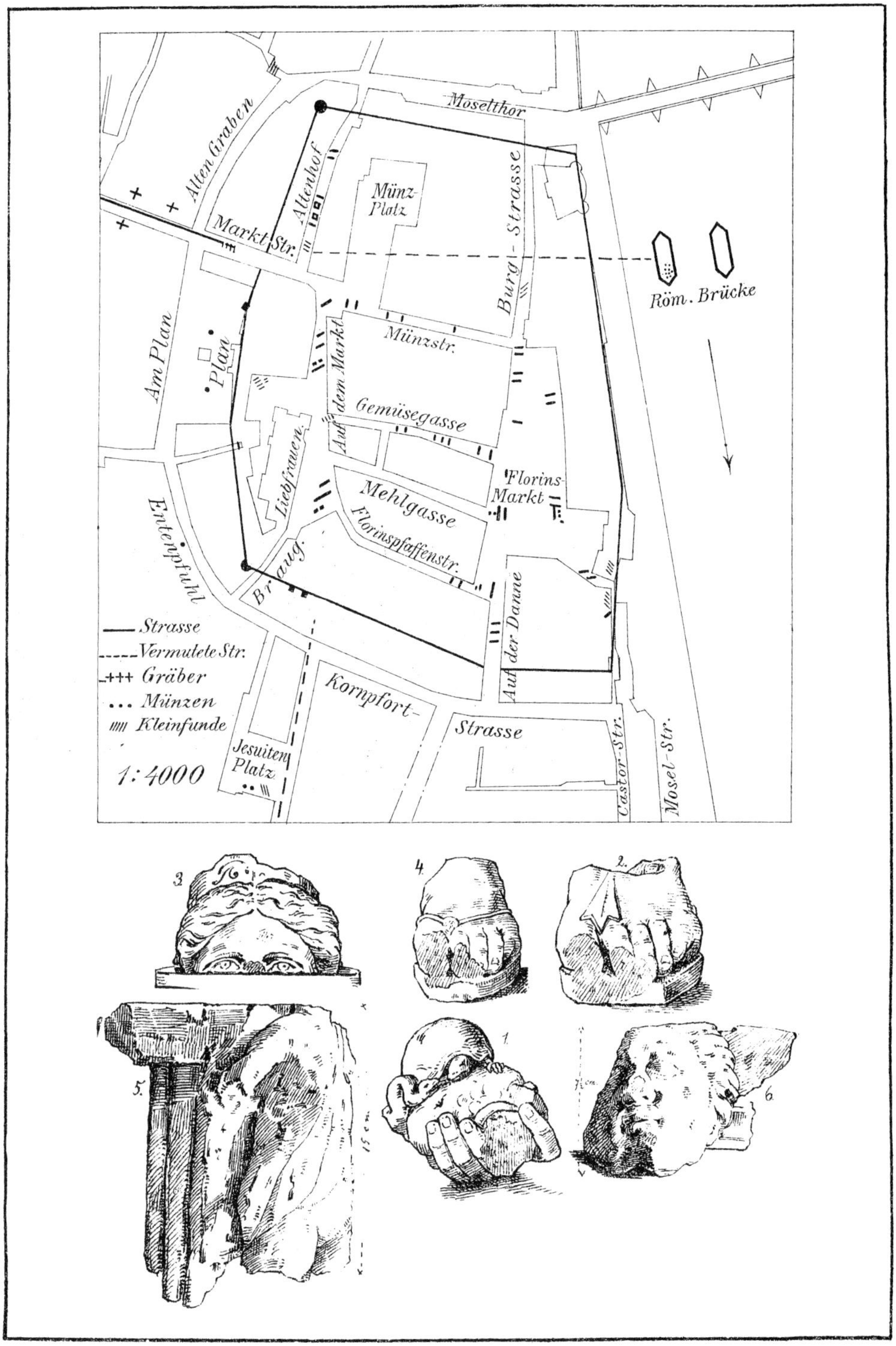
Moselthor
Alten Graben
Altenhof
Münz-
Platz
Markt Str.
Burg-Strasse
Röm. Brücke
Am Plan
Plan
Münzstr.
Auf dem Markt
Gemüsegasse
Liebfrauen
Mehlgasse
Florins-
Markt
Florinspfaffenstr.
Entenpfuhl
Braug.
Auf der Danne
Strasse
Vermutete Str.
+++ Gräber
... Münzen
//// Kleinfunde
1:4000
Jesuiten
Platz
Kornpfort-
Strasse
Castor-Str.
Mosel-Str.
3
4
2
5.
1.
6.

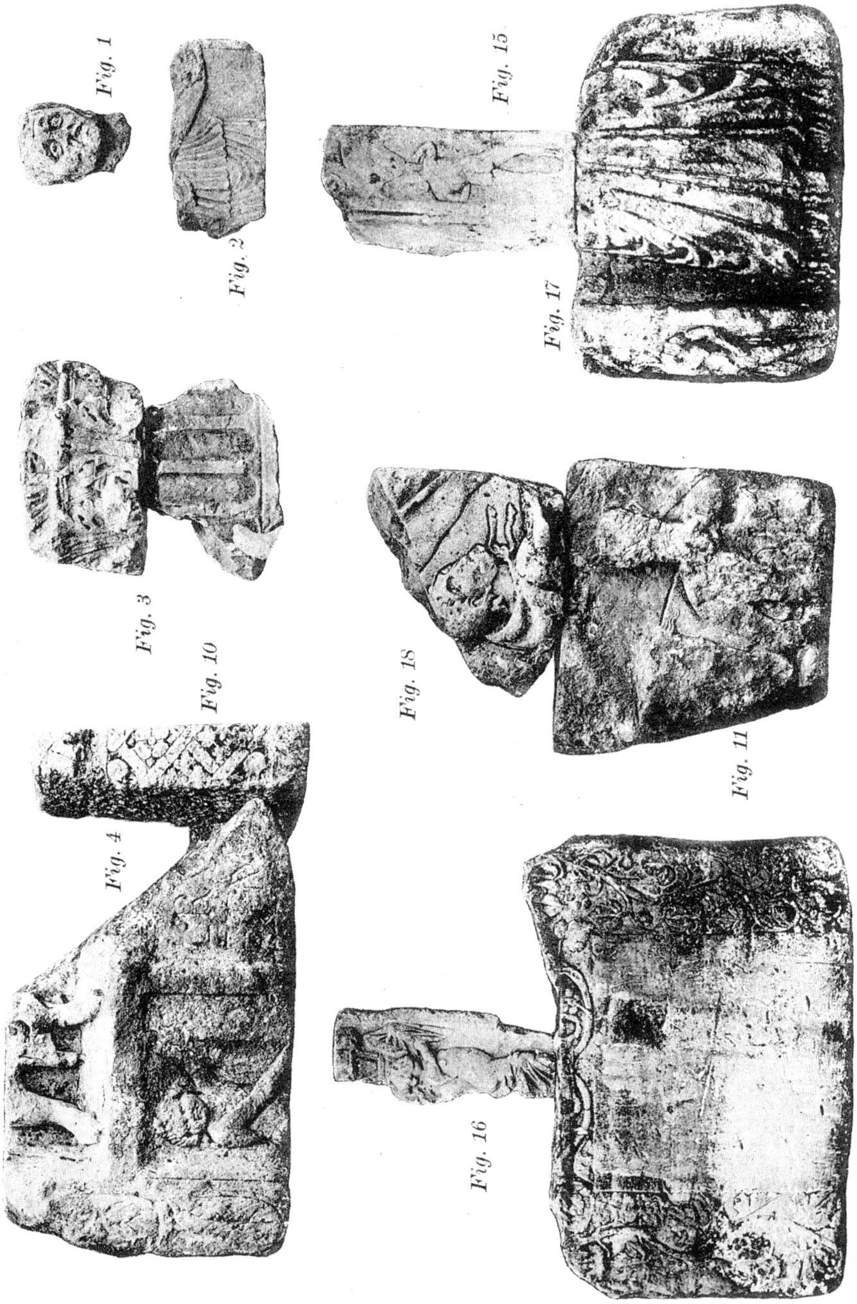
Fig. 1
Fig. 2
Fig. 15
Fig. 17
Fig. 3
Fig. 10
Fig. 18
Fig. 11
Fig. 4
Fig. 16

Ein Trevererdorf im Coblenzer Stadtwalde[1].

Von Dr. R. Bodewig in Oberlahnstein.
(Hierzu Tafel I - XI).*

Die Überreste frühgeschichtlicher Anlagen im Coblenzer Stadtwalde haben bereits in der Mitte dieses Jahrhunderts Beachtung gefunden. Eine Anzahl derselben wird von Malten (Burg Stolzenfels, Frankfurt 1844) erwähnt und in der damals beliebten Weise als Kastelle und Wehrbauten gedeutet. Ihm folgte v. Cohausen in den Bonner Jahrbüchern XVI S. 1 ff. mit der Abhandlung: Alte Verschanzungen auf dem Hunsrück und ihre Beziehungen auf Coblenz. Er konstruiert in derselben ein das Dreieck zwischen Mosel und Rhein schützendes Befestigungssystem, wozu später zu besprechende Grabanlagen die Kastelle und Türme liefern mussten. Es war eine Erstlingsarbeit des verdienten Forschers, und in späteren Jahren würde sich wohl bei einer neuen Besichtigung seine Ansicht geändert haben. Die Zahl der Anlagen hat sich durch die Angaben der Herren Förster Bauer, Wagner und Müller, durch Beobachtungen verschiedener Waldarbeiter und durch eigene Funde auf zahlreichen Wanderungen beträchtlich vermehrt. Wir beginnen mit der Aufzählung und Beschreibung der gefundenen

Villen und Gehöfte.

Es muss vorher bemerkt werden, dass von diesen Anlagen keine eine vollständige und ausreichende Untersuchung erfahren hat. Sie wurden nicht alle und nur so weit geschnitten, als nötig war, um ihr geschichtliches Verhältnis zu erkennen und im allgemeinen den Grundriss zu bestimmen. Die genaue Bearbeitung, die besonders bei einigen Villen reiche Resultate erzielen wird, muss einer späteren Zeit vorbehalten bleiben.

---

* Die Tafeln II, IV und V befinden sich aus drucktechnischen Gründen am Ende dieses Bandes.

[1] Die vorliegende Arbeit ist auf Anregung und unter steter Förderung meines verehrten Freundes, des Herrn Stadtverordneten O. Jordan in Coblenz, entstanden. Ganz besonderer Dank gebührt Herrn Oberbürgermeister Schüller und der Coblenzer Stadtverordnetenversammlung, die in hochherziger Weise die Mittel zu der Untersuchung bewilligten. Mancherlei Unterstützung und Förderung verdanke ich den Herren Universitätsprofessor Dr. Löschcke und Museumsdirektor Dr. Lehner in Bonn, sowie Herrn Prof. Hettner in Trier und Herrn Baurat Mäckler in Coblenz; mein Freund, Herr Historienmaler Molitor aus Oberlahnstein, übernahm wieder die Zeichnung der gefundenen Gegenstände, Herr Geometer Hennies vom Stadtbauamte in Coblenz die Aufnahme der Tempelanlage und der Burg am Dommelberge. Herr Staatsanwalt Bürckle in Coblenz und Herr Reichig in Capellen lieferten die Photographieen.
Die Bewohner der Stadt Coblenz sind mit lebhaftem Interesse der Untersuchung gefolgt, und ich hoffe daher, dass dieselbe zu einer vielumstrittenen historischen Frage einen fördernden Beitrag liefern und dem Gebiete der Stadt Coblenz einen berühmten Namen wieder gewinnen wird.

1. Im Distrikt Kellerchen (Taf. II, 101), dicht vor dem Layer Kopf, der eine weite Aussicht über Mosel und Rheinthal gewährt, liegt eine Villa nordöstlich der grossen Schneise, die von der Landstrasse am Lohskopf vorüber zum Layer Kopf führt (Taf. III, 1). Das Terrain derselben ist jetzt abgeholzt und lässt sich darum gut übersehen. Die Umfassungsmauer bildet ein Rechteck von 95 zu 160 m. Die eine Schmalseite liegt in der Böschung des Fahrweges, der vom Kollorothsweg zum Layerkopf geht; sie ist überall mit dem Eisen zu fühlen. Die andere zieht sich auf der Nordostseite durch die jungen Rottannen. Das Steinmaterial ist am Bergabhang nach Lay gebrochen und liegt an vielen Stellen noch so hoch, dass hier der Platz nach der Zerstörung nur wenig berührt zu sein scheint, während die Trümmerreste der Innenbauten wiederholt als Steinbruch für den Wegbau benutzt worden sind. Der Südostteil des Terrains ist feucht und wässert nach dem Brückenbach ab. Deutlich treten die Gebäude hervor, von denen zwei, A und B, an die südliche Umfassungsmauer angelehnt sind. A war mit Schiefer gedeckt. Durch das Innere zieht sich ein gemauerter Kanal, der mit rotem Estrich versehen ist. Vor demselben liegt eine muldenförmige, mit Estrich aus Sand und Kalk angelegte Grube, die ringsum von braun gebrannter Erde umgeben ist. Das Gebäude war demnach ein Wohnraum, die Grube eine Kochstelle, wie auch die vielen um dieselbe liegenden Gefässreste aus spätrömischer Zeit, sowie Eisenteile und das Stück eines Reibsteines beweisen. Das Gebäude B, das bei einem Schnitte nur einen Scherben zeigte, muss zu Wirtschaftszwecken gedient haben. Dasselbe gilt von dem Bau C, der gleichfalls keine Spuren der Bewohnung erkennen liess.

Das Hauptgebäude D, die eigentliche Villa, unterscheidet sich von den übrigen Bauten durch den bedeutenderen Umfang und einen grösseren Trümmerhaufen. Die Mauern derselben sind stellenweise noch mehrere Meter hoch und haben nach aussen roten Wandbewurf. Auch von der verschiedenfarbig bemalten Innenwand finden sich grosse Stücke. Ein im Innern gefundenes Kleinerz der konstantinischen Zeit (securitas reipublicae) und eine Münze des Valens zeigen, dass die Villa gegen Ende des 4. Jahrhunderts noch bewohnt war. Auf dieselbe Zeit weisen in ihrer Mehrheit die Scherben, so die Stücke von schwarzen Bechern mit grossen weissen Punkten und die breiten, wulstigen Randprofile. Andererseits aber zeigten sich in grösserer Tiefe auch La Tène- und terra nigra-Scherben, sowie Stücke besserer Sigillata. Die wenigen Schnitte, die innerhalb des Gebäudes gemacht wurden, liessen einen gemauerten Kanal, sowie bauliche Veränderungen in dem losen Ansatz der Mauern erkennen. Auf solche wiesen auch zweierlei Arten von Deckziegeln hin, von denen die einen aus gelbem Thon, die andern aus dem dunkelgrauen Material hergestellt sind, das bei den roheren Terra nigra-Gefässen verwendet ist.

Neben dem Gebäude C läuft der nordöstlichen Schmalseite parallel eine hohe Mauer, die äusserlich an einer dammartigen Erhöhung kenntlich ist.

Das kleine Rechteck zwischen dieser und der äusseren Schmalseite zeigt in mehreren Steinhaufen noch die Reste weiterer Gebäude, besonders in den Rottannen. Ein kurzer Schnitt in eine solche Trümmerstelle (bei E) ausserhalb des Tannendickichts ergab neben einem eisernen Meissel eine ganze Anzahl früher Gefässreste, besonders La Tène-Scherben. Es scheint daraus hervorzugehen, dass ein späterer Eigentümer den ursprünglichen Umfang des Gehöftes verkleinert hat. Ausserhalb der Umfassungsmauer finden sich an zwei Stellen Steintrümmer, die vielleicht auch von Bauten herrühren.

2. Dem Walddistrikt „Günthersfeld" (Taf. II Nr. 108) gegenüber, hart an der Grenze, auf Layer Gebiet, liegt ein Gehöft im Acker, neben einem einzeln stehenden grossen Nussbaum. Der Besitzer hat bereits vor längerer Zeit die Mauern tief ausgebrochen, doch lassen sich ihre Reste mit dem Eisen fühlen. Auch weisen kleine Haufen Steine und Ziegelbrocken am Feldrande auf den ehemaligen Bau hin. Der Acker zeigte an der Oberfläche römische Scherben, darunter ein Sigillatastück der mittleren Kaiserzeit.

3. Auch im Distrikt am „Konzenkreuz" (Taf. II, 110) finden sich Mauersteine in grösserer Anzahl auf sonst steinarmem Boden; sie können gleichfalls nur einem ehemaligen Gehöfte angehören.

4. Mitten im Distrikt „Silberkaulssutter" (Taf. II, 64), auf einem breiten eingeebneten Höhenrücken zeigt sich der Umriss eines grossen Gebäudes. Neben demselben liegen zahlreiche Stücke von Deck- und Hohlziegeln. Die wahrscheinlich in Fachwerk hergestellten Wirtschaftsgebäude sind äusserlich nicht zu erkennen.

5. Deutlicher erscheint ein Gehöft im Distrikt „Silberkaulskopf" (Taf. II, 63, Taf, III, 7), 70 m vom Distrikt „Flossweg" und ebenso weit von der Schneise entfernt, die zu dem genannten Kopfe führt. Die Lage in dem wasserreichen Bergsattel ist eine durchaus geschützte. Aus niedrigen Steinhaufen treten die Umrisse zweier massiven Gebäude hervor, während eine tennenartig eingeebnete Stelle mit wenigen Steinen auf einen Holzbau schliessen lässt. Zwischen den Steinbauten hindurch zieht sich ein alter Weg, der nach der Silberkaul hin in einen Hohlweg übergeht. Jetzt hat das Wasser durch denselben seinen Lauf genommen, und auf dem guten Boden neben den Gebäuden zeigt er sich stark mit Binsen bewachsen. Der kleinere, westlich gelegene Bau hat noch 1,5 m hohe Mauern von 80 cm Stärke. Bei einem Schnitt ins Innere fanden sich im Brandschutt nur wenige Scherben und eine kleine Thonpyramide in der Form der Gewichtsteine ohne Durchbohrung, sowie ein Röhrenstückchen aus Goldbronze. Auf der Westseite dieses Baues, 10 cm [m] von ihr entfernt, sieht man den Umriss eines Weihers, der auch jetzt noch sehr feucht und mit Gras und Binsen bewachsen ist. Das grössere, östliche Gebäude bildet einen stattlichen Trümmerhaufen, der sich in der Mitte um mehrere Meter über das umliegende Terrain erhebt. Im Innern liegt bei 1 ein durch eine Schiefermauer abgeschlossener feiner Estrich 40 cm unter

Terrain. An denselben schliesst sich ein Hypokaustkeller. Bei 2 lagert eine starke Brandschicht über festgestampftem, früheren Kulturboden. Die in diesem gefundenen Scherben unterscheiden sich scharf von denen in der oberen Brandschicht. Es sind La Tène- und Terra-nigra-Stücke, während oben nur spätere Scherben zutagetreten. Das Gebäude in seiner jetzigen Gestalt ist errichtet über dem eingeebneten Schutt des früheren Baues und ist selbst durch Feuer zerstört worden. Eine das Gehöft einschliessende Mauer ist nicht zu erkennen, wahrscheinlich war es von einem Holzzaune umgeben.

6. Umfangreicher ist eine Villa[2] im Distrikt „am Remstecker Pfad" (Taf. II, 51; Taf. III, 3), der seinen Namen von einem vom Forsthaus Remstecken nach Waldesch führenden Fusswege erhalten hat. Dieser schneidet die Umfassungsmauer. Die Seitenlänge derselben konnte noch nicht genau bestimmt werden, denn die Südwestseite ist fast ganz verschwunden. Hier liegt nur eine sehr dünne Humusschicht über dem harten Thonboden, auf den die Mauer gesetzt war; so liess sie sich leicht bis auf die Sohle ausbrechen. Auch die Westseite scheint ganz vernichtet zu sein, während die Nord- und Ostseite noch verhältnismässig gut erhalten sind. Jene kann 70 m weit verfolgt werden, dann scheint sie durch den Waldbau verloren zu sein; die Ostseite ist 97 m lang. An die letztere sind wieder 3 Gebäude A-C angelehnt. A, ein Quadrat von 8 m Seitenlänge, zeigt über dem Sockel noch Obermauer und im Innern Hypokaustpfeiler aus Bretz gehauen, wie sie im Kastell Niederbieber und vereinzelt auch im Bade des Heddesdorfer Kastells auftreten. Ebenso lagen dort gelb, rot und grün bemalte Wandstücke und ein Bruchstück einer Hypokaustdeckplatte. Der kleine quadratische Raum ist also wohl das Bad. - B, welcher in seinem äusseren Umrisse noch zu erkennen ist, bildet ein Rechteck von etwa 9 : 14 m; untersucht wurde er nicht. - C liegt in der Südostecke der Umfassungsmauer. Diese ist durch Baumwurzeln aus ihrer Lage getrieben; unter ihr her läuft ein mit grauem Schlamm angefüllter und mit Ziegeln gedeckter Kanal nach aussen, der wohl das gebrauchte Wasser abführte. Ausser Dachziegeln, Nägeln und wenigen Scherben wurde bei einem Querschnitt ins Innere nichts gefunden, doch zieht sich ein mit Asche gefülltes Gräbchen von der Ost- zur Westseite, so dass wir doch wohl ein Wohngebäude vor uns haben, dessen Seiten 13 : 18 m lang sind.

Das Haupthaus D fällt äusserlich auf durch den umfangreicheren Trümmerhaufen. In der Mitte desselben zeigt sich ein weites, trichterförmiges Loch, das durch den Einsturz der Decke eines Kellers entstanden ist. Dieser hat eine Tiefe von 1,50 m unter dem anliegenden Estrich. Die beim Durchschnitt hervortretende Wand ist nicht gemauert, sondern senkrecht in den anstehenden Lehm gehauen. Ein Stück eines Hypokaustziegels weist auf eine Heizanlage.

---

[2] Bei Cohausen das Kastell am Weiherchen genannt.

Vor der Westseite gehen aus dem Innern kleine runde Kanäle von 7 cm Durchmesser nach aussen. In ihnen fand sich eine feuchte schlammige Masse nebst einigen Scherbchen der mittleren Kaiserzeit und verschiedenen Kohlenstückchen. Ob sie Wasser ableiten oder Luft von aussen zuführen sollten, bleibt ungewiss. Die der nördlichen Umfassungsmauer parallel laufende Seite misst 23 m, die anschliessende Seite ist sicher 20 m, vielleicht auch länger gewesen.

Eine in den gewachsenen Thonboden leicht eingeschnittene und mit Steinen sorgfältig eingefasste Grube von 80 cm Länge und ebensolcher Breite dürfte als Wassertrog für den Hühnerhof gedient haben[3].

Von Funden verdient nur ein roh geformtes Füsschen aus Kalkstein Erwähnung, das im Haupthause gefunden wurde. Die Scherben zeigen auch hier die mehrere Jahrhunderte dauernde Benutzung. Es treten herzförmige Ränder neben horizontalen, gute Sigillatastücke neben Bruchstücken roher, gefärbter Teller auf.

7. In dem früheren Walddistrikt Hübinger (Taf. II, 11), der jetzt zu Feld gemacht und an Bewohner von Waldesch verpachtet ist, wurde in dem Acker von Gottfried Link ein 13 : 16 m grosses Gebäude geschnitten. Es liegt 20 m von der jetzigen Waldgrenze, 60 m von der Rhenser Grenze und ebensoweit vom Pastorspfade. Die vielen in zwei Schnitten gefundenen Scherben bekunden ein Wohngebäude. Das umliegende Feld hat an der Oberfläche reichlich Scherben und Ziegelbrocken; ebenso sind diese in einem an der Waldgrenze entlang gezogenen Wassergraben zu finden, sodass wohl noch weitere Gebäude dort zu suchen sind. Auf frühen Anbau deuten die im Innern des Hauses in der Tiefe ausgehobenen Terra-nigra- und La Tène-Stücke. Das Terrain ist wasserreich, auch will der Pächter in der Nähe die Anzeichen eines Brunnens gefunden haben.

8. Das nächste Gehöft liegt in der Südwestecke des Distriktes „Schwarze Eichen" (Taf. II, 22) unweit der langen Schneise, die von der Rhenser Grenze über die Landstrasse zum Distrikt „Weiherchen" führt. Um diese zu einem fahrbaren Wege zu machen, sind die Steine des Gehöftes weggenommen und die Mauern fast ganz ausgebrochen worden. Über 100 Wagen Steine sollen nach Angabe des Försters Bauer in die Schneise gefahren sein. Es zeigen sich jedoch noch deutlich die Umrisse zweier Gebäude, und ein drittes scheint ebenfalls hervorzutreten. Scherben und Ziegel liegen sowohl bei den Bauten wie in der Schneise. Geschnitten wurde das Gehöft nicht.

9. Mitten im Nachbardistrikt „Am grossen Sutter" (Taf. II, 28, Taf. III, 6), im jungen Hochwald, erkennt man die Grundmauern eines grossen Gebäudes von 28,30 : 25,10 m Seitenlänge. Sie sind sehr flach gelegt und schwach;

---

[3] Die Celten Britanniens assen zwar kein Hühnerfleisch, hielten aber doch gerne Hühner. (Caes. V, 12).

zum Teil sind sie ausgebrochen. Sie können nur einen Holzbau getragen haben, der mit Stroh[4] oder Schindeln gedeckt war, denn es finden sich weder Ziegel noch Schiefer, wohl aber einzelne Lehmbrocken. Trotzdem hat das Gebäude noch in später Zeit gestanden, denn unter den Scherben sind Kumpenränder später Form und Stücke sehr beschädigter Sigillata. Weitere Gebäuderisse sind nicht zu sehen, doch können die leichten Mäuerchen durch den Waldbau zerstört sein.

10. Etwa 80 m östlich der Umfassungsmauer des später zu beschreibenden Tempels, auf der Ostseite des Pastorspfades und 30 m von diesem entfernt (Taf. II, 7), liegt ein kleines Gehöft mit zwei Gebäuden. Der hohe Trümmerhaufe des einen mit einer Senkung in der Mitte liess hochstehende Mauern vermuten. Doch sind dieselben nur niedrig, und der hohe Aufwurf rührt von einer früheren Durchwühlung her, da das kleine Gebäude als ein Grab gelten mochte. Es hat eine lichte Breite von 3,80 m, seine Länge ist nicht festgestellt worden, doch beträgt sie aussen gemessen mindestens 10 m. Der natürliche Boden, dunkelgelber mit kleinen Steinchen vermischter Thon, ist zu einem festen Estrich geglättet, auf dem sich einige wenige La Tène-Scherben vorfanden. Das Dach war mit Ziegeln gedeckt, die Wände im Innern mit rohem Bewurf versehen. Der Bau ist wohl als Stall zu betrachten, während das zweite Gebäude das Wohnhaus darstellt. Die Seiten des letzteren sind 9,10 : 10,40 m lang; es liegt 20 m von dem ersten entfernt. Die längere Seite hat einen 1 m breiten Eingang, neben dem sich ein Stück einer Sandsteinsäule vorfand. Die Mauern sind 75 cm stark und gut erhalten. Neben der Eingangsseite nach aussen, in der neuen Schneise, lagen Ziegeln, Asche und ein halbes Hufeisen. Eine auf der Nordwestseite hervortretende Vertiefung mag auf einen Brunnen oder einen kleinen Weiher hindeuten. Im Innern des Baues fanden sich bei einem kurzen Schnitte eine Anzahl später Scherben neben Ziegeln und Dachschieferstücken.

11. Gleich nördlich von diesem Gehöfte schneidet der Pastorspfad eine grössere Villa (Taf. II, 7), deren eine Hälfte im Buchenhochwald, die andere im Rottannendickicht liegt. Man sieht die Umfassungsmauer als einen niedrigen Damm in das letztere hineinziehen, auch liegen in demselben beträchtliche Steinhügel. Die im Buchenhochwalde dem Pastorspfade parallel laufende Seite ist 52 m lang, die Mauer 75 cm stark und zu beiden Seiten mit einem Sockel versehen. Gerade in der Mitte lehnt sich an dieselbe eine Quermauer, die einem Wirtschaftsgebäude angehören dürfte, denn bei einem Schnitt in dasselbe fanden sich nur wenige La Tène-Scherben und ein Eisenmesser über einem Lehmestrich. Das Wohnhaus wird in dem Tannendickicht zu suchen sein. An der Umfassungsmauer liegen überall Deck- und Hohlziegel, sodass sie eine Bekrönung mit Ziegeldach gehabt haben muss. Malten sah vor 1844 die Villa

[4] Zu Caesars Zeit waren Strohdächer in Gallien häufig. C. V, 43.

als ein Viereck von 75 Schritt Länge und 45 Schritt Breite mit dem Überrest einer ziemlich hohen und starken Mauer (Malten S. 11). Südlich neben derselben am Pastorspfade ist ein alter Steinbruch, der das Baumaterial geliefert hat.

12. Im Distrikt Schüllerhof (Taf. II, 6), in dem Dreieck zwischen dem Pastorspfad und dem Kaleschenweg, liegt ein umfangreiches Gehöft, dem wegen des sehr dichten Unterholzes nur schwer beizukommen ist; es musste deshalb auf eine Bestimmung des Umfanges und Festlegung der einzelnen Gebäude verzichtet werden. Die Umfassungsmauer, sowie die Mauern eines Gebäudes erscheinen als Erhöhung in dem Fahrwege, der dem Kaleschenwege parallel zur Landstrasse geht. Westlich von der zum Schüllerhofskopf führenden Schneise liegt ein grosser Holzbau, dessen Grundmauern schlecht erhalten sind. Das Schieferdach ist in das Innere gestürzt, wo sich auch viele Scherben und Nägel finden. Auf der Ostseite der Schneise, dicht an derselben, steht ein Wohngebäude mit gut erhaltenem Estrich, der in der Weise hergestellt ist, dass kleine Steine neben einander gelegt und mit Thon bedeckt sind. Etwa 30 m südlich von diesem laufen zwei Mauern mit einem Zwischenraum von 1 m einander parallel; ob sie zwei Gebäuden angehören, oder ob die eine die Umfassungsmauer ist, konnte nicht festgestellt werden. Wie viel Bauten in dem trümmerreichen Terrain noch vorhanden sind, war nicht zu untersuchen. Die gefundenen Mauern sind wohl erhalten und zeigen Sockel und Obermauer. Die Scherben reichen wieder aus der ältesten bis in die jüngste Zeit. Die in der Nähe vorüber führenden Wege, besonders der Kaleschenweg und der zum Gründchesbach hinab ziehende Pastorspfad, haben überall Steine und Ziegel, die wohl aus den Trümmerhaufen der Schüllerhofbauten stammen. Auch sieht man neben dem letzteren auf der Südseite zwei kleinere Steinhügel, etwa 80 m von der Villa, die vielleicht selbst die Reste von kleinen Bauten sind. Auch dicht am Kaleschenwege, westlich von der Villa, da wo der Buchenwald beginnt, scheint ein kleiner Holzbau gestanden zu haben; es zeigt sich dort ein etwas über das umliegende Terrain erhöhter Hausring. 60 m südlich vom Schüllerhof neben dem Pastorspfade liegt ein Weiher, den wohl die ehemaligen Gutsbesitzer angelegt haben; ein Abzugsgraben von diesem zum Pastorspfade zeigt rohe Scherben mit schwarzem Brande.

13. Da wo eine von der Rhenser Grenze ausgehende Schneise bei der eisernen Hand an die Landstrasse stösst, sieht man an verschiedenen Stellen in dem feuchten, mit Gras und Dornen bewachsenen Terrain Steine und Scherben, die vielleicht auf ehemalige Holzbauten hinweisen. Die Fortsetzung jener Schneise bildet auf der anderen Seite der Landstrasse der Pützweg. Südwestlich von diesem, 250 m von der eisernen Hand liegt im Distrikt Faulsutter wieder ein grösseres Gehöft, von dem 3 Gebäude sichtbar sind (Taf. II, 33; Taf. III, 4). Die eine Seite des Hauptbaues A läuft dem Pützwege ziemlich parallel und ist 28,60 m von diesem entfernt. Der Bau bildet ein

Rechteck von 23,10 : 22,60 m Seitenlänge, doch kann nach dem Pützwege zu noch ein apsisartiger Anbau gelegen haben, wie man aus dem hier starken Trümmerhaufen schliessen möchte. Die Mauern sind durchweg gut erhalten und zeigen auf der Ostseite Fischgrätenverband. Auf der Seite nach dem Pützwege zu liegt starker Brandschutt; geschwärzte Steine und Ziegel finden sich neben dicken verkohlten Balkenstücken. Ein Schnitt ins Innere liess einen Estrich aus Kalk und Sand, sowie zwei Quermauern erkennen. Neben der einen lagen ein Eisenrost mit 9 Löchern, an der einen Kante ist ein Stück einer Kette, an der andern ein Haken, ferner mehrere Eisenklumpen und zwei sehr starke gebogene Haken über Asche und Ziegeln. Unter dem Estrich erscheint wieder wie beim Gehöft an der Silberkaul eine dunkle Schicht mit frühen Scherben, während die über dem Estrich liegenden Scherben späten Charakter zeigen. Geriefelte Ziegel, äusserer Wandbewurf mit tief eingerissenen Furchen, sowie bemalte Wandstücke deuten auf komfortable Einrichtung. Zwei Münzen wurden gefunden: die eine ein gut erhaltenes Grosserz der jüngeren Faustina, die andere ein Kleinerz von Claudius II (Divo Claudio - conservator). Die Steine zum Bau sind am Lohskopf gebrochen, doch finden sich auch Tuff- und Kalksteine verwendet.

Ein zweites Gebäude B, 26 m vom Hauptbau und 25 m vom Pützweg entfernt, bildet ein Quadrat von 10 m Seitenlänge. Es war gleichfalls massiv; der Boden ist mit Schieferplatten ausgelegt, auf denen sich wenige Scherben und ein Nabennagel (Lone) fanden.

Ein drittes Gebäude liegt etwas zurück von dem erwähnten Wege, es hat nach dem Trümmerhaufen zu schliessen einen Umfang von 20 zu 25 m.

Soweit sich äusserlich erkennen lässt, war das Gehöft nicht mit einer Mauer umschlossen.

14. Die Schneise zwischen den Distrikten „in den Ginstern“ und „unterer Krufterhang“ schneidet 200 m westlich vom Pützwege eine der am besten erhaltenen Villen (Taf. II, 58 und 59; Taf. III, 2). Die Umfassungsmauer, die überall gut zu sehen ist, bildet ein regelmässiges Rechteck von 73 zu 146 m. Ebenfalls durch das Innere, parallel zu der nördlichen Seite der Umfassung und dicht an derselben vorbei läuft eine neue Waldschneise. Die östliche Seite der Umfassung lehnt sich an einen ehemaligen Feldrain; gleich hinter der südlichen beginnt der Abfall zum Thal des Grubenbachs. Vor kurzem (Oktober) wurden bei Anlage eines neuen Weges am Hange zum Grubenbache neben einem ausgerodeten Eichenstamm ein Feuerstein, ein Hufeisen und 8 Mittelerze gefunden. Am besten erhalten ist die bekannte Nemaususmünze mit Augustus und Agrippa. Drei Augustusmünzen haben den Altar mit der Unterschrift: Rom. et Aug., die andern sind nicht zu bestimmen, sind aber gleichfalls frühzeitig. In mehreren Schnitten zeigt die Mauer eine Stärke von 70 cm. Die oft beträchtliche Höhe des Steindammes scheint anzudeuten, dass hier der Absturz seit den Tagen des Zusammenbruches wenig berührt ist.

Das Haupthaus A liegt nahe an der nördlichen Umfassungsmauer, 36 m von der Nordwestecke entfernt. Seine Fundamente sind tief in den gewachsenen Sand eingeschnitten, darüber liegt 30 cm hoch Obermauer, die nach aussen mit rotem Bewurf versehen ist. Die Grösse ist 19 : 25 m. Eine kurze Grabung im Innern liess erst bei 2 m unter der Oberfläche einen mit Asche bedeckten Estrich erkennen, der wohl als Boden eines Hypokaustums anzusehen ist. Dabei kamen eine Menge Scherben aller Art zutage: Sigillata besserer Sorte, darunter der Boden eines Tellers mit dem Stempel MINK = Maian(us) f(ecit), rohe Reibeschalen und Stücke von schwarz gefärbten Bechern. Über der Asche und den Gefässresten liegt die eingestürzte Innenwand in den Farben: rot, schwarz, grün, weiss und gelb bemalt und mit linearen Verzierungen versehen. Ein 15 cm breites Stück wies 3 Felder in rot, schwarz und grün auf.

In der Nordostecke liegt ein kleines Gebäude (B), 9,20 zu 12,90 m. Der Boden, der bereits bei 50 cm unter der Oberfläche beginnt, ist durch Glätten des gewachsenen Thones hergestellt. Auf ihm lagen vereinzelte Scherben und ein Stück eines Mühlsteines neben Dachziegelbrocken und einem geriefelten Wandziegel.

Ein anderer Bau (C) nahe der Südwestecke ist 18 : 11,4 m gross und liegt frei, während zwei kleinere (D und E) nahe der Südostecke an die Umfassungsmauer angelehnt scheinen.

15. An der langen Schneise, die vom Pützwege zur Landstrasse und hinter dieser in den Fahrweg neben dem Kaleschenwege übergeht, befindet sich ein Gehöft mit 3 Gebäuden im Distrikt „Strässchen" (Taf. II, 56 und 57; Taf. III, 5), 300 m östlich vom Pützwege. Von diesen liegt je eins links und rechts von der Schneise, während das dritte von dieser durchschnitten wird. Zwischen den Trümmerhaufen der beiden ersten windet sich ein Holzweg hindurch, der die Schneise quert. Das nordöstlich derselben gelegene Geäude (A) hat eine Quermauer und viele spätere Scherben, breite, wulstige Kumpenränder und eine zum grössten Teil erhaltene Sigillataschale. Der gegenüberliegende Bau brachte gleichfalls Sigillatascherben verschiedener Gefässe, darunter ein Stück einer Reibeschale mit Löwenköpfchen und eins mit kleinen dreieckigen Grübchen. In einiger Entfernung nach Osten zieht sich ein hoher Ackerrain hin; 30 m westlich liegt ein Weiher.

16. Ebenfalls noch im Distrikt „Strässchen", 100 m östlich vom Pützweg, in dem Dreieck zwischen der alten und neuen Schneise zeigen sich niedrige Steinhaufen, von denen einer einen schwach gebauten Mauerring erkennen lässt. Untersucht wurde die Stelle nicht.

17. Von Herrn Förster Wagner wurden neben der Landstrasse im Distrikt „Weisse lichte Eichen" (Taf. II, 97) im Acker beim Pflügen wiederholt Steine ausgebrochen. Steine und Ziegelbrocken bezeichnen diese Stelle in der Südostecke des Feldes, hart am Waldrande. Etwas näher der Landstrasse zu

zeigt der Acker eine Erhöhung, die wahrscheinlich die Fortsetzung eines auf der Westseite der Landstrasse im Walde stark hervortretenden Feldraines ist.

18. Im Distrikt „Coblenzer lichte Eichen" (Taf. II, 71) am Wege nach Rittersturz-Laubach, 120 m vom Zeiger am Kreuzungspunkte von diesem und dem Fahrwege zum Dommelsberge, stösst die Seite eines Hauses in schiefem Winkel auf die Strasse. Die anliegende, etwa 20 m lange Seite ist bis in die Tiefe ausgebrochen. Das Steinmaterial wurde zum Wegebau benutzt. In den Fundamentgruben liegen: Mörtel, Schiefer und Ziegelbrocken. Breite späte Topfränder, Stücke von Reibeschalen aus Sigillata, sowie einzelne frühere Scherben sind mit dem Boden bei der damaligen Ausbeutung herausgeworfen und überall zu finden. Wie viele Gebäude zu dem Gehöfte gehört haben, lässt sich ohne Grabung nicht feststellen.

19. Malten sah auf dem verlängerten Rücken des Hasenberges ein kleines Kastell von viereckiger Gestalt mit Erdwall, Graben, Steinmauer und innerem Wachthaus. Es war aber auch damals, wie er meint, für ein gewöhnliches Auge schwer erkennbar. Bei einer Begehung des Hasenberges zeigten sich auf dem Rücken desselben zwar überall regellos zerstreute Steine, ein Halsring oder Wall und Graben konnten bis jetzt nicht aufgefunden werden. Dagegen liegen unmittelbar am Kopfe, rechts von dem zum Siechhausthal führenden Fahrwege mehrere Steinhügel, von denen nicht gleich entschieden werden kann, ob sie Gräber sind oder zu einem Gehöfte gehören. Immerhin dürfte das letztere wahrscheinlicher sein, weil die Hügel auf einem künstlich abgeplatteten Plateau liegen, das an dem Abhange nach dem Siechhausthal anscheinend auf eine längere Strecke mit einer Mauer umgeben war, denn ein wie ein Feldrain aussehender Absatz enthält überall Steine.

Es erübrigt noch, einige Gehöfte zu nennen, die in geringer Entfernung vom Stadtwalde auf Rhenser Gebiet sich befinden: In dem schönen

20. Rhenser Eichenhochwalde, der neben dem Distrikt „Altes Kloster" (Taf. II, 6) und über dem Abfall zum Lauxbachthale liegt, sieht man mehrere umfangreiche Steinhügel, die wohl einem Gehöfte zuzuschreiben sind. Von der Villa „im alten Kloster" ist die Stelle 200 m entfernt; an ihr vorbei zieht sich ein starker Feldrain.

21. 150 m weiter in östlicher Richtung an einem Fusspfade, der sich hier teilt und rechts nach Rhens, links auf Kapellen zu führt, bemerkt man den Trümmerhaufen eines ausgedehnten Baues, dessen Mauern noch ziemlich hoch stehen müssen, da der Platz nur wenig berührt erscheint. Ziegelstücke, Tuffsteinbrocken und das Stück eines Mühlsteines liegen an der Oberfläche. Auf dem terrassenförmig eingeebneten oberen Abhang zum Rheinthale hin sieht man an mehreren Stellen die Steinhügel kleiner zur Villa gehöriger Bauten. Verfolgt man die oberen Terrassen weiter nach Süden, so liegen auch hier dem Distrikt „Pastorspfad" (Taf. II, 8) gegenüber eingeebnete viereckige Stellen und Steintrümmer, die auf ein Gehöft hindeuten können.

22. Dem folgenden Distrikt „toter Mann" (Taf. I Nr. 9) gegenüber 300-400 m von der Grenze durchschneidet der von Rhens nach Waldesch führende Fahrweg den Ring einer Villa, die sich besonders nach der Nordseite ausdehnt.

23. Vom Gehöft „im Hübinger" (Taf. II, 11) 200 m entfernt liegen an demselben Wege in den „Kesselstädter" Feldern gleich hinter dem schmalen Heckengebiet auf Rhens zu die Reste eines Gehöftes von dem Steine, Schiefer und Ziegel wiederholt ausgepflügt wurden, auch fand man bei der Anlage von Rübengruben Mauerwerk.

24. Am Kronenstein, in der Nähe der Villa „am alten Kloster" (Taf. II, 7) erwähnt Malten ein Kastell. Es ist auch aus anderen Gründen sehr wahrscheinlich, dass dort eine Villa gestanden hat, die in der Sage schon eine Rolle spielt. Jetzt lässt sich in das dichte Heckengebiet nicht eindringen.

Der Tempel (vgl. Taf. IV)

Ziemlich in der Mitte dieses Gehöftekomplexes lag bis in dieses Jahrhundert hinein noch ein sehr hoher Trümmerhaufe, was wohl dem Umstande zu danken ist, dass die Steinabfuhr an dem schwer zugänglichen Platze nicht leicht vor sich gehen konnte. So erkannte man frühe, dass hier die Ruinen eines Gebäudes vorlagen, das dann von den Umwohnenden „altes Kloster" genannt wurde, eine Bezeichnung, die den römischen Resten recht häufig zuteil wird. Wo immer der Flurnamen „Mönchswiese, altes Kloster oder

Kloster“ in unserer Gegend auftritt, ist in den meisten Fällen auf ein römisches Gehöft zu rechnen. Die umfangreiche Trümmerstelle bewog um das Jahr 1848 den Kastellan Pfeifer von Stolzenfels, eine Suche nach Schätzen zu beginnen, doch muss auch schon früher, wie aus Malten hervorgeht, hier sowohl wie in dem Gehöft am „Faulsutter“ gegraben worden sein. Mehrere Wochen lang arbeiteten im Auftrage des genannten Herrn einige Leute von Waldesch, die in der Mitte, wo der Haufen am stärksten war, nicht nur mit Schutt und Steinen, sondern stellenweise auch mit Estrich und Mauern gründlich aufräumten. Das Resultat der Grabung war eine Anzahl Münzen und Skulpturstücke, die das kaiserliche Hofmarschallamt von Pfeifer käuflich erwarb, und die nun in Stolzenfels aufbewahrt werden. Diese gaben die Veranlassung, dass bereits im vorigen Jahre auf Kosten des Herrn Jordan die Stelle kurz untersucht wurde, wobei der Wunsch rege wurde, den Platz einer genauen Bearbeitung zu unterziehen, was denn in diesem Jahre durch die von der Stadt Coblenz zur Verfügung gestellten Mittel ermöglicht wurde. Der Punkt liegt dicht am Pastorspfade zwischen diesem und einer Waldschneise, die der Coblenz-Simmerner Strasse parallel läuft. Auf der Waldescher Seite führt ein Fahrweg vorbei, der den Pastorspfad mit der Landstrasse verbindet und in der Nähe der eisernen Hand einläuft. Das Terrain, das in der Nähe des Pastorspfades fast eben ist, fällt nach der Schneise zu auf eine kurze Strecke scharf ab und gestattet einen freien Überblick in der Richtung nach dem Forsthaus Remstecken und den Bergen der Eifel hin. Auch auf der Südseite, dem Fahrwege zu, neigt sich dasselbe ein wenig zu einer Senkung, in der der Kleinbornsbach seinen Anfang nimmt. Etwas östlich von dem scharfen Abfall ist durch Schürfung und teilweise durch Bodenauffüllung ein breiterer ebener Platz hergestellt. In der Mitte desselben erhebt sich ein annähernd quadratischer Bau, dessen Seiten 9 : 9,80 m lang sind. Die Obermauer ist von ungleicher Erhaltung. In der nach Norden gerichteten Ecke ragt sie noch 1 m hoch über das Fundament hinaus. Dieses ist sehr sauber gearbeitet, 1 m hoch und lässt zu beiden Seiten einen 10 cm starken Sockel vorspringen. Dieser ist nicht überall gleich hoch, sondern steigt nach der dem Abhang zugekehrten Seite gleichmässig um 7 cm. Über demselben zeigt sich an verschiedenen Stellen ein dicker grauer Wandbewurf, während die Innenseite einen fein gearbeiteten, geglätteten und mit pompejanischem Rot bemalten Wandverputz aufweist. Unter demselben fanden sich an zwei Stellen über dem Sockel noch die Reste eines älteren schwarzen und mit gelben Streifen verzierten Bewurfes. Einige im Schutt liegende schwarze Stücke hatten neben der linearen Verzierung auch Kreislinien.

Den Boden bildet eine Steinlage, über die ein 10 cm starker aus Bimsand und Kalk hergestellter Estrich gelegt ist. Dieser ist jedoch durch die frühere radikale Ausgrabung teilweise zerstört. Über den Estrich ragt an der am besten erhaltenen Stelle in 2 m Abstand von der Südwestseite eine noch 20 cm hohe Aufmauerung, die 2,56 m lang und 1,60 m breit ist. Dieser gegenüber auf der Nordostseite liegt der Eingang, der leider sehr zerstört ist, so dass sich seine Breite nicht mit Sicherheit angeben lässt. Da die Cella des Junotempels bei Nattenheim (Bonn. Jahrb. 57, S. 56 ff.) einen 2,57 m breiten Eingang hat und dieses Mass der Länge unserer Aufmauerung genau entspricht, so dürfte auch hier die Breite des Eingangs gleich der Länge der Aufmauerung sein.

Der besprochene Raum ist umgeben von einem grösseren Mauerquadrat, dessen Seiten 18,60 : 19,15 m lang sind. Die Nordwestseite liegt unmittelbar auf dem gewachsenen Fels, die Südwestseite ist über aufgefülltem Kulturboden errichtet, während die beiden anderen Seiten leicht in gewachsenen Lehmboden eingeschnitten sind. Die Erhaltung der Mauern ist auch hier ungleich. Die Nord- und Südwestseite sind an verschiedenen Stellen noch 1 m hoch, dagegen zeigen die beiden anderen meist nur eine Höhe von 15-40 cm. Die beiden erstgenannten Seiten haben fast auf der ganzen Länge noch den 10 cm dicken rot gefärbten Verputz, der sich von dem des inneren Raumes durch rohere Arbeit und geringere Glätte unterscheidet. Er begleitet die Mauer bis auf die unterste Steinlage. Die dem Abhange zu liegende Nordwestseite nimmt das grösste Interesse in Anspruch. An diese sind 4 etwa 1 m breite Vorsprünge angesetzt, die mit der Mauer nicht in Verband liegen. Bei dem einen ist sogar zwischen Mauer und Vorsprung noch der rote Bewurf stehen geblieben, auch sind Stücke desselben in den Vorsprung mit eingemauert. Sie sind also später vorgeschoben und sollten anscheinend diese am weitesten sichtbare Seite zu einer Prunkfront umgestalten. Neben dem Vorsprung 2 lag der untere Teil einer toskanischen Säule aus Trierer Sandstein, deren Kapitäl vor dem Vorsprung 1 sich befand, so dass hier mit ziemlicher Sicherheit angenommen werden konnte, dass sie auf dem Vorsprung 2 gestanden habe. Der dritte Vorsprung ist wohl wegen einer Unebenheit des Terrains, die ausgefüllt werden musste, auf einer Seite mit einem Sockel versehen. 2 und 3 sind nahe an einander gerückt; in der Mitte zwischen beiden liegt auch die Mitte der ganzen Seite. Diese ist nach der Westecke zu bis auf die Sohle ausgebrochen, doch ist der Fundamentgraben überall vorhanden. An diesen tritt der vierte Vorsprung mit scharfer Kante heran, geht dann aber in eine Rundung über, die um 80 cm über die Richtung der Südwestseite vorspringt. Alle Vorsprünge sind wie die Seiten mit rotem Bewurf versehen. Neben der Südwestseite wurde ein grosses Stück einer Säule, Basis und Schaft, gefunden, einzelne kleinere Stücke lagen auch neben den anderen Seiten. An der Nordostseite zeigt sich der Eingang, der wiederum stark zerstört ist, so dass seine Breite sich nicht bestimmen lässt. Während die Mauer zu beiden Seiten desselben in den gewachsenen Boden eingeschnitten ist, liegt dieser in der Mitte des Einganges unberührt. Vor demselben fanden sich grosse Stücke von breit kannelierten Säulen oder Halbsäulen aus Trierer Sandstein und verschiedenen Verzierungen aus demselben Material. Zwischen dem inneren Bau und der Südostseite liegt ein Estrich von Sand und Kalk. Er ist unberührt von späteren Grabungen und nur 20-30 cm hoch mit Schutt und Erde bedeckt. Auf dem Boden lagern Asche und Kohlen mit Nägeln und Dachschiefer, aber auch mit vielen Münzen durchsetzt, die sich meistens nesterweise zusammen finden. Der Raum zwischen dem innern Bau und der Nordostseite hat dieselbe Beschaffenheit; hier fanden sich auch einige Stücke von weichem Thon, der vielleicht kurz vor der Zerstörung zu einer Ausbesserung benutzt werden sollte. Dagegen befindet sich auf den beiden andern, dem Terrainabfall zugekehrten Seiten unter dem grauen Estrich noch ein zweiter aus gelblichem mit kleineren Steinchen untermischten Thon, der dem gewachsenen Boden entnommen ist. Unter ihm liegt aufgefüllter, dunkler Kulturboden. Da wo er an die Wand des inneren Baues stösst, ist er getragen von einer Lage mittelgrosser Steine, die an die Mauer angelehnt sind und so eine Art Sockel bilden. Nach den beiden Aussenmauern zu senkt sich der Estrich stark, so dass er nur den Zweck gehabt haben kann, etwaige Bodenfeuchtigkeit nach diesen hin abzuleiten. Die Ecke zwischen der Nord- und Südwestseite ist stark beschädigt, selbst der erbreiterte und abgerundete Vorsprung ist nach innen zu teilweise ausgebrochen, so dass nur der äussere gut gelegte Rand mit dem Bewurf stehen geblieben ist. In dieser Ecke steht ein halbrunder Ofen, dessen Seitenwangen nach der Südwestmauer hin in einen breiten Kanal auslaufen und so eine Art Präfurnium bilden. An der Südwestseite ist die eine Wange noch durch ein kleines Mäuerchen verstärkt. Mitten durch den Feuerungskanal läuft ein 12 cm breites in den Thon eingehauenes Gräbchen nach aussen. Die Wände des Ofens sowie des Kanals sind aus Sand und Ziegelmehl gebacken und bilden eine leichte, klingende Masse. Über dem Ofen lag eine Decke aus demselben Material, die aber eingestürzt ist. Sie war oben gut geglättet, geweisst und mit verzierenden Furchen versehen. Ein grosses Stück zeigte sich von zwei Seiten auf diese Weise bearbeitet; es stammte entweder von der nach aussen frei stehenden Seite des Ofens, oder es muss die Decke desselben über den Estrich hervorgetreten sein. Dieser schliesst überall fest an die Wände des Ofens an, ein Beweis, dass derselbe gleich bei der Anlage des Tempels errichtet worden ist. Unter der herabgestürzten Decke lag auf dem Boden, der mit einem harten Estrich versehen ist, eine starke Schicht Asche und Kohle; die Wände des Ofens sind vom Gebrauche vollständig glasiert. Mit der Decke sind auch eine Menge profilierter Kalksteinstücke in den Ofen herabgestürzt, so dass vielleicht in seiner Nähe eine Statue oder ein Altar gestanden hat.

Der eigenartige Grundriss des Baues, ein kleineres Quadrat in einem grösseren, ist bei Tempeln der Moselgegend beobachtet worden[5], sodass die Beschaffenheit des Baues bereits erkennen lässt, dass wir einen Tempel vor

[5] Vgl. die Tempelanlage von Gusenburg Westd. Korrbl. 1892 Nr. 23, Westd. Zeitschr. Jahrg. 1898 Museographie S. 298.

uns haben, was durch die später zu erwähnenden Funde bestätigt wird[6]. Das innere Quadrat ist die Cella, das eigentliche Heiligtum, in welchem die gefundene Aufmauerung die Statue der zu verehrenden Gottheit trug. Vor derselben stand wahrscheinlich der Altar. Um die Aufmauerung fanden sich denn auch eine Menge grosser und kleiner Bruchstücke aus bearbeitetem Metzer Kalkstein, ebenso sind die Skulpturreste in Stolzenfels der Cella entnommen. Diese war ein massiv aufgeführter Steinbau, wie aus den noch hoch erhaltenen Mauerstücken, sowie aus der grossen Menge der neben ihr gefundenen Steine hervorgeht. Die inneren Wände waren, wie bereits erwähnt, mit rot gefärbtem Bewurf versehen, der wohl nach der Decke zu andersfarbige Verzierungen hatte, denn in dem Schutte fanden sich auch verschiedene rote Stücke mit gelben Linien. Die den grösseren Raum umschliessende Mauer kann dagegen nur niedrig gewesen sein, denn die Steine des Einsturzes bilden auf allen Seiten nur geringe Haufen, die kaum einen höheren Aufbau gestatteten. Sie ragte demnach nur wenig über den Estrich hinaus und bildete die Unterlage für einen Säulenkranz, der das Dach trug. Leider ist der obere Teil der Mauer so zerstört, dass keine Stelle gefunden werden konnte, die als Standpunkt für eine Säule anzusehen gewesen wäre. Ob die Säulen alle aus Trierer Sandstein hergestellt waren, ist nicht sicher zu entscheiden. Wohl fanden sich auf allen Seiten kleine Säulenstücke aus diesem Material, aber diese waren alle so leicht, dass sie bei der Zerstörung des Tempels an die betreffenden Stellen geworfen sein können. Es ist daher möglich, dass die Mauer Holzsäulen getragen hat, und dass nur am Eingange die erwähnten kannelierten Säulen gestanden haben. Die eigenartigen Vorsprünge, die in späterer Zeit an die dem Abhange zugekehrte Südwestseite angesetzt sind, möchte man zuerst als Verstärkungen der Mauer ansehen, das ist aber unmöglich, weil sie so lose vorgeschoben sind, dass bei 1 sogar der Wandverputz zwischen Mauer und Vorsprung geblieben ist. Auch war auf dieser Seite eine Verstärkung am wenigsten nötig, weil hier die Mauer auf dem gewachsenen Felsen ruht. Auf der Südwestseite wäre eher eine solche Stütze am Platze gewesen, denn hier ruht das Fundament in aufgefülltem Boden, und ist auch in diesen nicht tief eingelegt, ein Beweis, dass die Mauer keine zu schwere Last zu tragen hatte. Es kann daher die Vorsetzung der Mauerpfeiler nur den Zweck gehabt haben, an dieser weithin sichtbaren Seite eine Verschönerung anzubringen. Vielleicht wurde bei einer gründlichen Erneuerung des Tempels ein vorspringendes Dach hergestellt, das von Sandsteinsäulen auf den Vorsprüngen getragen wurde. Dafür scheint die Stellung der mittleren Vorsprünge zu sprechen, die so nahe zusammengerückt sind, dass sie einen Eingang zu bezeichnen scheinen. Es geschah wohl, weil hier

[6] Die quadratische Form erinnert an die Vorschriften Vitruvs für den etruskischen Tempel. Vitr. de architectura IV, c. 7.

der schwere Giebel zu tragen war, denn nur auf dieser Seite fanden sich keine oder nur sehr wenig Ziegelbrocken, während neben den übrigen Aussenseiten der Mauer überall starke Lagen von Schiefer und Ziegeln auftraten, sodass das Dach nach 3 Seiten Abfall gehabt zu haben scheint. Die Höhe der toskanischen Säulen ist nach Vitruvs Vorschrift gleich dem siebenfachen unteren Durchmesser. Dieser beträgt 35 cm, sodass eine Höhe von 2,45 m anzunehmen wäre. Sie ist aber wohl grösser gewesen, denn ein unteres Stück, Basis und abgebrochener Schaft, ist noch 1,10 m hoch, ein ebenfalls auf einer Seite abgebrochenes Schaftstück ist an dem anderen Ende glatt und 96 cm hoch, sodass, falls diese Höhe richtig sein sollte, die ganze Säule nur aus zwei Teilen bestanden und die abgebrochenen Stücke nur sehr geringe Grösse gehabt haben müssten.

Die beim Bau verwendeten Steine sind stark mit Quarzitadern durchzogene Grauwacke, die in einem zwischen dem Tempel und der benachbarten Villa gelegenen Steinbruche gewonnen ist. Vereinzelt finden sich in der äusseren Mauer Tuffsteine und Kalksteine geringer Sorte mit vermauert. Die unterste Fundamentschicht weist auch Ziegelbrocken und kleine runde Kalksteine auf, die wie Flussgeschiebe aussehen. Sie bildeten den beim Löschen des Kalkes unaufgelösten Rückstand, den die Maurer hier „Kalb“ nennen. Zweierlei Arten von Deck- und Hohlziegeln erinnern an verschiedene Bauzeiten. Die einen sind aus dunkelrotem, die andern aus gelbem Thon verfertigt. Die letzteren sind dünner und besser gebrannt als die der dunkleren Art. In den Hohlziegeln finden sich oft die Mörtelstücke, mit denen sie auf den Leisten der Deckziegel befestigt waren.

Die Cella ist über einem älteren Bau errichtet, von dem die untersten Lagen des Fundamentes fast überall noch erhalten sind. Bei der Anlage des neuen Gebäudes wurden die Mauern des älteren nur so weit abgetragen, als nötig war, um den unteren Estrich darauf zu legen. Da wo die Mauer des neuen Gebäudes das alte schneidet, ist dieses durchbrochen. Die dünnen Mäuerchen desselben können nur einen Holzbau getragen haben. Dieser war kleiner als die neue Cella, aber gleichfalls quadratisch. Zwischen der Nordwestmauer der alten und der neuen Cella zeigt sich der gestampfte Estrich des alten Baues mit Asche und vielerlei Kulturresten, auch Lehmpatzen bedeckt, die einer weissgetünchten Wand angehörten. In den Ecken dieses Holzbaues liegen je zwei Pfostenlöcher. Sie sind tief in den gewachsenen gelben Thonboden eingeschnitten. Die herausgeworfene Erde, die nach dem Einsetzen der Pfosten übrig blieb, ist zum Verkeilen derselben benutzt worden und bildet über dem gewachsenen Boden einen 15 bis 20 cm starken gelben Ring, von dem sich die dunklere Erde leicht ablösen lässt. Die Pfosten waren 18-20 cm dick und 30 cm breit und so gestellt, dass zwischen den schmalen Seiten ein Zwischenraum von etwa 30 cm frei blieb. Demnach scheinen die beiden Seitenwände einen Kern von übereinander gelegten, 30 cm dicken Balken gehabt zu haben, während die Vorder- und Rückwand leichter gebaut sein müssen. Dieser Blockbau stand früher als der vorige, denn das Mäuerchen des letzteren geht an zwei Stellen über die Pfostenlöcher hinweg. Es müssen also bei der Anlage desselben die Pfosten zuerst heraus gezogen worden sein. Mit dem Schutte des zerstörten Tempels wurden die Löcher gefüllt und dann die Mauer errichtet. Da in den Pfostenlöchern auch Stücke einer geweissten Lehmwand vorkommen, so können diese nur dem ältesten Tempel angehört haben, dessen Umfang dem des zweiten vollständig gleichkommt. Unter dem Mäuerchen des zweiten Tempels her ist auf der Nordwestseite tief in den gewachsenen Boden ein Wasserdurchlass eingehauen, der mit Steinen unregelmässig umstellt und mit Sand angefüllt ist. In demselben fand sich ein mit tief eingeschnittener Wellenlinie verzierter Scherben von einem rohen Gefässe. Der Durchlass muss zu den älteren Bauten gehört haben und bestimmt gewesen sein, die Bodenfeuchtigkeit abzuleiten, was in dem jüngsten Bau durch den darüber liegenden schrägen Thonestrich geschah.

Die das weite Tempelgebiet, den Temenos, einschliessende Umfassungsmauer ist überall noch über dem Sockel, stellenweise noch meterhoch erhalten. Sie besteht aus 12 ungleich langen Seiten und ist 15 cm stark und gut gearbeitet. Von innen und aussen war sie mit weissem, geglättetem Bewurfe versehen, in den Quadrate von 10-12 cm Seitenlänge tief eingerissen sind. Durchweg ist nur die innere Seite aufgedeckt, an der äusseren zeigt sich bei X ein Vorsprung, der auf einen Strebepfeiler hinzudeuten scheint. Als Bekrönung diente ein Satteldach aus Deck- und Hohlziegeln; diese sind beim Einsturze gleichmässig nach beiden Seiten gefallen. Sobald man an der Innenseite auf den gewachsenen Boden kommt, zeigen sich überall La Tène-Scherben, auch Stücke mit tief eingedrückten Linien für Thoneinlage, ein Beweis, dass der Temenos der älteren Tempel bereits dieselbe Ausdehnung hatte, wie der des jüngsten, wenn auch die Mauer vielleicht durch einen Holzzaun ersetzt war.

Auf der Nordostseite des Tempels liegt ein 1,70 m breiter Eingang (I). Auf beiden Seiten ist die Mauer 72 cm von der Öffnung entfernt, zu einem Pfeiler von 1,12 m verstärkt. Auf der Westseite des Einganges zeigt sich vor der Mauer ein mit Steinen umstelltes und mit Mörtel ausgegossenes Loch, das wohl einen Pfosten für den Thoranschlag enthielt. Die Schwelle ist durch eine dünne Steinstickung in Mauerbreite gebildet. Die Obermauer hat noch eine Höhe von 90 cm, die Quaderlinien des Bewurfs sind hier mit brauner Farbe bemalt. Ob ein Thorbogen vorhanden war, ist nicht mit Sicherheit zu sagen. Zwar finden sich einige keilförmig zugerichtete kleine Tuffsteine, sowie in gleicher Weise bearbeitete Grauwacken, doch können diese zum Ausfüllen von Ungleichheiten in der Mauer gedient haben. Unmittelbar vor dem Eingange nach aussen zu liegt eine Sandschüttung, an die sich dann eine Stückung aus kleinen Steinen anschliesst, die sich aber bald wieder verliert.

Nach innen zu zeigen sich die Spuren eines Weges nicht. Der Eingang liegt in der Mitte eines kurzen Mauerabschnittes der polygonalen Umfassung. An diesen setzen die zu beiden Seiten anstossenden Mauerstücke in einer Rundung an, während sonst die Eckpunkte stets einen scharfen Knick bilden. Eine von dem Thore zum Eingange des Tempels gezogene Linie stösst in spitzem Winkel auf denselben.

Ein zweiter, breiterer Eingang (II) liegt nicht weit von dem ersten. Er zeigt keine Mauerpfeiler, hat aber die braun gefärbten Quaderlinien. Die Schwelle ist auch hier durch kleine Steine gebildet, doch findet sich über derselben noch eine Lage von besseren Steinen, die etwas über die Mauerflucht hinausgeht, so dass es den Anschein gewinnt, als sei der Eingang einmal vermauert gewesen. Wahrscheinlich aber ist nur die Schwelle in späterer Zeit erhöht worden, als sie bereits schadhaft geworden war, denn dass der Eingang noch bis in die letzte Zeit benutzt wurde, dafür zeugen mehrere hier gefundene späte Kleinerze. Vor der Ostseite der Öffnung nach aussen zu liegt ein starker Quarzitblock hart an der Mauer, den man als Prellstein ansehen kann. Es würde dann dieser dicht neben dem früheren gelegene Eingang besonders dann benutzt worden sein, wenn irgend etwas zu Wagen in den Temenos geschafft werden musste, daher auch seine grössere Breite. Er liegt senkrecht zum Eingange des Tempels. Auf der Aussenseite zeigt sich auch hier wieder die Sandschüttung. Ein dritter Eingang (III) findet sich auf der Ostseite des Pastorspfades, der einen kleinen Teil des Temenos abschneidet. Er öffnet sich unmittelbar neben einem Mauerknicke; seine Breite ist 1,70 m. Auch hier fehlen die Pfeiler, doch weist ein grösserer Keilstein aus Tuff darauf hin, dass das Thor überwölbt gewesen ist. Ein anderer Tuffstein zeigt eine bogenförmige Rille, die wohl durch das Öffnen und Schliessen des Thores entstanden ist. Auf der Aussenseite desselben liegt wieder eine 4 m breite und ebenso lange Steinstickung über einer Sanddecke. Sie ist nur 30 cm hoch mit Humus bedeckt. Etwa 10 m südwestlich des Thores, hart am Pastorspfade, bemerkt man auf der Innenseite der Mauer zwei kleine Vorsprünge. Der eine ist gerade an einem Knick. Ihre Bestimmung ist nicht zu ersehen; es fanden sich dabei nur wenige Scherben. Vielleicht sind sie die Reste einer Zelle für den Thorwart, der bei Festzeiten nötig sein mochte. Durch den Pastorspfad von den Vorsprüngen getrennt, fand sich an der Mauer eine Stelle mit Asche und wenigen Scherben, dabei zwei Messer und eine undeutliche Münze mit Stempeleinschlag.

Der mit den Vorsprüngen ausgestatteten Seite des Tempels gegenüber liegt an der Umfassungsmauer ein eigenartiger Bau, der im wesentlichen aus zwei Räumen, dem langen Zimmer A und dem breiteren B besteht. Südlich von diesem Bau, bei 1, bricht die Umfassungsmauer mit scharfem Kopfe und vorspringendem Sockel ab. Der Raum zwischen 1 und 2 ist später zugemauert; die Vermauerung ist schlecht hergestellt, ohne Fundament und mit Ziegeldurchschuss. Auch auf der anderen Seite des Baues scheint in gleicher Weise die Einsetzung eines Mauerstückes stattgefunden zu haben, doch muss vor derselben die Umfassungsmauer verdorben gewesen sein, denn ein scharfer Mauerabschluss ist nicht vorhanden. An den Mauerkopf bei 1 schliesst sich in festem Verbande mit demselben eine nach aussen gehende, gut gearbeitete Mauer zunächst mit einem Pfeiler 3; darauf folgt der Eingang (4) mit einer Stiege. Die anschliessende Langmauer (5) hat an beiden Enden und in der Mitte eine leichte Verstärkung. Die nördliche Schmalseite (6) hat gleichfalls einen Eingang, der über der Fundamentmauer einen Kalkestrich zeigt. Vor demselben nach aussen liegt ein 5 cm dicker Thonestrich über dunklem Kulturboden. Hier fanden sich auch mehrere La Tène- und jüngere Scherben, ein Stück Fensterglas und ein Brocken verkohlten Holzes mit Einschnitt. Die beiden dünnen Quermäuerchen (7 u. 8) sind ohne Verband mit den Langmauern und später eingesetzt; sie enthalten wieder Ziegeldurchschuss und zeigen keine Spur einer Thürschwelle. Beide Räume haben einen rötlichen Thonestrich, der auf dem abschüssigen Boden von B nach Nordwesten sehr stark aufgetragen werden musste, damit ein ebener Fussboden geschaffen wurde. In A führt unter demselben ein mit Sand gefüllter Wasserdurchlass nach aussen. Wie es scheint, lagerte über ihm noch ein anderer Estrich, denn ausserhalb des Baues liegen neben der Langmauer 5 starke Stücke eines geglätteten Kalkziegelbodens, sowie einige Brocken von feinem rotem Wandbewurf.

Der Bau war mit Schiefer gedeckt, eine Anzahl erhaltener Dachschiefer waren ins Innere gestürzt. Welchen Zweck derselbe gehabt hat, lässt sich aus den Funden nicht ersehen. In dem langen Raume kam gar nichts zutage, in dem breiten einige frühe Scherben und ein kleines Steinbeilchen, das wohl zum Glätten des Bodens oder der Wand benutzt wurde. Sicher sind zunächst die beiden Seiteneingänge an dem langen Raume, desgleichen der frühe Eingang (1) an der Umfassungsmauer, dem wohl ein Eingang an der andern Seite des Baues entsprochen hat. Die eine Seite des breiten Raumes ist teilweise ausgebrochen, deshalb ist hier vielleicht ein Eingang vom Temenos aus gewesen. Ob die die beiden Räume trennende Langmauer von Anfang an gestanden hat, ist nicht gleich ersichtlich, besonders weil ein Teil derselben tief ausgebrochen ist. Es ist aber sehr wahrscheinlich, denn sie ist genau so gebaut wie die Umfassungsmauer, tief in den gewachsenen Boden eingeschnitten und jedenfalls vor Einsetzung der kleinen Quermäuerchen erbaut. Mit ihr stehen die Anschlussmauern des breiteren Raumes in festem Verbande. Denken wir uns die kleinen Quermäuerchen weg, so kam der Besucher von aussen zuerst in eine lange Halle und aus dieser an dem breiten Raume vorbei in den Temenos. Der breite Raum neben dem überdachten Eingange mag dann die Wohnung des Tempelwärters gewesen sein, wofür auch das hier gefundene Stückchen Fensterglas spricht. Später wurde der

Eingang vielleicht wegen des beschwerlicheren Aufstieges aufgegeben; man setzte die beiden Quermäuerchen ein und erhielt so ein zweites kleines Zimmer, das nun gleich dem ersten zu Wohnzwecken diente, oder als Aufbewahrungsort für Holz oder Tempelgeräte benutzt wurde.

Der Temenos hat in seiner grössten Ausdehnung einen Durchmesser von 116, in der geringsten von 98 m. In demselben liegt dicht am Hauptbau ein kleinerer mit Vorhalle und Eingang nach Nordosten. (Taf. IV, 9) Er hat nur dünne Mäuerchen, ist schlecht gebaut, in Lehm gesetzt und mit Ziegeldurchschuss versehen, sodass er zweifellos in späterer Zeit entstanden ist. Das Dach scheint flach gewesen zu sein, denn der Dachschiefer liegt ganz im Innern. Hier fand sich nur ein Stückchen Glas, ein Thonscherben und der sehr beschädigte Kopf einer weiblichen Figur aus Trierer Sandstein. Der Kopf, sowie die auch annähernd quadratische Form des Innenraumes lassen schliessen, dass das Gebäude als ein einer Göttin geweihtes Tempelchen anzusehen ist. Dem Eingange desselben gegenüber neben dem Vorsprung 2 stand der mitten durchgeborstene Sockel eines Altars oder einer Statue aus Sandstein, daneben ein Gesimsstück, ein als Relief angebrachtes Oberschenkelstück mit Knie und andere bearbeitete Stücke aus demselben Material; sie scheinen einem roh gearbeiteten Gewande anzugehören. Ob die Basis hier ihren ursprünglichen Stand hatte, ist nicht mit Bestimmtheit zu sagen, weil an dieser Stelle der gewachsene Fels zutage liegt und nur von einem dünnen Estrich bedeckt ist, der aus klein geschlagenen Ziegelbrocken und rohen Gefässstücken mit schwarzem Brande besteht, sodass der Altar nicht in den Boden eingeschnitten zu sein brauchte. Wenn also auch der Platz der ursprüngliche Standort sein kann, so ist andrerseits die Möglichkeit ebenso gross, dass die starken Bruchstücke bei der Zerstörung des Heiligtums hierher geworfen sind und vielleicht dem kleinen Tempelchen entstammen.

An der Linie, die vom Eingange des Tempels zu den Eingängen I u. II der Umfassungsmauer führt, liegt ein aus 16 Flachziegeln sorgfältig hergerichtetes Quadrat (Taf. IV, 10). Über demselben befindet sich ein zur Hälfte erhaltener 10 cm dicker Estrich aus Kalk und Sand. Durch je zwei neben einander aufrecht gestellte Ziegel sind Seitenwände gebildet. Ein zweites, kleineres Quadrat, das in derselben Weise hergerichtet und gleichfalls mit Ziegeln umstellt ist, liegt 70 cm von dem ersten entfernt und um 10 cm höher. Das Ganze ist von einem in den gewachsenen Boden eingehauenen Graben umschlossen, der der Trockenlegung dienen sollte. Rings umher liegen Steine und Deck- und Hohlziegel, sodass die Quadrate überdacht gewesen sein müssen. Die Steine sind wenig zahlreich, auch finden sich keine Lehmbrocken; es kann sich also wohl nur um ein Schutzdach handeln. Über dem Boden des grossen Quadrates liegen grosse Brocken bearbeiteten Sandsteines mit glatten Wänden, dabei eine ganze Quader mit einer roh gearbeiteten männlichen Figur, die in den Fugen die Spuren roter Färbung trägt. Diese, sowie die ganze Form der Anlage zeigen, dass hier ein mit Schutzdach versehener Votivaltar stand. Ein La Tène-Scherben in der Wasserrinne, sowie ein in den Kalk des Estrichs hinein geratenes Terra-nigra-Stück lassen auf frühe Anlage schliessen.

Dicht an der Umfassungsmauer, nicht weit vom Eingang II, liegt eine runde Mauer mit Öffnung nach dem Tempel zu (vgl. Taf. IV, 11). Sie ist nur 30 - 40 cm stark und nicht überall erhalten, doch überschreitet die vorhandene Rundung den Halbkreis, und die Beschaffenheit des Bodens lässt erkennen, dass der Bau annähernd kreisrund mit breitem Eingange war. Er hatte ein Ziegeldach, dessen Deck- und Hohlziegel rund um dasselbe herum liegen. Stücke von einer Lehmwand fanden sich auch hier nicht. Im Innern des Baues zeigten sich Gefässscherben, sowohl frühe als späte, dabei ein Stück guter Sigillata mit Adler und Knaben; auch ein Grosserz des Hadrian lag dort. Insbesondere aber kamen auch hier wieder zahlreiche Bruchstücke von bearbeitetem Kalkstein zutage, darunter eines mit 2 Buchstaben von einer Inschrift  . Der Befund lässt auch hier keinen Zweifel, dass wir ein Tempelchen oder eine überdachte Ara vor uns haben.

Etwas näher am Eingang II und gleichfalls dicht an der Umfassungsmauer muss ein Gebäude mit Holzwänden (Taf. IV, 12) gestanden haben, denn hier liegt an der Mauer eine breite Schicht Asche und verkohlten Holzes, auch zeigen sich verbrannte Lehmstücke mit den Holzfugen, desgleichen Brocken von 10 cm dickem Kalkziegelestrich. Die Anzahl der Gefässscherben ist gross, darunter La Tène- und Terra-nigra-Stücke, Horizontalränder mit Doppelrillen, Bruchstücke von Tassen mit Glimmerplättchen. Ein Amphorenhenkel hat den Stempel [P C Æ H⁝ R]. Von anderen Gegenständen wurde ein sechseckig abgeschliffener Kiesel, ein Eisenmesser und eine eiserne Schleife mit Riegel gefunden (vgl. Taf. IX, 5). Dicht vor diesem Platze liegt ein mit kleinen Steinen umstellter Quarzitblock, auf dem unter einer nur fingerdicken Grasnarbe eine Münze mit Stempeleinschlag sich fand.

Etwas weiter nach Osten kam wieder eine Menge bearbeiteter Kalksteinbrocken zutage und anscheinend auch die unterste Lage eines Mäuerchens. Aller Wahrscheinlichkeit nach hat auch hier wieder ein Tempelchen oder eine Ara gestanden.

Eine gleiche Stelle liegt westlich von der Nordwestecke des Tempels. Hier findet sich ein Haufe von Steinen, Mörtel und bearbeiteten Kalksteinstücken. Daneben lag nahe an der Umfassungsmauer der Schwanz eines Vogels aus Sandstein.

Eine weitere Stelle der Art (Taf. IV, 14) ist zwischen der ersten Ara und dem Tempel nicht weit von dessen Eingang, wo eine Reihe Tuffsteine, Stücke von bearbeitetem Sandstein und Schiefer zutage gefördert wurden.

Wieder eine andere liegt unweit der Südostecke des Tempels mit vielen bearbeiteten Tuffsteinen (Taf. IV, 15). Eine genaue Bearbeitung dieser Plätze musste zunächst unterbleiben, weil eine sorgfältige Untersuchung die Entfernung des Unterholzes erfordert und mit grösseren Kosten verknüpft ist. Für eine Vervollständigung des Bildes dieser merkwürdigen Kultstätte wäre sie sehr zu wünschen und dürfte noch mancherlei Interessantes bieten, da wohl als sicher anzunehmen ist, dass die Reihe der Arae oder der Votivtempelchen sich noch vermehren wird. Ebenfalls im Temenos in der Nähe des Pastorspfades liegt eine tiefe mit Schlamm und einzelnen Steinen gefüllte Grube (Taf. IV, 16), die einen grossen Teil des Jahres Wasser enthält und das Ansehen eines kleinen Weihers bietet. Ob sie für die Zwecke des Tempels angelegt ist, wurde noch nicht untersucht.

Der Tempel, sowie das kleine Nebentempelchen sind nach einer bereits anderswo erprobten Methode mit Cement und Rasen gedeckt und vor dem Verfalle geschützt, dasselbe ist mit Eingang I geschehen. An einer Stelle ist die Umfassungsmauer annähernd in ursprünglicher Höhe wieder hergerichtet und mit einer Bekrönung aus Deck- und Hohlziegeln versehen. Der Ofen und die viereckigen Altarstellen, die am leichtesten der Zerstörung ausgesetzt waren, sind vorläufig wieder zugedeckt. Die gefundenen beiden Säulenbasen mit Schaft sind auf den mittleren Vorsprüngen angebracht, in der Erwägung, dass wenn der ganze Peripteros Sandsteinsäulen gehabt hätte, mindestens 12 vorhanden gewesen sein müssten, während doch nur Bruchstücke von drei, höchsens 4 Säulen gefunden wurden, die einer Besetzung der Vorsprünge entsprechen würden. Doch ist hier ein Irrtum möglich, weil die Säulenstücke als gutes Material gelten und trotz der abgelegenen Stelle einmal weggeschafft sein können.

Funde.

a) Münzen:

Aus der Grabung des Kastellans Pfeiffer stammen 34 Kleinerze und 2 Stücke von solchen; sie werden im Schlosse aufbewahrt. Zu bestimmen waren bei einer Durchsicht daselbst Stücke von Theodora, Constantius II, Constans, Valens, Valentinian, Theodosius I, Arcadius.

Bei der diesjährigen Untersuchung wurden gefunden:

1 Altarmünze des Augustus, Mittelerz, im Pfostenloch.
1 Altarmünze dsgl. mit Stempeleinschlag in der alten Cella.
1 Mittelerz mit Stempeleinschlag, desgl.
1 Grosserz mit Stempeleinschlag an der Südwestmauer.
2 Mittelerze mit Stempeleinschlag im Temenos.
1 unbestimmtes Mittelerz ebenda.
1 Hadrianus im Südbau.
1 Antoninus Pius, Grosserz, bei der Altarstelle 1.

Kleinerze, mit wenigen Ausnahmen im Tempel:

1	Tetricus sen.	4	Magnentius	3	Magn. Maximus
1	Theodora	1	Julian	3	Arcadius
14	Konstantin I	10	Valentinian	1	Theodosius II
1	Konstantinoplis	1	Jovian	3	Gloria excercitus aus konstantin. Zeit
3	Roma	14	Valens		
1	Populus Romanus	2	Gratian	22	unbestimmte Kleinerze.
7	Konstantin II	1	Theodosius		
8	Konstans				

b) Andere Gegenstände:

1. Viereckige Pfeilspitze, 5,5 cm mit 5 cm langer Tülle, in der noch Holz steckt, in der alten Cella. (Taf. IX, 2).
2. Fibel mit breitem, flachen Bügel und unter demselben angebrachten Nadelhalter ebendaselbst. (Taf. IX, 12).
3. Mehrere Messer im Temenos.
4. Schleife mit Riegel, ebenda. (Taf. IX, 5).
5. Bronzenagel, dsgl. (Taf. IX, 14).
6. 2 silberne Zierknöpfe, dsgl., der eine mit Stempel MI auf der Unterseite. (Taf IX, 13 und 15).
7. Ein Anhängsel aus Bronze, desgl. (Taf. IX, 10).
8. Zierknopf aus Bronze, Bau an der Umfassungsmauer.
9. Viereckiger Schleifstein, neben demselben.
10. Bruchstück eines dünnen Säulchens aus Stein, desgl.

c) Skulpturstücke.

1. in Stolzenfels, sämtlich aus Kalkstein.

1. (Taf. VI, 1). Oberer Teil des Kopfes einer weiblichen Figur über Lebensgrösse. Die Stirn ist schmal und gewölbt, die Augensterne tief eingeschnitten. Das gewellte Haar ist über der Stirn gescheitelt und mit einer hohen Stephane geschmückt. Gleich hinter derselben sind Scheitel und Hinterkopf schräg abgeflacht; 8 Böhrlöcher in der ebenen Fläche zeigen, dass ein Ansatzstück das Haar enthielt.

2. (Taf. VI, 2). Linker Oberschenkel einer sitzenden weiblichen Figur über Lebensgrösse. (Die Stücke der weiblichen Figur unterscheiden sich von denen der männlichen durch weissere Färbung). Vorne ist die geglättete Ansatzfläche. Ueber denselben fällt nach aussen das Ende eines faltigen Gewandes. Auf diesem liegt ein Haufe Geld, das aus einem Beutel strömt, dessen dünner Stoff die Geldstücke durchschimmern lässt. Er ruht auf einer männlichen linken Hand mit der Öffnung zwischen Zeige- und Mittelfinger, während der Daumen ihn zusammen presst, damit das Geld heraus fällt. Auf

dem Beutel sitzt eine Schildkröte, und um ihn ringelt sich eine Schlange, deren unteres Ende auf dem Beine, während der Kopf neben dem der Schildkröte liegt.

3. (Taf. VI, 3). Stück eines anderen Kopfes mit dem oberen Teile des rechten Ohres; hinter diesem ringelt sich das Haar unter einer nach dem Hinterkopf herab fallenden Kappe. Oben ist das Bruchstück abgeplattet und zeigt noch ein Bohrloch (Für den Flügelansatz?).

4. (Taf. VI, 4). Linkes Knie und ein Stück des Unterschenkels einer sitzenden männlichen Figur, am Oberschenkel mit glatter Ansatzfläche.

5. (Taf. VI, 9). Linker Fuss der männlichen Figur mit Sandale; er ist hinter den Zehen 15 cm breit. Da wo hinter der grossen und zweiten Zehe die Sandalenschnüre zusammen treffen, ist ein blattförmiges Ornament. Die vorderen Zehen sind beschädigt.

6. (Taf. VI, 7). Linker Fuss der weiblichen Figur mit Sandale; die Schnüre sind sichtbar; hinter den Zehen ist er 12 cm breit und hoch gewölbt.

7. (Taf. VII, 5). Armstück mit übergelegtem faltigen Gewande.

8. (Taf. VII, 3 u. 4). Oberer Teil eines Füllhorns mit verschiedenen Früchten; an der einen Seite scheint ein Vogel an diesen zu picken. Unter denselben tritt eine Verzierung durch kleine Dreiecke hervor.

9. (Taf. VI, 6). Kleine weibliche Figur als stark heranstretendes Relief an der Seite eines Altars angebracht. Der Kopf fehlt, ebenso die Beine etwa von der Mitte der Oberschenkel ab. Das Gewand fällt nach hinten und lässt den unteren Teil der Figur unbekleidet.

10. (Taf. VII, 1). Kleines Köpfchen an einem viereckigen Steinsäulchen, das oben, unten und hinten abgeflacht, an den Ecken rechts und links etwas abgerundet ist. Es ist stark beschädigt, die Haare fallen zu beiden Seiten in gewellten Locken hernieder. Nach rechts scheint am Ende des Säulchens der Ansatz einer neuen Figur zu folgen.

11. (Taf. VI, 8). Ähnliches Köpfchen; die rechte Seite ist beschädigt, an der linken zeigt sich der Ansatz der Säule. Die beiden Köpfchen können neben einander gesessen haben; die Bruchflächen sind etwas beschädigt. Sie waren wohl am Fries des Altars angebracht.

12. (Taf. VII, 6). Altarstück, an dem der Ansatz eines Gewandes hervortritt.

13. (Taf VII, 7). Anderes Altarstück mit einer Blume verziert.

14. (Taf. VI, 5). Ausserdem sind kleinere profilierte Altarstückchen in grösserer Anzahl vorhanden und ebenso eine Reihe kleiner Gewandstücke, desgleichen zwei 1 m lange und ein kleineres Stück von dem Postamente, auf dem die Figuren sassen.

2. Jetzige Grabung:

1. (Taf. VII, 2). Kalkstein. Auf zwei kleinen ausgestreckten Händchen liegt ein nicht erkennbarer Gegenstand.

2. (Taf. VIII, 1). Weiblicher Kopf aus Sandstein, unter Lebensgrösse, im kleinen Nebentempel gefunden. Man erkennt an ihm die rechte Backe und das rechte Ohr, desgleichen das hoch gewellte Haar, darüber ein Tuch oder Schleier, in Falten nach der rechten Seite gezogen und am Hinterkopfe glatt anliegend. Die vordere Seite des Gesichtes ist abgeschlagen.

3. (Taf. VIII, 2). Kleiner Unterschenkel mit Flügel, Kalkstein. Die Figur war an einem Altar angebracht, von dem eine glatte Seitenwand hervortritt. Der Fuss fehlt. Der Gott war wohl als fliegend gedacht; man sieht noch ein Stück des zurückflatternden Gewandes.

4. (Taf. VIII, 3). Kleines rechtes Füsschen mit Schuh und breitem Band aus Sandstein auf einer glatten Basis; es berührt die über dieser sich erhebende Seitenwand.

5. (Taf. VIII, 4). Sandsteinstück vom viereckigen Altarplatz; 25 cm hoch, 8 cm dick, oben und an der linken Seite gebrochen. Darauf eine roh gearbeitete männliche Figur, von der der obere Teil des Kopfes fehlt. Mit dem linken Arm scheint sie sich auf etwas zu stützen, während die ausgestreckte Rechte anscheinend einen Gegenstand hält. Die Fugen zeigen die Spuren roter Bemalung.

6. (Taf. VIII, 5). Mittelstück einer Schlange aus Kalkstein; es gehört wohl zu der Schlange, die sich um den Beutel ringelt.

7. (Taf. VIII, 6). Unterer Teil eines Oberschenkels mit Ansatz vom Knie aus Sandstein, er war als Relief angebracht und wurde neben einer Basis vor dem Tempelvorsprung 2 mit kleineren Gewandstücken gefunden.

8. (Taf. VIII, 7). Schwanz und die übereinander gelegten Enden der Flügel eines Vogels aus Sandstein, gefunden an der Umfassungsmauer unweit einer Altarstelle.

9. (Taf. VIII, 8). Kalkstein. Aus kleiner halbrunder Nische tritt in Hochrelief der Oberkörper eines Mannes hervor mit stark gewölbter Brust. Der Kopf ist anscheinend mit einer spitzen Mütze bedeckt. Unter dem erhobenen linken Arm tritt ein Stück eines Gewandes hervor; der rechte, gleichfalls erhobene Arm scheint ein Tier zu halten.

10. (Taf. VIII, 9). Kalkstein. Dasselbe Halbrund mit der Darstellung einer weiblichen Figur, die an dem Haarputz kenntlich ist. Beide Stücke sind sehr beschädigt. Wie es scheint, sieht man die Figur von der Rückseite. Sie hat den Kopf nach links gewendet und sieht auf ein Tier, von dem der Kopf hervortritt, und das sie mit der Linken hält; die Rechte ist hoch erhoben.

11. (Taf. VIII, 10). Verzierung aus Sandstein vom Tempeleingang.

12. (Taf. VIII, 11). Verzierung aus Kalkstein.

13. (Taf. VIII, 12). Blumenkelch, Kalkstein.

14. (Taf. VIII, 13). Mittelstück einer Figur aus Sandstein, neben dem kleinen Tempel gefunden. Man sieht den oberen Teil des rechten Beines, an das sich ein Untergewand fest anlegt. Darüber fallen die Falten des Mantels. Es gehört wahrscheinlich zu dem Köpfchen mit Schleier.

15. (Taf. VIII, 14). Kalkstein. Unterer Teil eines Gewandes, das aus einer durch glatte Seitenflächen gebildeten Ecke scharf hervortritt.

16. (Taf. VIII, 15). Kalkstein mit Verzierung von der Seitenfläche oder dem Fries eines Altars; ein ganz gleiches Stück befindet sich in Stolzenfels.

17. (Taf. VIII, 16). Sandstein, wohl Gesimsstück eines Altars.

Ausserdem fanden sich eine Reihe von kleineren Gewandstücken aus. Kalkstein und Bruchstücke des Altars aus demselben Material. Die Kalksteinskulpturen zeigen alle eine gute Arbeit.

Der Beutel, die Schildkröte, der Flügelfuss lassen keinen Zweifel, dass das Heiligtum dem Mercur gewidmet war, von dem Cäsar berichtet, dass die Gallier ihn unter allen Göttern am meisten verehrten. Sie hielten ihn für den Erfinder aller Künste, den Gott des Handels und den Führer und Begleiter der Wanderer auf allen Wegen (Caes. bell. gall. VI, 17). Nach der Ähnlichkeit der Attribute bezeichnet Cäsar den gallischen Gott mit dem römischen Namen, ebenso wie Tacitus die germanischen Gottheiten mit römischen gleichsetzt. Als celtischer Name für den obersten Gott galt Teutates oder Toutates nach einer Inschrift aus Steiermark (Bonn. Jahrb. 42, S. 98). Doch ist nach neueren Inschriften Toutates = Mars, während Mercurius wohl dem celtischen Esus entspricht. (Westd. Korr. XV, 44 u. 45). Die gallische Gemahlin des Mercur ist Rosmerta, die der römischen Genossin des Gottes, der Maia, entspricht. Sie wird oft auf Denkmälern mit Mercur zusammen genannt und scheint besonders in der Moselgegend verehrt worden zu sein. So wurde eine Kapelle des Mercur und der Rosmerta dicht unterhalb Andernach gefunden; die Thüre ging nach dem Rheine zu. In derselben waren die Bruchstücke einer sitzenden Mercuriusstatue nebst Münzen und Gefässresten (Bonn. Jahrb. 26, 154 ff.; 20, 109 f., Hettner, Die römischen Steindenkmäler zu Trier, S. 49). Es ist daher sicher, dass die aufgefundenen Teile der weiblichen Statue der Rosmerta angehören. Auf verschiedenen bildlichen Darstellungen hält die Göttin als Attribut ein Füllhorn; das war also auch hier der Fall. Die von ihrem Schosse sich empor ringelnde Schlange ist als Attribut neu und weist wohl auf den ursprünglichen Charakter der Rosmerta[7] als Erdgöttin und

[7] Die Deutung des Namens ist bis jetzt nicht gelungen. Sicher ist nur die Zusammensetzung aus Ro und smerta; der letzte Teil soll soviel als „glänzend" bedeuten. Robert, Epigr. de la Moselle I p. 65-68.

Beförderin des Wachstums hin. Aus den gefundenen Bruchstücken können wir mit einiger Sicherheit auf die Gesamtdarstellung schliessen. Über der Aufmauerung lag eine 25 cm hohe Basis. Auf ihr waren die beiden Gottheiten wohl in einem Sessel sitzend dargestellt und nach der Grösse der einzelnen Körperteile (vgl. die Spannung der Füsse) in etwas mehr als anderthalbfacher Lebensgrösse. Nach der Stellung der Hand sass die Göttin zur Rechten und hielt das Füllhorn, während Mercur mit der linken Hand den Inhalt des Beutels in ihren Schoss schüttete. Vor den Kultbildern stand ein zierlicher Altar mit mancherlei bildlichen Darstellungen. Über den Kult der Gallier im allgemeinen berichtet Cäsar, dass unter Anleitung der Druiden in Zeiten der Not den Göttern Menschen geopfert wurden. Bei Lucan (Pharsal. 444-45) wird von den gallischen Volksstämmen gesprochen, bei denen der harte Teutates mit grausem Blute besänftigt wird (quibus immitis placatur sanguine diro Teutates). Auch Lactantius I, 21 schreibt: Galli Esum et Teutatum humano cruore placabant, und nach Sueton (Claudius 25) schritten sowohl Augustus wie Claudius gegen den grausamen Druidenkult ein. Aus den vielen kleinen Münzen im Tempel ersehen wir, dass dem Mercur - Esus, dem Gotte des Handels, als Dankopfer Geldstücke dargebracht wurden; die Gefässe, von denen Reste aus alter Zeit besonders auf der Aussenseite der äusseren Tempelmauer gefunden wurden, enthielten wohl den Tribut für Rosmerta in Früchten des Gartens und des Feldes. Auch blutige Opfer müssen besonders in älterer Zeit gebracht worden sein, das zeigen die Tierknochen in den Pfostenlöchern, die im ältesten Tempel gelegen haben müssen, als der zweite erbaut wurde, und die beim Einebnen der Löcher in diese gerieten. In enger Beziehung zu dem Tempelkult muss der merkwürdige Ofen in der Westecke gestanden haben. Dass er oft und auch bis zuletzt benutzt wurde, zeigen die glasierten Wände und die starke Aschenschicht. Seine Form sowie seine Stellung innerhalb der Säulenhalle, also fast im Freien, schliessen den Gedanken an einen profanen Zweck aus. Er muss daher zu Brand- oder Rauchopfern benutzt worden sein, und wir werden uns zu denken haben, dass in der geglätteten und geweissten Decke ein Loch für Kessel oder Pfanne sich befand. Vielleicht gehörte das kleine Füsschen (VIII, 3) zu einem neben oder über dem Ofen stehenden Altare.

Wann der älteste Holzbau, dem die Pfostenlöcher angehören, entstanden ist, lässt sich nicht mit Sicherheit sagen. Jedenfalls aber weisen die im Verhältnis zu den übrigen zahlreichen La Tène-Scherben der Pfostenlöcher darauf hin, dass die erste Anlage vor den Beginn unserer Zeitrechnung zu setzen ist. Wie lange er bestanden hat, geht mit grösserer Bestimmtheit aus dem Gesamtinhalte der Pfostenlöcher hervor, der in dieselben hinein gekommen sein muss, als das teilweise über sie gelegte Mäuerchen des zweiten Tempels erbaut wurde. Es sind neben den genannten zahlreichen La Tène-Scherben Stücke aus terra-nigra, Stücke eines Gefässes mit Glimmerplättchen, ein Scherben früher, dünnwandiger und stark profilierter Sigillata mit einer Altarmünze des Augustus ohne Stempeleinschlag. Daraus lässt sich der Schluss ziehen, dass der erste Tempel bis in die augusteische Zeit stand. Die in dem Schutte des zweiten Tempels auf dem Estrich desselben und unter dem untersten Estrich des jüngsten Baues gefundene reiche Scherbenzahl thut in gleicher Weise dar, wie lange der zweite Bau bestanden haben muss. Es sind hier besonders neben Scherben mit schwarzem Brande und glatter Oberfläche viele Reste aus terra-nigra, Stücke von Gefässen aus gelbem Thon, die wie glasiert aussehen und Bruchstücke von graublauen, sehr hart gebrannten Gefässen mit spiegelglatter Oberfläche. Dabei fand sich wieder eine Altarmünze des Augustus mit Stempeleinschlag und die Fibel Taf. IX, 12.

Von allen diesen Fundstücken braucht keins über die früheste Kaiserzeit hinaus zu gehen, und der vollständige Mangel an Stücken späterer Zeit lässt den Schluss zu, dass der zweite Tempel nur kurze Zeit gestanden und in früher Kaiserzeit verschwunden ist. Damit gewinnen wir auch den Zeitpunkt für die Errichtung des Tempels in seiner jetzigen Gestalt, da als sicher anzunehmen ist, dass nach Aufhören des zweiten Tempels mit der Anlage des neuen in nicht zu langer Zeit begonnen wurde. So haben wir in ihm einen Bau des ersten nachchristlichen Jahrhunderts, wahrscheinlich aus der ersten Hälfte desselben vor uns. Der erste Blockbau wurde durch Feuer zerstört, denn in den Pfostenlöchern findet sich Brandschutt, darin verbrannte Lehmpatzen. Dasselbe Schicksal hatte der zweite Holztempel. Auf seinem Estrich liegen zahlreiche fast zu Ziegeln gebrannte Wandstücke mit Holzeindrücken, Asche und Kohlen. Der neue Tempel muss in konstantinischer Zeit eine umfassende Renovierung besonders des Estrichs erfahren haben, denn die Münzen, die über demselben liegen, heben, die eine des Tetricus ausgenommen, mit dieser Epoche an.

Vielleicht sind damals auch die Vorsprünge an der einen Seite angesetzt und die Innenwände der Cella mit rotem statt des schwarzen Bewurfes versehen worden. Bis in den Anfang des 5. Jahrhunderts hat die Verehrung des Mercurius und der Rosmerta fortgedauert, denn erst mit Arcadius und Theodosius II. schliesst die ununterbrochene Münzreihe. Die um diese Zeit eintretenden Völkerverschiebungen und wilden Kämpfe bereiteten dem Tempel ein jähes Ende. Die mehrere Kubikmeter ausfüllenden kleinen Brocken der Statuen und Altäre geben Zeugnis, mit welcher vandalischen Lust dieselben zerstört und die Trümmer nach allen Richtungen umhergeschleudert worden sind. Schliesslich wurde der Bau in Brand gesteckt, wie im Feuer glasierte Steine, Asche und verkohltes Holz im Innern zeigen. Erst in neuerer Zeit benutzte man dann gelegentlich den Trümmerhaufen als bequemen Steinbruch für die Besserung der nahe gelegenen Wege. Verschiedene mit Steinen belegte Stellen des Pastorspfades in der Nähe des Tempels haben wohl von diesem das Material erhalten.

Hier mag noch ein einzelnes Fundstück erwähnt werden. Oberhalb der Burg Stolzenfels auf einem eingeebneten und mit Bänken versehenen Platze neben der Reitbahn steht ein mächtiges Säulenkapitäl aus Kalkstein, auf dem eine steinerne Tischplatte liegt. Ein grösseres Stück des Schaftes muss in die Erde eingelassen sein. Aus dem Blattwerk treten an Stelle der Voluten vier schlangenfüssige Giganten hervor, die den Abacus tragen. Ihrem Umfange nach kann die Säule nur zu einem stattlichen Bau gehört, oder was weniger wahrscheinlich, als Untersatz für einen reitenden Jupiter gedient haben. Zu der letzteren Vermutung kann nur der Umstand führen, dass in der Nähe kein Terrain für ein grösseres Gebäude vorhanden ist, und der schwere Block nur mit grosser Anstrengung von einem entfernteren Platze an diese schwer zu erreichende Stelle gebracht werden konnte. Das sicher römische Kapitäl stand bereits im Jahre 1844, und auch damals kannte man seine Herkunft nicht.

Die Gräber.

Auf dem Silberkaulskopf (Taf. II, 63), dem höchsten Punkte eines Erdrückens, der nach Westen zur Silberkaul steil abfällt und in dieser Richtung einen weiten Ausblick gewährt, ist ein Platz von 23 m im Quadrat wie eine Tenne eingeebnet. Rings um denselben zieht sich ein 6 m breiter Graben mit Aufwurf nach aussen, sodass man bei der Annäherung an die Stelle zuerst einen niedrigen Damm, dann den Graben und das von diesem eingeschlossene Quadrat vor sich sieht. Diese eigenartige Beschaffenheit hat in früherer Zeit den Gedanken aufkommen lassen, dass hier auf der Höhe ein Schanzwerk aus römischer Zeit vorliege, was freilich schon der Wallaufwurf nach aussen hätte unwahrscheinlich machen müssen[8]. Ein Schnitt in den Graben zeigte zunächst, dass dieser sehr seicht und nur 10-20 cm tief in den gewachsenen Boden eingeschürft war, sodass er eine flache Mulde bildete. Der gewachsene Boden ist hier ein eisenhaltiger, mit kleinen Steinchen untermischter Thon. Ueber diesem liegt in dem Quadrate 50 cm hoch feiner grauer Sand und eine 30 cm starke Humuslage. Einen breiten Kreis in der Mitte desselben nimmt ein durchgrabener Dachsbau ein. Nach den Rändern zu ist es unversehrt. Ein in das Innere gezogener Graben zeigte überall im Boden Scherben der verschiedensten Art, La Tène- und Terra-nigra-Stücke neben solchen späterer Zeit. Auf der nördlichen Seite kamen mehr jüngere Scherben zum Vorschein, Bruchstücke von eingebauchten und glatten schwarzen Bechern, auch ein Stück eines Deckziegels. An einer Stelle lag ein fast vollständiger Deckziegel neben Scherben, an einer anderen fanden sich Scherben und viele faustgrosse Steine über dem gewachsenen Boden. In der Nähe der Westseite

[8] Cohausen, Röm. Verschanzungen.

zeigten sich die Reste eines einhenkligen augusteischen Kruges mit dem charakteristischen langen zylindrischen Halse, Stücke von den verschiedensten dünnwandigen Gefässen derselben Zeit und eine halbe Scheere. Nicht weit davon stand eine Terra-nigra-Urne mit Strichverzierung und mit Knochen und Asche gefüllt. In ihr fand sich ein kleiner fein gearbeiteter Bronzedolch (Taf. IX, 3), sein Griff ist durch parallele Kreisfurchen verziert. Daneben stand eine kleinere Urne (Taf. X, 1) aus Terra-nigra in derselben Weise durch kleine Strichlein verziert und mit Knochenasche gefüllt. Eine dritte Urne derselben Art mit sehr niedrigem Standring war zerbrochen und mit einem Teller von früher dünnwandiger Sigillata zugedeckt; in der Knochenasche lag eine Münze des Agrippa (M. Agrippa L. f. cos. III.). In einem hohen schmalen Topfe (Taf. X, 6) lag eine Bronzefibel (Taf. IX, 9). Der Topf ist nicht nur durch seine schmale, fast zylindrische Form interessant. Er hat Horizontalrand und in einem breiten, heller gefärbten Gurt dieselbe Strichverzierung wie die früher genannten Gefässe, unterscheidet sich aber von denselben durch dunkleren Brand und den lederfarbigen Überzug, sodass er eine Übergangsform von den La-Tène-Gefässen zu den Terra-nigra-Töpfen darstellt. Nach dem geschilderten Befunde haben wir eine Grabstätte aus frühaugusteischer Zeit vor uns. Die Gefässe waren frei in den Boden gestellt und wohl ursprünglich mit einem Steinkranze umgeben, der aber nicht mehr erhalten war, doch lagen rings herum kleinere und grössere Steine. Dass noch eine Reihe von Bestattungen innerhalb des Quadrates gewesen sein müssen, die teilweise durch den Dachsbau zerstört sind, beweisen die vielen überall zerstreuten Scherben, sowie die Deckziegel, die wohl zur Herstellung einer Grabkiste dienten.

Der das Quadrat einschliessende seichte Graben hat den Zweck der Trokkenlegung gehabt. Wir bezeichnen in der Folge die gleichen Grabanlagen zum Unterschiede von den Hügelgräbern als Flachgrab. Auf der Nordostseite schliesst sich ein niedriger Graben an, der wohl zu der Umschliessung eines zweiten Flachgrabes gehörte, das durch die Waldkultur zerstört ist. Auf der Nordwest- wie auf der Südwestseite ist das umliegende Terrain eingeebnet und stark mit Steinen bedeckt, sodass der Eindruck erweckt wird, als ob hier neben dem Flachgrabe ein Gebäude gestanden habe. Ein kleiner Schnitt in dieses Steinfeld ergab einen Horizontalrand von schlechtem Brande mit Doppelrille, der auf dem gewachsenen Boden lag. Etwa 80 m südlich des Grabes bemerkt man eine grosse viereckige Einebnung mit wenigen Steinen, die vielleicht auch auf einen Holzbau hinweist; sie konnte noch nicht untersucht werden.

Von den am Silberkaulskopf gefundenen und erhaltenen Gefässen ist Taf. X, 7 ein Terra-nigra-Topf mit Ansatz eines Henkels; Taf. X, 4 ein kleiner roher Kumpen, Taf. X, 5 ein Terra-nigra-Teller mit dem Stempel: MA · I · IV). Die Bronzefibel Taf. IX, 9. ist eingliedrig mit beiderseitig dreifacher Spiralwindung, Kopfbalken, oberer Sehne und Sehnenhaken; der Fuss ist durchbrochen.

2. Im Distrikt „Remsteckerpfad" (Taf. II, 51), etwa 200 m von dem Gehöft Nr. 5 entfernt findet sich eine ähnliche Anlage (Grabstätte 3). Sie liegt am Abhange einer Einsattelung des Hügelrückens und ist nur auf drei Seiten von einem Graben umgeben; die Thalseite ist frei, wodurch sich ergiebt, dass der seichte Graben in der That nur der Trockenlegung der Grabstätte diente. Da man in dem Abhange die höher gelegene Seite tief abgraben musste, um eine ebene Platte zu erzielen, so macht die obere Böschung einen imposanten Eindruck. Ueber der gewachsenen Thonerde lagert auf der Platte eine durchgehende 10 bis 20 cm starke Schicht schwarzen Sandes und etwa 30 cm Humus. Bei 1 (Taf. III, 10) ist ein kleines Kistengrab. Es ist mit Schieferplatten umstellt, die in den gewachsenen Boden eingedrückt sind. Eine Bodenplatte war nicht vorhanden, die Deckplatte etwas eingedrückt. Die lichte Weite beträgt 25 : 30 cm, die Tiefe 25 cm. Es enthielt Asche und Knochenreste, dabei die kleine zweihenklige Tasse (Taf. X, 9) und das mit Vertikalrippen versehene blaue Glasgefäss (Taf. XI, 10). Die Tasse ist aus hellgrauem Thon und in eigenartiger Weise durch dick aufgetragene Thonkrümchen in der oberen Hälfte verziert. Die zierlichen kleinen Gefässe deuten auf ein Kindergrab. Neben diesem steht eine zweite Steinkiste von gleicher Grösse. Die Seitenplatten haben nicht mehr die ursprüngliche Stellung, die Deckplatte ist eingedrückt. Daher sind auch die Gefässe, von denen eins mit Knochen und Asche gefüllt war, ganz zertrümmert. Man erkennt ein hellblaues und ein rotes Gefäss, beide dünnwandig und mit Horizontalrand. Bei 3 lag ein ganzer Deckziegel mit sehr niedriger Falze und verschiedene Scherben neben einer in den gewachsenen Boden eingehauenen Rinne; es ist wohl der Rest eines mit Ziegeln gedeckten und zerstörten Grabes. Bei 4 ist wieder eine Steinkiste mit einem lichten Raume von 30 : 40 cm. Sie ist auf den gewachsenen Boden gestellt, die Deckplatte eingedrückt. Im Innern lag ein zerbrochenes grosses Gefäss aus gelbem Thon mit dünnen Wänden, das Asche und Knochenreste enthielt. Nr. 5 ist verdorben; es liegt anscheinend eine Bodenplatte, daneben sind Scherben eines rohen Gefässes. Die Baumsetzung hat das Grab vernichtet. Nr. 6 befindet sich wieder hart an einem Baume. In ihm lag ein scharf profilierter Teller aus Terra-nigra (Taf. X, 8); der Bodenstempel ist unleserlich; dann ein zerbrochener rötlicher Krug mit Henkel und die Stücke eines zweiten Terra-nigra-Gefässes. Dieses Grab liegt schon in der leicht abfallenden Böschung der Tenne. Wegen der Bäume liess sich die Grabstätte nicht ganz untersuchen. Doch hat dieselbe sicher noch weitere Bestattungen gehabt, das beweisen die verschiedenen Einschnitte in den gewachsenen Boden und die vielen zerstreut umher liegenden Scherben. Zu erwähnen sind: der Boden einer chokoladenfarbigen La-Tène-Tasse, Bruchstücke von frühen, dünnwandigen Krügen und Terra-nigra-Urnen mit niedrigem Standring. Es fanden

sich aber auch Krugreste mit gelblichem glattem Ueberzug aus der mittleren und wulstige Ränder der späteren Kaiserzeit. Es ist nicht unmöglich, dass auf der oberen, hohen Böschung ein Hügelgrab gelegen hat, doch kann die rundliche Erhöhung auch durch das Aufwerfen der Erde des Grabens entstanden sein. Auffälliger Weise ist in der Verlängerung der hohen Böschung nach Norden hin noch eine Strecke von 30 m abgegraben, dann wendet sich die Böschung mit leicht abgerundeter Ecke nach Westen, sodass neben dem Grabe eine Art Hof entsteht, für den sich ohne Untersuchung keine sichere Erklärung gehen lässt. Das Naturgemässe wäre ein zweites Flachgrab, dafür wäre der Raum ein unverhältnismässig grosser; vielleicht hat ein Holzbau in demselben gestanden.

3. Kaum 100 m von dem Gehöft in der Silberkaul liegen im Distrikt „Flossweg" (Taf. II, 52) zwei grosse Grabhügel, deren trichterförmige Einsenkung in der Mitte auf frühere Durchwühlung hindeutet; nach der Höhe zu sind in demselben Distrikte mehrere kleinere Grabhügel zu erkennen.

4. Im Distrikt „Remsteckerpfad" neben dem ebenso genannten Fusswege findet sich eine eigenartige Grabanlage (Taf. III, 9). Die Stelle heisst „am Stösschen" und ist 60 m von der Villa (6 Seite 5 [hier S. 160]) entfernt. Das Terrain fällt vor der Grabanlage ziemlich scharf nach dem Distrikt „Flossweg". Sie besteht aus zwei Flachgräbern und zwei Hügelgräbern. Von den letzteren hat eines viereckige Form (a) und ist auch von einem Graben umgeben, der die Erde für die Aufschüttung liefern musste. Es scheint, als habe man an diesen Hügel noch ein drittes kleines Flachgrab angelehnt, dessen Graben undeutlich hervortritt. Das Flachgrab b wurde zuerst untersucht. Seine Umgrabung war nur sehr niedrig. Unter einer Waldkrume von 5 cm begann gleich der gewachsene graue Thon. Auch auf der Tenne lag nur ein 5 cm starker Waldboden, und unter diesem überall Dachschiefer, Steine, Nägel, Scherben von Glas und Thon in grosser Zahl, sodass der Boden damit wie besät erschien. An einem Punkte steckt ein verkohlter Holzblock im gewachsenen Boden, an andern Stellen wies dieser kleine Löcher auf, die dann besonders zahlreiche Scherben enthielten. Diese reichen von der frühesten bis in die späte Kaiserzeit, La Tène-Stücke neben wulstigen Topfrändern, Terra-nigra- und Sigillatascherben. Ein einziges in seiner Farbe schön erhaltenes braunes Becherchen mit Thonbewurf kam nur wenig versehrt in einer 30 cm tiefen, mit grauem Schlamm gefüllten Grabe zum Vorschein. So wurde kein erhaltenes Grab gefunden, doch lehrt die Beschaffenheit der Tenne mit ihrer sehr niedrigen Humusschicht, dass hier die einzelnen Grabstätten durch den Waldbau zerstört und die Thon- und Glasgefässe zerschlagen sind. Das Flachgrab c zeigte in einem Schnitte, der von der Seite nach der Mitte zu gemacht wurde, nur einige La Tène-Scherben. In der Mitte selbst standen in einem Kreise von 2 m Durchmesser in Sand eingebettet eine Reihe von Gefässen, darunter einige mit Knochen, Asche und Nägeln gefüllt, andere stärker zerdrückt. Ein kleiner brauner Becher (Taf. X, 16)

fand sich über den andern dicht unter der Oberfläche. Eine Steinumstellung ist nicht vorhanden. Man hat hier offenbar bei einer neuen Bestattung das Grab geöffnet und den Aschentopf zu den andern gestellt, was durch die hohe Sandaufschüttung sehr erleichtert wurde. Die Gefässe zeigen durchweg frühzeitigen Charakter, eine Anzahl derselben ist noch nicht wieder hergestellt. Der schmale Topf (Taf. X, 11) hat in zwei von Riefen eingeschlossenen Bändern rautenförmige Verzierungen, die durch kleine Strichlein gebildet sind; der untere Teil ist durch verschiedene Einglättung in helle und dunkle Zonen geschieden. Taf. X, 12 hat in der Mitte eine hellere Zone ohne Verzierung, während Taf. X, 13 einen breiten hellen Gürtel zeigt, der mit gestrichelten Verticalstäbchen wirkungsvoll verziert ist. Alle drei Gefässe sind aus Terra-nigra, ebenso der hohe Teller mit niedrigem Standring, der keinen Stempel hat. Die beiden braunen Tassen (Taf. X, 15 und 16) sind nur schwach mit Thonkrümchen gesprenkelt.

In einem bauchigen grauen Topf mit niedrigem Standring und schwarzem Brande, der noch nicht wieder zusammengesetzt ist, fand sich die Eisenfibel Taf. X, 11. Sie ist eingliedrig und hat einen bandförmigen, nach dem Fusse zu sich kaum verjüngenden Bügel.

Die hier wie in den meisten folgenden Gräbern oft in grosser Zahl gefundenen Nägel weisen darauf hin, dass die Toten vielfach auf einer Holzbahre auf den Verbrennungsplatz gebracht und mit derselben verbrannt wurden. Die Nägel überdauerten den Brand und kamen mit den gesammelten Aschen- und Knochenresten in die Urne. Der viereckige Grabhügel a ist vollständig in der Mitte durchwühlt und hat hier ein tiefes Loch. Die Ränder sind so hoch geworden, weil die Erde von der Mitte nach den Seiten geworfen wurde. Eine Bearbeitung unterblieb deshalb zunächst; beim Aufheben der schwarzen vermoderten Füllmasse aus Laub und Holz erschien ein grosser chocoladenfarbiger Scherben mit Horizontalrand. Der zweite Hügel d ist ebenso durchwühlt; er hat auch annähernd viereckige Form, aber keinen Graben. In dem Loche der Mitte lag ein Stück Deckziegel.

5. Der anliegende Distrikt „Weierchen“ hat seinen Namen von einem ziemlich umfangreichen Weiher, der vielleicht schon von den Bewohnern der 170 m entfernten Villa (6) angelegt ist. Zwischen diesem und der grossen Schneise, die vom toten Mann herkommt, hart an der letzteren, liegen zwei hohe durchwühlte Grabhügel. Die Stelle ist mit dichtem Gestrüpp bewachsen, sodass sich nicht erkennen lässt, ob etwa noch ein Flachgrab neben oder zwischen denselben vorhanden ist.

6. In dem früheren Walddistrikt, jetzt Feldflur „Hübinger“ (Taf. II, 11) zeigt sich 80 m von dem besprochenen Gehöft ein teilweise abgegrabener Hügel dicht am Pastorspfade. Dort sollen früher noch andere Hügel gewesen und bei der Rodung eingeebnet sein. Auch fanden sich bei einer Begehung des Feldes nach der Landstrasse zu zwischen dieser und dem Pastorspfade vorrömische Scherben an der Oberfläche.

7. Im Distrikt „am Kiesel" (Taf. II, 10), 40 m von der Grenze zwischen diesem und dem Distrikt „am toten Mann", liegt wieder eine grössere Grabanlage. Ein Fussweg, der zwischen dem Pastorspfade und der Rhenser Waldgrenze läuft, zieht sich in kleiner Krümmung um dieselbe herum. Sie besteht aus zwei Flachgräbern, deren Tenne 14 m im Quadrat gross ist und zwei Hügelgräbern, Cohausens Kastell am toten Mann. Die letzteren sind von Cohausen ohne besonderes Resultat durchgraben, und es scheint nach seinem Berichte, als ob auch damals die Hügel schon durchwühlt gewesen seien, denn er berichtet darüber: „Beim Nachgraben in den Hügeln fand sich ein Fuss tief unter dem Rasen der Boden voller Kohlenstücke, darunter eine 4 Zoll dicke Schicht grauer Asche, welche in 2 Fuss Tiefe auf festem Boden lagerte." Die Stelle ist jetzt mit Gestrüpp dicht bewachsen und nicht deutlich zu sehen. Von dem Gehöft in den schwarzen Eichen ist sie 200 m entfernt.

8. In dem Nachbardistrikt „am toten Mann", an der Schneise, die diesen und den Distrikt „Pastorspfad" scheidet, 20 m von diesem Pfade, erhebt sich ein umfangreicher Hügel in viereckiger Form. Die dicht mit Dornen und Gestrüpp bewachsene Stelle lässt nicht mit Sicherheit erkennen, ob neben dem Hügel noch niedrigere Grabanlagen zu finden sind.

9. Der Distrikt „Pastorspfad" hat 8 m von der Rhenser Grenze beim Stein 167 Rhenser, 40 Coblenzer Seite ein Flachgrab, dessen quadratische Tenne eine Seitenlänge von 16 m hat. Zwischen dieser und der Grenze scheint ein niedriger Grabhügel zu liegen. Das auf der Rhenser Seite vorliegende Heckengebiet hat Steine, doch liess sich in dem dichten Gestrüpp noch nicht bestimmt feststellen, ob ein Gebäude dort liegt.

10. An den grossen Holzbau im „grossen Sutter" (Taf. II, 9 und Taf. III, 6) legt sich nach der Seite der Landstrasse zu ein mächtiger runder Grabhügel mit einem Durchmesser von 30 m. In der Mitte erhebt er sich 2 m über das umliegende Terrain; seine grosse Ausdehnung hat ihn vor einer Durchwühlung bewahrt. Hart an seinem Fusse zieht die eine Seite des Gebäudes vorbei.

11. Bei der Villa im Distrikt „am alten Kloster" (Taf. II, 11), 20 m von deren Nordostecke entfernt, zeigen sich zwei steinreiche Hügel, von denen zunächst nicht erkannt werden konnte, ob sie Gräber oder Bauten darstellten. Ein breiter Schnitt in den ersten liess diesen alsbald als Grabhügel von 8 m Durchmesser hervortreten. Bei 1 m von seinem Fusse beginnt im Innern ein Steinring aus grossen Quarzitblöcken. Mitten in diesem, 1 m unter der Oberfläche, fand sich das Grab. Es war von grossen Blöcken, die zum Teil bis an die Oberfläche des Hügels traten, umstellt. Der Boden zeigte sich mehrere cm tief mit Asche belegt. Zwischen dieser und Knochenresten lag ein grosses amphorenartiges Gefäss mit breit ausladendem Rande in viele Stücke zerbrochen. Die Scherben einer zierlichen schwarzen Schale, die dabei lagen, weisen das Grab der jüngeren La Tène-Periode zu. Auch einige Bronzestückchen,

ein runder Kiesel und ein Stückchen Ziegel fanden sich auf dem Boden. Nicht bei den Beigaben, sondern nahe an der Oberfläche lagen Bruchstücke eines Schwertes oder breiten Messers mit Mittelrippe und dem Ansatz des Griffes und ein Stück eines Steingerätes, vielleicht eines Kornquetschers. 15 m nördlich tritt ein zweiter Hügel hervor; er ist auf der einen Seite mit fest aneinander gelegten Steinen umstellt, die fast wie eine Mauer aussehen. 4 m von diesem, 15 m vom Pastorspfade entfernt, zeigt sich eine dritte Stelle, die vielleicht gleichfalls ein Grab gewesen ist. Es lässt sich ein beinahe viereckiger Steinring erkennen; die in diesem liegende Erde scheint ausgehoben und zur Seite geworfen zu sein.

12. Da wo die von der eisernen Hand kommende Schneise auf die Rhenser Grenze stösst, liegt hart an dieser, auf Rhenser Terrain, die leichte Umwallung eines Flachgrabes unter den hohen Eichen. Sie ist nur noch schwer zu erkennen und unsichtbar, wenn im Sommer hohes Gras den Platz bedeckt. Die Stelle zeigt, wie leicht gerade diese wenig hervortretenden Grabstätten der Vernichtung ausgesetzt sind. Von der Villa am Kloster und den Hügelgräbern ist sie 150 m entfernt.

13. Im Gegensatz hierzu tritt 50 m von dieser Grabstätte, ebenfalls im Rhenser Walde, ein grosses Flachgrab deutlich hervor. Es liegt an dem zum Lauxthal sich senkenden Abhang, nordöstlich vom Lauxpfad. Zwischen diesem und dem Grabe ist ein breiter Platz eingeebnet und mit Steinen belegt, ähnlich wie bei dem Flachgrabe am Silberkaulskopf. Vielleicht ist auch hier ein Holzbau zu suchen. Von der Villa (21 Seite 12 [hier S. 166]) im Rhenser Wald ist die Grabstelle 200 m entfernt.

14. Im Distrikt Schüllerhof (Taf. II, 6), 100 m von der dortigen Villa entfernt, 40 m westlich vom Pastorspfade, liegen neben dem bereits erwähnten Weiher 2 geöffnete Grabhügel in einem Dickicht von niedrigen Rottannen und Kiefern. Der eine ist mehrere Meter hoch, der andere niedrig; es scheint, als ob auch die Reste eines bereits zerstörten Flachgrabes sich daneben zeigten. Zwischen dem Weiher und den Hügeln bemerkt man ein tiefes Loch.

15. An der Grenze zwischen dem zuletzt genannten und dem Distrikt „vor der eisernen Hand", durch die dem Pastorspfade parallel laufende Schneise geschieden, finden sich 2 Gruppen von 2 und 3 Grabhügeln, die zum Teil durchwühlt, zum Teil unberührt sind. Der eine von den dreien hat einen Umfang von 20 m und eine beträchtliche Höhe.

16. Im Distrikt „Siechhausberg" (Taf II, 14), am Wege, der von der Landstrasse zu dem Aussichtstempelchen auf der Augustahöhe führt und an der Schneise, die den Distrikt „Lichtehell" von dem genannten scheidet, liegt ein Doppelflachgrab (Taf. III, 8) dessen Tennen von ungleicher Grösse sind. Auf der westlichen Seite geht der 39,20 m lange Graben ohne Unterbrechung durch; auf der gegenüberliegenden Seite ist das grössere Quadrat dadurch gewonnen, dass sein Graben um 5 m über den des kleineren hinausgerückt

ist. Erst eine eingehendere Untersuchung kann zeigen, ob die beiden Quadrate gleichzeitig, oder ob das eine früher als das andere angelegt ist. Von vornherein möchte man annehmen, dass das grössere Quadrat geschaffen wurde, als das kleinere keine Bestattung mehr zuliess, doch geben die Funde dafür noch keinen Anhalt. In beide wurde nur ein kürzerer Einschnitt gemacht. Es fand sich in dem kleineren in der Mitte ein Grab mit zerdrückten Gefässen, mehrere Scherben lagen auch einzeln zerstreut. In einer Aschenurne aus Terra nigra, die noch nicht wieder hergestellt ist, lag ein Mittelerz des Germanicus, (GERMANICVS CAESAR . . . . RS. C. CAESAR (AVG) GERMA . . . . . . S. C.) dabei eine grosse Eisenfibel mit geschlossenem Fuss und offenem Spiralengehäuse (Taf. IX, 6). Der breite Bügel ist durch 6 Furchen leicht gerippt. Hierbei waren auch die Reste eines graublauen Tellers, der sehr hart gebrannt und auf der einen Hälfte schwarz gewölkt ist, mit sehr niedrigem Standring. Zwischen zwei Kreisen im Innern findet sich in der Richtung der Radien noch zweimal der Stempel [CANICIII] eingedrückt; er war wohl 4 mal vorhanden.

In dem grossen Quadrate wurde in der Mitte der Westseite, 1 m vom Rande, ein mit Steinen lose umstelltes Grab gefunden. Darin lag eine grosse Amphore, ein Teller aus Terra nigra (Taf. X, 14) mit barbarischem Stempel, ein weisser Krug mit horizontal ansetzendem und rechteckig gebogenem Henkel und ein kleines rotes Tässchen (Taf. XI, 4). Ein Eisengriffel und ein Scharnier mit Nägeln (Taf. IX, 8), die wohl nur von einer Bahre herrühren kann, fanden sich gleichfalls hier. Auf der Westseite der Flachgräber liegen 4 Grabhügel, bei deren Errichtung wieder reichlich Steine verwendet sind, sodass sie wie niedrige Steinhaufen aussehen. In den nächsten wurde ein Einschnitt gemacht, der eine Reihe La Tène-Scherben von einem grossen Gefässe mit Aschenresten und den nicht ganz erhaltenen Becher (Taf. XI, 3) brachte. Nach seiner glatten Fläche und der dunkelgrauen Farbe gehört er sicher der jüngeren La Tène-Zeit an. Der Boden ist in der Mitte nach innen leicht eingedrückt. Auf der Südostseite zeigen sich zwei Grabhügel von gleicher Beschaffenheit, sodass hier zwei Flachgräber mit 6 Hügeln zu einer Gruppe vereinigt sind.

17. 60 m südöstlich dieser Begräbnisstätte erhebt sich in den Rottannen, an der Schneise zum Distrikt „Schüllerhofswiese“ ein einzelner Grabhügel zu einer Höhe von 2-3 m bei einem Durchmesser von 20 m. Seine Ausdehnung hat auch ihn vor der Vernichtung geschützt. Östlich von der Grabanlage ist am Abfall zum Gründchesbach eine kleine Wiese angelegt worden. Ohne grosse Mühe lassen sich hier in den durch Tiere aufgeworfenen Erdhäufchen eine Anzahl kleiner vorrömischer Scherben sammeln. Vielleicht ist dort eine Begräbnisstätte eingeebnet, vielleicht befinden wir uns auf dem Platze eines ehemaligen Holzhauses.

18. Etwa 200 Meter vom Fusse des Dommelsberges, wo der neue Fahrweg hinter einer Kiesgrube eine zum Königsbachthale abfallende Bergzunge quert,

schneidet derselbe einen Begräbnisplatz (Taf. II, 42). Bereits bei der Anlage dieses Weges wurden eine Anzahl Aschenstellen und Scherben beobachtet und eine unversehrte Grabkiste gefunden, die auf Veranlassung des Herrn Jordan sorgfältig ausgehoben und in der Sammlung des Coblenzer Altertumsvereines aufgestellt wurde. Sie war mit quadratischen, an zwei Ecken abgeschrägten Dachschiefern gebildet. Darin lag ein kleiner Becher von roher Form und schlechte Brande, sowie verschiedene Scherben, darunter einige von einer Reibeschale aus grauem Thon. Auf der höher gelegenen Westseite der Strasse treten eine Reihe leichter Erhöhungen hervor, die sich kaum um 10-20 cm über das übrige Terrain erheben und nur geringen Umfang haben. Eine Stelle macht den Eindruck eines abgeflachten runden Hügels, eine andere bietet die Form eines Flachgrabes mit kaum erkennbarer Umgrabung; doch hat das eingeschlossene Quadrat nur eine Seitenlänge von 4 m. Bei einer kurzen Untersuchung eines Teiles der Begräbnisstätte fanden sich in Zwischenräumen von 4-5 m 6 Kistengräber, alle nur 20-25 cm unter der Oberfläche. Zwei davon waren noch vollständig erhalten, die anderen hatten den oberen Deckel und meist auch die Seitenwände verloren. Das erste hatte unter der Rasendecke eine dünne Kiesschicht und unter dieser Steine, ein Stück von einem Mühlstein und die Scherben einer grossen Amphora mit dicken, nicht hart gebackenen Wänden. Die Henkel sind ohne Stempel. Die Scherben lagen um und über einer Grabkiste, die aus Deckziegeln gebildet ist, deren Falzen nach aussen gewendet sind. Auch der Boden ist ein Deckziegel. Nach diesem zu lagen Asche und Knochen neben dem Sigillatateller (Taf. XI, 1) mit dem Stempel auf erhabenem Boden | MICCIO·F | und den Bruchstücken einer kleinen Urne aus grauem Thon mit glattem Überzuge (Taf. XI, 5). Ferner stand darin ein rotes Lämpchen mit abgebrochenem Griff (Taf. XI, 11) und dem Stempel EVCARÞ (Eucarpi). Es war bereits gebraucht, denn die Öffnung ist vom Brande geschwärzt.

Das zweite erhaltene Grab hat einen lichten Raum von 40 : 60 cm und ist mit Steinplatten umstellt. Die Seitenwände sind 50 cm hoch. Darüber lag eine Deckplatte und ein zerbrochener Deckziegel. Die Knochenasche fand sich lose auf dem Boden, besonders stark in einer Ecke neben einem schwarzen umgestülpten Trinkbecher (Taf. XI, 6). In der Mitte stand ein kleiner zweihenkliger grauer Krug (Taf. XI, 7) und ein graues Lämpchen (Taf. XI, 12). Es hat anscheinend undeutlich den Stempel FORTIS. Daneben lagen in einander gesetzt 3 Tassen, zwei mit Glimmerplättchen belegt (Taf. XI, 9) aus dunkelgelbem Thon und eine eingekniffene Sigillatatasse (Taf. XI, 8). Sie waren bedeckt mit einem roten Teller (Taf. XI, 10). Neben der Asche fanden sich noch einzelne Scherben von Terra-nigra ähnlichem Thon, ein grösseres Stück einer Sigillataschale mit sehr kleinem Eierstab, ein anderes mit Rankenverzierung. Sie müssen mit im Leichenbrande gewesen sein, denn sie sind vom Feuer geschwärzt. Auffallend gross ist die Zahl der Nägel von verschiedener Grösse, einige nur 22 mm lang.

Von den zerstörten Gräbern enthielt das eine nur einen braunen beworfenen Becher (Taf. XI, 6), ein anderes denselben in zerdrücktem Zustande. Wie gross die Zahl der Gräber hier ist, lässt sich ohne genauere Untersuchung nicht angeben, da jedoch auch auf der anderen Strassenseite, wo über die Bergzunge ein Wassergräbchen gezogen ist, in der aufgeworfenen Erde Scherben liegen, so scheint hier ein kleines Grabfeld zu sein, das in seiner Anlage von den bis jetzt genannten Grabstätten abweicht. Sehr weit kann sich in nordwestlicher Richtung der Friedhof nicht ausgedehnt haben, denn in 50 m Entfernung beginnt ein stattlicher Feldrain, dagegen mag die für den Ackerbau schlecht zu verwertende Landzunge die Wahl des Platzes als Begräbnisfeld bedingt haben. Die gefundenen Gefässe gehören nach ihrer Form, sowie nach den Stempeln in das Ende des ersten und den Anfang des zweiten Jahrhunderts. An der Capellener Grenze, 20 m nordöstlich der Brücke, im Fusswege vom Rittersturz zum Dommelsberge sollen bei dem Abgraben des Berghanges Gefässe gefunden und weggeworfen sein. Es zeigt sich dort in der abgegrabenen Bergwand das Profil einer mit Steinen und Erde gefüllten Grube, die schwerlich ein Grab und nach dem Terrain auch nicht eine Kellergrube gewesen sein kann, doch mag sie einmal Schutt aufgenommen und so Gefässe enthalten haben.

19. Ein Doppelflachgrab ohne Beihügel liegt vor dem Forsthaus Kühkopf, 40 m nordwestlich der Landstrasse an dem Abfall zu dem Kessel, in dem der Dörrbach seinen Anfang nimmt (Taf. II, 93). Zu beiden Seiten ziehen tief eingerissene Wasserläufe dem Kessel zu. Das dem Forsthause zunächst liegende ist das grössere; seine Tenne hat eine Seitenlänge von 17 m, während die des kleineren Quadrates nur 13 m beträgt. Dagegen sind die Gräben des letzteren dem Terrainabfall entsprechend etwas tiefer. Nur das grössere wurde in mehreren Schnitten durchsucht. In ihm liegt stellenweis nur 1-20 cm Humus über dem gewachsenen Boden, daher sind die Einzelgräber durch den Waldbau so gut wie völlig zerstört. Doch lassen sich an den verschiedensten Stellen die Steine der ehemaligen Kistengräber mit dem Eisen fühlen. Die gefundenen Scherben entsprechen denen der übrigen Flachgräber; es kommen La Tène- und Terra-nigra-Stücke, aber auch solche aus späterer Zeit vor. Ein fast erhaltener roher Kumpen mit schwarzem Brande wurde in der Mitte der Grabstätte nahe an der Oberfläche aus einer Sandschicht gehoben. Auch einige Nägel kamen zum Vorschein und ein kleines, sehr schmales Eisenmesserchen (Taf. IX, 4).

20. Im Nachbardistrikt „Kolloroth" (Taf. II, 93) liegt hart an der Grenze zwischen diesem und dem Distrikt „an den drei Eichen", 80 m von der Schneise entfernt, die vom Forsthause Kühkopf zur Schneise Lohskopf-Layerkopf geht, ein jetzt dicht bewachsenes, wohl erhaltenes Flachgrab ohne Beihügel, das nicht untersucht wurde. Das innere Quadrat und der Umfassungsgraben treten deutlich hervor.

21. Verfolgt man den alten Fussweg vom Kühborn zum Kühkopf, so findet man an dem Hange zu beiden Seiten des Weges eine Reihe noch unberührter, niedriger Grabhügel. Die ersten 5 liegen zur Linken, dicht an einer Fichtenschonung; über den einen führt ein Querpfad. Ob andere in der Schonung sich befinden, war nicht zu untersuchen, es ist aber sehr wahrscheinlich. Zur Rechten lassen sich noch 7 zählen, von denen einige beträchtlichen Umfang haben. Auch dicht vor der Spitze des Kühkopfes scheint im Pfade die regelmässige Steinsetzung eines Grabes zu liegen. Folgt man dann auf der anderen Seite des Kühkopfes der Schneise, die den Distrikt „Kühkopf" von den Distrikten „Am Strässchen" scheidet, so liegen auf der Westseite derselben drei umfangreiche Hügel, von denen der erste Steine enthält und vielleicht ein Gebäude sein kann, während die beiden anderen sicher als Grabhügel zu betrachten sind. Nachdem die genannte Schneise die öfter erwähnte lange Lohskopfschneise gequert hat, geht sie über einen niedrigen Grabhügel. Er wurde untersucht, weil er in der fahrbaren Schneise liegt und so der Zerstörung leicht ausgesetzt ist. Sein Durchmesser beträgt 8 m, seine Höhe in der Mitte 1,40 m über dem gewachsenen Thonboden. Mitten durch denselben läuft quer zur Schneise ein 10-30 cm tiefer und 60 cm breiter Graben, der zu beiden Seiten mit Steinen belegt ist. In diesem sind zwei Gräber angelegt. Das erste enthielt einen glatten gelben Topf (Taf. XI, 14) mit schmalem Fuss. Er war mit Knochenasche gefüllt, über der eine kleine Tasse von roherer Arbeit lag (Taf. XI, 15). Das zweite hatte einen mit Asche gefüllten Topf (Taf. XI, 16) mit breit ausladendem Rande. Ein breiter Gurt unter dem Halse ist gitterförmig durch tief eingerissene Linien verziert. Über dem Topf hat ein jetzt herabgerutschter Teller gelegen. Daneben fand sich eine Eisenlanze mit Tülle (Taf. IX, 1). Das Grab war an der Stelle tiefer eingeschnitten, sodass der Topf 1,20 m unter der Oberfläche des Hügels stand. Form und Verzierung der Gefässe weisen auf frühe La Tène- Zeit, sodass das Grab etwa im fünften Jahrh. vor Chr. Geburt angelegt ist. Der untersuchte Hügel gehört zu einem Grabfelde, das sich zu beiden Seiten der Lohskopfschneise in einer Länge von 150 m ausdehnt. Man zählt etwa 20 grössere Hügel; die grössten sind in der Mitte durchwühlt, andere noch unversehrt; einzelne haben wieder einen Durchmesser von 20 bis 30 m. Die Zahl der Hügel ist sicher eine grössere, da manche sich nur wenig über das umliegende Terrain erheben und so an bewachsenen Stellen nicht mit Sicherheit bestimmt werden können.

22. 60 m westlich vom Gehöft am Strässchen (Taf. II, 56) liegt wieder ein einzelner umfangreicher und in der Mitte angegrabener Hügel.

23. Folgt man der neuen Schneise, die von dem eben besprochenen Grabfelde zum Pützweg und über diesen hinaus durch die Villa „in den Ginstern" geht, so hat man hinter dem genannten Wege zur Linken der Schneise zwei durchsuchte Grabhügel, neben denen vielleicht ein zerstörtes Flachgrab liegt.

24. 100 m weiter, ebenfalls am Pützwege, da wo die alte vom Grabfelde ausgehende Schneise an diesen stösst, erhebt sich ein hoher viereckiger Grabhügel, der in der Mitte stark durchwühlt und mit einem Graben umgeben ist, aus dem die Erde zur Aufschüttung genommen wurde. Gehöft No. 16 liegt 100 m entfernt.

25. 100 m nordwestlich von dem Gehöft im Faulsutter (Taf. II, 52), 30 m vom Pützwege liegen im Tannendickicht zwei bereits durchsuchte Grabhügel.

26. Bei Anlage des Kleinbornsweges, da wo dieser von der Landstrasse abgeht, soll nach Aussage des Försters Bauer ein Grab mit Beigaben gefunden sein. Zwischen diesem Wege und der Landstrasse liegt ein Brunnen, der von den Waldarbeitern auch heute benutzt wird, wenn an anderen Stellen bereits das Wasser ausgeht. - Desgleichen wurden beim Ziehen eines Wassergrabens im Distrikt „Faulsutter" viele wohl erhaltene Gefässe gefunden, die längere Zeit im Walde stehen blieben und dann verloren gingen. Sie durften einem bei dieser Gelegenheit zerstörten Flachgrabe angehört haben.

27. Endlich liegt noch eine kleine Hügelgruppe im Distrikt Günthersfeld (Taf. II, 108) auf der Nordseite des Weges, der der Länge nach in der Richtung zum Forsthaus Remstecken durch diesen Distrikt führt. 70 m vom Anfange schneidet er einen kleinen runden Hügel. Ein anderer wurde hier bereits im Jahre 1832 ausgenommen und darin ein celtischer Halsring und römische Gefässe einer bedeutend späteren Periode gefunden. In einem andern in seinem Hauptteile jetzt noch unberührten Hügel wurde in jüngerer Zeit nach Steinen für den Wegebau gesucht und am Rande desselben ein Tuffsteinsarg gefunden und zerschlagen. Da das Material aber nicht brauchbar war, so liegen die Bruchstücke noch in dem damals gegrabenen Loche; eins ist etwa 40 cm lang und 15 cm dick. Weil der Platz dicht bewachsen und das Gebüsch mit Dornen durchzogen ist, lässt sich nicht entscheiden, wie viel Hügel noch dort liegen, doch sind schwerlich mehr als 3 oder 4 anzunehmen. Das Gehöft im Layer Feld, sowie die Reste im Distrikt „Konzenkreuz" sind von den Gräbern etwa 150 m entfernt.

28. Dass auch das Plateau der Karthause bewohnt war, zeigt eine Mitteilung des Herrn Hauptmann Kaul, der dort beobachtete, wie beim Sandabgraben die Gefässe eines Grabes ausgenommen wurden. Eine kleine, dünnwandige Tasse mit schmalem Boden verweist dasselbe in die Hallstattperiode.

Überblicken wir den Befund der Grabstätten, so fällt auf, dass nur an zwei Stellen die Gräber zu Grabfeldern vereinigt waren, rings um den Fuss des Kühkopfes und auf der Bergzunge am Königsbachthale vor dem Dommelsberge. Das erste grosse Grabfeld war sicher bereits in der älteren La Tène-Zeit in Gebrauch; das zweite hat bis jetzt Gräber der mittleren Kaiserzeit geliefert; auch ist seine Ausdehnung noch unsicher. Wenn nicht die kleinen Hügelchen über den einzelnen Gräbern wären, so möchte man dasselbe kaum von den grossen Gräbergruppen am Siechhausberg oder am Remsteckerpfad unterscheiden. Sonst finden wir Flachgräber und Grabhügel entweder einzeln oder zu kleinen Gruppen verbunden, und diese liegen dann wiederholt in unmittelbarer Nähe oder in geringer Entfernung von einem Gehöfte. Da wo ein Flachgrab sich zeigt, bei dem nicht ein Steinbau in der Nähe sich nachweisen lässt, sind vielfach Spuren vorhanden, die auf einen Holzbau hindeuten. Auch findet sich im „Faulsutter" das Fundament eines Holzbaues gleich am Fusse eines grossen Einzelhügels. Wir können daher mit Bestimmtheit annehmen, dass die Einzelhügel, sowie die Gräbergruppen zu den benachbarten Gehöften gehören, und dass die Besitzer derselben die Wohnung der dahingeschiedenen Familienmitglieder neben der eigenen Behausung errichteten. Wenn in den bisher untersuchten Flachgräbern nur Gegenstände aus augusteischer und späterer Zeit vorkommen, während die Hügel neben denselben der früheren Periode zuzurechnen sind, so müssen um die Zeit von Christi Geburt viele Besitzer dazu übergegangen sein, statt des gewohnten Hügelbaues die leichter zugänglichen und für Nachbestattungen weit geeigneteren Flachgräber zu errichten. Diese wurden gewöhnlich neben den Hügeln der Vorfahren angelegt, doch ist vielleicht bei der Villa am Remsteckerpfad ein solcher mit in ein Flachgrab aufgenommen. Sicher ist dies der Fall bei einem prächtigen Flachgrabe im Rhenser Walddistrikt „Scheuern" nicht weit von der Villa in demselben Gebiet. Hier ist ein hoher Hügel von dem Graben des Flachgrabes umschlossen. Nicht alle Gutsbesitzer haben die neue Grabform angenommen. Im Distrikt Günthersfeld ist unentwegt weiter in die Hügel beigesetzt worden, sodass ein solcher vorrömischen Schmuck und Gefässe des zweiten Jahrhunderts neben einander liefern konnte. Dasselbe wird der Fall sein bei den grossen Grabhügeln „am Strässchen" und „im grossen Sutter"; in ihnen müssen Bestattungen aus der La Tène-Periode bis in die späte Kaiserzeit vorkommen. Damit haben wir auch den Schlüssel zu der öfter beobachteten Thatsache, dass in den Hügelgräbern vorrömische und römische Gefässe sich finden, die zeitlich oft weit auseinander gehen. Es sind eben Familiengräber, in die man stets weiter beerdigte, auch als Schmuck und Gefässe unter dem Einflusse einer neuen Kultur durchaus andere geworden waren. Da wo der Fall vorkommt, kann er uns einen wertvollen Fingerzeig geben für die dauernde Besiedelung durch dieselben Völker, der besonders für die Frage nach den Bewohnern des rechtsrheinischen römischen Gebietes wichtig werden dürfte.

Bis jetzt zeigen alle den Flachgräbern entnommenen ganzen Gefässe den Charakter der ersten Hälfte des 1. Jahrhunderts, dagegen haben sich in denselben zahlreiche Scherben der späteren Zeit neben den Spuren verdorbener Gräber gefunden. Darum ist wohl kein Zweifel, dass die Bestattungen ununterbrochen fortgehen. Die jüngeren, die wohl meist in einer höheren Erdschicht lagen, sind durch den jahrhundertelangen Waldbau vernichtet worden, während die tiefer gelegenen sich erhielten.

Neben den reicheren Besitzern, die die Familiengräber anlegten, mögen aber von jeher auf der Höhe Leute gewohnt haben, die eine solche Begräbnisstätte nicht hatten; von ihnen wurden vielleicht die gemeinschaftlichen Grabfelder am Kühkopf und später am Dommelsberg benutzt.

Die Burg am Dommelsberge (Taf. V).

Diese alte Befestigung ist schon länger bekannt. Sowohl Malten wie Cohausen haben sie beschrieben, und die Sage verlegte schon früh ein Nonnenkloster an diese Stelle[9]. Der Dommelsberg[10] besteht aus einer höheren und einer niedrigen, durch eine schmale Einsattelung geschiedenen Bergkuppe; die erstere liegt 210 m über dem Rheinspiegel. Auf drei Seiten, nach dem Rheine, dem Thale des Königsbachs und dem Siechhausthale fällt er in gleicher Weise steil ab, sodass man nur von der Westseite aus auf ebenem Wege zu dem Fusse des Hügels kommen kann. Gegen diese ist er daher auch durch 4 Wälle abgeschlossen, die in weitem Bogen sich zum Abfall nach dem Rheinthal hinziehen. Ungefähr in der Mitte der Sehne dieser Bogen steht der vor einigen Jahren erbaute Aussichtsturm. Um die Plattform für denselben zu gewinnen, hat man nach dem Rheine zu den Kopf des Hügels angeschnitten. Gleich südlich vom Turme sieht man auf der höchsten Erhebung eine künstlich hergerichtete rechteckige Abplattung, in der an verschiedenen Seiten der gewachsene Fels hervortritt. Um dieselbe zieht sich in flachem Bogen der erste Wall. Er zeigt auf der Innenseite nur eine sehr flache Erhebung, während er nach der feindlichen Seite zu schroff abfällt. Die steile Böschung ist durch Abschürfung des gleichmässig fallenden Terrains erzielt. Ein Graben liegt nicht vor dem Wall; nur da, wo er an den Rheinabhang stösst, besonders auf der Südseite, ist vor ihm ein breiter und tiefer Graben aufgeworfen. Das herausgenommene Material ist nach innen gezogen und bildet dort turmartige Erhöhungen. Ob diese Wachttürme enthalten, konnte nicht untersucht werden. Der Wall wurde überhöht durch eine nach innen ihn verkleidende Mauer. Vor etwa 50 Jahren ragte dieselbe noch 2 Fuss aus dem Walle heraus. So sah sie Malten, der 1844 Stolzenfels beschrieb. Sie ist 90 cm stark, sauber gearbeitet und in Lehmmörtel gesetzt. An dem neuen Fusswege, der zum Turme

---

[9] Rhein- und Moselzeitung 1837.

[10] Auf einer Waldkarte von 1720, die sich auf dem städtischen Bauamte befindet, heisst der Berg „Tummelsberg". Ein Tummelberg kommt vor in Seitzenhahn im Amte Wehen; ebenso finden sich die Distrikte „auf dem Dommel" und „auf dem Dummel" (Kehrein, Nass. Namenbuch). Die letzte Silbe dürfte abgeschwächt sein aus dem ahd. mâl, das in Zusammensetzungen einen ausgezeichneten Punkt dem Orte oder der Zeit nach bedeutet, während die erste Silbe gleich dôm, mhd. tuom, mitteld. tûm (domus) ist, sodass der Name etwa Hausstelle od. Burgstelle bedeutet.

führt, ist sie auf einer mehrere Meter langen Strecke sichtbar. Etwa 20 m südwestlich von dieser Stelle hat man bei der Wegeanlage den Wall auf der Aussenseite angeschlagen, um Steine zu gewinnen. In diesem Steinbruche tritt eine über 1 m breite Trockenmauer hervor, die der eigentlichen Mauer zur Stütze in die Wallböschung vorgesetzt ist. Ihre Schichten sind gut zu erkennen; öfter sind kleine Steinchen eingeschoben, um glatte Flächen herzustellen. Die Hauptmauer zieht sich auch am Rheinabhange hin, wie äusserlich an den vielen Steinen zu erkennen ist. Bei einer Schürfung an der Südecke zeigte sich, dass diese selbst beschädigt ist, aber gleich neben ihr am Rheinabhang fand sich ein kleines Schleichpförtchen von 45 cm Breite. Vor demselben sieht man am steilen Abhang den schmalen Absatz des Weges, der von hier zwischen den ersten und zweiten Wall, vielleicht auch nach dem Rheine zu führte. Ob die Mauer andere Eingänge gehabt hat, lässt sich äusserlich nicht erkennen. Neben derselben liegen hier und da Scherben, frühe und spätere, ein Stück eines runden Mühlsteines und grössere Fragmente von Deck- und Hohlziegeln. Das Material zum Mauerbau lieferte der Felsenkopf des Dommelsberges selbst. Gleich neben dem Aussichtsturme befindet sich ein tiefes, trichterförmiges Loch, das auch früher bemerkt wurde. Cohausen hielt es für ein Schürfloch, aus dem Eisenstein gewonnen wurde. Wahrscheinlicher rührt dasselbe von einem bei Errichtung der Burg angelegten Steinbruche her. Doch weist die eigenartige Form darauf hin, dass es später als Aufbewahrungsort für Lebensmittel oder auch als Zisterne benutzt wurde.

Ein zweiter, kleinerer Steinbruch liegt auf der anderen Seite des Promenadenweges, 20 m von dem ersteren entfernt. Jedenfalls aber haben die Brüche nicht nur für den Mauerbau, sondern auch für die Verteidigung das Material geliefert, das hier in reichstem Masse vorhanden war. Vielleicht enthalten einzelne Steinhügel nur eine Anhäufung von Schleudersteinen. Das Innere dieses obersten Teiles der Festung ist nicht untersucht worden. Bei der Anlage des Turmes fand der Maurermeister Maurer mehrere kleine Gefässe, die aber wieder verloren gingen.

Der zweite Wall enthält keine Mauer. Auf der Südseite des Promenadenweges ist vor und hinter dem Walle eine leichte Einsenkung, aus der die Erde für den Aufwurf gewonnen wurde. Auf der andern Seite des Weges, nach dem Königsbachthale zu wird die äussere Böschung wieder sehr steil. Ziemlich in der Mitte zeigt der Wall eine starke Abflachung, die wohl einen Eingang enthält. Von diesem aus zieht sich eine schmale Einsenkung zum obersten Teile der Burg, die vielleicht als Weg zu betrachten ist. Zwischen dem ersten und zweiten Walle wurden bei der Abgrabung, die die Trockenmauer zeigt, zwei Reibsteine in der Form des Bonapartshutes gefunden, die in der Coblenzer Sammlung untergebracht sind.

Der dritte Wall beginnt dort, wo der steile Abstieg zur Brauerei Königsbach sich von dem neuen Promenadenwege zum Dommelsberge trennt. Anfangs bleibt er auf der Nordseite des Weges, später geht dieser eine Strecke weit über ihn hinweg. Da wo er beginnt, liegen im Innern drei Hügel, von denen sich Rhein- und Königsbachthal überschauen lassen. Auf der Südseite ist vor dem Rheinabhange nach aussen wieder ein Graben aufgeworfen, und im Innern finden sich die turmartigen Erhöhungen. Auch dieser Wall ist so hergestellt, dass das abfallende Terrain zu einer 6-10 m hohen, fast senkrechten Böschung abgearbeitet ist. Nach innen zu ist er durch eine 90 cm starke Mauer verkleidet, die dieselbe Beschaffenheit zeigt, wie die des obersten Ringes. Auch sie ist in Lehm gesetzt und hat eine durchaus glatte Fläche. Auffallenderweise sind beim Bau derselben auch Wacken verarbeitet, die wohl aus dem Bachgeschiebe genommen sind. Da wo der von der Königsbach kommende Promenadenweg eine längere Strecke weit über den Wall hinweggeht, ist an einer Stelle die Mauer blosgelegt. Sie hat den Wall, dessen Krone sich in einer Breite von 1-1,50 m vor dieselbe legt, wieder beträchtlich überragt, denn bei ihrem Zusammensturz sind die Steine nach innen gefallen. Wie hoch die Mauer gewesen ist, würde sich durch den Absturz, der durchweg unberührt ist, leicht berechnen lassen. Jetzt steht sie an den beiden angegrabenen Stellen noch 1 m hoch, wovon ein Teil auf das Fundament kommt. Soweit sich bis jetzt erkennen lässt, entsprach ihre Höhe der Brustwehr, ein erhöhter Wallgang war nicht vorhanden, oder er war nur sehr niedrig. Nicht weit vom Südende zeigt der Wall eine 6-7 m breite Senkung, und vor dieser nach aussen zu scheint eine muldenförmige, leichte Vertiefung auf einen Weg hinzudeuten. Diese Senkung wurde auf der einen Seite genauer untersucht, und es kam bald die Thoröffnung mit breitem Thoranschlag in der Mauer zum Vorschein. Nach dem Innern des Thores zu liegt ein sehr starker Absturz, der auf eine grössere Thoranlage hinweist.

Gleich nördlich neben dem Eingang muss ein Holzbau an die Mauer angelehnt gewesen sein. Bis dicht vor dieselbe ist der gewachsene Boden 10 cm tief eingeschnitten und mit Asche, Scherben, Knochen und Stücken der Lehmwand angefüllt. Auch eine Thonperle fand sich hier. Die Knochen stammen wohl durchweg von Rind und Schwein. Von grösstem Interesse sind die zahlreichen Scherben (Taf. XI, 17-29), die von den verschiedensten Gefässen herrühren und mannigfache Verzierung zeigen. Einige von groberem Thon haben unter dem Halse eine dick aufgelegte Randleiste mit Fingereindruck, andere sind oben auf dem Rande mit dem Nagel leicht eingedrückt. Wenige haben tief eingerissene Linien, die auf Thoneinlage schliessen lassen, eins ist durch sorgfältig eingedrückte elliptische Tupfen verziert (Taf. XI, 18). Ganz besonders aber tritt die Verzierung durch konzentrische Halbkreise oder Dreiecke auf, die an dem Rande des Halses ansetzen und durch kleine Strichelchen gebildet sind. Bei den weitbauchigen Gefässen (Taf. XI, 19 und Taf. XI, 27) sind zunächst mit einem Stäbchen Linien eingedrückt, dann über und neben diese die kleinen Strichlein mit einem Instrumente aufgeritzt. Der

Brand ist bei beiden sehr hart, die Farbe von Taf. XI, 27 lederfarbig, die von Taf. XI, 19 grau. Das Stück Taf. XI, 18 stammt von einem weitbauchigen Gefäss mit dünnen Wänden aus grauschwarzem Terra-nigra ähnlichem Thon. Innen zeigt es die Lederfarbe, aussen ist es oben glänzend schwarz poliert und mit der Verzierung durch Strichelchen versehen, die mit einem Rädchen aufgetragen sind. An diese Fläche schliesst sich eine unpolierte an, in die nach dem Boden zu radienartig 15 mm breite dunkle Streifen eingeglättet sind. Die Radienverzierung durch eingeglättete oder aufgemalte Linien ist in der jüngeren La Tène-Zeit besonders in unserer Gegend sehr beliebt.

Wie gross das Thorhaus gewesen ist, liess sich noch nicht feststellen, ein Schnitt, der an einer anderen Stelle an die Mauer gezogen wurde, zeigte keine Scherben.

Endlich beginnt dort, wo der von der Königsbach kommende Promenadenweg mit dem neuen Fahrweg zum Dommelsberge zusammentrifft, ein vierter Wall, der sich in weitem Bogen um die niedrigere Kuppe des Dommelsberges bis zum steilen Abhange des Siechhausthales und hier noch mit einer Wendung nach Norden eine kurze Strecke am Rheinabhange hinzieht. Bei seinem Anfange ist der hier hohe Wall leider durch den über ihn hinziehenden und teilweise schneidenden neuen Fahrweg stark verdorben. Nach dem Siechhausthale zu zeigt er sich noch in der Höhe von 2-3 m; an der Sohle ist er 10 m breit. Bei seiner Anlage war er sicher höher und die Böschungen steiler, jetzt ist seine Krone breit und abgeflacht. Sowohl auf der Aussen- wie auf der Innenseite bemerkt man eine leichte Einsenkung. Die äussere wurde durchschnitten, und es fand sich, dass ein eigentlicher Graben nicht vorhanden ist. Man hat nur bis zu 30 cm Tiefe den gewachsenen Boden abgegraben, um Material zur Aufschüttung des Walles zu gewinnen. Der Durchschnitt desselben, der an dem neuen Fahrwege offen liegt, zeigt unten den gelben Boden, der von der Oberfläche des anliegenden Terrains genommen ist, oben Steinschutt in der Höhe von 1 m. Dieser stammt von dem aufgegrabenen gewachsenen Boden. Die so entstandene Mulde vor dem Walle muss lange Zeit offen gewesen sein, denn auf ihrer Sohle fand sich neben La Tène-Scherbchen auch ein Stück einer schwarzen Tasse aus dem zweiten Jahrhundert. An einer Stelle nicht weit von dem Durchschnitt sieht man auf der Wallkrone einen Haufen Schlacken. Sie entstammen nach einer Mitteilung des Direktors Paul von der Grube Friedrichssegen einem Schmelzprozess, bei dem Eisen gewonnen wurde. Eisenstein muss in der Umgebung vielfach vorkommen, denn Stücke Eisenerz zeigten sich wiederholt bei der Grabung. Die Erze müssen in unmittelbarer Nähe der Burg ausgeschmolzen und die Schlacken zur Befestigung auf den Wall geworfen worden sein[11]. Da wo der letzte Wall mit dem drit-

[11] Schlacken fanden sich auch an einer einzelnen Stelle auf dem Wall des Hünkopf bei Holzhausen a. d. Dautphe. Nass. Annal. XV, 360.

ten zusammenstösst, ist der so von zwei Seiten gedeckte Eingang in die Burg. Die Breite des von dieser eingeschlossenen Terrains ist verschieden. Die Länge beträgt 800 m. Ihr entspricht als grösste Sehne der Wallbogen die Grenzlinie zwischen dem Coblenzer und Capellener Walde. Wenn man vom Anfange des dritten Walles im Königsbachthale auf dieser entlang geht, so hat man zur Seite die erwähnten Hügel und durchschreitet die am Ende der Wälle aufgeworfenen Gräben. Beim Grenzstein mit der Jahreszahl 1759 steht man auf der die Mitte des Ganzen bildenden Plattform und inmitten des ersten Mauerringes.

Etwas westlich von der Burg in der Waldsenkung, durch die jetzt ein neuer Fussweg zum Kühborn gelegt ist, fanden sich bei der Anlage desselben an verschiedenen Stellen Scherben mit schwarzem Brande.

Zweifellos hat die Befestigung den umwohnenden Ansiedlern als Zufluchts- und Verteidigungsort gedient. Es ist einer der vielen Plätze im Celtengebiete, die durch Natur und Kunst trefflich befestigt waren (natura et opere egregie munitum C. V, 9), und von denen manche dem römischen Eroberer viel zu schaffen machten. Dem Anscheine nach hat ein solcher wohl kaum einem bedeutenderen celtischen Orte gefehlt. Sicherlich erfüllte die Burg am Dommelsberge ihren Zweck aufs beste. Denn bei dem unerschöpflichen Vorrat an Wurfmaterial, das über die steilen Böschungen hinabgeschleudert, den Feind zerschmettern musste, war an eine Erstürmung der inneren drei Wälle nicht zu denken. Solange aber der dritte Wall in der Hand der Verteidiger blieb, lieferte das am Fusse desselben liegende Thal des Königsbaches ausreichend Wasser. Waren sie genötigt, den obersten Ring zu beziehen, so konnte zur Not noch vom Rheine her auf steilem Pfade Wasser herangeschafft werden. Die im Thorhause gefundenen Scherben weisen in ihrer Mehrheit auf die La Tène-Periode, einige wenige, wie die mit den tief eingerissenen Linien dürfen wohl in die Zeit des Ueberganges von der Hallstattperiode zu jener gesetzt werden. In diese, also etwa in das fünfte vorchristliche Jahrhundert, ist demnach auch die Erbauungszeit der Burg zu legen, so dass wohl die Leute, die das grosse Grabfeld am Kühkopf anlegten, auch als die Erbauer der Burg zu betrachten sind. Da nach der Lage der Scherben an der Wallmauer diese gleich zu Anfang errichtet worden sein muss, so giebt uns diese Thatsache einen hohen Begriff von der Fertigkeit der alten Treverer im Festungsbau. Die vielen Stücke der späteren La Tène-Zeit beweisen, dass die Burg bis zum Anfang unserer Zeitrechnung in Gebrauch gewesen ist; dann wurde sie mit dem Beginne der Römerherrschaft unnötig. Immerhin aber mag auch dann noch die umliegende Bevölkerung in Zeiten der Not den alten Zufluchtsort bezogen haben, wie die jüngeren an der Oberfläche gefundenen Scherben und das Bruchstück des runden Mühlsteines darzuthun scheinen.

Eine kleinere Verschanzung, auf die Herr Förster Wagner aufmerksam machte, liegt im Distrikt Schweinskäulchen (Taf. II, 90). Hier schiebt sich ein nach drei Seiten abfallender Höhenrücken in das Dörrbachthal hinein. Der oben abgeflachte Vorsprung ist auf 3 Seiten von einem 5 m breiten, 1 m tiefen Graben mit äusserem und innerem Aufwurf umgeben. Die grabenlose Seite liegt an einem steilen Abhange und zeigt die Reste einer leichten Mauer. Die so eingeschlossene Fläche bildet ein Rechteck von 30 zu 60 m. Im Inneren sind die Spuren eines Gebäudes zu sehen. Ein kurzer Schnitt in dieses förderte eine Kochstelle, Lehmbrocken und eine Anzahl mittelalterlicher Scherben zutage. Im Graben wurde ein breites Messer gefunden. Die Anlage muss dem Mittelalter zugeschrieben werden; ihr Zweck ist nicht ersichtlich.

Einen weit ausgeprägteren Charakter als ehemalige Befestigung zeigt die Schwedenschanze, die auf dem Hügelrücken liegt, der sich von den Schiessständen nach dem Distrikt Kellerchen hinzieht. Sie ist an einer Stelle erbaut, wo die Mosel dicht an den steilen Abhang herantritt, so dass diese von hier aus leicht beherrscht werden konnte. Ein 4 m breiter Wall umschliesst ein unregelmässiges Viereck von durchschnittlich 40 m Breite. Die dem Rheine zugekehrte Flanke hat eine Erdbrustwehr. Der Eingang liegt nach Norden, den Schiessständen zugekehrt, und aus ihm führt ein Hohlweg in der Richtung nach dem Brückebachthale. Der 10 m breite Graben hat eine beträchtliche Tiefe, so dass die Böschung von der Wallkrone bis zur Sohle desselben 10 m hoch ist. Einige Schnitte in denselben brachten gar keine Scherben. Der ganzen Anlage nach gehört die Schanze neuerer Zeit an, und es ist nicht unwahrscheinlich, dass sie, wie sonst selten, ihren Namen mit Recht führt.

Das Wegenetz,

das die einzelnen Gehöfte unter einander und mit den grossen Verkehrsstrassen an Rhein und Mosel verband, verlangt eine Untersuchung für sich[12], besonders auch mit Rücksicht auf den Bau. Hier kann nur auf das hingewiesen werden, was nach äusserlicher Beobachtung als gesichert erscheint. Die Hauptstrasse, zu deren Seiten sich die Gehöfte ausdehnen, hatte im ganzen die Richtung der jetzigen Coblenz-Simmerner Landstrasse. An vielen besonders abschüssigen Stellen sieht man bald rechts, bald links die Dämme und Gräben des alten Weges zur Seite des heutigen, immer da, wo diese einen Bogen macht, um ungeeignetes Terrain zu vermeiden. Ihre oft rücksichtslos steile Führung hat zuweilen die jetzige Landstrasse ungünstig beeinflusst, weil man bei dem Bau derselben die alte Trace nicht verlassen wollte, obgleich inzwischen die Anforderungen an eine Verkehrsstrasse andere geworden sind. Bei den alten celtischen Hochstrassen, die oft auf langer Strecke über die Wasserscheide hinwegziehen, kam es in erster Linie darauf an, einen möglichst trockenen Weg zu haben, denn an eine Besserung auf

[12] Auf der Karte sind deshalb die Abweichungen von dem Laufe der jetzigen Strasse nicht bezeichnet, auch sind die anderen alten Wege nur nach ihrer ungefähren Richtung eingetragen.

weite Strecken hin war bei dem vielfach gespaltenen und unter sich uneinigen Volke der Celten nicht zu denken; auch wurde der Verkehr und der Transport von Waren wohl weit mehr durch Lasttiere als durch Wagen vermittelt. Dabei war die Beschaffenheit der Strasse weniger wichtig. Es scheint daher auch kaum eine sorgfältigere Herrichtung der Strasse stattgefunden zu haben, wenigstens lässt sich eine solche mit dem Eisen nicht feststellen. In zwei Armen erfolgte von der Nordseite aus der Aufstieg. Der eine ging über die Karthause, wie jetzt nach den Gräbern und Gebäuden sich als sicher annehmen lässt; der andere kam durch das Laubachthal. Er ist auf der Höhe durch Dämme und Gräben, die eine breite Strecke einnehmen, wohl zu kennen. Zwei an ihm liegende Walddistrikte haben daher auch den Namen „Altstrasse". Dieser Arm führte im Rheinthale über den Oberwerth, wo celtische (Westdeutsche Zeitschr. XVII, 253) Funde gemacht wurden, nach dem Celtendorfe bei Horchheim und von hier aus auf die Höhe des Westerwaldes. Von dem Coblenzer Arme zweigte sich wahrscheinlich ein Weg ab, der von dem Brückebachthale über den Hügelrücken nach dem Distrikt Kellerchen führt. Der jetzt in dieser Richtung ziehende Weg wird auf der Ostseite von Damm und Graben begleitet. Seine Fortsetzung ging wahrscheinlich zwischen den Gehöften am Günthersfeld und am Conzenkreuz vorbei zum Conderthal und zur Mosel hin. Die beiden Hauptarme treffen am Kühbrunnen zusammen. Von hier aus muss sich an dem Grabfelde auf der Nordseite des Kühkopfs vorbei ein Weg durch die Distrikte „Strässchen" und „am Strässchenweg" nach dem Pützwege hingezogen haben. Auf alten Waldkarten ist er gezeichnet[13]. Vielleicht von der grossen Villa am Rhenser Eichenwald, sicher von der Villa neben dem Tempel geht ein alter Weg an den Grabhügeln im Distrikt „eiserne Hand" vorbei nach der Landstrasse. Er ist bis nahe an die Einmündung in diese unweit des Bäckerkreuzchens (Kreuz mit Spitzweck) gut zu verfolgen. Da wo er in der Nähe der genannten Villa die Schneise von der Rhenser Grenze zur eisernen Hand kreuzt, zeigt er sich als ein flacher Graben, weiterhin sieht man von ihm einen kräftig hervortretenden Damm. Hinter den Grabhügeln treten Gräben und Dämme neben einander auf, die stark mit kleinen Steinblöcken belegt sind. Von den beiden auf der Nordostseite des Tempels liegenden Eingängen zieht sich ein Weg in ziemlich gerader Richtung nach der eisernen Hand zu, wo er in die alte Hochstrasse einmündet, die hier auf der Ostseite der jetzigen Landstrasse liegt. Er ist anfangs durch eine doppelte, dann durch eine einfache muldenförmige Senkung bezeichnet, durch die in neuerer Zeit ein Wasserlauf geleitet ist. Etwas östlich der Querschneise ist an einer feuchten Stelle eine 2 Schritt breite leichte Steinpflasterung in ihn eingelegt. Überall finden sich in und neben

[13] In einer solchen vom Jahre 1797, die im städtischen Bauamt aufbewahrt wird, heisst er „das Strässchen" und stösst dicht neben dem Pützwege auf die Waldgrenze nach Lay hin.

dem Wege Ziegelbrocken. Etwa 200 m westlich des Tempels stösst zu beiden Seiten ein Feldrain an den Weg. Seine Fortsetzung über die eiserne Hand und die Landstrasse hinaus entspricht der Richtung des Pützweges, auf dessen nördlicher Seite der alte Weg in Dämmen und Gräben hervortritt. In der Folge liegen an ihm die Grabstätten 23, 24. Das malerische Steinkreuz mit der eisernen Hand darüber verdankt seine Aufstellung offenbar dieser alten Wegekreuzung. Es hat oben die Zahl 1677, unten unter verschiedenen Wappen und Steinmetzzeichen: erecta 1218. Von der Landstrasse aus geht nördlich der Schneise zwischen „Altstiefel" und „Weiherchen" ein Weg zur Villa am Remsteckerpfad. Zur Rechten hat er den alten Weiher, zur Linken die bei diesem liegenden Grabhügel. Der durch das Gehöft vor dem Silberkaulskopf nach dem Silberkaulsbache und weiter zur Mosel sich hinziehende Weg scheint seine Fortsetzung zu sein. Von Waldesch aus hat ein Weg an dem Gebiete verschiedener Villen vorbei zum Rhenser Mühlbachthale hingeführt. Hinter dem Walddistrikt „Ohligsfeld", in dem er auf der Nordseite des Fahrweges als Graben und Damm hervortritt und einen alten Steinbruch zur Seite hat, geht er in den oberen Thalweg über und mündet ins Mühlthal bei den Resten einer Villa „im Bienengarten" oder „Rhenshausen". Zwischen Rhens und Brey ist wohl die Überfahrt nach dem Celtendorf bei Braubach zu suchen, das nach Funden zu schliessen von besonderer Bedeutung gewesen sein muss.

Der Vicus Ambitarvius.

(Der Name Ambitarvius ist ein Compositum aus der Präposition ambi und dem Worte tarvius; das letztere ist eine Ableitung von tarvos, welches im Celtischen „Stier" bedeutet. Es kommt in dieser ursprünglichen Form als Gottes- und Mannesname, sowie in mehreren Zusammensetzungen vor.

Der Gott Tarvos CIL. XIII, 3026; Tarvus als Mannesname, cogn. CIL. I, 126 = X, 292; in den Ableitungen: Tarvacus, Tarviacus, Tarvilius, Tarvillus, Tarvenna, Tarvisium (Treviso) und in der Zusammensetzung Tarvessedum (Splügen). Die Composita mit der Partikel ambi = um sind zusammengestellt von Holder, altcelt. Sprachschatz I, Sp. 114-123. Eine Reihe derselben ist mit Flussnamen zusammengesetzt, so: Ambarri = Amb-arari, Ambidravi, Ambilicil, Ambirenus, Ambisontes, Ambitrebius pagus. Die letzte Bezeichnung entspricht in ihrer Bildung dem Ambitarvius vicus, und wie jene soviel bedeutet als: Der Gau um die Trebia, so muss diese „dem Vicus um den Tarvos herum" entsprechen. (Nach freundlicher Mitteilung des Herrn Dr. Holder in Karlsruhe). Da ziemlich in der Mitte des Vicus das Heiligtum des Merkur liegt, so möchte man annehmen, dass der Ort seinen Namen erhielt von der Lage um diese alte Cultstätte, und dass an derselben ursprünglich der gallische Gott Tarvos verehrt wurde. Über das Wesen dieses Gottes ist nur wenig bekannt, jedoch erscheint er auf einem Pariser Steindenkmal, das von

Schiffern gesetzt wurde, in enger Verbindung mit Esus; ebenso finden sich Tarvos und Esus vereinigt auf einem Trierer Steine, der nach der Inschrift dem Mercur geweiht ist, und der auf seiner Vorderseite Mercur und Rosmerta in grösserer Darstellung zeigt. Wir sehen also den Tarvos sowohl wie den Esus in römischer Zeit in enger Beziehung zum Dienste des Mercur und der Rosmerta (Westd. Korrespondenzbl. XV, Sp. 33 ff.). Wenn aber Esus mit Mercur gleichgesetzt wird, so möchte man annehmen, dass auch der gallische Tarvos eine Seite des Wesens dieses Gottes ausmacht, und dass unter dem Einflusse des römischen Götterkultes die Darstellung des Tarvos der des Mercur Platz machte. Sein Beiname trigaranus und das Attribut der 3 Kraniche weisen darauf hin, dass ihm von der Thätigkeit des Mercur besonders das Geleit auf den Wasserstrassen zukam, während der den Baum fällende Esus wohl den Handel auf den Landwegen zu schützen hatte. Dass aber in alter Zeit der Wassergott Tarvos in dem Winkel zwischen Mosel und Rhein verehrt wurde, ist naturgemäss. Vielleicht erinnern an den Tarvosdienst die Darstellungen Taf. VIII, 8, 9.

Die vielen auf räumlich beschränktem Terrain liegenden Villen und Gehöfte, deren Zahl sich nach weiterer Untersuchung auf Holzbauten noch vermehren wird, ihre Gruppierung um eine grosse Tempelanlage wie um einen gemeinsamen Mittelpunkt machen es zur Gewissheit, dass das Ganze eine zusammengehörige und in bestimmtem Verbande stehende Anlage bildete. Die frühen Scherben auf dem Boden der Gehöfte, sowie die mit celtischen Gefässen versehenen Grabhügel neben denselben lehren, dass jene bereits vor der römischen Zeit angelegt und besetzt waren, wenn auch sicher damals an Stelle der Steinhäuser manchmal ein Holzbau gestanden hat. Die Anlage ist also den zu beiden Seiten der Mosel wohnenden Treverern zuzuschreiben, die sich germanischer Abstammung rühmten und in Lebensweise und Tapferkeit den Germanen nahe standen, wenn sie auch durch den langen Aufenthalt auf dem linken Rheinufer unter celtischen Volksstämmen zu Celten geworden waren. (Caes. de bell. gall. VIII, 25). Bei allen gallischen Völkern werden von Cäsar oppida, ummauerte Plätze mit meist zahlreicher Bewohnerschaft, vici-Dörfer und aedificia, Einzelhöfe, erwähnt. Unsere Anlage kann nur ein vicus gewesen sein, und es ist doch von Interesse, dass wir an den vorhandenen Resten uns ein Bild von einem solchen machen können, da die Überlieferung uns hierüber im Stiche lässt. Man hat aus den Ackerverhältnissen des celtischen Irlands und aus mancherlei Notizen aus ältester Zeit den Schluss gezogen, dass die nationale Besiedelungsweise der Celten der Einzelhof sei. (Meitzen, Siedelung und Agrarwesen I, 144 ff.). Das geht aus Cäsars Worten hervor, wenn er den Küstenstrich des südlichen Britanniens, den kriegerische Stämme der Belger in Besitz hatten, also schildert: Die Einwohnerzahl ist sehr gross, und die Einzelhöfe, die den gallischen fast ganz ähnlich sind, sind sehr zahlreich. (Caes. V, 12). Auch der Eburonenfürst Ambiorix bewohnt ein einzelstehendes Gehöft, ut sunt fere domicilia Gallorum, wie Cäsar hinzusetzt (B. gall. VI, 30). Ganz dem entsprechend stellt sich auch der gefundene Vicus dar als eine Anhäufung von Einzelgehöften, in denen jeder Eigentümer sich durch Mauer und Zaun von der übrigen Welt abzusondern sucht. Ebenso weist die Anlage der Familiengräber auf die Neigung zur Isolierung hin. Infolge dieser Sitte wohnten die einzelnen Besitzer grösstenteils inmitten ihrer Ackerfelder oder doch so, dass diese von dem an hervorragender Stelle liegenden Gehöfte aus übersehen werden konnten. So steht die Villa „in den Ginstern" zwischen Ackerrainen mitten im Felde, ebenso das Gehöft am „Strässchen", während neben der Villa „Kellerchen" die breite, ebene Fläche des Distrikts „Hütte" sich ausdehnt. Dagegen finden sich an anderen Stellen, besonders in der Nähe des Tempels, die Gehöfte dichter zusammen gerückt.

Die Entstehung des Vicus an dieser Stelle mag zunächst durch günstige Bodenbedingungen veranlasst sein, denn der Wald enthält zu einem grossen Teile trefflichen Ackerboden, und dass dieser reichlich ausgenutzt worden ist, lässt sich aus den vielen, oft wie ein Wall sich lang hinstreckenden Ackerrainen ersehen. Die Aufzeichnung derselben, die einer späteren Arbeit vorbehalten bleiben muss, kann vielleicht einen Beitrag für die Art der Bewirtschaftung im Treverergebiet liefern. Hier mag hingewiesen werden auf den eigenartigen Anblick, den man im Winter, wenn das Laub gefallen ist, von der Höhe des Dommelsberges auf die nach der Seite des Kühkopfes hin sich ausdehnenden Feldraine hat, die wie die Sitzreihen eines gewaltigen Amphitheaters erscheinen. Sicher aber können auch die Handelsbeziehungen des Ortes in Anschlag gebracht werden. Hier ist zu berücksichtigen, dass von den Treverern in unserer Gegend um die Zeit Caesars dasselbe gelten muss wie von den Menapiern, die zu beiden Seiten des Rheines Äcker, Gehöfte und Dörfer hatten. Horchheim, Oberlahnstein und Braubach haben dieselben Gefässe wie die Höhe des Stadtwaldes. Dabei war das Celtendorf in Braubach nach den zahlreichen Gräbern zu schliessen von besonderer Wichtigkeit und stand durch alte Verkehrswege mit dem germanischen Hinterlande in erbindung. Auch muss sich dort an den erzreichen Abhängen des Taunus ein stärkerer Bergbau entwickelt haben, denn in 3 Gräbern fand sich jedesmal neben Gefässen der jüngeren La Tène-Zeit eine Beigabe von klein geschlagenen Erzen bis zum Gewichte von 80 Pfd. Sie stammen von den Blei- und Silbergängen, die auch jetzt hier ausgebeutet werden. Die dortigen Bewohner aber kamen bei ihrem Verkehr mit den linksrheinischen Stammesgenossen stets zuerst in das Gebiet unseres Vicus, und die Wege von Braubach über Brey und Rhens und von Horchheim über die Laubach zur Höhe des Stadtwaldes mögen in jener Zeit recht belebt gewesen sein.

Von grösstem Einflusse auf die Lebensverhältnisse der Bewohner war die dauernde Besetzung der Rheingrenze durch die Römer in der augusteischen

Periode. Als die Kastelle am Rhein und neben ihnen die Lagerdörfer entstanden, entwickelte sich eine rege Wechselbeziehung zwischen der einheimischen Bevölkerung und den neuen Ankömmlingen. Die grosse Zahl der Terra-nigra-Gefässe in Coblenz dürfte zum Teile durch Vermittlung des benachbarten Vicus ins Thal gekommen sein, und alsbald beginnen auch auf der Höhe die augusteischen Krüge und vereinzelte Sigillatagefässe in den Gräbern. Die Produkte des Ackerbaues fanden lohnenden Absatz, und damit mag es zusammenhängen, dass um diese Zeit der Plan gefasst wurde, an Stelle des alten, kleinen Tempels einen neuen, dem steigenden Reichtum des Ortes entsprechenden Bau zu errichten. Auch hat sicher in gleicher Weise bei den Gehöften manches Holzhaus dem solideren Steinbau weichen müssen, obgleich viele der ärmeren Hofbesitzer sicher bis zum Untergange des Dorfes in Holzhäusern gewohnt haben; wie das Gehöft im „grossen Sutter" zeigt. Im zweiten Jahrhundert, als die römische Grenze nach Osten weiter hinaus gerückt wurde, haben Häuser und Lebensgewohnheiten der Ansiedler auf der rechten Rheinseite sich von denen auf der linken wohl kaum noch unterschieden. Die Celten waren Römer geworden. Nirgends ist naturgemäss die Romanisierung rascher vor sich gegangen, als in der Nähe des Rheines, wo die Anhäufung der Soldaten an der Grenze ein römisches Lagerdorf neben dem andern entstehen liess. Das innere Gallien blieb der römischen Kultur weit länger fremd. Wenn aber auch die Dorfbewohner eine Wandlung in Kultur und Lebensweise durchmachten, so sind doch die alteingesessenen Familien auf ihrer Scholle geblieben. Das beweisen die Familiengräber, die die Spuren der Beisetzung bis in späte Zeit tragen. Auch die mancherlei Katastrophen, die im Jahre 69 mit dem Bataveraufstand, im dritten Jahrhundert mit den Einfällen der Germanen die römische Herrschaft trafen, haben in dieser Beziehung nichts geändert. Desgleichen scheinen auch die sozialen Missstände, die durch die Anhäufung von Grund und Boden in wenigen Händen sich entwickelten, und die in Gallien zu einem Aufstande der ärmeren Bevölkerung, der Bagauden, führten, für unser Gebiet weniger in Betracht zu kommen. (Eutrop, Breviarium VIIII, 20).

Mit den Gefässresten in den Gräbern stimmen die in den Villen überein; auch sie gehen bis in die letzte Zeit der Römerherrschaft, und die Münze des Valens in der Villa „Kellerchen" bestätigt diese Annahme. Daher kann als sicher gelten, dass wie den Tempel, so auch das ganze Dorf um den Anfang des fünften Jahrhunderts das Geschick der Vernichtung getroffen hat. Damals loderte die Brandfackel über dem weiten Gebiete auf der Höhe, und kein Ansiedler hat seitdem auf den Trümmern des eingeäscherten Dorfes seine Wohnung aufgeschlagen. Die siegenden Franken fanden in der Ebene genug Ackerboden und reiche Weide; so entstanden fränkische Ansiedlungen in Coblenz, Brey und Niederspay. Die Bergstrassen aber verödeten, und über den Steinhaufen der alten Gehöfte wie über den Familienfriedhöfen breitete sich schützend der Wald aus und erhielt so in den Resten die Spuren und das Andenken eines einst reich pulsierenden Lebens. Das herrenlose Gut kam in die Verwaltung des fränkischen Königshofes, der in der Ecke der zerstörten Römerfeste in der Altstadt Coblenz sich erhob, und mit diesem wurde es Eigentum der erst in der Karolingerzeit langsam aufblühenden Stadt, ein Prozess, der sich auch bei einer Reihe anderer Plätze der Umgegend verfolgen lässt.

Wie weit sich der Vicus nach Süden erstreckte, muss der weiteren Untersuchung vorbehalten bleiben, da jetzt nur der Stadtwald der Bearbeitung vorlag. Jedenfalls ist er noch eine Strecke über diesen hinausgegangen. Soweit sich bis jetzt erkennen lässt, dürfte eine Linie von Waldesch nach Rhens der Grenze ungefähr entsprechen. An dieser liegen noch Villen wahrscheinlich im Goldgrund bei Waldesch, sicher in den Rhenser Distrikten: Ar, Scheuren, Münchsddell und Bienengarten (Rhenshausen) bei Rhens. Vom Distrikt Scheuren geht die Sage bei den Bewohnern von Rhens, dass dort einst 22 Häuser gestanden hätten. Jedenfalls muss die dortige Villa ausgedehnt gewesen sein. Dasselbe gilt von der im „Bienengarten", wo der Boden reichlich mit römischen Resten bedeckt ist. Auf diese, sowie auf weitere sehr wahrscheinliche Gehöftstellen machte Herr Joseph Theis in Rhens aufmerksam. Südlich von Waldesch auf Boppard zu hören die Villenreste auf und ebenso die Flachgräber. (Nach Mitteilung des Försters Müller in Waldesch). Erst nach Feststellung der Ausdehnung und Aufsuchung der Holzbauten, deren sich noch eine Anzahl finden müssen, da wir Familiengräber ohne die dazu gehörigen Gehöfte haben, lässt sich auch die Frage nach der Einwohnerzahl annähernd beantworten. Sie ist sicherlich nicht gering anzuschlagen.

Die Hoffnung, den Namen des Vicus durch eine Inschrift in oder beim Tempel bezeugt zu finden, ist bis jetzt nicht in Erfüllung gegangen. Ein einziges kleines Bruchstück einer solchen hat sich nur gezeigt, womit nichts anzufangen ist. Es ist dies die Folge der barbarischen Zerstörung der Skulpturen im Tempel und an den Altarplätzen, doch ist die Möglichkeit vorhanden, dass bei einer weiteren Bearbeitung des Temenos andere Bruchstücke zutage treten. Dagegen dürfen wir jetzt wohl mit ziemlicher Sicherheit die Stelle des Sueton für uns in Anspruch nehmen, in der auch der Name von Coblenz zum ersten Male erscheint. Sueton (Caligula cap. 8) polemisiert hier gegen den älteren Plinius, der in seinem Werke über die germanischen Kriege berichtet hatte, dass der Kaiser Galigula in vico Ambitarvio supra Confluentes geboren sei und zum Beweise anführte, dass dort Altäre gezeigt würden mit der Inschrift: ob puerperium Agrippinae.

Man hat den vicus Ambitarvius an den verschiedensten Stellen vermutet: in Capellen, Rhens und auch in Ems, dessen Name mit dem des Vicus Ähnlichkeit zu haben schien. Dann kamen Zerf, Münstermaifeld, Conz an die Reihe. (Ritter, Bonner Jahrb. 35 S. 1 ff.) Zerf, das zwei Meilen oberhalb des

Zusammenflusses von Mosel und Saar liegt, sollte aus dem letzten Teile des gallischen Namens tarvius wie Zahn aus tan entstanden sein. Für Münstermaifeld wurde ins Feld geführt, dass in einer Urkunde Pipins vom Jahre 760 die Gegend in pago Ambitivo genannt wird (Mittelrhein. Urk. I, 12), während sich in einer älteren Urkunde vom Jahre 634 (Mittelrh. Urk. I, 5) bereits die Bezeichnung Maiengau findet. Auch glaubt man mit Zuhülfenahme einer sonderbaren Etymologie in dem dortigen Kalscherhof (Galigulahof) die Geburtsstätte des Kaisers gefunden zu haben. (Seul, das Maifeld. Cobl. Progr. 1840). Endlich hat Bergk den Vicus Ambitarvius nach Conz am Zusammenflusse von Mosel und Saar verlegt, wobei er sich darauf stützt, dass die Römer mit „Confluentes" jeden Ort an der Mündung eines Flusses in einen andern bezeichneten. (Bergk, Gesch. und Topogr. der Rheinlande S. 89). Die Veranlassung zu dieser lebhaften Suche nach der historischen Stätte des Vicus Ambitarvius gab nicht zum wenigsten der Umstand, dass lange von römischen Funden in Coblenz wenig bekannt war, oder dass man annehmen zu müssen glaubte, dass die spärlichen Nachrichten über solche auf eine spätere Zeit zu beziehen seien. Inzwischen hat sich herausgestellt, dass im Gegenteil Confluentes in der augusteischen Periode bald zu einer verhältnismässigen Blüte gekommen ist, was wiederum nur zusammen hängen kann mit einer militärischen Belegung und dem im Gefolge derselben erscheinenden Lagerdorfe, das an der Übergangsstelle über die Mosel bei den vielen Heereszügen schnell zu einiger Bedeutung gelangen musste. Auch kann von einem andern „Confluentes" im Gebiete der Treverer schwerlich die Rede sein; jedes andere hätte der Schriftsteller genauer bezeichnen müssen, während er annehmen konnte, dass der gebildete römische Leser das an der Mündung des Hauptflusses der Treverer in den Rhein gelegene Confluentes wohl kannte. Waren doch in der ersten Hälfte des zweiten Jahrhunderts, als Sueton sein Kaiserbuch schrieb, im Kranze um die Moselmündung herum nicht unbedeutende militärische Bauten entstanden, wie die Kastelle in Heddesdorf, Niederberg und Ems, wodurch die Gegend oft genug erwähnt werden mochte. So hat denn auch Hübner nach der Angabe „supra Confluentes" den Vicus in der unmittelbaren Umgebung von Coblenz auf einem hochgelegenen Punkte vermutet (Bonn. Jahrb. 42 S. 49. Vgl. auch Froitzheim, Rhein. Museum 32 S. 243. Mommsen, Hermes 13 S. 253). Nachdem nun durch Hacke und Spaten nachgewiesen ist, dass in der That an dieser Stelle um die in Betracht kommende Zeit ein nicht unbedeutender Vicus bestanden hat, so dürfen wir wohl annehmen, dass der Vicus Ambitarvius gefunden und für Coblenz in Anspruch zu nehmen ist. In Wahrheit war ja auch der Ort günstig gelegen mitten zwischen den Heerlagern von Mainz und Köln, unweit der grossen Heerstrasse im Rheinthale, deren erste Anlage bereits von Drusus herrühren muss. Er stand unter dem Schutze einer Abteilung des oberrheinischen Heeres im nahen Drususkastell Confluentes, und wenn schon die Treverer im allgemeinen damals ebenso treu galten wie die römischen Soldaten, wie später erwähnt wird, so kann dies vollends von den Bewohnern des Vicus nicht wunder nehmen, die von der Erbauung des Kastells im Thale ihren wirtschaftlichen Aufschwung herleiten mussten. Freilich ist Caligula in demselben nicht geboren, denn Sueton fand in den acta diurna, der römischen Staatszeitung, dass der Geburtsort dieses Kaisers Antium sei, und daran ist nicht zu zweifeln. In seiner Polemik gegen Plinius bemerkt dann Sueton weiter, es möchte jenen Schriftsteller wohl die Altarinschrift „ob puerperium" verleitet haben anzunehmen, dass Caligula im vicus Ambitarvius geboren sei. Das Wort „puerperium" könne aber ebensogut von der Geburt eines Mädchens, wie von der eines Knaben gebraucht werden, und Agrippina habe in dieser Gegend, das heisst also wohl „in Germanien" zwei Töchter geboren. Der Nachsatz, den Sueton nicht schreibt, müsste offenbar lauten: es kann sich also die Inschrift auf eine von diesen Töchtern beziehen und diese im genannten Vicus zur Welt gekommen sein. Aus dieser unbestimmten Angabe ersehen wir, dass Sueton nicht weiss, welche von den beiden Töchtern im Vicus Ambitarvius geboren ist, sonst hätte er sicher ihren Namen genannt. Wir sind also lediglich auf Vermutung angewiesen. Germanicus hatte drei Töchter: Agrippina, Drusilla und Livilla. Die letzte ist nach Tacitus (Ann. 2, 54) in Lesbos geboren, Agrippina in Köln (Ann. 12, 27); somit bleibt für den Vicus Ambitarvius nur Drusilla übrig. Sie ist nach Mommsens Auseinandersetzung (Hermes 13 S. 252 ff), die die grösste Wahrscheinlichkeit für sich hat, gegen Ende des Jahres 16 geboren. Für sie wird denn auch von Mommsen der Vicus als Geburtsort angenommen, ebenso von Froitzheim (Rhein. Museum 32 S. 343). Dabei bleibt aber noch eine Erzählung des Tacitus unberücksichtigt (Ann. I, 40). Als auf die Nachricht vom Tode des Kaisers Augustus - er starb am 19. Aug. 14 - die Legionen des niederrheinischen Heeres sich empörten, sah sich Germanicus genötigt, seine Gemahlin aus dem Lager bei Köln zu entfernen und ins Gebiet der Treverer zu schicken, damit sie dort ihre bevorstehende Niederkunft erwarte. Die Abreise der kaiserlichen Prinzessin brachte denn bald einen Umschlag in der Gesinnung der Soldaten zustande, wozu auch die Abneigung gegen die Treverer nicht wenig beitrug. Die Schilderung dieser Vorgänge findet sich in ähnlicher Weise bei Cassius Dio 57, 5. Es liegt die Vermutung nahe, dass damals Agrippina den Vicus Ambitarvius aufsuchte. So erhebt sich die Frage: Welches von den Kindern des Germanicus ist am Ende des Jahres 14 oder im Anfange des Jahres 15 bei den Treverern, d. h. im Vicus Ambitarvius, geboren? Für keine der drei Töchter trifft die Zeit zu; die Geburt der Agrippina fällt nach der Darlegung Mommsens auf den 6. Nov. 15, die der Drusilla in das Spätjahr 16, die der Livilla in das Jahr 17. (Früher nahm man die Jahre 16, 17, 18 an. Eckhel Doctr. N. VI p. 255). Im ganzen hatte Agrippina dem Germanicus neun Kinder geboren (Sueton, Cal. 7), von denen die den letzten Jahren der Ehe entstammenden drei Töchter und drei

Söhne: Nero, Drusus und Gaius (Caligula) den Germanicus überlebten. Caligula war von diesen der jüngste; er ist im Jahre 12 geboren, während ein vierter Sohn, der gleichfalls Gaius hiess, vor der Geburt Caligulas bereits gestorben war (Sueton, Gal. 7). Dieser sowie ein fünfter Sohn Tiberius, und ein sechster, dessen Name aber nicht genannt ist, sind inschriftlich bezeugt (Visconti, Musée Pie-Clementin VII, 182 und Tafel 36; CIL. VI, 888, 889, 890). Für das Jahr 14 kann nur einer der beiden letzten in Frage kommen; wir kennen weder ihr Geburts- noch Todesjahr und wissen nur, dass sie früh verstorben sind (duo infantes adhuc rapti Cal. 7), und dass ihre Asche in Rom beigesetzt ist. Wollen wir einen von diesen für den Vicus in Beschlag nehmen, so stehen dem zwei Bedenken entgegen, die von Mommsen hervorgehoben worden sind. Agrippina reiste von Rom im Jahre 14 nach dem 18. Mai ab, wie wir aus einem Briefe des Kaisers Augustus ersehen (Sueton, Cal. 8), und traf ihren Gemahl erst gegen Ende Mai oder Anfang Juni. Da die von Tacitus erzählten Vorgänge etwa im Spätherbst des Jahres 14 stattfanden, so muss wegen der Worte „ob imminentem partum" (Ann. I, 44) und wegen der Geburt der Agrippina am 6. Nov.15 angenommen werden, dass Germanicus, der im Anfange des Jahres 13 das Kommando am Rhein übernommen hatte, im Winter 13 auf 14 für einige Zeit in Rom war, und diese Annahme ist, obgleich kein Zeugnis für dieselbe vorliegt, nicht unmöglich, wie auch Mommsen sagt. Von besonderen Kriegsereignissen, die die Anwesenheit des Oberfeldherrn unbedingt erfordert hätten, wird uns für diese Zeit nichts berichtet. Germanicus konnte also, wenn die Legionen in den Winterquartieren lagen, einen kürzeren Aufenthalt in Rom nehmen.

Dann scheint Sueton nach seiner langen Auseinandersetzung (Cal. 8) der Meinung zu sein, dass Agrippina in Germanien nur zwei Töchter geboren habe (cum bis in ea regione filias enixa sit). Aber eben diese lange Abhandlung zeigt doch auch, dass Sueton zwar über Ort und Zeit der Geburt des nachmaligen Kaisers Caligula, aber nicht über die Geschichte der übrigen Kinder des Germanicus völlig genau unterrichtet war, sonst hätte er den philologischen Excurs nicht zu machen brauchen. Er konnte dann bei seiner Berichtigung des Plinius sagen: Nicht Gaius, sondern Drusilla oder ein anderes Kind des Germanicus ist im genannten Vicus geboren, und auf dieses bezieht sich die Inschrift. Daher möchten wir den Worten Suetons nicht ein so grosses Gewicht beilegen, um auf sie gestützt die Richtigkeit der Erzählung des Tacitus und des Dio zu bezweifeln. Mommsens Annahme, dass vielleicht der Annalist, auf den die Erzählung der beiden Schriftsteller zurückgeht, die Kölner Vorgänge des Jahres 14 und die Xantener des Jahres 15, nach denen Agrippina geboren wurde, verwechselt habe, ist auch, wie er selbst zugiebt, nur ein Notbehelf (Hermes XIII, 261).

Ist aber der Bericht des Tacitus nicht anzuzweifeln, so dürfen wir mit ziemlicher Wahrscheinlichkeit vermuten, dass am Ende des Jahres 14 oder Anfang

15 einer der beiden früh verstorbenen Söhne, und gegen Ende des Jahres 16 Drusilla im Vicus Ambitarvius geboren ist. Ein gesichertes Resultat ist auf Grund des vorliegenden Materials nicht zu erzielen. Ausser Mommsen haben über diese Streitfragen, die innerhalb des Rahmens unserer Arbeit nur kurz berührt werden konnten, noch gehandelt: Ritter, Bonn. Jahrb. 35, 1 ff.; Froitzheim, Philologus 31 S. 185 ff. und Rhein. Museum 32, S. 340 ff.; Bergk, Gesch. u. Topogr. der Rheinl. S. 42 ff.; Düntzer im 6. Bande von Picks Monatsschrift und im 105. Bande der Neuen Jahrbücher für Philol. und Pädagogik S. 100 ff.

Die Angabe des Plinius, dass im vicus Ambitarvius Altäre seien mit der Inschrift: ob puerperium Agrippina, bezweifelt Sueton nicht, denn Plinius, der Jahre lang in Germanien als Offizier verweilte, hat sie sicher selbst dort gesehen. Wo aber standen dieselben? Diese Frage ist nur vermutungsweise zu beantworten. Ich halte es für wahrscheinlich, dass unter den vielen Altarplätzen innerhalb des Tempelbezirkes auch die von Plinius gesehenen zu suchen sind. Sie waren dann nicht von einem Legaten oder von Germanicus selbst, wie vermutet wird, sondern von den Bewohnern des Vicus einer der innerhalb des Ortsheiligtums verehrten Gottheiten gestiftet, denn es ist anzunehmen, dass jene sich der Ehre, eine kaiserliche Prinzessin in ihrem Territorium zu beherbergen, wohl bewusst waren. Dazu passt auch die eigenartige Inschrift, denn nach Sueton scheint es, als habe Plinius nur diese Worte auf den Altären gelesen. Hätten dieselben Genaueres enthalten, so wäre der Schriftsteller nicht auf den Irrtum verfallen, aus dieser Inschrift zu schliessen, dass Caligula im Vicus geboren sei. Wenn Germanicus die Altäre stiftete, so mussten sie zweifellos einen vornehmen Charakter tragen, und Plinius würde sie schwerlich mit den kurzen Worten abgethan und jedenfalls den Stifter genannt haben. Mommsen (Hermes 13, S. 252) hält es nicht für unwahrscheinlich, dass ein Subalterner oder eine Person aus dem Gesinde, etwa ein Arzt, der Dedikant gewesen sein.

Am meisten interessiert uns natürlich die Frage: Wo hat Agrippina im Vicus gewohnt? Auch diese muss vorerst eine offene bleiben. Wenn man sich unter der Behausung der Prinzessin einen ausgedehnten Palast vorzustellen hat, dann ist derselbe unter den gefundenen Villen und Gehöften nicht. Denkt man sich darunter einen einfachen ländlichen Wohnsitz, der von den Villen der umwohnenden Besitzer in der Bauart nicht wesentlich abwich, wie es freilich für diese frühe Zeit höchst wahrscheinlich ist, so könnte er unter denselben zu suchen sein. Von Wichtigkeit wären für die Frage die beiden in Stolzenfels bewahrten frühen Ziegelstempel der XXII. und XIIII. Legion (Westd. Zeitschr. XVII, 229). Es ist wohl als sicher anzunehmen, dass sie dem Stadtwalde entstammen, sonst müssten allein diese beiden Stücke dem Kastellan Pfeifer von anderswo zugekommen sein. Sie machen es wahrscheinlich, dass noch gegen Ende des 1. Jahrhunderts von militärischer Seite an einem Gebäude im Stadtwalde gearbeitet worden ist, falls sie nicht bereits in früher Zeit dorthin verschleppt sind. In ihrer jetzigen Form machen sie den Eindruck von Spielzeug, denn sie sind aus Hypokaustplättchen oder Deckziegeln ausgeschnitten und die Schnittflächen sehr sauber geglättet. Darum bleiben wir inbezug auf die Lage immer auf Vermutungen angewiesen. In erster Linie möchte man sich für die Villa „Kellerchen" entscheiden. Sie ist dem Umfange nach die grösste und liegt an ausgesucht schöner Stelle mit Ausblick auf Mosel und Rhein. Die auf ihrem Terrain gefundenen Scherben beweisen, dass um die fragliche Zeit Gebäude daselbst standen; auch ist die doppelte Umfassungsmauer an der einen Seite merkwürdig; desgleichen scheinen ausserhalb derselben noch kleinere Gebäude gestanden zu haben. In jedem Falle würde die genauere Untersuchung der Anlage ein inbezug auf die Einrichtung eines Treverer-Gutshofes lehrreiches Resultat liefern.

So lässt die Arbeit eine Reihe von Fragen offen, deren Beantwortung einer späteren Zeit vorbehalten bleiben muss. Es bedarf dazu einer eingehenderen Untersuchung, als sie bis jetzt möglich war. Eins aber hat die Grabung, die bei der Fülle der Untersuchungsgegenstände vielfach nur eine kursorische sein konnte, mit Sicherheit dargethan. Sie hat bewiesen, dass der Coblenzer Stadtwald nicht geringe Reste einer nahezu tausendjährigen Kultur, von 500 vor bis 400 nach Christus, in sich birgt. Selten dürfte sich ein so reiches und in sich zusammenhängendes kulturhistorisches Material auf verhältnismässig beschränktem Raume zusammen finden. Wir können daher schliessen in der Zuversicht, dass in der Folgezeit die Geschichte und Kultur des Trevererdorfes und seiner Bewohner weitere Aufklärung finden wird.

Westd. Zeitschr. XIX, Taf. I.

Fig. 1. Tempel, von Süden gesehen.

Fig. 2. Tempel, von Osten gesehen.

Gehöfte und Gräber

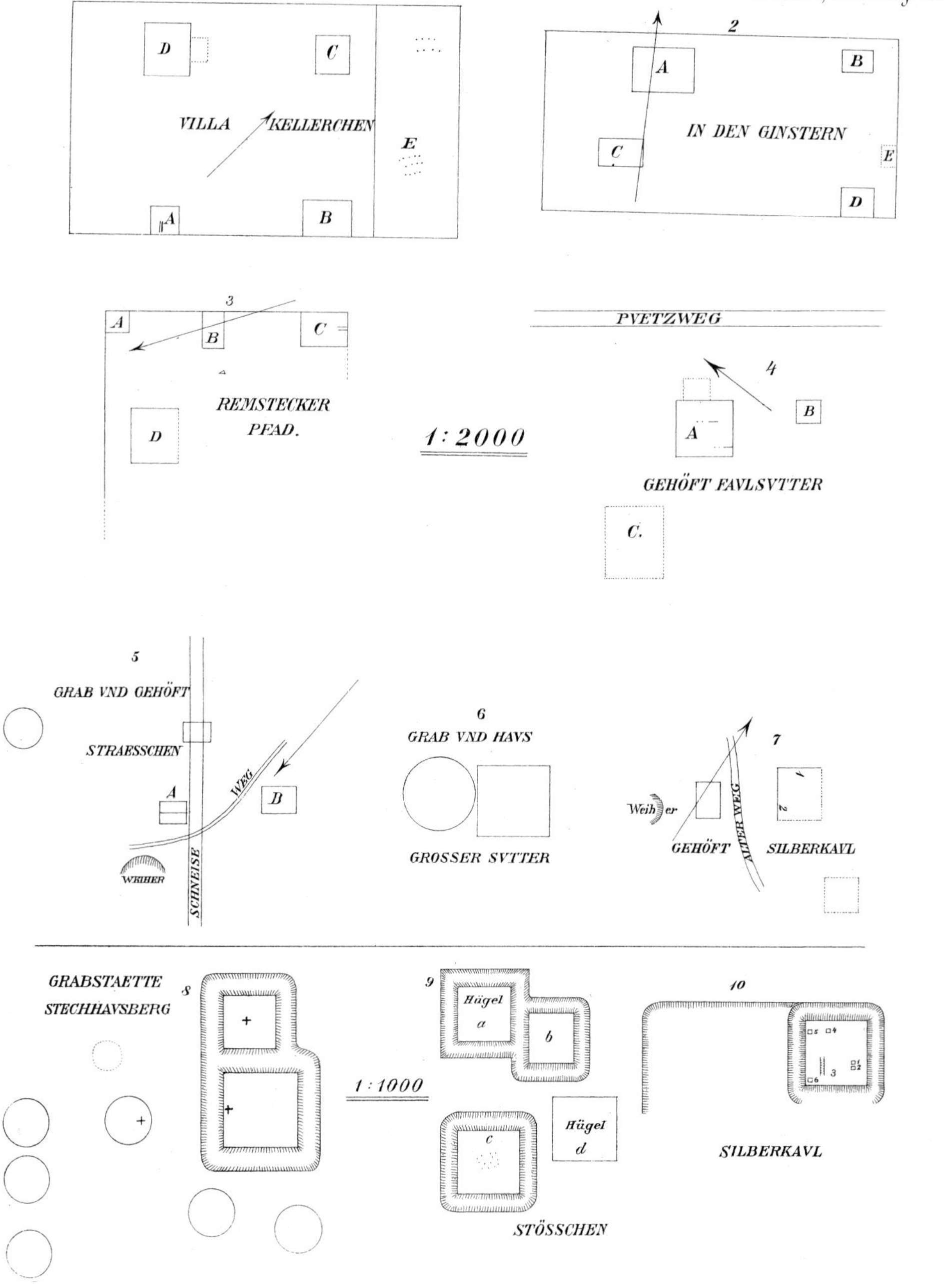

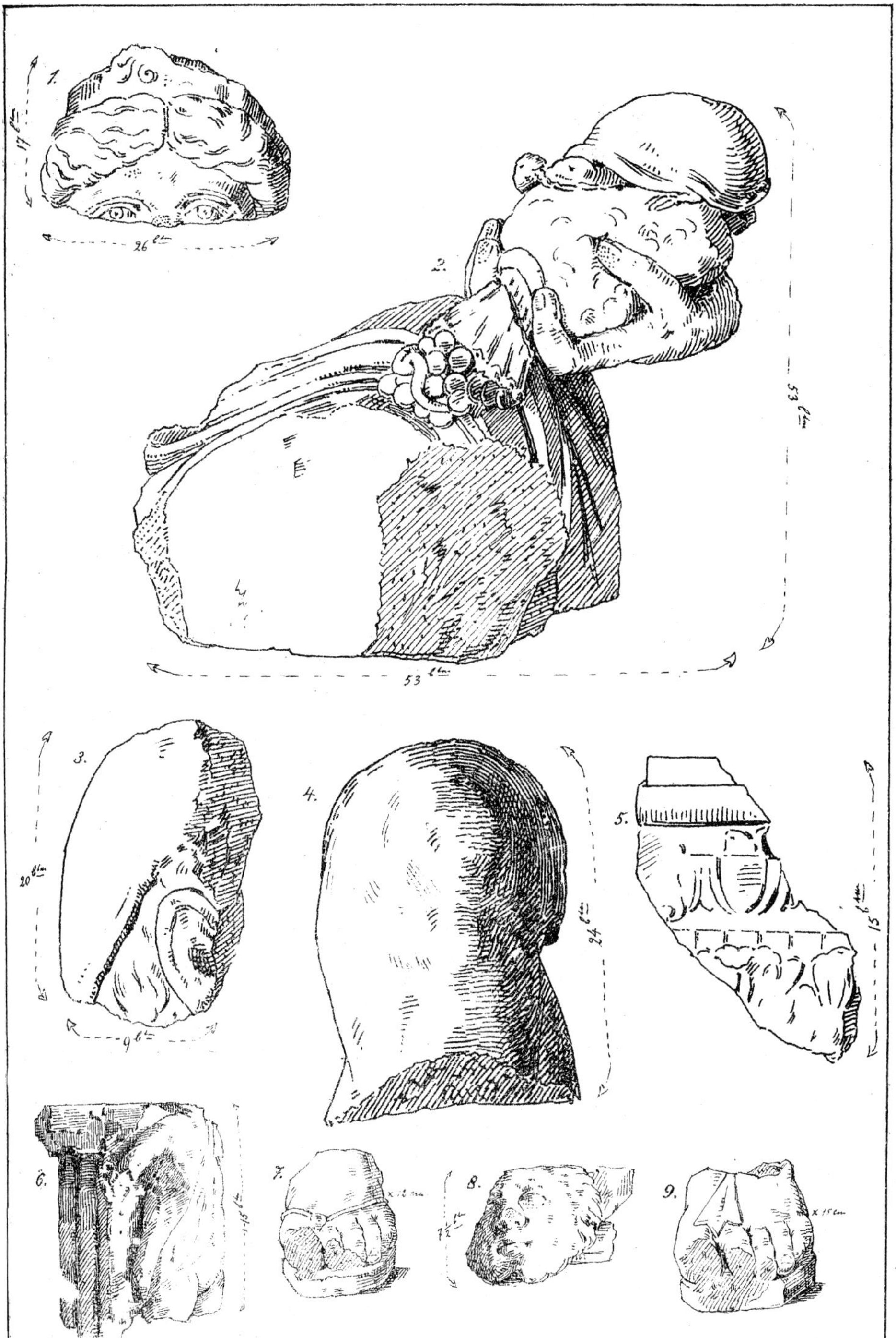
1.
17 cm
26 cm
2.
53 cm
53 cm
3.
20 cm
9 cm
4.
24 cm
5.
15 cm
6.
7.
8.
9.
n. d. N. gez. v. Frz. Molitor - Ober-Lahnstein

Westd. Zeitschrift XIX. Taf. VIII.

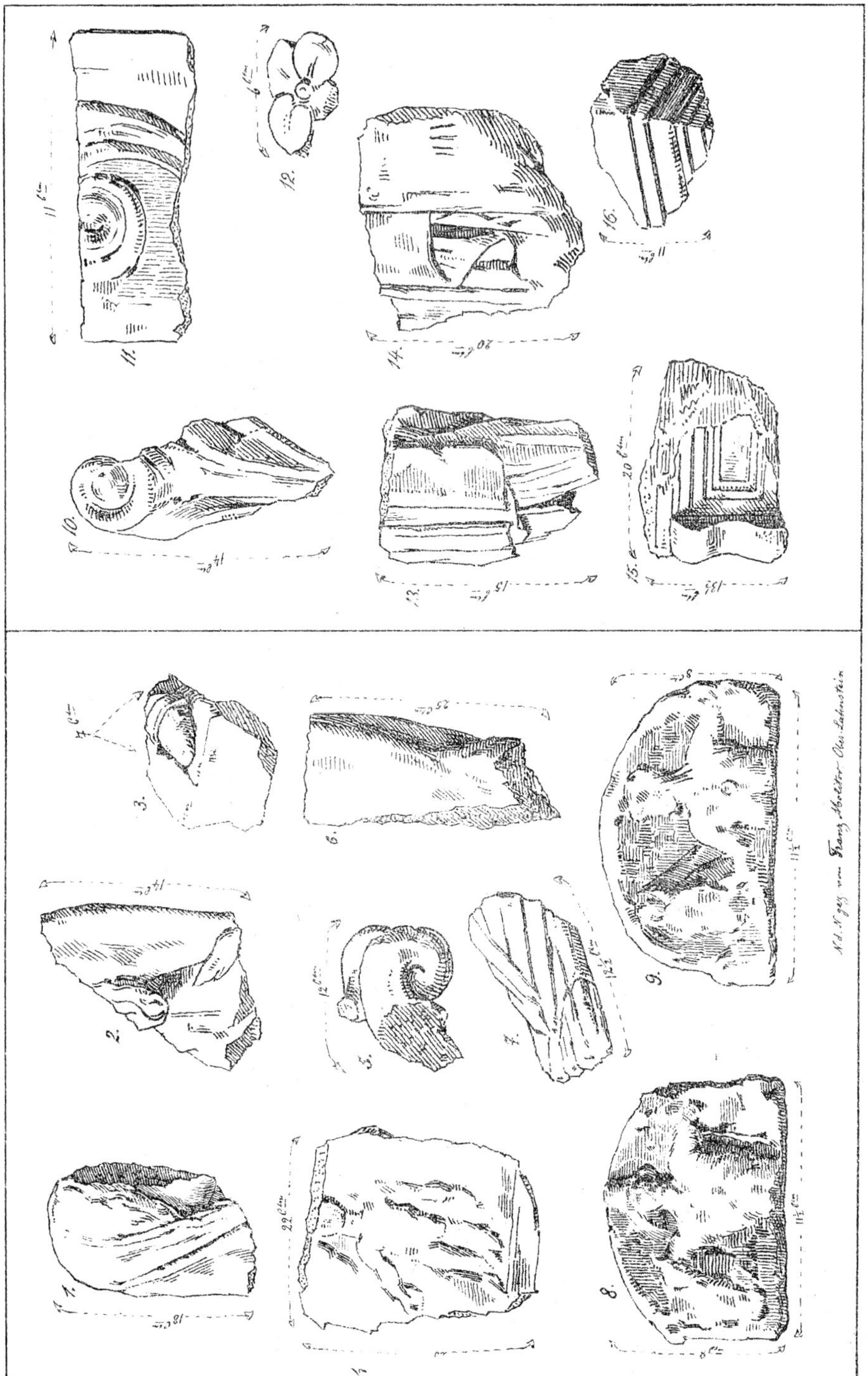

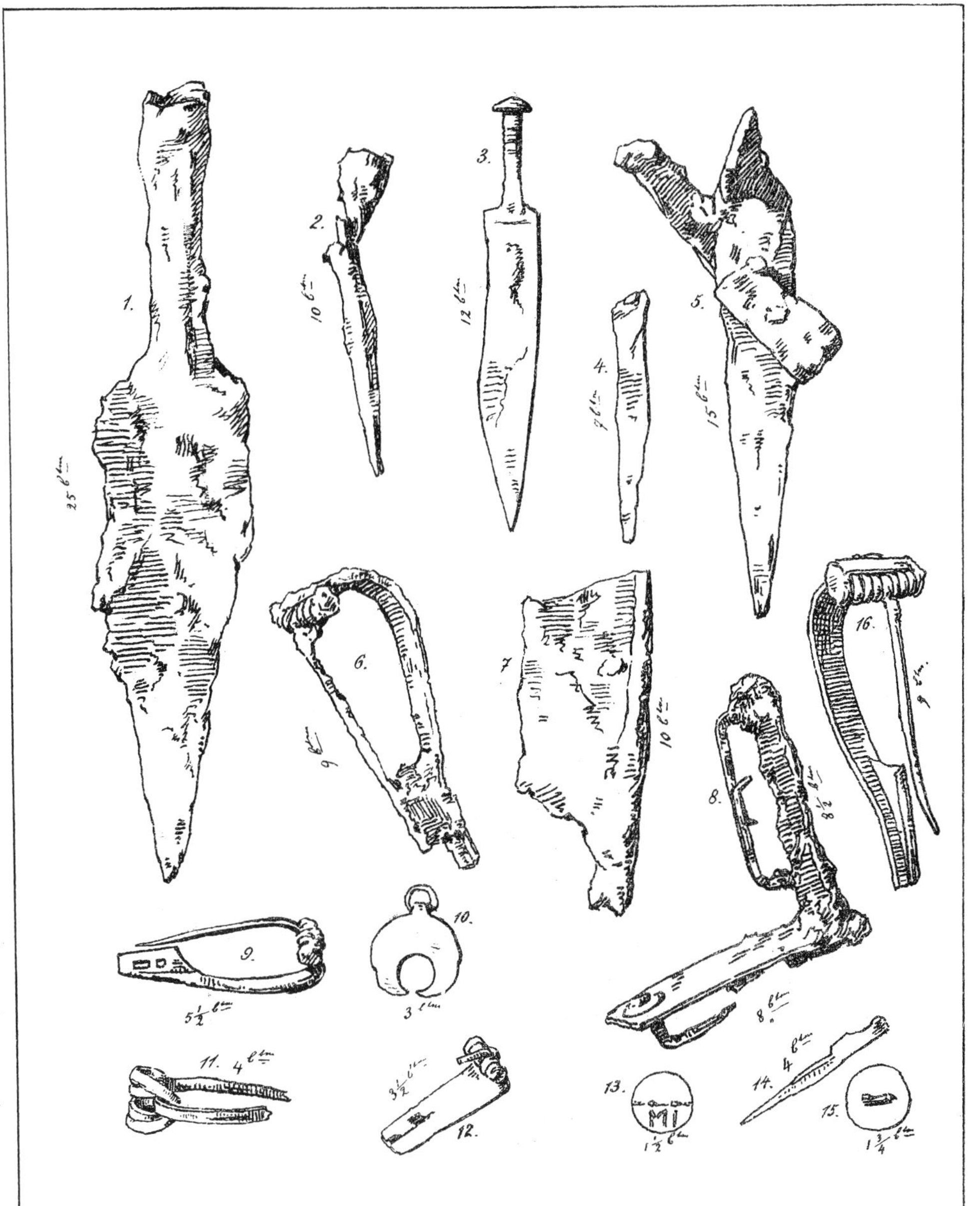
1.
2.
3.
4.
5.
6.
7.
8.
9.
10.
11.
12.
13.
14.
15.
16.
N. d. N. gez. v. Franz Molitor, Ober-Lahnstein

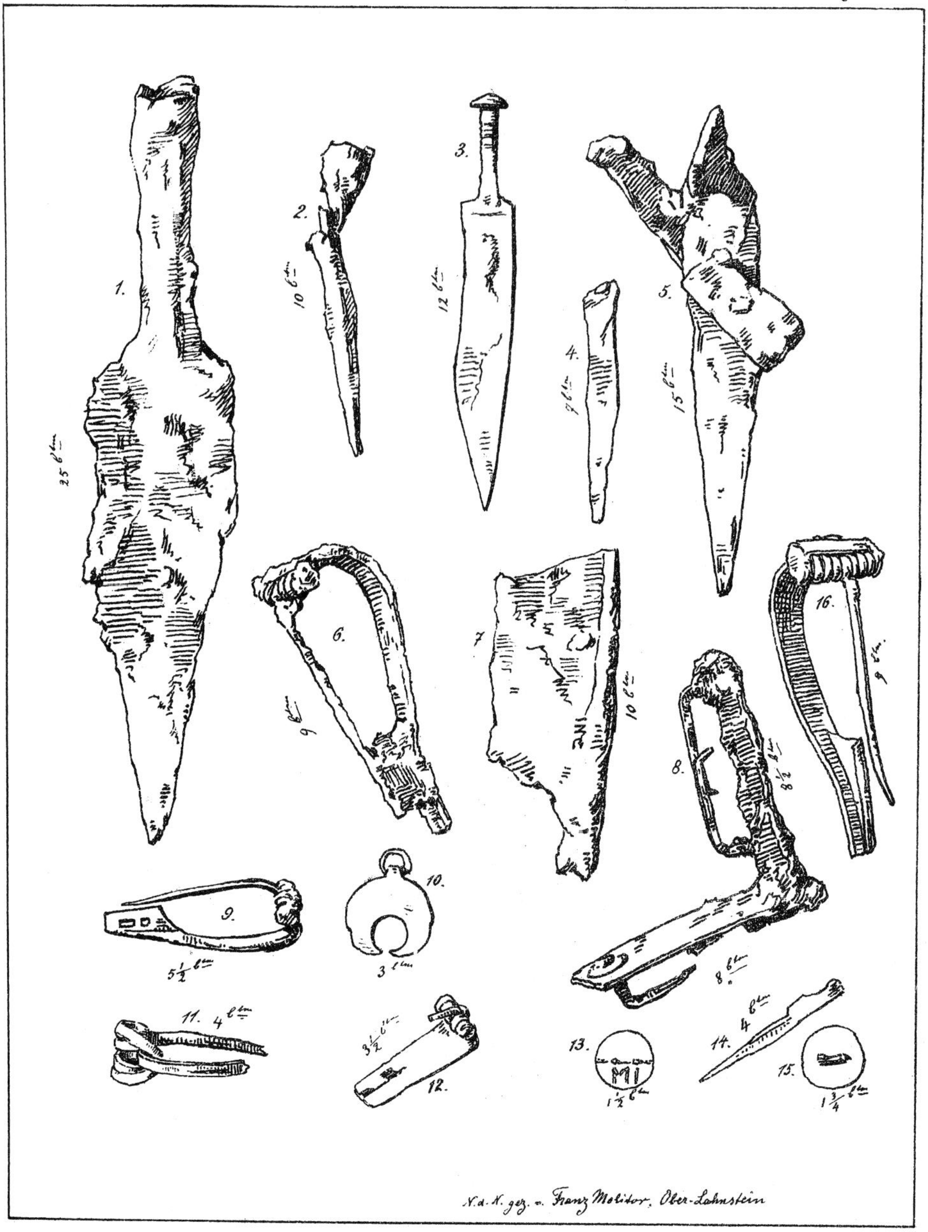
1.
2.
3.
4.
5.
6.
7.
8.
9.
10.
11.
12.
13.
14.
15.
16.
N. d. N. gez. v. Franz Molitor, Ober-Lahnstein

1.
2.
3.
4.
5.
6.
7.
8.
9.
10.
11.
12.
13.
14.
15.
16.
N. d. N. gez. von Franz Molitor, Ober-Lahnstein.
5 10 15 20 25 30 35 Ctm

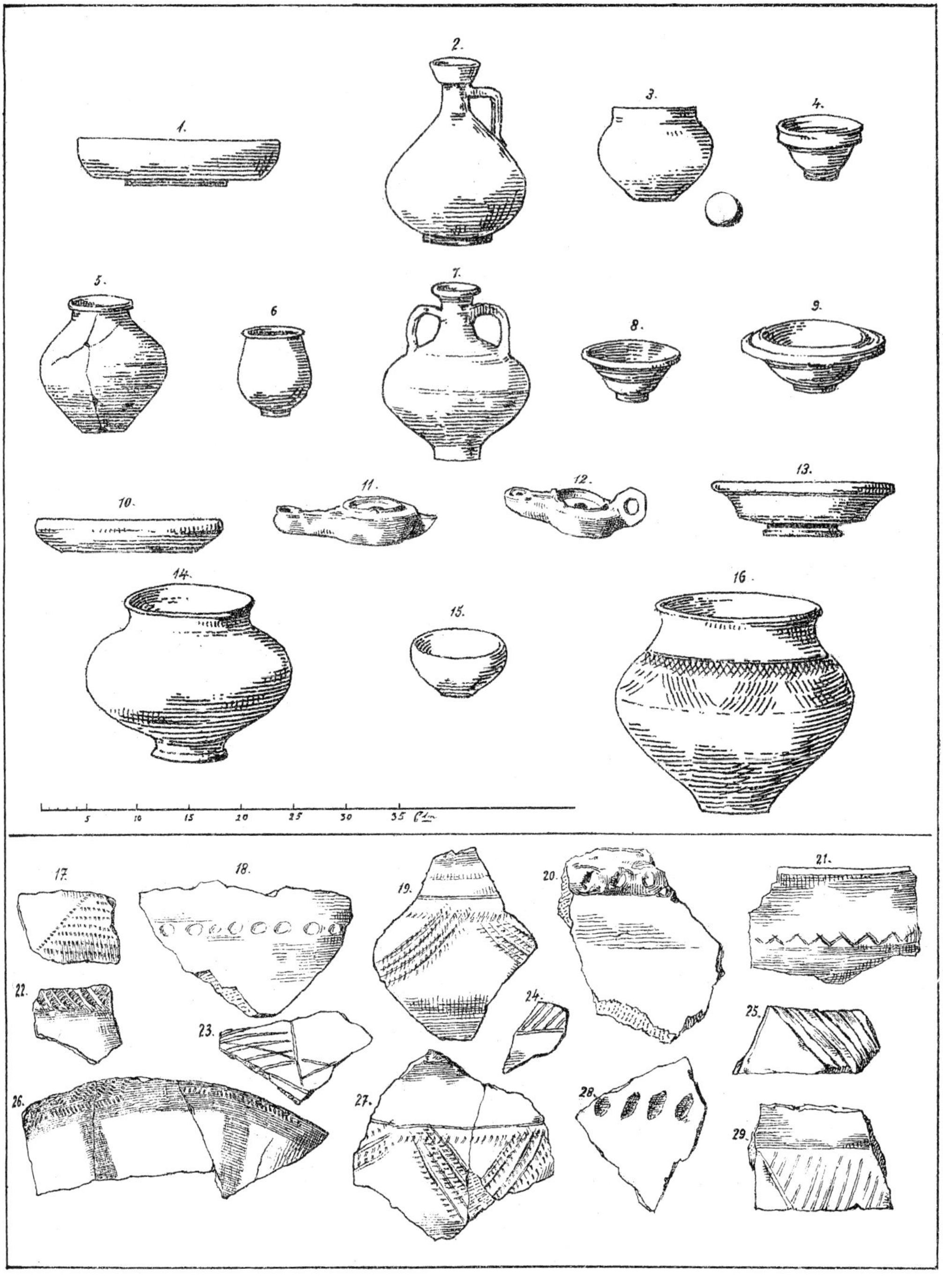
1.
2.
3.
4.
5.
6
7.
8.
9.
10.
11.
12.
13.
14.
15.
16.
5 10 15 20 25 30 35 Ctm
17.
18.
19.
20.
21.
22.
23.
24.
25.
26.
27.
28.
29.

Vorrömische Dörfer in Braubach und Lahnstein.

Von R. Bodewig.
Mit 4 Tafeln (I bis IV) und 6 Textabbildungen.

Die früheste Nachricht von vorrömischen Funden in Braubach stammt aus der Zeit des Eisenbahnbaues im Jahre 1860. Sie fanden wenig Beachtung, und erst in den letzten 5 Jahren, als sich in Braubach eine regere Bauthätigkeit entfaltete, liess sich bei den jedesmaligen Ausschachtungen mancherlei beobachten, was über die älteste Geschichte des Ortes einiges Licht verbreiten konnte. Ein grosser Teil der vorliegenden Abhandlung enthält das Resultat dieser Beobachtungen, bei denen ich insbesondere durch Herrn Bauunternehmer Schmidt auf das weitgehendste unterstützt wurde. Die Auffindung der vorrömischen Reste in Oberlahnstein geschah erst in jüngster Zeit, und es ist sehr wahrscheinlich, dass hier in den nächsten Jahren noch eine Reihe interessanter Entdeckungen gemacht werden, da der Untersuchung ein grösseres Terrain zur Verfügung steht. Die Niederlassung in Niederlahnstein ist bis jetzt nur bei einem Hausbau beobachtet worden. Die Herren Ziegeleibesitzer Geil und Leikert stellten bereitwilligst das Terrain für die Grabung zur Verfügung. Bei der Arbeit erfreute ich mich der Hilfe des Herrn Professor Dr. Ritterling; Herr Historienmaler Franz Molitor in Oberlahnstein übernahm wieder in liebenswürdiger Weise die Zeichnung der Tafeln.

1. Wohnstätten.

Im Frühjahr 1898, als in Braubach die neue Post dem Staatsbahnhof gegenüber gebaut wurde, zeigte sich in der Tiefe von 1½ m unter Terrain ein Mauerstück, das parallel der Gerichtsstrasse lief. Daneben fand sich eine Menge Scherben der La Tène-Zeit zusammen mit Tierknochen und Aschenresten, woraus sich schliessen liess, dass hier eine vorrömische Wohnstätte gefunden sei (Mitteil. 1898/99, Sp. 52/53). Im folgenden Jahre, als die Unterführung auf der Westseite des Bahnhofs angelegt wurde, liess sich dieselbe Beobachtung machen. Auch hier kamen in beträchtlicher Tiefe viele Scherben der La Tène-Zeit neben Knochen und Brandresten zutage. Ebenso fanden sich Bruchstücke von vielen verschiedenen Gefässen in einem Brunnen, der um dieselbe Zeit auf der Ostseite des Staatsbahnhofs an dem Garten der Wirtschaft „zum Rheinthal" gegraben wurde. Im Sommer 1899 wurde etwa 80 m von der Marksburg entfernt, am Nordabhange derselben ein Maueranschluss gesucht, dicht neben der alten Linde, auf einem schmalen, in den Bergabhang eingeschnittenen Plateau. Hierbei zeigten sich in der ausgeworfenen Erde Reste von frühen Gefässen, und es wurde nun auf Veranlassung des Herrn Bürgermeisters Schulte und des gerade in Braubach

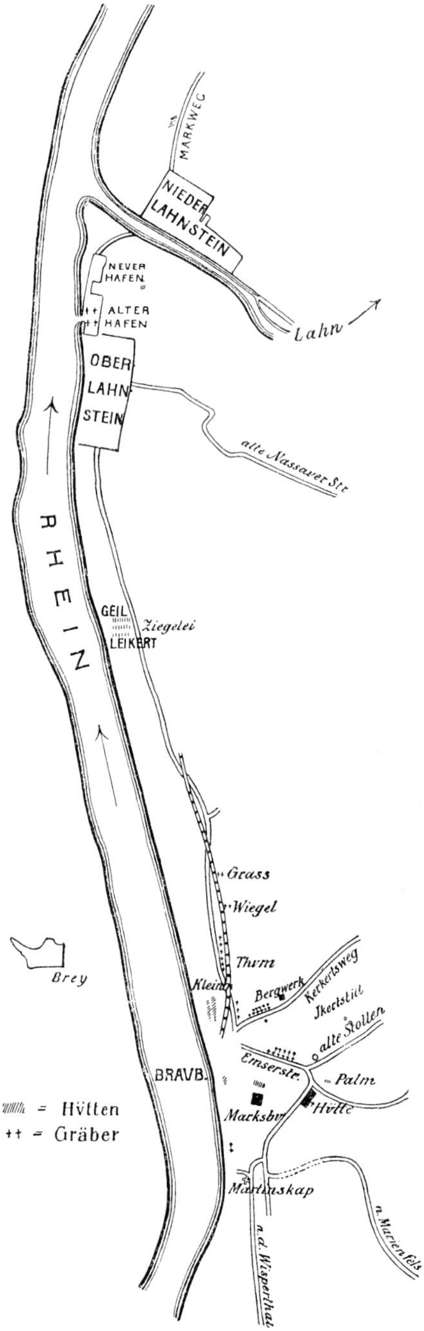

Fig. 1.

anwesenden Herrn Ministerialrat Soldan der Platz genauer untersucht. In der Tiefe erschienen bald mehrere Pfostenlöcher und der Boden einer Hütte mit der Herdstelle und sehr vielen vorrömischen Gefässscherben. An einem etwas höher gelegenen Punkte wurde dann noch ein Einschnitt gemacht, und auch hier kam bald eine Feuerstelle mit vielen Scherben zum Vorschein. In der Folge zeigten sich in allen Gruben, die zum Setzen von Bäumen längs des Abhanges gegraben wurden, reichlich vorrömische Scherben. Auch da, wo Wege in den Abhang eingeschnitten sind, lassen sich mit leichter Mühe am Rande derselben frühzeitige Gefässreste finden. Es ist daher anzunehmen, dass überall an den zugänglichen Stellen des Marksburghügels etagenförmig übereinander gebaute Hütten sich finden. Im Sommer 1901 wurde der Bau des Bahnhofs der Nassauischen Kleinbahn zwischen der Staatsbahn und dem Rheine begonnen. In den Fundamentgruben erschienen wieder überall vorrömische Scherben, ebenso in einem neben dem Bahnhofe angelegten Brunnenschachte. Der Befund wies unzweifelhaft darauf hin, dass wir auch hier uns im ehemaligen La Tène-Dorfe befanden. Da das ganze Terrain von der Kleinbahn überschüttet wurde, so war es wünschenswert, eine Untersuchung dort vorzunehmen, bevor das Gebiet für immer einer solchen verschlossen war. Sie geschah mit den Mitteln des Museums in Wiesbaden und mit finanzieller Unterstützung des Herrn Rentners Pfennings in

Oberlahnstein. Leider konnte sie nur in geringem Umfange stattfinden, weil immer nur beschränkte Plätze zur Verfügung standen, da in dem Terrain, wo später Geleise gelegt werden sollten, nicht gegraben werden durfte; erschwerend war auch die grosse Tiefe der vorrömischen Schicht. So mussten wir uns damit begnügen, an verschiedenen Stellen Gruben anzulegen, um vielleicht über die Ausdehnung des Dorfes nach Norden hin Aufschluss zu erhalten. Die Grabung zeigte überall das gleiche Bild. In der Tiefe von 1,30 - 2 m beginnt die alte Kulturschicht, die bis zu 1 m stark ist und sich von dem darüber gelagerten Boden durch ihre dunkle Färbung unterscheidet. Sie ist mit vereinzelten vorrömischen Scherben durchsetzt und findet ihren Abschluss in einer über dem gewachsenen Sandboden aufgetragenen festgestampften Lehmschicht, dem Boden der ehemaligen Hütten, der vollständig bedeckt ist mit Scherben, Holzkohlen, Steinen, Bruchstücken von Lava-Mahlsteinen und hart gebrannten Stücken von Lehmwänden. Der am weitesten südlich vorgenommene Einschnitt konnte etwas breiter angelegt werden. Die schwarze Schicht begann schon bei 1,50 m Tiefe, bei 2 m erschien der Hüttenboden auf der Westseite des Einschnittes, während nach Osten an diesen sich eine Grube anschloss. Sie war herzförmig, 3 m lang, in der Mitte 1,80, an den beiden Enden 2,50 m breit; die tiefste Stelle lag 3,20 m unter Terrain. In ihr fanden sich schwere Schiefer und Wacken, Tiergebisse, viele Scherben, Hüttenlehm, ein Stück eines Mahlsteines von lang gestreckter Form, eine halbe Thonpyramide mit Loch etc. In einem anderen Einschnitte zeigte sich die dunkle Schicht erst in einer Tiefe von 2,20 m unter Terrain, bei 3,10 m erschien der Hüttenboden mit vielen Scherben. Dieser wurde durchbrochen, und unter demselben trat eine zweite schwarze Schicht hervor, die über einem Lehmboden lagerte, der 4,15 m tief unter Terrain lag. Es war hier also nach Aufgabe der ersten Wohnstätte über derselben der Boden gleich gemacht und eine neue gebaut worden. Dasselbe war der Fall in dem nördlichsten Einschnitt, wo bereits bei 1,20 m Tiefe der glatte Lehmboden der Hütte sich zeigte. Unter dieser 20 cm starken Bodendecke lag eine Schicht von Kulturresten aller Art, insbesondere auch Hüttenlehm und viele Scherben. Der nördlichste und südlichste Einschnitt waren 200 m voneinander entfernt. Die Erwartung, nach Norden hin einen Abschluss des besiedelten Terrains zu finden, hat sich nicht erfüllt; es ist gewiss, dass auf Lahnstein zu noch eine Reihe Bauten gestanden haben muss. Dagegen lässt sich aus den Grabungen mit Sicherheit erkennen, dass auf dem untersuchten Gebiet sich Hütte an Hütte reihte, denn in keinem Einschnitte fehlten die Stücke der verbrannten Wände.

Im November 1901 wurden auch im Oberdorfe, an der oberen Marktstrasse, dicht am Westfusse des Marksburghügels, beim Graben eines Kanals die La Tène-Schicht und in ihr Scherben gefunden. Ebenfalls aus dem Südteile Braubachs sind bereits 1860 beim Bahnbau 2 Mahlsteine in das Wiesbadener Museum gekommen (Ann. III, 214). Endlich erschien im äussersten

Osten Braubachs auf der Nordseite der Emserstrasse, gegenüber der Blei- und Silberhütte in der Palm'schen Sandgrube das Profil einer Wohnstätte. Sie liegt an dem Fusse des Bergabhanges und ist ein Meter tief in eine über Lehm lagernde Sandschicht eingeschnitten. Der Durchschnitt zeigt eine oben 4 m breite flache Mulde, die stark mit Scherben, Lehmbrocken, Holzkohlen und Knochen angefüllt. So erstrecken sich die Spuren der vorrömischen Wohnplätze von der Höhe der Marksburg herab bis dicht an den Rhein und nach Norden hin weit in die Braubacher Gemarkung hinein.

Die inbezug auf den Bau der Hütten unzulänglichen Beobachtungen konnten ergänzt werden durch die Auffindung eines Dorfes derselben Zeit auf Oberlahnsteiner Gebiet. In Oberlahnstein wurden schon früher bei der Anlage des sogenannten neuen (nördlichen) Hafens La Tène-Scherben in einem alten Damme gefunden, der sich zwischen dem Rheine und dem neuen Hafen hinzieht. Er ist seiner Zeit von der Erde errichtet worden, die sich bei der Ausschachtung des alten (südlichen) Hafens ergab. Bei der Hafenerweiterung, durch die der neue (nördliche) Teil geschaffen wurde, musste ein kleines Stück des Dammes weggenommen werden, wobei sich die Scherben fanden. Sie entstammen demnach dem alten (südlichen) Hafenteile, und durch Nachfragen bei den damals am Bau beschäftigten Arbeitern liess sich noch in Erfahrung bringen, dass eine Anzahl Gräber unbeachtet zerstört worden ist, die nach den Scherben der La Tène-Zeit angehört haben. In einigen Einschnitten, die 150 m östlich des Hafens, auf der Südseite des zur Hafenmühle führenden Weges gemacht wurden, fanden sich zwar keine Hüttenreste, aber soviel vorrömische Scherben, dass das zu den Gräbern gehörige Dorf nicht weit entfernt liegen kann.

Im Anfange dieses Jahres zeigte sich eine andere Ansiedelung der La Tène-Zeit etwa halbwegs zwischen Oberlahnstein und Braubach. Sie hat mit den Gräbern im Hafengebiete nichts zu thun, denn es ist zweifellos eine grössere Strecke zwischen den beiden Fundplätzen von vorrömischen Scherben frei. Die Siedelung trat zutage in den Ziegeleien der Herren Geil und Leikert, wo in den Böschungen die Profile von Gruben mit Hüttenlehm und Scherben erschienen. Sie wurden nun längere Zeit während des Lehmgrabens in den ersten Monaten des Jahres beobachtet, und es stellte sich heraus, dass das durchgrabene Terrain in der Geil'schen Ziegelei Hütte an Hütte in dichter Folge barg. Sie reichen westlich bis dicht an den Rand der Böschung, die sich nach dem Rheinbette hin senkt und jetzt ein schmales Wiesengelände bietet. Östlich reichen sie bis in die Nähe der Landstrasse. Über dieselbe hinaus wurden keine Hütten, nur vereinzelte Scherben gefunden. An dieser Stelle beträgt so die Breite des Hüttenterrains etwa 150 m. Von Norden nach Süden konnten in der Entfernung von 300 m Hütten festgestellt werden. Nach Norden zu liegen Hütten auf dem Gebiete der Gerbsäurefabrik, nach Süden fand sich eine solche in der Südwand der Leikert'schen Ziegelei. Sicherlich aber dehnte sich das Dorf nach Norden sowohl wie nach Süden noch bedeutend weiter aus. Von diesen Hütten wurden mehrere mit Mitteln des Wiesbadener Museums untersucht. Die zuerst in Angriff genommene Wohnstätte (I) liegt 1,75 m unter Terrain und ist 40 bis 50 cm tief in den gewachsenen Lehm eingeschnitten. Sie ist viereckig, von Westen nach Osten 3,45 m lang, von Norden nach Süden 2,67 m breit. In der Längsrichtung geht mitten durch dieselbe eine Reihe von Pfostenlöchern, sämtlich kreisrund mit einem Durchmesser von 20 - 30 cm. Nur das westlichste Loch ist 80 cm tief in den Boden der Hütte eingeschnitten und etwas schräg nach Osten zu geneigt, während alle andern nur noch 10 - 20 cm tief unter den Hüttenboden gehen. Zunächst folgen auf dieses zwei Löcher nebeneinander, beide mit einem Durchmesser von 20 cm. Hier müssen statt des einen Pfostens zwei schwächere gestanden haben. Denselben Durchmesser haben die beiden weiteren in der Reihe liegenden Löcher. Ausser diesen fand sich noch ein etwas breiteres, auch nur wenig eingeschnittenes Loch nach der Nordwestecke zu ausserhalb der Reihe. Die Richtung der Löcher zeigt, dass die Hütte ein schräg nach Norden und Süden abfallendes Dach trug. Die Balken der Seitenwände müssen unmittelbar auf der harten Lehmwand geruht haben, denn Löcher finden sich hier nicht. Auf der Südostecke der Hütte führt ein 75 cm breiter und 20 cm hoher Steg in einen unregelmässig viereckigen Raum, dessen Seiten 1,70 und 1,95 m lang sind. Er hat keine Pfostenlöcher. Der Boden beider Räume liegt in gleicher Höhe. In dem grossen Raume lagen Scherben, Knochen, Muscheln, ein Eisenmesser, ein Nagel, ein Bronzeknopf, ein Stück einer Fibelnadel und ein Spinnwirtel. In dem Nebenraum waren die Scherben zahlreicher, daneben fanden sich viele Knochen, Muscheln, Kohle, Asche, Beschlagstückchen aus Eisen und eine

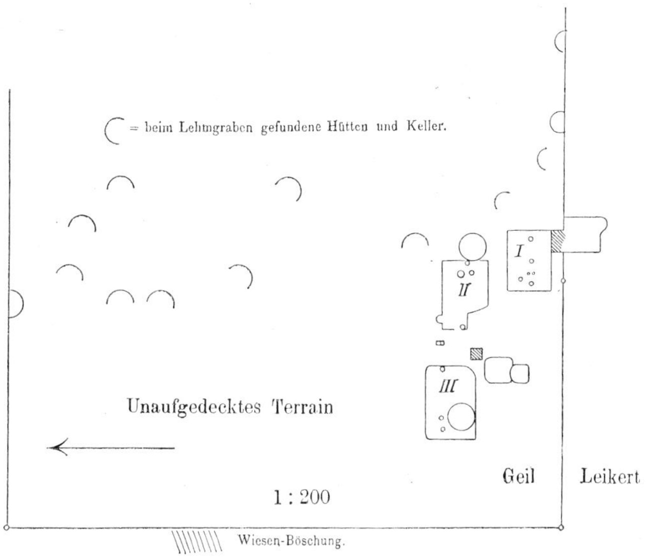

Fig. 2.

Gruben auf der Ziegelei Geil, Oberlahnstein.

Bronzefibel mit Schlangenkopf der Früh-La Tène-Zeit. Nach dem Auftreten der Asche und der vielen Kohlen zu schliessen scheint der kleinere Raum als Küche, der grössere als Wohn- und Schlafstätte gedient zu haben.

Nach Norden zu schliesst sich an den grösseren Raum eine andere Hütte (II), die nur durch eine 1 m starke Lehmwand von derselben geschieden ist. Sie stimmt in der Grösse mit der früheren ziemlich überein, ist aber unregelmässiger gebaut. Der Eingang war auf der Westseite; hier ist die Hütte bedeutend schmaler als auf der gegenüber liegenden Seite, sodass es den Anschein gewinnt, als sei hier ein kleiner Vorraum gewesen. Die Pfostenlöcher liegen wieder von Westen nach Osten in der Längsrichtung der Hütte. Eins ist hart an der Westwand und 24 cm tief. Auf dem Boden hat es 22 cm Durchmesser und eine Schieferplatte, auf der der Pfosten ruhte; oben ist es 27 cm breit. Nahe der Ostwand liegen zwei Pfostenlöcher neben einander, von denen das eine 26 cm, das andere 32 cm tief und mit einer Bodenplatte versehen ist. Hart an der Ostwand ist noch ein wenig in den Boden eingeschnittenes Loch hinter den beiden anderen. Das Dach muss auch bei dieser Hütte schräg nach Norden und Süden abgefallen sein. Neben dem Eingange ist in die Nordwand ein Loch eingeschnitten, in dem wohl ein Balken der Seitenwand ruhte; sonst sind diese auch hier auf die Lehmwand aufgelegt gewesen. Eine Anzahl Steine, die 20 cm über dem Fussboden neben der Wand lagen, können nur von dieser herabgerutscht sein und haben wohl zur Festigung der Balken gedient. Der Boden dieser Hütte liegt 25 cm höher als der der früheren. Die Ostwand ist in der Mitte durchbrochen und hat neben sich ein kleines Kellerchen, wie sie sich beim Abgraben des Lehms überall zeigten. Es sind Gruben, die aussehen, wie ein umgelegter Trichter; unten haben sie einen Durchmesser von 1,50 bis 1,80 m; nach oben laufen die Wände zusammen, sodass die Öffnung durchweg nur einen Durchmesser von 60-80 cm hat. Sie sind meist mit Hüttenlehm vollständig gefüllt, einige haben auch Scherben und andere Kulturreste. Im Innern der Hütte ist bei der Vernichtung derselben ein Schmuckkästchen zugrunde gegangen, dessen Füsse mit einer Bronzehülle umgeben waren. In gleichen Zwischenräumen von 12 und 15 cm waren hier kleine Löcher in den Boden eingedrückt, und in jedem steckte der Rest einer kleinen Bronzehülse. Bronzeplättchen mit Löchern, Bronzeknöpfchen und Ringelchen, die eben daselbst lagen, waren wohl Beschlagstücke des Kästchens. Auch eine Nähnadel fand sich dabei und eine nicht näher zu bestimmende gallische Münze mit 9 mm Durchmesser. Vor dem Eingange der Hütte stehen zwei grosse Schiefer, zusammen 45 cm breit, neben einander aufrecht. Rings um diese lagen zahlreiche Bruchstücke von grossen Gefässen, sodass hier wohl die Kochstelle zu suchen ist, die ausserhalb der Hütte sich befand. Auffällig waren einige Bruchstücke von ungebrannten Gefässen, die in der Hausindustrie hergestellt, am Herde gebrannt werden sollten.

Eine dritte Hütte (III) westlich von dieser konnte nicht völlig genau ihrem Umfange nach bestimmt werden, weil der erste Versuchsgraben ihre Ostseite beschädigt hatte. Sie stimmt jedoch mit den beiden andern ziemlich überein. Das Kellerchen ist hier in der Hütte; es ist nur 35 cm tief und hat am Boden den gewöhnlichen Durchmesser von 1,50 m. Die Wände gehen schräg nach oben, sodass die obere Öffnung etwa 80 cm weit ist und mit einer Holzthüre zugedeckt werden konnte. Vor der Südostecke ausserhalb der Hütte fand sich eine quadratische Steinlage von 80 cm Länge, bei der an der einen Seite sich noch 2 Reihen Steine übereinander befanden. Auch hier lagen mancherlei Scherben, die auf den Herd hinwiesen.

Unmittelbar südlich neben dieser Herdstelle liegen zwei Kellergruben. Die eine hat einen Durchmesser von 1,50, die andere von 1,10 m. Während die grössere 1,95 m tief ist, hat die kleinere eine Tiefe von 2,25 m. Sie ist auch teilweise in die grössere eingeschnitten und also wohl angelegt, als diese sich nicht tief genug erwies. Die zu den Kellerchen gehörige Hütte muss nach Süden gelegen haben, worauf Scherbenfunde hinzeigten; sie konnte aber des Terrains wegen nicht untersucht werden.

Ostwärts von diesem Hüttengebiet wurden in der Nähe der Landstrasse in der Geil'schen Ziegelei, wo ein kleineres Terrain noch nicht abgeziegelt ist, Gräben gezogen. Hier erschienen drei Kellergruben dicht neben einander, alle 1,50 m tief, 10 - 15 cm in den gewachsenen Kies eingeschnitten und mit einem ungefähren Durchmesser von 1,50 m. Sie waren gleichfalls mit Hüttenlehm und Scherben angefüllt. Aus einer (I) wurde ein leider kopfloser Vogel aus Thon genommen. Um die grössere Grube liegen 4 Pfostenlöcher, die ebenfalls in den Kies eingeschnitten, oben 30 cm weit und unten reichlich mit Kohlen versehen sind. Jedenfalls sind aber noch mehr Pfostenlöcher vorhanden gewesen, die in dem durch das Wasser geschwärzten Boden nicht gefunden wurden. Offenbar haben hier mehrere Kellerchen in einer Hütte gelegen. So finden sich auch auf der Westseite des Ziegelfeldes zwei Kellerchen so dicht bei einander, dass sie nur zu einer Wohnstätte gehört haben können. Das Ge-

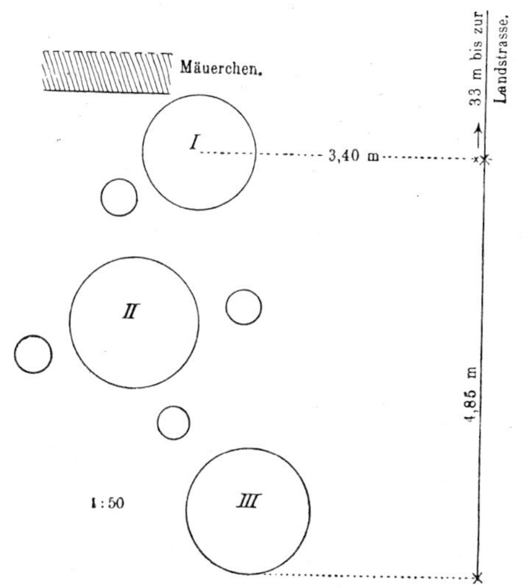

Fig. 3.
Gruben auf der Ziegelei Geil, Oberlahnstein (in der Nähe der Strasse).

biet der Gruben in der Nähe der Strasse liess sich schwer untersuchen, weil hier in römischer Zeit über den ehemaligen Hütten wieder gebaut worden ist. Es fanden sich römische Scherben und ein dünnes mit Kalkmörtel versehenes Mäuerchen neben der ersten Grube, das zunächst nicht weiter verfolgt werden konnte.

Die bis jetzt gefundenen Wohnstätten waren kleine Hütten mit 3 : 4 m langen Seiten. Sie waren sämtlich Fachwerkbauten, das zeigt das Vorhandensein von Hüttenlehm in allen Einschnitten. Am Marksburghange erschienen auf der Unterseite des Plateaus mehrere tiefe Pfostenlöcher, auf der etwas höher gelegenen Seite war der 3 m breite Raum durch ein leichtes Trockenmäuerchen abgeschlossen. Sonst fanden sich keine Fundamentmauern, weder in Braubach, noch in Oberlahnstein. Das Mauerstück, das in Braubach unter der Südfront der Post liegt und bis in die La Tène-Schicht hineinreicht, ist wohl frühestens in der römischen Zeit gebaut. In Oberlahnstein trugen in der Längsrichtung der Hütten in den Boden eingelassene Pfosten das nach zwei Seiten abfallende Dach. Sie waren, wenigstens soweit sie in der Erde standen, rund, wie der Abdruck am Fussboden zeigte. Das Balkenwerk der Wände dagegen war viereckig zugehauen, das liess sich an verschiedenen Lehmstücken ersehen. Die viereckigen Balken waren auf den gewachsenen Lehmboden aufgestellt und wohl öfter mit Steinen verkeilt. Zwischen den Balken wurde ein Rutengeflecht eingeklemmt und dieses mit Strohlehm beworfen. Die Wände wurden geglättet und geweisst. Von der Färbung haben sich einige geringe Spuren erhalten. Das Dach wurde mit Binsen oder Stroh gedeckt, wie ja das Strohdach gallischem Brauche entspricht (Caes. De bell. gall. V, 43). Der Boden war in Braubach mit aufgetragenem Lehm, der mit Sand vermischt wurde, hergestellt. In Oberlahnstein war der gewachsene Lehm geglättet und festgestampft, die Hütte stets bis zu 40 cm in den gewachsenen Boden eingeschnitten.

In den Hütten am Marksburghange zeigten sich die Spuren einer Feuerungsstätte, in dem Oberlahnsteiner Dorfe war dies, soweit gegraben wurde, nicht der Fall. Dafür lagen hier Herdstellen ausserhalb derselben vor dem Eingange. Die Herde waren mit Hilfe von Steinen hergerichtet. Neben der Hütte I scheint der Nebenraum die Küche enthalten zu haben. Auf diese Weise blieben die kleinen Wohnräume von zu starker Belästigung durch Rauch verschont; zur Erwärmung derselben dienten schwere thönerne Kohlenpfannen. [Vgl. Funde, Taf. I, 48]

Endlich gehörten zu jeder Hütte eine oder mehrere gedeckte Kellergruben, die teils im Wohnraum selbst, teils neben demselben sich befanden.

2. Gräber.

Die erwähnten frühesten vorrömischen Funde stammen aus Gräbern. Als 1860 die rechtsrheinische Eisenbahn gebaut wurde, durchschnitt man 700 m unterhalb des Ortes ein Grabfeld, aus dem einige Gegenstände in das Wiesbadener Museum gelangten, während die meisten weggeworfen wurden oder in die Erde des Bahndammes kamen. Unter den ersteren befinden sich drei geknöpfelte Fussringe. Die Bahn hat an dieser Stelle den Fuss des Bergabhanges auf einer Strecke von 60 m gerade über der Ebene des Rheinthales durchschnitten, die Gräber waren also in jenen hineingelegt. Das Grabfeld erstreckt sich aber noch bedeutend weiter auf Lahnstein zu. Im Frühjahr 1900 liess Herr Gärtner Wiegel 100 m nördlich der eben genannten Stelle einen Weinberg von etwa 20 Ruten umgraben. Das Terrain desselben ist abschüssig und steigt bis zu einer schroff abfallenden Felswand im Bergabhange. An verschiedenen Stellen finden sich die Reste von zum Teil durch den Weinbau zerstörten Steinkistengräbern aus dem hier brechenden Schiefer. Fast alle wiesen auf Leichenbestattung, eins zeigte Leichenbrand. Dabei fanden sich eine Reihe von Scherben, die teils grossen, rohen Gefässen angehörten, teils voll glatten und verzierten Flaschen und Näpfen herrührten. Nur ein kleiner Napf (Taf. I, 25) ist ziemlich erhalten. Dagegen kamen mehrere unversehrte Armringe aus Bronze (Taf. II, 2, 17, 23) und ein Ohrring oder Fingerring aus Bronzedraht zum Vorschein. Ebenso wurden zwei Schwertscheidenringe aus Eisen und ein grösserer Eisenring (Taf. III, 7) gefunden, der wohl von dem Wehrgehänge herrührt. Noch eine grössere Strecke weiter nördlich, in dem Winkel zwischen der Lahnsteiner Landstrasse und dem Wege zum Daudenstiel, 40 m nordöstlich vom Strassenstein 1,3 wurde im Oktober 1901 der Keller zum Hause des Herrn Gras ausgeschachtet. Hier fand sich 1,20 m unter Terrain ein Skelettgrab, das bereits zerstört war. Die Schiefer der Steinkiste standen nur noch teilweise aufrecht, das Skelett war grösstenteils vorhanden. Neben dem Grabe lagen Stückchen von mehreren dickwandigen Gefässen und zwei grössere Stücke von einer Flasche mit schlankem Halse. Drei Meter nördlich von diesem Grabe erschien ein zweites. Die Schiefer der Steinkiste standen an den Seiten unversehrt, das Kopfstück war nach innen gedrückt, die Decksteine abgerutscht. Auch dieses Grab befand sich 1,20 m unter der jetzigen Oberfläche. Der Kopf der Leiche lag nach Nordwesten, die Füsse nach Südosten. An der Stelle des Halses fand sich der Halsring (Taf. IV, 1) und unter ihm eine Fibel (ebd. 9), die ein Gewand am Halse geschlossen haben musste. In der Mitte des Grabes lagen 4 Armringe (2 - 5) aufeinander und daneben eine Gürtelschnalle (11). Am Fussende erschienen zwei geknöpfelte Fussringe (6, 7). Neben der Grabkiste, ziemlich in der Mitte derselben, wurde noch ein kleiner Ring (10) gefunden, der wohl zur Schnalle gehört. Gefässe waren bei diesem Grabe nicht. In der Richtung auf Braubach zu kamen an der Lahnsteiner Strasse, als Herr Zimmermeister Thum (Mitteil. 1901/02, Sp. 44) ein Haus baute, ebenfalls verdorbene Steinkistengräber zum Vorschein. Ziemlich erhalten waren zwei Gefässe, ein Napf und eine Flasche (I, 1, 21), die in Mainz wieder hergestellt wurden (Mitteil. 1902/03, Sp. 15, 16). Auf der Nordseite dieses Hauses, das jetzt an einen anderen Besitzer übergegangen ist, baute Herr Thum ein neues. Bei der Ausschachtung zeigte sich 5 m östlich der Landstrasse und 3 m nördlich des früher Thum'schen Hauses ein Steinkistengrab, von dem die Decksteine abgerutscht waren. In demselben fanden sich nur wenige, aber grössere Knochenstücke, wie sie bei der Verbrennung der Leiche nicht übrig zu bleiben pflegen. Das Skelett war wohl bereits verdorben. Bei demselben lagen die Schalen (Taf I, 23, 24) in einander, von denen die eine reich verziert ist; auf denselben stand nach Angabe der Finder die kleine Flasche (I, 3) und daneben waren die Scherben einer zerdrückten grossen Flasche (I, 2). Dabei lag noch ein 53 cm langes, breites Eisenmesser mit eigenartigem Bronzegriff (III, 5) und der verzierte Bronzestift (III, 15). 3 m nördlich von diesem Grabe erschien ein zweites, das ebenfalls mit Steinen umstellt war, aber nur zum Teil in den ausgeschachteten Raum fiel. Aus demselben wurde ein eisernes Schwert mit zwei Scheidenringen und eine Lanze gehoben, von der beim Herausnehmen die Spitze abgebrochen wurde (Taf. III, 1, 2, 3, 6). Auch hier müssen nach der Lage des Schwertes der Kopf nach Nordwesten, die Füsse nach Südosten gelegen haben.[1] Die Gräber fanden sich 1,20 - 1,30 m unter Terrain, doch lagen vorrömische und ein römischer Scherben bereits in geringer Tiefe im Boden zerstreut, die wohl von jüngeren, zerstörten Gräbern herrühren. Beim Bau der Turnhalle wurden früher in einem Grabe zwei massive goldene Armringe gefunden. Sie waren beide geschlossen und unverziert, von ungleicher Grösse. Der Besitzer des Terrains, Herr Gastwirt Christian Thum, hat sie an sich genommen und behalten. Als er plötzlich starb, konnte über den Verbleib der Ringe nichts mehr in Erfahrung gebracht werden. Auch beim Umgraben des Gartens der benachbarten Bahnmeisterei kamen Gefässe zum Vorschein, die aber nicht beachtet wurden. Endlich erschien ein La Tène-Grab neben dem Hause des verstorbenen Apothekers Schmidt an der Lahnsteiner Strasse, von dem später noch die Rede sein wird, ebenso wie von Gräbern, die beim Bau des Charlottenstifts sich zeigten; aus ihnen stammt ein roher Leuchter aus Thon, jetzt im Besitze des Barons Goudin in Wiesbaden. Ein gleiches Exemplar ist im Bonner Museum. Bis jetzt erstrecken sich die Gräber an der Lahnsteiner Strasse etwa 1,2 km weit in ziemlich ununterbrochener Folge; wahrscheinlich aber gehen sie noch beträchtlich weiter auf Lahnstein zu.

[1] Herr Thum überliess den stark beschädigten Grabfund freundlichst dem Landesmuseum; er wurde in Mainz wieder hergestellt.

Ein zweites Grabfeld der La Tène-Zeit liegt am Kerkertswege, der vom Rheine aus zwischen Rathaus und Amtsgericht an der neuen Kirche und dem Emser Bergwerke vorbei zur Höhe führt. Wie weit es sich nach dieser erstreckt, ist nicht zu sagen, weil inzwischen die hohe Schutthalde des Bergwerks sich über dasselbe gelagert hat. Gräber befinden sich zu beiden Seiten des jetzigen Weges, die meisten auf der Nordseite, wo der Bergabhang langsamer ansteigt. In diesen sind sie auf einer 40 - 50 m breiten Zone hineingelegt. Nach der Lahnsteiner Strasse zu sind sie bereits im Mittelalter vernichtet worden durch die Anlage der Rhynburg, die im 15. Jahrhundert bei den Kämpfen der Bischöfe Diether von Isenburg und Adolf von Nassau zu Grunde ging. Beim Bau des Kugelmeier'schen Hauses dicht neben dem Platze der Rhynburg wurden Gräber gefunden, die zunächst unbeachtet blieben; aus ihnen stammt eine grosse gelbe Flasche (I, 5) und ein Eisenmesser (III, 8). Im Hofe desselben Hauses stand neben einem Steinkistengrabe, das sich nicht untersuchen liess, eine Flasche, eine Schale und eine Schüssel (I, 4, 22, 15), daneben lagen ein Eisenmesser (III, 9), zwei geknöpfelte Fussringe und ein kleinerer trefflich gearbeiteter Armring aus Bronze (II, 8). Bei einigen Schnitten, die vor der Überschüttung durch die Schlackenhalde in das Terrain gemacht wurden, zeigten sich Spure zerstörter Gräber und mehrere Skelette, die mit einigen Scherben auf den gewachsenen Sand gebettet waren, ohne die schützende Steinkiste; von einem Holzsarge, in dem die Leiche wohl gelegen hat, wurden keine Spuren beobachtet. Der Kopf der Skelette lag hier nach Westen, die Füsse nach Osten. Am Wege fanden sich die Gräber 1,50 m unter der Oberfläche, höher am Abhange liegen sie in geringerer Tiefe. In dem oberen Boden kamen auch einige römische Scherben und eine römische Thonfigur zutage, die vielleicht von späteren, zerstörten Gräbern herrühren, da hier der Boden durch die Anlage von Weinbergen stark durchwühlt ist.

Ein drittes Grabfeld liegt auf der Nordseite des Mühl- oder Braubachs neben der Emserstrasse. Auch hier dehnen sich die Gräber tief in den Abhang hinein; nach der Strasse zu sind sie mehrere Meter hoch von abgeschwemmtem Boden überdeckt. Von diesem Grabgebiete stammen die meisten gefundenen Gegenstände. Sie kamen fast sämtlich beim Bau der Wirtschaft zur Traube, einige auch in den Nachbarhäusern zum Vorschein. Es sind etwa 20 erhaltene Gefässe, Eisengeräte, Fibeln, Eisenringe, Glasperlen, die Reste eines Schwertes etc. In der Nähe, neben dem Hause des Schreinermeisters Baus (Mitteil. 1901/02, Sp. 44) war ein vorrömisches Grab durch die Anlegung eines fränkischen zerstört worden. Hier herrscht zum Unterschiede von den beiden anderen Grabfeldern Leichenbrand vor. Nach Aussage der bei der Auffindung beteiligten Personen waren die Gefässe mit den Aschenresten und Beigaben von kleinen Steinkisten umgeben.

Beim Bau des Hauses Nr. 13 (früher Göbel) in der Emserstrasse kamen zerstörte Gräber und viele Scherben zutage, die zum grössten Teile einen anderen Charakter tragen, als die in den beiden andern Grabfeldern gefundenen und die, wie auch die Art der Bestattung zeigt, einer jüngeren Periode angehören. Doch haben auch, vielleicht vereinzelt, Gräber der älteren La Tène-Zeit an der Emserstrasse gelegen.

Weiter aufwärts wurde bei einem Erweiterungsbau der Braubacher Hütte am Fusse des Pankerter Kopfes ein Grab gefunden; aus demselben befindet sich ein Bronzering in den Händen des damaligen Hüttenbesitzers Goldschmidt in Frankfurt. Auch auf der Südseite von Braubach müssen längs des Rheines La Tène-Gräber gewesen sein, denn mit den genannten Mahlsteinen kamen beim Bahnbau auch 3 Armringe von dort in das Wiesbadener Museum.

Nach dem bereits Gesagten treffen wir in den beiden ersten Grabfeldern vorzugsweise Skelettgräber, in dem dritten meist Leichenbrand.

Die Lage der Leichen ist nicht stets nach derselben Himmelsrichtung orientiert.

Die Gräber sind nicht gleich weit von einander entfernt und finden sich noch hoch am Abhange der Hügel, weil das Terrain ausgenutzt werden musste und das für den Hütten- und Ackerbau geeignete Gebiet nicht zu sehr eingeschränkt werden konnte. Es sind durchweg Flachgräber, von Hügeln findet sich keine Spur, auch würden dieselben an den Abhängen schwerlich errichtet worden sein, denn mehrere starke Regengüsse hätten sie sicher ins Thal hinab geschwemmt.

In Oberlahnstein haben Gräber des Dorfes an der Lahnmündung längs des Rheines im Hafengebiet gelegen. Sie haben wohl eine breite Strecke eingenommen, denn in den Frankengräbern am Lokomotivschuppen fanden sich La Tène-Scherben, die wohl nur von zerstörten Gräbern herrühren konnten. Das Grabfeld, das zu dem Dorfe in den Ziegeleien an der Braubacher Landstrasse gehört, ist noch nicht gefunden. Es muss ostwärts vom Dorfe nach der Höhe zu liegen. Vielleicht ist eine Notiz, nach der in der Nähe der Wenzelskapelle Skelette gefunden sein sollen, mit ihnen in Verbindung zu bringen.

3. Wege.

Der Zug der Gräber weist uns auf die Verkehrswege der Dörfer hin, denn die alten Völker errichteten an diesen die Ruhestätten der Toten, damit sie an dem Thun und Treiben der Lebenden teilnehmen könnten. Die lange Reihe der von Braubach aus nach Norden ziehenden Gräber zeigt uns, dass der Verbindungsweg zwischen den vorrömischen Orten Braubach und Oberlahnstein östlich der heutigen Strasse am Fusse des Gebirges vorüber ging. Seine Richtung bezeichnet ein die Weinberge abschliessender breiter Feldweg. Noch am Fusse des Koppenstein wurde neben diesem Wege beim Umgraben des Weinberges ein Bodenstück einer grossen römischen Reibeschale und ein kleines Hufeisen gefunden. Das letztere, sowie eine starke Wackenlage, die sich in 1 m Tiefe fand, weisen wohl auf die Benutzung und Ausbesserung des Weges im Mittelalter hin. Auf einer Zeichnung vom Jahre 1654, die bei Gelegenheit der lang andauernden Grenzstreitigkeiten zwischen Braubach und Oberlahnstein angefertigt wurde, führt der Weg den Namen „Hochstrasse"; er geht östlich an Oberlahnstein vorbei und gemeinsam mit der aus dem Nordthore dieser Stadt kommenden Strasse bei dem alten Fährhause an die Lahn. Es ist wahrscheinlich, dass die mittelalterliche Hochstrasse die Trace des vorrömischen Weges beibehalten hat. (Die jetzige durch Oberlahnstein führende Hochstrasse hat ihren Namen erst in jüngerer Zeit erhalten.) Auch in seiner Fortsetzung nördlich der Lahn ging der vorrömische Weg wohl im wesentlichen in dem Zuge der jetzigen Landstrasse, wie besonders das gleichfalls der La Tène-Zeit angehörige Grabfeld in Horchheim beweist.

Wenige vorrömische Funde in Friedrichssegen (Ahl) und Miellen scheinen auf einen Fussweg links der Lahn auf Ems zu hinzudeuten.

Ein zweiter vorrömischer Weg ist der schon erwähnte Kerkertsweg, der vom Rheine und dem Dorfe in dem Terrain der Braubacher Bahnhöfe in ziemlich gerader Richtung am Forsthaus vorbei und durch das Braunebachthal nach dem gleichfalls vorrömischen Ems führte. Auf der Höhe, besonders da, wo er von den Feldern des Königstiels (Bademer) in den Wald eintritt, ist er von zahlreichen alten Wegerissen begleitet, die darauf hinweisen, dass die Fahrbahn im Laufe der Jahrhunderte oft gewechselt hat. Im Distrikt Preuss.-Verhau liegen in seiner Nähe neben alten Wegerissen zwei grosse flache Grabhügel, an die sich westwärts lange alte Feldraine anschliessen, die sich auf dem Waldboden als niedrige Terrainabsätze darstellen. In den Beschreibungen von Gemarkungsbegängen der Oberlahnsteiner Bürgerschaft i. J. 1600 u. 1653 wird der Weg „die Hochstrass" genannt. Er bildet auch auf einer kurzen Strecke die Grenze zwischen Oberlahnstein und Braubach und weiss von mancherlei Hader zwischen den Nachbargemeinden zu erzählen, der gewöhnlich bei den Gemarkungsbegängen ausgetragen wurde.

Ein weiterer durch die Richtung der Gräber bestimmter Weg führt im Zuge der Emserstrasse durch das Mühlthal, biegt in das Thal des Grossbachs und ersteigt den Pankerter Kopf. Noch ehe er die Schlote der Braubacher Hütte erreicht, liegt an ihm ein vereinzelter Grabhügel, dem im Distrikt „Hieweg" (Hochweg) weitere folgen. Am Hilberstiel geht er durch ein Grabfeld der Hallstattzeit und nördlich von Dachsenhausen im Distrikt „Birmenstrauch" (Nass. Ann. II, 2, 171), durch ein Grabgebiet mit vielen Hügeln, von denen der grösste einen Durchmesser von annähernd 40 m hat. In seiner Fortsetzung senkt er sich in das Thal des Mühlbaches hinab, das er bei Marienfels erreicht.

Der wichtigste Weg führte in südlicher Richtung von Braubach zur Höhe. Er geht am Ostfusse des Marksburghügels vorbei, wo an dem Bergsattel, in dem die Martinskapelle steht, ein Zugang vom Rheine aus sich mit ihm vereinigt. Dann fährt er in kräftiger Steigung zum Distrikt „Neuweg". Das Gelände bietet hier mehrere übereinander gelagerte Plateaus. Da wo der Weg das erste derselben erreicht und auf der Ostseite hart an dem steilen Abhang des Grossbachthales vorüber führt, ist er auf der Westseite durch einen Abschnittswall gesperrt, der jetzt 1,20 - 1,50 m hoch ist und den Graben nach Süden hin hat. Dann zieht er, von Grabhügeln zu beiden Seiten begleitet, am Hof Falkenborn vorüber, der auch auf eine lange Geschichte zurück schaut, denn in der 1. Urkunde des Codex dipl. Nass., freilich in einem Einschiebsel aus dem 10. Jahrhundert, wird bereits ein „alden Falkenburn" erwähnt. Seine Fortsetzung geht in durchweg gerader Richtung über die Wasserscheide zwischen Rhein- und Mühlbach an Bogel und Ransel vorüber bis zum Wisperthale, und so bildet dieser Weg eine der wichtigsten Verkehrsstrassen in vorrömischer Zeit. Von seiner Bedeutung zeugen zahlreiche Grabhügel, die ihn bald einzeln, bald in grossen Gruppen zu beiden Seiten auf seiner ganzen Ausdehnung begleiten. In der eben erwähnten Urkunde des 10. Jahrhunderts wird er Retuveg (Reitweg) genannt, eine Bezeichnung, die gleichbedeutend mit „Rennweg" auftritt und daran erinnert, dass in alter Zeit der Handelsmann mehr das Saumtier als den Wagen benutzte. Im 14. Jahrhundert wird derselbe Weg „die Hochstrasse" genannt. (Nass. Ann. IX., 310).

Auch von Oberlahnstein aus ging in vorrömischer Zeit ein Weg über den Feldberg zur Höhe, wo er in den Braubach-Emser Weg einmündet. Als vorrömischen Weg kennzeichnet ihn ein Grabhügel und eine Abflachung, die vielleicht das zugehörige Wohnhaus enthält, auf der Kuppe westlich vom Felddistrikt Rabenstein. In römischer Zeit lag ein Bauernhaus unmittelbar an demselben im Distrikt Lahnhöll, ein anderes etwas von ihm entfernt im Distrikt Zehnthof. Im Mittelalter hiess der Weg die Nassauer Landstrasse und war durch einen Doppelwall mit Graben und ein Gebück geschützt. Vor dem dreissigjährigen Kriege wurde er am Gebück allabendlich durch Schlagbäume von den Förstern gesperrt.

4. Funde.

A. Gefässe

Unter den Funden nehmen die Gefässe und Gefässreste die wichtigste Stellung ein. Es lassen sich bei denselben etwa folgende Formen unterscheiden:

1. Flaschen (Taf. 1, 1-5).

No. 1 (Mitteil. 1901/02, Sp. 67 u. 19002/03, Sp. 15) hat eine Gesamthöhe von 50½ cm, wovon auf den Hals 14 cm entfallen; an der weitesten Stelle des Bauches beträgt der Durchmesser 40 cm. Der Rand ist fast rechtwinkelig nach aussen gebogen, der Boden glatt abgestrichen. Die Oberfläche ist glatt poliert und zeigt eine dunkelbraune Lederfarbe. No. 2 ist etwas kleiner, sonst stimmt sie in der Form mit der ersten überein. Beide haben auch die gleiche Verzierung. Unmittelbar unter dem Halse sind zunächst mehrere leichte Riefen, in die gruppenweise kreisförmige Grübchen eingedrückt sind. Dann folgen zwei Zonen, die von Doppelfurchen abgeschlossen werden. In der oberen Zone schliessen sich halbkreisförmige, breite Furchen, die nach oben offen sind, zu einer Guirlande zusammen. Die Anschlussstelle hat jedesmal einen Kreis mit Punkt. Ebensolche Kreise finden sich zu einer dreieckigen Gruppe vereinigt zwischen je zwei Bogen. Die untere Zone zeigt dieselbe Verzierung mit nach unten offenen Bogen, die sich nicht so eng aneinander anschliessen. Bei No. 2 ist oben über jedem Bogen noch ein Kreis angebracht. Die kleinere Flasche No. 3 gehört zu derselben Gruppe. Sie hat ebenfalls die Riefen unter dem Halse mit gruppenweise verteilten oblongen Grübchen, aber nur eine breite, verzierte Zone. Dafür zeigt diese abwechselnd nach oben und unten offene Kreisbogen, über denen und an deren Enden die Kreise mit Punkt angebracht sind. Eigentümlich sind dieser Flasche breite Furchen, die strahlenförmig vom Boden ausgehen und an der breitesten Stelle des Bauches enden. No. 4 kommt in der Form den drei ersten nahe; als Verzierung hat sie nur zwei Furchen ziemlich in der Mitte des Bauches. Der obere Teil der Flasche ist bis über die breiteste Stelle des Bauches poliert, ebenso ein schmaler Streifen über der Bodenfläche, die hier ein wenig ausgezogen ist und so einen kleinen Fuss zeigt. Die polierte Fläche ist braun, die nichtpolierte grau. No. 5 erscheint in etwas anderer Form; der Bauch hat in der Mitte keinen Absatz und verengert sich unten zu einer Art Fuss mit schmaler Standfläche. Verzierungen hat diese Flasche nicht, der Überzug hat eine gelbliche Lederfarbe. Auch von den Formen 1 - 3 kommen Bruchstücke in gelber Farbe vor mit der gleichen Verzierung.

Auf dem untersten Estrich der tiefsten Hütte auf dem Gebiete der Kleinbahn in Braubach fanden sich Stücke einer Flasche, die aussen glatt und mit einem graphitartigen Überzuge versehen ist. Der Thon ist mit Sand und Glimmerstückchen vermischt. Rings um den Bauch läuft ein Gurt von breit eingerissenen konvergierenden Linien, die sich zu Winkeln vereinigen. Keine Flasche zeigt Spuren der Drehscheibe.

2. Kelche

(No. 6). Das 34 cm hohe, schlanke Gefäss ist gelbbräunlich und auf der Oberfläche glatt poliert. Der Rand geht in einem schmalen Riefen nach aussen. Der Boden hat einen sehr schmalen und niedrigen Standring, der durch eine kräftige Furche aus der Bodenfläche herausgedrückt ist. Der Kelch ist mit der Drehscheibe hergestellt und das einzige erhaltene Gefäss seiner Art. Doch kommen noch von mehreren Bruchstücke vor, auch in dunkler Farbe. Ein Fuss ist wie bei unsern Glasflaschen tief nach innen eingedrückt, sodass ein hoher Standring entsteht, bei einem andern ist derselbe nur durch eine Furche, wie bei dem erhaltenen Kelche, aus der Bodenfläche herausgedrückt. Alle zeigen die Spuren der Drehscheibe.

3. Töpfe.

No. 7. Roh geformtes, dickwandiges Gefäss; Bruchstücke von ähnlichen, in Hausindustrie hergestellten rohen Töpfen finden sich in den Hütten häufig.

No. 8. Glattes Gefäss ohne Verzierung; nur die abgeschnittene Standfläche hat ein Gitter von eingeglätteten Linien.

No. 9. Der Topf hat eine dunkle Zone unter dem Rande und über dem Boden. Die dazwischen liegende hellere Zone ist durch eingeglättete Linien verziert.

No. 10. Das sehr glatte, mit dunkler Farbe überzogene Gefäss hat 4 verzierte Zonen. Die oberste zeigt konzentrische Kreise und ist oben durch einen Riefen, unten durch zwei Reihen kleiner Grübchen abgeschlossen, die mit einem Rädchen eingedrückt sind. Die zweite Zone ist abgegrenzt durch je eine Grübchenreihe und enthält ebenfalls konzentrische Kreise. Die dritte hat zwischen zwei Grübchenreihen regelmässige Rechtecke von Grübchen, die mit einem Stempel eingedrückt sind. (Dieselbe Verzierung wandten in Anlehnung an die keltischen Muster die fränkischen Töpfer an.) Die letzte Zone zeigt zwischen den Grübchenreihen abwechselnd grössere und kleinere konzentrische Kreise. In den Grübchen finden sich noch Reste einer weissen Thoneinlage. Aus der Bodenfläche ist durch eine kräftige Furche ein leichter Standring herausgedrückt. Dieser ist aber so gering, dass das Gefäss doch auf der ganzen Bodenfläche steht.

Die Töpfe No. 11, 12, 13 stimmen in der gedrungenen Form überein. Sie sind alle sehr glatt; No. 13 unterscheidet sich in Farbe und Brand kaum von den Terra nigra-Gefässen. No. 12 hat in der profilierten Stelle des Halses zwei Löcher, in denen ein an den Enden rechtwinklig umgebogener Eisenhenkel steckt. Sie stehen alle drei auf der vollen Bodenfläche, die durch eine oder zwei Kreislinien verziert ist. Sämtliche Töpfe mit Ausnahme von No. 7 sind mit Hülfe der Drehscheibe verfertigt.

Das zierliche Töpfchen No. 14 ist stark beschädigt.

4. Schüsseln (Kumpen).

Die tiefe Schüssel No. 15 hat den Rand nach aussen gebogen, den Boden schwach nach innen eingedrückt. Sie ist aussen und innen sorgfältig geglättet. Die äussere Oberfläche ist dunkelbraun, fast schwarz. Im Innern ist um den Boden eine breite dunkle Zone durch Überstreichen mit schwarzer Farbe hergestellt. Sie wird nach oben durch eine Kreisfurche abgeschlossen, über die hinaus vereinzelte Farbflecke in die zweite helle Zone hineinfallen. Diese zeigt die graue Farbe des gebrannten und nicht polierten Gefässes. In dieselbe sind von oben nach unten radienförmig breite Linien mit Farbe aufgetragen, die bis zum Anfange des Randes gehen. Dieser ist wieder dunkel; die Farbe geht auch hier in einzelnen Flecken in die helle Zone hinein. Die äussere Oberfläche hat gleichfalls einen Farbüberzug erhalten, die dunkle Färbung ist hier nicht durch einfaches Glätten hervorgerufen.

No. 15. Die grosse Schüssel hat einen ebenso profilierten Rand wie die vorige, er ist nur leicht nach aussen gebogen; der Boden ist dagegen stärker nach innen eingedrückt. Die glatte Innenseite ist gleichmässig dunkelfarbig; die Aussenseite zeigt am Rande und am Boden eine dunkle, in der Mitte eine grosse helle Zone, die durch dicht nebeneinander laufende Radien verziert ist. Die dunkle Farbe derselben ist hier durch Einglätten entstanden.

No. 16. Der Rand ist nach innen gebogen, der Boden leicht nach innen eingedrückt. Auf der Aussenseite ist der obere Teil geglättet und daher dunkelbraun, der untere Teil rauh und heller. Im Innern zeigt die Schüssel wieder die drei Zonen; die mittlere helle ist durch sechsmal je zwei nebeneinander herlaufende geglättete Linien verziert.

No. 17 ist der vorigen ähnlich, der Rand etwas stärker nach innen gebogen, der Boden schmäler und stärker nach innen eingedrückt; hier ist die Mittelzone der Aussenseite durch kräftig eingeglättete Radien verziert. Auf der einen Seite hat die Schüssel vier Löcher zum Durchziehen eines Drahtes oder einer Schnur; sie kann also nur für trockene Gegenstände Verwendung gefunden haben. Bruchstücke von Schüsseln mit Löchern an der Seite wurden öfter gefunden. Desgleichen kamen Bodenstücke von Schüsseln zum Vorschein, die mit Löchern versehen waren. Diese Gefässe hatten als Siebe gedient.

No. 18 ist der vorigen ähnlich. Sie ist auf der Ober- und Unterseite doppelfarbig; im Innern hat die helle Zone eine Verzierung von sechsmal zwei breiten Radien.

No. 19 ist ein rauhes Gefäss mit nach innen gebogenem Rande; es steht auf der vollen Bodenfläche. Die Unterseite ist vom Feuer geschwärzt, es wurde also zum Kochen gebraucht; ein gleiches, teilweise erhaltenes Kochgefäss lag in einer Oberlahnsteiner Hütte.

No. 20 ist ebenfalls rauh, mit glatt abgeschnittenem Boden und einwärts gebogenem Rande. Die kleine Schüssel diente ursprünglich als Kochgefäss und war zur Hälfte mit Speise gefüllt ins Grab gesetzt, wie ein breiter Streifen in der Mitte des Gefässes deutlich zeigt.

Bei den beschriebenen Schüsseln sind Spuren der Drehscheibe nicht zu sehen. Ein leider nur in der unteren Hälfte erhaltenes Gefäss, das aber wohl auch als Schüssel anzusehen ist, wurde auf der Drehscheibe hergestellt. Die Wände desselben sind spiegelglatt und dünn, wie von feinen Terra nigra-Gefässen. Über dem scharfen Absatze an der breitesten Stelle desselben ist eine Wellenlinie eingeglättet.

5. Schalen oder Näpfe

Nr. 21. Der Boden ist in der Mitte zu einem Buckel (Omphalos) eingedrückt. Rings um diese Bodenerhebung sind im Innern kreisförmige Grübchen mit einem Kreuz in der Mitte eingedrückt. Auf der Aussenseite ist dieselbe Verzierung unter dem Rande.

No. 22. Der Boden hat in der Mitte denselben starken Omphalos; der Rand ist leicht nach aussen umgebogen. Im Innern sind auf dem Omphalos, sowie rund um denselben Kreisgrübchen mit einem Kreuz in der Mitte eingedrückt. Auf der Aussenseite ist um die Höhlung des Omphalos ein breites viereckiges Feld eingeglättet. Auf den beiden erhabenen Streifen unter dem Rande sind übereinander je sechs Gruppen von Kreisgrübchen mit Kreuz eingedrückt.

No. 23. Die flache Schale hat einen sehr wenig nach aussen umgebogenen Rand. Auf der Aussenseite ist um die Höhlung des Omphalos wieder ein viereckiges Feld eingeglättet. In der Vertiefung unter dem Rande läuft eine leicht eingedrückte Wellenlinie, die aus S-förmigen Linien zusammengesetzt ist, deren Enden übereinander liegen.[2] Im Innern sind auf dem Omphalos Kreise mit einem Punkt in der Mitte aufgedrückt. Um den Omphalos liegen fünf durch Grübchen gebildete dreieckige Figuren, die an der Spitze durch einen grösseren Kreis mit Punkt gekrönt sind. Auch zwischen den Figuren liegt je ein grösserer Kreis.

No. 24c. Diese Schale, die der vorigen ähnlich, nur etwas niedriger ist, weist die reichsten Verzierungen auf. Auf der Aussenseite ist am Boden wieder das Viereck eingeglättet (24a). Um dieses Viereck legen sich guirlandenartig Kreisbogen, die durch tief eingedrückte, in der Mitte sich verbreiternde Furchen gebildet sind. Im Innern (24b) ist der Omphalos von einer breiten Furche eingeschlossen. Auf demselben sind wieder Kreise mit Punkten eingedrückt. Um denselben zeigen sich über der Furche 7 Dreiecksfiguren, deren Grübchen ein Kreuz in der Mitte haben. Ringsum laufen 7 Doppelfurchen, die eine Guirlande bilden und an den Anschlussstellen einen Kreis mit Punkt haben. Die durch die tiefen Furchen der Unterseite entstandenen Erhebungen zwischen den Doppelfurchen sind durch eine kräftig eingerissene Wellenlinie verziert, die wieder aus einzelnen kleinen S-förmigen Linien zusammengesetzt ist.

No. 25 hat eine schmale, flache Bodenfläche; an der breitesten Stelle ist ein 2 cm breiter Gurtstreifen dicht mit eingerissenen Linien bedeckt, die sich zu spitzen Winkeln vereinigen.

No. 26. Der Rand ist nach aussen gebogen, der Boden in der Mitte leicht nach innen gedrückt; im Innern ist die Erhebung kaum zu sehen. Hier sind

[2] Eine ähnliche Verzierung auf einem Wiesbadener Scherben (Mitteil. 1902/03, Sp. 61, 62).

dafür wieder die 3 Zonen zu erkennen, von denen die mittlere mit dicht nebeneinander eingeglätteten Radien bedeckt ist.

No. 27 hat im Innern keine Verzierung; auf der Aussenseite wird der kräftig eingedrückte Omphalos von einem eingeglätteten dunkeln, viereckigen Felde umgeben; auch der obere Teil des Gefässes ist dunkel. In dem breiten helleren Streifen laufen von den Ecken des Vierecks je zwei eingeglättete, breite Linien, die nach dem Rande zu auseinandergehen.

No. 28 ist ohne Omphalos; der Rand etwas nach aussen gebogen. Auf der Aussenseite ist diese Schale unverziert; im Innern laufen durch die Mittelzone wieder viermal je zwei breite eingeglättete Linien.

No. 29 ist ohne Verzierung; der Boden leicht nach innen eingedrückt, der Rand nach innen umgebogen.

No. 30 hat flachen Boden; auf der Aussenseite laufen durch die hellere Mittelzone breit eingeglättete Radien.

No. 31. Der Rand ist nach innen eingebogen, der Boden leicht eingedrückt. Im Innern ist nur oben ein Streifen vom Rande aus eingeglättet. Auf der Aussenseite nimmt die hellere Mittelzone fast den ganzen Raum ein; die eingeglätteten Radien laufen dicht nebeneinander.

No. 32 ist ein rohes, ungeglättetes Gefäss mit breiter, flacher Bodenfläche.

No. 33 hat flachen Boden und einen etwas verdickten Rand. Im Innern laufen um den Boden zwei konzentrische Kreise. Das Gefäss ist wie alle folgenden Schalen auf der Drehscheibe hergestellt.

No. 34. Der Boden ist leicht nach innen eingedrückt, der Rand wenig nach aussen gebogen. Die beiden letzten Gefässe und die noch folgenden Schalen haben nicht mehr die braune Lederfarbe der vorhergehenden, sondern eine mehr graue, zuweilen ins Schwarze übergehende Farbe, der Brand ist schärfer.

No. 35. Die kleine Schale ist am Boden leicht eingedrückt, sodass sie auf dem scharfen Rande der Einbuchtung steht.

No. 36 und 37 zeigen im unteren Teile eine fast schwarze Farbe, wie die Terra nigra-Gefässe, denen sie auch im Brande sehr nahe kommen.

No. 37 steht auf einem schwachen Standring.

No. 38. Der Fuss steht mit der vollen Standfläche auf, der etwas verstärkte Rand hat oben eine schwache Rille.

6. Becher.

No. 39. Der roh gearbeitete cylindrische Becher kommt aus einem Grabe an der Emserstrasse in Braubach.

No. 40 ist im oberen Teil etwas beschädigt; seine Oberfläche ist glatt. Gefunden wurde er in einer Oberlahnsteiner Hütte.

No. 40 - 47 sind aus Scherbenfunden in den Hütten zusammengesetzt. Der grosse Topf No. 45 erinnert in der Form an No. 8 und 10. Die Verzierungen der Töpfe No. 42 - 44 sollen später besprochen werden.

7. Amphorenartige Gefässe

kommen in Gräbern und Hütten vor, aber nur in Bruchstücken. Die Wände sind 10 - 12 mm dick, der Thon ist stark mit Quarzkörnern vermischt. Der obere Teil ist meist geglättet und schwarz, ebenso ist die Innenseite schwarz; der untere Teil zeigt die Eindrücke des Geflechtes der Form und ist rauh gehalten. Die Ränder sind teils gerade, teils mehr oder weniger nach aussen gebogen. Stücke mit aufgelegtem Wulste, der mit Eindrücken versehen ist, auch solche mit Streifen von Eindrücken, die wohl meist nicht mit dem Finger, sondern mit einem Instrumente gemacht worden sind, finden sich reichlich. Ein Bruchstück hat zwei kleine Narben nebeneinander, ein anderes kräftige Warzen. Henkel kommen bei keinem La Tène-Gefässe in Braubach und Oberlahnstein vor.

Über die Zeitstellung der einzelnen Gefässe lässt sich wenigstens einiges mit Bestimmtheit sagen. Nach den Grabfunden an der Oberlahnsteiner Strasse und am Kerkertswege, die, wie die Bronze- und Eisengegenstände beweisen, der älteren La Tène-Periode angehören, können wir dieser zurechnen: alle Flaschen, die Schalen No. 21-24 und die Schüssel No. 15. Flaschen und Schalen weisen dieselbe Verzierung auf: Furchen, runde Grübchen mit Kreuz und Kreise mit Punkt in der Mitte. Die eigenartigen Bogenfurchen mit Kreis an den Enden des Bogens finden sich ähnlich verwendet wie auf einem Bronzegürtel von Hallstatt (Sacken, Taf. X, 2). Auch hier sind die Furchen teils nach oben, teils nach unten offen. Der verzierte Gurtstreifen der Gefässe ist wohl als Gürtel gedacht.

Die bei den beiden Schalen No. 23, 24 auftretenden Wellenlinie, die hier aus einzelnen S-förmigen Stücken zusammengesetzt ist, findet sich erst in der allerjüngsten Periode, aber ununterbrochen wieder. Auch die Kreise mit Punkt und Kreuz kommen auf den zahlreichen Scherben der Hütten nur ganz vereinzelt vor. Zu der älteren Periode gehört wohl ferner der Napf No. 25 mit eingeritzten Linien, die sich zu einem fischgrätenförmigen Bande vereinigen. Die gleiche Verzierung findet sich auf einer Flasche des Grabfeldes von Simmern bei Ehrenbreitstein. Die ebendaher stammende Flasche in Nass. Ann. 32, S. 188 hat gleichfalls Strichverzierung, bei der die Spitzen der Winkel nach oben gerichtet sind. Die mit Farbe eingetragenen Linien der Schüssel No. 15, die strahlenförmig von der Bodenzone ausgehen, kommen auch nur in der älteren Periode vor. Die Verzierung hat ihre Vorbilder auf Bronzegürteln (Sacken, Taf. IX, 4), wo die von einem Buckel ausgehenden Strahlen den vom Boden der Gefässe auslaufenden Radien entsprechen.

Der jüngsten Periode der La Tène-Zeit lässt sich eine grössere Anzahl von Gefässen zuweisen. Beim Bau des Hauses No. 13 an der Emserstrasse in Braubach erschienen mehrere zerstörte Gräber. Dabei waren die Scherben der verschiedensten Gefässe zusammen mit einigen Stücken frührömischer Form und hartem Brande, einem Randstück mit eingedrückter Wellenlinie und einem andern mit kleinem Henkel und Horizontalrand. Die Scherben der Schüsseln und Näpfe haben stark nach innen gebogenen Rand und zeigen meist die Spuren der Drehscheibe. Es fanden sich dabei Stücke des Kelches No. 6, Bruchstücke von weitbauchigen Töpfen wie No. 12. Überhaupt gehören in diese Periode sämtliche Töpfe No. 8 - 14, die alle beim Bau des Hauses „zur Traube" gefunden wurden. Die glatten, tonnenförmigen Töpfe zeigten sich auch in einem Familiengrabe mit 8 oder 9 Bestattungen im Coblenzer Stadtwalde; in einem Kindergrabe lag hier daneben eine kleine, sehr dünnwandige Sigillatatasse. Ferner gehören hierher die Schalen No. 33 - 35. Alle diese Gefässe sind sehr glatt, haben meist dünne Wände und unterscheiden sich äusserlich von denen der älteren Zeit durch eine mehr graue Farbe. In Thon und Brand kommen sie den Terra nigra-Gefässen nahe. Ein Randstück eines Topfes mit aufgelegtem Riefen beim Beginne des Bauches ist auch in der Form einem Randstücke aus Terra-nigra ähnlich, das in einer Braubacher Hütte gefunden wurde. Als besonders charakteristisch tritt bei den meisten Töpfen und Schalen ein leichter Standring hervor. Der kräftig eingedrückte Omphalos fällt weg, die Bodenerhebung im Innern ist entweder nur sehr schwach oder überhaupt nicht vorhanden. Die Verzierungen werden auf den mit der Drehscheibe verfertigten Gefässen selten, nur der Topf No. 10 ist dafür reich verziert. Wenn die Bestimmung der Zeit, in der die Dörfer durch Brand zerstört wurden, wie später gezeigt werden soll, richtig ist, so wurden diese Gefässe etwa von 50 vor bis ungefähr ebenso weit nach Christi Geburt gebraucht.

Dasselbe vorausgesetzt, dürfen wir die in den Hütten gefundenen Scherben in ihrer Hauptmenge dem Ende des zweiten und der ersten Hälfte des ersten vorchristlichen Jahrhunderts zurechnen. Zu dieser Gruppe gehören die teilweise ergänzten Gefässe No. 40 - 47, die den Hütten entstammen. Besonders häufig treten Schüsseln und Schalen mit geradem oder stark nach innen gebogenem Rande auf. Die als Kochgefässe dienenden sind auf der ganzen Oberfläche rauh oder im oberen Teile geglättet, die andern sind ganz poliert. Zahlreich finden sich die durch teilweise Glättung hergestellten doppelfarbigen Gefässe mit Radienverzierung. Statt der Radien sind öfter breite Streifen eingeglättet, auch zeigen sich Streifen mit Linien abwechselnd auf demselben Gefässe (s. Fig. 4).

Mehrfach findet sich bei Schüsseln unter dem Rande ein mehrere Centimeter breiter Gittergurt eingeglättet (Fig. 4, No. 2). Beide Verzierungen sind auch auf die Terra nigra-Gefässe übergegangen. Ein schwarz gefärbter Topf aus Terra nigra von einem frührömischen Grabfelde in Coblenz hat unter dem Rande einen breiten Gurt mit sehr regelmässiger Gitterverzierung. Die Linien sind auch hier leicht eingedrückt. Eine schwarz gefärbte Schüssel hat eine dunklere und eine hellere Zone; in die letztere sind die Radien mit Farbe eingetragen.

Häufiger fanden sich Bruchstücke von kleinen sehr glatten Schalen oder Tässchen, die oben glänzend schwarz mit einer Art Firniss überzogen sind. Der

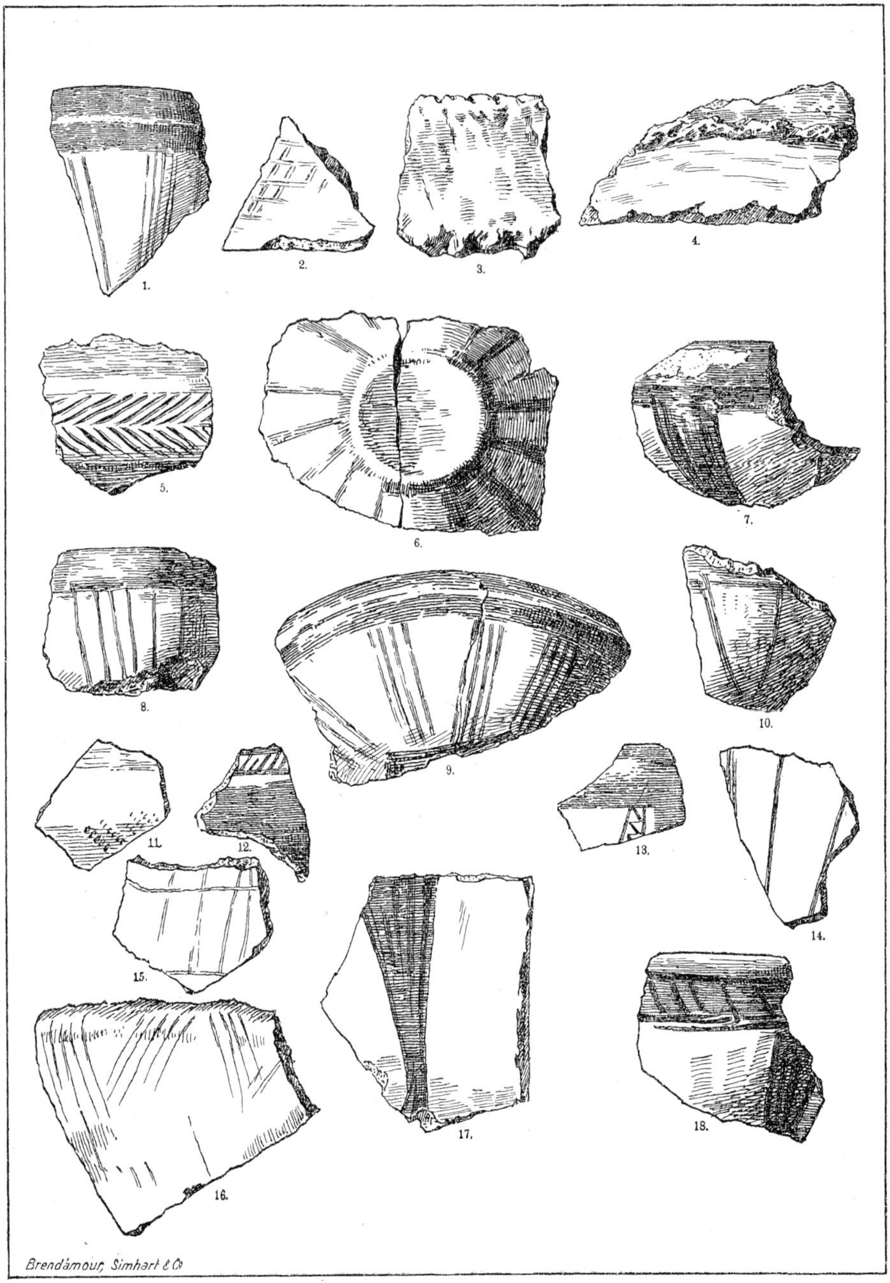

Fig. 4. *Verzierte Scherben aus Braubach und Oberlahnstein.*

untere, hellere Teil hat Zickzackstreifen zwischen geraden Linien eingeglättet (s. Fig. 4, No. 13). Die als charakteristisch für die Spät-La Tène-Zeit geltende Verzierung durch leicht eingerissene Linien, die den ganzen unteren Teil des Gefässes bedecken, kommt ebenfalls, wenn auch nicht gerade häufig vor.

Ein grosses Stück einer Schale aus der Palm'schen Grube bei Braubach zeigte dieselben mit einem siebenzinkigen Instrumente teils gerade, teils im Bogen über das ganze Gefäss geführt. Hierzu sind auch die beiden in Oberlahnsteiner Hütten gefundenen Töpfe No. 12, 44 zu rechnen. Die Linien sind bei denselben so kräftig eingerissen, dass die Gefässe wie gerieft erscheinen. Ganz vereinzelt ist die Verzierung des Topfes No. 43 durch breite Kreise, deren Durchmesser 8 mm beträgt.

Endlich kamen in den Gruben wiederholt Bruchstücke von intensiv rot gefärbten Gefässen zum Vorschein; ein solches, wohl von einer Schüssel

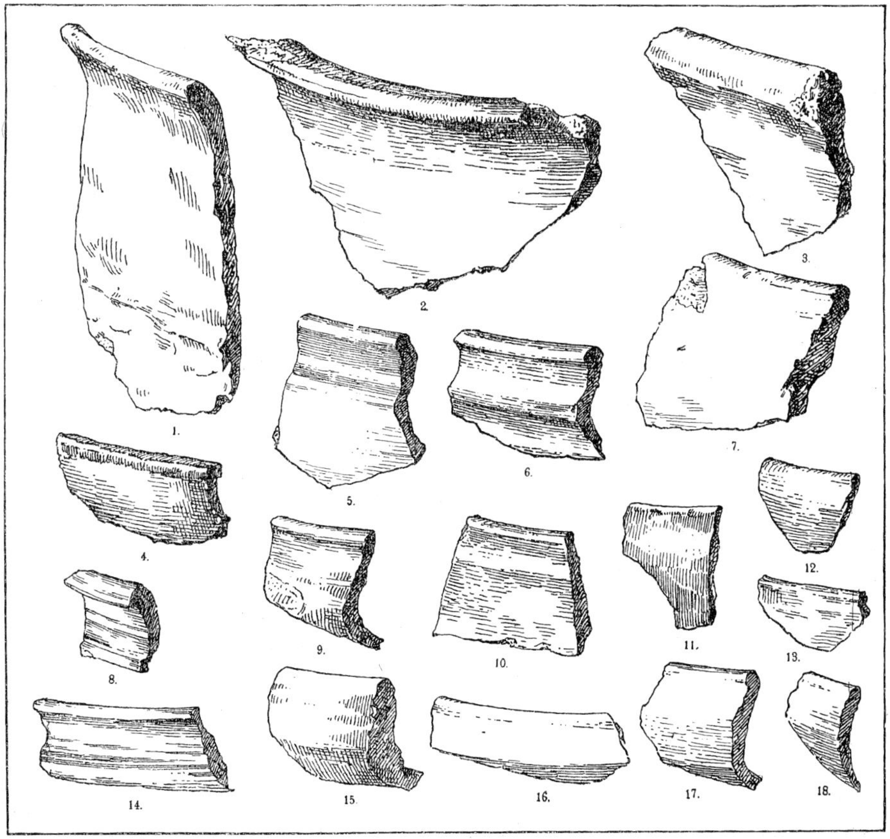

Fig. 5. *Randstücke von Thongefässen aus Braubach und Oberlahnstein.*

herrührend, zeigte Spuren der Drehscheibe. Ein Randstück ist im Innern schwarz, auf der Aussenseite rot gefärbt; es gehört zu einem flaschenförmigen Gefäss mit kurzem Halse. Die Flaschen mit schlankem Halse gehören wohl ausschliesslich der älteren Zeit an.

Bodenstücke mit Omphalos kommen vor, aber vereinzelt und meist in flacher Form.

Eine genauere Bestimmung der in der mittleren La Tène-Zeit besonders beliebten Form lässt sich erst nach weiterer Aufdeckung von Gräbern geben.

Eine eigene Stellung nehmen Scherben ein, die im vergangenen Sommer in Niederlahnstein bei der Ausschachtung eines Hauses am Markwege, 400 m südlich vom Bahnhofsgebäude gefunden wurden (Mitteil. 1902/03 Sp. 51). Die Bruchstücke der rauhen Gefässe zeigen einen harten Brand, die Bruchfläche ist dunkelgrau, der Thon mit kleinen Schieferstückchen untermischt. Die glatten Stücke haben sorgfältig gereinigten Thon und teils lederfarbigen, teils roten oder grauen Überzug. Die letzteren Stücke gehören der Gruppe der grauen Terra nigra-Gefässe an. Mehrere Randstücke sind oben schräg abgestrichen und mit einer leichten Rille versehen, sodass der Rand oben zugespitzt erscheint. Ein Stück mit rotem Brande zeigt Horizontalrand mit zwei leichten Rillen. Als Verzierungen treten auf eingeglättete, sowie mit einem spitzen Instrumente eingerissene Linien und kräftige eingeglättete Rillen, unter denen Strichverzierung angebracht ist. Mehrere Scherben haben auf der Innenseite Drehscheibenringe. Hier fand sich auch das Bruchstück eines eingeglätteten Henkels und ein Randstück von einem kleinen Gefäss, bei dem der Rand in den Henkel übergeht.

Die Gefässreste reichten in die römische Zeit hinein; die Hütte in der sie gefunden wurden, gehört in die jüngste La Tène-Periode.

B. Andere Fundstücke

Aus Braubach stammt ein Spinnwirtel, bei dem zu beiden Seiten des Lochs eine Linie eingedreht ist, ein etwas breiterer aus Oberlahnstein ist oben und unten durch reichlich eingedrückte Löcher verziert, ein anderer ebendaher ist ohne Verzierung. Bruchstücke von Spinnwirteln finden sich in den Oberlahnsteiner Hütten mehrfach. Überall traten Stücke der bekannten pyramidenförmigen und durchlochten Gewichte auf, von denen ungewiss bleiben muss, ob sie als Gewichte oder als Netzbeschwerer gedient haben.

Ein merkwürdiges Stück aus einer Oberlahnsteiner Hütte ist ein schweres Thongerät, das aussieht wie eine runde Kuchenplatte (I, 48). Es hat einen Durchmesser von 40 cm. Auf der einen Seite geht um dasselbe ein 3 cm hoher, senkrecht stehender Rand, der aber allmählich niedriger wird und ausläuft, sodass ein grosser Teil ohne Rand ist. Die Platte ist in der Mitte 3 - 4 cm dick, nach beiden Enden zu wird sie dünner, besonders nach der randlosen Hälfte hin. Die Unterseite der Platte ist rot und rauh, die Oberseite geschwärzt und glasiert, sodass auf derselben lange Feuer gebrannt haben muss. So lässt sich das Gerät wohl nur erklären als eine Kohlenpfanne, die leicht an jede Stelle des Hauses gebracht werden konnte; die randlose Seite ermöglichte ein leichtes Wegschaffen der Asche. Keilförmige Thonstücke, die an andern Hüttenstellen von Oberlahnstein gefunden wurden, sind wohl auch Reste von ähnlichen Platten. In Braubach zeigten sich in der südlichsten Hütte des Bahnterrains, die am wenigsten ausgehoben werden konnte, gleichfalls Bruchstücke eines solchen Gerätes.

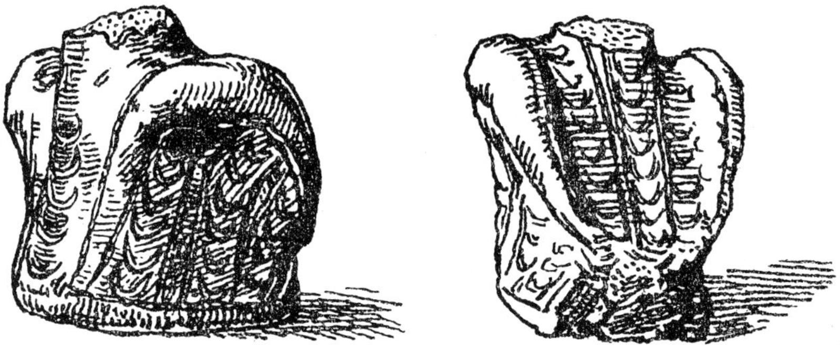

Fig. 6. *Vögelchen.* (Nat. Grösse.)

Aus Oberlahnstein stammt der kleine Vogel Fig. 6, der den Spielzeugen ähnlich ist, die in römischer Zeit in den Kindergräbern sich finden. Er ist nicht besonders hart gebrannt und hat den gewöhnlichen lederfarbenen Überzug. Leider ist er mehrfach beschädigt und ohne Kopf. Er ist jetzt 4 cm hoch, 5 cm lang und 4 cm breit. Die Darstellung zeigt den Vogel mit leicht aufgehobenen Flügeln vor dem Erheben zum Fluge. Flügel und Brust treten kräftig heraus. Das Aufeinanderliegen der Federn ist dargestellt durch eingedrückte Halbkreise und fein punktierte Linien. Die Verzierung setzt sich auch unter der rechteckigen Bodenfläche fort. Unter dieser, aber auch auf den Flügeln finden sich in den Halbkreisen die Spuren von weissem, eingelegtem Thon. In der Mitte des Bodens ist ein Loch tief eingebohrt für einen Stift; die Figur war also auf einem anderen Gegenstand befestigt. Die mit einem Instrumente eingerissenen Halbkreise und punktierten Linien erinnern an den der jüngeren La Tène-Zeit angehörenden Topf I, 10. Dieselben Mittel, die die Verschönerung dieses Gefässes bewirken mussten, haben hier zur Herstellung der Thonfigur gedient. Auch das Gefäss hatte die weisse Thoneinlage. Ein ähnlicher, vollständig erhaltener Vogel befindet sich in der Sammlung Nessel in Hagenau (Mitt. von Prof. Schumacher). Die Figur ist wohl als Idol aufzufassen.

Der eigentümliche Gegenstand (III, 29) ist in seiner Bedeutung nicht sicher zu erkennen. Er wurde in einer Oberlahnsteiner Hütte gefunden. In Hallstatt fand er sich aus Bronze in einem Grabe und wurde nach seiner Lage am Halse von Sacken als Schmuckgegenstand gedeutet. Die sechs saugwarzenähnlichen Vorsprünge haben sämtlich ein Loch, aber nur an einer Stelle sind zwei Löcher mit einander verbunden, sodass hier eine Schnur durchgezogen werden konnte. Die andern Löcher gehen nicht durch. Man möchte den Gegenstand für eine Art Amulet halten, ein Symbol der Fruchtbarkeit. (Vgl. Mitteil. 1902/03, Sp. 62).

C. Schmucksachen.

1. Fibeln:

Taf. IV, 9, Bronze; die äussersten der 8 Windungen der Spirale sind durch Kerbe verziert, ebenso die Sehne. Der Bügel hat an den Seiten feine Riefen, auf der Oberseite zeigt er eine tiefe Rinne; in derselben liegt schwarzer Klebstoff und in diesem nach dem Kopfe zu eine Einlage von Korallen. Taf. II, 10: Die Bronzefibel endet mit ihrem zurückgebogenen Schlussstück in einen Schlangenkopf; die Spirale hat 4 Windungen. Es scheint, dass die für die Früh-La Tène-Zeit charakteristische Fibel noch viel später gebraucht ist, denn sie wurde in einer Oberlahnsteiner Hütte mit jüngeren Scherben gefunden. Von den Mittel-La Tène-Fibeln No. 11 - 14 ist No. 11 aus Bronze, die übrigen sind aus Eisen verfertigt.

Die Bronzefibel No. 15 ist vor dem Nadelhalter durch ein umgeschlungenes feines Bronzekettchen geschmückt. No. 16. Bruchstück einer Eisenfibel.

2. Ringe.

No. 1. Zwei gleiche geknöpfelte Fussringe aus einem Grabe am Kerkertswege. Bei der Öffnung sind die Knöpfe stärker und mit eingerissenen Kreisbogen verziert. Bei den ähnlichen Ringen von dem Grabfund an der Lahnsteiner Strasse (Taf. IV, 6 u. 7) stehen bei dem einen die Knöpfe weiter auseinander als bei dem andern. Die 4 Ringe sind aus massiver Bronze.

3. Armringe aus massiver Bronze.

No. 8. Der sorgfältig bearbeitete Ring zeigt viermal die gleiche Darstellung, anscheinend blattähnliche Gebilde mit gewundenen Fäden. Die lichte Weite beträgt 52 mm.

No. 17. An der Öffnung mit petschaftförmiger Verdickung. Auf der einen Seite derselben ist er durch eingerissene Striche verziert, die vielleicht einen bärtigen Kopf darstellen sollen; an der anderen Seite sind nur wenige Striche.

No. 23. Der Ring hat auf der Ober- und Unterseite einen scharfen Grat. An der Öffnung liegen auf jeder Seite zwei Knöpfchen.

No. 2. Dünner geschlossener Ring ohne Verzierung.

Aus Bronzeblech über Holz gezogen sind die geperlten Armringe Taf. IV, 2, 3, 4, 5. (Mitteil. 1901/02, Sp. 105.)

4. Armringe aus Eisen.

Taf. II, No. 4. Der Ring ist zweimal vorhanden, im Durchschnitt viereckig, vor der Öffnung etwas eingedrückt, so dass er in viereckigen Köpfchen endet.

No. 18. An dem Eisenring hängt ein kleiner Ring aus Bronze. Die kleinen Bronzeringe No. 19 und 22 haben wohl dieselbe Bestimmung gehabt; No. 22 ist durch 2 parallele Linien, die rings um die Oberseite laufen, verziert.

No. 9. An dem Ringe hängen eine Anzahl kleiner Ringelchen aus blauem Glasfluss. Diese Ringe oder Perlen kommen in verschiedenen Formen vor, wie No. 5, 6, 7 zeigen.

Der Halsring (Taf. IV, 1) ist hohl und auf dieselbe Weise hergestellt, wie die zugehörigen Armringe. Die drei Scheiben in der Öffnung sind mit Strichen verziert und mit einer Koralleneinlage versehen. Zu einem ähnlichen Halsringe oder Armringe gehört wohl auch das Bruchstück Taf. II, 3; die Verdickung an der Schlussstelle ist hier mehr kugelig; auch No. 38 gehört wahrscheinlich als Abschluss zu einem solchen Ringe.

5. Gürtelschnalle aus Bronze mit Ring

Taf. IV, 10 u. 11. Das hintere Ende zeigt den Knopf, mit dem sie am Gürtel befestigt war; der vordere Teil biegt sich zu einem Haken um. Die Oberseite ist verziert durch Linien und Kreise. Auch auf dem Haken ist vorn ein Grübchen, das wohl eine Einlage hatte; es ist von zwei Furchen umschlossen.

Taf. II, No. 25. Eisenschnalle mit Dorn.

6. Sonstiges

No. 20, 21. Bronzerädchen aus einem Grabe an der Emserstrasse. Die kleinen Bronzegegenstände No. 32 - 40 stammen alle aus Oberlahnsteiner Hütten.

No. 32. Nähnadel, das Öhr teilweise abgebrochen.

No. 33. Verzierter Stift mit Öse.

No. 26 - 30. Bronzeplättchen, die wahrscheinlich als Zierrate an einen Kästchen angebracht waren.

No. 31. Würfel ohne Zeichen.

No. 37. Zierknopf.

No. 34, 35. Gewundene Drähte.

No. 36. Haken.

No. 39. Runder Draht

No. 40. Viereckiger, an der einen Seite abgeplatteter und abgerundeter Gegenstand.

No. 41. Thonperle.

No. 24. Kettchenstück aus Eisen mit feinen Ringen, das auch als Schmuck gedient haben muss.

D. Andere Gegenstände (Taf. III),

mit Ausnahme des schon beschriebenen Gegenstandes No. 29, der Knochenstücke No. 23, 24 und des kleinen Bronzezierrates No. 15, sämtlich aus Eisen. Der letztere wurde hierher gesetzt, weil er sich bei dem Messer No. 5 fand.

Schwert (Taf. III, 1). Es ist 64 cm lang davon entfallen 13½ cm auf die vollständig erhaltene Angel. Die Parierstange ist stark geschweift. Die Klinge ist 5 cm breit und hat eine schwache Mittelrippe. Sie verjüngt sich allmählich im letzten Drittel. Von der Spitze fehlt ein kleines Stückchen. Etwas über die Hälfte der Eisenscheide ist erhalten. Dabei lagen die Koppelringe No. 2, 3. Seiner Form nach gehört das Schwert der frühen La Tène-Zeit an. Ein der jüngeren Periode zuzurechnendes Schwert ist nur in Bruchstücken vorhanden; es entstammt den Gräbern an der Emserstrasse. Die Angel ist vierkantig und endet oben in einen Knopf.

No. 4. Der etwas grössere Koppelring wurde in zwei Exemplaren an der Lahnsteiner Strasse gefunden; das dazu gehörige Schwert war nicht vorhanden.

No. 7. Der Eisenring von derselben Stelle gehört wohl auch zu dem Schwertgehänge.

Lanze. No. 6. Die Spitze und ein Stück der Hülle sind abgebrochen. Die letztere ist vierkantig; Ober- und Unterkante gehen in die sehr starke Mittelrippe des Blattes über.

Grosses Messer. No. 5. Es ist mit dem Griffe 53 cm lang, auf diesen fallen 11 cm. Die Klinge ist an der breitesten Stelle unmittelbar am Griffe 8½ cm breit; erst im letzten Drittel verjüngt sie sich stark und läuft in eine scharfe Spitze aus. Der Rücken ist verstärkt und wenig geschweift. Der schwere Bronzegriff hat das Ansehen eines zusammengedrückten offenen Armringes, der sich nach den Enden zu verdünnt und an der einen Seite in einen spitzen Knopf, der andern in einen Ring mit Strichverzierung ausläuft.

Neben der Öffnung sind auf der äusseren Seite 6 Ösen angebracht, von denen nur 3 vollständig erhalten sind; in diesen hängt je ein Stift, der am Ende zu einem Kügelchen sich verdickt, das mit eingeritzten Kreisbogen verziert ist.

Die Klinge ist in den geschlitzten Ring eingelassen und wird an der Schneide durch einen verzierten und geschlitzten Bronzehaken festgehalten, der in einer kugeligen Verdickung endigt, die oben und unten ein kleines Nietloch zeigt. Ferner ist noch in der Mitte zwischen Rücken und Schneide, oben und unten ein Nietnagel in den Ring eingeschoben, der in eine Öse endet, in der ein Ringelchen hängt. Den hier zum Festhalten der Klinge dienenden Nieten mit Öse und Ring entsprechen auf der der Klinge gegenüberliegenden Seite des Griffes zwei ebensolche; auch geht senkrecht zu diesen neben den 6 Ösen mit Zierraten ein Loch in den Griff, in dem wohl auch ein Stift mit Öse und Ring gewesen ist.[3]

Die Verzierungen des Griffes, sowie die schwache Befestigung der Klinge scheinen darauf hinzuweisen, dass das Messer nicht für ständigen Gebrauch bestimmt gewesen ist. Es war entweder ein Zierstück oder, was wohl wahrscheinlicher ist, ein Opfermesser, das nur bei feierlichen Gelegenheiten gebraucht wurde. Vielleicht deuten auf denselben Zweck die mit dem Messer gefundenen reich verzierten Schalen (Taf. I, 23, 24).

No. 8, 9. Die mit Gefässen der älteren Periode gefundenen geschweiften Messer sind am Griffe beschädigt.

No. 10, 11. Die Messer mit geradem Rücken sind in den Oberlahnsteiner Hütten gefunden. No. 10 hat am Griffe einen Nietnagel und Reste des Holzgriffes. Ein Rest eines Messerchens ist wohl das auf Taf. IV des Grabfundes in dem Halsringe liegende Stückchen.

No. 12. Feile? Das rechteckige Gerät ist 6 mm dick und 21 cm lang; davon fallen 5 cm auf den Griff. An demselben sitzt noch der Eisenring zum Festhalten der Holzumhüllung. Riefen sind auf den vom Rost zerfressenen Flächen nicht mehr zu sehen, doch scheint die ganze Form auf eine Feile hinzuweisen. Gefunden wurde der Gegenstand in einer Oberlahnsteiner Hütte.

No. 13, 14. Daselbst kamen auch die beiden Nägel zum Vorschein; der grössere hat eine eigenartig breite Form und scheint an der Spitze beim Schmieden verunglückt zu sein; er diente vielleicht als Vorstecknagel am Rade.

No. 16, 17. Scheerenhälften von bekannter Form aus Braubacher Gräbern.

No. 18. Rundes Eisenkästchen, dessen Bestimmung nicht zu ersehen ist. An der einen Seite hält ein Stift die beiden Decken auseinander. Es stammt aus einem Braubacher Grabe.

No. 19 und 21 wurden ebendort gefunden. No. 21 ist an der Spitze abgeplattet und mag zum Aufbiegen gedient haben. Ein ähnliches Gerät wie No. 19 ist nicht bekannt. Wozu es gebraucht wurde, ist nicht zu ersehen.

No. 20 und 26. Die Bruchstücke von dreizinkigen Haken erinnern an ähnliche Stücke aus dem Eisen-Depotfund von Körner (Zeitschr. für Ethnologie, S. 205, No. 21 - 23). Götze bezeichnet diese als Fleischgabeln. Ob die Zinken dem Griffende zu gekrümmt sind, lässt sich nicht entscheiden.

No. 22. Bei dem erhaltenen Haken ist dies nicht der Fall. Der Stiel ist gedreht und am Ende zum bequemeren Fassen umgebogen. Er ist so schwach

[3] Der Griff mit den Anhängseln erinnert an die bei Sacken: „Das Grabfeld von Hallstatt", Taf. XII, 6 u. 13 abgebildete Stücke. Das letztere zeigt die Ösen am Ringe mit Ketten und Klapperblechen, das erstere hat die unten verdickten Stäbchen in ähnlicher Form.

gearbeitet, dass nur leichte Gegenstände mit ihm gefasst werden konnten. Kleine Stücke Fleisch vom Feuer zu holen, war er wohl geeignet.

No. 23. Kettenstück aus einer Oberlahnsteiner Hütte. An das grosse Endglied setzt sich ein runder Ring mit einem verdickten Ansatz, der vielleicht der Rest eines anderen Ringes ist, an den ein zweites Kettchen sich anschloss. Die kleinen Glieder sind in der Mitte zur Verstärkung mit einem Ringe umgeben. An das grosse Endglied muss auf der freien Seite ein anderes sich angeschlossen haben, wie die Abnutzung zeigt. Das Kettchen mag zum Aufhängen eines Topfes über dem Feuer gedient haben.

No. 24. Kettenstück mit Schlussring und mit einem dornartig auslaufenden Endgliede. Es sind noch weitere Bruchstücke von dieser Kette vorhanden.

No. 25. Das viereckige Eisenstück mit Öse am Ende hat vielleicht auch als Kettenschlussstück gedient.

No. 27. Eiserner Ring mit Schatullenschlüssel aus den Gräbern an der Emserstrasse in Braubach. Er gehört zu der Gruppe der lakonischen Schlüssel. Ein gleicher ist gezeichnet Nass. Ann. XIII, Taf. XI, 15.

No. 28. Beschlagstück mit 3 Nagellöchern.

Die bearbeiteten Knochen No. 33 und Taf. II, 42 haben wohl als Glätter gedient, der letztere ist durch Striche verziert.

Die Bestimmung von No. 34 ist nicht sicher. Er ist scharf zugespitzt und sorgfältig gerundet. Auf der einen Seite ist eine tiefe Rinne eingeschnitten. Vielleicht wurde er zum Netzestricken benutzt.

Taf. II, 43. Der eiserne Löffel mit runder Schale hat den Stiel in der Mitte winkelig gebogen; am Ende ist er in eine Öse zum Aufhängen umgebogen. (Ein ähnlicher Löffel in Zeitschr. für Ethnologie 1900, S. 204, No. 9 und O.R. Limes XIV. Pfünz, Taf. XVII, 6, wo der schwache Löffelstiel 2 Haken am Ende hat.)

5. Die Bewohner.

Auf Grund der Funde in Hütten und Gräbern können wir mit Bestimmtheit schliessen, dass Braubach während der ganzen Dauer der La Tène-Zeit in ihrer älteren, mittleren und jüngeren Periode, d. h. in der Zeit der letzten 500 Jahre vor Christi Geburt besiedelt war. Dasselbe gilt auch von Oberlahnstein. Selbstverständlich hatte das Thal auch vor dieser Zeit schon Bewohner aufzuweisen, wenn auch die Spuren derselben vorläufig noch wenig zahlreich sind. Aus Braubach insbesondere ist ein Gefäss der jüngeren Bronzezeit oder älteren Hallstattperiode vorhanden, das an der Emserstrasse gefunden wurde. Wahrscheinlich ebendaher stammt eine Bronzenadel, die an das Museum in Bonn gekommen ist und derselben Zeit angehört. Ebenso fanden sich in der Leikert'schen Ziegelei bei Oberlahnstein bei den letzten Grabungen Hütten mit zahlreichen Scherben, die wohl der Bronzezeit angehören, sodass wir hier wahrscheinlich eine grössere Siedelung aus dieser Periode vor uns haben. Die Untersuchung ist jedoch über einige Versuchsschnitte nicht hinausgekommen und bedarf erst einer eingehenderen Grabung, zumal über den älteren Hütten römische Holz- und Steinbauten errichtet sind, deren Boden bis nahe an die Sohle der älteren Schicht heranreicht. Zweifellos aber beginnt die stärkere Besiedelung mit der älteren La Tène-Zeit. Aus dem Befunde der Braubacher Scherben scheint hervorzugehen, dass die frühesten Hütten am Marksburghange entstanden. Es finden sich dort als Verzierung vorzugsweise die zum Fischgrätenmuster eingeritzten Linien. Ein Stück zeigt tiefe Linien zur Aufnahme einer Thoneinlage, wie sie sich im Thale nicht finden. Aber alsbald müssen auch in diesem die Bauten angelegt sein, denn es kommen in denselben reichlich Stücke der älteren La Tène-Zeit vor. Bei weitem die Mehrzahl der in den Braubacher Hütten gefundenen Scherben weist auf die mittlere und jüngere La Tène-Periode hin. Sehr häufige Verzierung durch Einglättung, Kumpen und Näpfe mit nach innen gebogenem Rande, Bruchstücke von glatten Töpfen und mit Hilfe der Drehscheibe verfertigter Gefässe beweisen dies hinlänglich. Die Hüttenspuren am Marksburghange, an der Emserstrasse, im Oberdorfe und auf dem Terrain der Kleinbahn zeigen, dass der Ort Braubach in der La Tène-Zeit ein grösseres Gebiet bedeckte als heute, und wir werden nicht fehlgehen, wenn wir annehmen, dass die Bewohnerzahl damals nicht viel geringer war als jetzt. Wie weit die südlich von Oberlahnstein liegende Siedlung sich erstreckte, lässt sich nicht angeben; weniger noch wissen wir von der Ansiedlung in der Nähe des Hafens und von der eben erst beobachteten in Niederlahnstein, deren Reste bereits in die römische Zeit hinein reichen. Dass aber die Dörfer so nahe zusammen sich finden, deutet auf einen nicht geringen Stand der Kultur in dieser Zeit.

Die Frage nach der Herkunft der Leute, die damals in solcher Zahl das Rheinthal hier bevölkert haben, lässt sich mit ziemlicher Sicherheit beantworten. Als Träger der La Tène-Kultur gelten die Kelten, die, wie es scheint, um die Mitte des ersten Jahrtausends vor Christi Geburt in grossen Schwärmen ihre gallische Heimat verliessen und jenseits der Grenzen derselben neue Wohnsitze suchten. Dass sie dabei über den Rhein gingen und tief in Germanien eindrangen, galt bereits den römischen Geschichtsschreibern für ausgemacht (Cäsar. De bell. gall. VI, 24). Sicher haben sie dann den benachbarten germanischen Stämmen den Stempel ihrer überlegenen Kultur in Anfertigung von Schmuck und in der Herstellung von Gefässen aufgedrückt. Für eine solche starke Invasion des Rheinthales in unserer Gegend spricht auch der Umstand, dass die Überreste der älteren La Tène-Zeit sich in so reicher Fülle zeigen, während aus der vorhergehenden jüngeren Hallstattzeit im Thale sich kaum Spuren gefunden haben, die dafür reichlich auf der benachbarten Höhe erscheinen. Jene kräftige Expansion der Kelten war jedoch nicht von langer Dauer. Die kriegstüchtigeren Germanen hemmten das Vordringen neuer Stämme und drängten die Fremdlinge langsam zurück. Es blieben aber auf der rechten Rheinseite in der Nähe des Stromes Kelten wohnen, die hier, gestützt auf ihre überrheinischen Stammesbrüder und in regem Verkehr mit denselben, ihre Eigenart beibehielten, ein Verhältnis, wie es zur Zeit Cäsars am Niederrheine bei dem Stamme der Menapier bestand, die auf beiden Seiten des Flusses Dörfer und Gehöfte hatten. In gleicher Weise sind wohl auch die Kelten von Braubach und Lahnstein als eine Abzweigung der auf der anderen Rheinseite wohnenden Treverer aufzufassen. Wenn diese daher zur Zeit der bereits sinkenden Römerherrschaft die Grenzhut auf den Höhen des Taunus übernahmen, so mochte mancher von ihnen sich als Beschützer des nahen heimischen Bodens fühlen. Auf den engeren Zusammenhang zwischen dem rechten und linken Rheinufer deutet auch die völlige Übereinstimmung der Gefässe von hüben und drüben in Form und Herstellungsweise. Doch soll damit nicht gesagt sein, das die keltischen Bewohner Braubachs hier unvermischt mit germanischen Elementen in den letzten Jahrhunderten vor Christi Geburt gewohnt haben. Es ist wohl anzunehmen, dass die Ubier, die zu Cäsars Zeit nach dessen Zeugnis am rechten Rheinufer in unserer Gegend hausten, allmählich sich mit den Bewohnern der Rheinorte vermischten. Das ist um so wahrscheinlicher, als die Ubier, wie uns berichtet wird, in freundschaftlichem Handelsverkehr mit dem linken Rheinufer standen und in Kultur und Sitten sich von den Galliern kaum noch unterschieden. Daher haben wir wohl wenigstens für das letzte vorchristliche Jahrhundert eine aus gallischen und germanischen Elementen gemischte Bevölkerung mit gallischer Kultur anzunehmen, die schon deshalb den rein germanischen Stämmen verhasst war. Zu der Ansiedlung in unmittelbarer Nähe des Stromes, auf einem Terrain, das jetzt häufig der Überschwemmung ausgesetzt ist, was damals nur äusserst selten vorkam, weil die stärkere Bewaldung im inneren Germanien ein rasches Anschwellen der Flüsse hinderte, hat sicher der Fischfang beigetragen. Dafür sprechen auch die vielen Muscheln, die sich in den Hütten Oberlahnsteins und Braubachs finden. Auf Ackerbau und Viehzucht weisen gleichfalls manche Funde. Das Schwein muss im Haushalte eine besondere Rolle gespielt haben, denn Schweineknochen treten in den Hütten am stärksten auf. Ein Erwerbszweig aber zeichnet die keltischen Bewohner Braubachs vor denen Lahnsteins aus und hat wohl auch die so starke Besiedelung des ersteren Ortes mit veranlasst, das ist der Bergbau.

Er beantwortet wohl auch die Frage, die sich leicht aufdrängt, welcher Umstand gerade an der schmalen Thalstelle von Braubach eine so starke Besiedelung in früher Zeit veranlasst hat, da das Terrain weder für den Ackerbau, noch für die Viehzucht besonders günstig ist. Aus den Gräbern an der Emserstrasse wurden neben den La Tène-Gefässen auch kleine Erzstücke hervorgeholt. Als neben dem Hause des verstorbenen Apothekers Schmidt an der Oberlahnsteiner Strasse ein Keller ausgeschachtet wurde, stiess man auf ein Steinkistengrab, das die Bruchstücke weniger La Tène-Gefässe mit den Resten des Leichenbrandes und als fernere Beigabe 75 Pfd. Erzstücke enthielt. In zwei Gräbern, die beim Bau des Charlottenstiftes, gleichfalls an der Oberlahnsteiner Strasse, gefunden wurden, lagen in dem einen 75, in dem andern 80 Pfd. klein geschlagene Erzstücke. Sie sind in Braubach verhüttet worden und zeigten dieselbe Beschaffenheit, wie die auch jetzt dort gefundenen Erze. Auch die im Weinberge des Herrn Wiegel etwas weiter abwärts gefundenen Grabstätten hatten ebenfalls Erzstücke. Endlich fanden sich beim Bau eines Hauses an der Emserstrasse (Schmidt) in der Erde kleine Häufchen von Bleierzen, die wohl auch Gräbern angehörten, da hier ein Grabfeld liegt. Die Scherben, die mit den Erzstückchen den Grabinhalt bildeten, sind wahrscheinlich nicht beachtet worden. Das können nur die Gräber von Bergleuten gewesen sein, denen man einen Teil der Schätze, die sie dem Schosse der Erde in mühevoller Arbeit entrissen hatten, mit auf die Wanderung ins Jenseits gab. Wie in den Gräbern, so fanden sich auch in den Hütten am Marksburghange Erzstückchen und ebenso in fast jeder Hüttenstelle im Thale auf dem Gebiete des Bahnhofes der Kleinbahn. Die Bewohner des Oberlahnsteiner Dorfes haben an dieser Arbeit wohl nur wenig teilgenommen, denn hier wurde in den vielen Einschnitten nur ein einziges grosses Stück Bleierz gefunden. Einige den Hütten entnommene Erze und Schlacken wurden durch Herrn Direktor Leuschner in Friedrichssegen freundlichst untersucht. Die Bleierze enthielten 62,6 % Blei und 59,2 Gr. Silber per 100 Ko.; die Kupfererze 5,1 % Kupfer und 12,4 Gr. Silber per 100 Ko. Sie entsprachen völlig den Erzen, die zur Zeit hier gewonnen werden. Die Bleischlacken weisen auf primitive Bearbeitung, sie enthalten 23,9 % Eisen und 34,8 % Blei und würden, in Mengen vorhanden, sich vorteilhaft verwerten lassen. Es ist daher kein Zweifel, dass schon lange vor Christi Geburt die blei- und silberreichen Abhänge des Taunus Beachtung gefunden haben. Das ist auch nicht zu verwundern, da die Erzgänge hier oft unmittelbar zutage treten. So berichtet beispielsweise i. J. 1768 der Amtmann Kekulé von Braubach, „dass zwischen dem Kerkertser Wald und den auf Oberlahnsteiner Gebiet liegenden Wetzlarer Hecken mitten auf dem Ackerland wohl über 400 Erzgänge sich zeigten und die schönsten weissen, grauen und grünen Bleierze dort gefunden wurden". Die Gänge erwiesen sich übrigens später als Nester, die die auf sie gesetzten Hoffnungen nicht erfüllten. Es wäre natürlich von Interesse zu wissen, wo die Leute der La Tène-Zeit ihre Erze dem Boden entnommen haben, und es müssen von einem stärkeren Bergbau wohl auch Spuren übrig geblieben sein, zumal da die Gallier im Grubenbau wohl erfahren waren (Caes. De bell. gall. VII, 22; III, 21) und darum auch hier schwerlich nur Tagbau getrieben wurde. Eingestürzte alte Schächte und Schürfplätze finden sich in der Nähe von Braubach überall. Ihr Alter lässt sich nicht bestimmen.

Sichere Zeichen uralten Bergbaues finden sich aber in dem Gebiet zwischen Emserstrasse und Kerkertsweg, der alten Verbindungsstrasse zwischen Braubach und Ems. Auf der Höhe liegen hier die Felder des Ickerstieles. An dem steilen Südabhange desselben, gegenüber der Braubacher Hütte, zeigen sich 4 Stollen übereinander. Der niedrigste kommt neben der Emserstrasse zum Vorschein und entstammt jüngerer Zeit. Der zweite ist ebenfalls offen und nur mit dem Eisen bearbeitet ohne Anwendung von Pulver. Vor ihm liegt eine Halde, aus der noch in jüngerer Zeit Erze herausgenommen und verhüttet wurden. Als der Stollen in Betrieb war, hat man nur die besseren Stücke genommen und die schlechteren dem Abfall überwiesen. Bei dem Bau der Häuser Hermanni und Hammel, die unter der Halde liegen, wurden in mehr als Metertiefe viele Erzstücke gefunden und nach der Hütte gebracht. Sie waren offenbar bereits vor sehr langer Zeit von der Halde abgerutscht und sind im Laufe der Jahrhunderte von angeschwemmtem Boden überdeckt worden. In den sechziger Jahren wurde dieser Stollen noch einmal kürzere Zeit benutzt. Die beiden oberen sind jetzt schwer zugänglich und verschüttet. Der eine liegt unweit des Plateaus ca. 100 m östlich vom Dreieckstein auf dem Ickerstiel. Nur ein kleiner Teil der Öffnung ist noch frei und lässt erkennen, dass auch dieser Stollen ohne Anwendung von Pulver angelegt ist. Vor ihm ist eine nennenswerte Halde nicht zu sehen, dagegen ist der Abhang bis an den Fuss des Hügels mit Abfallsteinen bedeckt, die aus diesem und dem benachbarten Stollen gekommen sein müssen. Dieser liegt 25 m von jenem entfernt und fast in gleicher Höhe. Er ist ganz verschüttet. Beide sind auf den Bergwerkskarten als alte Stollen verzeichnet und sicher früher als der tiefere zweite Stollen. In der Nähe, dicht am Dreiecksstein, findet sich auch ein mit Gestrüpp bewachsener, zusammengestürzter alter Schacht mit starkem Aufwurf. Es ist wahrscheinlich, dass hier in der Nähe des Höhenrückens die frühesten Bergleute Braubachs ihre Erze geholt haben. In jüngerer Zeit fand der Ickerstiel wieder Beachtung. Im Jahre 1722 erteilte Ernst Ludwig zu Hessen-Darmstadt die Erlaubnis, auf dem Ickerstiel zu graben, weil dort Gänge und Adern von Kupfer sich zeigten. Auf diese Zeit kann nur der unterste Stollen zurückgehen. Die von der Emser Blei- und Silberbergwerksgesellschaft in Braubach angelegte Grube bearbeitet wieder den Ickerstiel. Dabei stiess man auch auf die von dem zweiten Stollen ausgehenden alten Gänge, die sich in ihrer vollen Länge bisher nicht ermitteln liessen. Es ist zu erwarten, dass bei der weiteren Aufschliessung der Viktorgänge, an denen die 4 Stollen liegen, auch die Spuren der ältesten Bearbeitung genauer in die Erscheinung treten, und es liesse sich immerhin hoffen, dass dabei irgend ein Gegenstand gefunden würde, der den frühesten Bergleuten angehört hat.

Erwähnt werden möge hier auch ein Schacht, der in der Nähe der Emserstrasse in der Palm'schen Sandgrube neben der dort gefundenen La Tène-Hütte sich zeigt. Er ist ca. 2 m breit und geht 5 m tief durch den hier lagernden Bimssand bis auf den Boden der Sandgrube, der in gleicher Höhe mit der Landstrasse liegt. Ob er noch viel tiefer führt, lässt sich nicht erkennen. Jedenfalls ist er schon früh angelegt, denn er beginnt erst ca. 1½ m unter Terrain.

Im übrigen haben die Bewohner des Dorfes nicht nur Silber, sondern auch Eisen gewonnen. Über der einen Hütte, schon in der La Tène-Schicht, fand sich eine sogenannte Sau, d. h. der am Boden des Ofens übrig bleibende Rest in Gestalt eines Kuchens, der Eisenschlacke enthielt. Auch zeigten sich häufiger Eisenschlacken in den Hütten. Sie enthielten noch 43,2 % Eisen ohne Bleispuren und Stückchen von reinem Eisen. Die offenbar primitive Ausbeutung ist ziemlich genau dieselbe gewesen wie die in den Mitteilungen (Oktoberheft 1902) besprochene bei Vallendar. Hier waren in der Schlacke 41,11 % Eisen und ebenfalls noch reines Metall. Eisenstein wird in der Umgebung von Braubach an mehreren Stellen gefunden. (Auch auf der gegenüberliegenden Rheinseite bei Boppard fand Herr Förster Bolkenius Eisensteinschlacken neben einem römischen Hause.)

Wie die Schlacken beweisen, standen die Schmelzöfen im Thal neben den Hütten des Dorfes.

Bergbau, Ackerbau und Viehzucht müssen in den Orten einen verhältnismässigen Wohlstand hervorgerufen haben, wovon die oft reich dotierten Gräber mit den mancherlei Schmucksachen Zeugnis ablegen. Die wohlhabende Frau trug nach dem Befunde des nördlichsten Braubacher Grabes ein Gewand, das auf der Brust unter dem Halse durch eine Nadel, in der Mitte durch einen Gürtel mit verzierter Schnalle zusammengehalten wurde. Hals, Unterarme und Fussgelenke waren mit Bronzeringen geschmückt, Halsring und Gewandnadel in gleicher Weise durch eingelegte Korallen verziert. Nur wenige Stücke scheinen auf religiösen Kult hinzuweisen, wie das grosse Messer mit Bronzegriff und der Thonvogel.

Wie die Orte in jener Zeit geheissen haben, ist uns nicht bekannt. Nur Braubach scheint einen altkeltischen Bestandteil in der jetzigen Namensform bewahrt zu haben. Der Name ist für unsern Ort zuerst schriftlich genannt i. J. 886 (Nass. Urkundenbuch I, 33) und zwar in der Form Bruibah, später (974) Briubach. Der erste Teil des Wortes: brau, bru wird in Verbindung gebracht mit dem englischen brow (schott. bree, brie) = Hügel, Fels. Die in fränkischer Zeit entstandene Ortsbezeichnung Bruibah würde sich alsdann anlehnen an einen bereits vorhandenen keltischen Ortsnamen, dessen Hauptbestandteil brui = Berg war. Die Bezeichnung würde auch für das am Marksburghange entstandene Dorf wohl passen.

Der Name kommt übrigens mehrfach innerhalb der Grenzen des keltischen Sprachgebietes vor. Briubahe im Niddagau, nicht weit von Königstein, wird i. J. 874 erwähnt (Nass. Urk. I, S. 29). Es giebt ein Brubach im Landkreise Trier und eins im Oberelsass, ein Brubbach im Kreise Neuwied. Ausserdem fliesst ein Braubach aus der Gegend von Nieder-Gladbach zum Wisperthal. In ähnlicher Weise sind die Ortsnamen: Brauweiler, Bez. Cöln, und Bruschied, Kreis Simmern, gebildet.

Das Braubach gegenüberliegende Brey auf der linken Rheinseite, alt bria = briga = Berg, kommt in der Namenform nahe; ebenso liegen im Kreise Neuwied die Orte: Brubbach und Breibach einander gegenüber.

An der Hand der wenigen Grabungen lässt sich einiges auch für die Geschichte der Keltenorte gewinnen. In den leichten Holzhütten Braubachs muss mehr wie einmal das Feuer seine vernichtende Wirkung ausgeübt haben, dafür sprechen die gelegentlich über Brandschutt errichteten Bauten. In der Spät-La Tène-Zeit aber ist über das Dorf eine gewaltige Katastrophe hereingebrochen, die dasselbe grösstenteils oder ganz vernichtet hat. Eine mächtige Feuersbrunst legte die dicht aneinander geballten Holzhäuser in Asche und verwandelte die Lehmwände derselben in ziegelartige Stücke, die von dem Brande Zeugnis ablegen. Auch die am weitesten nach Osten liegende Hütte an der Emserstrasse muss damals zerstört worden sein, wie der reiche Scherbeninhalt beweist.

Genau dasselbe Schicksal wie Braubach hat auch das Oberlahnsteiner Dorf gehabt und zwar um dieselbe Zeit, denn die Gefässreste, die in den Hütten der Geil'schen Ziegelei gefunden wurden, stimmen mit den Braubachern überein. Nun zeigten sich römische Scherben auf dem Boden der Hütten nicht, die wenigen, die zum Vorschein kamen, lagen über der La Tène-Schicht, dagegen fanden sich ein Randstück eines Terra nigra-Gefässes und vereinzelte Stücke der glatten Gefässe mit Drehscheibenringen, wie sie in den Gräbern an der Emserstrasse vorkommen. Es muss daher der Brand stattgefunden haben, als diese letzteren, die neben frührömischen Scherben sich finden, eben anfingen in Gebrauch zu kommen. Das geschah in den letzten Jahrzehnten vor Chr. Geburt, wo auf der gegenüberliegenden Rheinseite in dem Braubach benachbarten Gebiete die La Tène-Gefässe fast ganz aufhören (Westd. Zeitschr. XIX, 33 ff.).

Die Zerstörung der Dörfer fällt demnach in die letzte Hälfte des ersten vorchristlichen Jahrhunderts. Da Braubach sowohl wie Oberlahnstein gleichzeitig verschwanden, so liegt es nahe, sich nach historischen Ereignissen umzusehen, die ein solches Zerstörungswerk im Gefolge haben konnten. In der That konnte es in dieser Zeit an Anlässen zu demselben nicht fehlen. Streitigkeiten zwischen den Ubiern und den tiefer im Innern wohnenden Germanen veranlassten zum Teil Cäsar's Rheinübergänge. Im Jahre 52 konnten die Treverer an der grossen Erhebung der Gallier gegen die Römer nicht teilnehmen, weil sie selbst während der ganzen Dauer dieses nationalen Kampfes von den Germanen bedrängt wurden (De bello gall. VII, 63). Damals haben also sicher am Rheine in unserer Gegend Kämpfe stattgefunden, und dass dabei die Dörfer gallischer Kultur auf der rechten Rheinseite gefährdet waren, liegt auf der Hand. Die Kämpfe dauerten fort und führten schliesslich im Jahre 38 vor Chr. zur Übersiedelung der Ubier auf die linke Rheinseite. Im Laufe dieser unruhigen Jahre sind wohl unsere Dörfer in Brand geraten.

Nach dem Unglücke durchsuchten die Besitzer die Brandstätten und schafften alle noch brauchbaren Gegenstände hinweg, denn ausser den massenhaften Scherben, zerbrochenen Gewichten und Mahlsteinen und kleinen Bronzedrähten fand sich kaum ein erhaltenes besseres Gerät. Doch weder in Braubach noch in Oberlahnstein wurden in der Nähe des Rheines über den Aschenhaufen neue Wohnstätten errichtet, auch nicht in der späteren Zeit. Nur über einer Hütte in Braubach fand sich eine andere aus der Karolingerperiode mit Scherben von weissen, rot getupften Krügen und grauen Scherben, die durch quadratische Grübchen verziert sind. Auch diese Hütte ist durch Brand zerstört worden, wie die Lehmwandreste in der Karolingerschicht zeigen. Ihr Boden lag 1,40 m unter der Oberfläche. Zwei Pfostenlöcher derselben gingen noch 60 cm tiefer und hatten einen Durchmesser von 25 cm. Dennoch müssen noch keltische Bewohner nach dem Brande zurückgeblieben sein, die die glatten, auf der Drehscheibe verfertigten Gefässe an der Emserstrasse hinterlassen haben, deren Formen der jüngeren La Tène-Zeit angehören. Sie haben sich der römischen Kultur anbequemt, wie auch die Eisensachen den römischen Einfluss zeigen. In ihnen haben wir die Bewohner Braubachs unmittelbar vor und nach Christi Geburt zu sehen. Jedenfalls haben diese es für zweckmässiger gehalten, ihre Hütten weiter ostwärts nach der Höhe zu anzulegen. Für Oberlahnstein fehlen noch die glatten Töpfe und Vasen, dagegen sind bereits die Wohnplätze römischer Zeit östlich von den alten keltischen nachgewiesen, jedoch gehören die bei der kurzen Untersuchung gefundenen wohl einer etwas späteren Periode an. Ihre Behandlung muss einer anderen Arbeit vorbehalten bleiben. Schon jetzt aber können wir sagen, dass die alten Kulturstätten zu keiner Zeit verlassen worden sind, und dass neben Schutt und Ruinen stets fleissige Menschen ihre Hütten aufbauten und den Kampf ums Dasein rüstig aufnahmen.

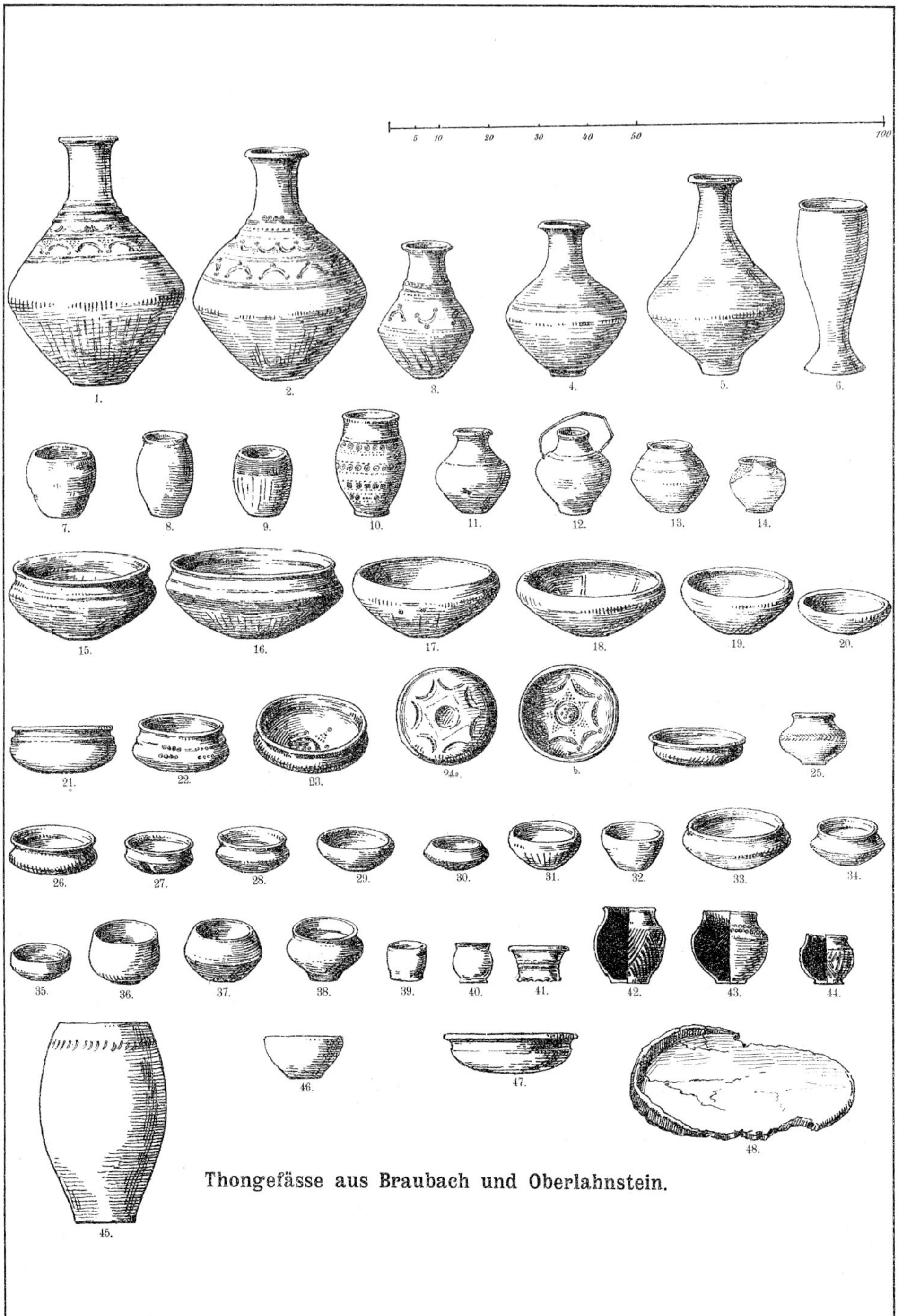

Thongefässe aus Braubach und Oberlahnstein.

Nach der Natur gezeichnet von Franz Molitor, Oberlahnstein.

Zu Bodewig, Vorrömische Dörfer in Braubach u. Lahnstein.

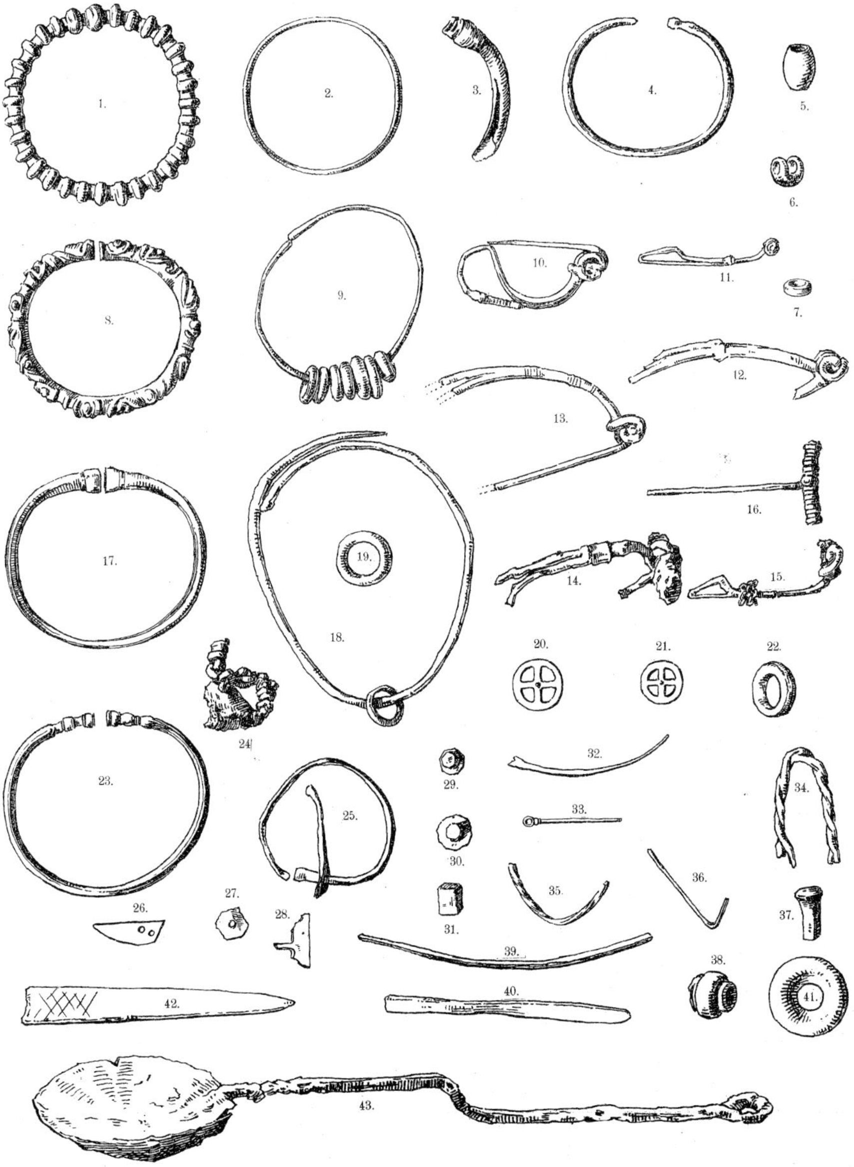

Schmuckgegenstände und Geräte aus Braubach und Oberlahnstein.

Nach der Natur gezeichnet von Franz Molitor, Oberlahnstein.

Zu Bodewig, Vorrömische Dörfer in Braubach u. Lahnstein.

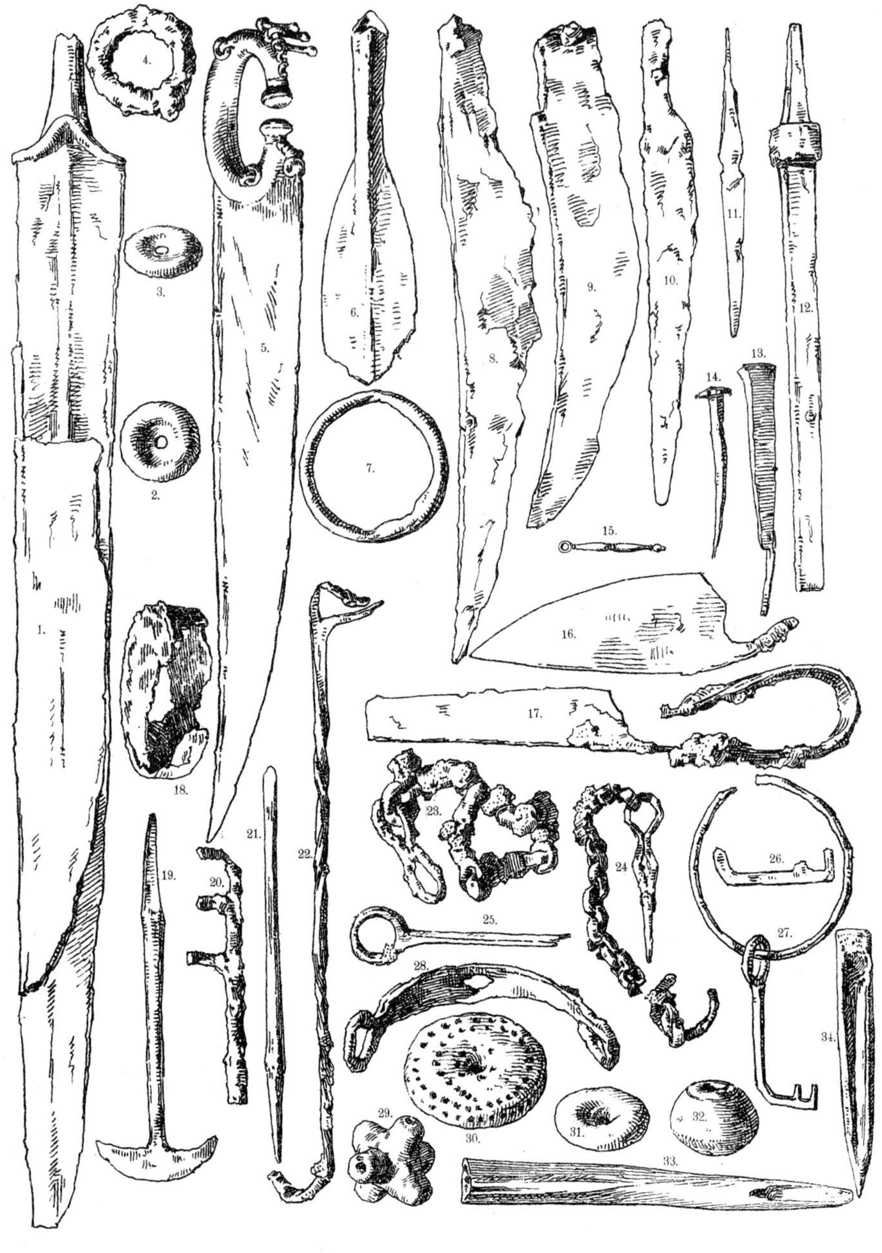

Waffen und Geräte aus Braubach und Oberlahnstein.

Nach der Natur gezeichnet von Franz Molitor, Oberlahnstein.

Zu Bodewig, Vorrömische Dörfer in Braubach u. Lahnstein.

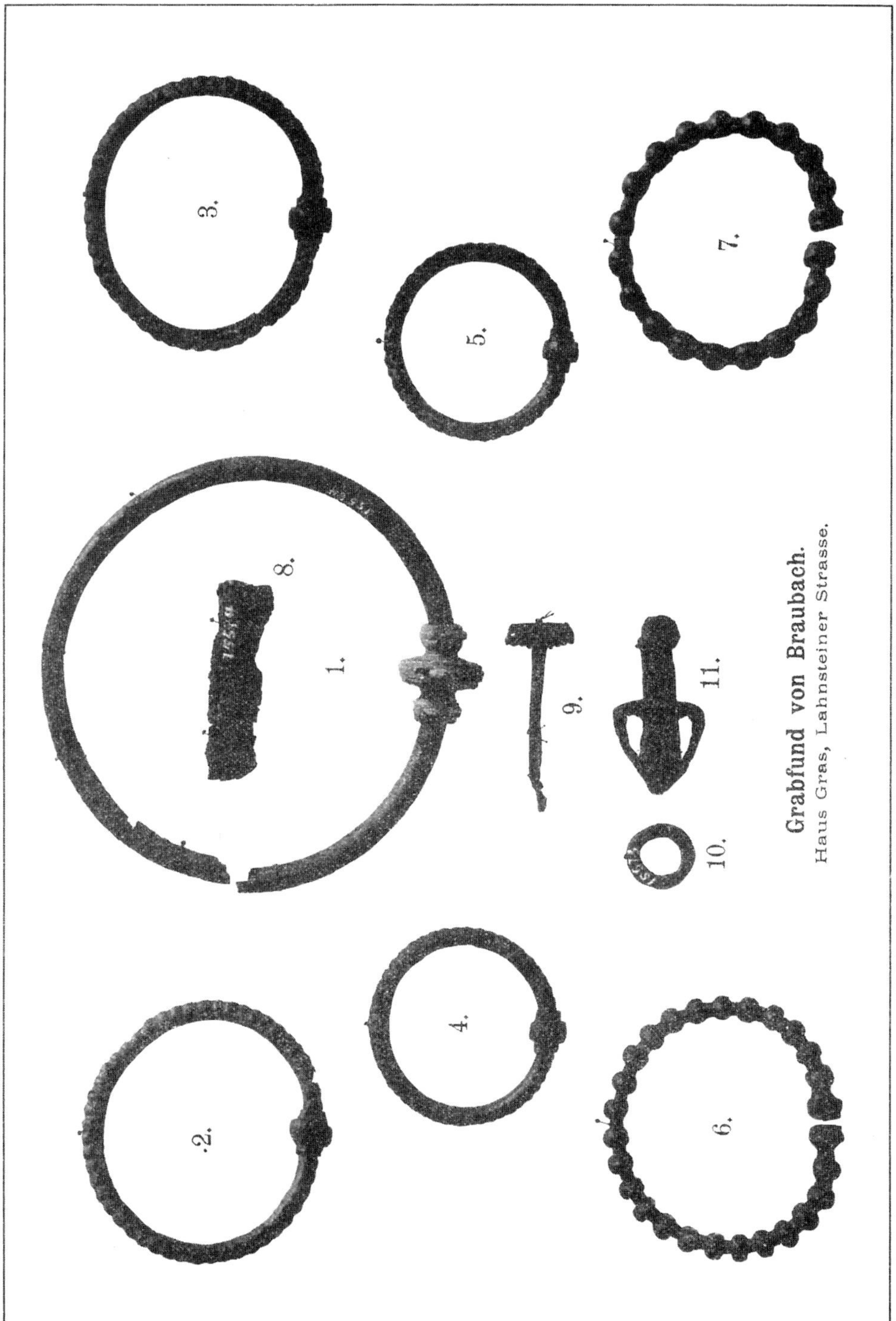

Grabfund von Braubach.
Haus Gras, Lahnsteiner Strasse.

DER
OBERGERMANISCH-RAETISCHE LIMES
DES
ROEMERREICHES

IM AUFTRAGE DER REICHS-LIMESKOMMISSION

HERAUSGEGEBEN

VON

DEN DIRIGENTEN

OSCAR VON SARWEY
GENERALLEUTNANT Z. D.

ERNST FABRICIUS
PROFESSOR DER GESCHICHTE

LIEFERUNG XIX

UNTER MITWIRKUNG VON J. JACOBS

AUS BAND I, B, Nr. 1, KASTELL HEDDESDORF (STRECKENKOMMISSAR BODEWIG)
AUS BAND II, B, Nr. 18, KASTELL ECHZELL (STRECKENKOMMISSAR KOFLER)
AUS BAND V, B, Nr. 46 b, KASTELL SECKMAUERN (STRECKENKOMMISSAR ANTHES)

HEIDELBERG
VERLAG VON OTTO PETTERS
1903

Nr. 1
Das Kastell Heddesdorf.

(MIT SECHS TAFELN.)

STRECKENKOMMISSAR: Dr. BODEWIG.

Heddesdorf[1] war als Fundort römischer und fränkischer Gegenstände schon länger bekannt. Bereits im Jahre 1759 berichtete der Heddesdorfer Pastor Cäsar über eine dort untergegangene Stadt, die nach seiner Meinung mit Mauern und Türmen befestigt war. In den Jahren 1791 - 1820 grub Hoffmann daselbst an mehreren Stellen und fand ein Gebäude auf einer geringen Anhöhe mit der Front gegen den Rhein gekehrt, dessen Länge 180 Fuss betrug. In einem anderen Gebäude glaubte er Tuffsteine mit den Inschriften *coh. XXI* und *coh. VI* und einen mit der Zahl XXVI gesehen zu haben[2]. Überall, auch weit entfernt, zeigten sich Häuserreste, und die Bewohner wussten von früher gefundenen Röhrenleitungen und gepflasterten Strassen. Im September 1890 stiess man im Distrikt „Bering" auf Mauerwerk und römische Scherben. (Bonn. Jahrh. 90, S. 206.) Sieben Jahre später wurde gleich hinter dem Bahnhof von Neuwied über einem mit Ziegeln umstellten Brandgrabe als Deckplatte der Grabstein eines Soldaten gefunden (vgl. S. 14, Nr. 5 [hier S. 284]). Ein frühmerowingisches Gräberfeld wurde im Jahre 1804 bei Ausbesserung der Landstrasse zwischen Neuwied und Heddesdorf angeschnitten[3]. Es liegt östlich vom Übergange der Bahn über die Landstrasse, wo noch in jüngerer Zeit durch einen Privatgräber im Garten des Herrn Rems südöstlich von der Landstrasse Gräber durchsucht wurden. Von dem daneben liegenden Grundstücke der Gebrüder Wick sind eine Reihe frühmerowingischer Gegenstände im Bonner Museum (Nr. 9147 - 9178). Das Gräberfeld muss sich weit nach Süden erstreckt haben, denn auch im Hofe des Ökonomen Reinhard fanden sich fränkische Gräber (vgl. Taf. I).

Als römische Befestigung kam jedoch Heddesdorf nicht in Frage, weil das grosse Kastell Niederbieber in geringer Entfernung lag und man allgemein dessen erste Anlage bereits in sehr frühe Zeit verlegte. Erst als Ritterling[4]

---

[1] *Hedenestorp* um 962; *Hedenstorph* im Jahre 1250; die Bedeutung des zu Grunde liegenden Stammes Hedan ist nicht sicher. Wahrscheinlich ist in dem ersten Teil des Wortes der Genitiv des Eigennamens Heden zu sehen; vgl. Förstemann, Altdeutsches Namenbuch II 717 und Görz, Mittelrheinisches Urkundenbuch S. 697.

[2] Dorow, Römische Alterthümer in und um Neuwied am Rhein, 1826 S. 11.

[3] Dorow, Alterthümer S. 142 und Nassauer Annalen VII 2 S. 54.

[4] Limesblatt Nr. 28 Sp. 777 ff.

nachwies, dass es nicht vor Ende des zweiten Jahrhunderts erbaut sei, war zu vermuten, dass ein älteres Kastell als Stützpunkt für die erste Okkupation näher dem Rheine zu gelegen habe. Eine kurze Versuchsgrabung in Heddesdorf im August und September 1898 brachte alsbald seine sicheren Spuren zum Vorschein[5].

Das Kastell[6] liegt auf einem niedrigen Hügelrücken, der von Westen, der Rheinseite aus, langsam ansteigt und nach Osten, dem Gebirge zu, sehr allmählich abfällt; ebenso senkt sich die Anhöhe nach Norden, dem Wiedbache zu, während sie nach Süden auf einer Strecke von mehreren hundert Metern mässig ansteigt. Die Front des Kastells ist nach Nordosten, dem Limes zu, gerichtet, die Dekumanseite ist etwa 10 m in den Westabhang des Hügels vorgeschoben. Die linke Seite liegt teilweise in der Dierdorfer Strasse, die Nordecke unmittelbar vor der Kirche. Gleich hinter dieser beginnt der ziemlich steile Abfall zum Überschwemmungsgebiete des Wiedbaches, der einst dicht an der Kirche vorüberfloss, wie das hier lagernde Wiedgeschiebe und eine muldenförmige Senkung bezeugen. Die geringe Entfernung des Hügels vom Rhein und seine Lage am Wiedbach, die die Beherrschung des Verkehrs von der Höhe zum Rheinthal gestattete, waren bestimmend für seine Wahl zum Kastellplatz. Auch gewährte er einen freien Überblick über das östliche Vorterrain bis zum Gebirge. Als beherrschender Punkt wurde er noch in den Revolutionskriegen erkannt und von den Österreichern zum Lagerplatz ausersehen[7]. Der Flurname „Auf dem Bering" (Ton auf der ersten Silbe), den das Terrain trägt, kommt auch in dem Nachbarorte Heimbach vor und steht wohl kaum in Beziehung zu den römischen Resten. Jetzt ist das Gebiet des Kastells grösstenteils mit Häusern und Gärten bedeckt; die Vordere und die Hintere Beringstrasse durchziehen es von Nordwesten nach Südosten, nur ein Teil der Praetentura liegt im freien Felde.

Die Kastellmauer ist ungleich erhalten. Die rechte Principalseite zeigt nach Osten zu nur noch die 2 m breite Rollschicht, die 10 - 15 cm in den gewachsenen Boden eingelassen ist. Sie besteht aus kleinen Schieferbrocken, Fluss-

[5] Durch freundliches Entgegenkommen der Bürger von Heddesdorf wurde die Arbeit wesentlich unterstützt. Besonderer Dank gebührt Herrn Bürgermeister Bidgenbach und Herrn Baumeister Eichner, der bereitwilligst die Aufnahme und das Nivellement übernahm, desgl. Herrn Kataster-Kontrolleur May in St. Wendel, der die Flurkarte auf den Maassstab 1 : 500 brachte und die Übersichtskarte 1 : 10.000 lieferte.

[6] Verzeichnis der Höhenpunkte.
Die wenigen Höhenangaben (über dem Amsterdamer Pegel) konnten sich beim Kastell nur auf das heutige Terrain erstrecken. Dieses Nivellement sowie das des Bades wurden durch Herrn Baumeister Eichner aufgenommen. Die Punkte sind auf der Karte nicht eingetragen, da genauere Ortsangaben nicht vorliegen.

1. Nordecke	63,44 m	3. porta dextra	66,09 m	5. Südecke	65,37 m
2. Westecke	66,32 m	4. porta sinistra	64,88 m	6. Ostecke	64,96 m

[7] Vgl. Bleibtreu, Denkwürdigkeiten aus den Kriegsbegebenheiten bei Neuwied von 1792 - 1797, Bonn 1834, S. 120 ff.

geschiebe und Mörtel. Der höher gelegene südwestliche Teil der rechten Flanke ist weit besser erhalten. Hier ist noch Obermauer in mehreren Schichten vorhanden. Der Fundamentsockel springt nach aussen um 15 cm vor, ein innerer Sockel ist nicht vorhanden, so dass die Breite der Obermauer 1,70 m beträgt. Glatt zugerichtete Schieferbruchsteine bilden die Bekleidung; die Füllung besteht aus kleineren Bruchsteinen und Wacken, die mit Kalkmörtel ausgegossen sind. Die Länge dieser Seite ist 183,35 m[8].

An die rechte Flanke setzt die Dekumanseite in spitzem Winkel an, um den westlichen Terrainabfall zu vermeiden; ihre nordwestliche Hälfte liegt unter Gärten und Häusern, so dass die Länge nicht genau bestimmt werden konnte. Die südöstliche Hälfte ist durch Abschwemmung und Sandgruben teilweise zerstört, nur der an die Südecke anstossende Teil hat sich noch im Fundament erhalten.

Die linke Flanke liess sich wegen ihrer Lage unter der Hauptverkehrsstrasse und den daran liegenden Häusern nicht untersuchen und ihre Länge nicht sicher feststellen. Sie wurde jedoch in der Nähe der Nordecke bei der Legung von Wasserleitungsrohren geschnitten und ihre innere Fläche 40 m westlich von der Post bei einem Neubau im Januar 1899 mehrere Meter weit freigelegt (Taf. II f und h). Durch die darüber liegende Strasse geschützt, ist sie hier noch 2 m hoch, so dass das Fundament der Frontseite des Hauses an die Römermauer angelehnt werden konnte. Zur Aufmauerung der Innenseite sind Bruchsteine und Wacken von ungleicher Grösse verwendet, die Fugen mit Mörtel ausgestrichen. Der wenig sorgfältige Aufbau findet seine Erklärung wohl darin, dass der daran liegende Wall diese Seite verdeckte. Ein innerer Sockel war auch hier nicht vorhanden.

Die Frontseite ist, soweit sie aufgedeckt wurde, durchweg noch im Fundament erhalten und zeigt auf der inneren Fläche opus spicatum; die Rollschicht ist hier aus grobem Kies hergestellt. Die Länge der Front beträgt 154,70 m.

Genau in ihrer Mitte liegt die porta praetoria. Sie ist ein Doppelthor mit 7,10 m lichter Weite; der schlecht erhaltene Thorpfeiler tritt fast um 1 m von der Aussenseite der Kastellmauer nach innen zurück; er steht in der Mitte und ist 1,10 m breit, so dass für die beiden Eingänge je 3 m übrig bleiben. Von den beiden Türmen konnte der südöstliche untersucht werden; er ist nur in der Rollschicht erhalten und springt nicht über die Kastellmauer vor. Seine Länge beträgt mit Einschluss der Kastellmauer 7, seine Breite 6, die Mauerstärke 1,50 m. Nach den vielen neben ihm gefundenen Ziegelstücken zu urteilen, war er mit Ziegeln gedeckt. In dem nördlichen Thoreingang lehnt sich

[8] Mit den wirklichen Entfernungen stimmt die Zeichnung der Flurkarte von Heddesdorf nicht überein; diese ist ganz unzuverlässig. Da wir sie aber Taf. II zu Grunde legen mussten, sind alle von uns gemessenen Maasse eingeschrieben.

an die innere Seite des Nordturmes ein aus starken Tuffsteinblöcken gemauerter Kanal von 35 cm lichter Weite, dessen Fugen sorgfältig mit Thon gedichtet sind. Er kommt längs der via praetoria her. Bevor er in das Thor eintritt, ist seine Tuffsteindecke durch eine 80 cm lange und 60 cm breite Schieferplatte unterbrochen; hier hatte er ein Reinigungsloch. Vor dem Thore ausserhalb des Kastells springen die letzten 1 m langen und 70 cm breiten Blöcke 30 cm über die Kastellmauer nach aussen vor.

Das rechte Seitenthor liegt der Front näher als der Rückseite. Der östliche Turm befindet sich unter dem Beisselschen Hause und der Hinteren Beringstrasse. In dieser liess sich seine an die Kastellmauer anschliessende Westseite feststellen. Der Westturm ist im Garten des Bauunternehmers Schäfgen mit der Sonde zu fühlen. Das Terrain wird wahrscheinlich in nächster Zeit ausgeschachtet und der Turm abgegraben werden.

Die porta decumana ist fast völlig verschwunden, doch konnte ihr nördlicher Turm in der Rollschicht festgelegt werden. Er ist annnähernd quadratisch mit je 6 m Seitenlänge. Im Gegensatz zur porta praetoria fanden sich hier neben Bruchstücken von geriefelten Ziegeln auch eine Anzahl Schieferplatten.

Das linke Seitenthor liess sich nicht untersuchen. Seine beiden Türme liegen unter den ersten Häusern zu beiden Seiten der Hinteren Beringstrasse, der westliche teilweise noch unter der Strasse selbst. Der östliche ist beim Bau des darüberliegenden Gebäudes beobachtet und für ein Kellergewölbe gehalten worden.

Auf den mit etwa 18 m äusserem Radius abgerundeten Ecken liegen Türme. Von ihnen wurde der am Südostende der Frontseite befindliche ausgegraben. Seine Länge beträgt mit Einschluss der Kastellmauer 5,20, seine Breite 4,30 m. Der andere Eckturm der Frontseite liegt unter der Post und ist bei dem Bau derselben gefunden worden; ebenso wurde der Turm in der Südecke des Kastells beobachtet und als Gewölbe bezeichnet.

Jede Seite hat zwei Zwischentürme, die in der Mitte zwischen Thor und Ecke liegen. Auf der Frontseite wurde der südöstliche untersucht. Er zeigt noch Obermauer über einem um 25 cm vorspringenden Sockel. Seine Breite beträgt nicht ganz 4, seine Länge mit Einschluss der Kastellmauer 4,50 m. Dieselben Maasse zeigt der Zwischenturm an der südwestlichen Hälfte der rechten Principalseite; der andere in der nordöstlichen Hälfte derselben Seite ist in dem Beisselschen Garten mit der Sonde zu fühlen.

Der einfache Kastellgraben ist 8 m breit bei einer Tiefe von 2,65 m unter Terrain, vor der porta praetoria ist er unterbrochen; die Berme hat eine Breite von 11,50 m.

In der Zone des Walls zeigt sich an der rechten Flanke bis zu 4,10 m von der Kastellmauer gewachsener Lehm, auf einer 6,70 m langen Strecke erscheint festgestampfter Lehm, mit Asche und Scherben bedeckt. Den

Abschluss bilden zwei Reihen aufrecht stehender grosser Schieferplatten, die durch einen 30 cm breiten Zwischenraum von einander getrennt sind. In diesem finden sich einzelne Scherben, Nägel, Asche und kleine Holzstückchen. Die Steinsetzung sowie die Kulturreste machen es wahrscheinlich, dass am Fusse des Walls zwischen den schwarzen Steinplatten starke Holzpfosten standen, die ein nach der Kastellmauer hin ansteigendes, mit Rasen gedecktes Dach trugen, unter dem sich Kasematten befanden, während der scherbenfreie Raum neben der Kastellmauer vom Wallkörper bedeckt war.

Der anschliessende Wallweg ist 3,20 - 3,35 m breit und nach dem Kastellinneren zu am Rande mit größeren Bruchsteinen belegt. Er zeigt über dem gewachsenen Boden eine 6 - 10 cm starke Schicht von feinem Kies, darauf eine bis 30 cm starke Decke von grobem Kies und Flussgeschiebe.

Ein bei einem Neubau neben der Post gewonnenes Profil lässt auf der linken Flanke die Kasematten mit kellerartiger Vertiefung und die scherbenfreie Zone des Wallkörpers neben der Mauer erkennen. (Profil f-g. vgl. auch Taf. II.)

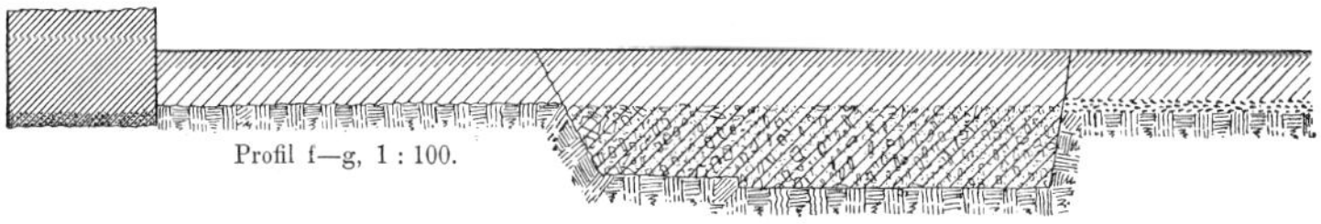

Ein zweiter Neubau an der Dierdorfer Strasse, etwa 30 m westlich der früheren Stelle brachte wieder zwei Schnitte durch Wall und Weg, (Profil h-i, vgl. auch Taf. II), die ebenfalls den Wallkörper und daran anschliessend den Brandschutt der Kasematten in einer leichteren Vertiefung zeigen. An diese

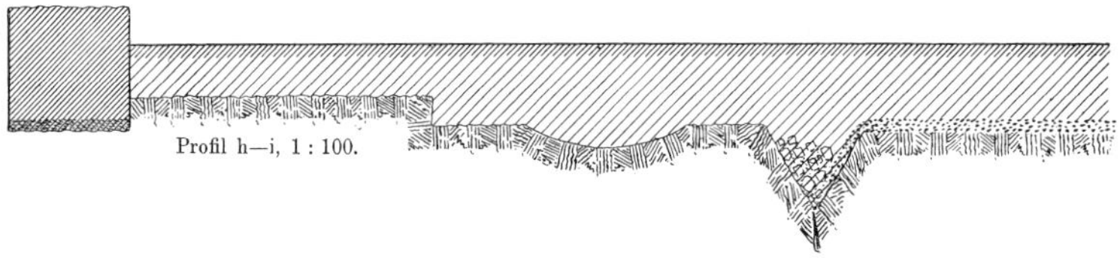

schliesst sich ein Pfostenloch, das mit Steinen und verkohlten Holzstückchen angefüllt ist. Beim Herausziehen oder Verfaulen des Pfahls ist der Kies des Weges in das Loch gerutscht und bedeckt dessen äussere Böschung. Aus der Beschaffenheit des Bodens zu beiden Seiten des Pfostenloches lässt sich noch erkennen, dass anfangs ein Graben mit senkrechten Wänden ausgehoben war. In diesen setzte man die Pfähle, verkeilte sie mit Steinen und warf alsdann den Graben mit der eben ausgehobenen Erde wieder zu; daher unterscheidet sich dieser Einwurf nur wenig vom gewachsenen Boden. Der überall in gleicher Breite sich zeigende scherbenfreie Raum hinter der Kastellmauer beweist, dass hier nicht eine ursprüngliche Holzgalerie später vom Walle überschüttet wurde, sondern dass dieser gleich bei seiner Anlage aus einem massiven Wallgang und Kasematten bestand. Die in den letzteren gefundenen Scherben erstrecken sich über die ganze Zeit der Besetzung des Kastells. Ein Einschnitt endlich auf der Rückseite südlich der porta decumana neben dem Vorderen Beringswege zeigte auch hier die Vertiefung der Kasematten.

Die übrigen Innenbauten lassen eine genauere Untersuchung nicht zu. Von dem Prätorium liegen starke Mauerreste in den Gärten von Kochhäuser und Reuschenbach auf der Westseite der via principalis. Östlich von dieser fand sich Mauerwerk beim Bau des Grönerschen Hauses. Ein Schnitt durch die Praetentura parallel der Front von der rechten Seite bis zur via praetoria zeigte ohne Unterbrechung Reste von Baracken und Feuerstätten. 4 m vom Wallwege liegt ein von Westen nach Osten laufender Kanal (B), dessen Seiten durch dünne Mäuerchen gebildet sind, während der Boden mit Schieferplatten belegt ist; auch die Decke besteht aus den gleichen Platten. Er führte wohl die Abwässer der hier gelegenen Baracken dem Kastellgraben zu. Diese zeigen einen Fussboden von gestampftem Lehm, über dem Bruchstücke der Lehmwände, Asche, Scherben und viele quadratische Dachschiefer mit zwei abgeschrägten Ecken lagern. In der Nähe der via praetoria erschien eine 2,50 m tiefe, auf dem Boden mit grauem Schlamm bedeckte Senke (C).

Die 7 m breite via praetoria besteht aus einer Aufschüttung von Kies und Flussgeschiebe, die in der Mitte 80 cm stark ist. Am Rande dienen aufrecht gestellte Schieferplatten und grosse Wacken als Bordsteine. In ihrer Richtung ging früher ein Fussweg, jetzt bezeichnet sie die Gartengrenze. Aus der porta praetoria heraus zieht sie an dem Friedhof vorbei der Höhe zwischen Heddesdorf und Niederbieber zu. Sie lässt sich mehrere Hundert Meter weit verfolgen und verliert sich dann in einem natürlichen Kieslager. Von der porta decumana aus ist ihre Spur ausserhalb des Kastells an dem hier abgespülten Abhang bald verschwunden, doch vereinigte sie sich wahrscheinlich hier sowohl wie auf der Ostseite mit einer vom Rhein kommenden Strasse, die bereits Dorow erwähnt. Diese geht unter dem Neuwieder Klärbassin wahrscheinlich mit einer gestückten Rampe vom Rhein aus durch den Schlossgarten und zieht sich durch die Flur „Weidchen". Hier wurde sie zweimal geschnitten. Sie hat eine Breite von 7 m, Gräben sind nicht erkennbar. Ihr Körper besteht aus einer 20 - 30 cm starken Kiesschüttung, auf der oben eine dünne Decke aus faustgrossen Wacken liegt. Diese Strasse ist nun auch östlich vom Kastell bei Anlage eines Kanals unter der Dierdorfer Strasse von Herrn Baumeister Eichner gefunden worden. Auf der Decke von Wacken, Sand und Kies lag ein Hufeisen und eine Axt. Ihrer Richtung nach läuft sie in geringer Entfernung vom Kastell parallel mit dessen linker Flanke. Vor der porta sinistra nimmt sie die via principalis auf.

Diese entspricht im Inneren des Kastells genau der Hinteren Beringstrasse. Ausserhalb konnte ihr nicht völlig geradliniger Verlauf in der ungefähren

Richtung nach Engers und Bendorf zu auf einer Strecke von 1 km verfolgt werden. In der Nähe der porta dextra ist sie in den Gärten stellenweise von einer nur 12 cm starken Humusschicht bedeckt. Sie hat eine Breite von 4,20 m und Gräbchen auf beiden Seiten, die 1,10 m breit und 80 cm tief sind. Ihr Körper besteht aus einer 15 cm starken Kiesschotterung mit einer Überschüttung von gelbem kiesigem Sand, der in der leicht gewölbten Mitte der Strasse abgegraben ist. In dem Gebiete der Sandsteinfabriken ist sie verschwunden, aber hinter diesen, da wo der Sohlerweg mit dem Beringswege zusammenstösst, zeigten sich ihre Spuren noch an mehreren Stellen.

Herr Geometer Mertens hat beim Bau seines Hauses in der Bahnhofstrasse in Neuwied eine Wackenlage gefunden, die er für eine Strasse hält, deren Richtung etwa von dem Kastellgebiet nach der Rheininsel hinweist. Sie dürfte einen Weg vom Vicus zum Rhein darstellen.

Das umfangreiche Badegebäude[9] (vgl. Taf. III) liegt unweit der porta principalis dextra westlich von der auf Bendorf zu führenden römischen Strasse, in dem Dreieck, das durch die Vereinigung der Vorderen und Hinteren Beringstrasse zum Beringswege gebildet wird. Seine Ostseite ist teilweise von der Hinteren Beringstrasse überdeckt und daher der Untersuchung nicht zugänglich. Das Gebäude war von Tuffsteinen erbaut, mit Ziegeln gedeckt und mit Glasfenstern versehen. Nur die Hypokausträume haben ein Fundament von glatt bearbeiteten Bruchsteinen, das über dem unteren Estrich 70 cm emporsteigt. Der grössere Teil des Bades zeigt noch Obermauer in der Stärke von 70 - 75 cm; die Fugen zwischen den einzelnen Tuffsteinblöcken sind mit Kalk verstrichen und rot gefärbt; die Aussenseite der westlichen Apsis des Caldariums hat noch den vollen Kalkbewurf.

In das Bad gelangte man auf der Ostseite von der römischen Strasse aus. Zwischen dieser und dem Gebäude lag ein dünner Estrich. Der grosse Hof X zeigt an verschiedenen Stellen noch einen 15 cm starken Estrich aus Sand und

---

[9] Verzeichnis der Höhenpunkte.
Die Punkte sind auf Taf. II nicht eingetragen, da genauere Ortsangaben nicht vorlagen. Die Zahlen geben die Höhe über dem Amsterdamer Pegel an.

1.	Hof X, Estrich	66,25 m	15.	Raum D, Estrich	65,27 m
2.	Raum A, Estrich	66,20 m	16.	Ebenda, Erhöhung vor d. Praefurnium	65,58 m
3.	Ebenda, Kanalsohle	64,92 m	17	Raum D[1], westl. Apsis, unterer Estrich	65,24 m
4.	Ebenda, Einmündung des kleinen Kanals	65,29 m	18.	Ebenda, oberer Estrich	66,21 m
5.	Bankhöhe	66,57 m	19.	Ebenda, Bankhöhe	66,55 m
6.	Raum B, Bassin, Estrich	65,73 m	20.	Raum E, Estrich	64,78 m
7.	Ebenda, Wulsthöhe	65,79 m	21.	Raum H, Estrich, Westseite	65,13 m
8.	Ebenda, Höhe in der Südostecke	66,43 m	22.	Ebenda, Estrich, Ostseite	65,09 m
9.	Ebenda, Wandhöhe der Bank	66,36 m	23.	Ebenda, Unterseite des oberen Estrichs	65,81 m
10.	Raum C, Estrich	65,31 m	24.	Ebenda, Thürschwelle	66,08 m
11.	Ebenda, Wandkanal, Boden	65,58 m	25.	Raum K, Estrich	65,09 m
12.	Ebenda, Höhe	66,08 m	26.	Ebenda, Einmündung des Luftkanals	65,11 m
13.	Ebenda, Eingang nach Raum D	66,28 m	27.	Ebenda, Treppenhöhe	65,73 m
14.	Raum C[1], Estrich	65,50 m	28.	Hof J, Estrich	66,12 m
			29.	Ebenda, Kanalsohle	66,50 m

Kalk, der über aufgefüllten Boden gelegt ist. Die anschliessenden kleineren Räume Y und Z waren nicht heizbar. Ein breiter Eingang führt aus dem grossen Hof in das Apodyterium A. Hier ruht der Estrich aus Kalk und Ziegelbrocken über einer 50 cm starken Kiesschotterung. An den Wänden war anfangs ein Viertelrundstab angebracht, über den später schräg von der Wand zum Estrich ein Wulst gelegt wurde. Von Osten nach Westen geht durch das Apodyterium ein mit schweren Schiefern gedeckter Kanal k von 41 cm lichter Weite. Sein Boden ist stufenartig mit Dachziegeln geplattet, die Wände sind mit Tuffsteinen aufgemauert. In ihn mündet ein kleiner Kanal k^1, der unter der Kiesschüttung in den gewachsenen Boden gehauen ist und bestimmt war, die Bodenfeuchtigkeit aufzunehmen. Auf der Nordseite des Hauptkanals mündet in diesen ein trichterförmiges Loch, vor welchem eine im Estrich liegende Rinne (r) aus Tuffstein endigt.

Durch diese wurde das bei der Reinigung des Apodyteriums gebrauchte Wasser in den Kanal geleitet. Daher fanden sich in dem letzteren in der Nähe des Loches eine grössere Anzahl Haarnadeln. An der Wand, die das Apodyterium vom Frigidarium, B, scheidet, befindet sich eine 50 cm hohe und 30 cm breite Bank, die mit rot gefärbtem Bewurf versehen ist.

Im Frigidarium schliesst sich an diese Wand ein Bassin, das fast die ganze Breite des Raumes einnimmt. Der Estrich ist vollständig erhalten und hat ringsum einen Viertelrundstab. Nahe der Westecke befindet sich eine Wandöffnung mit einer aus zwei übereinander gelegten Hohlziegeln gebildeten Röhre, durch die das gebrauchte Wasser in den hier beginnenden Kanal lief. Die Wände des Bassins sind aus übereinander gestellten Wandziegeln mit Betonbewurf gebildet. An der Scheidewand zum Apodyterium sind im Bassin ebenfalls Sitze angebracht. (Vgl. Taf. VI, Fig. 1. Links das Bassin des Frigidarium, rechts das Apodyterium; der Mann in sitzt auf der Zwischenmauer mit den Füssen auf der Bank des Apodyteriums. Rechts unten ist das Loch zum Hauptkanal und die Rinne sichtbar, mehr nach der Mitte zu der Kanal selbst. Zur linken des sitzenden Mannes tritt die Scheidewand zwischen den beiden Tepidarien hervor.)

Aus dem Raume A führt eine Thür, die nur noch an dem etwa 1 m breiten Estrich der Schwelle kenntlich ist, aus dem Apodyterium zu dem ehemals mit Suspensura versehenen Rand C[10], vermutlich dem Tepidarium. Der obere Boden hat in diesem nicht mehr seine ursprüngliche Lage. Die quadratischen Bodenplatten der Pfeilerchen sind 30, die übrigen 20 cm breit; am Boden stehen die Pfeiler von West nach Ost 35, von Nord nach Süd 27 - 30 cm von einander entfernt. Ein Kanal, dessen Seitenwände aus Tuffstein nur noch in

[10] Auf Taf. III konnten die Heizpfeilerchen im Raume G, D und H nicht eingetragen werden, da genauere Aufnahmen nicht möglich waren.

geringer Höhe erhalten sind, verbindet diesen Raum mit einem zweiten, C^1, der wohl gleichfalls als Tepidarium anzusehen ist.

An C schliessen sich südöstlich heizbare Räumlichkeiten, D, D^1, D^2, an, in denen wir Caldarien erblicken möchten. Sie sind mit Raum C auch durch eine nur kaum meterbreite Thür verbunden, neben welcher ein 50 cm breiter und ebenso hoher, gewölbter Heizkanal liegt. Im Raume D sind die Platten der Pfeilerchen ungleich gross, 17 - 22 cm im Quadrat, die Bodenplatten 38 cm breit und 6 cm dick, die oberen Deckplatten 60 cm breit und 7 cm dick. An der Westseite liegt das Praefurnium, p. Es hat im Inneren 80 cm lichte Weite; der Boden zeigt einen starken Estrich; die Wände sind aus flachen Ziegeln aufgemauert und springen um 18 cm über die Wand des Caldariums ins Innere vor, wo eine Aufmauerung aus Ziegeln vorgelagert ist. Bei dieser steht auf der Südseite ein vereinzelter Pfeiler aus Tuffstein. Nach der Heizerstube hin ragt die nördliche Seitenwand des Ofens 80 cm über die Mauer hinaus; die südliche geht ebenso weit, ist aber teilweise aus Tuffsteinblöcken gebildet. Beide Seitenwände sind durch eine 70 cm breite Mauer verstärkt. Die Decke des Ofens ist ein 1,40 m breiter quadratischer Block von 20 cm Stärke. Die Stube des Heizers, F, hat einen Lehmestrich und ist nach Westen durch ein 50 cm breites Bruchsteinmäuerchen abgeschlossen.

In dem zweiten Caldarium, D^1, war die südwestliche Apsis gut erhalten. In ihr befand sich der obere 20 cm starke Estrich noch teilweise in seiner ursprünglichen Lage. Von dem übrigen Raume ist die Apsis durch eine dünne Wand geschieden, an die sich zu beiden Seiten aus Ziegelstücken aufgemauerte und beworfene Bänke anschliessen. (Vgl. Taf. VI, Fig. 2.) In der Apsis befand sich also vermutlich ein alveolus. Die nordöstliche Apsis konnte wegen des neben ihr liegenden Weges nicht genauer untersucht werden. Der Raum unter der Suspensura der beiden Caldarien ist durch Mauerpfeiler geschieden, von denen nur der westliche in der Breite von 1,35 m erhalten ist.

In der westlichen Ecke stand noch ein den Rauchabzug vermittelnder Warzenziegel mit den Kreuznägeln aufrecht, während andere daneben lagen. Der Wärmeleitung dienten Heizröhren, von denen viele, meist gestempelte Bruchstücke gefunden wurden.

Das letzte Gemach (Vasarium?), E, ist sehr zerstört; von den Mauern fand sich nur die unterste Schicht des Fundamentes. An der Zwischenwand zum Caldarium liegt eine starke, teilweise zerstörte Aufmauerung aus Tuffstein. Ausserhalb des Caldariums erschien auf der Südseite eine feuchte Sandschicht, in der Stücke von Eisenringen mit Mittelrippe lagen, wie sie auch an anderen Orten neben hölzernen Wasserleitungsröhren gefunden wurden. Sie weisen darauf hin, dass von der sanft ansteigenden Südseite die Wasserzuleitung erfolgte.

Auf der Westseite des Bades liegt das Sudatorium, H. Es ist von A und C durch einen schmalen Gang, G, geschieden, doch stehen die diesen begrenzenden Anschlussmauern in ursprünglichem Verbande mit dem übrigen Gebäude. Korridor und Sudatorium sind durch eine 40 cm von der Nordecke entfernte Thür verbunden, die 90 cm breit und an der rot gefärbten Schwelle kenntlich ist. (Vgl. Taf. VI, Fig. 3. Nördliche Hälfte des Sudatoriums. Rechts von der Nordecke Schwelle und Eingang vom Gange aus.) In der Richtung von Südwesten nach Nordosten stehen je 13 Pfeiler in jeder Reihe, am Boden 21 - 25 cm von einander entfernt, die teils aus runden, teils aus quadratischen Platten hergestellt sind. Die ersteren haben einen Durchmesser von 18 cm und sind sämtlich ungestempelt. In der Südhälfte des Sudatoriums verschwinden die runden Platten. Da die Pfeiler der Nordhälfte von der Flamme des Praefurniums (p^1) am meisten zu leiden hatten, so müssen hier die eckigen Platten in späterer Zeit durch runde ersetzt sein, es kommt diesen also nicht das höhere Alter zu, wie man anderwärts beobachtete. Vor dem Praefurnium steht eine kleine Pyramide aus schwarzem Sand, der sich in den Gruben der Umgegend findet.

In den Tuffsteinblöcken und in den Fugen der Wände stecken überall abgebrochene Kreuznägel. Sie hielten die kleinen Thontuben, durch die hier, wie im Bade des Kastells Niederberg, ein Hohlraum zwischen der Wand und ihrer Verkleidung hergestellt war. Heizkacheln fanden sich hier nicht oder nur in vereinzelten Bruchstücken. Auf die Benutzung des Raumes zu Badezwecken deutet ein Stück des oberen Bodens mit Eckwulst hin, doch ist es auffallend, dass in demselben eine grosse Menge von Gefässscherben aller Art und viele Knochen gefunden wurden, die den Gedanken erwecken, dass das Sudatorium zuletzt als Speisesaal oder Küche benutzt worden sei. An die westliche Seite seiner Nordwand stösst ein gut erhaltener Estrich, J, aus Kalk und Sand, der durch ein Mäuerchen, c, von 40 cm Stärke abgeschlossen ist. Es können über diesem nur die leichten Pfeiler einer offenen Veranda gestanden haben. Unter dem Estrich führt ein 40 cm breiter Kanal, dessen Wände aus Tuffsteinen gemauert sind, in die Heizerstube, K. Er kann nur den Zweck gehabt haben, dem Praefurnium p^1 von aussen frische Luft zuzuführen. An der Nordostwand der Heizerstube ist eine Lehmbank, a, angebracht, auf der wohl das Feuerungsmaterial aufgespeichert wurde. Zu dem Hof führte eine dreistufige Treppe aus ein ein einzigen grossen Tuffsteinblock b. (Vgl. Taf. VI, Fig 4. Der Mann steht am Ende des Luftkanals. Links sieht man durch das Praefurnium in das Sudatorium, links unten in der Ecke die Bank, mehr nach rechts gleich unter der Schaufel die Treppe, die nach aussen führt.)

Ausserhalb des Bades standen an der Nordmauer zwei zusammengedrückte Amphoren, von denen eine mit Thon angefüllt war. Auf der Ostseite brachte ein Kanal (s. Taf. II, k^3) von 60 cm lichter Weite das Abflusswasser in den Kastellgraben. Er ist aus Bruchsteinen roh aufgemauert; da wo er die römische Strasse schneidet, ist er sorgfältig mit Tuffsteinen gebaut. Neben dem Bad war er wegen des Weges nicht zu untersuchen.

Seiner Richtung nach nimmt er die Abflusswasser der Tepidarien und Caldarien in sich auf.

Die bürgerliche Niederlassung dehnte sich südlich, östlich und westlich des Kastells aus.

Von Westen nach Osten ist die Breite des Gebietes, auf dem sich römische Scherben, Ziegel und Steine finden, etwa 500 m, von Norden nach Süden etwa 400 m. Mitten durch die Niederlassung führt in dieser Richtung die römische Strasse nach Bendorf. Fast überall stösst man in diesem Terrain auf Mauerreste. So fand man am Hofgründchenweg beim Bau eines Hauses Fundamente, die sich nach Süden fortsetzen; ebenso im Garten des Gärtners Kühnel und in den Feldern des Ökonomen Reinhard (vgl. Taf. I). Die eben genannte römische Strasse ist zu beiden Seiten von ausgedehntem Mauerwerk begleitet. Östlich derselben hat Professor Kratz in Neuwied ein Gebäude durchgraben und eine Reihe römischer Gegenstände gefunden, die nach Bonn gekommen sind. Ebenso wurden auf dem Friedhof Mauerstücke beobachtet. Da auf einem der Inschriftsteine des Bades M. Alpinius Classicianus als flamen bezeichnet ist und dieses Priesteramt nur einem bürgerlichen Gemeinwesen zukommt, so ist anzunehmen dass die ausgedehnte bürgerliche Niederlassung eine Gemeindeordnung besass.

Das römische Gräberfeld liegt südöstlich vom Kastell an der nach Bendorf zu führenden Strasse in dem Gebiete der Paraffinfabrik von Heinrich Siegert und verschiedener Sandsteinfabriken (vgl. Taf. I). Einige hier gefundene Gefässe aus dem Besitz des Herrn Amtsanwalts Märker in Neuwied sind in das Bonner Provinzialmuseum gekommen; ebendaher stammen eine Anzahl Becher und Krüge in der Sammlung des Coblenzer Altertumsvereins und mehrere andere Gefässe des Bonner Museums. Herr Wilh. Fussbahn in Bonn hat von dort einen kleinen rötlichen Krug mit schmalem Fuss und eine Anzahl Bruchstücke von Hallstattgefässen mit tief eingeschnittenen Linien, die teilweise noch die weisse Thoneinlage zeigen. Es schloss sich also das römische Gräberfeld an ein früheres an, und die römische Strasse folgte wohl auch der Richtung eines bereits vorhandenen Weges nach Engers und Bendorf, wo ebenfalls vorrömische Gräber gefunden wurden. Nach Westen muss sich das Gräberfeld bis vor den Bahnhof erstreckt haben, denn beim Bau des Hauses Augustastrasse 11 c stiess man auf römische Gräber. Mehrere Gefässe aus diesen besass der Bahnhofsrestaurateur Denschlag. In der Richtung auf Gladbach zu, da wo der Ohligspfad in den Sayner Weg übergeht, wurde während der Grabungen eine Steinkiste aus meterhohen Schieferplatten im Bimssand gefunden; sie zeigte neben dem teilweise erhaltenen Skelett keine Beigaben; so liess sich nicht entscheiden, ob das Grab der vorrömischen oder fränkischen Periode angehörte. An der genannten Stelle stiess man auch früher schon auf Gräber.

Hinsichtlich der Erbauungszeit des Kastells hat v. Domaszewski kürzlich die Vermutung ausgesprochen, Heddesdorf sei, wie Wiesbaden, ein Auxiliarlager der ältesten, augusteischen Periode. (Vgl. Westd. Zeitschrift XXI, S. 199.) Diese Ansicht erhält durch den Scherben- und Ziegelbefund keine Stütze. In Heddesdorf ist keine Scherbe der charakteristischen augusteischen Keramik gefunden worden[11].

Bei Betrachtung der Ziegelstempel ist das gänzliche Fehlen der Stempel der 14. und 21. Legion auffallend, und es zeigt sich hierin die grösste Verwandtschaft mit Niederberg, dessen Erbauung um die Wende des ersten zum zweiten Jahrhundert fällt (vgl. ORL 2a S. 5).

Die Ziegelstempel der 22. Legion weisen allerdings teilweise noch die ganz frühen Formen auf, bei denen die Buchstaben nachlässig und roh eingeschnitten sind oder auch die ansae noch innerhalb des rechteckigen Schildes liegen; vgl. Nr. 5, 6, 7, 8. Besonders bemerkenswert ist Nr. 1 ohne alle Beinamen. Ebenso kommen bandförmige Stempel vor: halbkreisförmig Nr. 13 (auch im älteren Bad von Hofheim gefunden) und Nr. 14, dem vorigen ganz ähnlich, doch nachlässiger; in Fragezeichenform: Nr. 15, Nr. 16 und 17, Typen, die in Stockstadt und Niederberg wiederkehren. In frühe, traianische Zeit fallen auch die Stempel der hispanischen Cohorte, mag sie nun die Garnison gebildet haben oder sich nur an der Fabrikation der Stempel von einem anderen Orte aus beteiligt haben. (Vgl. Ritterling, Westd. Zeitsch. XII, S. 215, Bonn. Jahrb. 107, S. 130) Wie in Kastell Niederberg tritt auch eine jüngere Gruppe von Stempeln auf, z. B. Nr. 25, und besonders die Rundstempel, wie sie vorzüglich die Vindelicierstempel zeigen. Sie rühren auch in diesem Kastell von späteren Reparaturen her.

Dass das Kastell um die Wende des zweiten und dritten Jahrhunderts, als in Niederbieber in der Nähe des Limes ein grösseres Kastell erbaut war, aufgegeben worden ist, hat neuerdings Ritterling aus allgemeinen Gründen wahrscheinlich gemacht, vgl. Bonn. Jahrb. 107, S. 131, und unsere Funde bestätigen diese Annahme durchaus. Keine Scherbe weist mit Sicherheit auf das dritte Jahrhundert hin; insbesondere fehlen die rohen, flachen Sigillatanäpfe ohne Fuss (Koenen XVIII, Fig. 27), die massenhaft in Niederbieber vorkommen (vgl. Ritterling, Limesblatt Nr. 28, S. 777). Die Alpiniusinschrift (vgl. S. 13 Nr. 1 [hier S. 282]), stammt mithin aus der letzten Zeit der Besiedelung,

[11] Unter der Sigillata ist kein einziges Stück sicher italischer Herkunft, woran gerade die ältere Wiesbadener Kulturschicht sehr reich ist, vgl. Nass. Ann. 29, S. 141 ff. In Heddesdorf fehlen die Teller der Form Dragd. 1, 2, 15, 17 und die der reinen Form 18, die Schüsseln Dragd. 29, die Tassen Dragd. 24 und 25, Formen, die sich alle in Wiesbaden häufig finden. Ebenso kamen nur ganz wenige Scherben von guter Terra nigra zu Tage, die in Wiesbaden, Hofheim, Okarben etc. ausserordentlich häufig ist. Die wenigen Heddesdorfer Scherben der bemalten Sorte kommen in Okarben ebenso vor und zwingen uns zu keinem frühzeitigeren Ansatz, als die Wende des 1. zum 2. Jahrhundert. Am meisten Ähnlichkeit mit Formen der 1. Hälfte des 1. Jahrhunderts zeigen einige Krug- und Amphorenhälse mit teilweise noch etwas unterschnittenem Profil. Doch ist das Fabrikat viel roher als das gesicherte frühzeitliche, so dass wir diese beiden nicht zeitlich zusammen ansetzen können. Vgl. S. 18 Nr. 10 [hier S. 290].

da die Eingangsformel *in h. d. d.* erst seit dem letzten Viertel des zweiten Jahrhunderts häufiger gebraucht wird.

Über die Besatzung des Kastells hat sich bisher nichts Sicheres ermitteln lassen[12]. Das Vorkommen von Ziegeln der coh. II His(panorum) eq. p. f. wäre zwar in hohem Masse auffallend, wenn die Truppe, deren Ziegel sonst nur in Wimpfen und Umgebung vorkommen, nicht zeitweilig hier gelegen hätte. Aber bei der Unsicherheit, die hinsichtlich der Geschichte dieser Cohorte obwaltet[13], möchten wir über die Zeit, in der sie in Heddesdorf gelegen haben könnte, an dieser Stelle keine Vermutung wagen. Dagegen lässt sich nach der Inschr. Nr. 1 bestimmt annehmen, dass im zweiten Jahrhundert eine Voluntarier-Cohorte längere Zeit hier lag. Dazu würde auch passen, dass auf Inschrift Nr. 5 der Kommandant ein tribunus militum ist, wenn dessen Cohorte nicht equitata hiesse[14].

Einzelfunde[15].

A. Aus dem Kastell und dessen Umgebung.

MÜNZEN[16]:

1. Domitian, a) Denar, Rv. *tr pot cos VIII . . .*, Minerva mit Schild und Lanze, Victoria auf der Rechten haltend, vom Jahre 82, Eigentum des Hrn. Architekten Günther in Coblenz. b) Grosserz, Rv. wahrscheinlich Moneta mit Wage und Füllhorn, Eigentum des Hrn. Lotz in Heddesdorf. c) Mittelerz, Rv. *Fortunae Augusti*, vom Jahre 85, Coh. 121; gef. bei den Reichsgrabungen. d) Mittelerz, wahrscheinlich Domitian, Av. und Rv. ganz abgeschliffen, Eigentum des Gymnasiums zu Neuwied.

---

[12] Vgl. Ritterling, Bonn. Jahrb. 107, S. 130.

[13] Vgl. ORL Nr. 54 - 55, S. 4, Ritterling, Westdeutsche Zeitschrift 12 S. 215; Cichorius bei Pauly-Wissowa unter *cohors* S. 300 u. Zangemeister zu CIL XIII 6656.

[14] Für die genauere Bestimmung der Cohorte sind, wie Ritterling, Bonn. Jahrb. 107, S. 130 Anm. bemerkt, die bei Brambach, CIRh 704, angefahrten Blöcke mit *coh. XXI* und *coh. VI* nicht zu verwerten, weil bei den oft ungenauen Angaben Hoffmanns es sehr wahrscheinlich ist, dass er ursprünglich nur die Versetzzahlen auf den grossen Werksteinen las und diesen später aus dem Gedächtnis das *„coh"* vorsetzte. Vgl. auch Cichorius bei Pauly-Wissowa unter *cohors* S. 354 und unten S. 13, 1 und 14, 9.

[15] Bearbeitet von Dr. Joh. Jacobs in Freiburg i. Br. - Die Einzelfunde sind, wenn nicht anders angegeben ist, Eigentum der Reichslimeskommission. Durch gütige Auskunft über aus Heddesdorf stammende, Altertümer haben uns in dankenswerter Weise unterstützt Herr Kaufmann J. B. Laa, Vorstand des Coblenzer Altertumsvereins, Herr Museumsdirektor Dr. Lehner in Bonn, Herr Gymnasialdirekter Prof. Dr. Biese in Neuwied und Herr Museumsdirektor Dr. Pleyte in Leiden.

[16] Die Beschreibungen der meisten Münzen beruhen auf den schriftlichen Angaben des Streckenkommissars.

2. Traian, Mittelerze, a) Rv. *senatus populusque Romanus* Traian (?) zwischen zwei Trophäen, vom Jahre 116, Coh. 356, Eigentum des Hrn. Speitmann in Heddesdorf. b) Rv. zerstört, Eigentum des Hrn. Welker in Heddesdorf.

3. Hadrian, a) Denar, Av. *Imp Caesar . . . Hadrianus Aug p m tr p cos III*. Rv. zerstört, Eigentum des Hrn. Amtsanwalt Märker in Neuwied. b) Grosserz, Av. [*Hard*]*rianus Aug cos III p p*. Rv. zwei stehende Figuren reichen sich die Hand, wohl der Kaiser und Felicitas. Gef. 1890 bei Anlegung einer Strasse, welche nach dem Bering führt. Mit ihm wurde Nr. 7c sowie die ornamentierten Sigillatascherben S. 16 [hier S. 286], Nr. 5d, e und der S. 18 [hier S. 290] Nr. 16 erwähnte Amphorahenkel gefunden. Eigentum des Gymnasiums in Neuwied. Vgl. Bonn. Jahrb. 90, S. 206.

4. Antonius Pius, Mittelerz, Rv. weibliche Figur mit Füllhorn, Eigentum des Hrn. Kühnel in Neuwied.

5. L. Verus, Grosserz, Av. *L Aurel Verus Aug Arm . . .*, Rv. unkenntlich, Eigentum des Hrn. Lotz in Heddesdorf.

6. Philippus, Denar, Rv. zestört, Eigentum des Hrn. Welker in Heddesdorf.

7. Unkenntlich, a und b) Mittelerze, von denen eins durchlocht ist. c) Münze, „auf der man nur noch den Kopf des Kaisers angedeutet sieht" Neuwieder Gymnasialsammlung, dort jedoch nicht mehr sicher zu identifizieren. Vgl. oben Nr. 3 b.

Münzschatzfund.

In den 70er Jahren wurde beim Bau des Schützschen Hauses an der Vorderen Beringstrasse in der Nähe der porta decumana (vgl. Taf. II) eine Urne gefunden, die nach Angabe des späteren Besitzers der Münzen, Hrn. Kaufmanns Hermann Hof in Amsterdam, 6 Gold- und 36 Silbermünzen enthielt. Herr Hof erwarb sie mit der Ausnahme von Nr. 9 und 11, die vorher bereits verkauft waren. Herr Hof, der uns mitteilt, seine vier Goldmüzen seien von Tiberius, Vespasianus, Hadrianus und Sabrina gewesen, liess seine Sammlung 1887 bei H. G. Bom in Amsterdam versteigern, aus dessen Auktionskatalog alle folgenden näheren Angaben stammen, wenn nicht anders angegeben ist. Die Verweisung auf Cohen haben wir, soweit es möglich war, hinzugesetzt. Über den Verbleib der damals verauktionierten Münzen liess sich nichts mehr ermitteln. Von den 42 Münzen liessen sich noch folgende feststellen:

1. Tiberius, Gold, befand sich im Besitz Hofs; fehlt in Boms Auktionskatalog.

2. Vespasian, a) Gold, Rv. *cos iter Fort red*, Fortuna, vom Jahre 70. Coh. 83. b) Denar, Rv. *Ceres August*, Coh. 54. c) Denar, Av. „*Caesar Vespasianus Aug*, Rv. *pontif maxim*, der Kaiser sitzend", möglicherweise Variante von Coh. 386.

d) Denar, Rv. [*Provident*], Altar, vgl. Coh. 396.

3. Nerva, Rv. *Fortuna August*, Coh. 59.

4. Traian, Denare, a) Rv. *Arab Adq s p q r optimo principi*, Arabia, vom Jahre 112 - 117, Coh. 26. b) Rv. *p m tr p cos VI p p s p q r*,„stehender Kriegsmann", wohl Coh. 272. c) Rv. *Provid Parthico p m tr p cos VI p p s p q r*, Providentia, vom Jahre 116, Coh. 313. d) Rv. *s p q r optimo principi*, Victoria, wahrscheinlich Coh. 450. e und f) Rv. *s p q r optimo principi*, sitzende Frau, verschiedene Exemplare.

5. Hadrian, a) Gold, befand sich im Besitze Hofs; fehlt in Boms Auktionskatalog. b-g) Denare, b) Rv. *cos III*, „sitzende Roma", vgl. Coh. 337 ff. c) Rv. *cos III*, Libertas, Coh. 374. d) Rv. *cos III*, Pudor, Coh. 393. e) Rv. *Pietas p m tr p cos II*, vom Jahre 118, Coh. 1027. f) Rv. *Salus Aug*, stehende Salus, etwa Coh. 1328. g) Rv. *Spes p r*, Coh. 1411 oder 1413.

6. Sabina, Gold, Rv. keine Legende, sitzende Vesta, vgl. Coh. 84 ff.

7. Antoninus Pius, Denare, a und b) Rv. *Antoninus Aug Pius p p tr p XV*, Rv. *cos IIII*, „stehende Fortuna", zwei verschiedene Exemplare. c) Av. *Antoninus Aug Pius p p tr p XV*; Rv. *Imperator II*, stehende Victoria, nicht bei Cohen.

8. Faustina I, Denare, a) Rv. *Aeternitas*, Aeternitas mit Phoenix, Coh. 11. b) Rv. *Augusta*, Ceres mit Fackel und Scepter, wohl Coh. 96. c) Rv. *Ceres*, stehende Ceres mit Scepter, wohl Coh. 134 oder 136. d) Rv. *Pietas Aug*, stehende Pietas, Coh. 251. e) Av. *Diva Faustina*, Rv. *Augusta*, Ceres mit Altar (?). f) Av. *Diva Faustina*, Rv. *Augusta*, „stehende Vesta mit Stab". g) Av. *Diva Faustina*, Rv. *consecratio*, Adler.

9. Marc Aurel, Denar, Av. *M Antoninus tr p XXIIII*. Rv. *Salus Aug cos III*; vom Jahre 170, Variante zu Coh. 546. Ging in Besitz des Hrn. Pfarrers Kraft in Heddesdorf über.

10. Faustina II, Denare, a) Rv. *Concordia*, Coh. 54 oder 55. b) Rv. *Iuno*, Coh. 120. c) Rv. *Iunoni reginae*, Coh. 139, 140 oder 141. d) Rv. *Matri castrorum*, sitzende Frau mit Globus und Phoenix, Coh. 160.

11. Zwei Goldmünzen, die schon verkauft waren, als Herr Hof die übrigen kaufte.

Tabellarische Übersicht.

1.	Tiberius	1	8.	Antoninus Pius	4
2.	Vespasian	4	9.	Faustina I	7
3.	Domitian	4	10.	Marc Aurel	1
4.	Nerva	1	11.	Faustina II	4
5.	Traian	8	12.	L. Verus	1
6.	Hadrian	9	13.	Philippus	1
7.	Sabina	1	14.	Unkenntlich	3

Bronze:

1. Bruchstück eines flachgewölbten Schildbuckels aus schwachem Bronzeblech. Die Oberseite ist vergoldet, der flache Rand, der mit zwei konzentrischen Rillen verziert ist, ist 35 mm breit. Der ganze Durchmesser betrug etwa 20 cm.

2. (Abgeb. Taf. IV, Fig. 17.) Bruchstück eines starken grösseren Gusses von etwa 6 mm Dicke mit der Darstellung einer geflügelten Victoria in flatterndem Gewand; auf dem Kopf trägt sie ein Diadem, der rechte Arm ist nach vorn ausgestreckt und trug in der jetzt fehlenden Hand wahrscheinlich einen Kranz. Das Stück stammt vermutlich vom Panzer einer Kaiserstatue. Vgl. Reinach, Repertoire II S. 575 und 584 ff.

3. (Abgeb. Taf. IV, Fig. 18.) Randstück mit Perlstäben; am unteren Ende beginnt das Relief, nur ein undeutlicher Bogen. Der Guss ist 4 - 5 mm stark. Gehörte vermutlich zu derselben Statue wie Nr. 2.

4. Dreieckiges Randstück eines 3 - 4 mm starken Gusses. Am Rande 35 mm breit, ebenso hoch. Längs des Randes läuft eine 8 mm breite erhöhte Leiste. Das Stück gehörte wohl zu derselben Statue wie die vorigen.

5. Schwach gebogenes unverziertes Bruchstück eines etwa 5 mm dicken Gusses; 17 cm lang, 4 cm breit. Vermutlich zu 2, 3 u. 4 gehörig.

6. Runder flach gewölbter Deckel aus dünnem Bronzeblech von 14 cm Dm. Nach Art unserer Kochtopfdeckel ist der Rand in einer Breite von 15 mm etwas in die Höhe geschlagen. In der Mitte befinden sich auf der Ober- und Unterseite Lötspuren; die auf der konvexen Seite ist 45 mm lang und etwa 15 mm breit, die auf der konkaven Seite ist 30 cm lang und 15 mm breit.

7. Peltaförmiges Beschlagstück mit Niet, lädiert.

8. Schwacher Fingerring (?) ohne Verzierung.

9. Einige Stücke dünnen Beschlagbleches mit schwach getriebenen Leisten und Löchern für starke Nägel. Die Stücke sind bis zu 10,5 cm lang.

10. Bruchstücke zweier aufeinander genieteter Bronzebleche, auf denen noch ein drittes fest angerostet ist. Sehr verbogen. Grösste Länge 37 mm.

Eisen:

1. Stark gewölbter halbkugeliger Schildbuckel, stark fragmentiert, 8 cm hoch. Der Durchmesser betrug etwa 16 cm.

2. Tülle, die in eine viereckige, vorn abgebrochene Spitze ausläuft, vielleicht von einer Lanzenspitze; noch 14 cm lang.

3. Bruchstück eines schwachen Messers, noch 12 cm lang.

4. Zwei Teile einer Schere, die etwa 25 cm lang war; wie Nr. 73 Pfünz, Taf. XVI, Fig. 36.

5. Bruchstück eines an einem Ende spitz zulaufenden Sägeblattes, 6,5 - 7 cm breit, 16 cm lang; die Zähne sind etwa 3 mm lang.

6. Keil, wohl zum Spalten des Holzes, 9 cm breit, 19 cm lang, an der Breitseite, die der Länge nach für einen schwachen Stiel durchbohrt ist, 45 mm dick.

7. Hemmschuh, 23 cm lang.

8. Drillbohrer, Spitze abgebrochen, noch 21 cm lang.

9. Schlanker Spitzmeissel, sogen. Locher, 175 mm lang.

10. Bruchstück einer schmalen Kelle; noch 125 mm lang, 45 mm breit.

11. Lonen der Form Nr. 73 Pfünz, Taf. XVII, Fig. 25; 14 cm lang.

12. Zwei sogen. lakonische Schlüssel, 13,5 und 15 cm lang, wie Nr. 73 Pfünz, Taf. XVIII, Fig. 17.

13. Zwei grosse Schlüssel für Hebeschlösser, je 20 cm lang, etwa wie Nr. 73 Pfünz, Taf. XVIII, Fig. 33.

14. Zwei kleine Schlüssel, 65 und 70 mm lang, wie Nr. 73 Pfünz, Taf. XVIII, Fig. 40.

15. Schlüsselgriff, noch 75 mm lang, wie die vorhergehenden.

16. Drehschlüssel mit hohlem Schlüsselrohr mit einfachem rundem Griff, 85 mm lang, ähnlich wie Nr. 73 Pfünz, Taf. XVIII, Fig. 37.

17. Riegel, noch 15 mm lang, wie Nr. 73 Pfünz, Taf. XVIII, Fig. 55.

18. (Abgeb. Taf. IV, Fig. 19.) Petschaftähnliches Eisengerät, 5 cm gross.

19. Bruchstücke von Deuchelbändern, gef. südlich am Bad.

20. Eisenring von 4 cm Dm.

21. Tordierter offener Ring von 35 mm Dm.

22. Zwei viereckige Eisenstäbe von 31 und 23 cm Länge.

23. Hufeisen, sehr verwittert, etwa von der Form Jacobi, Saalburg, S. 528, Fig. 87 Nr. 24. 12,5 cm hoch, 11 cm grösste Breite. Gef. im Kies der römischen Strasse vor dem Pfarrgarten. Geschenk des Hrn. Baumeisters Eichner.

24. Stücke von Beschlagbändern und eines viereckigen Beschlages.

25. 10 grössere Nägel zum Halten der Dachziegel und etwa 65 gewöhnliche Nägel.

STEIN:

1. (Abgeb. Taf. IV, Fig. 16.) Bruchstücke einer Weihinschrift aus Kalkstein. Gef. im Raum H des Bades. Es war ein 45 cm hoher Sockel von mindestens 2 m Breite und unbestimmter Tiefe. Die Inschrift selbst war rechts und links von peltaförmigen Schilden eingerahmt. Die gleiche Verzierung zeigen die Seitenflächen, soweit sie erhalten sind. Die oberen Kanten sind an den Ecken scharf, nach der Mitte zu jedoch halbrund bearbeitet. Auch die Oberseite ist exakt geglättet und trägt in der vorderen rechten Ecke den 1 cm hohen Buchstaben *N* eingemeisselt. Die Rückseite ist roh behauen. Der Stein war daher darauf berechnet, von drei Seiten frei, als Sockel aufgestellt zu werden. Die Buchstaben der vier obersten Reihen sind durchschnittlich 50 mm

hoch, die der untersten 35 mm. Die ganze obere Schicht der Schriftseite ist durch und durch von rötlicher Farbe getränkt.

Die zusammenhängenden Stücke rechts und links passen im Bruch alle aneinander. Für sich allein stehen die obere linke Ecke und die Bruchstücke mit *vo* und *eum rever*.

Die Inschrift veröffentlichte zuerst der Streckenkommissar im Limesblatt Sp. 840 und erwähnte später Cichorius bei Pauly-Missowa unter *cohors* Sp. 354 und Ritterling, Bonn. Jahrb. 107 S. 130. Sie lautete etwa folgendermassen: *I[n honore]m d(omus) d(ivinae) et co(hortis . . .] vo[l(untariorum)* oder *vo[lunt(ariorum) c(ivium) R(omanorum) ob inco]lu | mitatem M. Alpinius Auli fi[l(ius) . . . . Qu]irina | [C]lassicianu[s (centurio) co]h(ortis) s(upra) s(criptae) flame[n cum. . . .] et Prima [Po]tenti[na fil(iis) signum aer] eum rever[sus Fortu]nae Conser | [va]trici posuit*. Auf Zeile 1 vermutet Cichorius die Cohortenzahl *XXI* mit Rücksicht auf Inschrift Nr. 9a. Diese hält dagegen Ritterling für interpoliert, so dass über die Cohortennummer keinerlei Vermutung aufgestellt werden dürfe. Auf Zeile 2 ist die Lücke vermutlich mit dem Namen des Grossvaters oder der Heimat auszufüllen. Hinter *flamen* sind nach Ritterling und v. Domaszewski die Kinder erwähnt. Eine Weihung an die *Fortuna conservatrix* wurde auch bei Ems gefunden; vgl. Westd. Korrbl. II, 195.

2. (Abgeb. Taf. IV, Fig. 1.) Bruchstücke einer wohl 7-zeiligen Weihinschrift an Fortuna aus Tuffstein; in zahlreiche Stücke zerbrochen, so dass die Zusammensetzung viele Schwierigkeiten verursachte. Buchstabenhöhe 6 cm; grösste Stärke der Platte etwa 8 cm. Gef. im Raum A des Bades. Der Anfang ist beispielsweise zu ergänzen: *D]eae For[tunae M. Hel]viu[s Mont]anus[praef(ectus) coh . .]ara[m . . . . posu[it]*. Vielleicht gehört Nr. 3 zu derselben Inschrift, eine Vermutung, die durch den gleichen Fundort, das gleiche Material, die gleiche Buchstabenform und -grösse die grösste Wahrscheinlichkeit hat. Bisher hat sich jedoch keine äusserliche oder inhaltliche Verbindung der zwei grossen Bruchstücke gefunden. Vermutlich gehören auch die unter Nr. 4 aufgeführten Bruchstücke zu derselben Inschrift.

3. (Abgeb. Taf. IV, Fig. 6 - 9.) Bruchstücke einer Weihinschrift aus Tuffstein. Buchstahenhöhe 6 cm, Plattendicke am Rande etwa 12 cm. Gef. mit Nr. 2 im Bad. Zusammenhängend ist erhalten *r]elig[. . . .]us libe[ns . . . .]t dedica[. . . k]al Nov[. . . .]an[. . .* Auf Zeile 1 ist etwa nach CIL VIII 8826 zu ergänzen *monitus sacra r]elig[ione*, auf Zeile 2 *laet]us libe[ns*. Ob der auf Z. 4 vor dem A stehende Strich / wirklich der Rest des K ist oder eine zufällige Einritzung, ist unsicher. Zeile 5 enthielt wahrscheinlich die Consulatsangabe.

4. (Abgeb. Taf. IV, Fig. 2 u. 3.) Bruchstücke mit Buchstaben, aus Tuffstein. Vermutlich zu Nr. 2 oder 3 gehörig. a) Fig. 2 zeigt in der oberen Reihe den Rest eines *A*, in der unteren ein *O*. b) Fig. 3, Bruchstück mit dem Rest eines *X*. e) Einige Brocken aus Tuffstein mit unsicheren Buchstabenresten

oder ohne Buchstaben, sowie Bruchstücke des einfachen Gesimses, nicht abgebildet. a - c) Gef. mit Nr. 2 u. 3.

5. (Abgeb. Taf. IV, Fig. 29.) Bruchstück eines Grabsteines aus Kalkstein; 29 cm hoch, 57 cm breit, 8 cm dick, an der rechten Seite und unten verstümmelt. Gef. im Mai 1897 hinter dem Bahnhof, wo er als Deckplatte eines mit Ziegeln umstellten Brandgrabes diente. Er befindet sich im Bonner Provinzialmuseum Nr. 11680. Die Inschrift veröffentlichte Klein, Bonn. Jahrb. 102 S. 187, Bemerkungen dazu Ritterling, Bonn. Jahrb. 107 S. 130 Anm. 2. Die Inschrift lautet etwa: *D]is manib(us) C. J(uli) Fe[sti secutor(is) trib(uni) mil(itum) coh(ortis)* [. . *eq(uitatae)*] *(centuriae) Capitonis* [*, qui militavit*] *annis XV* [*vixit annis* . . . - Zu Zeile 1: Der Verstorbene hiess vermutlich *C. Julius Festus* oder *Felix* wie schon Klein sah, und war nach Ritterling Soldat oder Beamter eines Militärtribunen der cohors . . . in der Centurie des *Capito*. Auch der kurze, nicht ausgeschriebene Name deutet auf keinen vornehmen Mann. Die Cohors hiess augenscheinlich equitata, denn der Buchstabe vor dem Centurienzeichen kann wohl nur ein *Q* gewesen sein. Welche Cohorte gemeint war, ist zweifelhaft, da die der Voluntarier in der Regel nicht equitatae heissen und die coh. II Hispanorum equitata nach CIL III 607 von einem praefectus befehligt wurde.

6. (Abgeb. Taf. IV, Fig. 13.) Zwei zusammenpassende Bruchstücke einer 14,5 cm starken Kalksteinplatte mit Buchstabenresten auf drei Zeilen. Die Bruchstücke können nicht zu Nr. 1 gehört haben, da die Buchstaben 6 cm hoch sind. Auf Zeile 1 steht *V(*, auf Zeile 2 *O*, auf Zeile 3 *PO*.

7. (Abgeb. Taf. IV, Fig. 5.) Bruchstück aus Tuffstein mit 8 cm hohen Buchstaben *PAI* in denen noch rote Bemalung sitzt. Gef. in Raum A des Bades.

8. (Abgeb. Taf. IV, Fig. 4.) Bruchstück aus Tuffstein mit 4,5 cm hohen, exakt eingeschnittenen Buchstaben *PIV*. Gef. in Raum A des Bades.

9. a, b, c) Tuffsteinquader angeblich mit den Inschriften *COH XXI*, *COH VI* und *XXVI*. Brambach CIRh 704 a, b. Vgl. Dorow, Römische Alterthümer, 1826, S. 11, woselbst es aus Hoffmanns Ausgrabungsbericht (zwischen den Jahren 1791 - 1820) heisst: „An einem andern Platz fand ich gleichfalls die Fundamente eines grossen Prachtgebäudes von gehauenen Tuffsteinen, von welchen zwei ausgebrochen und nach Neuwied gebracht wurden, woselbst sie in der Alterthümersammlung aufbewahrt werden. Einer ist 3′ 3″ lang, 2′ 1″ breit und 1′ 2″ hoch, mit der Inschnft *COH. XXI*; der andere hat 3′ 6″ Länge, 1′ 11″ Breite bei 1′ 2″ Höhe und die Inschrift *COH VI*. Dort wurde gleichfalls ein ebenso grosser behauener Quader von Tuffstein gefunden mit der Zahl *XXVI*. Auf der oberen Fläche dieses Grundsteines befindet sich eine eingehauene schmale Vertiefung, in welche eine grosse, breite, dicke, oben in einem Halbkreis abgerundete Platte von der nämlichen Steinart passt.“ Auf Grund des Steines a ergänzt vermutungsweise Cichorius in Inschrift Nr. 1: *Coh XXI*; Ritterling dagegen meint, die Zahlen *XXI* und *VI* seien offenbar nur

eingehauene Versatznummern und das Wort *Coh* verdanke man lediglich der Phantasie Hoffmanns. Ritterlings Urteil gründet sich auf entsprechende Steine mit Versatzmarken aus Niederbieber, und jedenfalls sind Hoffmanns Angaben ungenau und für Rekonstruktionszwecke nicht verwendbar.

10. (Abgeb. Taf. IV, Fig. 11.) Bruchstücke einer weiblichen sitzenden Gewandstatue aus Kalkstein, 56 cm hoch, 49 cm breit, 41 cm tief. Gef. in Raum A des Bades. Erhalten ist nur der Unterkörper vom Gürtel ab und der grösste Teil des Sitzes. Der rechte Fuss steht etwas vor, der linke zurück. Die Figur ist bekleidet mit einem bis auf die Füsse fallenden Untergewand, der Mantel zieht sich über die Beine nach der linken Hüfte. Über den Schoss und zwischen den Knien tief herab hängt der Gürtel wie eine Art Kette. Auf dem linken Oberschenkel der Ansatz eines abgebrochenen Gegenstandes. An den Seitenteilen des Sessels sind im unteren Teil peltaförmige Verzierungen angebracht, der Raum darüber scheint nur quadratisch eingeteilt gewesen zu sein. Wegen der in demselben Raume gefundenen Weihinschrift wird die Statue vermutlich Fortuna dargestellt haben. Sie trug in der Linken das Füllhorn, dessen Ansatzspuren auf dem linken Oberschenkel noch erkennbar sind, und dessen oberer Knauf sich erhalten hat, vgl. Nr. 11. Die Rechte hielt das Steuerruder, dessen Ansatz auf dem Boden zusammen mit der Ecke der Plinthe abgebrochen ist. Eine ähnliche Figur ist abgeb. bei Clarac pl. 454 Nr. 2.

11. (Abgeb. Taf. IV, Fig. 12.) Oberer Teil eines Füllhornes, Kalkstein, 22 cm lang; gef. im Bassin des Frigidariums, B. Gehörte höchstwahrscheinlich zu Nr. 10. Es ist mit einer Binde umwunden. Der spitzig gebildete Abschluss wird durch Malerei als ein Pinienzapfen angedeutet gewesen sein. Solche Füllhörner mit oder ohne Andeutung von Pinienschuppen finden sich häufig, vgl. Nr. 35 Obernburg, Taf. IV, Fig. 8a und Westd. Zeitsch. IX, 1890 Taf. XV (Mainz).

12. Bruchstück eines menschlichen Fusses mit dem anhaftenden Teil des Hintergrundes. Das Bruchstück kann von einer Statuette oder einem hohen Relief herrühren. Kalkstein. Der Fuss war ursprünglich etwa 7 cm lang.

13. (Abgeb. Taf. IV, Fig. 14.) Zerbrochene Volute von der Bekrönung eines Altares; Tuffstein, 19 cm Dm., rohe Arbeit. Gef. im Bassin des Frigidariums B.

14. (Abgeb. Taf. IV, Fig. 15.) Ebensolche Volute wie Nr. 13, von einem anderen Altare herrührend. Kalkstein. Sie hatte 15 cm Dm. Im Ornament sind noch rote Farbspuren erhalten. Gef. im Bassin des Frigidariums, B.

15. (Abgeb. Taf. IV, Fig. 10a u. b.) Bruchstück einer Nische (?) mit dem Reste einer Figur, die darin stand. Kalkstein. Gef. im Bassin des Frigidariums, B.

16. Zahlreiche kleine Reste von Kalkstein, z.T. skulpiert, die grösstenteils von der Fortunastatue herrühren müssen, sich aber nicht mehr anpassen lassen. Gef. in den Räumen A und B des Bades.

17. Zwei Bruchstücke vom Fusse einer Säule von 54 cm Dm. Kalkstein. 30 cm hoch erhalten. Gef. im Sudatorium, H.

18. Ballistenkugel aus Tuffstein von 10 cm Dm. und 650 g Gewicht. Nach Dahms Ansicht dienten solche leichte Exemplare nur als Exerziergeschosse, vgl. Nr. 2 a Niederberg S. 12, Nr. 12.

19. Stücke von Dachschiefer; vgl. S. 5 [hier S. 271]

Thon:

I. Sigillata.

1. Von gewöhnlichen Sigillataformen wurden gefunden Dragd. 27, 31, 32, 33, 35, 36, 37, 43, 45, 47, wohl 42 und 48, eine Scherbe eines Tellers etwa der Form Nr. 73 Pfünz, Taf. VI, 7a.

2. Zwei kleine Bruchstücke von halbkugeligen Schüsseln mit kerbschnittartiger, sehr exakter Verzierung aus bestem Material.

3. Scherben einer Tasse der Form Nr. 73 Pfünz Taf. VI, 8 mit Epheublättern en barbotine auf dem breiten Rande.

4. Zwei Schüsselchen von 8 und 9 cm Dm. der Form Dragd. 35, doch ohne Barbotineschmuck und ohne Standring. Der Boden des einen Exemplares ist innen sehr abgescheuert, so dass diese Sorte vielleicht zum Reiben feinerer Medikamente oder dergl. gedient hat.

5. Von Scherben ornamentierter Schüsseln Dragd. 37 sind hervorzuheben:

a) Kleines Bruchstück einer sehr fein ornamentierten Schüssel, gef. mit der unter II, 1 erwähnten Terranigrascherbe bei den Kasematten auf der Nordwestseite des Kastells.

b) (Abgeb. Taf. IV, Fig. 33.) Orest und sein Wächter vor Iphigenie. Die Typen waren sehr verbreitet und wurden in den verschiedensten Zusammensetzungen verwendet. Orest und der scythische Wächter kehren wieder in Niederberg und Niederbieber, der Wächter allein in Nr. 5 Hunzel, vgl. Nr. 2a Niederberg S. 14 q. Auch die links dargestellte Vase ist identisch mit Niederberg, Taf. IV, Fig. 13.

c) Über Halbbögen, die sich nach oben öffnen, wie bei Nr. 2a Niederberg, Taf. IV, Fig. 16, je ein springender Hase; unter den Bögen die sich wiederholende Darstellung eines den Hasen verfolgenden Hundes. Den unteren Abschluss bildet ein Eierstab, wie er genau in Niederbieber wiederkehrt, vgl. Dorow, Taf. 26, Fig. II.

d) Verbranntes Bruchstück, in der Mitte die Nr. 2a Niederberg, Taf. IV, Fig. 9 abgebildete Figur mit dem Hammer, rechts und links zwei kleinere. Gef. mit der oben auf S. 11 als Nr. 3b erwähnten Münze. Eigentum des Gymnasiums in Neuwied.

e) (Abgeb. Taf. IV, Fig. 35.) Bruchstück mit zwei kleinen Figuren, einem Gladiator, Hoplomachus, welcher nur sehr undeutlich ausgeprägt ist, und einer ursprünglich wohl auf der Erde kriechenden nackten Figur, die regellos zur Ausfüllung des leeren Platzes angebracht worden ist. Es ist vermutlich die in den Bonner Jahrb. 90 S. 206 erwähnte Scherbe „mit dem Bilde eines Töpfers, der einen Topf macht". Gef. mit voriger Nummer. Eigentum des Gymnasiums in Neuwied.

f) (Abgeb. Taf. IV, Fig. 34.) Bruchstück mit wellenförmigen Ranken und Blättern verziert.

An Stempeln fanden sich:

1. (Abgeb. Cliché A 1.) *Amabilis f*, auf spitzem Tellerboden. Aussen am Boden sind vier Kreuze eingeritzt.

2. *Catull . .*, auf spitzem Tellerboden; vgl CIL XIII $_{499}$.

3. *Censorin f.* a) . . . *ensorin f*, auf flachem Tellerboden. Gef im Bad. b) *Cens . . .*, auf flachem Tellerboden, verbrannt, Eigentum des Bonner Provinzialmuseums. Vgl CIL XIII $_{537cc^1}$ (Saalburg).

[hier ca. 70 %]

4. *Cocus f*, auf sehr verbranntem Tassenboden = CIL XIII $_{603\ z}$; auf dem Rande aussen ist eingeritzt die Kritzelei Nr. 1. Eigentum des Bonner Provinzialmuseums, vgl. Bonner Jahrb. 89 S. 52.

5. *Drappus f*, auf spitzem Tellerboden = CIL XIII $_{819\ h}$, Eigentum des Bonner Provinzialmuseums, vgl. Bonner Jahrb. 89 S. 14.

6. *Gabrus*, auf spitzem Tellerboden; derselbe Name kommt auch in Mainz, Heddernheim und Kastel vor, vgl. CIL XIII $_{933}$.

7. *M͡allia*[*ci*(?)] auf flachem Tellerboden. Eigentum des Bonner Provinzialmuseums. Lesung unsicher, da das Exemplar zweimal und verschoben ausgedrückt ist und der zweite Teil des *M* mit dem *A* zerstört ist. Der Töpfername kommt ausser in Frankreich ebenso auch in Gnotzheim vor; vgl. CIL III 12014, $_{352b}$; XIII $_{1247}$.

8. *Matuac*[*us*], auf spitzem Tellerboden, sehr verbrannt. Eigentum des Bonner Provinzialmuseums. Vgl. CIL XIII $_{1313}$.

9. SABINIAN F, publiziert im CIL XIII $_{1681\ i}$, wo er irrtümlich als Eigentum des Coblenzer Museums verzeichnet ist. Vermutlich wurde er bei einem Bau durch Hrn. Baumeister Eichner gefunden und bekannt gemacht; jetzt verschollen.

10. *Titulus f*, rückläufig, a und b auf flachem Tassenboden, c auf spitzem Tellerboden sehr verbrannt; b und c Eigentum des Bonner Provinzialmuseums. Vgl. CIL XIII $_{1915\,c\,d}$ (Heddernheim, Bonn).

11. (TO)RPILOF, auf flachem Tellerboden, identisch mit Nr. 14 Butzbach, S. 21, Nr. 27. Über dem *L* befindet sich der gleiche Fehler wie auf dem Butzbacher Exemplar, so dass es fast wie *C* aussieht. Der Stempel ist im Anfang nicht ausgedrückt, ebenso wie ein Exemplar aus Bingen, vgl. CIL XIII $_{1928\,f}$.

12. TRITVS F, publiziert im CIL XIII $_{1941\,q}$; Eigentum des Bonner Provinzialmuseums; vgl. Bonner Jahrb. 89, S. 42; augenblicklich nicht auffindbar.

13. OF·VITA, auf flachem Boden einer Tasse Dragd. 27, identisch mit Nr. 25 Heldenbergen S. 18, Nr. D 2b; gef. in Neuwied am rechtsrheinischen Bahnhof. Eigentum des Altertumsvereins in Coblenz.

14. . . . . FF auf flachem Tellerboden.

15. . . . . OF, auf erhabenem Tellerboden.

16. (Abgeb.) Rosette auf Tassenboden. Eigentum des Bonner Provinzialmuseums.

17. (Abgeb.) Rosette auf Tassenboden. Eigentum des Bonner Provinzialmuseums.

18. (Abgeb.) Ornament, auf flachem Tellerboden. Gleiche Figuren stehen als Mittelstück in Medaillons auf einer ornamentierten Schüssel aus Niederbieber, vgl. Dorow, Taf. 26, Fig. 11.

Kritzeleien:

1. (Abgeb. Taf. IV, Fig. 31.) *Maiani*, auf dem äusseren Rande der Tasse mit Stempel Nr. 4. Bonner Provinzialmuseum; vgl. Bonn. Jahrb. 89, S. 52.

2. TA, nicht abgebrochen, auf dem äusseren Rande einer Tasse Dragd. 33.

3. TIIR, auf einem Tellerboden aussen.

4. · · DR · ·, an einer Tellerwand aussen.

5. · · VENI · · · oben am glatten Teil des Randes einer ornamentierten Schüssel, aussen.

II. Terra nigra und terranigraähnliche Gefässe.

1. Urnenbruchstück aus bestem, gut schabbarem Material mit helleren Barbotineperlen gruppenweise besetzt, die ein halbmondförmiges Muster bilden. Gef. in der Kasematte vgl. S. 4. Gleiche Scherben sind abgeb. bei Nr. 29 Hofheim, Taf. VI, Fig. 28 und Nr. 25a Okarben, Taf. V, Fig. 31. Sie gehören noch dem Ausgange des 1. Jahrh. an.

2. (Abgeb. Taf. IV, Fig. 21.) Bruchstück eines Napfes aus grauem Thon; die grauschwarze Oberfläche ist etwas schabbar. Die Gesamtform war vermutlich gleich Nr. 25 Heldenbergen, Taf. III, Fig. 11.

3. Bruchstück aus grauem Thon, dessen Oberfläche teils mit glänzend blauschwarzem, teils mattem grauem Überzug versehen ist, wie solches häufig am Fuss von Urnen aus Heldenbergen und Okarben beobachtet wurde.

III. Bemalte Gefässe mit und ohne Firnissüberzug.

1. Kleine Scherbe aus rotem Thon, hell und dunkelrot marmoriert, aussen gut geglättet, die rosa Innenfläche rauh. Die Form des Gefässes ist nicht mehr erkennbar. Eine gleich dekorierte Scherbe ist abgeb. Nr. 25a Okarben, Taf. V, Fig. 26. Es ist dies das einzige Bruchstück dieser feinen Gefässgruppe, die sich bis an den Ausgang des 1. Jahrh. erhielt.

2. Scherbe aus weissem Thon mit gelbrosa Überzug und weitem exaktem Kerbschnittmuster.

3. Glattes Randstück aus gelbgrauem Thon, beide Seiten gelbrot, der Rand oben schwarz bemalt.

4. Randstück etwa der Schüsselform Nr. 73 Pfünz Taf. VII, 9 aus weissem Thon, mit mehr oder weniger stark aufgetragener roter Farbe fleckig bemalt. Die Oberfläche ist sehr verwittert.

5. Mässig gewölbter Boden aus weissem Thon. Die Innenseite trägt Spuren von hellroter, strahlenförmig streifiger Bemalung, die Unterseite, nicht bemalt und abgestrichen, trägt die S. 18 [hier S. 291] unten erwähnte Kritzelei. Dieser Boden gehörte höchst wahrscheinlich zu der vorhergehenden Randscherbe.

6. Randstück der Napfform Nr. 73 Pfünz Taf. VII, 4; innen und aussen braunrot bemalt.

7. Kleines Bruchstück eines Krughalses aus rötlichem Thon, rot marmoriert. Der Randanfang ist vom Halse scharf abgesetzt und verjüngt sich trichterförmig nach oben, wie z. B. der Krug bei Koenen, Gefässkunde, Taf. XV, Fig. 17. 35 mm Dm. am Ansatz des Randes.

8. Bruchstück einer Gesichtsurne aus weissem Thon gelbbraun gefirnisst, ähnlich wie Nr. 25 Heldenbergen, Taf. III, Fig. 25.

9. Bruchstücke von kleinen Urnen und Faltenbechern, meist mit Thonkrümchen besetzt, einige auch mit Kerbschnittmuster verziert. Der Thon ist teils rot, teils weisslich, der Farbüberzug meist schwarz, auch braunrot, einmal hellrot, Firnissüberzug.

10. Kleine Scherbe aus weissem Thon, gelbbraun gefirnisst mit grossen Blättern en barbotine, vermutlich von einem Becher wie Koenen, Gefässkunde, Taf. XII, Fig. 10.

IV. Mit Goldglimmer belegte Gefässe.

Rand einer flachen Schüssel, die etwa 19 cm Dm. hatte. Die Seitenwand war flach geneigt und etwas nach aussen gewölbt. Der 15 mm breite Rand ist vertikal nach aussen umgeschlagen und schwach gedellt; der rote Thon fein geschlämmt. Gef. in der Niederlassung.

V. Gefässe aus gewöhnlichem Thon.

1. Kleines Bruchstück von der Schulter einer Urne mit kleinem ösenförmigem Henkel; roter Thon, aussen geglättet. Derartige Urnen, z.B. abgeb. Koenen, Gefässkunde, Taf. XI, Fig. 20, sind in Trier mit den frühesten gefirnissten Ürnchen und Faltenbechern gefunden worden.

2. (Abgeb. Taf. IV, Fig. 23.) Urnenrandstück aus grauem Thon, die Oberfläche ist körnig, graublau und stark gebrannt.

3. Fast vollständig erhaltene Urne aus weisslichem Thon, Oberfläche graublau, scharf gebrannt, 15 cm hoch. Gesamtform sehr ähnlich Nr. 16 Arnsburg, Taf. VII, Fig. 11. Das herzförmige Profil ist ähnlich Nr. 53 Neckarburken, Taf. V, Fig. 13. Gef. in der Kasematte mit Vogelknochen. Geschenk des Hrn. Baumeisters Eichner.

4. Zahlreiche ähnliche herzförmige Profile aus gleichem Material wie Nr. 2 und 3.

5. (Abgeb. Taf. IV, Fig. 22, 24 und 25.) Auswahl einiger Napfprofile. Der Thon ist grau oder rötlich, die Oberfläche körnig und scharf gebrannt. Die Gesamtform war wie Nr. 25 Heldenbergen Taf. II, Fig. 9.

6. (Abgeb. Taf. IV, Fig. 26.) Schüsselprofil aus rotem körnigem Thon. Die Oberfläche trug vielleicht einen roten Farbüberzug.

7. Zahlreiche Napfränder in der Art wie Nr. 16 Arnsburg, Taf. III, Fig. 1 und 3 und etwa Nr. 2a Niederberg, Taf. V, Fig. 11.

8. Zwei Randstücke aus feingeschlämmtem Thon von Schüsselchen etwa der Form Pfünz, Taf. VII, 9.

9. Die Reibschalenränder sind durchweg wulstig und weisen keine Spur mehr von Bemalung auf.

10. (Abgeb. Taf. IV, Fig. 36.) Die einhenkeligen gewöhnlichen Krughälse sind alle vom Bauch scharf abgesetzt, die Mündung hat zum Teil etwas unterschnittenes Profil, ähnlich wie Nr. 53 Neckarburken Taf. IV, Fig. 62 und 88. Die Mündung selbst ist nicht trichterförmig gebildet, jedoch verjüngt sich der ganze Hals nach oben meist stark. Vgl. S. 9 Anm. 1 [hier Fußnote 11]. Von doppelhenkeligen Krügen wurden nur vereinzelt Reste gefunden.

11. Kleines Bruchstück eines Krughalses aus weissem, rauhem, sehr sandhaltigem Thon. Die Mündung ist zusammengekniffen, so dass ein gesonderter Ausguss entsteht; ähnliche Form ist abgeb. Nr. 25a Okarben, Taf. V, Fig. 69.

12. (Abgeb. Taf. IV, Fig. 37.) Amphorenhals aus weissem, feingeschlämmtem Thon. 10,5 cm hoch, 8 cm Dm. der Mündung.

13. Kleines Bruchstück eines ein- oder zweihenkeligen Krughalses, der unmittelbar über dem Henkel einen 2 cm breiten, ringförmigen Kragen trägt.

Darüber erhob sich noch der cylindrische glatte Rand. Etwa 8 cm Dm. des Kragens. Ähnlicher Krug ist abgeb. Nr. 2a Niederberg, Taf. V, Fig. 8 und bei Koenen, Gefässkunde Taf. XV, Fig. 34. Diese Krugsorte ist rheinisch-gallisch und bis jetzt im übrigen Limesgebiet nicht gefunden worden.

14. (Stempel abgeb. Cliché S. 16.) Amphorahenkel mit dem Stempel *PORPS*[*A*]; vgl. CIL XII 5683, $_{228\,c}$ und XIII $_{33}$.

15. (Stempel abgeb. Cliché S. 16 [hier S. 287].) Amphorahenkel mit Stempel *LSPBOEQ*. Derselbe Stempel aus Orange vgl. CIL XII 5683, $_{261\,b}$.

16. Amphorahenkel ohne Stempel, nach H. Dressel sicher spanischer Herkunft. Gef. 1890 bei „Anlegung einer Strasse, welche nach dem Bering führt". Gymnasialsammlung zu Neuwied, vgl. oben S. 11 [hier S. 279], Münzen Nr. 3b.

17. (Abgeb. Taf. IV, Fig. 20.) Deckel aus rauhem, scharfgebranntem, weisslichem Thon.

18. Deckelchen von 7 cm Dm. in Form einer kleinen, flachen Schale ohne Fuss, aus weissem Thon, scharf gebrannt.

19. (Abgeb. Taf. IV, Fig. 39.) Verschluss für Amphoren, in einigen Exemplaren gefunden.

20. (Abgeb. Taf. IV, Fig. 38.) Leuchter aus rotem Thon; bis auf eine runde Durchbohrung in der Mitte von 15 mm Dm. durchaus massiv.

21. Bruchstücke ähnlicher Leuchter, wie vorige Nr., doch kleiner, von etwa 8 cm Dm. des Fusses. Die Durchbohrung eines Exemplares ist am Fusse fast viereckig und wird nach oben zu abgerundet.

Kritzelei[17]:

(Abgeb. Taf. IV, Fig. 32.) Unentziffert. Auf dem Boden des Tellers III, 5.

Lampen:

1. Bruchstück vom Deckel einer Lampe mit dem Reste einer Maske. Gef. im Praetorium.

2. Lämpchen der gewöhnlichen Form mit Henkel, 75 mm lang mit rötlichem Farbüberzug. Die Rückseite trägt einen undeutlichen Stempel, vermutlich ATIMETI.

---

[17] Der römische Ursprung einer von Klein, Bonn. Jahrb. 88 S. 116, veröffentlichten Inschrift, SILA͡NIIC im Innern eines blumenuntersatzähnlichen, sehr rohen Napfes erscheint uns sehr unwahrscheinlich. Der Napf soll auf dem Bering gefunden sein und befindet sich im Bonner Provinzialmuseum, Nr. 3767.

Ziegel:

A. Der Legion XXII.

1. (Abgeb. Taf. V, Fig. 1.) Bruchstück einer 35 mm dicken Platte. Unserer Abbildung liegen Abklatsche zweier identischer Stempel aus Bendorf zu grunde.

2. (Abgeb.) a) Bruchstück einer 25 mm dicken Tegula. b) 30 mm dickes Bruchstück. Der obere Teil des *F* ist schlecht ausgedrückt, am Fuss ist ein Stück ausgesprungen. Vielleicht war vor der Zahl ein Punkt.

3. (Abgeb. Nr. 19 Oberflorstadt, Taf. III, Fig. 5.) Bruchstück einer 30 mm dicken Tegula. Erhalten sind nur die Zahl und Teile des *G* und des *P*; doch ist die Identität sicher.

4. (Abgeb. Nr. 42 Öhringen, Taf. IV, Fig. B2.) 30 mm dickes Bruchstück mit dem Schluss des Stempels.

5. (Abgeb.) Platte von 6 cm Dicke und 19:19 cm Seitenlänge. Sehr ähnlich doch grösser ist Nr. 2a Niederberg, Taf. VI, Fig. 3.

6. (Abgeb. Nr. 29 Hofheim, Taf. VII, Fig. 29.) a) Platte von 4,5 - 5 cm Dicke und 28 : 28 cm Seitenlänge; der Anfang ist verdrückt. b) Bruchstück einer 6 cm dicken Platte. Unsere Exemplare sind nach *PR* und *P* deutlich interpungiert; sie zeigen auf dem in der Hofheimer Abbildung weissgelassenen Fleck zwei wagrechte Verbindungsstriche ausgesprungen. Identisch mit Wolff, Nied Fig. 77; der Stempel ist sehr häufig, z.B. auch in Niederberg und Oberflorstadt gefunden.

7. (Abgeb. Nr. 2a Niederberg, Taf. VI, Fig. 6.) a) Platte von 5 cm Dicke und auf einer Seite mindestens 48 cm lang. b) Bruchstück einer 6 cm dicken Platte, ausserordentlich scharf ausgeprägtes Exemplar, das den Hintergrund horizontal schwach geriefelt zeigt. Der gleiche Stempel kommt in Stockstadt und Oberflorstadt vor.

8. (Abgeb. Nr. 14 Butzbach, Taf. III, Fig. 9.) Zerbrochene Platte von 6 cm Dicke und 28,5 : 28,5 cm Seitenlänge.

9. (Abgeb.) Platte von 5 cm Dicke und 28 : 28 cm Seitenlänge. Identisch mit Wolff, Nied Fig. 72. Derselbe Stempel ist auch in Hofheim älteres Bad, Wiesbaden 10098 und Gernsheim gefunden. Bei Nr. 29 Hofheim Taf. VII, Fig. 31 ist nur die zweite Hälfte des Stempels abgebildet.

10. (Abgeb. Nr. 25a Okarben, Taf. IV, Fig. 36.) Platte von 6 cm Dicke und 41 : 41 cm Seitenlänge. Identisch mit Wolff, Nied Fig. 103.

11. Bruchstück von 3 cm Dicke, sehr verwischt und schlecht ausgeprägt, vermutlich identisch mit voriger Nummer.

12. (Abgeb. Nr. 40 Osterburken, Taf. V, Fig. 2). Bruchstück einer 35 mm dicken Platte; identisch scheint der Stempel Jacobi, Saalburg Taf. 75, Fig. 11, zu sein.

13. (Abgeb.) a) Bruchstück ohne messbare Dimensionen. b) Bruchstück einer 35 mm dicken Platte. Identisch mit dem Bruchstück Nr. 24 Kesselstadt, Taf. II, Fig. 1 und wohl auch mit dem Stempel aus dem älteren Bad von Hofheim, vgl. Nr. 29 Taf. VII, Fig. 49. Unsere Abbildung ist nach a und b hergestellt.

14. (Abgeb.) a) Bruchstück ohne messbare Dimensionen. b) Platte von 5 cm Dicke und 37 : 37 cm Seitenlänge. Identisch mit Wolff, Nied Fig. 123, Jacobi, Saalburg Taf. 75, Fig. 10 und S. 308, Fig. 46 Nr. 2; auch in Mainz gefunden.

15. (Abgeb.) Bruchstücke einer 30 mm dicken Platte; gef. in der Kasematte der linken Seite des Kastells beim Häuserbau. Geschenk des Herrn Baumeister Eichner. Identisch mit Wolff, Nied Fig. 133, Jacobi, Saalburg S. 308, Fig. 46, Nr. 1 und einem Wiesbadener Stempel, Nr. 10102. Die Abbildung ist nach einem Abklatsch aus Stockstadt ergänzt. Der grosse runde Punkt vor der Zahl ist nur auf dem Heddesdorfer Exemplar vorhanden.

16. (Abgeb. Nr. 2a Niederberg, Taf. VI, Fig. 11.) Bruchstück einer 5 cm dicken Platte. Der Anfang unseres Stempels ist durch scharfes Brennen etwas kleiner als der Niederberger.

17. (Abgeb. Nr. 19 Oberflorstadt, Taf. III, Fig. 15.) a) und b) Bruchstücke von 30 mm Dicke. Identisch mit Jacobi, Saalburg Taf. 78, Fig. 7 und dem unvollständigen Niederberg, Taf. VI, Fig. 12.

18. (Abgeb.) Bruchstück einer 32 mm dicken Platte. Identisch mit Wolff, Nied Fig. 66. Unsere Abbildung ist nach dem von Wolff erwähnten Rückinger Exemplar ergänzt.

19. (Abgeb.) Bruchstück einer 25 cm dicken Tegula; gef. ausserhalb des Kastells, östlich vom Bad. Geschenk des Hrn. Baumeisters Eichner. Wahrscheinlich hatte der Stempel eine grössere Ansa.

20. (Abgeb. Nr. 2a Niederberg, Taf. VI, Fig. 15) 2 cm dickes Bruchstück einer Heizkachel.

21. (Abgeb.) Zahlreiche meist kleine, 2 cm starke Bruchstücke von Heizkästchen. Unsere Abbildung ist nach verschiedenen Bruchstücken gezeichnet. Ähnlich ist Nr. 2a Niederberg, Taf. V, Fig. 23.

22. (Abgeb.) a und b) Bruchstücke von Heizkästchen; sehr ähnlich der vorigen Nummer.

23. (Abgeb. Nr. 19 Oberflorstadt, Taf. III, Fig. 28) Bruchstück eines Heizkästchens.

24. (Abgeb.) a) Platte von 6 cm Dicke und 43 cm Seitenlänge. Neben dem Stempel befindet sich der sehr deutliche Abdruck eines nackten Kinderfusses. b) Bruchstücke einer 6 cm dicken Platte; infolge schwächeren Brandes etwas grösser als a, nach dem unsere Abbildung hergestellt ist. Gleiche ansa zeigen Jacobi, Saalburg Taf. 78, Fig. 2, dessen Zeilen durch zwei starke Leisten getrennt sind, und der Namenstempel bei Wolff, Nied Fig. 141a.

25. (Abgeb. Nr. 42 Öhringen, Taf. IV, B, 7.) a, b, c) Bruchstücke von 3 cm Dicke. d) Bruchstück einer 6 cm dicken Platte. Häufiger Stempel; vgl. auch Nr. 2a Niederberg Nr. 22.

26. (Abgeb.) Bruchstück von 32 mm Dicke mit Randleiste. Der Stempel scheint identisch mit Wolff, Nied Fig. 108 zu sein und kommt auch in Mainz und Kastell Haselheck vor.

27. (Abgeb.) Bruchstück eines imbrex von 30 mm Dicke. Identisch mit Jacobi, Saalburg, Taf. 77, Fig. 17 und einem Stempel aus Ems in Wiesbaden Nr. 10195.

28. (Abgeb. Nr. 3 Arzbach, Taf. III, Fig. 20.) Bruchstück einer 5 cm starken Platte. Identisch mit Wolff, Nied 115 und Stempeln aus Butzbach und Niederberg.

29. (Abgeb.) Bruchstück einer 30 mm dicken Platte. Der Stempel ist sehr verwischt und schwach ausgeprägt. Zwischen *E* und *G* zieht sich nach dem Mittelpunkt hin eine Verletzung, die in den wohl zufälligen spiralförmigen Wulst ausläuft.

B. Der Legion VIII.

30. (Abgeb.) Bruchstück einer Platte von 6 cm Dicke und 21 cm Seitenlänge. Gef. im Sudatorium.

C. Der cohors IIII. Vindelicorum.

31. (Abgeb. Nr. 2a Niederberg, Taf. VI, Fig. 27.) Bruchstück ohne messbare Dimensionen. Der Stempel ist sehr undeutlich ausgeprägt.

32. (Abgeb.) Bruchstück einer schwachen Tegula von 2 cm Dicke. Der Stempel ist identisch mit dem Grosskrotzenburger bei Suchier, Kasseler Festschrift S. 20 Nr. 5 und gleicht besonders dem Niederberger, Nr. 2a Taf. VI, Fig. 29, wo das *V* verkehrt steht.

33. Kleines sehr undeutliches Bruchstück eines Rundstempels einer 35 mm dicken Platte. Ähnlich der vorigen Nummer.

D. Der cohors II Hispanorum equitata.

34. (Abgeb.) a und b) Bruchstücke von 25 mm dicken Tegulae. a) gef. in der Kasematte der linken Seite, Geschenk des Hrn. Baumeisters Eichner. b) aus gelblichem Thon. c) Bruchstück ohne messbare Dimensionen, gef. an der Decumanseite. Unsere Abbildung ist aus a und c kombiniert.

E. Einer unbestimmten Cohorte.

35. (Abgeb.) Bruchstück einer 28 mm dicken Platte mit anhaftendem Mörtel. Wegen der ähnlichen Stempel Nr. 2a Niederberg Taf. VI, Fig. 30 und 31 gehörte dieser Anfang vielleicht zu einem Stempel der cohors VII Raetorum. Gef. im Bad.

F. Ungestempelt.

(Abgeb. Tafel IV, Fig. 28.) Einige Exemplare von Wandziegeln. Ein gut erhaltenes Exemplar, das abgebildet ist, ist 40 cm lang, 30 cm breit, 3 cm dick, die Vorsprünge sind je 8 cm lang.

Wandverputz.

Mörtelproben und Verputz, z. T. gut geglättet und mit roten Strichen verziert.

Glas.

1. Glaspaste; die Darstellung ist ganz verwittert, 25 mm Dm.
2. Bruchstücke eines feinen, durchsichtigen und wasserfarbigen Glas mit aufgelegten Leisten.
3. Bodenstück eines runden dicken grünlichen Glases.
4. Schlanker Hals eines Fläschchens, 35 mm lang.
5. (Abgeb. Taf. IV, Fig. 27.) Randstücke eines feinen Napfes aus hellgrünlichem Glas von 1-2 mm Stärke.
6. Zahlreiche Scherben von Fensterglas. Gef. im Bad. Über römisches Fensterglas in Deutschland vergl. die Bemerkungen Cramers, Düsseldorfer Beiträge XIV, 1900 S. 169 ff.

„Ägyptisches Porzellan".

Bruchstück einer geriefelten Perle.

Bein.

1. Etwa 18 Nadeln und Bruchstücke von solchen mit runden Köpfen, bis zu 8 cm lang; gef. in Raum A des Bades.
2. Rundes Spielsteinchen, Oberseite dellenartig eingetieft, 2 cm Dm.
3. Bruchstücke eines glatten unverzierten Griffes.

B. Vermutlich aus Gräbern stammend[18]:

THON:

I. SIGILLATA.

1. (Abgeb. Cliché S. 16. [hier S. 287]) *Afer fecit*, auf dem erhabenen Boden eines wohl erhaltenen Tellers der späten Form Nr.67 Buch, Taf. III, Fig. 35 von 18 cm Dm. CIL XIII $_{54\ e}$.

2. (Abgeb. Cliché S. 16. [hier S. 287]) *Silvani*, auf spitzem Boden eines sehr gut erhaltenen Tellers der Form Dragd. 31 von 18 cm Dm. = CIL XIII $_{1813\ v\ v^{1}}$.

II. GEFIRNISSTE BECHER.

1. Faltenbecher, gestreckter und cylinderförmiger wie Nr. 16 Arnsburg Taf. VII, Fig. 26, 18 cm hoch.
2. Bauchiger glatter Becher, 11 cm hoch.
3. Kleines Ürnchen, wie Nr. 16 Arnsburg, Taf. VII, Fig. 24; 8,5 cm hoch.

III. LAMPEN.

1. (Stempel abgeb. Cliché S. 16 [hier S. 287], B III 1.) Lämpchen der Form Nr. 16 Arnsburg Taf. VII, Fig. 19; der Henkel ist, wie an dem Arnsburger Exemplare, abgebrochen. Gelblicher Farbüberzug; z. T. verbrannt, 7,5 cm lang mit Stempel *Atimeti*.

2. (Stempel abgeb. Cliché S. 16. [hier S. 287]) Lämpchen gleicher Form wie vorhergehendes, unversehrt, mit rotem Farbüberzug, *Strobili* gestempelt.

C. Gefässe aus dem Heddesdorfer Gräberfeld[19].

THON:

1. (Abgeb. Taf. IV, Fig. 30 f.) Becher, zwei Exemplare, schwarz gefirnisst.
2. (Abgeb. Taf. IV, Fig. 30 d.) Kleiner roher Henkelkrug, auf rotem Grunde mit dunkelbrauner Firnissfarbe unegal bemalt.
3. (Abgeb. Taf. IV, Fig. 30, b und k.) Urnen aus grauem Thon, sehr rohe und späte Ware, b grobkörnig, k glatt.

---

[18] Früher im Besitz des Herrn Amtsanwalts Märker zu Neuwied, jetzt im Bonner Provinzialmuseum.

[19] Eigentum des Coblenzer Altertumsvereins. Die Abbildungen Taf. IV, Fig. 30 sind nach Zeichnungen kopiert, welche unter Kontrolle des Streckenkommissars von Herrn F. Molitor hergestellt wurden.

4. (Abgeb. Taf. IV, Fig. 30 g). Sehr rohes Becherchen aus grauem Thon, terranigra-ähnlich. Fuss und Bauch sind nicht scharf abgesetzt, sondern sie gehen mehr in einander über.

5. (Abgeb. Taf. IV, Fig. 30, a, c, e, h) Henkelkrüge, teils grau, teils gelblich. a, c und e mit abgedrehtem Fuss, sonst aber nachlässig hergestellt.

Glas:

(Abgeb. Taf. IV, Fig. 30, i.) Kleines Glasfläschchen, nicht irisierend.

Praehistorisches.

Scherben von Hallstattgefässen u. a. mit eingeschnittenen Linien verziert, welche weisse Thoneinlage tragen, wurden auf dem Gebiete des Gräberfeldes südöstlich vom Kastell gefunden und befinden sich im Besitz des Hrn. W. Fussbahn in Bonn. Vgl. S. 9 [hier S. 276].

Bei den Grabungen im Bad fanden sich folgende rohe, mit der Hand geformte Scherben:

1. (Abgeb. nebenstehend Nr. 1.) Bruchstück, roh, lederfarhig, z. T. die Dämpfung erhalten, der Rand nach aussen schwach halbrund verdickt.

2. (Abgeb. nebenstehend Nr. 2.) Rohes Napfprofil, gedämpft, am Bauche in Dreiecksform gesetzte runde Eindrücke von je 5 mm Durchm.

3. (Abgeb. nebenstehend Nr. 3.) Randstück eines rohen dicken Napfes, ebenfalls terranigraartig, am Rande mit rohen gurtartigen Eindrücken.

Nº1. KASTELL HEDDESDORF.

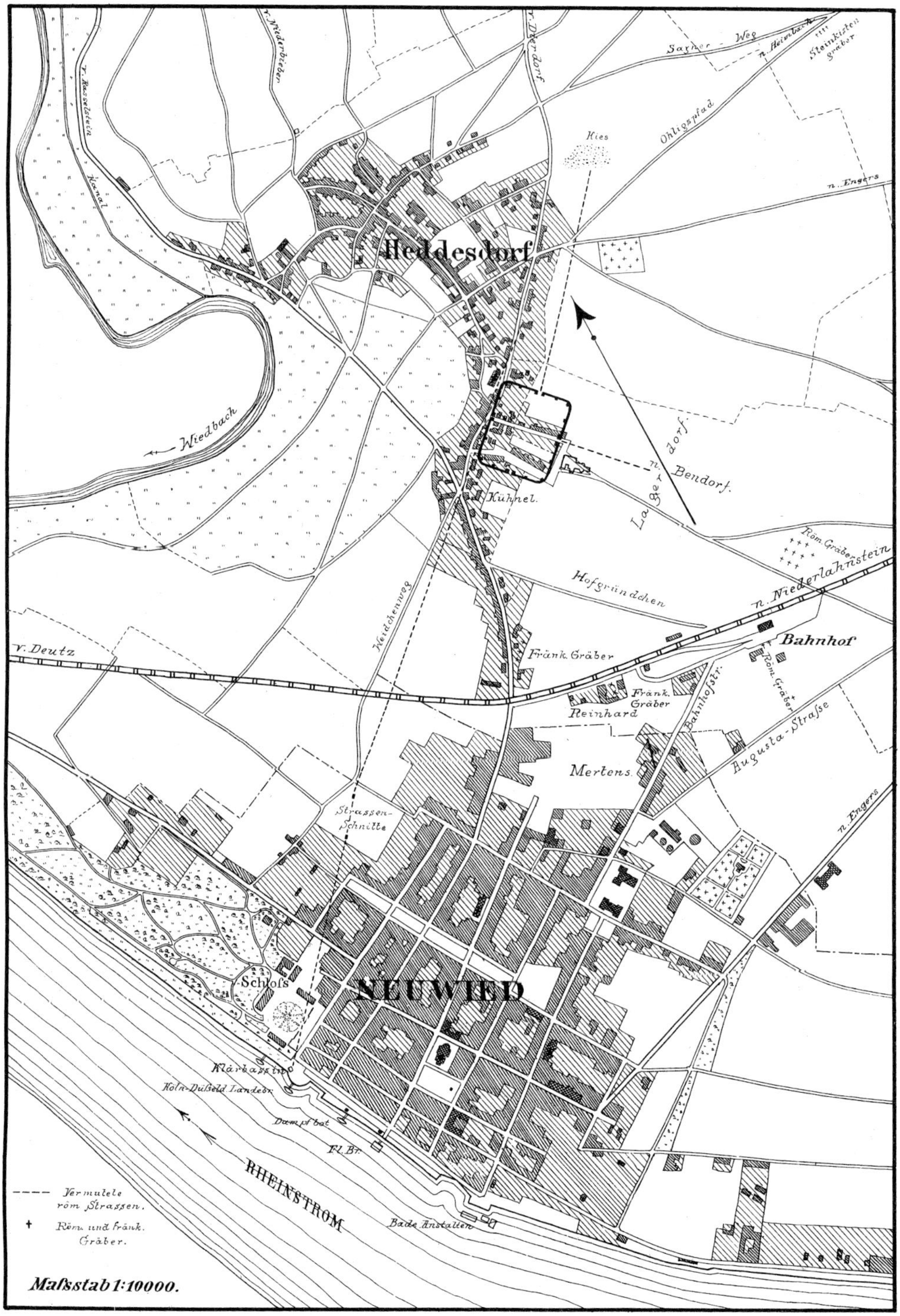

N° 1. KASTELL HEDDESDORF.

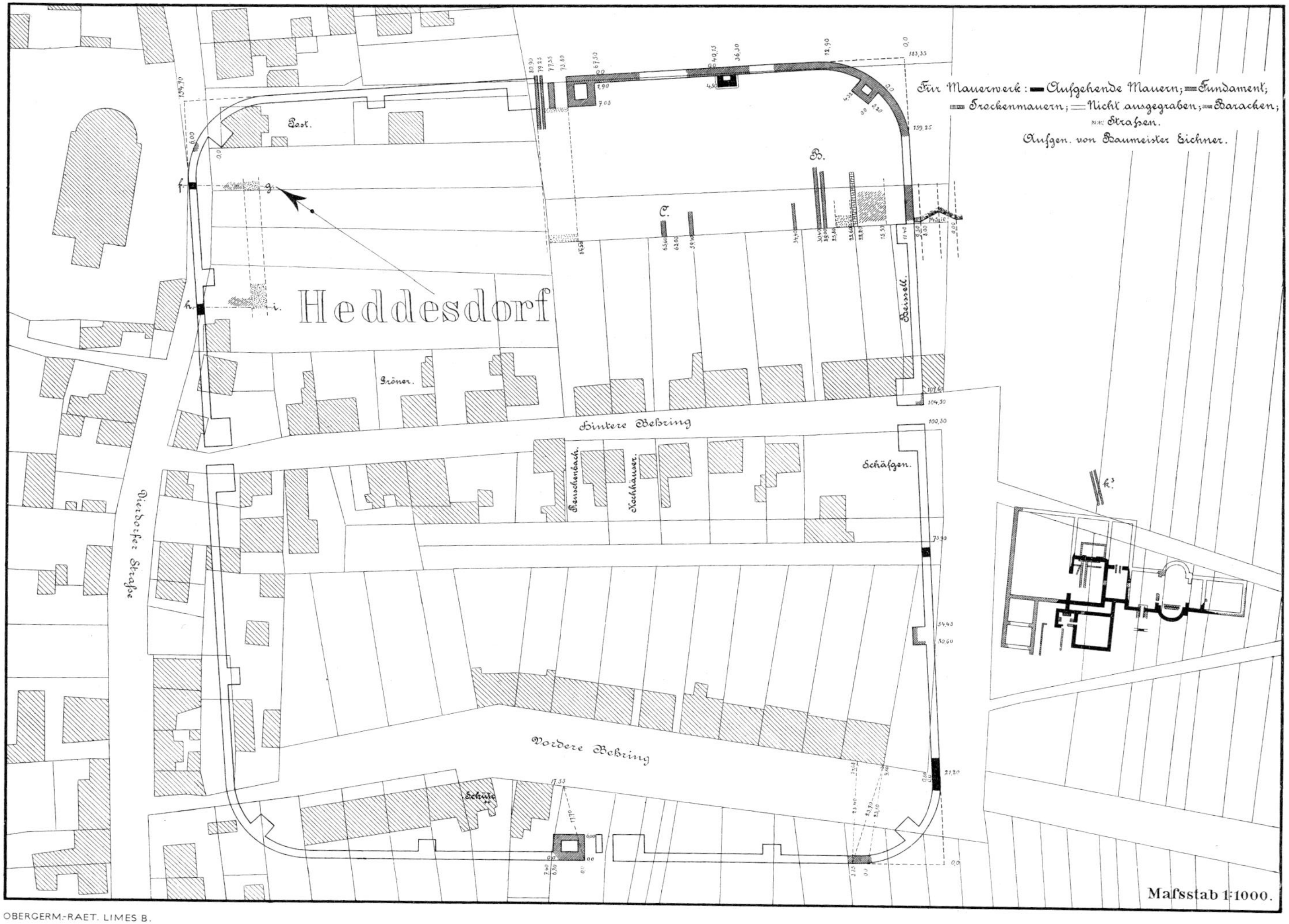

TAFEL III.

№ 1. KASTELL HEDDESDORF.

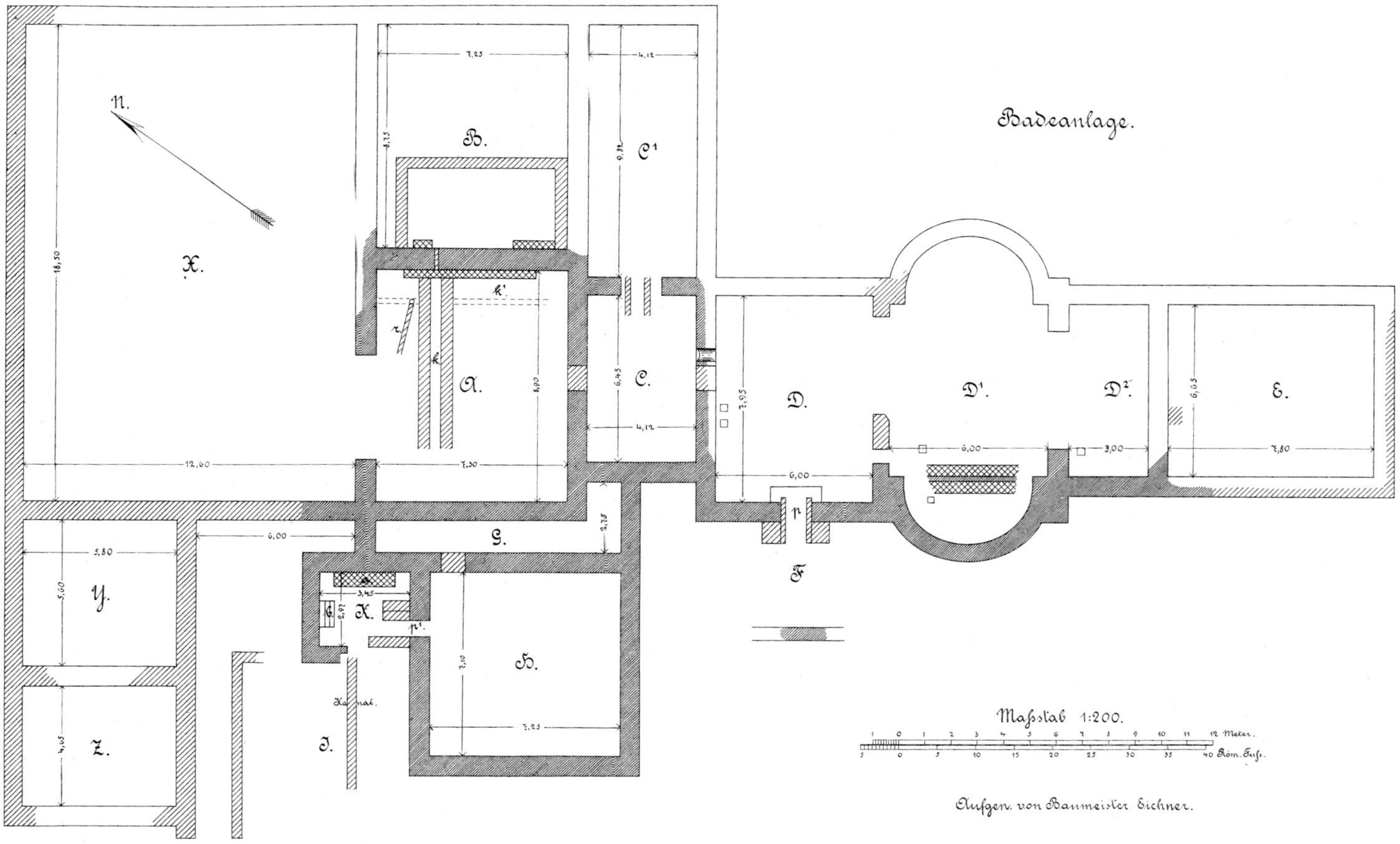

Nº 1. KASTELL HEDDESDORF.

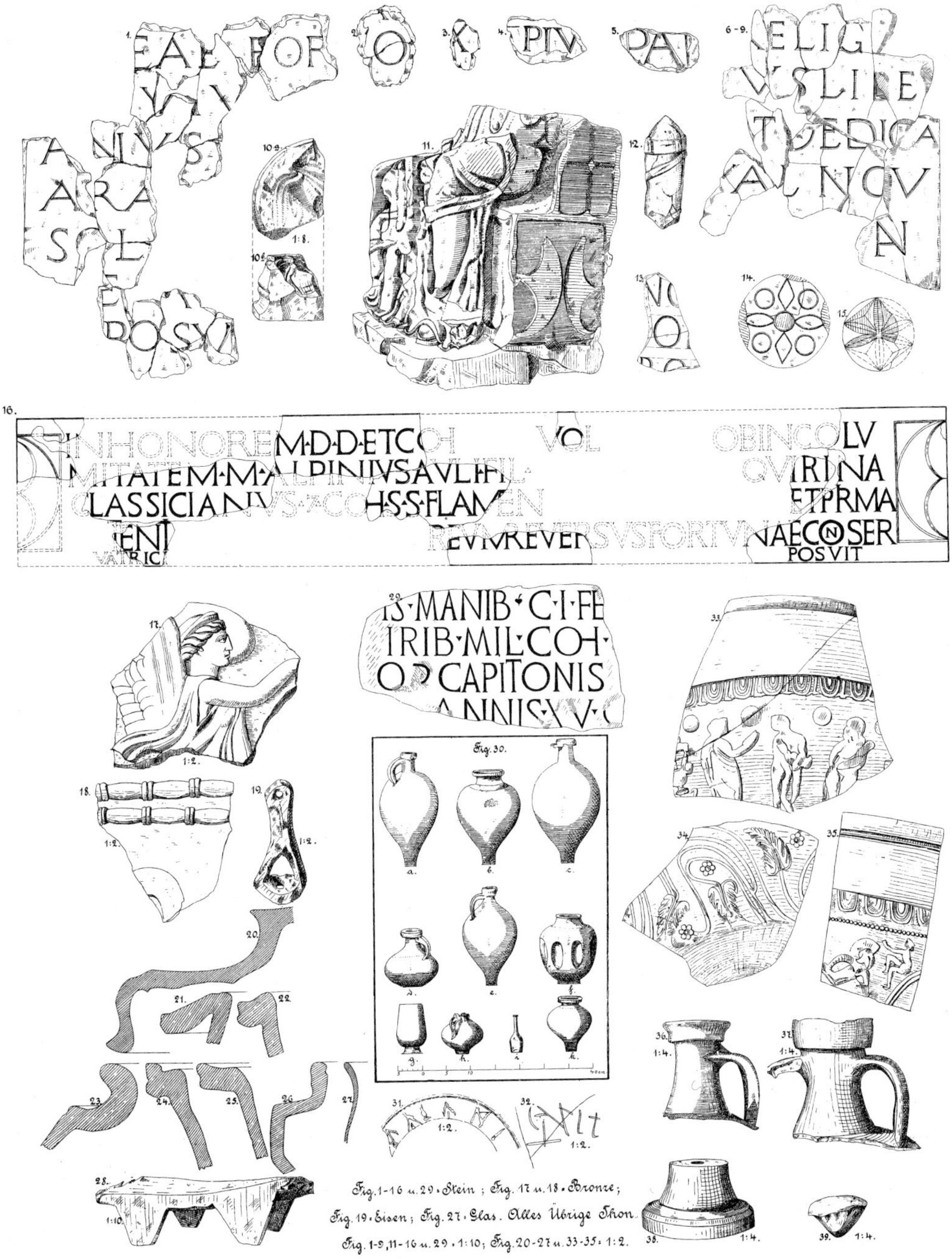

Fig. 1-16 u. 29 = Stein; Fig. 17 u. 18 = Bronze; Fig. 19 = Eisen; Fig. 27 = Glas. Alles Übrige Thon.
Fig. 1-9, 11-16 u. 29 = 1:10; Fig. 20-27 u. 33-35 = 1:2.

No 1. KASTELL HEDDESDORF.

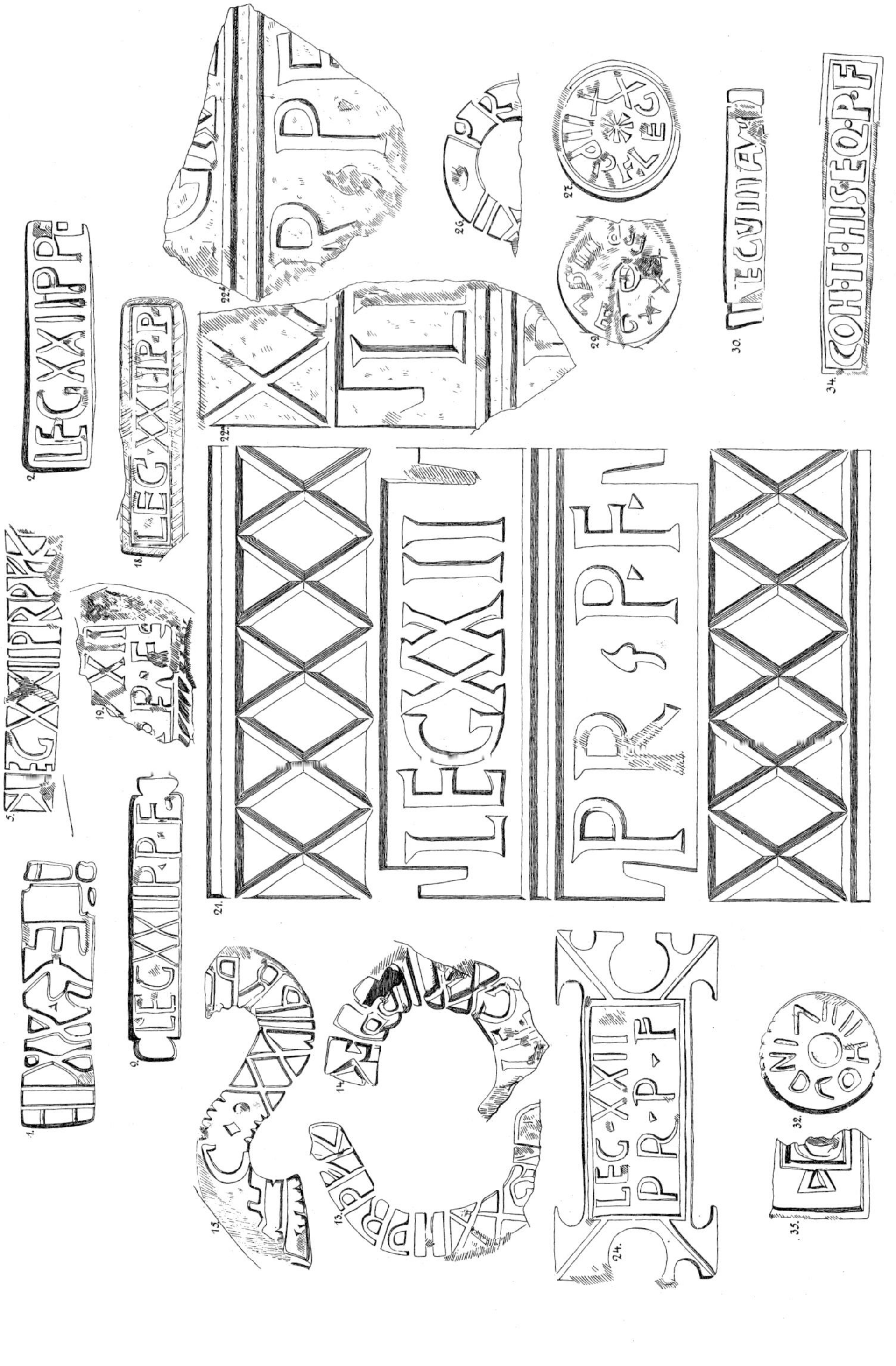

½ der nat. Grösse. [hier ca. ⅓]

Fig. 1. BAD, RAUM A UND B, von Nordwesten gesehen.

Fig. 2. BAD, SÜDWESTLICHE APSIS IN RAUM D', von Osten gesehen.

Fig. 3. BAD, RAUM H, von Süden gesehen.

Fig. 4. BAD, RAUM K, von Norden gesehen.

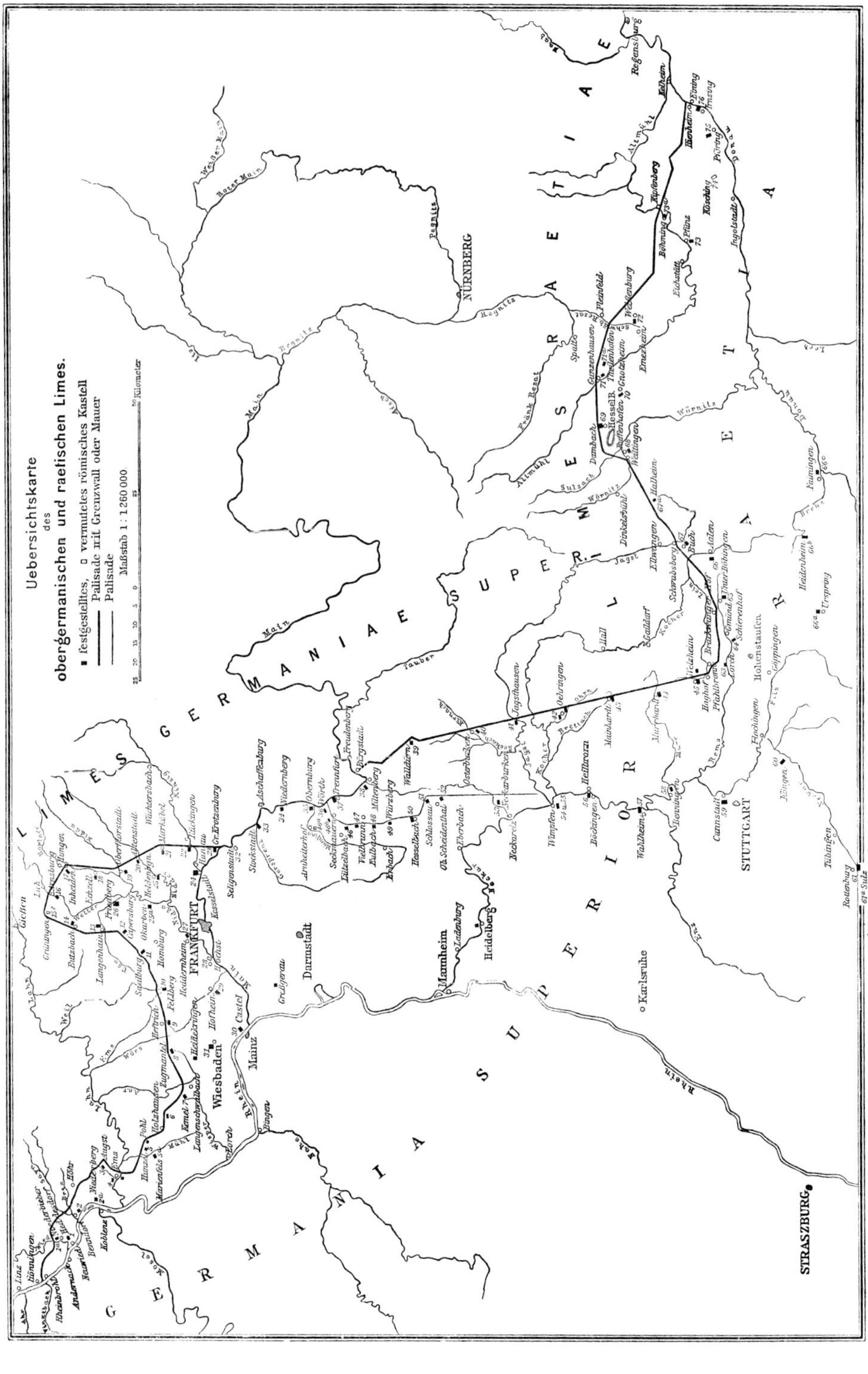

Uebersichtskarte
des
obergermanischen und raetischen Limes.
■ festgestelltes, ▫ vermutetes römisches Kastell
Palisade mit Grenzwall oder Mauer
Palisade
Maßstab 1 : 1 260 000
Kilometer
LIMES GERMANIAE SUPER.
RAETIAE
GERMANIA SUPERIOR
RAETIA
FRANKFURT
NÜRNBERG
STUTTGART
STRASZBURG
Darmstadt
Wiesbaden
Mainz
Mannheim
Heidelberg
Karlsruhe
Regensburg
Ingolstadt
Koblenz
Main
Rhein
Donau
Neckar

SONDERABDRUCK AUS DEM WERKE:

DER OBERGERM.-RAET. LIMES DES ROEMERREICHES

IM AUFTRAGE DER REICHS-LIMESKOMMISSION

HERAUSGEGEBEN VON

DEN DIRIGENTEN

O. VON SARWEY
GENERALLEUTNANT Z. D.

E. FABRICIUS
PROFESSOR DER GESCHICHTE

DAS KASTELL MARIENFELS

(MIT DREI TAFELN)

STRECKENKOMMISSAR: OBERLEHRER Dr. R. BODEWIG

HEIDELBERG

VERLAG VON OTTO PETTERS

1903

Nr. 5a
Das Erdkastell Marienfels.

(Mit drei Tafeln.)

STRECKENKOMMISSAR: Dr. BODEWIG.

Der einzige grössere Wasserlauf, den der Limes zwischen Ems und Langenschwalbach kreuzt, ist der Mühlbach, ein Flüsschen, das von Süden kommend bei Nassau in die Lahn mündet. Während sein Unterlauf sich zwischen steilen Hängen durch ein tiefes, noch heute unwegsames Thal windet, dehnt sich zu beiden Seiten des Mittellaufes ein offenes, überaus fruchtbares Gelände aus. Der Limes überschreitet den Fluss gerade an der Stelle, wo er in die enge Schlucht eintritt, und 2 km oberhalb liegt auf seinem linken Ufer unter den Gehöften und Gärten des Dorfes Marienfels ein römisches Kastell von mittlerer Grösse.

Der Mühlbach durchbricht hier einen Felsgrat. Rechts erhebt das Gebirge sich schon ziemlich steil zu dem welligen Plateau von Hunzel und Pohl, über das der Limes hinwegzieht, links von der Durchbruchsstelle trägt eine steil emporragende Felsklippe die alte Kirche von Marienfels, während das übrige Gelände allmählich zu der weiten Ackerflur des Dorfes ansteigt. (Vgl. die Übersichtskarte Tafel I.) Gleich westlich des Felsthores weitet sich das Thal noch einmal zu einem kleinen Kessel, der sich nach Nordwesten bis in die Gegend des Mineralbrunnens 500 m weit ausdehnt. In ihn mündet von Westen das Thälchen des Ehrbachs. Auf der sanft ansteigenden Südseite des Kessels liegen die Häuser des Dorfes in einem nach Norden offenen Halbkreis. Die Gegend ist äusserst wasserreich, und der genannte fiskalische Mineralbrunnen gehört zu den besten seinesgleichen[1].

Römische Reste in und bei Marienfels sind schon lange bekannt. Bereits in den Jahren 1829 und 1830 wurde hier von Pfarrer Brinkmann aus Miehlen im Auftrag des Nassauischen Altertumsvereins gegraben. Im ersteren Jahre fand man, wie es scheint, im Innern des Kastells Hypokaustziegel mit Stempeln

[1] Urkundlich zuerst im Jahre 915 als comitatus Marvels erwähnt, wird der Ort in den folgenden Jahrhunderten wiederholt als Richtstätte des Einrichgaues und als Mittelpunkt des Vierherrischen bezeichnet. (Cremer, Origines Nassoicae II S. 56.) Der Name ist wohl von dem Felsen herzuleiten, auf dem die Kirche steht, der steil aus dem Mar, den sumpfigen Wiesen, aufragt. (S. auch Kehrein, Nassauer Namenbuch S. 233). Gleichfalls schon früh wird ein Ort Denighofen in der Nähe von Marienfels genannt, der um 1774 mit diesem zu einer Ortschaft verschmolzen war (Nassauische Annal. XXIII S. 81). Nach der Lage der Flur 'Obig Denighofen' entspricht diesem Ort das heutige Niederdorf, das der Markersweg vom Ober- oder Kirchdorfe scheidet.

der 22. Legion und Münzen, die bis Marc Aurel hinauf reichten, während 1830 östlich vom Kastell etwa bei A des Planes auf Tafel I im Garten des Schöffen Neidhöfer ein Hypokaustum aufgedeckt wurde (Nass. Annal. I S. 40 ff. und I 2 S. 159 ff.) Als dann im Jahre 1849 in den Bornwiesen nördlich vom Ort das Bad gefunden wurde, liess der Nassauische Altertumsverein im Oktober und November desselben Jahres unter der Leitung Habels eine grössere Ausgrabung vornehmen. Nach dem Ergebnis wurde ein Modell des Gebäudes angefertigt und im Wiesbadener Museum aufgestellt (Nass. Annal. XVII S. 117 f., IV S. 231 f. vgl. die Abbildung unten S. 5 [hier S. 311]). Zwölf Jahre später im Dezember 1861 fand der Wirt Clos im Niederdorf dicht an der Landstrasse neben seinem Hause einen Topf mit etwa 1.500 Denaren. Die Fundstelle, Tafel II bei Y, wurde im folgenden Jahre, 1862, vom Nassauischen Altertumsverein untersucht. Gemeinsam mit diesem grub der Bauunternehmer Emmel im Jahre 1882 an einem Rech, das die Flur Kirchgarten begrenzt. Statt der dort vermuteten Seite des Kastells wurde wieder nur ein Gelass mit Hypokausten entdeckt (vgl. den Plan Tafel I bei C und Nass. Annal. XVII S. 120 f.). Die Reichsgrabungen endlich fanden unter der Leitung des Streckenkommissars zu verschiedenen Zeiten in den Jahren 1896 und 1897, sowie ausgedehnte Nachuntersuchungen im Jahre 1903 während der Drucklegung dieses Berichtes statt. Es wurde festgestellt, dass in Marienfels niemals ein Steinkastell bestanden hat, sondern nur grössere Erdwerke, zu denen das früher gefundene Militärbad gehörte. Äusserlich sind keine Spuren davon wahrzunehmen, und da der grösste Teil des Kastells von Häusern und Gärten bedeckt ist , musste sich der Streckenkommissar darauf beschränken, den Lauf der Umfassungsgräben durch einzelne, auf dem Plan Tafel II angegebene Einschnitte soweit als möglich festzustellen und im Innern an den wenigen zugänglichen Stellen nach etwa vorhandenen Gebäuden zu suchen[2].

Das Kastell lag auf einem von Süden nach Norden sich um etwa 10 m senkenden Terrain zwischen dem Hauptthal und der Niederung des Ehrbachs.

---

[2] Die dem Plan Tafel II zu Grunde liegende Aufnahme hat der Streckenkommissar selbst mit freundlicher Unterstützung des Herrn Landesbauinspektors Eschenbrenner von Oberlahnstein besorgt. Von letzterem rührt das Nivellement des Kastellgebietes her, dessen Ergebnis auf die Höhencoten des neuen Messtischblattes Nr. 3321 Dachsenhausen umgerechnet, in dem Plan eingetragen ist. Der Grundriss des Bades und des kleinen Hypokaustums Taf. 1 Fig. 2 und 3 sind aus den Nass. Annal. XVII Taf. 7 entnommen. Die Schichtlinien der Übersichtskarte auf Taf. I, die im übrigen auf dem Katasterplan beruht, sind aus dem Messtischblatt übertragen und deshalb in der Vergrösserung nur annähernd richtig. Über die Grabungen der Jahre 1896 und 1897 wurde vorläufig im Limesblatt S. 537 und 684 ff. und im Archäolog. Anzeiger 1898 S. 30 berichtet. Die dort vertretene Ansicht, dass die zu jener Zeit nachgewiesenen Gräben einer und derselben Anlage angehörten, hat sich bei den Nachuntersuchungen im Jahre 1903 als irrtümlich herausgestellt.

Die aufgefundenen Reste lassen sich indes nicht als einheitliche, gleichzeitig bestehende Anlagen verstehen. So wurden südlich vom Niederdorf in den „Grundkauten" auf den Grundstücken Nr. 1464 und 1465 zwei in südöstlicher Richtung konvergierende und schliesslich ineinander laufende Spitzgräben festgestellt. Nach den zahlreichen in ihnen gefundenen Gefässscherben zu schliessen, gehört der äussere, mehr südliche Graben einer älteren, der innere einer jüngeren Periode an. Auf dem Grundstück Nr. 1466 biegt der erstere nach Norden um. Er wurde hier zweimal geschnitten und der Radius der vermutlichen Eckabrundung auf 20 m (Grabensohle) bestimmt. Ein Profil auf dem Grundstücke Nr. 963 scheint der Westseite dieser Befestigung anzugehören, ein solches auf Nr. 918 ihrer Ostseite. Die Nordseite endlich muss in der Nähe der heutigen Dorfstrasse gelegen haben, wo zwischen den Häusern von Clos und Kaiser in dem Eingang zu Grundstück 891 tief unter der heutigen Oberfläche das Profil eines Spitzgrabens angetroffen wurde. Denn in dem ganzen nördlich der Hauptstrasse gelegenen Gelände wurde trotz ausgedehnter Nachforschungen in allen zugänglichen Gärten oder Höfen kein weiterer Spitzgraben gefunden, der der älteren Periode angehören könnte.

Zu dem nördlichen, jüngeren Graben auf dem Grundstück Nr. 1464 verläuft dagegen vollkommen parallel ein gleichartiger Spitzgraben auf der Nordseite des Niederdorfes, der in den Grundstücken Nr. 953, 891 und 887 viermal durch Einschnitte festgestellt wurde. Da auch das in den Grundkauten auf den Grundstücken Nr. 900, 901, 911 und 912 gelegene langgestreckte Gebäude A augenscheinlich in der gleichen Richtung orientiert ist, so muss angenommen werden, dass die beiden parallelen Spitzgräben wie dieses Gebäude einer und derselben Anlage angehören. Nach der Ostseite dieser Anlage wurde an den zugänglichen Stellen vergeblich gesucht: sowohl in den Grundstücken Nr. 902 und 886, als in den weiter östlich gelegenen Stücken Nr. 356 und 357 wurde durchweg nur Bauschutt der bürgerlichen Niederlassung, nirgends ein Grabenprofil angetroffen, und ebenso fanden sich auf dem bis zum Markersweg reichenden Stück Nr. 882 ausschliesslich Überreste von Häusern. Die Ostseite der Befestigung lag also wahrscheinlich noch jenseits des Markerswegs. Die Westseite der jüngeren Anlage endlich wurde von uns auf Grund der Angabe eines zuverlässigen Arbeiters rekonstruiert, dass bei X an der Nordwestseite des Grundstückes Nr. 953 beim Abtragen von Terrain durch den Eigentümer eine mit Steinen belegte Grabenböschung zu Tage getreten sei. Das Terrain fällt hier gegen die Wiesen beträchtlich ab, und es hat ganz den Anschein, als ob der Nordgraben an dieser Stelle sich nach Süden gewendet habe.

Die Möglichkeit, dass der jüngere Graben nicht zu einem Kastell, sondern zur Befestigung der bürgerlichen Niederlassung gehörte, war um so mehr zu erwägen, als in allen Einschnitten gleichmässig Haus- und Barackenschutt in ihm angetroffen wurde. Allein die Grösse des bei A in den Grundkauten gelegenen Gebäudes, die Lage des Bades, das augenscheinlich ein Militärbad ist, die Richtung der Dorfstrasse, die sichtlich der Orientierung der Gräben entspricht, und der ganze Charakter der Befestigung passen besser zu der Annahme, dass man es mit einem zweiten Erdkastell zu tun hat, das an die Stelle des ersten, kleineren und anders orientierten Erdwerkes getreten ist. Die Überreste der bürgerlichen Niederlassung liegen auch zum Teil sicher ausserhalb nicht bloss des älteren, sondern auch des jüngeren Grabens.

Immerhin beruht die auf unserer Tafel gegebene Rekonstruktion auf unsicherer Grundlage.

Das ältere Kastell hatte hiernach die Form eines Rechteckes mit stark abgerundeten Ecken. Die längere, von Westen nach Osten gerichtete Achse war etwa 117 m, die kürzere Achse 97,5 m lang. Der einstmals vom Wall umschlossene Raum ist, am äusseren Wallfuss, wie bei den Steinkastellen an der Aussenkante der Mauer, gemessen ungefähr 9420 (nach Abzug der Ecken 9150) qm gross. Die Front des Kastells wird nach Osten gerichtet gewesen sein. Auf der Südseite ist der Graben im gewachsenen Boden noch 5,60 m breit, und seine Sohle liegt 2,40 m unter der heutigen Oberfläche. Die äussere Böschung ist hier steiler als die innere. Auf der Nordseite liegt die Grabensohle 2,20 m unter der Oberfläche, 0,70 m tief im gewachsenen Boden. In dem auf dem Grundstück Nr. 963, einer feuchten Wiese, gelegenen Einschnitt auf der Westseite wurde quer im Graben liegend ein langer, 15 - 20 cm starker Pfahl gefunden, der möglicherweise von der Holzverkleidung des Walles herrührt. Ein Gräbchen indes zur Aufnahme der Pfähle, wie es sonst bei Erdkastellen und an dem jüngeren Graben begegnet, war nicht mehr aufzufinden.

Ein Eingang liess sich nur an der Südseite feststellen. Hier wird in der Mitte der Graben durch eine 7 m breite Rampe unterbrochen. Um diese vor dem Abrutschen in den Graben zu schützen, ist sie an beiden Grabenseiten mit einer mauerartigen Verstärkung versehen. Sie zeigt mehrere Lagen Schiefer, zwischen die Sand und Kies gelegt ist, in der Gesamtstärke von 60 cm. In der Mitte hat die Rampe nur eine Kiesschotterung, die zum Teil schon durch den Ackerbau weggenommen ist; die Ackerkrume ist hier vielfach mit Kies versetzt. Nach aussen geht die Schotterung nicht über den Grabenrand hinaus. Doch zeigten sich hier unmittelbar vor der Rampe zwei Löcher, die mit Asche und Scherben gefüllt waren. Auch ein Stück einer gestempelten Heizkachel wurde früher an dieser Stelle gefunden. Vermutlich befand sich hier ein hölzerner Thorbau, dessen Untersuchung jedoch wegen der nahe heran tretenden Böschung des Markersweges sich nicht durchführen liess.

Wenn das jüngere Kastell die regelmässige Form hatte, die oben für die Rekonstruktion angenommen wurde, so betrugen seine Durchmesser von Grabensohle zu Grabensohle etwa 150 m in nordsüdlicher und über 190 m in ostwestlicher Richtung. Der Graben war über 5 m breit und etwa 2 m tief. Diese Maasse wurden wenigstens auf der Nordseite festgestellt, wo er in eine Kiesbank eingeschnitten ist und die Böschungen bereits 20 cm unter der Oberfläche im gewachsenen Boden erkennbar sind. Die Grabensohle wird hier von einer 20 cm breiten und ebenso tiefen Rinne gebildet. Auf Grundstück Nr. 887 fand sich auch 2 m hinter dem Rande der Grabenböschung ein 0,65 cm breites Gräbchen von 1,33 m Tiefe. Auf der Südseite im Grundstück Nr. 1464 ist die heutige Humusdecke sehr stark, und unter ihr ist über den ausgefüllten Gräben nicht bloss der ersten sondern auch der zweiten Periode eine stellenweise über 1 m mächtige römische Brandschuttschicht gelagert. Zwischen Kohlen und Asche unterscheidet man Massen von rot gebranntem Barackenlehm, Scherben aller Art, aber durchweg später Zeit, römische Dachschieferplatten und Stücke von Heizkacheln. Auch der Graben der zweiten Periode muss hier bereits wieder zugeschüttet gewesen sein, als die römische Ansiedelung zerstört und der Schutt über die ehemaligen Kastellgräben ausgebreitet wurde. In dem westlichsten Einschnitt auf Grundstück Nr. 1464 fand sich ein Brunnenschacht, der durch die Brandschuttschicht hindurch in den jüngeren Kastellgraben hinein gegraben und dessen Wandungen mit weissem Thon sorgfältig gedichtet waren.

Von Innenbauten fand sich nahe der Südseite ein 39 m langes, nur 7 m breites Gebäude, dessen Grundriss auf dem Plan Tafel II angegeben ist. Seine Mauer, nur im Fundament erhalten, ist im nördlichen Teil, der allein ausgegraben wurde, 0,50 m stark. Das Gebäude muss mit Heizeinrichtung versehen gewesen sein, denn auf dem gestampften Kellerboden fanden sich Stücke von Heizkacheln und Hypokaustziegeln, dazu Dachschiefer und Brocken von Lehmstakwerk. Ein Ziegelstück trägt einen Stempel der 22. Legion. Auch ein Grosserz des Claudius wurde hier gefunden. Die Lage des Gebäudes stimmt auf unseren Plänen mit der Richtung des jüngeren Kastells auf wenige Grad genau überein, und diese Differenz könnte leicht durch Ungenauigkeit der bei der Aufnahme benutzten Katasterkarten entstanden sein. Weiteres Mauerwerk wurde ausser in dem Hofe von Laux, Grundstück Nr. 888, innerhalb des Kastells nicht gefunden, dagegen zeigten sich in den zahlreichen im Innern gezogenen Schnitten überall Barackenreste, Wohngruben und Kochlöcher mit reichlichen Scherben.

Von Lagerstrassen liess sich in der Nähe der Südseite die bereits stark zerstörte Schotterung der via principalis des älteren Kastells in der Breite von 7 m erkennen. Sie besteht aus kleinen Steinen, Bachgeschiebe und darüber gedecktem Kies. Eine 2 m breite, dünne Wegeschotterung aus kleinen Steinen über dem gewachsenen Lehm zeigte sich 5 m östlich von dem schmalen Gebäude auf der Südseite.

Das Badegebäude liegt 30 m von der Nordseite des jüngeren Kastells entfernt in den Bornwiesen. Die genaue Lage der Mauern ist nicht bekannt, und die Einzeichnung auf Taf. II beruht auf mündlichen Angaben des Grundeigentümers der betreffenden Wiese, Altbürgermeisters Chr. Hausen in Marienfels, der bei der Ausgrabung zugegen war und zahlreiche Hypokaustplatten ausgebrochen hat. Nach der Veröffentlichung von v. Cohausen und Jacobi, Nass. Annal. XVII S. 117 f., der wir alles Folgende sowie den Plan Taf. I Fig. 2 entnehmen, befand sich der Eingang auf der Südwestseite. Durch einen Hof von 10,50 m Breite und 18,70 m Länge gelang-

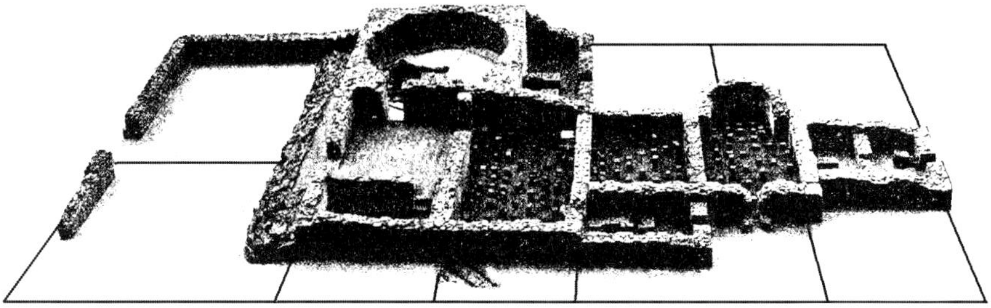

Modell des Bades im Wiesbadener Museum.

te man in das Apodyterium E mit dem Frigidarium F, von dort einerseits zum Tepidarium C und den beiden Caldarien B und A, andererseits zu dem Sudatorium D, die sämtlich mit Suspensuren versehen waren. Die Hauptheizung befand sich bei a; der Raum ist durch eine Quermauer in zwei Gelasse geschieden, ebenso wie in Stockstadt (Limesblatt S. 457), von denen man das dem Caldarium zunächst gelegene vielleicht als Alveus auffassen kann. Über den Praefurnien b, c und d standen Kessel auf den erweiterten Heizgängen. In der Wand zwischen C und d fand man ein Bleirohr mit Bronzebeschlag, dessen Klappe sich nach C hin öffnete. Alle Räume liegen im gleichen Niveau mit Ausnahme von a, b, d und F. Westlich dicht an der Mauer wurde bei G ein Ziehbrunnen von 0,95 m Durchmesser gefunden. Seit der Ausgrabung des Bades im Jahre 1849 ist die damals so wohl erhaltene Ruine jedenfalls sehr zerstört worden. Der Grundbesitzer Chr. Hausen erklärt, mehrere Wagen voll Hypokaustplatten verkauft zu haben, und auch die Küche seines Hauses (Plan Nr. 955) ist mit grossen und kleinen römischen Ziegelplatten gepflastert.

Die bürgerliche Niederlassung ist ausserordentlich ausgedehnt. Sie legt sich in weitem Bogen um die beiden Kastelle. Mehrere von der Südwestecke des älteren aus nach aussen gezogene Einschnitte zeigten Koch- und Kellergruben. Von den letzteren wurde eine vollständig ausgeräumt; sie war 2,10 m tief, 1,60 m lang und 1,50 m breit mit senkrechten Wänden. Dicht an der äusseren Grabenböschung liegt dort ein gemauerter Brunnen, der mit Scherben, Steingeröll und Lehmwandstücken angefüllt war. Er ist 1,75 m tief und hat einen inneren Durchmesser von 1,35 m. Unweit des Brunnens liegen die

Reste eines Gebäudes mit 85 cm starker Grundmauer (s. Taf. 1 Fig. 1 D). Auf der Ostseite des Kastells ist die Zahl der Gebäude besonders gross. Sie beginnen bereits in dem Grundstück Nr. 882, dem Grasgarten des Landwirts Neidhöfer, wo ein Bodenbelag aus Wandziegeln, Hypokaustplatten, Mauerreste und Pfostenlöcher gefunden wurden. Einige Häuser müssen bedeutenden Umfang gehabt haben, denn die Fundamente weisen bis zu 1,40 m Mauerstärke auf. Die Distrikte vom „Kirchgarten" bis zum „Rennwege" sind von Mauerresten vollständig durchzogen. Hier (Taf. I Fig. 1 bei C und Fig. 3) fanden auch die Grabungen des Jahres 1862 statt, die einen Hypokaustkeller und einen mit Ziegelplatten belegten Raum zutage förderten. Auch auf der Nordostseite des Dorfes unweit der Kirche fand der Landwirt Wolf im Jahre 1899, als er am Wiesenrande einen Brunnen graben wollte, einen Hypokaustraum, von dem er mehrere Pfeiler sah und aushob (s. Taf. I Fig. 1 bei G). Die Platten sind viereckig und ohne Stempel. Die Lage ist auffällig tief; vielleicht dienten die Pfeiler hier zur Trockenhaltung des Gebäudes. Ebenso muss in den jetzt sehr feuchten Wiesen nordöstlich vom Kastellgebiet in der Nähe des mittleren Dorfes in römischer Zeit Haus an Haus gestanden haben, denn jeder Einschnitt fördert dort starke Baureste zutage. Auf der Westseite des Kastells finden sich reichlich Mauerreste bei dem Gehöfte des Schmiedes Schreiner (s. Taf. II Nr. 957) und ein Haus noch in dem Dreieck zwischen der Dachsenhausener und Geisiger Strasse im Felde des Landmanns Huth (s. Taf. I Fig. 1 bei E), wo die Mauern sich mit dem Eisen fühlen lassen. Hier wurden auch Heizkacheln gefunden. Westlich vom Kastell liegt beim „Kalteborn" im Felde des Landmanns Singhof ein römisches Gebäude, dessen eine Seite 15 m lang ist; die anstossende Seite konnte nur 17 m weit verfolgt werden. Die Mauern sind 1,10 m stark (s. Taf. I Fig. 1 bei F). Auch weiter hinaus auf Ehr zu liegen noch Mauerreste und Scherben. Ebenso finden sich in der Richtung des Markersweges, 500 m vom Kastell entfernt, die Spuren römischer Besiedelung.

Römische Gräber wurden bis jetzt nur westlich vom Kastell in einer Wiese dicht bei dem Hause des Schmiedes Schreiner gefunden (vgl. Taf. II Nr. 957). Sie waren mit Schiefer umstellt und bargen Aschenkrüge mit Deckel.

Von den Strassen im Weichbilde des Kastells ist die vermutlich an der porta praetoria des jüngeren Kastells beginnende noch deutlich zu erkennen. Sie führte durch die Niederlassung in nicht völlig gerader Richtung nach Miehlen zu. Da wo der Markersweg abbiegt, kommt sie unter der Landstrasse hervor und bleibt auf deren Südseite. Im Distrikt „Rennweg" ist sie stellenweise nur mit 5 cm Humus überdeckt und in der Mitte leicht gewölbt. Auf dem Lehmboden liegt eine Decke von wagerecht gebetteten Schieferbruchsteinen. Über diese ist Kies und als Bindematerial gelber Sand gelegt, so dass der Strassenkörper 20 cm stark ist. An einer Stelle fanden sich aufrecht stehende Randsteine, dagegen konnte ein Gräbchenprofil nicht gewonnen werden. Etwa 250 im südöstlich vom Kastell hört der Steinkörper auf, und in den Feldern ist weiterhin keine Spur von Kies oder Steinen zu finden. Wohl aber liegt noch 80 m weiter in der Richtung des Weges römisches Mauerwerk, und in Miehlen finden sich gleichfalls römische Bauten zu beiden Seiten des Mühlbaches. Auch weist der Name der Flur „auf dem Rennweg", darauf hin, dass die Strasse wohl weiter gegangen und noch in späterer Zeit benutzt worden ist.

Unweit des Kastells zweigt von dieser Strasse sich links ein Weg ab, der an der Kirche vorbei über den Mühlbach zu den Kastellen Hunzel und Pohl führte. Auch in der Böschung des für den Bahnhof Marienfels eingeebneten Terrains tritt eine 4 m breite mit Steingeröll überdeckte Kieslage hervor, die einem Weg angehören dürfte, der in südlicher Richtung die Niederlassung kreuzte.

Nicht minder wichtig als die von der Ostseite des Kastells ausgehenden Strassen waren die Verbindungen, die bei der Westseite ihren Anfang nehmen, wenn auch ausser den in der Richtung dieser Strasse gelegenen, oben erwähnten Gräbern bis jetzt keine Spuren im Weichbilde des Kastells gefunden sind. Von hier mussten die Wege ausgehen, die zu dem nördlich vom Mühlbachthal gelegenen Teil des Limes führten.

Die Lage im Thal war für die leichte Verbindung des Kastells mit dem in seinen Bereich fallenden Abschnitt des Limes wenig geeignet. Die nahezu unzugängliche Schlucht des Mühlbachs zwischen Marienfels und Nassau zu sperren, würde wohl auch eine kleinere Befestigung genügt haben. Die Gründe also, die für die Wahl der Örtlichkeit bestimmend waren, müssen in lokalen Verhältnissen und in der Rücksicht auf die zur Zeit der Okkupation vorhandenen Verkehrswege gesucht werden. Ein solcher, die „alte Marienfelser Strasse" führte von dem in vorrömischer Zeit bedeutenden Braubach über die Höhe des Hilberstiels in gerader Richtung auf Marienfels, und kurz vor Marienfels, wo der Ehrbach die Landstrasse kreuzt, vereinigt sich mit jener Strasse eine andere, die vom Lahnthal her über das Oberlahnsteiner Forsthaus, Becheln, Schweighausen und Geisig auf eine lange Strecke in der Nähe des Limes hinzieht. Ihre Fortsetzung jenseits des Kastells wird in der Richtung der vorerwähnten Römerstrasse nach Miehlen zu suchen sein, und zu den vorrömischen Ansiedlungen bei Buch und Holzhausen, sowie zu der gleichfalls vorrömischen Bäderstrasse geführt haben.

So spricht schon die Lage des Kastells dafür, dass seine Errichtung in die Zeit der ersten Okkupation dieser Gegend durch die Römer zurückreicht. Von den bei unseren Grabungen in den Kastellgräben gefundenen Thongefässen gehört ein Teil sicher der letzten Zeit des 1. Jahrhunderts an: einige gut profilierte Sigillatateller, die feinen, dünnwandigen, marmoriert bemalten Tassen, sowie die verhältnismässig zahlreichen weissthonigen, unter

Firniss braun gefärbten Becher und Urnen mit grobem nicht sehr dichtem Sandbelag. An diese reihen sich die ornamentierten Sigillataschüsseln und die Tassen 1 mit Barbotine-Verzierung auf dem Rande (Dragendorff 35 und 36), einige gute Scherben von Terra nigra, Urnen mit wulstigem und Näpfe mit horizontal abstehendem Rand (VI 1), sowie die geraden wenig eingezogenen, scharf abgesetzten Krughälse. Von alle dem findet sich in der 1903 mehrfach ausgegrabenen Brandschuttschicht über den Kastellgräben nichts mehr. Hier sind vielmehr die Sigillata-Reibschalen vertreten, ein grosser gefirnisster Faltenbecher, die sogenannten herzförmigen Urnenprofile.

Das grössere Kastell kann hiernach nicht wohl viel später als das kleinere entstanden sein. Gleichzeitig mit dem grossen Kastell ist aber gewiss das Bad erbaut worden, und die im Bad gefundenen Namenstempel der 22. Legion sind nach Ritterling um 115 - 125 n. Chr. anzusetzen (Westd. Zeitschr. XVII S. 217).

Wie lange das Kastell mit Truppen belegt war, lässt sich hingegen aus den Einzelfunden nicht mit Sicherheit bestimmen, doch spricht vieles dafür, dass es im Laufe des zweiten Jahrhunderts, vielleicht noch unter Hadrian, geräumt wurde. Im jüngeren Graben wurden allerdings ausserordentlich viele Scherben aus der späteren Zeit angetroffen. Sie werden indes der bürgerlichen Niederlassung entstammen, die bis in das dritte Jahrhundert bestanden hat, und deren Bewohner die Baulichkeiten des Kastells nach dem Abzuge der Truppen benutzt zu haben scheinen. Auch der frühestens in der Zeit des Maximinus vergrabene Schatz wurde im Innern des Kastells entdeckt. (s. unten S. 8 [hier S. 316]). Und im dritten Jahrhundert muss die Zerstörung stattgefunden haben, deren Reste die grosse Brandschuttschicht über den Gräben enthält.

Zur Bestimmung der Besatzung gewähren die Funde keinen Anhalt. Nach der Ausdehnung des Erdwerkes der zweiten Periode hat sicher eine Kohorte in Marienfels gelegen.

Einzelfunde.[3]

Münzen:

Ausser einem weiter unten zu besprechenden grösseren Schatzfund sind die in Marienfels gefundenen römischen Münzen kürzlich, soweit sie sich feststellen und im Wiesbadener Museum identifizieren liessen, von Ritterling zusammengestellt worden (Mitteilungen des Vereins für Nassauische Alter-

[3] W. M. bedeutet, dass die Altertümer von Grabungen des Nassauischen Altertumsvereins herrühren und sich im Museum zu Wiesbaden befinden. Ist nichts bemerkt, so stammen die Funde von den Reichsgrabungen. - Herrn Museumsdirektor Prof. Dr. Ritterling sind wir für Einsendung von Altertümern nach Freiburg zum Zwecke ihrer Bearbeitung und Abbildung sowie für mannichfaltige bereitwillige Auskunft zu grossem Danke verpflichtet.

tumskunde 1902/03 Nr. 1 S. 20 ff.), dessen Beschreibungen wir im Folgenden wiederholen und ergänzen.

1. Claudius, Grosserz, *Rv. Spe[s Augus]ta, Spes,* vom Jahre 41. Variante von Coh. 85. Gef. im Kastell im Gebäude A.

2. Domitian, a) Grosserz, Rv. *Iovi victori,* sitzender Iuppiter, zwischen den Jahren 92-94. Coh. 915. Gef. im Jahre 1899. W. M. b) „Grosserz sehr verwischt : Av. das Brustbild des Kaisers, anscheinend Domitian. IM . . . . . GERMCOS . . . Rv. Eine Figur stehend, eine andere sitzend, einander gegenüber, ganz verwischt." Das Stück ist im Wiesbadener Museum jetzt nicht mehr zu identifizieren. c) Mittelerz, Av. . . *Aug Germ p* . . ., lorbeerbekränzter Kopf nach rechts. Rv. Kaiser vor Altar opfernd, rechts und links zwei kleinere Gestalten, undeutlich. Gef. am Graben der westlichen Kastellseite im Hof des Hrn. Plies; in dessen Besitz. Beschreibung von Bodewig.

3. Trajan, Mittelerz, Kopf gut erhalten, alles andere verwischt. Fundort und Eigentum wie 2c. Beschreibung von Bodewig.

4. Hadrian, Mittelerze a) Rv. weibliche stehende Figur nach links. Gef. beim Bahnbau. Der Reichslimeskommission übergeben von Hrn. Ingenieur Kolb. b) Ganz verwischt. Gef. 1882. W. M.

5. Antoninus Pius, a) Denar, Rv. *cos [IIII]*, stehende Abundantia. Vgl. Coh. 286 ff. Gef. 1849. W. M. b) Grosserz, Rv. SC, sitzende Roma, zwischen den Jahren 140-143. Coh. 753. Gef. 1849. W. M. c) Grosserz, Rv. *tr pot XII (?) cos [IIII]*, stehende Abundantia. Coh. 1049 (?). Gef. 1846. W. M. d) Mittelerz, Rv. stehende Figur, sehr zerstört. Fundort und Eigentum wie 4a.

6. Faustina I, a) Mittelerz, Av. . . . . *Au* . . . ., Büste nach rechts, Rv. stehende Göttin vor brennendem Altar opfernd, alles andere verwischt. Fundort und Eigentum wie 2c. Beschreibung von Bodewig. b) Unbestimmtes Erz, Rv. Aeternitas, stehende weibliche Figur „auf der einen Hand einen Vogel, in der anderen eine Wage haltend". Nach Ritterling wohl Coh. 13. Handschriftliche Notiz aus dem J. 1825; vgl. Ritterling a. a. O. S. 20.

7. Marc Aurel, Mittelerz, Rv. *tr pot [VIIII c]os II,* stehende Salus, vom Jahre 155. Coh. 679. Gef. 1849. W. M.

8. Faustina II, a) Mittelerz, Rv. *tempor felic*, Faustina mit sechs Kindern, Coh. 223. b) Mittelerz, Rv. Umschrift verwischt, stehende weibliche Figur mit Wage und Füllhorn. Nach Mitteilung des Streckenkommissars im Besitz des Schlossers Lotz in Miehlen.

9. Commodus, Grosserz, Rv. *[fel Aug] tr p VI imp IIII cos III p p*, Felicitas, vom Jahre 181. Coh. 106. Gef. 1849. W. M.

10. Septimius Severus, Denare a) Rv. *Part Max p m tr p V cos III p p*, Tropaeum und zwei Gefangene. Fehlt bei Cohen S. 41. Gef. 1835. W. M. b) Rv. Provid Augg, stehende Providentia. Zwischen den Jahren 198-201. Coh. 586. Gef. 1882. W. M.

11. Unbestimmbar, a) Grosserz, ganz zerstört. Gef. in der bürgerlichen Niederlassung, im Besitze des Hrn. Hausen in Marienfels. b) Mittelerz, unkenntlich, Fundort und Eigentum wie 4a. c) Mittelerz, wohl 1. Jahrh., unkenntlich, gef. 1903 im älteren Graben. d) Mittelerz, gef. im Brunnen südlich am Kastellgraben.

Münzschatzfund:

Im Jahre 1861 fand der Gastwirt Clos in seinem Gehöft (auf Taf. II bei Y) einen irdenen Krug mit etwa 1500 Denaren. Von diesen behielt der Finder 7 Stück, das Wiesbadener Museum kaufte 126, von denen 115 sich noch identifizieren lassen. Die übrigen wurden nach Boppard verkauft, und über ihren Verbleib liess sich nichts mehr feststellen. Die Wiesbadener Münzen zusammen mit denen des Finders verteilen sich auf folgende Kaiser:

Faustina II	2	Macrinus	3
Commodus	1	Diadumenian	2
Pertinax	1	Elagabal	6
Didius Iulianus	1	Iulia Paula	1
Sept. Severus	12	Iulia Maesa	2
Iulia Domna	16	Severus Alexander	15
Caracalla	12	Orbiana	1
Plautilla	4	Iulia Mamaea	15
Geta	16	Maximinus	12

Ritterling bespricht diesen Schatzfund ausführlich in der Westd. Zeitschrift XV S. 267 und nimmt als das Wahrscheinlichste an, dass er noch im vierten oder dem Anfange des fünften Jahrzehnts des 3. Jahrhunderts der Erde anvertraut worden ist.

Gold:

Nadel aus Elfenbein mit goldenem Knopf; 6,5 cm lang. Der kugelförmige Knopf mit Spitze und Tülle ist 12 mm lang und 8 mm dick. Gef. im Bad. W. M. 8076.

Silber:

1. Fingerring mit eingravierter Inschrift I . O . V . C . 2 cm breit, 2 cm tief. Die Platte, auf der die Buchstaben exakt eingraviert sind, ist 12 mm hoch und 14 mm breit. Die Gesamtform des Ringes ist wie Nr. 73 Pfünz Taf. IX Fig. 7. Die Inschrift ist publiziert bei Brambach C JRh 1546,1. W. M. 8639.

2. Fingerring mit der Inschrift I A G; vgl. Brambach CIRh 1546, 2. Im Wiesbadener Museum, wo er sich befinden soll, ist er nicht mehr vorhanden.

Bronze:

1. (Abgeb. Taf. III Fig. 5.) Zwei gleiche Henkel, oben und unten in je zwei Arme auslaufend. Als Verzierung dient der Oberkörper eines Bockes oben als Griff, zwischen drei kleeblattähnlichen Blättern. Je 19,5 cm hoch. W. M. 6636. Erwähnt und abgebildet in den Mitteilungen des Vereins für Nassauische Altertumskunde 1863, 2 S. 19 und Taf. VI Fig. 4.

2. (Abgeb. Taf. III Fig. 7.) Zwei gleiche Henkel, die oberen beiden Arme laufen in zwei rohe Tierköpfe aus; dazwischen befindet sich ebenfalls ein roh angedeuteter Kopf, vielleicht eines Ebers. Den unteren Abschluss bildet eine Palmette. Die Oberfläche ist sehr verwittert. Je 1,8 cm hoch. W. M. 6656. Erwähnt und abgebildet wie Nr. 1.

3. Eine Schale von Bronze mit Fuss, 2¼" hoch, oben 3¾" im Durchmesser. Erwähnt in den Nassauischen Mitteilungen 1863, 2 S. 19 mit Nr. 1. Jetzt im Wiesbadener Museum nicht mehr vorhanden.

4. Verschiedene halbvermoderte dünne Bronzeblättchen, wahrscheinlich von den Gefässen, zu welchen die Henkel gehörten. Erwähnt wie vorige Nummer, jetzt im Wiesbadener Museum nicht mehr zu identifizieren.

5. (Abgeb. Taf. III Fig. 6.) Runde Zierscheibe; auf der Rückseite befindet sich eine Öse und ein Niet, 67 mm Dm. W. M. 7731. Erwähnt wie Nr. 3.

6. Zwei Schreibgriffel mit kurzem schaufelartigem Ende, hoch 8 und 9,3 cm lang. An einem fehlt die besonders eingesetzte Spitze. W. M. 7044, 7075.

7. Eine Bronzenadel mit Kopf 4½" lang. Erwähnt mit Nr. 3. W. M. 6967.

8. Bruchstück einer Verschlussklappe eines Wasserleitungsrohres. Erhalten ist nur das kurze Einsatzrohr von 7,5 cm Länge, 5 mm Dicke und 5-6 cm Dm. mit einem 15 mm langen starken Ansatz, woran sich eine jetzt verlorene Verschlussklappe bewegte. Es steckte am Ende eines bleiernen Wasserrohres. Gef. im Bad; vgl. S. 5. W. M.

9. Flacher Ring, 9 mm breit, 4 cm Dm., etwa 3 mm dick, auf einer Seite glatt, auf der anderen mit Furche und Delle fein gedreht. Gef. bei den Reichsgrabungen.

Eisen:

1. Siegelring, 25 mm hoch, 30 mm breit. Der Stein ist ausgefallen; die Steinöffnung beträgt 19 x 16 mm. Die ganze Form ist wie Nr. 73 Pfünz Taf. V Fig. 8. W. M.

2. Ein Hiebmesser von Eisen mit Griff, 10½" lang, Klinge 6½" lang, 1¾" breit. Erwähnt wie Bronze Nr. 3. Im Wiesbadener Museum nicht mehr vorhanden.

3. Eine Zange von Eisen, jeder Griff 8½" lang, im ganzen 1' 11¼" lang. Erwähnt wie Bronze Nr. 3. Im Wiesbadener Museum nicht mehr vorhanden.

4. Drei Nägel mit breiten Köpfen 5 - 6" lang. Erwähnt wie Bronze Nr. 3. Im Wiesbadener Museum nicht mehr vorhanden.

Blei:

Zwei Bruchstücke eines Bleirohres , 32 und 37 cm lang von 7 - 8 cm Dm. und etwa 5 mm Wandungsstärke. An einem Ende fand sich das kurze Einsatzrohr, Bronze Nr. 8. Gef. im Bad; vgl. S. 5. W. M.

Stein:

1. 

Rechte untere Ecke einer Inschrifttafel aus grauem Sandstein, 8 cm hoch, NT F 15 cm lang, 10,5 cm dick, 25 mm Buchstabenhöhe. Gef. 1882. Wiesbadener Museum 112. Vgl. Nassauische Annal. XVII S. 145.

2. Bruchstück einer Schale aus Serpentin. Gef. im Bad. W. M. 1 147; dort augenblicklich nicht zugänglich. Vgl. Nassauische Annal. XVII S. 121.

3. (Abgeb. Taf. III Fig. 13.) Ornamentierter weisser Sandstein. Er ist auf drei Seiten bearbeitet, mit Schuppen verziert, und scheint ein Pilastersockel zu sein, von dem eine ebenfalls geschuppte hängende Platte als Gesims 16 cm vorspringt, dann aber glatt als Plättchen, Karimis und Rundstab wieder zum Sockelgrund zurücktritt. Er ist im Grundriss 70 à 75 cm gross und trotz der Verstümmelung noch 40 - 45 cm hoch. Cohausen, Nass. Annal. XVII S. 1 21. Gef. 6 m südwestlich von dem auf Taf. 1 Fig. 3 dargestellten Gebäude. Der Stein befindet sich jetzt in der Wirtschaft „Zur Friedenseiche" in Miehlen. Unsere Abbildung ist nach der kleinen Skizze in den Nassauer Annal. XVII Taf. VII Fig. 3 hergestellt.

4. Einseitig geglättetes und etwas profiliertes Bruchstück aus Sandstein, das vielleicht zu einer Gewandstatue gehörte. Auf einer Seite ist eingeritzt A. Gef. neben dem Kastellgraben.

5. Bruchstück eines Mühlsteins. Gef. im Brunnen an der Südseite des Kastells.

Thon:

I. Sigillata.

Es fanden sich folgende Formen: Teller Dragd. 18, 18/31 (mit Stempel Nr. 5), 32 (mit Stempel Nr. 22), und wie Nr. 53 Neckarburken Taf. IV Fig. 70 und Nr. 73 Pfünz Taf. VI Teller von 7a (18 cm Dm., im Kastell). Gleich profiliertes Randstück eines tassenartigen Gefässes von 11 cm Randdurchmesser (im Kastell). Tassen Dragd. 27 (mit Stempel Nr. 2 u. 24), 33 (mit Stempel Nr. 6), 35, 36 (nur im Kastell). Schalen Dragd. 37, 38; 38 mit sehr breitem barbotine-verziertem Rand wie Nr. 73 Pfünz Taf. VI Schüssel 3b. Dragd. 44. Reibschalen Dragd. 43 und 45

Hervorzuheben sind:

1. Zwei Schalen mit Kerbschnittverzierung, a) von einem steilwandigen Napf, wie Nr. 73 Pfünz Taf. XIX Fig. 2; b) von einer halbkugeligen Schale etwa wie Nr. 35 Obernburg S. 34. Gef. im Kastell.

2. (Abgeb. Taf. III Fig. 17-25 28 und 30.) Proben von ornamentierten Schüsseln Dragd. 37. Fig. 23 entstammt sicher einer frühen, Fig. 17 und 30 einer späten Fundschicht.

3. (Abgeb. auf obenstehendem Cliché.) Bruchstück einer Schüssel der Form. Dragd. 37 mit Guirlanden, in denen Vögel sitzen. Auf ihr befinden sich die beiden Stempel 35 und 36, *Cerialis f* und *Regin f.* Gef. in der Nähe des Münzschatzes, vgl. Westd. Zeitschr. XV S. 267. W. M. 4975.

A. Stempel

angebracht im Innern der Gefässe auf vertieftem Grund mit erhabenen Buchstaben:

1. AIDO, handschriftlich als in Marienfels 1846 gefunden erwähnt. Der Name fehlt in CIL XIII.

2. *Arvernic[i,* auf einer Tasse Dragd. 27. Gef. 1903 bei den ersten Nachuntersuchungen.

3. *Borius,* auf flachem Tassenboden. Gef. im Kastell.

4. BOVDVS F, erwähnt mit Nr. 1.

5. CELSINVS F, auf Teller der Form Dragd. 18/31; identisch mit Nr. 16 Arnsburg S. 24, 5. Gef. in der Niederlassung.

6. COCVS · F, auf Tasse der Form Dragd. 33; identisch mit Nr. 1 Heddesdorf S. 16 A 4. Auf dem Boden aussen befindet sich die unten erwähnte Kritzelei, *Peri.*

7. *Cocus f,* auf spitzem Tellerboden.

7a. COMISIIVS F, auf spitzem Boden, 27 mm lang und etwa 3 mm hoch, inmitten eines schraffierten Kreises. *Comisillus f* mit derselben Ligatur von *ll* aus Arentsburg in Holland CIL XIII$_{614}$. Gef. 1903 bei den Nachuntersuchungen auf Grundstück 887.

8. *Iass(us) Ca( )fe,* auf flachem Tellerboden. Vielleicht liegt nach dem Reimser Exemplar CIL XIII_{1010} ein Stempel des Kompagniegeschäftes des *Iassus* und *Catus* vor, oder es ist nach CIL XIII_{1010} *Iassus Cavi* zu ergänzen.

9. [*Int*]*onius,* auf flachem Boden. Nach den erhaltenen Resten des Anfangs ist der Name sicher ergänzt; vgl. CIL XIII_{1038}.

10. *C . Iu . . . ,* auf mässig gewölbtem Boden. Ein *Caius Iu . .* stimmt nur zu dem Stempel aus Trion CIL XIII_{1067} *C. Juli Alb.* Gef. im Kastell.

11. *Le . . . ,* rückläufig auf flachem Tellerboden.

12. *Lentul(i),* auf flachem Tassenboden. Gef. in der Niederlassung.

13. *L Lentullife (?) ,* auf gewölbtem Tellerboden. Der Schluss ist schlecht ausgedrückt. Die beiden N-striche heben sich so kräftig aus den übrigen schwach ausgeprägten Buchstaben heraus, dass sie in der Form später nachgeschnitten zu sein scheinen. Die am Schluss nach V auftretenden fünf Hasten finden sich auch auf einem in Mainz befindlichen Stempel; die fünfte ist vermeintlich als undeutliches F zu erklären. Andere Stempel des gleichen Namens haben nur vier Hasten am Schluss. Vgl. CIL XIII_{1113}.

14. *Marcellinus* fe, auf spitzem Tellerboden. Gef. 1903 in der oberen Schuttschicht.

15. *Miccio f* auf gewölbtem Tellerboden.

16. *M. . . us f;* auf flachem Tellerboden. Gef. im Kastell.

17. *Mo . . . . us f,* auf flachem Tassenboden. Zur Ergänzung kommt von gebräuchlicheren Namen nur *Montanus* in Betracht. Gef. in der bürgerlichen Niederlassung.

18. NA[SSO F], auf gewölbtem Tellerboden; identisch mit Nr. 14 Butzbach S. 21, 16. Gef. in der Niederlassung.

19. *Nasso fec,* auf gewölbtem Tellerboden innerhalb eines schraffierten Kreises. Gef. in der Niederlassung.

20. *Patruitus fecit,* auf gewölbtem Tellerboden, innerhalb eines schraffierten Kreises. Gef. in der Niederlassung.

21. SACIANT, nach handschriftlicher Notiz wie Nr. 1.

22. SACIANT F, erwähnt in CIL XIII$_{1686\ i}$, doch ohne Quellenangabe; vielleicht mit voriger Nummer identisch.

23. SACIRO . F, auf gewölbtem Tellerboden; identisch mit Nr. 51 Schlossau S. 7, 3. Gef. in der Niederlassung.

24. *Toutilli. m*, auf einer Tasse der Form Dragd. 27. Ein Stempel dieses Namens aus Autun ist veröffentlicht als CIL XIII$_{1933}$. Gef. in der Niederlassung.

25. [VIC] TOR, auf erhabenem Boden; identisch mit Nr. 2 a Niederberg S. 16, 27. Gef. im Kastell.

26. . . *n*. . . *cus,* auf spitzem Tellerboden. Der Anfang ist ganz schwach ausgedrückt. Da auch *N* zweifelhaft ist und vielleicht einen Teil eines A bildet, ist die Ergänzung unsicher.

27. . . *rus,* auf spitzem Boden. Gef im Kastell.

28. *T . . . . . o*(?)*r*, auf einem Teller der Form Dragd. 32. Der erste Buchstabe nach dem Punkt fing mit einer Haste an, der Punkt vor *R* ist auf unserer Zeichnung zu scharf ausgefallen; die Stelle ist sehr abgerieben; ein *T. Pastor* fehlt im CIL XIII. Gef. in der Niederlassung.

29. (Abgeb.) Statt Buchstaben ist ein schachbrettartiges Muster eingepresst, auf flachem Tellerboden aus sehr schlechtem spätem Material. Gef. 1903 in der oberen Schuttschicht. Dasselbe Muster findet sich auch als Ornament an halbkugeligen Schüsseln, in ganz später Zeit. Vgl. Nr. 23 Grosskrotzenburg S. 31, 4.

30 - 33. (Abgeb.) Rosetten auf flachen Tellerböden. Rädchen gef. in der Niederlassung. Rad und Stein gef. im Kastell.

B. Stempel

angebracht aussen am Rande von in der Form gepressten Schüsseln :

34. C$\overline{\text{EN}}$[S]OR, mit erhabenen Buchstaben mitten in der Bildfläche der auf Taf. III Fig. 20 abgebildeten Scherben. Der Stempel ist identisch mit Jacobi, Saalburg S. 315, 16.

35. CERIALIS F, mit vertieften Buchstaben auf erhabenem Feld auf der S. 10 abgebildeten Schüssel. Der Stempel ist wohl identisch mit Nr. 42 bringen C 2. W. M. 1975.

36. REGIN F, mit erhabenen Buchstaben in vertieften Feld am oberen glattem Rand derselben Schüssel wie Nr. 35.

Kritzelei:

(Abgeb. Taf. III, Fig. 9.) *Peri*, aussen auf dem Boden der Tasse mit Stempel Nr. 6.

II. Terra nigra.

1. (Abgeb. Taf. III, Fig. 2.) Urnenrand aus gut schabbarer Terra nigra. Die dicke Scherbe ähnelt den praehistorischen. Gef. im Kastell.

2. Glatter Rand eines Ürnchens aus sehr feiner Terra nigra. Gef. im Kastell.

3. Flacher horizontaler Rand einer Schüssel von etwa 24 cm Dm. Gef. im Kastell.

4. Bruchstücke, gut schabbar, mit Schachbrettmuster von feiner und roher Ausführung. Gef. im Kastell.

III. Bemalte Gefässe:

1. Randstück eines hell- und dunkelrot marmorierten Tellers von 29 cm Dm. aus rötlichem Thon mit flach horizontal umgeschlagenen Rand. Ein sehr ähnliches Exemplar befindet sich in Wiesbaden. Gef. im Kastell.

2. Randstück einer hell- und dunkelrot marmorierten Tasse von 14 cm Dm. aus rötlichem Thon mit flach auswärts gebogenem dünnem Rand. Gleiche Exemplare befinden sich in Wiesbaden und sind auch auf der Saalburg gefunden worden. Gef. im Kastell,

3. (Abgeb. Taf. III, Fig. 3.) Randstück einer Urne von 12 cm oberem Dm. aus weisslichem Thon. Am Bauche sind Reste von braunrot aufgemalten breiten konzentrischen Kreisen erhalten. Ein vollständiges Exemplar unbekannten Fundorts in Worms ist abgeb. bei Weckerling, Die Röm. Abteilung des Paulusmuseums 1885 Taf. III 2. Gef. in Kastell.

4. Scherbe aus feinem rötlichem Thon, dunkelrot bemalt, 1 cm stark, von einem grossen Krug oder einer Urne herrührend. Gef. 1903 bei den Reichsgrabungen in der Schuttschicht.

5. Randscherben von grossen Näpfen. a) Etwa wie Nr. 2a Niederberg Taf. V Fig. 4 und 5; kirschrot bemalt. Gef. in der Niederlassung. b) Etwa wie Nr. 73 Pfünz Taf. VII Näpfe 4.

6. Krughals aus hellem Thon mit rotem Farbüberzug wie Nr. 211 Niederberg Taf. V Fig. 8. Gef. im Kastell.

7. Nebenausguss eines Kruges oder einer Urne, die am Rande neben der Hauptöffnung noch einen oder mehrere Ausgüsse trug, rötlicher Thon, rotbraun bemalt. Die Höhe des Ausgusses beträgt 3 cm, die lichte Weite 25 mm. Gef. 1903 bei den Reichsgrabungen in der Schuttschicht.

8. Fuss eines rohen Gefässes, 55 mm Dm., aus rötlichem Thon mit dunkelroten Farbenspuren. Der Standring ist auf dem Boden durch eine nachlässig eingeritzte Rille markiert. Gef. 1903 bei den Reichsgrabungen in der Schuttschicht.

9. Scherbe eines Kruges (?) mit stark abgesetzter Schulter aus gelblich rotem Thon. mit roter Farbe roh gefirnisst bemalt. Gef. 1903 in einer Baracke auf dem Grundstück Nr. 887.

IV. Gefässe mit Glimmerbelag.

(Abgeb. Taf. III Fig. 1.) Napf von 6 cm Höhe und 26 cm Dm. Die Oberfläche ist z. T. schwarz verbrannt. Gef. im Kastell.

V. Unter Firnis gemalte Gefässe.

1. Die meisten aus dem Kastell stammenden Stücke rühren von Gefässen aus weissem Thon her, braun und rötlich gefirnisst .

a) Urnenbruchstücke mit weit auseinanderstehendem Griesbelag.

b) Urnenrandstück mit Schrägrand und sehr exaktem dreieckigem kerbschnittartigem Muster.

c) Urnenbruchstück mit Resten von breiter Barbotineverzierung.

d) Geradwandiger Becher mit wenig ausladender Lippe und feinem langem und schmalem Kerbschnittmuster.

e) Becherrand von 14 cm Dm., oben glatt abschliessend mit Kerbschnittmuster.

2. Bruchstücke von grösseren Urnen und Bechern, z. T. mit länglichen Dellen, aus rotem Thon, schwarz und metallisch glänzend gefirnisst. Die Gesamtform war wie z. B. Nr. 16 Arnsburg Taf. VIII Fig. 26 und 31. Gef. im Kastell und in der Niederlassung.

3. Bruchstücke kleiner Becher wie Nr. 16 Arnsburg Taf. VII Fig. 15 und 32. Gef. im Kastell.

4. Bruchstück eines kleinen Becherchens mit sehr schmalem Fuss aus rotem Thon, rötlich gefirnisst; roh. Gef. im Kastell.

VI. Gefässe aus gewöhnlichem Thon.

In der nachfolgenden Aufzählung beziehen wir uns, wenn nichts anderes angegeben ist, auf Nr. 53 Neckarburken Taf. IV.

1. (Abgeb. Taf. III Fig. 10-12, 14-16.) Wulstig umgeschlagene Urnenprofile aus weissem, rauh brüchigem, hart gebranntem (Fig. 16 aus rotem) Thon.

2. Die Hauptmasse bilden die sogen. herzförmigen Urnenränder aus körnigem, weissem, aussen hell- oder dunkelbläulich gebranntem Thon. Die Ränder tragen fast alle aussen einen scharfen Absatz.

3. Horizontal umgeschlagene Profile wie Fig. 46, 47, meist aus weissem körnigem, einige aus feinem rotem Thon.

4. Randstück aus gelbem rauhbrüchigem Thon wie Nr. 16 Arnsburg Taf. III Fig. 13. Gef. im Kastell.

5. Näpfe mit nach innen wulstig verdicktem Rand wie Fig. 51 und 52 oder nach aussen umgeschlagen mit Rille auf der Oberseite ähnlich wie z. B. Nr. 25 Heldenbergen Taf. II Fig. 9; aus weisslichem oder rötlichem grobem Thon.

6. Sehr wenige Reibschalen aus weissem Thon wie Fig. 7 und 11.

7. Krughälse meist wie Fig. 62 und 63 aus weissem Thon; ein Exemplar der Niederlassung aus rotem Thon zeigt ein abgetrepptes Profil wie Nr. 25 Heldenbergen Taf. III Fig. 50, doch weniger stark trichterförmig ausladend.

8. Deckel aus grobem Thon wie Fig. 74 und 76.

Ausserdem sind bemerkenswert:

9. Urnenbruchstück mit steiler Wandung und kleinem Schrägrand von 10 cm oberem Dm. aus rötlichem Thon; 2 cm unterhalb des Randes sind grosse Barbotinetupfen in einer Entfernung von 3-4 cm voneinander angebracht.

10. (Abgeb. Taf. III Fig. 4.) Randstück eines urnenartigen Gefässes mit kleinem Henkel aus feinem rotem Thon.

11. (Abgeb. Taf. III Fig. 8.) Doppelhenkeliger Krughals aus weissem Thon mit profiliertem Rand ähnlich den Krügen aus dem Heldenbergener Töpferofen. Von dieser Sorte wurden im Kastell 2 Exemplare gefunden.

12. Zwei Hälse von grossen Amphoren.

Auf den Henkeln fanden sich folgende Stempel:

a) (Abgeb. S. 11 [hier S. 320], Cliché.) *of G. R(am . . .) Ar* ( ) *Op* ( ) nach Bohns Erklärung CIL XV $_{3125\ b}$. Das Gentile *Ram* ( ) steht aus verwandten Beispielen fest; *Op* ( ) ist wohl der Name des Sklaven (*Optatus*) oder des Ortes. Es ist eines der ganz wenigen Beispiele, bei denen *of(ficina)* auf Amphorenhenkeln steht. Gef. in der Niederlassung.

b) (Abgeb. S. 11 [hier S. 320] Cliché.) *M L C* (?), rückläufig. Die beiden letzten Buchstaben sind sehr undeutlich ausgeprägt. Gef. 1903 bei den Reichsgrabungen.

c) (Abgeb. S. 11 [hier S. 320], Cliché.) . . *MMI* . ., Anfang und Schluss sind verstümmelt. Das erste *M* sieht fast aus wie *ΓΛ*; am Schluss steht vielleicht *R* mit einer Ansa verbunden. Gef. im Kastell.

Kritzelei:

. . . LAI . . ., auf einer Doliumscherbe mit 4-5 cm hohen Buchstaben. Gef. 1903 bei den Reichsgrabungen.

Terracotta:

1. (Abgeb. auf dem Cliché S. 10 [hier S. 319]). Eponastatuette aus weissem Thon. Die Göttin sitzt auf einem Pferd und trägt einen Hund auf ihrem Schoss. Gef. im Bad. W. M. 5432. Vgl. Nassauische Annal. XVII S. 121.

2. Schwanz eines Hahnes aus weissem Thon. Gef. im Kastell.

Ziegel der Legio XXII.

1. Rechteckiger Stempel in der Art wie Nr. 19 Oberflorstadt Taf. III Fig. 5. Gef. im Bad. W. M. 10240, augenblicklich nicht auffindbar.

2. (Abgeb. Taf. III Fig. 26.) Platte 20 x 20 cm gross, 4,5 cm dick. Gef. im Bad. W. M 10242. Sehr ähnlich ist Nr. 51 Schlossau Taf. III Fig. 3 und 4

3. (Abgeb. Nr. 29 Hofheim Taf. VII Fig. 42.) Namenstempel des *Cal. Strabo*. Bruchstück 5 cm dick. Gef. im Bad. W. M. 10094. Vgl. Wolff, Nied S. 312.

4. (Abgeb. Taf. III Fig. 27.) Namenstempel des *Helvius Montanus*. Sechs vollständige Platten 22 x 22 cm gross, 4,5 cm dick und zwei 4,5 cm dicke Bruchstücke. Gef. im Bad. W. M. 10041, 10095, 10105, 10256, 10257-10260. Vgl. Wolff, Nied Fig. 160.

5. (Abgeb. Nr. 23 Gross-Krotzenburg Taf. IV A 10.) Namenstempel des *Iul. Primus*. Fünf Platten 22 x 22 cm gross, 4,5 cm dick. Gef. im Bad. W. M. 10246-10250. Identisch ist der nicht abgebildete Stempel aus Marköbel, vgl. Nr. 21 S. 22, 2 und Wolff, Nied Fig. 148.

6. (Abgeb. Taf. III Fig. 31.) Namenstempel des *L. L. S* in S-Form. Platte, 28 x 28 cm gross, 6 cm dick. Gef. im Bad. W. M. 10010. Identisch mit dem schlecht erhaltenen Exemplar Nr. 14 Butzbach Taf. III Fig. 19 und Jacobi Saalburg Taf. 75 Fig. 9. Vgl. Westdeutsche Zeitschrift XVII S. 207 Anm. und Wolff, Nied S. 298.

7. (Abgeb. Taf. III Fig. 32.) Namenstempel des *Man. Candi(dus)*. Fünf Platten, 20 x 20 cm gross, 5 cm dick. Gef. im Bad. W. M. 10251-10255; sowie ein sechstes Exemplar (altes Inventar F 85), jetzt verloren. Vgl. Wolff, Nied S. 317.

8. (Abgeb. Taf. III Fig. 29.) Namenstempel des *M. St. M.* Plattenbruchstück, 3-4 cm dick. Gef. im Bad. W. M. 10244. Unsere Zeichnung ist nach identischen Exemplaren aus Nied und Wiesbaden selbst hergestellt. Vgl. Wolff, Nied Fig. 141.

9. (Abgeb. Nr. 4 Heddesdorf Taf. V Fig. 10.) Splitter ohne messbare Dimensionen. Erhalten ist in der ersten Zeile nur *GX*, in der zweiten das charakteristische *P* mit der dreieckigen Zacke dahinter. Gef. 1903 bei den Reichsgrabungen.

10. (Abgeb. Nr. 2a Niederberg Taf. VI Fig. 15.) Bruchstück eines Heizkästchens. Gef. neben dem Südthor des älteren Kastells.

11. (Abgeb. Nr. 56 Böckingen Taf. IV Fig. 2.) Platte, 22 x 22 cm gross, 4,5 cm dick. Gef. im Bad. W. M. 10241. Vgl. Wolff, Nied Fig. 81.

12. (Abgeb. Nr. 19 Oberflorstadt Taf. III Fig. 21.) Platte, 22 x 22 cm gross, 4 cm dick. Über unsern Stempel ist der Kontrollstempel Nr. 15 gedrückt, so dass nur die beiden Rosetten darunter hervorsehen. Gef. im Bad. W. M. 10243.

13. (Abgeb. Nr. 16 Arnsburg Taf. III^{A} Fig. 24.) a) Platte, 21,5 x 21,5 cm gross, 3,5 cm dick. b) Plattenbruchstück, 3,5 cm dick. a und b gef. im Bad. W. M. 10012, 10096. c) Tegulabruchstück, 2,5 cm dick. Gef. im Gebäude A innerhalb des Kastells. Vgl. Wolff, Nied Fig. 124.

14. (Abgeb. Nr. 14 Butzbach Taf. III Fig. 29.) Hypokaustdeckplatte, 6 cm dick. Gef. im Bad. W. M. 10060. Vgl. Wolff, Nied Fig. 107.

15. (Abgeb. Nr. 14 Butzbach Taf. III Fig. 32.) Auf einer mindestens 6 cm

dicken Platte. Gef. beim Bahnbau in der Nähe des Bahnhofs; von Hrn. Ingenieur Kolb der RLK geschenkt.

16. (Abgeb. Nr. 56 Böckingen Taf. IV Fig. 2.) Kontrollstempel, *iustum fecit;* übergestempelt über Nr. 12.

Heizröhren,

gef. im Bad. W. M. 10353-56. Ein Exemplar ist 32 cm hoch, 18 cm breit, 10 cm tief, 1,5 cm dick und hat an der Schmalseite eine 12 x 2,5 cm grosse Öffnung.

Bruchstücke von Plafondziegeln und Wandziegeln.

Gef. 1903 in der Brandschicht.

Lehmstakwerk

mit Abdrücken von Gerten. Gef. 1903 in der Brandschicht.

Estrich:

Proben mit Eckwulst aus dem Bad. W. M. 10485.

Wandverputz:

Probe mit schwachen Farbresten aus dem Bad. W. M. 11839.

Bein:

1. Nadel mit goldenem Knopf, s. Gold S. 9 [hier S. 316].
2. Griffel von Elfenbein mit abgeplattetem Kopf 3¾" lang. Erwähnt wie Bronze Nr. 3.
3. Messerchen mit verziertem Beingriff. Gef. im Bad. W. M. 8860, jetzt nicht mehr vorhanden. Vgl. Nassauische Annal. XVII S. 120.
4. Etwa 50 Haarnadeln; eine davon, mit einem Eichhörnchen verziert, ist im Wiesbadener Museum nicht mehr vorhanden. Gef. im Bad. Vgl. Nassauische Annal. XVII S. 120.
5. Kleine Perle aus hartem Bein, 5 mm lang, 9 mm Dm.
6. Geweihteile vom Hirsch, Knochen und Zähne vom Pferd, Rind und Schwein. Gef. im Bad. W. M.

Sogen. Ägyptisches Porzellan:

Geriefelte Perle von 18 mm Dm. und 14 mm Tiefe. Gef. 1903.

(November 1903.)

Nº5ª. KASTELL MARIENFELS.

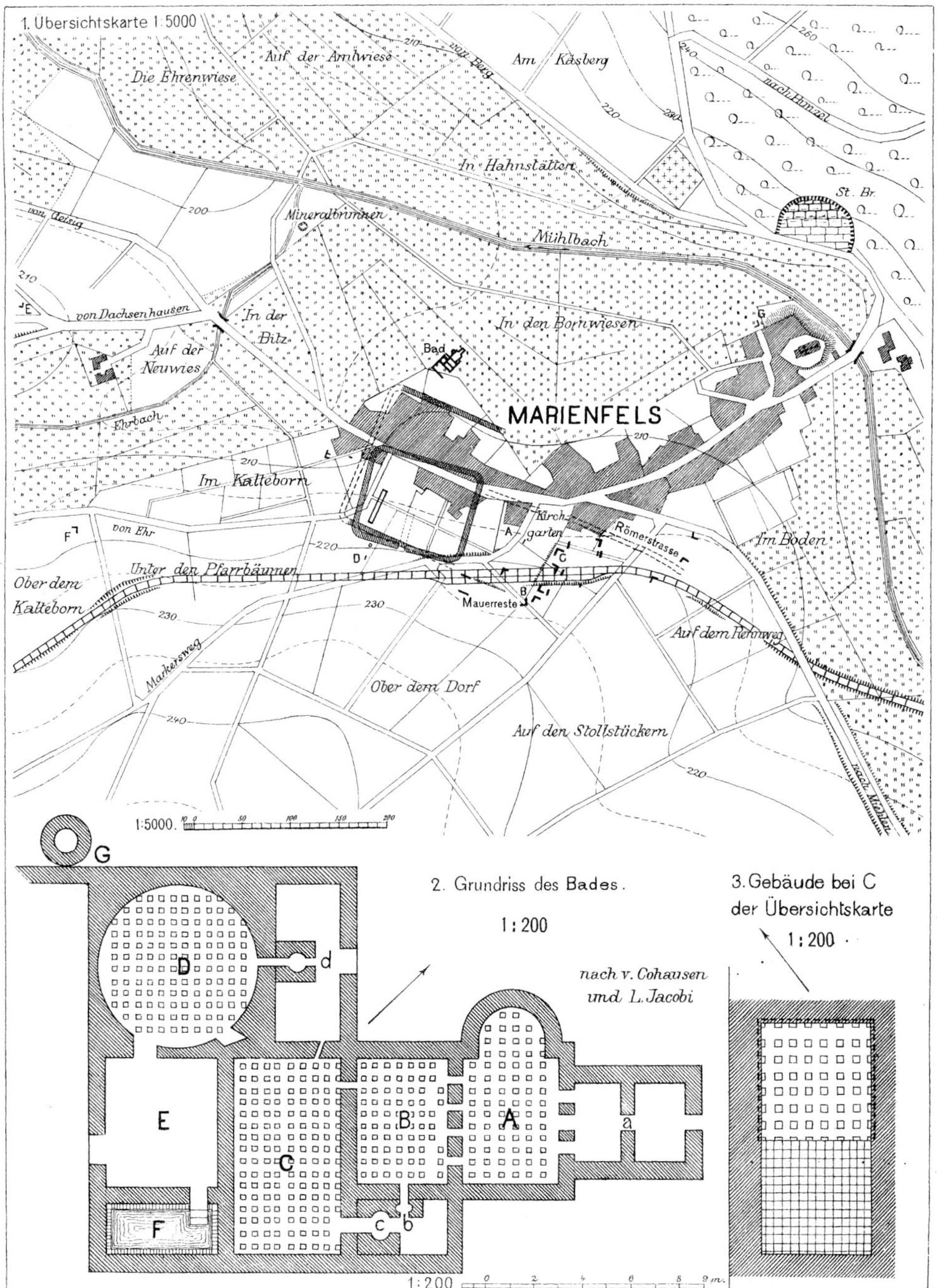

No. 5a. KASTELL MARIENFELS.

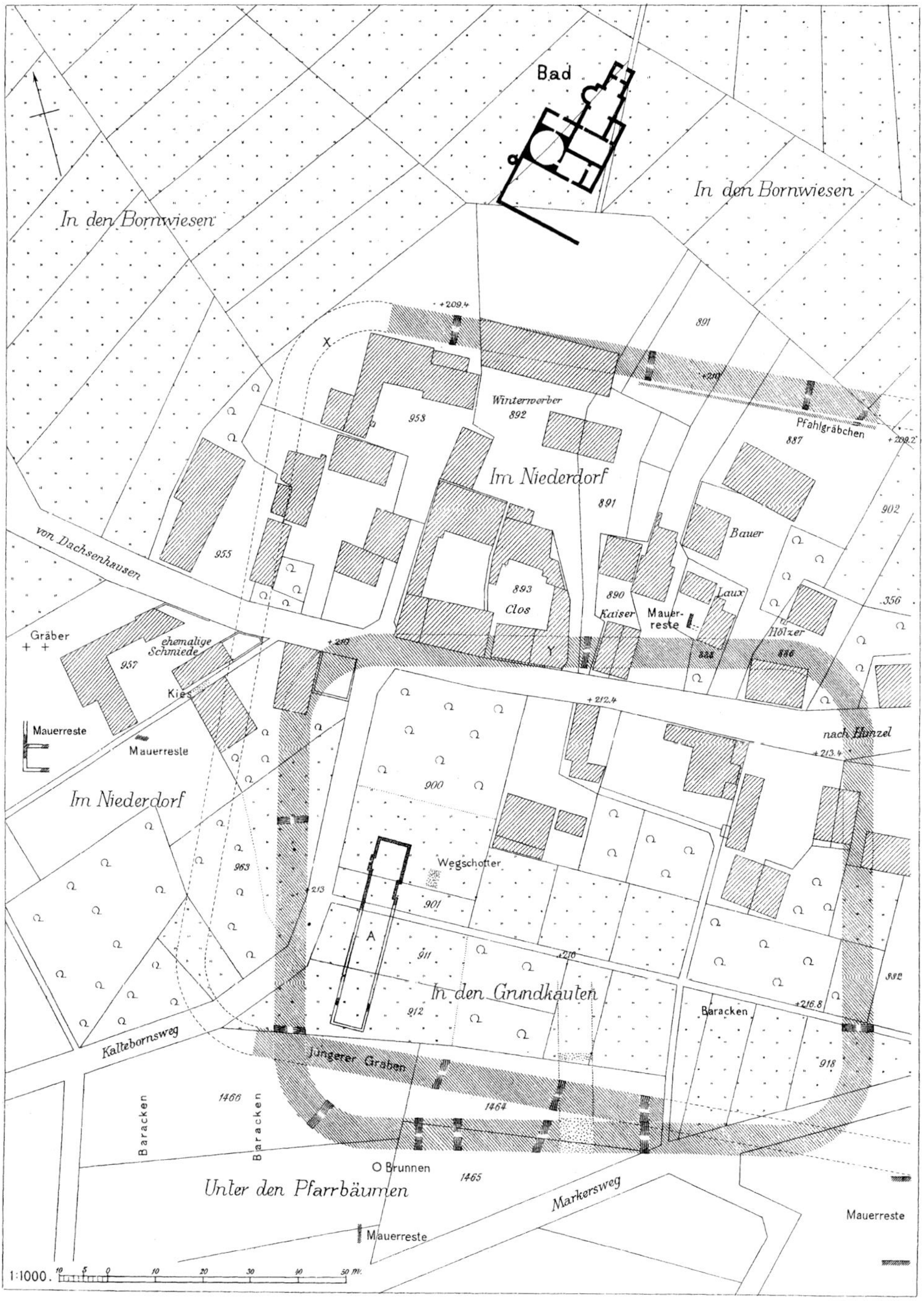

Nº5ª. KASTELL MARIENFELS.

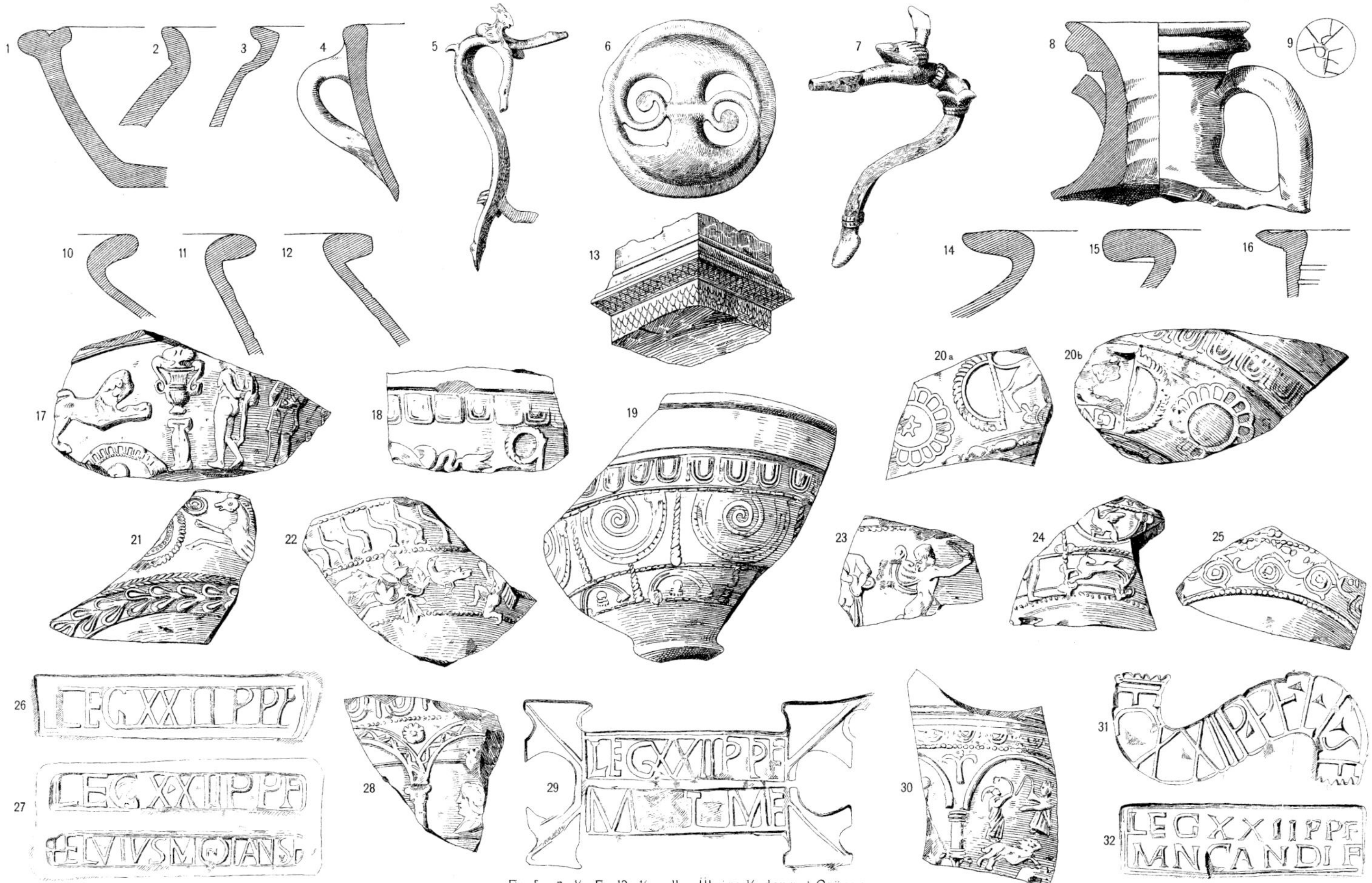

Fig. 5 u. 7 = ¼, Fig. 13 = 1/12, alles Übrige ½ der nat. Grösse.

[hier alles zu ca. 70 % wiedergegeben]

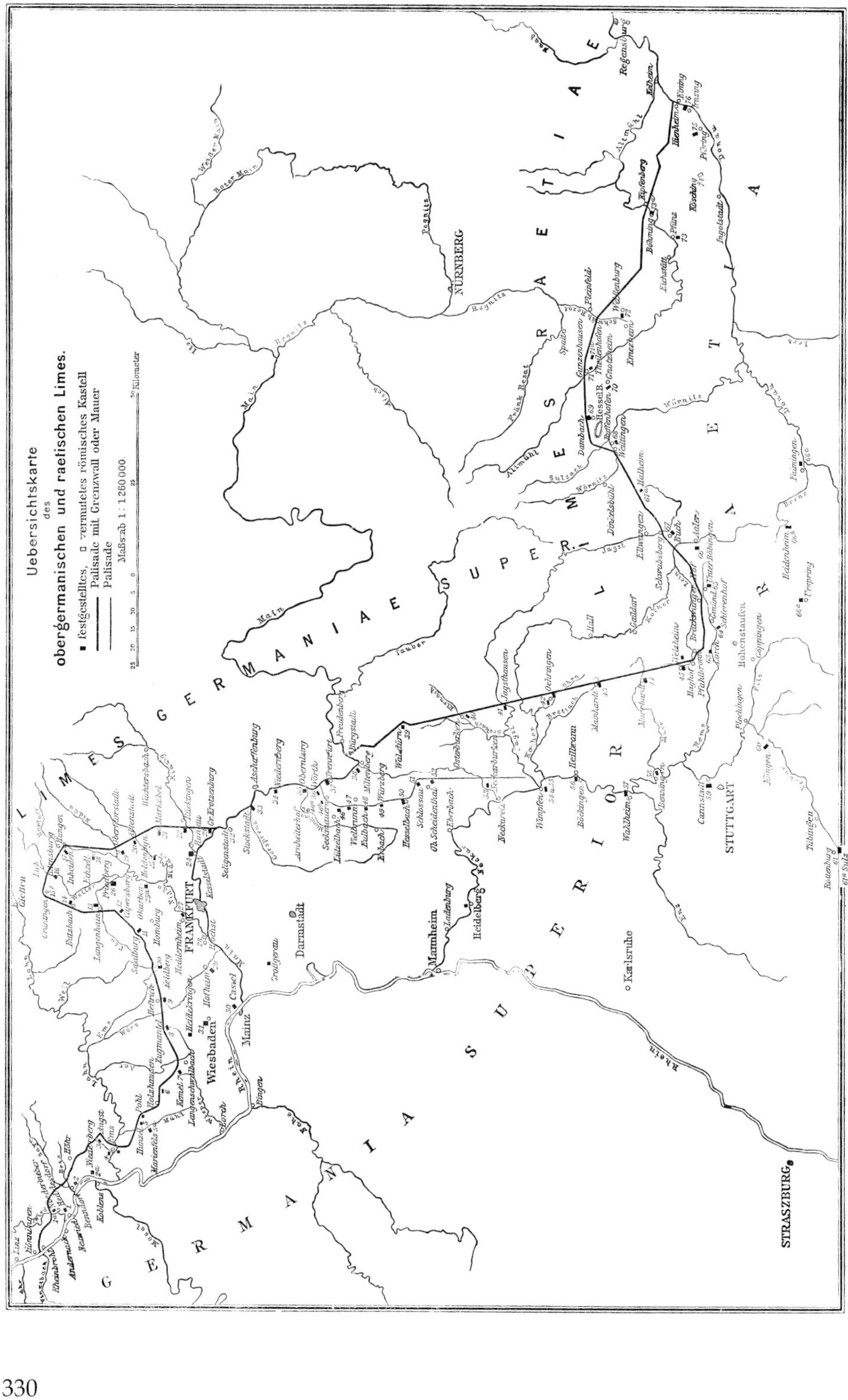
Uebersichtskarte
des
obergermanischen und raetischen Limes.
festgestelltes, vermutetes römisches Kastell
Palisade mit Grenzwall oder Mauer
Palisade
Maßstab 1: 1260000.
Kilometer
LIMES GERMANIAE SUPER.
LIMES RAETIAE
GERMANIA SUPERIOR
RAETIA
FRANKFURT
Wiesbaden
Mainz
Darmstadt
Mannheim
Heidelberg
Karlsruhe
STUTTGART
NÜRNBERG
STRASZBURG
Regensburg
Ingolstadt
Koblenz
Bingen
Main
Rhein
Neckar
Donau

Römische Gehöfte zwischen Limes und Rhein.

Von
R. Bodewig.
Mit 32 Textabbildungen.

Die vorliegende Arbeit erstreckt sich auf das Gebiet zwischen Limes und Rhein, das im Süden durch eine Linie von St. Goarshausen bis Miehlen, im Norden von Vallendar begrenzt ist. Vor der Besitzergreifung durch die Römer war dasselbe mit einer Reihe von Dörfern und Einzelsiedelungen der Latène-Zeit besetzt. Solche sind nachgewiesen bei Braubach, Oberlahnstein, Horchheim, Vallendar und Simmern. Mit der Vorschiebung der römischen Grenze erhoben sich, über das ganze Gebiet verstreut, im Tale und auf den Höhen. die Steinbauten römischer Gehöfte, von denen bereits eine stattliche Zahl nachgewiesen ist. Es liegen bei Bogel 1, Casdorf 1, Endlichhofen 1, Miehlen 2, Pissighofen 1, Eschbach 1, Filsen 1, Osterspay 1. Inwieweit das letztere zu den Gehöften zu zählen ist, muss noch nachgewiesen werden. Es befinden sich nämlich dort im Walde zwei Bauten und daneben ein kleiner Merkurtempel, der auf eine Wegestation an der Verbindung Boppard - Marienfels hindeuten dürfte. Ferner liegen bei Braubach auf der Höhe 4 Gehöfte; im Tale muss nach den Funden ebenfalls eins gestanden haben, es ist aber wohl durch Neubauten zerstört. Oberlahnstein hat 2 auf der Höhe, eins im Tale, Niederlahnstein 1, Horchheim 2, Kratzkopfer Hof 1, Arzheim 4, davon 1 südlich, 3 östlich von Arzheim an der alten Verbindung Coblenz - Ems, Arenberg 1, Simmern 1, Vallendar 1 und Weitersburg 1.

Bis jetzt sind von diesen Anlagen nur wenige untersucht oder angeschnitten worden. Im Laufe der nächsten Jahre sollen weitere in Angriff genommen werden. Die Untersuchung wird dann hoffentlich eine reiche Ergänzung dieser kurzen Darlegung bringen. Das grösste der bis jetzt bekannten Gehöfte nördlich des Wispertales wurde bei Bogel, ziemlich in der Mitte zwischen St. Goarshausen und Nastätten gefunden. Es wurde anfangs von der Limeskommission untersucht da der Gedanke bestand, es könne hier ein zurückgelegenes Kastell gefunden werden[1]. Die Ausgrabung der Villa geschah später auf Kosten des Wiesbadener Museums, wozu dann noch Herr Kommerzienrat Lessing einen Beitrag lieferte.

Die Aufnahme des Nivellements besorgte Herr Wegemeister Reinhardt aus Nastätten. Der verstorbene Herr Bürgermeister Maus in Bogel und Herr Forstmeister Wendlandt in St. Goarshausen haben die Ausgrabungen aufs freundlichste unterstützt.

[1] Limesblatt 25, No. 165.

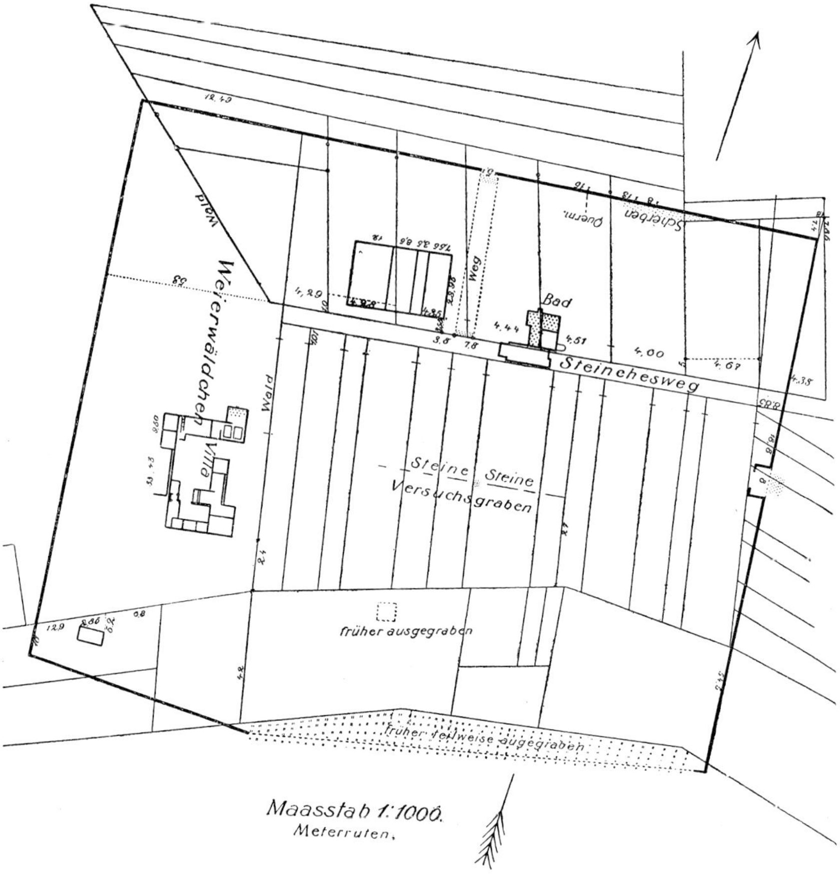

Abb. 1.

Der Ort Bogel liegt an einem vorrömischen Wege, der von Braubach ausgeht und über Ransel zum Wispertale führt. Er wird urkundlich zuerst 893 als Backele erwähnt (Kehrein, Nassauisches Namenbuch S. 170). 1138 heisst er Bachele oder Bachelo (vergl. Cod. diplom. Nass. No. 195; dort wird der Name irrtümlich auf Becheln bezogen). Die Lage an der Quelle des Hasenbachs dürfte die Bezeichnung veranlasst haben.

Rings um Bogel liegen vorrömische Grabfelder in den Distrikten „Dickheck", „Kuhheck" und „Forst". Das also sicher bereits vorhandene bearbeitete Ackergebiet rechtfertigte die umfangreiche römische Anlage.

Das Gehöft (Plan s. Abb. 1) liegt auf einem schmalen, niedrigen Höhenrücken, der sich von Osten nach Westen in das Hasenbachtal hineinschiebt. Nach Süden und Norden fällt er allmählich nach Westen ziemlich schroff in dasselbe ab. Am Ende des Rückens liegt auf der Südseite der Steinbruch, aus dem die Steine für die Bauten genommen sind. Es fanden sich in ihm noch römische Ziegel. Eine 1 m starke Mauer umschliesst das Gehöft. Die 210 m lange Nordseite läuft dort über den Hügelrücken, wo dieser zu der nördlichen Talsenke abfällt. Ihr parallel geht von Bogel her der Steinchesweg durch das Gehöft bis zu dem Steinbruche. Er zeigt häufig den nackten Felsboden, was ihm wohl den Namen gebracht hat. Ziemlich in der Mitte hat die Nordmauer einen 5 m breiten Eingang; durch ihn geht von dem abfallenden Wiesengelände her ein Weg in das Gehöft. Er hat über dem gewachsenen Boden eine Schotterung aus Bachgeschiebe mit einer Kiesdecke. An der Osthälfte der Nordmauer lagen im Innern neben derselben viele Scherben, Mühlsteinstücke, Bodenplatten und gebrannter Hüttenlehm. Auch wiesen ein senkrecht an die Umfassungsmauer sich anschliessendes Mauerstück und verschiedene Kochlöcher darauf hin, dass hier, an die Mauer angelehnt, Hütten für die Arbeiterschaft standen. Die sonst überall zu beiden Seiten der Mauer auftretenden Deck- und Hohlziegelstücke deuten auf die Bekrönung durch ein Satteldach.

An der Ostseite ist die Mauer 162 m lang. Sie hat in der Mitte einen kleinen Torbau. Dieser lehnt sich an die Innenseite der als Schwelle durchgehenden Umfassungsmauer. Er hat eine lichte Weite von 8 : 5 m; der Durchgang ist 5 m breit. Nach den Keilsteinen aus Tuff zu schliessen, waren die Eingänge überwölbt. Von dem Schieferdach lagen Reste im Innern des Baues; auch fanden sich dort einige gebrannte Bodenplatten. Von diesem Tore aus ging ein Weg in östlicher Richtung in die weitausgedehnten Bogeler Felder, wo er sich noch auf einer längeren Strecke in einem Kiesstreifen verfolgen lässt.

Die Südseite geht in gebrochener Linie durch feuchtes Wiesenterrain, wo sie sich nicht überall nachweisen liess, weil sie stellenweise wohl durch den Wiesenbau zerstört ist. Sie scheint einen ähnlich überbauten Toreingang gehabt zu haben wenigstens wurden an der Stelle, wo das Tor zu vermuten ist, von dem Wiesenbesitzer Phil. Heinr. Michel Mauern ausgebrochen.

Die Westseite ist 1 - 2 m lang. Sie läuft grösstenteils durch das „Weiherwäldchen“ und ist allein äusserlich erkennbar. Die Steine sind beim Zusammenbruch meist nach aussen gefallen. Daher macht die Mauer mit ihrem Absturz auf der Innenseite den Eindruck eines hohen Feldraines. Der Eingang dieser Seite ist nicht gesucht worden.

Von den Innenbauten wurde zuerst ein Bad auf der Nordseite des Steinchesweges gefunden (s. Abb. 2). Seine Mauern sind durchweg 75 cm stark; es hat 4 Räume. Der grosse Raum A konnte nicht genauer untersucht werden, weil er fast ganz von dem Steincheswege bedeckt ist. Da die starke Mauer nach Süden hin abbricht und ein nur 40 cm breites Mäuerchen sich ansetzt, so ist es wahrscheinlich, dass dieses eine Holzveranda trug.

Der Raum B hat einen Fussboden von festgestampftem Lehm. An ihn schliesst sich das Bassin, dessen Boden aus feinen quadratischen Ziegelplatten hergestellt ist, die im Bruche eine graugrüne Farbe zeigen. Die Fugen sind mit Mörtel verstrichen und sauber geglättet, die Ecken durch einen Viertelrundstab verdichtet. Ein gleichfalls aus Ziegelplatten gebildeter Kanal leitet in mehreren stufenförmigen Absätzen das gebrauchte Wasser ins Freie.

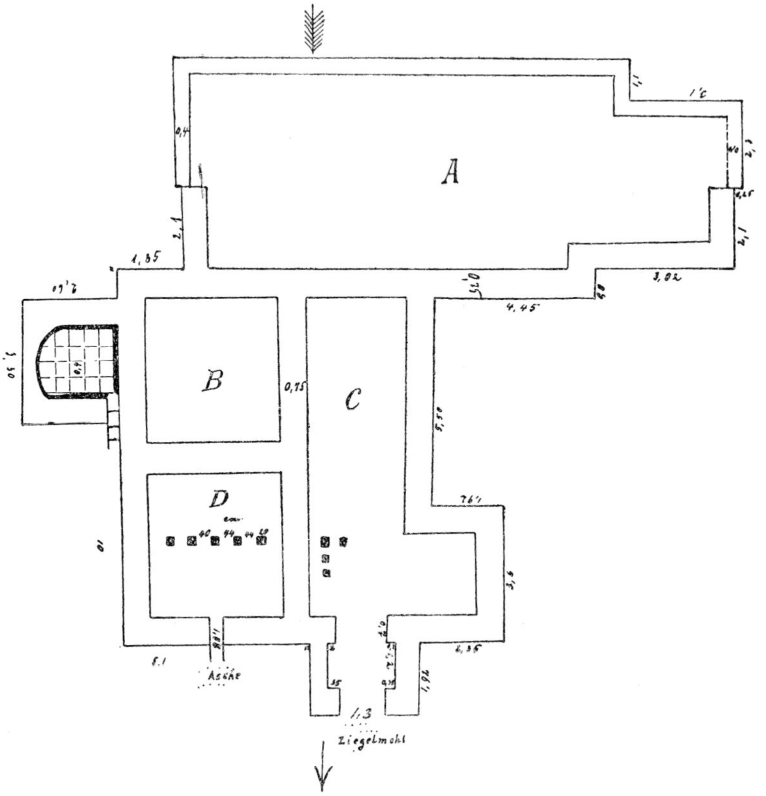

Der Raum C ist ebenso wie der schmale nördliche Vorraum mit einer Betondecke in 10 cm Stärke belegt, die auf einer Unterlage von Sand und Ziegelbrocken ruht, und mit Hypokaustpfeilern versehen. Das Gleiche gilt von dem Raume D. Dieser hat ein eigenes Präfurnium; es ist 1,08 m lang und 40 cm weit und hoch, aus Hypokaustziegeln hergestellt. Es war noch voll von Asche und Kohlenresten. Der grosse Raum C wurde durch den 1,3 m breiten Eingang geheizt, vor dem ein Haufen rötlich gefärbter Asche lag. Neben Schieferplatten, die an 2 Ecken abgeschrägt waren, Dachziegeln, Heizkästchen mit viereckigen und runden Löchern fand sich Wandbewurf, der in linearen Verzierungen die Farben: weiss, schwarz, gelb, hell- und dunkelrot zeigte. Nur im Raum C lagen Gefässscherben und einige Knochen. Der Eingang war wohl auf der Südseite. Durch den grossen Vorraum A kam man in das Frigidarium B und aus diesem in das Tepidarium C und weiter in das Caldarium D. Das

Tepidarium mit seinem triklinienartigen Ausbau hat wegen der darin gefundenen Scherben wohl auch als Speisezimmer gedient. Von einer Wasserzuleitung, die nur von dem höher gelegenen östlichen Terrain aus erfolgen konnte, wurde nichts gefunden ausser einigen Stücken einer Eisenbüchse, wie sie gewöhnlich bei den römischen hölzernen Leitungsrohren sich zeigen.

Ein grosses Wirtschaftsgebäude liegt etwas weiter westlich, ebenfalls auf der Nordseite des Steinchesweges (s. Plan Abb. 1). Es ist nur durch einen Kreuzschnitt gequert werden. Das Gebäude ist 30 m lang und 24 m breit; die Mauern sind 1,10 m stark. Durch 3 Quermauern ist es in 4 ungleiche Räume geteilt. Bei der Grösse des Baues ist anzunehmen, dass er Stall und Scheune enthielt.

Nahe der Südwestecke des Gehöftes liegt ein kleines, 8 m langes und 4 m breites Gebäude, das wohl als ein besonderer Stall anzusehen ist. Einen anderen, turmähnlichen Bau hat der Landmann Phil. Heinrich Michel in seiner Wiese nicht weit von der Mitte der Südseite ausgebrochen. Ziemlich in der Mitte des Gehöftes wurde parallel dem Steincheswege, südlich von demselben ein Schnitt gemacht, der zwar keine festen Mauern, aber Steine zutage förderte, die es wahrscheinlich machen, dass hier noch ein Holzbau, vielleicht eine Remise für Wagen, gestanden hat.

Die Villa, das Wohnhaus des Besitzers (Abb. 3), liegt in dem südwestlichen Teile des umschlossenen Gehöftes. Das Terrain fällt hier schon stärker ab zu der südlichen Senke des Hasenbachtales. Um eine ebene Fläche zu gewinnen, hat man an der Südseite der Villa den gewachsenen Boden ausgehoben und mit diesem den Platz geebnet. So ist auf dieser Seite eine tiefe Senke entstanden. Die Südmauer ist mit dem 12 cm nach innen vorspringenden Sockel 1 m stark, ebenso die Westmauer, die Nordmauer ist 80 cm stark. Auf der Ostseite findet sich auf einer Strecke von 10 m eine Doppelmauer. Beide Seiten sind 60 cm stark und an den Enden in festem Verbande; der Zwischenraum beträgt 30 cm. Er zeigte sich angefüllt mit dunklem feuchten Boden und Schieferbrocken; an einer Stelle lag feiner gelber Sand; auch einige Scherben fanden sich. Weshalb hier diese eigentümliche Konstruktion angewandt wurde, ist nicht zu ersehen. Es konnte vermutet werden, dass man durch die starke Mauer mit dem Hohlraum einen gegen den Ostwind möglichst geschützten und warmen Raum herstellen wollte. Die Erhaltung der Mauern ist verschieden, weil die Villa von Bogel aus als bequemer Steinbruch benutzt und stark durchwühlt wurde.

Die nördliche Schlussmauer ist stellenweise bis auf die Sohle ausgebrochen. Diese liegt an der Nordwestecke 1 m tief in den gewachsenen Boden eingeschnitten. Die Süd- und Westseite dagegen zeigten noch Obermauer und an einigen Stellen den äusseren Verputz. Er ist weisslichgelb mit roten, 1 cm breiten Strichfugen. Die Seiten der eingerissenen Rechtecke sind 12 : 14 cm lang. Parallel der westlichen Hauptmauer läuft eine 70 cm starke

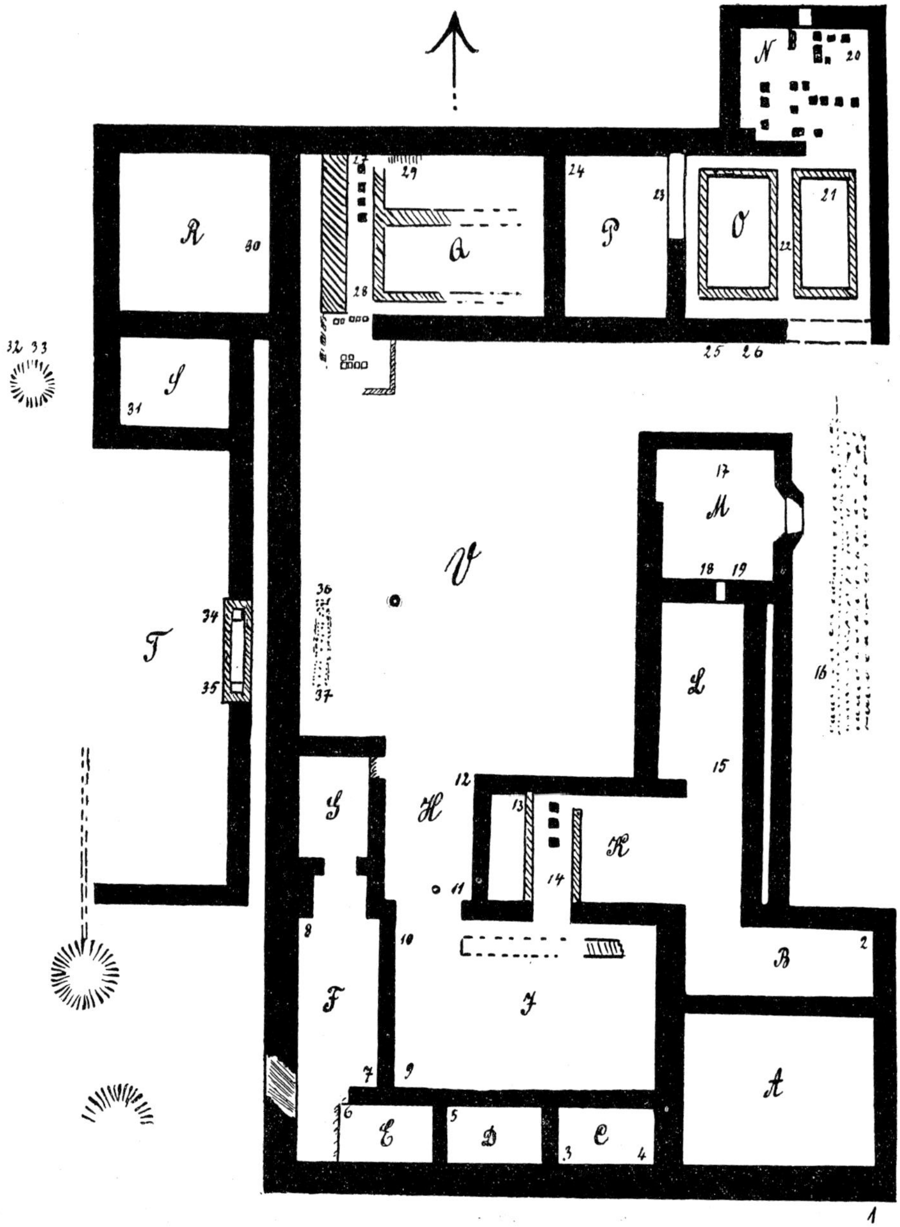

Abb. 3. M. 1 : 200.

Vormauer, die am Südende in keiner Verbindung mit derselben steht. Der Zwischenraum ist 60 cm breit und mit dem grünlichen, auf der Südseite der Villa gewonnenen Ton ausgefüllt. Die Vormauer hat einen 2 m breiten Eingang, durch den man in den Hof gelangte, der den nördlichen und südlichen Teil der Villa scheidet. An dem Eingange ist die Mauer auf der Westseite um 25 cm verstärkt auf einer Strecke von 3,30 m. In der Mauer zeigt sich das Bett des Schwellenbalkens von aufrecht stehenden Steinen umgeben (Ansicht s. Abb. 4). An den Enden erscheinen die ebenso umstellten Löcher für die Torpfosten, die auf einer Schieferplatte ruhten. Die lichte Weite der Pfostenlöcher beträgt 30 : 40 cm. Balkenbett und Pfostenlöcher zeigten Reste von verkohltem Holze. Dem Eingange gegenüber ist im Hofe eine Lage feinen Sandes aufgetragen, um einen trockenen Zugang zu den Wohnräumen zu gewinnen.

Abb. 4.

Auf derselben Seite führte noch eine Türe in der Nähe der Südwestecke in die südlichen Zimmer. Die aus Kalkziegelmörtel hergerichtete und sorgfältig geglättete Schwelle ist dort noch zu erkennen, eine Stiege, die von aussen zu dieser Türe führen musste, ist nicht mehr vorhanden. Überhaupt ist die Südwestecke durch Wegnahme von Steinen stark beschädigt.

An der Ostseite gelangte man durch einen weiten offenen Eingang in den Hof V. Vor diesem Eingang und noch weiter südlich vor der Ostmauer ist auf der Aussenseite des Hauses der Boden festgestampft und mit kleinen, flach gelegten Steinen und Ziegelbrocken belegt. Darüber liegt noch eine dünne Schicht Kies. In ähnlicher Weise ist auch vor der Südseite eine feste Decke von Lehm mit eingedrückten kleinen Steinen geschaffen.

Der Boden des Hofes ist festgetretener Lehm. Da, wo er aufgedeckt wurde, lag überall auf ihm eine starke Brandschicht. Neben der Westmauer nördlich vom Eingange wurde noch ein Haufen gelben Sandes gefunden, der wohl zu Ausbesserungen benutzt werden sollte. In der Nähe lagen zwei schwere Bleistangen, in der Mitte des Hofes eine Anzahl Hypokaustplatten.

Von dem Hofe führt eine offene, 2,75 m breite Halle H in einen grossen atriumartigen Raum J. Die Halle hat einen Estrich von grünem, geglättetem Ton; unter diesem liegen Asche und Schutt über einem älteren gelben Lehmestrich. Vor dem 2,10 m breiten Eingang in den grossen Raum erschien ein Pfostenloch, das ebenfalls auf einen älteren Bau hinweisen dürfte. Ein zweites Pfostenloch wurde im Hofe gefunden.

Auf dem oberen Estrich lagen Nägel, der Ring einer Kette und Dachschiefer. Der Eingang zum grossen Raume hat eine stärkere Aschenschicht, die vielleicht von einer Tür herrührt. Hier lag auch ein Stück von einem eisernen Türbeschlag. Der grosse Raum hat ebenfalls den Estrich von grünem Ton. Auf diesem zeigten sich mehrere grössere Brandstellen und viele Stücke vom oberen Teile der Wand oder von der Decke. Diese sind oft recht vielfarbig. Ein grösseres Bruchstück hat weiss-graue Felder mit schwarzen, roten und gelben Streifen. Ein anderes zeigt weisses Feld mit roten Streifen und grösseren und kleineren roten Flecken, die wohl zu einem Ornamente gehören. Ein drittes Stück hat in ähnlicher Anordnung schwarze Tupfen neben schwarzen Strichen. Alle sind aus feinem Sand und Ton hergestellt, mit Kalk beworfen und glatter poliert, als die anderen farbigen Wandstücke.

An den grossen Raum schliesst sich östlich ein schmales Zimmer B. Es hat einen gestampften Lehmestrich über dem gewachsenen Tonboden. Auf demselben liegt das Schieferdach in starker Brandschicht. Scherben von 3 verschiedenen Amphoren, von Reibeschalen und Sigillatatässchen und auch Knochen wurden hier gefunden. Das Zimmer muss Glasfenster gehabt haben, denn auf der Aussenseite desselben lagen Stücke Fensterglas[2].

An diesen Raum stösst ein grösseres Zimmer A, das die Südostecke des Baues ausfüllt. Die südliche Hauptmauer ist hier besonders gut erhalten und zeigt nicht nur äusseren Verputz, sondern auch Stücke der inneren Wand, weissen Bewurf mit 3 cm breiten roten Streifen, die von unten nach oben gehen. Auf dem Tonestrich lag eine 20 cm starke Schicht von Brandschutt mit den verkohlten Stücken der Dachsparren und darüber Dachschiefer. Über dem Schutt lagerte an einer Stelle ein von oben herabgestürztes und noch zusammenhaltendes Mauerstück von annähernd 2 m Länge und einer Stärke von 50 cm. Teils in, teils neben dem Raume wurden ein Dreifuss, ein Eisenrost, ein Tässchen und ein Teller aus Sigillata, sowie Stücke von Glasgefässen und ein zerdrückter kleiner Bronzebecher gefunden. Ebenso lagen in dem Zimmer eine kleine runde Scheibe aus Dachschiefer und eine andere, die aus einem Wandziegel so abgeschlagen ist, dass auf der einen Seite das Zeichen /// übrig blieb.

An diesen Raum schliessen sich, an die Südmauer angelehnt, 3 gleiche schmale Zimmerchen. Das mittlere D ist am besten erhalten. Es hat einen Terrazzoboden, der nur an der Ostseite etwas verletzt ist. Er ist über Kies und Schiefer gelegt. Gefunden wurde in diesem Räumchen nichts. Bei dem ersten Raum C ist der Terrazzoboden vollständig zerstört. Stücke desselben lagen in einer 40 cm starken Schicht dunkler Erde mit Scherben, Stücken Fensterglas,

[2] Auch auf der Südseite fanden sich ausserhalb der Mauer Stücke Fensterglas, sodass wohl auch nicht heizbare Räume hier Glasfenster gehabt haben.

Haarnadeln und Wandverputz. Der Boden ist hier offenbar zerschlagen und unter ihm nach etwa vorhandenen Gegenständen gesucht worden. Unter der dunklen Schuttmasse lagert eine 20 cm starke Kiesschicht.

Bei dem letzten Raum E ist der Estrich gleichfalls verdorben. Zwischen ihm und der westlichen Hauptmauer liegt ein schmaler Gang, in den man von aussen durch eine Türe gelangen konnte. Von dem Gange kommt man in ein langes, schmales Zimmer F an der Westseite des Hauses mit einem kleinen Vorraum. Hier standen an der Wand noch verschiedene Wandziegel mit dem Verputz aufrecht; an anderen Stellen fand sich der Abdruck der Ziegel in dem Mörtel der Wand. Nur ein Scherben lag in dem Raume, aber viele Wandstücke fanden sich vor. Sie zeigten teils rosarote Felder, teils weisse mit grünem Blattornament.

Von dem Vorraum aus gelangt man durch einen 1 m breiten Eingang in ein kleineres Zimmer G. Es hat einen Tonestrich, über dem viel Schutt lagerte, der aber keine Scherben enthielt. Von der Halle H, resp. vom Hofe aus kam man durch eine besondere, 75 cm breite Tür in diesen Raum. Die Schwelle derselben ist 40 cm breit.

Nördlich stösst an den Raum J ein heizbares Gemach K. Es hat einen schmalen Heizgang, in dem noch 3 Pfeiler zu je 9 Platten aufrecht stehen. Der Gang lag voll Asche; er ist durch dünne Mauern an den Seiten abgeschlossen. Das östliche Mäuerchen hört vor der Zimmerwand auf und lässt hier Raum für einen Heizkanal, durch den der östliche Teil des Zimmers erwärmt wurde. Dieser hat noch in der Nähe des Mäuerchens den oberen Kalk-Ziegelestrich, der aber bereits eingedrückt ist. Hypokaustpfeiler fanden sich unter ihm nicht mehr. Die Südmauer des Gemaches ist fast ganz ausgebrochen. Vor ihr läuft auf der Südseite in 50 cm Abstand eine zweite Mauer, von der nach Osten zu ein Stück erhalten ist, nach Westen zu liegt nur noch Geröll in der Fundamentgrube, die genau mit der ersten endet. Das erhaltene Stück zeigt keinen Mörtel. Vor dem Heizgange liegt über der Fundamentgrube eine Schicht Asche, die wohl nur aus dem Gange herrühren kann. Der Zweck der Mauer ist nicht klar ersichtlich, zumal dieser Teil des Gebäudes beim Suchen nach Steinen am stärksten durchwühlt ist. Jedenfalls konnte die Heizung des Ganges nur von dem Raume J aus stattfinden. Vielleicht diente die Mauer zur Herstellung eines Raumes für Heizmaterial.

Aus dem Raume K führt ein breiter Eingang in ein kleineres Zimmer L, das sich an die östliche Doppelmauer anlehnt. Es hat einen 30 cm starken gelben Estrich, über dem sich viele rote und gelbe Wandstücke fanden. Unter dem Estrich liegt eine 6 - 7 cm starke Schicht Brandschutt von einer früheren Periode des Hauses.

An dieses Zimmer schliesst sich nach Norden hin der Keller M. Er hat im Lichten eine Länge von 4,10 und eine Breite von 3,60 m. Den Boden bildet ein sehr glatter Estrich von Ton und Sand. Die Südmauer ist noch 1,80 m hoch. In ihr ist 80 cm über dem Boden eine 70 cm hohe, 60 cm breite und 40 cm tiefe Nische, das sogenannte Butterloch. Licht empfing der Keller durch eine Luke in der Ostseite. Um für diese Raum zu gewinnen, ist die Obermauer nach aussen vorgerückt. Der Eingang liegt auf der Westseite, nach dem Hofe hin. Von diesem aus gelangte man auf einer schiefen Ebene in den Keller; eine Treppe war nicht vorhanden. Auf dem Boden lag zu unterst das verbrannte Schieferdach mit grossen verkohlten Holzstücken. Dabei wurden Wandstücke mit grünen und rosaroten Streifen auf weissem Untergrunde gefunden, sowie römische und germanische Scherben, Knochen und andere Gegenstände. Es ist daher wohl anzunehmen, dass über dem Keller noch ein Zimmer lag.

An die Nordmauer lehnen sich 4, teils unmittelbar, teils mittelbar durch Kellerheizung erwärmbare Räume. In der Nordostecke liegt zunächst ein fast quadratischer Heizkeller N. Der obere Estrich ist vernichtet; über dem unteren stehen zum Teil noch die Ziegelpfeiler. Die zu diesen verwendeten Platten sind 18 - 20 cm breit und 4 cm dick. Die Bodenplatte ist meist nur wenig breiter. Ein vollständiger Pfeiler hatte 9 Plättchen und die Deckplatte und war 48 cm hoch. Geheizt wurde der Keller von aussen; das 45 cm breite Präfurnium liegt an der Nordseite. Vor ihm stehen im Innern Doppelpfeiler. Der Keller ist durch einen breiten Gang mit dem nächsten Raume O verbunden. Diesen durchziehen 45 - 60 cm breite Heizkanäle. Ihre Höhe beträgt 40 cm. Der Boden der Kanäle hat wie der Heizraum den Kalkziegelestrich; die 25 cm starken Wände zeigen glatte Schiefer. Die Deckplatten sind gleichfalls grosse bearbeitete Schiefer, über diese ist der 25 cm starke Terrazzoboden gelegt, der hier vollständig erhalten ist. Auf ihm lagen Scherben, Knochen, Glas und Eisenstücke. Der Estrich setzt sich durch einen breiten Eingang ununterbrochen fort in einen kleinen Nebenraum P. Auch in diesem ist er gut erhalten. Er zeigte sich mit Dachschiefer und Brandschutt bedeckt, in dem wenige Scherben und Nägel lagen. Zwischen diesem und dem nächstfolgenden Raume Q ist die Verbindungsmauer nur in der Fundamentgrube erhalten. Der Raum selbst ist ebenfalls stark zerstört. Er hat einen eigenen Heizgang ähnlich dem im mittleren Teile des Gebäudes. Der Gang ist westlich durch eine breite Mauer abgeschlossen, die der westlichen Hauptmauer parallel läuft, und die Unterlage für den oberen Estrich bildet. Die Aussenseite derselben zeigt Fischgrätenverband. Östlich wird der Gang durch ein 25 cm starkes Mäuerchen abgeschlossen. Er hat nur eine einzige Pfeilerreihe, die mitten im Gange steht. Meist lagen noch 4 - 5 Platten übereinander. Die 45 cm grossen Deckplatten füllen den 80 cm breiten Gang so weit aus, dass der Estrich darüber gelegt werden konnte. Dieser ist nur an der Nordmauer erhalten, wo er den Heizgang bedeckt und über das kleine Mäuerchen östlich hinweggeht. Der Gang wurde vom Hofe aus geheizt. Hier setzt sich an die Hauptmauer ein dünnes Mäuerchen, an das sich im rechten Winkel ein anderes anschliesst. In dem so gebildeten kleinen Vorraum ist der Boden mit quadratischen Ziegelplatten von 20 cm Seitenlänge bedeckt. Nach Westen zu ist der geplättete Raum durch aufrecht stehende Schiefer abgeschlossen. Die letzten Platten liegen in dem Eingange zum Heizgange. Der Plattenboden war ganz mit Asche und vielen Scherben, darunter auch Amphorenstücken bedeckt. Über den Platten wurde offenbar geheizt und die Flamme in den Gang geleitet. Die vielen Scherben machen es wahrscheinlich, dass man das für den Heizraum bestimmte Feuer zunächst zu Kochzwecken nutzbar machte. Von den Heizkanälen des Zimmers ist nur der südliche, an der Hauptmauer vorbeilaufende, im ersten Teile erhalten. Ein mitten durch den Raum ziehender Kanal konnte nur in der Fundamentgrube festgestellt werden. Der wohl zweifellos an der Ostmauer vorbeiführende Kanal liess sich bei der starken Zerstörung dieses Raumes nicht sicher gewinnen.

In der Nordwestecke des Baues liegt ein grösserer quadratischer Raum R. Er hat keinen Estrich; der gewachsene Boden ist festgestampft. Ziemlich in der Mitte war eine Feuerstelle; der Boden zeigte sich vom Brande gerötet und ziegelhart. Sonst wies der im Zimmer lagernde Schutt rote Wandstücke, ein gelbes und wenige Scherben auf. Der anstossende kleinere Raum S, der östlich von der früher genannten Vormauer abgeschlossen wird, hat denselben Lehmestrich. Scherben wurden in ihm nicht gefunden.

Nach Süden hin setzte sich an diesen Raum eine lange, nach Westen offene Halle T. Von ihr ist die Südmauer nur in der Rollschicht erhalten. Vor ihr liegt nach aussen blauer Ton, wie er in der Gegend von Miehlen und Marienfels vielfach gefunden wird. Auch in Marienfels lag neben einem römischen Hause eine solche undurchlässige Tonschicht und ebenfalls an den Mauern eines Zwischenkastells bei Becheln. Sie diente dazu, das herabfallende Regenwasser von der Mauer abzuleiten und diese trocken zu erhalten. Von Norden nach Süden zieht hier dem Gebäude entlang eine schmale Regenrinne, in den gewachsenen Boden eingeschnitten. Sie war wahrscheinlich mit einer Holzleitung versehen, denn der Boden der Rinne war überall schwarz und mit Stückchen verkohlten Holzes belegt. Auch fanden sich in der Grube, in die die Rinne einmündet, wieder die eisernen Verbindungsringe der hölzernen Rohrleitungen. Die Grube oder Wassersenke ist an der tiefsten Stelle 1,64 m in den gewachsenen Boden eingeschnitten. Sie ist ganz mit Schutt angefüllt, in dem sich viele Scherben, Eisenstücke und Knochen befanden. Südlich von dieser Grube liegt eine zweite mit reinem, gelöschtem Kalk. Das ist auch bei andern römischen Bauten häufig der Fall. Nach Vitruv, „De architectura" 7, 2 musste für die fein polierten Innenwände der gelöschte Kalk möglichst lange in der Grube bleiben, damit sich auch die kleinsten Rückstände auflösten und der Kalk möglichst fett und für die Glättung geeignet ward. Da bei den vielen bemalten Wänden der grösseren römischen Bauten häufig Ausbesserungen nötig waren oder neue hergestellt werden mussten, so erklärt es sich, dass man stets feinen Kalk vorrätig haben wollte. Neben einem römischen Hause in Marienfels stand eine alte Amphora mit gelöschtem Kalk, der wohl für besonders feine Arbeit dienen sollte[3]. Auch vor der Nordwestecke des Gebäudes liegt eine trichterförmige Grube. Sie ist 85 cm tief und hat oben einen Durchmesser von 1,10 - 1,30 m. Auf dem Boden liegt ein grosser flacher Schiefer und die Wände sind mit flachen Steinen ausgelegt. In der Grube lagen Steine, Nägel und Scherben, deren Glasur stark gelitten hatte.

Was die Bestimmung der Zimmer angeht, so dürften wohl die an der Nordseite gelegenen Räume, die sämtlich durch Unterheizung erwärmt werden konnten, als Wohnräume für die Winterzeit anzusehen sein.

Die nach Süden gelegenen Räume werden vorzugsweise im Sommer benutzt worden sein. Unter diesen charakterisieren sich die kleinen Gelasse an der Südmauer durch ihre Übereinstimmung mit den entsprechenden Räumen bei pompejanischen Bauten als cubicula, Schlafräume. Als solche werden wohl auch die längeren schmalen Zimmer der Westseite mit dem dazwischenliegenden Vorraume anzusprechen sein.

Das grosse Zimmer in der Südostecke war ein Wohnzimmer, in dem die Kinder zu spielen pflegten, wie die Spielsteine zeigen. Das daran anstossende schmale Zimmer mit den vielen Amphorenscherben wird die Küche gewesen sein, während der heizbare Raum vor derselben als stets zu benutzendes Speisezimmer mit einem Nebenraum L aufzufassen ist. Die Räume an der Nordwestecke dürften wegen der Herdstelle als Zimmer der Dienerschaft gelten. Der grosse Raum J ist der innere Hof, von dem aus man in Küche, Wohn-, Speise- und Schlafzimmer kam. Die vielen schönen Wandstücke sind wohl bei dem Zusammensturz aus den anliegenden Räumen hierher geraten. Vielleicht waren aber auch die Wände des Hofes sorgfältiger ausgeführt, denn es lässt sich wohl annehmen, dass sich im Sommer ein Teil des Familienlebens in dem schattigen und kühlen Innenhofe abspielte.

Vermisst wird bei den vielen Räumen das „heimliche Gemach". Es ist aber wohl sicher in dem ausgesparten Raume der Südwestecke zwischen den kleineren und grösseren Schlafzimmern zu suchen. Es würde besser in die Erscheinung getreten, wenn nicht die Ecke sehr stark beschädigt wäre.

Einen Oberstock hat die Villa nicht gehabt, sonst würde nicht das Schieferdach, das beim Zusammenbruch des brennenden Hauses meistens zuerst fallen musste, auf dem Boden der Räume liegen.

---

[3] Die Vorschriften Vitruvs, De architect. VI, 6 über den Bau ländlicher Villen berühren unsere Bauten kaum. Sie sind für durchaus andere Verhältnisse berechnet. Wenn er fordert, dass die Scheunen schon der Feuersgefahr wegen von dem Wohnhause getrennt sein sollen, so ist dies hier der Fall; ebenso dürfte seine Forderung, dass der Kornspeicher hoch und nach Norden liegen soll, erfüllt sein, denn er ist wohl über dem grossen Wirtschaftsgebäude zu suchen.

Nivellementszahlen:

1.	Fundamentsohle	368,01
2.	Estrich in B	369,72
3.	Kiesdecke in C	369,05
4.	Mauersockel	369,19
5.	Estrich in D	369,70
6.	Gewachsener Boden in E	369,03
7.	Estrich, Südostecke in F	369,59
8.	Estrich, Nordwestecke in F	369,68
9.	Estrich, Südwestecke in J	369,57
10.	Estrich, Nordwestecke in J	369,68
11.	Estrich, Südostecke in H	370,16
12.	Estrich, Nordostecke in H	370,20
13.	Estrich, oberer in K	370,18
14.	Estrich im Heizgang	369,56
15.	Estrich in L	369,82
16.	Weg	369,62
17.	Keller, Estrich	368,19
18.	Keller, Butterloch, Unterkante	369,01
19.	Keller, Südmauer, höchster Punkt	370,02
20.	Estrich in N	369,82
21.	Oberer Estrich in O	370,33
22.	Unterer Estrich im Kanal	369,80
23.	Estrich	370,33
24.	Estrich in F	370,42
25.	Mauersockel	370,15
26.	Mauerhöhe	370,69
27.	Oberer Estrich	370,22
28.	Boden im Heizgang	369,57
29.	Bank an der Nordwand	370,77
30.	Estrich in R	370,68
31.	Boden in S	370,19
32.	Grube, Boden	369,80
33.	Grube, oberster Stein, Kante	370,53
34.	Torplatte, nördliche	370,19
35.	Torplatte, südliche	370,05
36.	Sandlage, nördliche	370,20
37.	Sandlage, südliche	370,10

Stücke von Fachwerkwänden wurden nicht gefunden. Etwa 80 m südöstlich der Villa in der Wiese des Heinrich Rammersbach liegt ein ummauerter Brunnen, der jetzt zugedeckt ist und sich als leichte Terrainerhöhung zeigt. Es ist wahrscheinlich, dass seine Fassung bereits in römischer Zeit geschah.

Einzelfunde.

Eisen:

1. Dreifuss (Abb. 5), gefunden in dem Raume A der Villa. Neben ihm lagen Stücke eines eisernen Bratrostes.

Abb. 5 ($^1/_4$ nat. Gr.).

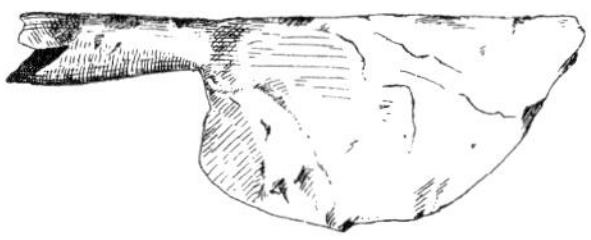

Abb. 10 ($^1/_4$ nat. Gr.).

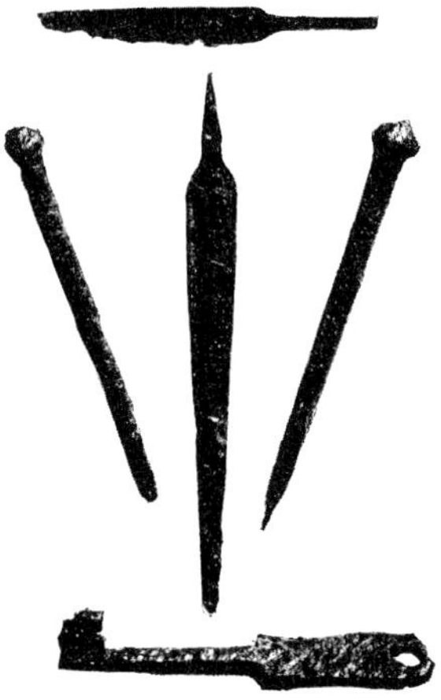

Abb. 6, 7, 8, 9 u. 11 (etwa $^1/_4$ nat. Gr.).

2. und 3. Schwere runde Nägel (Abb. 6 u. 7) mit rundem, massivem Kopf (Jacobi, Saalburg, Taf. 43, No. 60). Die gleichen Nägel dienten zum Annageln eines Schlosses in Pfünz (ORL., Kastell Pfünz, Taf. 18, No. 18).

4. Feile, halbrund, 24 cm lang (Abb. 8). Davon fallen 4 cm auf das kurze Heft. Der feine Schlag, unserm „Schlicht", d. h. Feinschlag, entsprechend, ist auf beiden Seiten zu erkennen. Die runde Seite hat nur eine Hiebbahn. Der Feilenhauer benutzte einen Beitel mit gekrümmter Schneide, die sich um den runden Rücken der Feile legte. Jetzt hat die runde Seite durchweg mehrere schmale Hiebbahnen nebeneinander, zu deren Herstellung ein Beitel mit gerader Schneide benutzt wird. Die flache Seite hat nur eine Bahn. Jetzt ist meistens schräg über diese noch eine zweite Bahn geschlagen, um die Fläche rauher zu machen.

5. Messer (Abb. 9).

6. Hackmesser (Abb. 10); die Tülle beschädigt. Gefunden in dem Torbau der östlichen Umfassungsmauer.

7. Drehschlüssel (Abb. 11), 17 cm lang, gefunden in der Villa neben dem Toreingang auf der Westseite.

Abb. 12 (1/2 nat. Gr.).

Abb. 13 (1/4 nat. Gr.).

Abb. 15 bis 18 (1/2 nat. Gr.).

Abb. 14 (1/2 nat. Gr.).

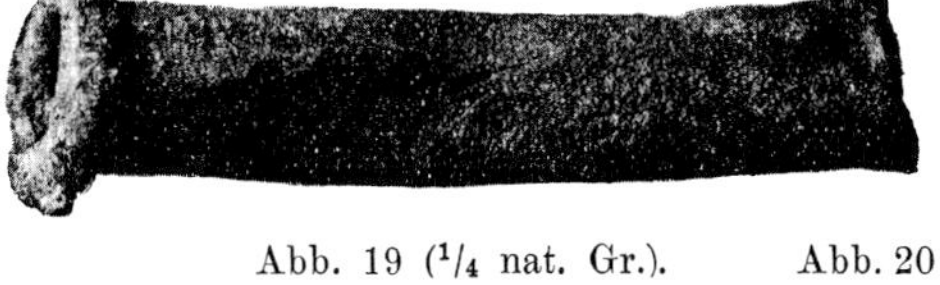

Abb. 19 (1/4 nat. Gr.).

Abb. 20 (1/4 nat. Gr.).

8. Rundes Vorlegeschloss mit breitem Bügel (Abb. 12), ähnlich den bei Jacobi, Saalburg, S. 477 gezeichneten Schlössern.

9. Beschlagstück? (Abb. 13), gefunden im Bade. Dasselbe Stück befindet sich in der Lahnsteiner Sammlung aus einem römischen Hause.

Bei diesem ist der Griff etwas länger und nach den Lappen in der Mitte zu umgebogen. Die Lappen umschlossen ein Holz, das bis zu dem Griffe reichte.

Bei dem Lahnsteiner Exemplare sind noch Holzteile vorhanden. Welchen Zweck der Gegenstand gehabt hat, ist nicht zu ersehen. Es scheint, dass er zum Verschluss diente, wobei die vordere breite Fläche sich um einen eisernen Haken legte.

Ausserdem wurden Stücke von Verschlussbüchsen hölzerner Leitungsrohre in verschiedener Grösse, ein kreuzförmiges Beschlagstück, einfache und Kreuznägel in grösserer Zahl gefunden.

Bronze:

10. Büchschen aus Bronzeblech (Abb. 14), gefunden im Raume A der Villa.
11. Ortband (Abb. 15), versilbert, gefunden im Keller.
12. Schnalle (Abb. 16), gerieft, gefunden im Keller.
13. Löffel (Abb. 17).

Silber:

14. Löffel (Abb. 18), gefunden in der Halle an der Westseite der Villa. Im Inneren der Schale Blatt mit Ranken zu beiden Seiten, darüber ein schildförmiges Ornament eingraviert.

Blei:

15. Rohr (Abb. 19), daneben eine Bleistange, gefunden im grösseren Hofe der Villa.

Glas:

Stücke Fensterglas, sowie Scherben von dünnwandigen Gefässen.

Bein:

16. Büchschen, Messergriff mit seitlichem Loch (Abb. 20). Stücke von einem ähnlichen Griff; Haarnadeln, Hirschhorn.

Schiefer:

Mehrere runde Spielsteine.

Ton:

Verschiedene Hypokaustplatten.

17.,

18.,

19. Dickwandige Schalen (Abb. 21, 22 u. 23), die grössere mit wulstiger Randlippe. Abb. 23 hat unter dem Boden eingeritzt die Buchstaben A M.

20. Auf einem Tellerboden der Stempel Secundu(s) (Abb. 24).

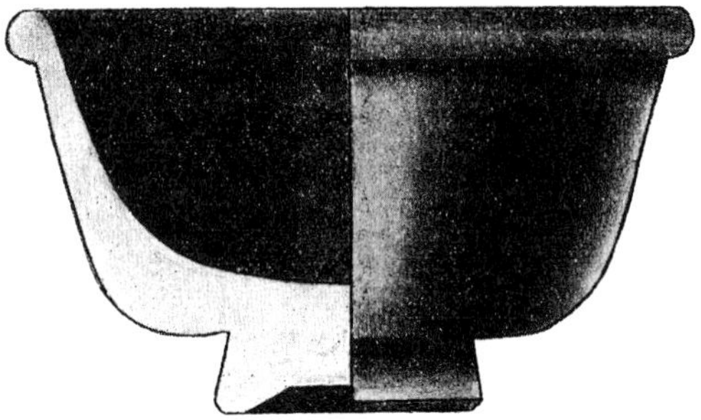

Abb. 21.

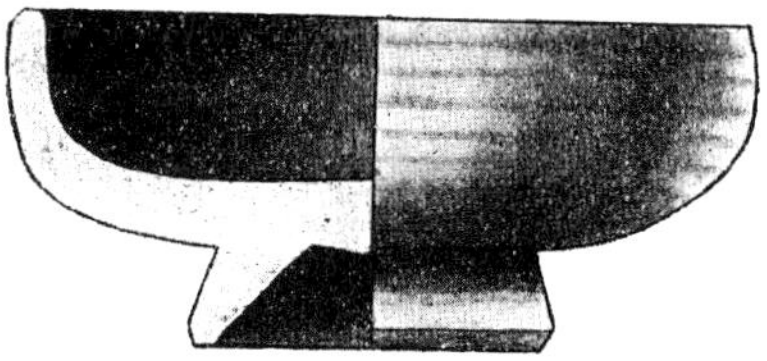

Abb. 22. (Alle 1/2 nat. Gr.) Abb. 23.

21. Auf einem andern Stempel mit rücklaufender Schrift, vielleicht Julius (Abb. 25).

22. Bruchstück einer Schale (Abb. 26). Vor einer Vase mit Palme Büste eines Mädchens mit phrygischer Mütze. Es hält in der erhobenen Linken einen Gegenstand. Darunter in rückläufiger Schrift der Stempel Comitialis.

Abb. 24 (nat. Gr.).

Abb. 25 (nat. Gr.).

Abb. 26 bis 30 (1/3 nat. Gr.).

23. Bruchstück einer gestrichelten Tasse (Abb. 27). Auf dem oberen freien Teile sind die Buchstaben G R und an der Bruchstelle der Ansatz zum A eingeritzt.

24. Bruchstück von dem oberen Teile einer Schale (Abb. 28).

Die nicht sehr zahlreichen Reste von Gefässen aus gewöhnlichem Ton zeigen wie die Sigillata späte Formen.

25.,

26. Bruchstücke von germanischen, hart gebrannten Gefässen (Abb. 29 u. 30), die neben den römischen Scherben im Keller gefunden wurden. Stücke von einem Topfe mit dem gleichen eingekerbten Randwulste, wie bei Abb. 30, wurden ebenfalls mit römischen Scherben dem Keller eines römischen Hauses bei Niederberg entnommen.

Ein sicher in gleicher Weise angelegtes Gehöft befand sich in Miehlen, zwischen dem Wege nach Endlichhofen und dem Mühlbache. Da das weite und langsam fallende Terrain eine militärische Anlage vermuten liess, wurde nach einer solchen gesucht. So kommt es, dass nur die Umfassungsmauer angeschnitten und auf einer Seite in der Länge von 118 m festgestellt wurde. Doch ist diese Seite jedenfalls noch bedeutend länger, sie liess sich wegen des bestandenen Feldes nicht ganz verfolgen. Die Mauer ist 80 cm stark. Auf einer langen Strecke wurde eine zweite Mauer von 60 cm Stärke unmittelbar vor ihr gefunden, die aber nicht genau parallel läuft, sondern nach Süden zu sich etwas weiter von ihr entfernt. Die eine der beiden Umfassungsmauern ist wohl aufgegeben worden, und es wurde dabei eine kleine Änderung in ihrer Richtung vorgenommen. Das Herrenhaus kennzeichnet sich im Terrain durch Bruchstücke von Heizkästchen, Mörtel und Steinen. Von der sorgfältigen Einrichtung dieses Gehöftes zeugt ein in eine Kiesbettung gelegter Kanal, durch den das Abflusswasser der Villa unter der Umfassungsmauer her dem Mühlbache zugeführt wurde. Die lichte Weite des Kanals ist 30 : 47 cm. Die Wände sind durch aufrecht gestellte Wandziegel gebildet, die 39 : 25 cm gross und an beiden Langseiten 5 cm vom Rande eingekerbt sind[4]. Mauerreste fanden sich noch am Illbache unweit der Schild'schen Mühle[5].

Auch auf der andern Seite des Mühlbaches liegt am Bettendorfer Wege, dem Bahnhofe der Kleinbahn gegenüber, ein grösseres Gehöft. Auch hier wurde die Villa nur geschnitten auf der Suche nach einer militärischen Anlage. Die Aussenmauer des Hauptgebäudes erwies sich als 1,50 m stark; auf einer

---

[4] Vergl. Jacobi, Saalburg, Taf. XIX, 2.

[5] Hier lagen auch Stücke von sehr schwach gebrannten römischen Kochtöpfen, die es nicht unwahrscheinlich machen, dass hier in der tonreichen Gegend Töpferei betrieben wurde. In Miehlen liegen ebenfalls ausgegangene Töpfereien des Mittelalters, und auch jetzt werden noch in einem kleinen Betriebe die gewöhnlichen Milch- und Wasserkrüge dort hergestellt.

Strecke von etwa 25 m wurde sie nachgewiesen und mehrere Quermauern an ihr festgestellt; sie ging aber noch weiter in das Nachbarfeld hinein, das der Untersuchung nicht freistand. Neben dem Haupthause befinden sich hier gleichfalls verschiedene ausgedehnte Nebenbauten. Von dem einen stösst eine ca. 80 cm starke Mauer in die Böschung der Kleinbahn in der Nähe des Bucher Weges. Die Anschlussmauer an diese wurde geschnitten; sie ist mindestens 20 m lang. In beiden Miehlener Villen lagen Legionsziegel.

Ein gleichfalls aus einer Reihe von Bauten bestehender Gutshof mit grossem Herrenhause liegt in Niederlahnstein östlich von der Coblenzer Strasse, dem Bahnhofe gegenüber. Das Haupthaus ist zum Teil überbaut von einer Fabrikanlage. Brocken von Heizziegeln und Estrich liegen um dieselbe. Mauerstücke anderer Gebäude wurden gefunden bei der Anlage der Wasserleitung in der neuen Strasse, die zu dem Distrikt „Becherhell" führt, in dem das Haupthaus liegt, und 100 m nördlich bei dem Neubau des Bildhauers Weiss[6].

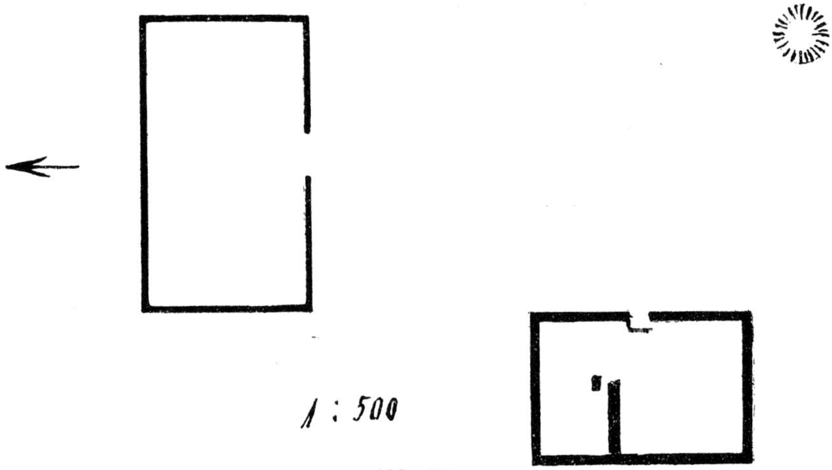

Abb. 31.

Ein noch umfangreicheres Gehöft mit einem Herrenhause in der Mitte und zahlreichen Nebenbauten liegt südlich von Arzheim im Distrikt „Weil". Die mit Mauern durchzogenen Felder gelten bei den Bewohnern als Alt-Arzheim; sie bezeichnen die Parzellen am Abhange des alten Bornbachs als „Zwischen zwei Arzheim". Ein 40 Schritt langes und 14 Schritt breites Gebäude mit mehreren Quermauern wurde voll dem Feldbesitzer Jörgen ausgebrochen und die Steine zur Besserung des Weges verwendet. Nahe der Böschung des Bornbaches trug derselbe Besitzer eine Mauerrundung ab, die wohl dem Badebau angehörte.

Von dem in der Mitte des Gutshofes liegenden Herrenhause wurde nur an einer Stelle die 1 m starke Hauptmauer angeschnitten. Die zerstreut liegenden Stücke von Heizkacheln weisen auf einen vornehmer eingerichteten Bau[7].

Zu den grösseren Gutshöfen gehörte endlich die von Ritterling untersuchte „Alteburg" bei Weitersburg (Limesblatt 1897, Sp. 146), der insofern von den bis jetzt aufgezählten Anlagen abweicht, als die Gebäude sich grösstenteils an die Umfassungsmauer anlehnen.

Den grossen Gutshöfen gegenüber steht eine Reihe kleinerer Gehöfte, die ein durchaus anderes Bild gewähren. Ein solches liegt etwa 1 km von Ober-Lahnstein auf der Höhe des Feldbergs im Distrikt „Zehnthof", von wo man eine vorzügliche Fernsicht auf Rhein und Lahn geniesst (Abb. 31). Hier sieht man mitten im Feldterrain zwei Gebäude, deren Umfassungsmauern und Eingänge sich deutlich zeigen. Das grössere bietet den Grundriss einer grossen Scheune mit breitem Eingang. Das kleinere ist mit Gestrüpp und Bäumen bewachsen. Das letztere ist das Wohnhaus und umschliesst einen lichten Raum von 14,30 : 10 m, der durch eine Quermauer in 2 Abteilungen von ca. 6 und 8 m Breite geschieden ist. Die Umfassungsmauern sind 90 cm stark und haben noch durchweg eine Höhe von 1 m. In dem kleinen Raume befindet sich neben der Quermauer ungefähr in der Mitte derselben eine 1 m lange und 80 cm breite Steinplatte; in der Nähe derselben fanden sich Knochen und viele Scherben von den verschiedensten Gefässen, Holzkohlen und Glasstücke[8]. Vor dem Eingange des Hauses und im Innern desselben liegt eine 10 cm starke Schicht von grauer Lette, die mit kleinen Steinen untermischt und festgestampft einen festen Boden bildet. Die Breite des Einganges liess sich nicht feststellen, weil die Baumwurzeln hier die Mauer beschädigt und teilweise aus ihrer Lage gerückt haben. Es scheint, als ob im Innern vor dem Eingang ein leichtes, jetzt verschobenes Mäuerchen die Schwelle der Türe gebildet habe. Vor dem Eingange lag ein Teil des Schieferdaches und eine Anzahl Balkennägel. Ziegel fanden sich nur wenig. Die Mauersteine sind Grauwacke und wurden in einem alten Bruche etwa 100 m nördlich von dem Hause gewonnen. Auch der Dachschiefer war in der Nähe zu finden. Brandschutt zeigte das Haus nicht, aber Brocken von Lehmwänden, die es wahrscheinlich machen, dass das Haus einen Oberbau in Fachwerk trug. Die

---

[6] Mitteilungen 1899/1900, Sp. 17.

[7] An die Mauerreste knüpft sich die Sage, dass die Bewohner von Arzheim anfangs die Kirche auf „der Weil" zu bauen gedachten. Aber jedesmal, wenn bei Tage ein Stück gemauert war, so verschwand dasselbe in der Nacht, und die Steine lagen an dem Orte, an dem jetzt die Arzheimer Kirche steht. So musste man sich entschliessen, sie hier zu bauen. Jedenfalls weist die Sage darauf hin, dass zum Bau der Kirche die zugerichteten Steine von den Trümmern der nahen römischen Häuser geholt wurden.

[8] Platten von ähnlicher Grösse finden sich häufig in römischen Bauernhäusern. Sie haben wohl als gebräuchliches Kücheninventar zu gelten und stellen einen Arbeitstisch dar, der auf starken Holzfüssen stand, die durch Brand und Fäulnis zugrunde gingen (vergl. Schumacher, Westdeutsche Zeitschr. 15, S. 13).

Stärke der Mauern spricht gleichfalls dafür[9]. Es waren dann im unteren Teile ein grosses Wohnzimmer und eine kleinere Küche und oben die Schlafräume.

Das Wirtschaftsgebäude hat einen breiten Eingang nach Süden. Die Mauerstärke beträgt nur 60 cm; auch liegen bei diesem Bau keine Steine, es war also ein Holzbau. Die Längsseiten sind 22 m lang; die Schmalseiten, von denen die westliche mit der östlichen Langseite des Hauses in gleicher Richtung läuft, ist 14 m lang. Etwa 30 m südöstlich vom Haupthause liegt durch eine tiefe trichterförmige Einsenkung gekennzeichnet, der Hofbrunnen. Eine von hier ausgehende Wasserader liefert das Wasser zu dem 150 m westlich gelegenen Laisborn. Eine Umfassungsmauer hat das Gehöft nicht gehabt, es war wohl von einem Zaune umgeben[10].

Etwas grösser, aber sonst in gleicher Weise angelegt ist ein Gehöft am Kratzkopfer Hof, auf der Höhe von Horchheim. Das Wohnhaus liegt mit der östlichen Langseite an dem Wege, der vom Kratzkopfer Hof nach Arzheim führt. Es ist 21,2 m lang und 13 m breit; die Mauern sind 90 cm stark. Das Gebäude wird durch eine Quermauer, von der sich nur die 20 cm tief in den gewachsenen Boden eingeschnittene und 50 cm breite Fundamentgrube fand, in einen nördlichen, fast quadratischen Raum von 12 : 13 und in einen rechteckigen von 13 : 8 m geteilt. Der Boden ist in beiden ein gestampfter Lehmestrich. In der Südostecke des grossen Raumes war eine Feuerstätte, die eine Menge Asche und Knochen aufwies. Daselbst lag auch ein Messergriff aus Hirschhorn und der 12 cm lange Eisenbeschlag eines Schürstockes. Das Wirtschaftsgebäude war gleichfalls massiv. Die Seiten desselben sind 21 : 12,20 m; die Mauerstärke beträgt 90 cm.

Die Längsseiten ziehen sich von Osten nach Westen. Bei diesem Gehöfte sowohl wie bei dem Lahnsteiner stossen die Langseiten des Wohn- und Wirtschaftsgebäudes in ihrer Verlängerung rechtwinklig aufeinander.

In gleicher Weise eingerichtet ist ein Gehöft in der Deutschherrenhecke bei Braubach. Es liegt unweit der Höhe des Distrikts Neuweg etwas im Abhange, wo in unmittelbarer Nähe sich ein Kessel bildet, aus dem ein schmaler Bach in das Dinkholdertal abfliesst. Die beiden Bauten des Gehöftes zeigen sich äusserlich als zwei von Gestrüpp und Dornen bewachsene Steinhaufen. Der westliche, niedrigere bezeichnet das Wirtschaftsgebäude. Es ist 15 m lang und 11 m breit und war massiv gebaut. Der 1,10 m breite Eingang liegt in der Mitte der südwestlichen Langseite. Scherben fehlten in diesem Bau gänzlich.

---

[9] Doch können die Lehmstücke auch einer früheren Hütte angehört haben, wie später noch erwähnt wird.

[10] Gefunden wurden in dem Wirtschaftsgebäude Stücke einer Handmühle; in dem Haupthause: Ein flacher Sigillatateller, sowie zwei rauhere braune Teller der späteren Zeit. Bruchstücke von Tassen mit Tonkrümchenbewurf, Glasstücke, wenige Scherben von Terra nigra und einige Latène-Scherben, Nägel und ein zum Messerwetzen benutzter durchlochter Schiefer; von Eisen eine kleine Handsichel.

Das Wohnhaus ist nur wenig angeschnitten worden, so dass seine Maasse nicht genauer bestimmt werden können. Schätzungsweise ist die Langseite 16 m lang[11].

Neben diesen Gehöften mit Wohn- und Wirtschaftsgebäude gibt es noch eine Reihe, bei denen äusserlich nur ein Bau zu sehen ist, so bei Braubach am Hilberstiel[12] und am Kerkertswege; in Oberlahnstein auf Kreuzheck und im Horchheimer Wald in der Nähe der Friedrichssegener Tongrube[13]. Es ist aber anzunehmen, dass bei manchem Gehöfte, wie bei dem auf dem Feldberg bei Oberlahnstein, das Wirtschaftsgebäude nur ein Holzbau war, dessen Spuren leicht verwischten und nur bei genauer Untersuchung gefunden werden können. Doch ist es durchaus wahrscheinlich, dass bei einigen Bauernhäusern Wohn- und Wirtschaftsraum unter einem Dache vereinigt waren. Bei einem Hause im Oberlahnsteiner Distrikt „Kreuzheck", hart an der alten Verbindung Oberlahnstein - Nassau, ist dies wohl sicher anzunehmen. Die Langseiten des Baues laufen dem alten Wege parallel und sind 20 m, die Schmalseiten 15 m lang. Durch einen Mauervorsprung im Innern, 8 m von der Südostecke, ist er in zwei ungleiche Räume geschieden. In dem kleineren wurde eine schwere Pflugschar und eine grosse Sichel gefunden, so dass wir hier wohl den Wirtschaftsraum vor uns haben.

Zwischen diesen beiden Gruppen, den grossen Gehöften mit luxuriös eingerichtetem Herrenhause und den kleinen mit zwei oder zuweilen nur einem Gebäude, steht eine dritte, bei der ein kleines Wohnhaus ohne Luftheizung mit mehreren Wirtschaftsgebäuden zu einem Gehöfte verbunden ist. Ein solches liegt im Rheintale, halbwegs zwischen Oberlahnstein und Braubach und zwar jetzt zum Teil unter der neuen Landstrasse. Als diese angelegt wurde, wurde das Terrain vor seiner Überschüttung durch den Strassendamm mit Mitteln des Wiesbadener Museums untersucht. Unmittelbar neben diesem Strassenzuge liegen westlich bronzezeitliche Hütten, bei denen früher schon römische Reste gefunden wurden. Bei dieser Untersuchung wurde der Grundriss des Haupthauses des Gehöftes gewonnen (Abb. 32).

Das Terrain ist hier seit der römischen Zeit nur wenig höher geworden; die Mauern sind meist bis auf den Grund ausgebrochen, so dass durchweg nur die Rollschicht sich erhalten hat, die bis zu 50 cm tief in den gewachsenen Sand eingelegt ist und aus kleinen Steinen und Wacken besteht. An der Nordostecke hat sich ein langer Eckstein erhalten, sowie die unterste Lage des Fundamentes, das hier nur 30 cm unter dem Terrain liegt. Das Gebäude ist 17 m lang und mit einer Vorhalle 14,70 m breit. Die Längsseite läuft der

---

[11] Nass. Mitteilungen 1904/05, Sp. 76.
[12] Mitteilungen 1903/04, Sp. 10.
[13] Mitteilungen 1902/03, Sp. 50.

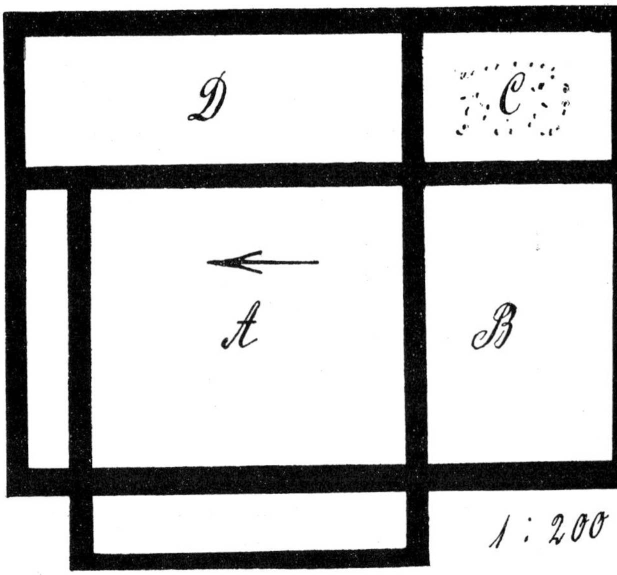

Abb. 32.

Braubacher Strasse parallel. An den grossen, fast quadratischen Raum A, von ca. 8 m Seitenlänge schliesst sich nach Westen eine schmale Vorballe und nach Norden ein noch schmalerer Gang. Nach Süden liegt ein grösserer Raum B, in der Südostecke ein kleinerer C und nach Osten ein langer, schmaler Raum D. Der Raum A, sowie die Vorhalle haben einen Estrich aus aufgetragenem und geglättetem Ton, der 50 cm tief unter dem Terrain liegt. Auf demselben lagen Scherben und Asche, Mörtel, Ziegelbrocken und Dachschiefer. Raum B hatte Knochen und Scherben. Der kleine Raum C in der Südostecke zeigte bereits 25 cm unter dem Terrain eine 30 cm starke Kiesschicht. Sie ist offenbar die Unterlage eines Wasserestrichs, von dem nur noch wenige Brocken sich fanden. Den grössten Teil der Ostseite nimmt der schmale Raum D ein. Eine Quermauer wurde nicht gefunden. Doch schliesst dies nicht aus, dass Scheidewände auf den gewachsenen Boden aufgelegt waren und nicht mehr zu erkennen sind. Der Eingang war bei der starken Zerstörung nicht festzustellen. Er lag wohl auf der Westseite, und man kam durch die Vorhalle in den grossen Raum A, der als Wohnraum zu betrachten ist. B war die Küche, C das Badekabinett[14], und in D sind die Schlafräume zu suchen. Zu diesem Hauptbau kommen drei Nebenbauten, die nach Süden hin liegen. Sie wurden sämtlich angeschnitten, konnten aber nicht untersucht werden, weil sie auf

[14] Hier wäre Vitruvs Forderung für Landhäuser erfüllt (De architectura 6, 6, § 2): Balnearia coniuncta sint culinae; ita enim lavationi rusticae ministratio non erit longa.

damals bestelltem Feldterrain liegen. Besondere Funde wurden ausser vielen Scherben von Kochtöpfen, Reibeschalenstücken von grauem Ton und von Sigillata nicht gemacht. Auf dem Boden einer Sigillataschale befindet sich der Stempel PLAC-DVS. Das V ist beschädigt.

Ein ähnlich eingerichtetes Gehöft liegt auf dem Königstiel bei Braubach unweit des von Braubach nach Ems führenden Kerkertsweges, der bereits in vorrömischer Zeit die Verbindung zwischen diesen beiden Orten bildete. Nach ihm sind die Gebäude orientiert; sie laufen mit ihren Längsseiten ihm parallel. Als römische Fundstelle war der Platz schon früher bekannt (vgl. Cohausen, Der römische Grenzwall II, S. 221). Das Gehöft wurde von Oberstleutnant Dahm bei Gelegenheit der Arbeiten am Limes teilweise untersucht. Die Untersuchung wurde abgebrochen, als sich der private Charakter der Anlage hinlänglich gezeigt hatte. Das Ergebnis derselben ist kurz behandelt: Bonner Jahrbücher 1897, Bd. 101, S. 119. Das massive Wohnhaus legt sich um einen grossen ummauerten Hof. Die auf der dort beigegebenen Skizze hervortretenden 3 Räume sind wohl als durch leichte Holzwände gegliedert zu denken. Das Haus hatte keine Hypokausteinrichtung. Auch hier befinden sich neben dem Haupthause noch 3 Wirtschaftsgebäude. In dem einen lagen eine Anzahl Eisengegenstände: Ketten, Kuhglocken, Spatel, eine grosse Bergmannshaue oder Rodhacke und dergl.

Von den meisten anderen Gehöften ist zunächst nicht zu sagen, ob sie zu den grösseren oder kleineren zu rechnen sind; den letzteren gehört aber sicher die Mehrzahl an. Aus mehreren Gebäuden bestehen die Gehöfte von Horchheim im Distrikt „Niederfeld“ und von Aremberg in der Nähe des kleinen evangelischen Friedhofes, ebenso das von Casdorf im Distrikt „Rödern“.

Wenn wir von den Gehöften absehen, die äusserlich nur einen Bau erkennen lassen, so haben alle getrennte Wohn- und Wirtschaftsräume, wie das spätere fränkische Bauerngehöft. Näher stimmen die kleinen Anwesen überein. Sie zeigen wiederholt ein in zwei ungleiche Räume gegliedertes Wohnhaus und ein Wirtschaftsgebäude, die sich in gleicher Weise an einen offenen Hof anlehnen. In den zwei etwas genauer untersuchten Gehöften dieser Art, auf dem Feldberg bei Oberlahnstein und am Kratzkopfer Hof, wurden neben den römischen auch Laténe-Scherben gefunden, und es ist nicht unwahrscheinlich, dass sie anstelle ehemaliger Hütten der Latène-Zeit errichtet sind. Diese zeigen im Oberlahnsteiner Dorfe ebenfalls die Trennung in Wohnraum und Küche (Annal. 33, S. 7). Dass neben den Wohnstätten getrennte Wirtschaftsräume bestanden haben, ist zwar hier nicht nachgewiesen, aber schon wegen des geringen Umfangs der Wohnhütten wahrscheinlich. Sie bleiben aber infolge des Mangels an Scherben und Kulturresten, und weil sie wohl nur wenig in den gewachsenen Boden eingeschnitten waren, leicht verborgen. Wir dürfen daher wohl annehmen, dass die kleinen römischen Gehöfte sich darstellen als eine Erweiterung und Verbesserung der Wohnstätten der alteingesessenen keltischen Bevölkerung. Als diese von den eingedrungenen Fremdlingen die Mörtelbereitung und das Ziegelstreichen lernte, da waren die Hauptbedingungen für die Herstellung dauerhafterer und grösserer Gebäude gegeben, und es entstand das in der Einteilung gleiche, im Umfange bedeutend grössere Steinhaus. Dafür spricht auch die Übereinstimmung in der Anlage der kleinen Gehöfte auf der linken Rheinseite, wo die Steinbauten im Coblenzer Stadtwalde ebenfalls anstelle altkeltischer Holzbauten sich erhoben, wie die Scherbenfunde und die kleinen Familienfriedhöfchen neben den Gehöften zeigten[15].

Ebenso begegnet uns dort das massive Wohnhaus neben dem Wirtschaftsgebäude aus Fachwerk. So liegen an dem von Boppard nach Pfaffenheck und Udenhausen führenden Elligwege ein Steinbau mit starken Resten und ein Holzbau, der nur in einer niedrigen Erhebung als Hausviereck kenntlich ist, nebeneinander.

Wir haben also in diesen kleinen Gehöften den Typus der Wohnung des gallisch-römischen Kleinbauern unserer Gegend vor uns. Und dieser Typus ist ihr in der fränkischen Zeit und in den späteren Jahrhunderten im Holzbau geblieben. Von den Gehöften gleicher Bedeutung in anderen Gegenden des Limesgebietes weichen sie nicht unbedeutend ab. So von denen des Odenwaldes, wo mehrere von fast gleichem Grundriss durch Schumacher aufgedeckt wurden[16].

Charakteristisch ist, dass dort stets ein Keller an derselben Stelle des Hauses sich befindet, während bis jetzt in unserer Gegend Keller bei den kleineren Gehöften sich kaum fanden[17]. Das Bedürfnis für einen solchen muss hier geringer gewesen sein; auch die Latène-Hütten hatten nur kleine, wenig sorgfältig hergerichtete Gruben. Jedenfalls beruht der Unterschied in der Bauart zwischen den kleinen Bauernhöfen von hier und dort zum Teil in der verschiedenen Lage, zum Teil in althergebrachtem Stammesbrauch.

Die grosse Villa bei Bogel stimmt in ihrem Gesamtgrundriss mit den bisher aufgedeckten Villen nicht überein[18]. Sie unterscheidet sich von denen gleicher Grösse insbesondere durch den doppelten Hof. Dagegen nähert sie sich in der lang gestreckten Form und mit der Halle, die den Zugang zu dem grösseren Hofe vermittelt, den von Krüger, „Römische Villa von Schleidweiler" (Jahresbericht der Gesellschaft für nützliche Forschungen; Trier 1905) auf

---

[15] Westdeutsche Zeitschr. XIX, S. 7, Gehöft 10; S. 11, Gehöft 14; auch S. 9, Gehöft 13.

[16] Westdeutsche Zeitschr. 15, 1 ff.

[17] Der von Ritterling auf der „Alteburg" bei Vallendar gefundene Keller dürfte einer grösseren Anlage angehören (Limesbl. No. 21, Sp. 146).

[18] Nachweise über Untersuchungen und Beschreibungen von Villen finden sich bei: Hettner, Westdeutsche Zeitschr. II, 1, S. 15; Schumacher, Westdeutsche Zeitschr. XV, S. 16; Krüger, Jahresbericht der Gesellschaft für nützliche Forschungen 1905, S. 1 ff.

Seite 5 dargestellten Grundrissen. Mit der Villa von Rouchinne stimmt sie auch annähernd in der Grösse überein. Wenn dort angegeben ist, dass diese Form in ihrem Grundschema wohl von Italien her gekommen ist, so scheint die Bogeler Villa dies zu bestätigen. Insbesondere der artriumartige Binnenhof mit den kleinen Räumen an der Seite macht durchaus diesen Eindruck, ebenso die offene Halle, die dem Tablinum ähnlich die beiden Höfe verbindet. Die Besitzer dieser grossen Höfe waren wohl auch zum grösseren Teile Fremde, Centurionen, die nach Abschluss ihrer Dienstzeit in der nun bekannten und lieb gewordenen Gegend als Grossgrundbesitzer sich ansiedelten. Wenigstens weisen die in Miehlen bei geringen Schürfungen in beiden Villen gefundenen gestempelten Ziegel darauf hin. Deren Vorhandensein lässt sich nicht wohl anders erklären, als dass die Besitzer bei Errichtung ihrer Häuser, insbesondere bei der Anlage von Hypokausten, mit staatlichem Ziegelmaterial unterstützt wurden.

Die Gehöfte mittlerer Grösse, wie das im Rheintale bei Oberlahnstein, unterscheiden sich von den grösseren nur durch den geringeren Umfang der Gebäude und ihre einfachere Einrichtung. Das Wohnhaus mit dem atriumartigen Hauptraum, der Halle vor demselben und den kleinen Räumen zur Seite erinnert gleichfalls an südliche Vorbilder.

Übrigens wechseln auch auf der linken Seite im Coblenzer und Boppairder Walde grosse und kleine Gehöfte in gleicher Weise ab, und die grossen zeigen in ihrer äusseren Anlage meist dasselbe Bild: ein Haupthaus und von ihm gesondert andere Bauten; das ganze Hofareal mit einer Mauer umschlossen, an die sich öfter kleinere Räume anlegen. Die mit dem römischen Militär einziehende fremde Bevölkerung hat hier an der Grenze dem ganzen Gebiete den gleichen Charakter aufgedrückt.

Was die Lage der Gehöfte angeht, so finden wir sie im Tale in dem Feldgebiet alter Ansiedlungen und auf der Höhe überall da, wo ein grösseres Gebiet dem Ackerbau günstig ist. Vielfach liegen sie mitten im jetzigen Feldterrain; wo sie sich im Walde finden, da zeigen stets alte Feldraine und breite ebene Flächen mit meist gutem Waldbestande auf ehemaligen Ackerbau und fruchtbaren Boden. So war wohl für den römischen Bauern für die Wahl seines Wohnsitzes in erster Linie die Lage inmitten des Landbesitzes massgebend, von wo er leicht der Bearbeitung desselben nachgehen konnte. Dagegen trat oft die Sorge um einen vor Wind und Wetter geschützten Platz zurück, denn die meisten kleineren Bauernhäuser liegen wie bei Braubach und Oberlahnstein auf hohem, freiem Terrain. Regelmässig war aber ihre Lage bedingt durch das Vorhandensein hinreichenden Wassers. Bei jedem Hause findet sich in der Nähe ein Brunnen oder ein Quell. Das Oberlahnsteiner Gehöft „am Zehnthof“ hat die Brunnenvertiefung im Hofe, wie die meisten Anlagen im Coblenzer Stadtwalde, wo die Vertiefung öfter die Form eines Weihers annimmt. Die Rücksicht auf das Wasser bedingt wohl auch die Lage der

Gehöfte zu den alten Hochstrassen. Von der Höhenstrasse Braubach - Wispertal liegen die Gehöfte von Eschbach und Bogel annähernd ein Kilometer, die von Deutschherrenheck bei Braubach, von Casdorf und Ransel nur 3-400 m entfernt. Alle lehnen sich wie das Bogeler Gehöft an einen Talkessel, in dem ein Wasserlauf beginnt. Es finden sich aber auch Gehöfte unmittelbar an alten Wegen, so das von Kreuzheck bei Oberlahnstein und das am Kerkertswege bei Braubach. Dann ist Wasser in der Nähe. Dabei mag auch bemerkt werden, dass alle Anlagen mehrere Kilometer vom Limes entfernt liegen. Einzelne Häuser, wie das von Grebenroth, 1 km von der Grenze, und mehrere andere unweit von Marienfels sind hier nicht genannt, weil das eine zum Rayon des Kastells Holzhausen, die anderen zu dem des Kastells Marienfels zu rechnen sind. Es ist also wohl anzunehmen, dass ein breiter Streifen an der Grenze als Areal der Kastelldörfer frei blieb.

Wie die Gehöfte mit der Ankunft der Römer auf dem rechten Rheinufer sich erhoben, so sind sie auch mit der Herrschaft derselben gefallen. Die meisten wurden ein Raub der Flammen; das am Feldberge bei Oberlahnstein ist dagegen in sich zerfallen; es zeigte im Innern keine Brandspuren. Sie sind nach der Zerstörung auch nicht wieder aufgebaut worden. Nur in der Nähe der kleinen Villa im Rheintale bei Oberlahnstein lagen etwa 20 cm über der Sohle einer bronzezeitlichen Hütte Scherben von römischen Gefässen, die über die Limeszeit hinausgehen. Hier mag zu der Zeit, als unter Probus und Valentinian neue Verstösse auf das rechte Rheinufer gemacht wurden, ein „kecker Gallier" im Vertrauen auf die Dauer der römischen Herrschaft sich wieder angesiedelt haben, sonst haben sich spätrömische Reste auf dem behandelten Gebiete bis jetzt nicht gefunden.

Lahnstein

in den

Kriegs-Ereignissen

des 18. Jahrhunderts.

I.

Von R. Bodewig.

Beilage zum Programm des Gymnasiums und
Realprogymnasiums.

Ostern 1911

Nr. 551.

Lahnstein in den Kriegs-Ereignissen des 18. Jahrhunderts

Die vorliegende Abhandlung ist eine Fortsetzung der den Programmen von 1894 und 1895 beigelegten Arbeiten. Benutzt wurden Akten des Oberlahnsteiner Stadt- und Kirchenarchivs sowie einiges Material aus dem Staatsarchiv in Wiesbaden (W.St.) und dem von Coblenz (C. St.), das mir freundlichst zur Verfügung gestellt wurde. Für die Folge würden der 7jährige Krieg sowie die Revolutionskriege, für die ein reicher Stoff vorliegt, zu behandeln sein. *R. Bodewig.*

Am 1. November 1700 starb König Karl II. von Spanien. Er hinterliess durch Testament seine gesamten Länder, über deren Teilung von den Fürsten Westeuropas schon seit langer Zeit verhandelt worden war, dem Enkel Ludwigs XIV., Philipp von Anjou. Als der französische König noch in demselben Monate die Anzeige von dem Testamente und der Annahme desselben an die Höfe ergehen liess, waren die rheinischen Kurfürsten in Verlegenheit, wie sie dieselbe beantworten sollten. Denn es war offenbar, dass weder der Kaiser als Erbberechtigter noch die Seemächte England und Holland dem Uebergange der spanischen Länder an das französische Königshaus ruhig zusehen würden. Darum schlug der Kurfürst von Trier in Mainz und Köln vor, dass man „allerseits vertrauteste Räte" nach Oberlahnstein zu einer Konferenz schicke, zu der auch Pfalz eingeladen werden sollte, um über eine gemeinsame Antwort zu beraten, weil man nicht gut durch eine blosse Empfangsbestätigung den König kränken, aber auch nicht durch einen Glückwunsch die Tatsache billigen könnte. Kurfürst Josef Clemens von Cöln entsandte am 5. Dezember zu dieser Konferenz den Oberstkanzler Baron Karg von Bebenburg[1]. Wenige Monate später, am 13. Februar 1701, schloss Josef Clemens ein Bündnis mit Frankreich, dem dann am 9. März sein Bruder, der Kurfürst Max Emanuel von Bayern folgte. Dieser war gleichzeitig Statthalter der spanischen Niederlande, wo er in Brüssel einen glänzenden Hof hielt. Hier fand auch der erste feindselige Schritt in dem jahrelangen Kampfe statt. In der Nacht vom 5. zum 6. Februar rückten französische Truppen im Einverständnis mit dem Statthalter vor die belgischen Grenzfestungen, in denen den Holländern das Besatzungsrecht zustand und nötigten diese zum Abzug. Bald nach diesem glücklichen Handstreich am 23. März[2] verliess Max Emanuel Brüssel, um in seine bayrischen Erblande zu

[1] C. St.

[2] Gachard, histoire de la Belgique, S. 29.

eilen. Im Anfang des April traf die Nachricht ein, dass der bayrische Kurfürst mit zahlreicher Begleitung durch Oberlahnstein kommen werde. Alsbald gingen auf Geheiss des Kammerrats und Zollschreibers Löhr alle Bürger daran, die Wege zu bessern, und auch die schadhafte Brücke an der Oberpforte musste vollständig erneuert werden. Inzwischen hatten bereits Konferenzen im Haag stattgefunden, die erst am 7. September zum Abschlusse eines Bündnisses zwischen Oesterreich und den Seemächten England und Holland führten.

Ohne dass der Krieg erklärt war, kam es in diesem Jahre schon zu einem Vorspiele des grossen Kampfes in Italien, wo Prinz Eugen Mailand als erledigtes Reichslehen einziehen sollte, und im Kurfürstentum Cöln, wo im Streite mit seinen Landständen Josef Clemens die Franzosen, die Landstände die Holländer herbeigerufen hatten. Im Reiche begannen indes die Verhandlungen mit den Fürsten wegen des Beitritts zu dem grossen Bündnis. Der Kurfürst von Mainz, Lothar Franz, sowie die Kurfürsten von Pfalz und Trier hatten sich gleich der kaiserlichen Sache angeschlossen. Schon traf man allerseits Vorkehrungen zum Kriege, und auch hier machten dieselben sich bemerkbar. Ein Ausschuss von 12 Mann wurde in der Stadt ausgemustert und mit Montur versehen, die 193 Gld. kostete. Zweimal musste derselbe nach Mainz zur Besichtigung. Erst am 4. Mai 1702 erfolgte die Kriegserklärung des Kaisers und der Seemächte, der die südlichen und westlichen deutschen Fürsten in ihrer Mehrheit sich anschlossen, während der Kurfürst von Bayern nun offen auf die Seite Frankreichs trat. Dem Reichsfeldherrn Markgraf Ludwig von Baden gelang es, die von den Franzosen besetzte starke Festung Landau zu nehmen (9. Sept.), und in den Niederlanden errang der englische Feldherr Marlborough durch die Eroberung von Lüttich (31. Okt.) einen Vorteil über seine Gegner. Um diesen im Norden Luft zu schaffen, unternahm der General Tallard von der oberen Mosel her einen Vorstoss gegen den Rhein. Er nahm Trier und Trarbach und kam bis Bingen, dann musste er vor den anrückenden Truppen der Verbündeten zurückweichen. Pfälzer, Hessen und kaiserliche Husaren bezogen die Winterquartiere auf dem Hunsrücken und an der Mosel.

Kam so der Krieg näher, so wurden auch die Leistungen der Stadt grössere. Alle Tore wurden ausgebessert und ein neues Schilderhaus erbaut. Der alte „Ausschuss" verwandelte sich in eine Landmiliz, die durch beständige Uebungen und Besichtigungen in kriegstüchtigem Zustande erhalten werden sollte. Unmittelbar vor Neujahr wurden die elf Mann Landmiliz mit ihrem Korporal zu einer Uebung von 5 Wochen nach Mainz kommandiert. Als sie am 3. Februar zurückkehrten, wartete ihrer hier ein festlicher Empfang. Am 3. April musste die Miliz abermals nach Mainz, und gleichzeitig wurden die übrigen Junggesellen über 18 Jahre zur Besichtigung nach Geisenheim beordert. Noch zweimal ging die Miliz in diesem Jahre nach Mainz, und in der

Zwischenzeit fanden hier regelmässige Exerzierübungen statt, die gewöhnlich mit einem von der Stadt gespendeten Trunk schlossen. Entsprechend der näheren Gefahr wurde auch die Steuerschätzung eine grössere statt der üblichen vier wurden zehn Quartale, ca. 1.000 Gulden, erhoben.

Den Feldzug des (folgenden) Jahres 1703 leitete der Marschall Tallard ein durch einen Vorstoss von Trier aus. Die Hessen und Hannoveraner in holländischem Solde, die Trarbach blockierten, zogen sich nach Coblenz und über den Rhein, zum Teil auch nach Rheinfels zurück. Dann entfernte sich Tallard wieder, und die Korps der Verbündeten konnten von neuem in die alten Quartiere einrücken. Im ganzen verlief der Kampf in den Niederlanden für die Verbündeten glücklich, während sie am Oberrhein beträchtliche Verluste erlitten. Hier hatte Markgraf Ludwig gegen die Marschälle Villars und Tallard einen schweren Stand. Breisach wurde am 6. September von den Franzosen genommen, Landau von Tallard eingeschlossen. Entsatztruppen, die von den Niederlanden her unter dem Grafen Johann Ernst von Nassau-Weilburg und dem Erbprinzen von Hessen-Kassel anrückten, wurden am Speierbache überrascht und schwer geschlagen (15. Nov.), worauf am 17. November Landau den Franzosen wieder übergeben wurde. Erst spät suchte man die Winterquartiere auf, weil die Witterung lange milde blieb. Noch am 24. November schrieb Markgraf Ludwig: „Zu diesem allen giebt grosse Fazilität das anhaltende schöne Wetter, welches man in Manns Gedenken nicht erlebt hat, dann es nicht anders aussiehet, als wann es beständig Frühling wäre.“ So wurde es auch bei uns erst gegen das Ende des Jahres lebendig. Bei dem Entsatzheere des Erbprinzen von Hessen war auch ein Korps Hannoveraner unter General von Rantzau; ein anderes unter General von Sommerfeld sollte folgen. Sommerfeld verliess am 14. Nov. Coblenz und erhielt bereits auf dem Hunsrück die Nachricht von der Niederlage am Speierbach. So kam er nur bis Mainz. Von dort brach er am 29. Nov. auf, um die Winterquartiere an der Aar zu beziehen. Auf die Bitten des Kurfürsten von Mainz wurde er wieder zurückgerufen und die hannoverschen Truppen bestimmt, den Rhein zwischen Mannheim und Coblenz zu bewachen[3]. Daher passierten in den letzten Tagen des Dezember ständig hannoversche Truppen die Lahn, um die ihnen bestimmten Quartiere aufzusuchen, wobei Bürger und Beamte nicht wenig in Anspruch genommen wurden. So kamen am 28. Dezember 1.400 hannoversche und dänische Reiter in Neuendorf (bei Coblenz) an, und der Bürgermeister musste mit einem Schöffen dorthin, um der Verteilung der Quartiere beizuwohnen. Als dann abends ein Teil derselben über die Lahn kam „und Herr Schultheiss von Braubach allen Fleiss aufwendete, die Völker auf unsere Stadthöf zu logieren“, wurde der Bürger-

[3] Schwenke, Geschichte der hannoverschen Truppen im spanischen Erbfolgekriege, S. 6.

meister noch zum Quartiermeister geschickt, um das zu verhindern. Den Frönern aus der Stadt, die bei der Ueberfahrt der Bagage helfen mussten, wurde wegen der grossen Kälte Wein verabreicht. Oberlahnstein sollte durch 200 Kommandierte aus allen auf den Dörfern liegenden Truppen besetzt werden[4]. Das unterblieb, weil inzwischen der Kurfürst selbst eine Besatzung in die Stadt gelegt hatte. Am 16. Dezember kamen 150 Mann Mainzer Truppen unter dem Hauptmann Beaupré zu Schiff hier an. Dieser trat sofort Anstalten, die Stadt gegen einen etwaigen Angriff zu decken. Es mussten die zu Palissaden geeigneten Bäume im Walde angewiesen und die Wege dahin gemacht werden. Als der Hauptmann mit Gewalt nur eichene Palissaden haben wollte, drangen die Beamten mit Bitten und einer kleinen Verehrung an Wein in ihn und die beiden andern Offiziere und erreichten auch, dass er von dieser Forderung abstand. Tag für Tag wurden in den beiden ersten Monaten des Jahres 1704 Palissaden und Faschinen gehauen und durch Fronfuhren in die Stadt gebracht. Auch die Früchter, Becheler und Schweighauser mussten Palissaden liefern. Sämtliche Tore wurden stark verschanzt, das Kehrstor (Rheinstrasse) zugemauert, das Viehtor (Burgstrasse) erneuert. Zu der Verschanzung am Michelstore (Nordtor) wurden auch 6 Wagen „Besserung" gebraucht. Nach so angestrengter Arbeit konnte mit Recht Gericht und Rat die Offiziere zu Fasnacht auf das Rathaus laden und ihnen einen „Trunk guten Wein verehren, um in gutem Verständnis mit ihnen zu leben." Am 10. März verliess Beaupré die Stadt, und an seine Stelle kam der Hauptmann von Schwahn, der bereits am 25. März durch Hauptmann von Dacheroth ersetzt wurde. Trotz der Hut der Hannoveraner, von denen zwei Regimenter unter General Hompesch in Coblenz und an der unteren Mosel standen, war man doch vor Streifzügen der Franzosen vom linken Rheinufer aus nicht sicher. Am 28. Januar wurde Ludwig Junker nach Braubach und ins Dinkholdertal geschickt, weil man von dort Alarmschüsse gehört hatte. Am 4. Februar ging ein Bote nach Boppard und auf den Hunsrück, um sich nach den Parteien und ihrer Stellung zu erkundigen. Wenige Tage darauf kam ein sicherer Mann von Rhens, von dem dortigen Pastor geschickt, um anzuzeigen, dass eine Partei gegenüber Lahnstein am Berge liege. Diese Gäste verschwanden wieder, aber die Stadt sandte doch einen Boten nach Cochem, der wegen der Franzosen sichere Nachricht einziehen sollte. Als der Hauptmann von Schwahn am 25. März weggegangen war, verbreitete sich hier alsbald das Gerücht, er sei in der Nähe von Camp durch streifende Franzosen gefangen genommen worden. Es erwies sich als unrichtig. Auf die damals sehr häufigen Desertionen, die dann eine grosse Unsicherheit auf Weg und Steg im Gefolge hatten, weisen auch einzelne Notizen hin. Hauptmann Beaupré

[4] ebenda, S. 7.

liess hier drei französische Deserteure anhalten, von denen einer alsbald im Hospital starb. Am 29. März schickte die Stadt 52 Bürger und Soldaten in den Wald, um in diesem nach verdächtigem Gesindel zu suchen. Jeder Teilnehmer erhielt ½ Quart Wein und für einen Kreuzer Brot, daneben noch einen kleinen Imbiss bei dem Verwalter des Ingelheimschen Hofes auf dem Spiess vor Ems, wo die Razzia ihr Ende nahm.

Im Mai dieses Jahres erschien Prinz Eugen mit Verstärkungen auf dem deutschen Kriegsschauplatz. Es war beschlossen worden, dass Marlborough mit einem Teile des niederländischen Heeres an den Oberrhein gehen sollte. Dann wollte man vereint die Franzosen und Bayern angreifen und Oberdeutschland frei machen. Der Plan blieb geheim, und zwar nicht nur vor den Franzosen, sondern auch vor den Holländern, da diese nur ungern ihre vielen Soldtruppen an den Oberrhein gehen liessen. Sie waren der Meinung, dass Marlborough den Hauptstoss gegen die Franzosen an der Mosel vornehmen wolle. Das glaubten diese selbst auch. So begannen denn schon früh in unserer Gegend Truppenbewegungen, die anfangs planlos erschienen. Am 7. April lagerten Hessen, die aus den Winterquartieren nach den Niederlanden zogen, in den Höfen auf der Höhe. Als sie am folgenden Tage hier über die Lahn gingen, wurde zur Vermeidung von Vorspann die Bagage durch hiesige Schiffer nach Neuwied gebracht. Am 3. Mai wurde Hans Peter Bang einem Trupp Husaren entgegengeschickt, die ebenfalls „von oben herab" kamen, um ihnen den Weg über Dausenau zu zeigen. Ihre Bagage musste aber durch Bürger hier über die Lahn geschafft werden. Am 8. Mai kamen zuerst pfälzische Truppen vom Niederrhein her. Sie wollten mit Gewalt Vorspann haben, darum ritt der Bürgermeister mit ihnen bis auf den Braubacher Berg und sorgte dafür, dass in Braubach der Vorspann herausgeschafft wurde. Zwei Tage später mussten wieder die Truppen des Generals Hompesch, der mit mehreren hessischen Regimentern nach dem Oberrhein beordert war, eilends über die Lahn gebracht werden. Inzwischen hatte Marlborough seine Vorbereitungen beendet und war mit 25.000 Mann von den Niederlanden aufgebrochen. Bei Sinzig gelangte er an den Rhein. Am 26. Mai war er in Coblenz, wo der Uebergang bewerkstelligt werden sollte. Nach einem Briefe, den der kaiserliche Gesandte in London, Graf Wratislaw, am 28. Mai von Nastätten aus an den Markgrafen vor Baden richtete, ging am 26. die Cavallerie auf zwei fliegenden Brücken über, während am 27. die Infanterie und die Feldartillerie auf der Mainzer Schiffbrücke übersetzte[5], die der Kurfürst von Mainz zu diesem Zwecke mit einer Abteilung Soldaten nach Coblenz geschickt hatte.

Nach Lahnstein war die Nachricht von der Ankunft des Heeres schon früher gekommen. Am 22. wurde die Brücke über die Lahn geschlagen,

[5] Röder v. Diersburg, Kriegskorrespondenz des Markgrafen Ludwig von Baden, II, S. 31.

wobei die Bürger halfen; der Bürgermeister und ein Schöffe aber gingen nach Andernach und Sinzig, um zu sehen, wie die Verteilung gemacht sei. Am 25. morgens begaben sich der Bürgermeister und der Oberschultheiss von Lorch nach Coblenz zum Obersten von Elz, der für tunlichste Befreiung von Einquartierung sorgen sollte; zwei Schöffen eilten auf die Mainzer Brücke, um noch einige Mainzer Mannschaft zur Verstärkung der Garnison zu holen, damit etwaiger Unordnung gesteuert werden könnte. Es kam denn auch ein Fähnrich mit 38 Mann. Bereits am Nachmittage ging die erste englische Mannschaft über die Brücke und schlug in der Gemarke zwischen Oberlahnstein und Braubach ein Lager auf. Der Brigadier logierte in der Krone. Von der Kellerei mussten eilends 2.000 Bund Stroh und auch Heu auf Wagen geladen und teils ins Lager, teils in Schiffe und nach Braubach gebracht werden. 70 Bürger und einige Jungen waren dabei tätig. Während des Vorbeimarsches wurden die Offiziere meistens in der Stadt einquartiert. Bei dem Bürgermeister war zwei Tage und 3 Nächte ein Oberstwachtmeister mit 13 Personen und 17 Pferden. Der Stallmeister des Brigadiers, der vor dem einen und andern gewarnt, erhielt als besondere Verehrung 3 Gld. und in den Suppenhof 2 Quart Wein und „ein Stück Essen" geschickt. Dem abziehenden Heere halfen Bürger die Wege bei Braubach machen, andere brachen unter Aufsicht des Hauptmanns Dacheroth und des Brückenmeisters die Brücke wieder ab und brachten die Dielen an den gehörigen Aufbewahrungsort. Am 30. Mai war Marlborough bereits bei Castell, wo er den Erbprinzen von Hessen-Kassel und General Hompesch mit ihren Truppen traf. Der englische Durchzug war den davon betroffenen Orten teuer zu stehen gekommen. Daher erschien am 6. Juni von Mainz der Landkommandeur von Schönborn und besichtigte mit mehreren Schöffen den Schaden, den die Gemeinde in der Gemarke erlitten hatte. Das darüber angefertigte Schriftstück wurde zunächst zum Kurfürsten nach Schlangenbad und dann nach Mainz gebracht. Auch Braubach war hart mitgenommen worden. Als die Braubacher 1706 um Erlass einer noch schuldigen Kontributionssumme von 213 Gld. baten, wurde ihnen dies „in Gnaden abgeschlagen," weil wegen des durch den Durchmarsch der englischen Völker erlittenen Feldschadens und in Ansehung des damals betroffenen Hagelschlages bereits ein erklecklicher Kontributionsnachlass erfolgt sei.

Den Führern der Verbündeten gelang es in der Tat, durch 2 Siege, am Schellenberge bei Donauwörth (2. Juli) und bei Höchstätt (13. August), die Franzosen und Bayern aus Oberdeutschland zu vertreiben. Dann begann Marlborough die Einschliessung von Landau und ging, während diese Festung noch belagert wurde, Ende Oktober an die Mosel, um hier Platz für die Winterquartiere und einen sicheren Punkt für die Kämpfe des nächsten Jahres zu gewinnen. Er nahm Trier ein, das die Franzosen bei der Nachricht von seinem Anmarsche eiligst verlassen hatten.

So blieb es während des Sommers in unserer Gegend ruhig, und Hauptmann Dacheroth konnte am 10. Juni mit einem Teile der Besatzung die Stadt verlassen. Doch war man auch jetzt vor streifenden Franzosen nicht völlig sicher. Musste doch am 4. Juli ein Falschmünzer innerhalb der Stadt hingerichtet werden, weil der gewöhnliche Richtplatz vor dem Südtore wegen Feindesgefahr nicht sicher war. Auch ertönten am 18. August wieder einmal von Braubach aus Alarmschüsse. Dann kamen die ersten Truppen von der Hauptarmee zurück, die nach den Niederlanden beordert waren, wohin auch nach der Schlacht bei Höchstätt Franzosen unter Villeroy eilten. Am 24. September stand das Regiment Goor bei Kemel[6]. Bürgermeister Steinmann und Hans Peter Bang ritten daher nach Nastätten, da 200 Mann in Oberlahnstein einquartiert werden sollten. Es gelang mit Mühe und nicht unbeträchtlichen Kosten dies abzuwenden, dafür mussten dann aber eine Anzahl Leute helfen „die Bagage in vollem Regenwetter eilends über die Lahn führen." Um dieselbe Zeit kam von der linken Rheinseite die Nachricht, dass auf dem Hunsrück eine Abteilung Franzosen bemerkt worden sei, die einen Nachen auf Wagen und viele Handgranaten mit sich führten, und die vermutlich „einen Streif diesseits des Rheines vollziehen wollten." Daher wurde sofort ein Bote an den Kurfürsten von Trier nach Ehrenbreitstein geschickt und Hülfe verlangt. Es kam auch am Abend ein Fähnrich mit 26 trierischen Soldaten. Die Franzosen erschienen aber nicht, und der Fähnrich konnte bald mit seinen Leuten wieder abziehen, nachdem er wegen seiner Bemühung „vor ein Paar Handschug" 6 Gld. erhalten, und die Schöffen wegen „gehaltener guter Order" 6 Quart Wein mit ihm vertrunken hatten. Am 10. Oktober wurde von hier aus ein Bote wegen der Franzosen nach Boppard geschickt, und einige Tage später hier ein Mann von Boppard wegen des französischen Spions Nikolaus Röder vor 2 Schöffen und 3 Bürgern verhört. Im Anfange des November rasteten in der Stadt 8 Konstabler, die einen Munitionszug nach Trarbach führten, das Marlborough nach der Einnahme von Trier durch den Prinzen von Hessen hatte einschliessen lassen. Erst im Dezember nahten sich grössere Massen englischer Truppen, die vom Oberrhein zurückkehrten, wo Landau am 18. kapituliert hatte. Darum wurden ein Schöffe und ein Soldat nach Mainz zur kurfürstlichen Kammer und zum General von der Leyen geschickt, damit Vorsorge getroffen würde, dass die Stadt von den herabmarschierenden Truppen möglichst verschont bleibe. Es musste aber doch ein neues, grösseres Wachthaus an der Lahn gebaut und die Brücke wieder aufgeschlagen werden. Die ersten Truppen kamen zu Wasser, und eine Landung

[6] In der Bürgermeisterrechnung steht das „gorhische Regiment". General Goor kam am 3. März 1703 in Coblenz an mit 7 Bataillonen; dort sollte er noch 2 holländische und 3 hessische an sich ziehen und nach dem Oberrhein marschieren. Im September kämpfte er mit bei Augsburg. Röder I, 134.

derselben konnte rechtzeitig verhütet werden. Dann näherte sich ein grosser Zug von der Höhe her. Deshalb ritt der Bürgermeister mit einem Bürger nach Kemel und Schwalbach, damit die in Mainz gemachte Verteilung der Quartiere von den andern Beamten nicht geändert würde. Dann eilte noch der Kammerrat selbst dem ankommenden Volk bis Nastätten entgegen. Der Marsch durch die Stadt vollzog sich in guter Ordnung, und der Kammerrat präsentierte dafür dem General Lumly in Niederlahnstein im Auftrage des Gerichts 19 Mass guten Wein und 6 lebende Feldhühner. Noch war viele Bagage zurück, da wollten schon die Trierischen in Niederlahnstein auf ihrer Seite die Brücke abbrechen, und der Gerichtsschreiber musste noch in der Nacht zum Landrentmeister in Ehrenbreitstein, damit diese länger stehen bliebe, was denn auch geschah. Eben war dann wirklich am 10. Dezember die Brücke abgebrochen worden, da kam die Nachricht, dass neue Völker von der Höhe her anrückten. Die beiden Boten, die von hier nach Nastätten reiten sollten, um Kundschaft einzuziehen, kamen nur bis Braubach und warteten auf die Rückkehr der Ordonnanz, die von dort aus auf die Höhe gesandt war. Auf die erhaltene Auskunft hin ersuchte der Kammerrat den schon genannten Ingelheimschen Verwalter Schunk auf dem Spiess, nach Nastätten zu reiten, damit die Völker hiesige Stadt und ihre Höfe verschonten und den Marsch anderweitig nähmen. Das gelang auch, und Herr Schunk verlangte für den Ritt und seine Bemühung „für diesmal nichts." Damit war die Sorge für dieses Jahr behoben, und Kammerrat, Pastor, Fähnrich und Bürgermeister konnten nach Niederlahnstein gehen „wegen einer guten Prob Bleichert für Ihre Excellenz H. General von der Leyen, der hiesiges Städtlein von der letzten englischen Einquartierung befreit." Es war ein für die Bürgerschaft recht unruhiges Jahr gewesen, zumal sie selbst öfter erwarten musste, zur Verteidigung von Stadt und Land herangezogen zu werden. So wurden 50 Pfund Blei bei dem Juden Jospel in Niederlahnstein gekauft, daraus Kugeln gegossen und unter die Bürger verteilt. Dass es auf den Höfen und im Walde nicht immer sicher war haben wir schon gesehen; wir werden aber noch besonders darauf hingewiesen durch die Notiz, dass in diesem Jahre dem Jäger für das Abschiessen von 6 Wölfen 3 Gld. Schussgeld gezahlt wurden. 12 Quartale Schatzung waren für das Jahr ausgeschrieben worden, davon wurden wegen des durch die Engländer erlittenen Schadens 4 nachgelassen. Dazu kamen dann aber 4 Quartale Winterquartiergelder in gleicher Höhe, sodass sich die Gesamtsumme auf 1.153 Gld. belief.

Im Jahre 1705 sollte wieder ein gemeinsamer Vorstoss der Verbündeten und zwar an der Mosel stattfinden. Er misslang aber, zum Teil deshalb, weil der Markgraf von Baden an einer Wunde krankte und mit dem oberrheinischen Heere zu spät eintraf. Auch die Artillerie, die bei Coblenz sich sammeln sollte, kam erst spät. Vielleicht bezieht sich auf diese die einzige Notiz, nach der kaiserliche Soldaten hier über die Lahn geschafft werden mussten.

Marlborough verliess bereits am 17. Juni mit dem grössten Teile seines Heeres die Mosel und ging nach den Niederlanden, während die pfälzischen und westfälischen Truppen über Bingen und Mainz nach dem Oberrhein marschierten. Weder die Verbündeten noch die Franzosen errangen auf irgend einem der drei Kriegsschauplätze einen wesentlichen Vorteil. Wegen der strengen Kälte gingen die Truppen bereits im November in die Winterquartiere. Die Hannoveraner in englischem Solde zogen unter Bülow über Düsseldorf, Bonn und Coblenz ins Mainzische; die Cavallerie quartierte sich auf dem Westerwalde ein; Hessen lagerten auf dem Hunsrück. Die Truppen blieben diesmal lange in den Winterquartieren. Endlos waren die Verhandlungen zwischen den verbündeten Mächten, ob man am Oberrhein oder an der Mosel oder in Italien den Hauptschlag führen solle. Man kam zu keiner Einigung. Daher herrschte in unserer Gegend zunächst Ruhe. Am 9. und 10. April war der mainzische General von der Leyen hier im Schlosse abgestiegen. Am 15. sandte die Stadt zwei Rekruten, die sie hatte anwerben müssen, mit dem städtischen Wachtmeister nach Mainz. Das Werben war nicht leicht. Zu dem herrschaftlichen Werbegelde von 10 Reichstalern musste die Gemeinde noch für jeden Soldaten 14 Reichstaler zulegen.

Gleichzeitig kam auch die erste Nachricht von anrückenden Truppen, denen der Kammerrat und der frühere Bürgermeister Steinmann bis Bonn entgegenfuhren. Am 13. April war für sie bereits die Lahnbrücke wieder aufgeschlagen und mit Stroh belegt worden. Es waren Sachsen-Gothaer, die zum Markgrafen von Baden an den Oberrhein zogen. Hier sah sich dieser bald überlegenen Kräften der Marschälle Villars und Marsin gegenüber. Er wünschte dringend, dass die auf dem Hunsrücken und im Moselgebiet liegenden Hannoveraner, Hessen und Pfälzer zu ihm stiessen. Am 14. Mai erwartete man denn hier auch den Hinaufmarsch der Hannoveraner. An diesem Tage ging Hans Peter Bang nach Winningen, um sich wegen des Marsches derselben zu erkundigen. Ueber diesen findet sich nur noch die Notiz „Item habe bei den anmarschierenden hannoverschen Truppen Herrn General Rantzau 10 Mass vom besten Rüdesheimer Wein nebens einem Hammel und 4 Krug Dünsteiner Wasser verehrt und Herrn Kammerrat deswegen zahlt 8 Gld. 20 Kr." Rantzau sollte sich mit Bülow vereinigen, der seit dem 15. Mai ein Lager bei Mainz bezogen hatte und das ganze hannoversche Corps zusammenziehen sollte. Zu einer Hülfeleistung desselben am Oberrhein kam es nicht, denn inzwischen hatte der Markgraf sich bereits am 6. Mai auf die rechte Rheinseite zurückgezogen, und bald kamen Nachrichten vom niederländischen Kriegsschauplatz, die die ganze Lage änderten. Hier hatte Marlborough am Pfingsttage (23. Mai) bei Ramillies über Villeroy und Max Emanuel einen glänzenden Sieg erfochten. Darum zog jetzt vom Oberrhein der grössere Teil der französischen Truppen dem geschlagenen Heere zu Hülfe. Ebenso verlangte Marlborough alle verfügbaren Streitkräfte, um den Sieg möglichst auszunutzen. So begegnen wir denn alsbald den nach den Niederlanden eilenden Scharen. Am 29. Mai ritt der Stadtschultheiss den hannoverschen Truppen nach Wiesbaden entgegen. Am 3. Juni erschienen sie und bezogen ein Lager auf der Schartwiese, wohin dann Holz und Fourage geliefert werden musste, die zum Teil in Nachen von Braubach geholt wurde. 25 Malter Mehl wurden in der Stadt zu Brot verbacken. Gleich nach dem Weggange der Hannoveraner kamen Pfälzer durch das Rheintal heran. Daneben wurde auch die Garnison verstärkt. Im Mai erschien Fähnrich Schädel mit einem Kommando mainzischer Soldaten, im Sommer noch ein Feldwebel mit einer zweiten Abteilung. Es war auch nicht ganz unnötig, denn da die linke Rheinseite, von den Besatzungen in Trarbach und Coblenz abgesehen, von Truppen entblösst war, so liessen sich in der Gegend wiederholt französische Streifscharen blicken. Einmal musste der Kammerrat einen Boten an die Mosel schicken, um Kundschaft einzuholen. Bald darauf kam die Nachricht, die Feinde seien im Anzug, und man sandte nach Coblenz um Hülfe. Die Bürgerschaft aber blieb während der Nacht mit ihrer Wehr in Bereitschaft am Rathause. Doch auch diese Gefahr schloss mit einem Ehrentrunke für die Offiziere und den Feldwebel „in Hans Peter Bangens Wirtsstube." Um die gleiche Zeit plünderte eine andere französische Streifschar Winkel im Rheingau und führte eine Anzahl Einwohner mit sich fort nach Trier, wo sie erst gegen ein beträchtliches Lösegeld entlassen wurden[7]. Für dieses Jahr wurden 18 Quartale Schatzung erhoben, im Betrage von 1.729 Gld.

Im Januar 1707 starb der Markgraf Ludwig von Baden; sein Nachfolger wurde zunächst der schon bejahrte Markgraf von Baireuth. Da die Zuzüge aus dem Reiche ausblieben, musste dieser fast ohne Widerstand das festeste rechtsrheinische Bollwerk, die lange Schanzlinie von Philippsburg bis Stolhofen, Hagenau gegenüber, die sogenannten Stolhofener Linien, aufgeben. So konnte sein Gegner Villars ungehindert in die süddeutschen Lande eindringen und von den Städten und Fürsten reiche Kontributionen erheben, und fast den ganzen Sommer hindurch brandschatzten seine Streifscharen die mittelrheinischen Gebiete. Am 15. Juli schrieb der Amtmann von Braubach: „Wir sind keine Nacht sicher, die Lahnsteiner haben Succurs von Mainz bekommen, uns ist alle Assistenz abgeschlagen. Von Darmstatt ist alles geflüchtet. Gott stehe unserem armen Lande bei." Um die Mauern von Braubach besser bewachen zu können, musste der Ausschuss von Katzenelnbogen, Dachsenhausen und Gemmerich herbei geholt werden. Auf dem Westerwalde brandschatzte ein Streifkorps und verlangte von den Ständen, dass den Franzosen freier Durchzug durch diese Gebiete gewährt werden sollte. Man beschloss, am Rhein bei Hönningen und Neuwied Kreistruppen aufzustellen und den Kurfürsten von der Pfalz zu bitten, dass er für einige

[7] Nassauer Annalen 19, S. 135; Spengler, Gesch. von Winkel, S. 177.

Zeit die Freikompagnie, die in Caub stand, auf den Westerwald schicke. Auch Lahnstein musste in diesem Jahre zur Bezahlung der französischen Kontribution und Kursgelder[8] 300 Reichstaler von einem Kapital entleihen, das der Kapelle auf dem Spiess durch ein Vermächtnis zugefallen war. Eine Ueberrumpelung der Stadt hatte die verstärkte Besatzung verhindert. In einer Gerichtsverhandlung wegen einer Schlägerei zwischen jungen Leuten und Soldaten, in die der Wirt Hans Peter Bang verwickelt wurde - er hatte einen Soldaten „mit einem Steckelchen" über den Kopf geschlagen, worauf ein anderer Soldat ihm mit dem Degen „von hinterwärts" die halbe Hand abhieb - treten auf: Ein Musketier von Major Beauprés Kompagnie, ein Soldat von Hauptmann Becker, ein Tambour von Hauptmann Wurm und ein Soldat von Herrn Generalmajor." Das konnte aber die Besatzung nicht hindern, dass die Franzosen die Mühlen plünderten, zwei Müller und drei Bürger, die sie auf einem benachbarten Dorfe trafen, gefangen mit sich nach Trier führten. Sie mussten von der Gemeinde ausgelöst werden[9]. Im September übernahm der Kurfürst Georg Ludwig von Hannover den Oberbefehl über das oberrheinische Heer. Ernstliche Vorteile vermochte aber auch er über Villars nicht mehr davonzutragen. Die Hannoveraner bezogen dann wieder die Winterquartiere auf Westerwald und Taunus bis Hanau. Für den Feldzug des Jahres 1708 kam es den Verbündeten zustatten, dass Italien seit der Schlacht bei Turin von Franzosen frei war. So konnte Prinz Eugen sich auf dem deutschen Kriegsschauplatze beteiligen. Es wurden daher 3 Heere aufgestellt, das eine am Oberrhein unter dem Kurfürsten von Hannover, das zweite an der Mosel unter Eugen, das dritte unter Marlborough in den Niederlanden. Von dem oberrheinischen Heere sollten Truppen an die Moselarmee abgegeben werden. Das Städtchen Kastellaun auf dem Hunsrück war als Centrum für die anmarschierenden Scharen bestimmt. Im Mai rückten diese gegen Kreuznach und Coblenz vor. Viermal musste daher der Stadtschultheiss Serger den „von oben herab" anmarschierenden Truppen bis Kemel und Schwalbach entgegenreiten. Das Regiment Fechenbach[10], dann ein badisches und zuletzt ein nicht näher bezeichnetes Husarenregiment bezogen nach einander ein Lager in der Gemarke, Rhens gegenüber und blieben immer mehrere Tage dort. Damit die Saaten und Weingärten verschont würden, liess die Stadt 12 hiesige Soldaten in denselben Wache halten. Der Husarenoberst erhielt „eine Flasche Kellerwein, 6 Quart haltend, sowie an einem Fasttage ein Fischessen verehrt."

---

[8] Unter „Kursgelder" verstand man die Kosten für die Absendung eines Detachements, das die Kontribution einzutreiben hatte.

[9] Lahnsteiner Amtsprotokoll 1704-14 (W. St.)

[10] Es ist wohl ein Mainzer Regiment. Im Jahre 1691 steht die hiesige Besatzung unter Hauptmann v. Fechenbach. 1727 sind hier Soldaten vom Regiment des Generals von Fechenbach.

Kleinere Abteilungen wurden gelegentlich in der Stadt einquartiert. Bereits am 30. Mai forderte Marlborough den Prinzen Eugen, der sich gerade anschickte Wien zu verlassen, auf, mit möglichst viel Truppen von der Moselarmee in die Niederlande zu kommen, damit sie dort gemeinschaftlich gegen Vendome kämpften. Am 22. Juni erschien Eugen in Coblenz, wo er bis zum 1. Juli blieb. Zehn Tage später, am 11. Juli, besiegte er im Verein mit Marlborough die Franzosen bei Oudenarde an der Schelde, worauf sie dann auf französischem Gebiete die Brandschatzungen des vorigen Jahres vergalten. Während der Kampf in den Niederlanden tobte, war unsere Gegend nicht immer sicher. So ging am 4. September eine französische Schar von Oberwesel aus nach Bornich, plünderte das Dorf, steckte die Häuser in Brand und trieb die Pferde fort[11]. Da die Kälte in diesem Jahre früh einsetzte, so wurden die Heere zeitig in die Winterquartiere geschickt. Der Winter von 1708 auf 9 war ein aussergewöhnlich harter und hatte unsägliches Elend im Gefolge. Beweglich klingen die Klagen aus dem ganzen Südwesten Europas. Bereits im Oktober, als das Laub noch auf den Bäumen war, fiel ein gewaltiger Schnee, von dessen Last die Äste brachen. Vom 2.-5. Januar regnete es dann ohne Unterlass. Hierzu bemerkt der Oberlahnsteiner Gerichtsschreiber: „Den 5. auf Könige Abend hat es vorhero sehr geregnet und fein warm gewesen, bis auf Königstag morgens früh, zwo Stund vor Tag ist eine solche grausame Kälte eingefallen und etliche Tage lang gedauert, dass Mosel, Rhein und Lahn in 3 Tagen ganz mit Eis bedeckt; der Gemeindebronnen am Rathaus und andere Bronnen seind zugefroren, ingleichen das Obst in den Kellern erfroren." Einige Seiten weiter heisst es: „Den 27. Februar ist bei versammeltem ganzen Gericht beschlossen worden, nachdem die grosse Kälte je länger und mehr überhand genommen und das Korn ein Merkliches aufgeschlagen, dass der armen Bürgerschaft etwas Korn verkauft werden könne. Also ist vom Gericht mit Konsens Herrn Kammerrats dem zeitlichen Bürgermeister anbefohlen worden, dass er der ganzen Gemeinde mit der Gemeindeglocke läuten und publicieren solle, dass er den Bürgern zugute jedem ein halb Malter Korn gegen bare Bezahlung, das Bopparder Malter zu 4 Reichstaler verkaufen könne." Der Preis betrug in dieser Zeit 5 Reichstaler. Ebenso wurde Hafer vom Gemeindespeicher billiger abgegeben. Am 15. März kam noch einmal die gleiche Erlaubnis, „weil die grosse Kälte ferner kontinuiert." Ausserordentlich gross war der Schaden an den Weinstöcken und Fruchtbäumen. Daher ist es erklärlich, wenn wir in der Jahresrechnung des Hospitals lesen: „An Wein geherbstet 0" (Im Jahre 1707 verkaufte das Hospital noch 9 Ohm roten und weissen Wein für 83 Gld.). Der Kirchenrechner drückt sich in der Kirchenrechnung nicht so kurz aus. Er schreibt: „Dies Jahr an dem Rhein empfangen an Nüssen einen Hut voll; daraus erlöst 30 Kreuzer. Weilen in die-

[11] Vuy, Trechirgau, S. 270.

sem Missjahr kein Wein gewachsen, also ist auch keiner verkauft worden. Item habe dies Jahr die verfrorenen Kirchennussbäume mit Konsens des Gerichts verkauft und daraus erlöst 2 Gld. 20 Kreuzer." Am härtesten wurde Frankreich durch den schrecklichen Winter mitgenommen. Die bekannte Herzogin von Orleans, die pfälzische Prinzessin „Lise-Lotte," klagt gar oft darüber in ihren Briefen an die Raugräfinnen. So am 2. Februar: „Die Kälte ist hier im Lande so abscheulich, dass man sagt, seit anno 1606 man nicht dergleichen gesehen. Allein zu Paris sind seit dem 5. Januar bis nun 24.000 Menschen gestorben. Ich glaube nicht, dass man jemals so einen grossen Schnee in diesem Land gesehen als nun." Die allgemeine Not war nicht ohne Einfluss auf den Gang der Kriegsereignisse. König Ludwig erneuerte die Friedensverhandlungen, die schon einmal nach dem für Frankreich ungünstigen Jahre 1706 eingeleitet worden waren. Sie zogen sich hin bis zum Juni, dann wurden die von den Verbündeten gestellten Friedensbedingungen als zu schwer von Ludwig verworfen. Man rüstete abermals zu einem entscheidenden Waffengange in den Niederlanden, wo diesmal Villars den beiden Feldherrn der Verbündeten entgegen treten sollte. Am 11. September wurde er bei Malplaquet an der belgisch-französischen Grenze besiegt.

Am Rhein war auch in diesem Jahre von einem nennenswerten Kampfe nicht die Rede. Man hatte überall kleinere Truppenabteilungen aufgestellt, die etwaige Streifzüge der Gegner verhindern sollten. Hannoveraner, Hessen und Pfälzer stellten am Mittelrhein diese sogenannten Postierungstruppen. Dass es ihnen nicht immer gelang, zeigt der viel erzählte Ueberfall auf die vornehmen Badegäste in Schwalbach. Es glückte einer Schar von 53 Franzosen, von der Mosel her in der Nacht zum 17. Juli unbemerkt nach Schwalbach zu kommen. Hier erbeuteten sie in der Morgenfrühe viel Geld und Kostbarkeiten und führten den Deutschmeister Franz Ludwig, den späteren Erzbischof von Trier und Mainz, mit 11 andern vornehmen Herrn hinweg. Die durch die Alarmglocken auf den Dörfern zu den Waffen gerufenen Bauern befreiten bei Eltville die Gefangenen in einem Kampfe, bei dem es auf beiden Seiten Tote und Verwundete gab. Wie in diesem, so wurde auch im folgenden Jahre 1710 unsere Gegend von dem Kriege kaum in Mitleidenschaft gezogen. An Stelle des Kurfürsten von Hannover, der sein Amt niedergelegt hatte, befehligte Feldmarschall Gronsfeld die kaiserliche Rheinarmee; sie sollte sich nur verteidigungsweise verhalten. Eugen und Marlborough kämpften wieder gemeinsam in den Niederlanden gegen Villars. Sie nahmen mehrere feste Plätze, zu einer offenen Feldschlacht kam es nicht. Erst das Jahr 1711 brachte am Rheine wieder grössere Unruhe. Am 6. Januar starb Kurfürst Johann Hugo von Trier und musste des Krieges wegen bei den Kapuzinern in Ehrenbreitstein begraben werden; erst im Jahre 1715 wurde er im Dom zu Trier beigesetzt. Sein Nachfolger Karl Josef kam heimlich und auf Umwegen nach Coblenz, um nicht von den Franzosen aufgefangen zu werden. Noch fanden dauernd in den Niederlanden Friedensverhandlungen statt, bei denen man sich nicht einigen konnte. Da brachte der Tod Kaiser Josefs I. am 17. April einen Umschwung der Verhältnisse herbei. Wenn sein Bruder Karl mit der Krone von Spanien auch die deutsche Kaiserkrone und die österreichischen Lande vereinigte, so hätte er eine Macht besessen, die dem Gleichgewicht der Staaten gefährlich werden konnte. Um dies zu verhindern, hatte man zu Beginn des Kampfes das Schwert ergriffen. So blieben die Heere untätig, während die Diplomaten arbeiteten. Am 16. April ging Eugen von Wien nach den Niederlanden. Unterwegs erhielt er die Nachricht vom Tode des Kaisers. Darum eilte er zum Kurfürsten Lothar Franz nach Mainz, um mit ihm wegen der Wahl zu verhandeln. Dann ging er nach Bruchsal um das oberrheinische Heer für Karl zu verpflichten. Am 1. Mai war er wieder in Mainz. Am zweiten fuhr er zu Schiffe hier vorbei nach dem Haag. Noch war es in den Niederlanden zu keinem Zusammenstoss gekommen, da empfing Eugen die Nachricht, dass am 11. Juni ein beträchtlicher Teil des französischen Heeres unter Max Emanuel von den Niederlanden aufgebrochen sei[12], um das Heer am Oberrhein zu verstärken und wo möglich die Kaiserwahl, die im Oktober in Frankfurt vor sich gehen sollte, zu hindern. So trennte sich Eugen am 14. Juni von seinem Kampfgenossen und führte ebenfalls 20.000 Mann, hauptsächlich Kaiserliche und Pfälzer, nach dem Oberrhein. Sein Weg ging über Düsseldorf, wo er den Kurfürsten von der Pfalz bat, noch drei Kavallerieregimenter an den Rhein zu schicken. Am 25. Juli war er in Frankfurt.

Als in diesem Monat die Nachricht von der Ankunft dieser Truppen gemeldet wurde, ritt der Stadtschultheiss mit Hans Peter Bang denselben 5 Tage entgegen. Wieder wurde die Brücke über die Lahn geschlagen, und die Soldaten bezogen ein Lager in der Gemarke. Die Generale und die höheren Offiziere nahmen Quartier im Löwen, im Kaiser und in der Krone. Da die Stadt nicht in der Lage war, die geforderte Fourage aus den vorhandenen Vorräten zu liefern, so kaufte der Bürgermeister noch in Niederlahnstein Heu, Stroh und 82 Mainzer Malter Hafer. Während der Nacht wurde der Hafer am Rheine und die Fourage im Felde von Kürassieren bewacht, die die Stadt dafür mit Wein bewirtete. An kleineren Durchzügen fehlte es auch in diesem Jahre nicht. Eine Abteilung Mainzer geleitete den General Graf Schönborn, der von Mainz nach Coblenz ging. Wegen schlechten Wetters mussten sie im Kaiser übernachten. Für eine Schar trierischer Soldaten, die Munition nach Mainz schaffen sollte, wurde eine halbe Ohm Wein gespendet. Ausserdem quartierte sich noch einmal eine Abteilung im Kaiser und eine andere in der Krone ein. Das Jahr 1711 schloss mit Feuerlärm. In der Christnacht brannte das Dach der Wachtstube an der Zollpforte nieder, die im vorigen Jahre

[12] Gachard, S. 186.

ebenso wie die Kehrspforte an der Rheinstrasse durch Hochwasser stark beschädigt worden war. Ende Januar oder Anfang Februar des folgenden Jahres kamen 50 Mann mit churtrierischer Bagage, die hier über Nacht blieben. Andern Tages erschien der Kurfürst von der Pfalz Job Wilhelm mit 271 Mann und 8 Offizieren. Diese wurden wieder über Nacht in den Wirtshäusern untergebracht. Der Kurfürst hatte an der Krönung Karls VI. in Frankfurt teilgenommen[13] und ging nun in seine Residenz Düsseldorf. Dann kam die Nachricht, dass Truppen vom Niederrhein her anmarschieren würden. Auf Befehl von Mainz aus ging der Bürgermeister nach Ehrenbreitstein zum Kammerrat Mays und zum Kanzleidirektor, um dort sich wegen derselben zu erkundigen. Sie erschienen am 19. Februar und zogen ohne besondere Forderungen vorbei, nur dass die Bürger ihnen beim Uebergang über die Lahn behülflich sein mussten. Es waren wohl die drei kurpfälzischen Regimenter, die am 17. Februar bei Linz stehen sollten, und denen der Stadtschultheiss Kneuper von Braubach bis Neuwied entgegen reiten wollte. Sie sollten noch einige Zeit in der Pfalz die Winterquartiere beziehen[14].

Inzwischen waren die Aussichten für den Frieden wieder grösser geworden. In England war die Friedenspartei ans Ruder gekommen, und im Januar wurde Marlborough aus allen seinen Aemtern entlassen. An die Spitze des englischen Heeres in den Niederlanden trat der Herzog von Ormond, der bald den geheimen Befehl erhielt, den Prinzen Eugen nicht zu unterstützen. Am 29. Januar begann der Friedenskongress zu Utrecht. Neben den Verhandlungen aber gingen die Vorbereitungen zum Kriege einher, der diesmal ausschliesslich in den Niederlanden geführt wurde. Hier galt es für beide Parteien neue Vorteile zu erringen, um damit auf dem Kongresse grössere Zugeständnisse zu erhalten. Deshalb wurden von beiden Seiten möglichst viel Truppen nach den Niederlanden gebracht. Schon um die Mitte April ging das kaiserliche Regiment Croy bei Nassau und Diez über die Lahn. Am 29. kam ein Korps Kaiserlicher unter dem Generalleutnant Prinzen von Holstein-Beck hier an und bezog ein Lager vor der Stadt. Da hatte der Bürgermeister Johann Andreas Lahnstein einen schweren Stand. Mit Proviant- und Wagenmeister musste er verhandeln, und mit dem Quartiermeister, „welcher zuvor greulich tornieret," vertrank er „per Diskretion" 2 Ouart Wein. Dann ging er mit dem so Besänftigten auf Geheiss des Kammerrats hinaus, um die badischen und andere Truppen anzuweisen, wo sie am besten ohne Schaden der Gemeinde stehen könnten. Der Prinz wohnte mit einem andern General im Kaiser. Als er mit den Truppen, für die wieder Stroh und Heu geliefert und Hafer in Niederlahnstein gekauft wurde, abzog, fuhren drei hiesige Bürger seinen

[13] Theatr. Europ. XIX, 2; 512.
[14] W. St.

Sohn und drei Offiziere nach Hönningen. Andere Offiziere wurden mit der Zolljacht bis Cöln gebracht. Nach der Ankunft dieses Korps begannen die Kämpfe in den Niederlanden.

Prinz Eugen war anfangs gegen Villars im Vorteil. Im Juli trennten sich die englischen Truppen von ihm, nachdem England mit Frankreich Waffenstillstand geschlossen hatte. Die deutschen Hülfskorps, die in englischem Solde standen, blieben jedoch bei dem Heere der Verbündeten. Eugen aber konnte nicht hindern, dass Villars eine Anzahl Festungen wieder gewann. Das war dann die Veranlassung, dass die Holländer glaubten, ohne Englands Hülfe den Krieg nicht zu einem glücklichen Ende bringen zu können und dem Frieden stärker zuneigten, während dem Kaiser die französischen Bedingungen unannehmbar erschienen. Daher stand zu erwarten, dass bei einem neuen Waffengange der Kriegsschauplatz von den Niederlanden an den Rhein verlegt würde.

Da so das Glück sich auf die Seite der Franzosen neigte, ist es nicht zu verwundern, dass auch in unserer Gegend wieder grössere Abteilungen derselben Beutezüge auf das rechte Rheinufer machten. Am 1. Juni fürchtete man für Braubach, und der dortige Amtmann liess wieder 30 Mann von Katzenelnbogen kommen, um die Garnison zu verstärken. Am 14. kam in Lahnstein der Stadtwachtmeister Samuel Meyer in den Löwen, um dem Stadtfähnrich zu melden, dass eine französische Streitschar diesseits des Rheines sich befinde. Die Bürger wurden alarmiert und blieben die Nacht über in Waffen. Die Feinde zeigten sich aber nicht. Dabei kam es im Löwen zu einer kräftigen Schlägerei zwischen dem Schiffer Altenkirch, der auf sein Schiff, das etwas oberhalb des Schlosses lag, Soldaten haben wollte, und dem Zollnachgänger Stemmler, der ihm riet, das Schiff vor das Schloss treiben zu lassen, wo es sicher liege. Schlimm erging es unserer Nachbarstadt Ems. In der Nacht vom 7. zum 8. September kam eine grosse Schar Franzosen zu Schiff über den Rhein. In Niederlahnstein liessen sie bei den Schiffen 200 Mann zurück. Die übrigen zogen in das Dorf Ems, das sie noch vor Tag erreichten, plünderten und vollständig in Asche legten. 56 Häuser nebst Scheunen und Stallungen sollen damals in Rauch aufgegangen sein. Auch das Bad plünderten sie rein aus und nahmen 20 Personen als Geiseln mit sich fort. Nach zeitgenössischen Berichten kamen bei dem Ueberfall auch eine Anzahl Leute um. Alles ging sehr rasch vor sich. Noch in der Morgenfrühe begaben sich die Franzosen wieder nach Niederlahnstein zu den Schiffen und kamen auch ungehindert über den Rhein. Hier blieben sie zunächst. Zwei Tage später berichtete der Amtmann Gödecke von Nassau, dass noch 1.000 Franzosen jenseits des Rheines ständen, und dass der Baron von Stein seine Familie und die besten Möbel von Nassau nach Coblenz bringen wolle. Der General Horst in Ehrenbreitstein, an den man sich wandte, damit er eine Postierung an die Lahn setze, weigerte sich. Er erklärte, das Unglück wäre nicht geschehen, wenn man in jeder Nacht die Nachen angeschlossen, und wie er es angeordnet, 4 Bauern dabei hätte wachen lassen. Das Amt Braubach aber trat alsbald in Verhandlung mit den Franzosen wegen eines Schutzvertrages. Die Unterhandlung dauerte länger, und wohl um sie zu fördern, erschienen am 2. November 600 Franzosen vor Braubach; der Anschlag misslang, doch brannte bei dem Schiessen die Stallung des Herrn Brückmann neben der Kirche ab. Für den andern Tag wurden aus dem Kirchspiel Katzenelnbogen 60 Mann, zur Hälfte mit Pickeln, zur Hälfte mit Schippen und für 3 Tage mit Proviant versehen, nach Braubach beordert. Weil sich gezeigt, dass die Stadt in dem sogenannten Gebück vom Raupenturm bis ans Schloss nicht wohl verwahrt sei, wollte der Kommandant dort einen Graben hinauf ziehen lassen. Am 13. November wurde dann der Tractat unterzeichnet durch den Kaufmann Knötgen zu Trier in Vollmacht des hessendarmstädtischen Geh. Regierungs- und Legationsrates Baron Job. Friedrich v. Stein und im Namen der Beamten und Einwohner des Amtes Braubach nebst dem Kirchspiel Katzenelnbogen und der Gemeinschaft Ems; französischerseits unterzeichnete der Baron de Fumeron. Er lautete mit unwesentlichen Kürzungen: Es sind an den General-Kontributions-Einnehmer Mons de Fontenay zu Metz oder an dessen Kommissar zu Luxemburg auf deren Quittung die Summe von 12.000 Livres, nämlich 4.000 Livres an Kontribution und Fouragegeldern für genannten Distrikt auf künftiges Jahr, so vom 1. Januar 1713 anfängt und den 1. Januar 1714 zu Ende geht, und zwar in 2 Terminen von 6 zu 6 Monaten, allzeit zu Anfang eines jeden halben Jahres abzutragen. Auch verspricht er, (Knötgen) eine gleiche Summe auf die künftigen Jahre, so lange der Krieg währt, in gleichen Terminen zu zahlen, nebst noch 5.000 Livres, so unter obigen 12.000 Livres mit begriffen, für die rückständigen Kontributions- und Fouragegelder, welche 8.000 Livres sogleich bezahlt und deswegen gute und hinlängliche Kaution zu Metz oder Luxemburg geleistet und ausgestellt werden soll. Dafür sollen die Bewohner genannter Orte unter dem Schutze des Königs und seiner Alliierten stehen und von jeder Exekution frei sein. Auch alle Fremden, die in das Emser Bad reisen, sollen frei und ungehindert sein, wenn sie sich mit einem königlichen Passeport versehen. Endlich sollen die Gefangenen von Ems, sobald man wegen Bezahlung der in diesem Tractat enthaltenen Gelder Kaution gestellt, die Zehrungs- und andere Unkosten, so sie zu Lützenburg und sonsten gemacht haben, nebst 1.500 Livres für den Course oder Absendung des Detachements, um besagten Landesdistrikt zur Bezahlung der Kontribution zu nötigen, bezahlt und abgetragen sind, wieder auf freien Fuss gestellt und nach Haus gelassen werden[15]. Jeder Bürger der genannten Orte bekam einen Zettel zugestellt, mit dem er sich überall vor französischen Behörden oder Soldaten legitimieren konnte.

[15] Ebenda.

Die Befürchtung, dass gegen Ende des Jahres wieder starke Truppenmärsche von den Niederlanden nach dem Oberrhein stattfinden würden. erfüllte sich nicht. Es findet sich nur die Notiz, dass ein Dragonerregiment Martenfeld bei Nassau oder Lahnstein die Lahn passieren solle um Mitte November. Es ging bei Nassau und Diez über. Dagegen wurde aber hier die Besatzung, die zusammen mit einer Postierung am Rhein die Wacht gehalten hatte, durch eine kleine Abteilung unter Leutnant Herbst verstärkt. Wohl wegen der Besorgnis vor einem feindlichen Ueberfall mussten mit dem Beginn des Dezember die Hofleute, sowie die Bewohner von Frücht und Becheln wieder Palissaden an die Stadt liefern. Dann kam noch am 12. Dezember Hauptmann Seifried mit einer Kompagnie Mainzer Soldaten an. Er schlug sein Quartier in der Krone auf. Damit war die Postierung überflüssig geworden. Ihre neue Hütte wurde von Soldaten abgebrochen und rheinabwärts geführt. Die neue Besatzung erwies sich den Schulkindern gegenüber sehr freundlich, denn sie warf in einer Nacht die Fenster an der Schule ein. In die Kosten teilten sich dann der Hauptmann und die Gemeinde.

Bei Beginn des Jahres 1713 wurde mit dem Anfahren und Setzen von Palissaden fortgefahren, obgleich in Utrecht die Friedensverhandlungen weiter vor sich gingen. Am 11. April kam auch der Friede zwischen einem Teile der kriegführenden Mächte zustande. Der Kaiser aber und der grössere Teil des Reiches beschlossen den Kampf gegen Frankreich allein fortzusetzen. Am Oberrhein sollte noch einmal das Waffenglück erprobt werden. Alsbald begannen die kaiserlichen Scharen ihren Marsch von den Niederlanden dorthin. Der General Fels überschritt am 10. Mai mit 10.000 Mann den Rhein bei Cöln und war am 15. bei Limburg. Ihm folgten im Juni die Hannoveraner, die vom Kaiser in Sold genommen waren. Das Korps Bülow war am 25. Juni bei Hahnstetten, das Korps Rantzau am 21. Juli. Am 16. August lagen Kurtrierer auf den Höfen und in Frücht und Schweighausen; am 21. ebendaselbst Hessen vom Regiment Rading. Ohne zu sagen, um welche Truppen es sich handelt, schreibt der Bürgermeister Frank: Item, als das Volk hinaufwärts über die Lahn gangen, die halbe Gemein zur Machung der Brücke an die Lahn geschickt und Item, ich der Bürgermeister mit dem Coblenzer Brückenmeister in Niederlahnstein per Discretion vertrunken zwei Mass Wein.

Inzwischen hatte am Oberrhein der Kampf begonnen. Wieder rang man um den Besitz der Festung Landau, die am 17. Juni von den Franzosen eingeschlossen wurde. Sie hielt sich 2 Monate; im August musste sich die Besatzung ergeben und wurde kriegsgefangen. Von den dort gefangenen und dann ausgelösten Regimentern kam das hessendarmstädtische, sogenannte „weisse Regiment" unter Oberst Langsdorf am 7. September von der Mosel her hier an und blieb über Nacht. Ein Soldat starb im Hospital und würde von den „6 Benachbarten" begraben. Am folgenden Tage ging das Regiment nach Braubach, von wo es am 10. weiter nach Giessen marschierte. Der

Stadtschultheiss Kneuper, der den Anmarsch desselben nach Katzenelnbogen meldete, schrieb dabei: „Die Leute sind sehr miserabel, haben daher gute Verpflegung nötig.“ Nach der Eroberung Landaus konnte Villars sich nach Süden wenden, den Rhein überschreiten und im September Freiburg einschliessen. Auch diese Festung wurde im November genommen. So musste man auf kaiserlicher Seite einsehen, dass ein längerer Kampf aussichtslos sei. Daher kamen am 26. November zu Rastatt, im Schlosse des Markgrafen von Baden, Eugen und Villars als Bevollmächtigte von Österreich und Frankreich zusammen, um über die Friedensbedingungen zu beraten. Die Heere zogen nun in die Winterquartiere. Am 22. Dezember ging das kaiserliche Regiment Starhemberg hier über die Lahn, andere ebenfalls kaiserliche Truppen, am Weihnachtstage. Eine grössere Abteilung sollte gleichfalls bei Lahnstein übersetzen, weil wegen des Lahneises der Übergang weiter oberhalb beschwerlich sei. Der Stadtschultheiss Kneuper wusste es dahin zu bringen, dass sie zwischen Nassau und Obernhof die Lahn passierte.

Das neue Jahr sah das Ende des Krieges. Am 6. März wurde in Rastatt der Friede zwischen Österreich und Frankreich geschlossen, und am 7. September unterzeichneten die beiden langjährigen Gegner Eugen und Villars in dem schweizerischen Städtchen Baden auch den Friedensvertrag zwischen dem Reiche und Frankreich So konnte auch unsere Gegend wieder aufatmen. Zwar fehlte es auch in diesem Jahre nicht an Durchzügen der in die Heimat eilenden Krieger, aber man brauchte nicht mehr in Sorge zu leben vor einem feindlichen Einfall. So wurden auch in diesem Jahre statt der vorjährigen 18 Quartale Schatzung nur 11 erhoben. Hauptmann Seifried war bereits im Vorjahre durch den Hauptmann Dahl ersetzt worden. Auf Bitten der Gemeinde, die für die Soldaten die Quartiere, für die Offiziere Service und Quartiergeld stellen musste (Ein Hauptmann empfing aus der Stadtkasse monatlich 6 Gld. Service und 4 Gld. Quartiergeld), wurde die Besatzung verringert. Hauptmann Dahl ging am 20. Mai, und es blieb jetzt nur ein Kommando von etwa 50 Soldaten in der Stadt unter einem Leutnant. Die kleine Garnison konnte dann mit Gericht und Rat bei frohem Trunk auf dem Rathause ein friedliches neues Jahr anschiessen. Wie übel es gegen das Ende des Krieges im Kurfürstentum Mainz aussah, und wie schwer es selbst einem hochmögenden Herrn wurde, Geld aufzutreiben, das ersehen wir aus den Verhandlungen über eine Anleihe, die der Kurfürst zu machen sich genötigt sah. Lothar Franz schreibt in einem Briefe vom 4. Februar 1714 an das Domkapitel, dass das Erzstift in der letzten Kampagne durch übermässige Fouragierung, durch Märsche und Rückmärsche und andere militärische Exactiones furchtbar beschwert sei, so dass man von den Bewohnern auch durch Exekutionen nichts mehr bekommen könne. Weil aber die letzten 10.0000 Gulden nicht einmal genügend seien, die ausserordentliche Anschaffung des Proviants, der Fourage und Munition zu bestreiten und Mainz unbedingt gehalten werden müsse, so erbittet er sich die Zustimmung des Kapitels zu einer weiteren Anleihe von 100.000 Gld. Die Summe gaben die Frankfurter Kaufleute: Heinrich von Barkhausen, Job. Daniel Fleischbein, von Kolenberg, die Erben des Dominicus Heiden, Franz von Barkhausen der Jüngere und Heinrich Bartels der Jüngere, resp. jetziger Ältere, Bürgermeister, Schöffe, Ratmann und Bürger in Frankfurt. Sie liehen das Geld zu 5 %. Ausserdem mussten ihnen alljährlich auf Martini 80 Achtel Korn, 160 Achtel Hafer und 80 Stecken vierschuhiges Buchenbrennholz frei an den Krahnen von Frankfurt durch den Rentmeister in Königstein oder den Kellner (Verwalter der kurfürstlichen Gefälle) zu Aschaffenburg geliefert werden. Berechnet wurden diese Lieferungen zu 500 Gld., so dass der Zinsfuss 5½ % betrug. Als Sicherheit wurde den Darleihern der Zoll zu Lahnstein verpfändet. Falls dieser durch Krieg oder sonst gehemmt werde und die Zinsen nicht eintrage, sollten als Subsidium die Einkünfte der Renterei Königstein eintreten. Das Domkapitel gab seine Zustimmung unter der Bedingung, dass die 240 Goldgulden oder 480 Gl. rheinisch, die ihm von dem Lahnsteiner Zoll zustanden, die Priorität hätten. Für den Fall, dass dies nicht möglich sei, verpflichtete sich die kurfürstliche Kammer, den Abgang aus dem Mainzer Kammerzollamt zu ersetzen. So wurde der Vertrag geschlossen. Am 21. Februar 1714 gelobte in Frankfurt der Zollschreiber Kammerrat Löhr an Eidesstatt, dass er die Zinsen kostenlos zu den angesetzten Terminen in der Stadt Frankfurt liefern würde. Auch der Rentmeister von Königstein, Johann Sebastian Straub, gelobte an demselben Tage in Frankfurt mit Handschlag, dass er, falls der Lahnsteiner Zoll die Zinsen nicht aufbringen könne, die fehlende Summe aus der Renterei Königstein abführen wolle. Die Anleihe vermittelte übrigens der Jude Löw Isaak, der nach seinen beiliegenden Briefen zu urteilen, öfter dergleichen Geschäfte für den Kurfürsten erledigt hatte, durch einen befreundeten Makler, der dafür 500 Gld. erhielt. Punkt 4 des ersten Vertragsentwurfs, der sich auf den Zoll und den Zollschreiber bezieht, lautet also: „Und zwar, so solle die jährliche Gült der 5.000 Gld. auf dem Rheinzoll zu Lohnstein abzahlet werden, als welcher denen Creditoren sub pacto constituti professorii zu ihrer Versicherung gegeben, und der Herr Zollschreiber durch einen kurfürstlichen gnädigsten Befehl dahin angewiesen werden solle, dass er, oder dessen Nachfolger durch einen schriftlichen Revers und Angelobung an Eides Statt, welches so viel sein solle, als wenn er einen leiblichen Eid geschworen hätte, alle halbe Jahr die Hälfte davon mit 2.500 Gld. den Creditoren in Frankfurt franco und frei liefern, und sich durch keinen konträren Befehl davon abhalten lassen solle, bei Vermeidung seiner Kassation.“ Im April 1719 wurden 20.000 Gld. durch den Nachfolger Löhrs, Zollschreiber Will, in Frankfurt abgetragen. Wann der Rest der Anleihe gezahlt wurde, ist nicht angegeben[16].

[16] Pfandverschreibung auf den Zoll zu Lahnstein. W. St.

Der Stadt Lahnstein erging es übrigens gegen das Ende des Krieges nicht besser wie ihrem Landesherrn. Verpfändete dieser den Lahnsteiner Zoll, so versetzte die Stadt bei einer Anleihe in Coblenz die Stadthöfe, die dann aber bald wieder ausgelöst wurden Als ein Zeichen der Verarmung ist wohl auch der Rückgang des Weinverbrauchs in den Wirtschaften zu betrachten. Der Wirt hatte von jeder Ohm Wein, die verschenkt wurde, 33 Kreuzer an die Stadt zu zahlen. Im Jahre 1701 wurden so versteuert 53; 1704 - 59; 1706 - 55; dagegen 1711 - 22½; 1712 - 14; 1713 - 20; 1714 - 25 Ohm.

Nach den Friedensschlüssen von Utrecht, Rastatt und Baden kam es noch nicht zu einer dauernden Ruhe. Bald schickte sich Spanien an, dem Kaiser die ehemals spanischen Nebenlande in Italien zu entreissen. Es wurde zwar genötigt, den Beschlüssen der Quadrupelallianz: England, Frankreich, Österreich und Holland beizutreten, aber noch blieben einige Streitpunkte zwischen ihm und dem Kaiser zu erledigen, und im Verlaufe der nun folgenden Verhandlungen lockerte sich das Bündnis der vier Staaten, und besonders die Seemächte traten in Gegensatz zum Kaiser. Als dieser die spanischen Niederlande, das heutige Belgien, aus der spanischen Erbschaftsmasse erhalten hatte, hatte die kaiserliche Regierung sogleich daran gedacht, dem schwer mitgenommenen Lande durch Eröffnung neuer Handelswege aufzuhelfen. Schon 1716 wurden belgische Schiffe nach Ostindien geschickt und andere in den folgenden Jahren. Eine ostindische Handelskompagnie sollte in Antwerpen gegründet werden. Das rief einen grossen Federkrieg hervor, und auf beiden Seiten wurden Schiffe gekapert. Schon sah man im Reiche einem kommenden Kriege mit Unruhe entgegen. So kam im Anfange des Jahres 1721 „wegen eines befürchteten feindlichen Angriffs" eine Kompagnie Mainzer unter Hauptmann Franz Lothar Dell als Besatzung hierher. Als ein lutherischer Soldat derselben zum katholischen Glauben übertrat, nahmen 70 Kameraden an der kirchlichen Feier Teil. Im folgenden Jahre dachte auch Eugen von Savoyen, dass ein Krieg den Verhandlungen vorzuziehen sei[17]. Aber es blieb zunächst bei diesen, obgleich die Handelskompagnie nun wirklich gegründet wurde. Im Jahre 1724 kam eine Annäherung zwischen Spanien und dem Kaiser zustande, der spanische Prinz Don Carlos sollte Maria Theresia heiraten, und nun schien es, als stünde der Krieg zwischen Spanien und dem Kaiser, dem sich noch Russland anschloss, auf der einen Seite und England, Holland, Frankreich auf der andern Seite unmittelbar bevor. Die Reichsfürsten traten in ihrer Mehrheit auf die Seite des Kaisers. Jetzt wurde man auch in unserer Stadt wieder an den Krieg erinnert. Es war inzwischen das Amt eines Stadt- und Landhauptmanns geschaffen worden, der alles, was das Militärwesen und den Sicherheitsdienst in der Stadt betraf, in seiner

[17] Arneth, Prinz Eugen III, S. 164.

Hand hatte. Noch im Dezember 1725 war dem Landhauptmann Peter Walter angezeigt worden, dass bei den nächtlichen Zusammenkünften auf den Wachten die schlimmsten Ehrabschneidereien stattfänden. Im Januar 1727 wurde es Ernst. An jedem Sonn- und Feiertag wurden nun nach dem Hauptgottesdienst alle dienstpflichtigen Bürger und Jünglinge durch Trommelschlag zu militärischen Übungen zusammen gerufen, „weil man einen Kriegsfall fürchtete." Das dauerte bis in den August. Von der Seite des Kaisers wurden gleichfalls alle Anstalten getroffen, um zum Kampfe gerüstet zu sein. Nach den Niederlanden wurden Truppen geschickt, die die Besatzungen dort verstärken sollten[18]. Ein Teil derselben nahm Anfangs Mai den Marsch über Frücht und von dort über die von den Trierern errichtete Brücke bei Niederlahnstein. Da brachten die Früchter und ebenso der Herr von Adelsheim und die Frau von Stein ihre besten Sachen hinter die schützenden Mauern von Oberlahnstein. Unterdess waren aber durch Vermittlung des französischen Ministers Fleury die Streitigkeiten beigelegt worden. Am 31. Mai wurden in Paris die Friedenspräliminarien unterzeichnet und auf Grund deren dann ein Waffenstillstand auf 7 Jahre geschlossen und die ostindische Handelskompagnie auf ebenso lange Zeit aufgehoben.

Lange sollte die Ruhe nicht dauern. Der Herd, an dem die Kriegsfackel von neuem sich entzündete, lag so weit entfernt, dass der Landmann am Rheine schwerlich ahnen konnte, dass diese auch ihn berühren würde. Der König von Polen, Friedrich August II., war am 1. Februar 1733 gestorben. Es traten nun zwei Bewerber um den erledigten Königsthron auf. Der eine war Stanislaus Leszinsky, der früher auf Veranlassung Karls XII. zum König von Polen gewählt worden war, dann aber August II. hatte weichen müssen; der andere war August, der Sohn des verstorbenen Königs. Für Stanislaus trat im Verein mit Spanien und Sardinien der Schwiegersohn desselben, Ludwig XV. von Frankreich in die Schranken. August wurde unterstützt von Russland, Österreich und den deutschen Fürsten mit Ausnahme der Kurfürsten von Bayern, Pfalz und Köln. So wurde der Kampf um die polnische Krone vorzugsweise in Italien und am Oberrhein ausgefochten. Hier erschienen in den letzten Monaten des Jahres die Franzosen und nahmen die Festung Kehl. Um dieselbe Zeit verliess das österreichische Heer Pilsen, um an den Rhein zu ziehen. Braunschweigische, würzburgische und gothaische Truppen sollten zu ihm stossen. Für den Winter wurden die Truppen der Reichsstände unter dem General Karl August von Nassau-Weilburg bestimmt, den Rhein von Philippsburg bis Caub zu decken. Das Oberkommando der österreichischen und Reichsarmee übernahm wieder der greise Prinz Eugen. Ende April 1734

[18] ebenda III., S. 220.

traf er bei derselben ein und fand den grösseren Teil der Truppen im Lager bei Philippsburg, der andere war vom Schwarzwald bis Coblenz hin postiert. Ihm gegenüber stand der französische Oberbefehlshaber Marschall Berwick mit 50.000 Mann bei Philippsburg, der Herzog von Noailles mit 30.000 Mann bei Kaiserslautern; der Graf Belleisle rückte mit einem 20.000 Mann starken Korps von Trier aus gegen Trarbach und nahm diese trierische Festung am 2. Mai. So kam für unsere Gegend die Gefahr näher. Sie zu sichern war Prinz Georg von Hessen-Kassel mit 4 hessischen Regimentern und einem Regiment Sachsen-Gothaern bestimmt. Am 17. hatte er sein Hauptquartier in Nastätten, am 18. sollte ein hessisches Regiment in Wellmich, das Regiment Prinz Maximilian von Hessen in Oberlahnstein liegen. Beim Anmarsch der Truppen wurden Boten wegen Verhaltungsmassregeln an den gerade abwesenden Amtsverwalter Kalt und an den Oberamtmann in Coblenz geschickt. Eine hessische Kompagnie, zu der noch ein kleines Kommando Mainzer kam, bildete dann die Besatzung der Stadt. Wieder wurden die Wacht- und Schilderhäuser ausgebessert und Palissaden gehauen und gesetzt. Auch holte man zur Bewaffnung der Bürger Flinten von Mainz. Dass man trotz der Postierung auf der rechten Rheinseite vor den Feinden besorgt war, zeigt ein Brief des Vorstehers von Katzenelnbogen, der am 8. Mai nach Braubach schrieb, es wolle verlauten, dass bereits auf Oberlahnstein, Becheln, Schweighausen und Bachheim eine Brandschatzung ausgeschrieben sei, und dass die Franzosen bereits mit so und so viel 1.000 Mann unterhalb Coblenz über den Rhein gegangen seien. Inzwischen war Prinz Eugen, ehe die Hülfskorps der Hannoveraner, Preussen und Dänen auf dem Kampfplatz erschienen, vor seinen überlegenen Gegnern bis Heilbronn zurückgewichen. In dieser Not wurden auch die Hessen nach dem Oberrhein beordert; eine Anzahl Bürger geleitete die hiesige Kompagnie bis Bachheim. Dann rückte Eugen, in dessen Lager sich auch der König von Preussen und Kronprinz Friedrich befanden, wieder gegen den Rhein vor, grössere Erfolge errang er nicht. Kurfürst Philipp Karl von Mainz geriet in Sorge um seine Hauptstadt, die im August wirklich bedroht wurde, bis Eugen zur Hülfe heranrückte. Doch verstand sich der Kurfürst zu einer jährlichen Kontribution an die Franzosen von 18.000 Gld.; unsere Stadt erhob dazu in 2 Terminen 300 Gld. Schlimmer noch als Mainz war Trier daran, wo stets neue Summen von Belleisle ausgepresst wurden. Eine Deputation sollte in Metz zusammenkommen um über die zu liefernden Summen zu beraten; der Kurfürst konnte aber keine geeigneten Leute in Coblenz und Ehrenbreitstein finden, die als Deputierte hingingen, weil sie fürchteten, dort ins Gefängnis geworfen zu werden. Die Verhandlungen zogen sich hin, und im Dezember drohte Belleisle mit einem Bombardement von Coblenz. Auch an unsere Stadt kam die Aufforderung zur Kontribution. Darauf wurden von der Stadt zwei Bürger als Deputierte abgefertigt, die erst nach Kastellaun gingen, wo sie wohl die Weisung erhielten, nach Metz zu kommen. Darauf wurden sie von hier nach Metz geschickt. Sie kamen glücklich wieder; ihre Reisekosten sind berechnet mit 107 Gld. 20 Kreuzern. Darauf sandte man einen ausführlichen Bericht über alle Umstände und die Verhandlungen in Metz an die kurfürstliche Regierung. Das war im November. Oberlahnstein sollte nach dem Vertrage 5.000 Livres zahlen. Die ersten Termine für die Lieferung der Brandschatzungssumme verflossen, aber die Lahnsteiner lieferten nicht. Dafür sandten sie ein Memoriale an den Kurfürsten und baten um eine Besatzung, damit sie sich wehren könnten. Es kamen 50 Mann unter dem Leutnant Schmoll. Die Franzosen waren aber nun auch ungeduldig geworden. Am Epiphaniastage 1735 erschienen Abgesandte derselben und verlangten unter Drohungen die Summe. Sie erhielten nichts. Dafür wurden am folgenden Sonntag in der Nacht um 11 Uhr die Bürger unsanft aus dem Schlafe geweckt. Von zwei Stellen her, von der Kripp und Kapellen, wurde die Stadt beschossen. Bald beantworteten Bürger und Soldaten von den Türmen aus die Schüsse und blieben die Nacht über alle in Waffen. Einen Uebergang über den Rhein wagten die Franzosen nicht.

Seit Ende November 1734 befand sich nämlich in unserer Gegend neben den Besatzungen von Coblenz und Ehrenbreitstein das vom Kaiser besoldete dänische Hülfskorps, 6.000 Mann unter dem General Grafen Mörner. Als dieser auf dem Westerwalde die Winterquartiere bezog, war man dort sehr ungehalten und beschwerte sich nach allen Richtungen. Daneben stand noch in Neuwied und Umgebung das westfälische Kreisregiment unter dem Grafen von der Mark und das Westerwälder Kreisregiment unter dem Obersten von Wied-Runkel, von dem Abteilungen in Ems und Fachbach einquartiert waren. Um den 10. April ging zuerst der General Stolz mit seinem Regiment, das in Coblenz gelegen hatte, über die Lahn und eilte zum oberrheinischen Heere. Dann hörten zunächst die Märsche zum Hauptheere auf, denn gegen Ende des Monats kam die Nachricht, dass Belleisle ein Korps von 6-8.000 Mann zu Fuss und zu Pferde gegen den Rhein vorrücken lasse und dass ausserdem noch 7 Schiffe mit Grenadieren auf der Mosel herankämen. Das war richtig. Am letzten April erschien ein starkes Detachement vor Boppard, plünderte das Marktschiff, das zwischen Coblenz und Boppard fuhr, unter dem Vorwande, es führe Kriegsmaterial für die Gegner mit sich, und zog gegen Mittag in die Stadt ein. Hier übernachteten die Franzosen und nahmen dann am andern Tage die vornehmsten Beamten und Bürger der Stadt, 11 Mann, als Geiseln mit sich wegen rückständiger Kontribution. Das Amt Boppard mit Wellmich und Gallscheid sollte noch 8.000 Rationen liefern. Den gefangenen Geiseln ging es recht übel; sie kamen erst am 8. Mai in Trier an und hatten monatelang eine keineswegs angenehme Gefangenschaft zu erdulden. Ähnlich wie in Boppard wurden auch in Weilmünster, Mayen und Laach Beamte und Geistliche fortgeschleppt, damit das Stift Trier sich bequeme, die noch rückständige Kontribution von 345.728 Livres zu zahlen. Jetzt war man hier überall in grosser Aufregung. Von Ehrenbreitstein aus erging ein Bericht an den stellvertretenden Befehlshaber des oberrheinischen Heeres, den Herzog von Württemberg. Der Oberst Casselli erliess am 6. Mai ein Schreiben an alle benachbarten Ämter nördlich der Lahn und an die Stadtschultheissen von Oberlahnstein und Braubach, worin er das Geschehene mitteilt und darauf hinweist, dass die Franzosen anscheinend über den Rhein wollten. „Darum sollen alle Tag und Nacht auf fleissiger, guter Hut sein, sich mit gutem Gewehr oder sonstigen Defensionsinstrumenten versehen, und wird der Feind gesehen, sogleich die Glocken schlagen oder andere öffentliche Zeichen geben, damit die Untertanen sich einfinden und mit vereinten Kräften den feindlichen Überfall abtreiben und sich das Ihrige aufs beste bewahren." Ein gleiches Schreiben vom 8. Mai kam dann noch an die Ämter vom Generalfeldzeugmeister von Seckendorf aus Mainz, unter dem jetzt wohl alle am Rhein aufgestellten Truppen standen. Er nennt sich noch „Kommandant von Mainz und bis an den Neckar."[19]. Die Sorge war nicht unberechtigt, denn am 6. Mai kam wieder ein Bericht von Oberwesel, dass der Ort 9-10 Fuder Wein, 8.000 Pfd. Brot, 4.000 Pfd. Fleisch und 1.054 Pfd. Tabak liefern solle. Augenblicklich lagen in den Orten von Vallendar bis Arzheim und Horchheim 300 Mann preussische Kavallerie. Jetzt wurde noch das dänische Regiment des Generals Dombroich vom Westerwald an den Rhein beordert. Es erschien am 10. Mai mit 8 Kompagnien, von denen 4 auf die Festung, 2 nach Bendorf und 2 nach Niederlahnstein kamen. General v. Botzheim, der Gouverneur von Ehrenbreitstein, konnte am folgenden Tage an Seckendorf berichten, dass wenn die letzten 4 Dombroichschen Kompagnien, die noch in Montabaur ständen, an die Stelle der zu ihrem Regimente abberufenen Preussen getreten seien, so sei die Postierung von Bonn bis zur Lahn geschlossen. Es kamen dann noch münsterische Truppen über den Westerwald heran; so war ein Übergang der Franzosen nicht mehr möglich, und diese zogen sich wieder moselaufwärts zurück. Während dieser unruhigen Wochen war man auch in Oberlahnstein nicht unbesorgt. Verkündete doch der Pfarrer am 1. Mai von der Kanzel, dass er am nächsten Dienstag die Prozession nach Bornhofen wegen der streifenden Franzosen nicht halten könne. Aber man war auch auf der Hut. Diesmal blieb die Besatzung dauernd hier, die Offiziere lösten sich gelegentlich ab; auf den Leutnant Schmoll folgte Beaupré (vielleicht ein Sohn des früheren Lahnsteiner Kommandanten), diesem Jakobi. Auch war zur Beaufsichtigung der Geschütze und der Munition ein Konstabler hierher beordert worden. 300 weitere Palissaden wurden in diesem Jahre an den Toren aufgestellt, die Tag und Nacht stets

[19] C. St. acta miscellanea über die Kriegsbegebenheiten von denen auch das folgende zum Teil entnommen ist.

geschlossen waren. Am Rheine, Rhens gegenüber, stand eine Wachthütte mit einem Posten und ebenso an der Lahn. So war ein plötzlicher Überfall nicht so leicht möglich. Erst im Juni kamen die ersten Truppen vorbei, die nach dem Oberrhein zogen. Bereits am 24. Mai musste das Westerwäldische Kreisregiment Coblenz verlassen und zwischen Coblenz und Neuwied Aufstellung nehmen, um den Befehl für den Abmarsch zur Armee Eugens zu erwarten. Der Oberst von Wied-Runkel hinterliess ein Schreiben, worin er erklärte, dass er bei dem schnellen Abzug die Schulden seiner Offiziere nicht regulieren könne, aber alles untersuchen und ordnen werde. Zu diesem Zwecke sollte der Fähnrich Rosenzweig zurückbleiben. Bald wurde eine andere Anordnung getroffen. Das Westerwälder Regiment und 100 münstersche Reiter blieben zur Postierung zurück; die übrigen Truppen zogen nach und nach zum oberrheinischen Heere. Graf von der Mark führte am 10. Juni sein eigenes Regiment und 3 münstersche Kompagnien nach Caub und Rüdesheim. Dann ward es still. Nur einmal, am 30. Juli, teilte General von Botzheim mit, dass dem Vernehmen nach „unten am Rhein" wieder eine französische Partei übergegangen und daher überall Wachsamkeit geboten sei. Bald fühlte man sich sicher, sodass von Oberlahnstein die Bitte an den „General von Mainz" (wohl Seckendorf) erging, zu gestatten, dass die Nachen wieder täglich dreimal über den Rhein fahren dürften. Inzwischen war Eugen um die Mitte Mai bei dem oberrheinischen Heere angekommen und hatte die Operationen gegen den neuen französischen Oberbefehlshaber Coigny begonnen. Sie zogen sich ohne Entscheid hin, bis im August 13.000 Russen unter Lascy zur Hülfe kamen. Auch wollte der Kurfürst von Bayern jetzt seine Truppen zum kaiserlichen Heere stossen lassen. Daher konnte Eugen daran denken, den General von Seckendorf mit einem Korps über den Hunsrück auf Trier zu marschieren zu lassen. Da waren auch die Franzosen zum Frieden geneigt, und es begannen alsbald die Verhandlungen, sodass Eugen bereits am 28. September nach Wien aufbrechen und das Kommando an den Herzog von Württemberg übertragen konnte. Die Friedenspräliminarien kamen schon im Oktober zustande, der Friede erst drei Jahre später nach langen Verhandlungen. So gingen auch die Truppen schon früh in die Winterquartiere. Im Anfang Oktober erschienen die ersten wieder an der Lahn. Da wurde von neuem die Lahnbrücke aufgeschlagen, und die Wege zu derselben mussten ausgebessert werden. Der Bürgermeister berechnet für sich die Kosten für sechzehnmalige Hülfe beim Uebergange der Völker über die Lahn. Diese selbst werden nicht genannt. Nur ein dänisches Regiment macht eine Ausnahme. Die Dänen waren am 22. September vom Neckar aufgebrochen und auf Mainz zu marschiert, um wieder die alten Quartiere auf dem Westerwald aufzusuchen. Ein Teil des Korps nahm seinen Weg auf der linken Rheinseite. So kam das Regiment Fink nach Rhens und sollte nach seiner Marschroute hier übersetzen und über die Lahn gehen. Da eilten Stadtschultheiss, Amtsschreiber und Bürgermeister nach Rhens zum Obersten und versuchten, diese Last von der Stadt abzuwälzen. Das gelang aber nicht. Es mussten vielmehr auch noch die Nachen von Braubach herbeigeholt werden, um das Regiment über den Rhein zu bringen. In die Unruhen des Truppenrückmarsches fiel auch wieder ein Brand bei Johann Nikolaus Kauth, der aber nicht weiter um sich griff. Wir lesen nur dabei, dass die Stadt eine Feuerspritze besass, deren „ledernes Röhr" mit Schmalz eingeschmiert wurde. Auch der Wald musste zweimal wegen Gesindel durchstreift werden. Schliesslich war noch eine letzte Folge des Krieges der Versuch eines Kirchendiebstahls, von dem der Ortspfarrer berichtet. „Am 15. März 1736 haben besagte Diebe sich durch beide Kehrstore (an der Rheinstrasse) hineingearbeitet. Weil selbe eine Zeitlang Tag und Nacht ob bellum antecedens zugeblieben, und zwar sogar ohne Nachtswacht, haben selbe unter beiden Pforten die Steine ad 1 Schuh ausgehoben und also hineinkommen, sodann den freien Pass und Repass mit aufgesprengten kleinen zweien Gattern sich angeschafft." Die Diebe wurden durch die Nachtswache gestört. Man umstellte die Kirche, aber jene waren bereits entkommen.

Hatte der Krieg dem Frieden Platz gemacht, so zeigte sich die Natur in den nächsten Jahren um so feindseliger. Der Winter von 1739 auf 40 war so streng, dass bei der gewaltigen Kälte Vieh und Menschen in grosser Zahl starben. Der Frost begann gegen Ende Oktober; vom Anfang Januar bis in den März erreichte die Kälte ihren Höhepunkt, derart dass es nach der Meinung der alten Leute durchweg 5 Grad kälter war als in dem berüchtigten Winter von 1709. In der ganzen Zeit bis zum 6 März waren Rhein, Lahn und Mosel mit einer festen Eisdecke überzogen, über die hinweg durch Schlitten der Verkehr vermittelt wurde. Am 19. März zwischen 10 und 11 Uhr nachts begann der Eisgang, doch blieb die Witterung kalt. Am 10. Juli begannen hier und da die Trauben zu blühen. Am 11. Februar zeigten sich plötzlich 8 Schwäne, von denen 2 der Wenzelskapelle gegenüber durch die Zollherren erschossen und ans Land gezogen wurden. Auch Trappen und andere „wilde Vögel", die man nie gesehen hatte, kamen bei der dauernden Kälte zum Vorschein. Der folgende Herbst erwies sich ebenfalls als wenig günstig. Am 4. und 5. August waren so windige und kalte Nächte, dass man am Hof Buchholz Eis gesehen haben wollte. Die Trauben mit Ausnahme einiger frühen Sorten erfroren, sodass der Preis für eine Ohm vom vorjährigen Rotwein von 6 auf 22 Reichstaler stieg. Nur die Gerste geriet, und es wurde nun statt des Weines Bier getrunken. Dazu kam vom Ende Dezember 1740 bis 14. Januar 41 die grösste Wassersnot des Jahrhunderts, die in vielen rheinischen Orten schwere Verheerungen anrichtete. Zu sieben Malen schwoll das Wasser so gewaltig an, dass „die an der unteren Stadtmauer gelegenen Häuser, Keller etc. ganz überschwemmt waren, sodass in Herrn Stadtschultheissen Haus man hat schiffen müssen." Als der Pfarrer im Schloss eine Messe zu lesen hatte, musste er auf einem kleinen Floss abgeholt werden und konnte über die Treppe gleich ins Haus hineinfahren. Das erste Mal kam das Wasser so plötzlich und mit solcher Gewalt, dass es den Zolladjunkten Ritter im Schlosshof zu Boden riss. Er nahm aber keinen Schaden. In Niederlahnstein stand das Wasser bis in die halbe Kapelle (jetzige Kirche).

Das Trauergeläute, das im Jahre 1740 sechs Wochen lang von dem Ableben Kaiser Karl VI. Kunde gab, läutete für Deutschland abermals eine Zeit der Kriegsunruhe ein. Auf die österreichische Ländermasse machte neben der Tochter des verstorbenen Kaisers, Maria Theresia, auch der Kurfürst von Bayern, Karl Albert, Anspruch, der besonders von Frankreich unterstützt wurde. Im Verlaufe des sich nun entspinnenden österreichischen Erbfolgekrieges wurde der Kurfürst 1742 als Karl VII. zum Kaiser gewählt. Im folgenden Jahre erschien als Bundesgenosse Maria Theresias König Georg II. von England mit Hannoveranern, Engländern und Österreichern am Rhein, den er bei Andernach und Neuwied überschritt, um über den Westerwald nach dem Main zu eilen. Unsere Stadt ist von diesem Zuge nicht berührt worden. In diesem wie im folgenden Jahre blieb das französisch-bayrische Heer im Nachteil, bis Friedrich der Grosse, nachdem er ein Bündnis mit Frankreich geschlossen hatte, im August in Böhmen einfiel. Daher musste der grössere Teil des österreichischen Heeres unter dem Prinzen Karl von Lothringen dorthin eilen, und Bayern und Franzosen behielten nun die Oberhand. Kaiser Karl zog in München ein, und das seit dem September belagerte Freiburg wurde im November genommen. Die Franzosen waren Herren des Mittelrheines. Der Marschall Maillebois sollte nun mit 50.000 Mann durch das Gebiet der rheinischen Kurfürsten ziehen und im westfälischen Kreise Quartier nehmen, angeblich, weil dort auch von der Gegenpartei Quartiere bezogen wurden. Die Kurfürsten von Trier und Mainz waren neutral, und der letztere hatte schon in einer an die Ämter gesandten gedruckten Verordnung vom 14. August 1741 verlangt, dass die jungen Leute bei Strafe nur in Mainzer Kriegsdienste treten sollten. In einem ebenfalls hier vorliegenden gedruckten Schriftstücke vom 10. Juni 1744 erinnert die kurfürstliche Regierung an eine Verordnung des vorigen Jahres, dass den Deserteuren ohne Unterschied der Parteien nicht Pferd, Gewehr oder Montur abgekauft werden dürfe, weil es verlaute, dass dies trotz des Verbotes doch geschehen sei. Auch erschien hier ein kurmainzischer Wachtmeisterleutnant, der die Namen der Deserteure an den Pflock anschlug. Darum versicherte auch Maillebois in einem Schreiben an Trier vom 13. November 1744, dass beim Durchzuge alles in Ordnung hergehen und alles bezahlt werden sollte. Am 9. Dezember erschienen die ersten Franzosen in Oberlahnstein. Sie kamen anscheinend auf der linken Rheinseite heran und überschritten den Strom auf einer Schiffbrücke, denn gleich bei der Ankunft wurden mehrere Regimenter nach Braubach und Umgebung geschickt, wohin dann von hier aus Fourage geliefert wurde. Die Stadt wurde nun förmlich mit Soldaten überschwemmt, so dass die kleine mainzische Besatzung sich zusammen in dem Hause des Soldaten Lauer einquartieren musste. Der General Löwendahl nahm Wohnung im kurfürstlichen Schlosse mit vielen Rossen und Maultieren. Stadtkommandant wurde der Brigadier Darnault. Von den Truppen werden besonders erwähnt das Regiment Montboisier, Husarenabteilungen und eine Freikompagnie. Sogleich wurden Anstalten zu stärkerer Befestigung der Stadt getroffen. Die Tore wurden ausgebessert und durch Palissaden geschützt, das Auf- und Zuschliessen derselben übernahmen Soldaten des Regimentes Montboisier unter Aufsicht des Majors Lauzon. Ausser den Posten an den Toren stand noch eine Wache vor dem Rathause. An der Lahn wurde das Haus des Lahnfergen Johann Breitenbach zur Wachtstube eingerichtet, und der Besitzer musste mit Frau und 5 Kindern sich anderswo ein Unterkommen suchen. In dem Garten des Fergenhauses begann man sogleich mit dem Aufwerfen einer Schanze, um einen möglichst geschützten Übergangspunkt über die Lahn zu schaffen. Daher wurde auch alsbald eine Schiffbrücke über die Lahn geschlagen. Am 14. Dezember forderte Darnault ein Klafter Holz für die 60 Schiffer der Lahnbrücke. In der Stadt selbst wurden zunächst alle feuergefährlichen Orte untersucht, dann begann man mit der Einrichtung eines Getreidemagazines, wozu die Stadt 300 tannene Bretter lieferte. In dasselbe kamen zu Schiff 500 Malter Hafer, dann weitere 617 Malter; dem städtischen Speicher wurden 100 Malter entnommen. Ebenso wurde ein Lazarett eingerichtet, das infolge des Wintermarsches stark belegt war und reichliche Lieferungen an Betten und Geräten aller Art erforderte; ein Offizier und ein Chirurgus nahmen in demselben Wohnung. Für die nicht minder zahlreichen Gefangenen genügte das städtische Gewahrsam unter dem Rathause, die sogenannte Beutelskiste nicht, und es wurde ein grösseres daneben hergestellt, das dann zum Unterschiede als Prison bezeichnet wird. Auch ein Backmagazin musste geschaffen werden, und in den Backstuben der Bäcker wurde Tag und Nacht gebacken. Dabei wurde die des Bäckers Johann Hergen so übel zugerichtet, dass beim Abzuge des Militärs sowohl der Ofen als auch sämtliche Geräte erneuert werden mussten. Etwas über eine Woche traf man so Einrichtungen und Vorkehrungen für den Weitermarsch. In einem Briefe des Kurfürsten von Trier vom 16. Dezember heisst es: „Bis jetzt stehen die Franzosen noch hinter der Lahn, jetzt will man auch über die Lahn ins Kölnische solche extendieren." Kurz vor dem Weitermarsche erschien Feldmarschall Maillebois in der Stadt und wohnte mit Löwendahl im Schlosse. Als dann der Aufbruch erfolgte, mussten in Coblenz von der Stadt 12 geschirrte Postpferde für die beiden Generale besorgt werden. Aber nicht alle Gäste verliessen den Ort. Wegen seiner Bedeutung für einen gesicherten Rückzug blieb General Darnault hier und mit ihm das Infanterieregiment Montboisier. In einem Schreiben aus Oberlahnstein am 24. Dezember teilt der

Oberst Chevalier de Montboisier mit, dass er einen an General Darnault adressierten Brief in dessen Abwesenheit geöffnet habe und das darin bezeichnete Packet sofort an Feldmarschall Maillebois senden werde. Dieser schob nun seine Avantgarde vor bis in die Nähe von Bonn[20] und schonte die trierischen Lande trotz seiner früheren Versicherungen ebenso wenig, wie die des Kurfürsten von Mainz. Hier wurde ihm jedoch Halt geboten.

Am 6. Januar schrieb der trierische Gesandte von Cöln aus nach Ehrenbreitstein: „Erlösung ist nahe; in der Eifel sollen schon österreichische Husaren diese Woche eintreffen." Von Flandern her rückte nämlich der Herzog von Aremberg mit einem aus Österreichern, Hannoveranern und Holländern zusammengesetzten Heere heran, um Maillebois zurückzudrängen. Dieser wich denn auch um die Mitte Januar langsam zurück. Bei Neuwied wurde die fliegende Brücke mitgenommen und auf der Lahn neben der Schiffbrücke aufgestellt. Wiederholt werden Lieferungen an die „zu Neuwied weggenommene Brücke" verzeichnet, und Darnault verlangt am 21. Januar 1745 vom Bürgermeister das nötige Öl für die fliegende Brücke zur Beleuchtung während der Nacht. Bald kamen auch die Vortruppen der Osterreicher in die Nähe der Lahn, und es wurden in der Folge Tag und Nacht zwischen ihnen und den Franzosen auf der Schanze am Fergenhaus Schüsse gewechselt, wobei dieses fast völlig zerstört wurde. Erst am 15. Februar fühlten die Franzosen sich nicht mehr sicher und verliessen die Stadt. Schon tags zuvor mussten die Bürger mit ihren Ochsenwagen die Kranken aus dem Lazarett und die Bagage wegfahren. Der Abmarsch geschah nachts um 1 Uhr. Dabei bot sich den Bewohnern noch ein eigenartiges Schauspiel. Weil der Marsch über die Höhe ging, war die Schiffbrücke auf dem Rhein überflüssig, daher hatten die Bürger 600 Bauschen Stroh auf diese zu liefern, womit sie in Brand gesetzt wurde, und die auflodernde Flamme beschien die abziehenden Gäste. Diese liessen aber noch eine andere, schlimmere Erinnerung an ihr Hiersein zurück. Gleich bei der Ankunft hatten sie von der Stadt ein Quartiergeld von 3.802 Gld. gefordert, das als places mortes bezeichnet wird. (In einer gedruckten kurfürstlichen Verordnung, die Kriegskosten betreffend, steht places morts). Als die Summe nicht bezahlt werden konnte, drohten die Offiziere mit Plünderung. Doch wurde ein Aufschub bewilligt, und der Stadtschultheiss Moskopf ging nach Mainz, um bei der kurfürstlichen Regierung Hülfe zu suchen. Aber Geld war wohl auch dort nicht zu holen, und als der Tag des Abmarsches kam, war die geforderte Summe noch nicht bezahlt. Daher nahmen die Franzosen den Zollschreiber Lammertz, den Stadtschultheissen Moskopf und den Bürgermeister Oswald Hergen gefangen und führten sie mit sich. Der Zollschreiberadjunkt Ritter eilte in dieser Not nach Coblenz und

[20] Dove, deutsche Geschichte von 1740-45, S. 294.

erhielt am andern Tage von Canonicus Statz im Stift St. Castor 2.500 Gld. Der Rest wurde in der Stadt aufgebracht, und Ritter eilte mit der Post von Coblenz den abziehenden Truppen nach und löste die gefangenen Häupter der Stadt wieder aus. Von den 3.800 Gld. mussten bezahlt werden an den Generaladjutanten des Generals Löwendahl, Kapitän de Lahantière, 816 Gld., an den Brigadier Darnault 558 Gld. und an den Major Lauzon für das Regiment Montboisier 2.426 Gld. Im ganzen hatte die Gemeinde bis zum Abmarsche der Franzosen an barem Gelde 11.853 Gld. 50 Kreuzer aufzubringen. Es wurde ihr nicht leicht, diese Summe zu beschaffen. Am 14. Dezember 1744 lieh die Pfarrkirche 200 Gld., am 16. Stadtschultheiss Moskopf und Schöffe Johann Bamberger jeder 425, Oswald Hergen 500 Gld., am 17. Apotheker Gottfried Wolf in Ehrenbreitstein 1.080, die Frau Kneupert in Braubach 1.500 Gld., am 18. Dezember das Jesuitenkollegium in Coblenz 1.500 Gld., am 2. Januar 1745 der Dechant von Ehrenkron zu St. Florin in Coblenz 2.500 Gld. Dazu kamen am 16. Februar die von Canonicus Statz entliehenen 2.500 Gld. Das Geld musste durchweg zu 5 % verzinst werden. Als wieder Ruhe einkehrte, wurden die Kapitalien abgelegt und neue zu 3½ % aufgenommen; Stadtschultheis Moskopf lieh dazu 3.000 Gld. Der Abmarsch war übrigens so schnell vor sich gegangen, dass die Gemeinde noch einen starken Posten zurückgebliebener Fourage verkaufen konnte. Das kurfürstliche Proviantmag[az]in in Mainz erhielt aus dem Militärmagazin 1.322 Zentner Heu und 616 Malter Hafer, dazu vom Gemeindespeicher 69 Malter Korn und 68 Malter Hafer. Maillebois zog sich zurück bis zum Main; im Februar hatte er sein Hauptquartier in Grossgerau, und unsere Gegend war von Franzosen frei.

Inzwischen war im Januar 1745 Kaiser Karl VII. in München gestorben, und die Franzosen wünschten das Gebiet um Frankfurt in weitem Umfange im Besitz zu haben, um so die Kaiserwahl verhindern zu können. Darum verlegte Maillebois im März sein Hauptquartier nach Höchst. Aber auch Aremberg entschloss sich nun, die Lahn zu überschreiten, und es schien, als sollte es zwischen Lahn und Main zu einem Zusammenstosse kommen. Am 13. März erschienen die Österreicher in Oberlahnstein. Die angewiesenen Quartiere behagten vielen nicht, und sie suchten sich nach Belieben andere. So quartierte sich ein Trupp Husaren beim Kronenwirt Hergen ein und nahm von seinem Speicher, was an Hafer und Heu vorhanden war. Es fand dann eine Visitation statt, und die Quartiere wurden neu angewiesen. Ebenso wie früher die Franzosen trafen nun auch die Osterreicher alle Anstalten die Stadt zu festigen und sich den Rückweg zu sichern. Wieder mussten die Hofleute, deren Häuser gleichfalls alle mit Soldaten belegt waren, Palissaden herbeischaffen und das Material für Faschinen liefern. Besonders das Ost- und Nordtor wurden stark verschanzt, der Herzog von Aremberg bezahlte aber laut einer Quittung in der Bürgermeisterrechnung das für die Schanzwerke gelieferte Holz. Auf Lahneck wurde eine Wachthütte gebaut; andere standen ausserhalb der Stadt am Rhein und an der Lahn. Als noch eine Freikompagnie ankam, besetzte diese Lahneck. Gleichzeitig gingen einige Kompagnien weg, und die Völker wurden nach den einzelnen Regimentern gesondert und neu in die Quartiere verteilt, weil bei dem Zusammensein von Soldaten aus verschiedenen Regimentern sich Unzuträglichkeiten ergeben hatten. Die Namen der einzelnen Truppenkörper werden dabei nicht genannt. Von den Offizieren wird nur ein Hauptmann Winkelmann und ein Hauptmann des Generals von Bärenklau erwähnt. Der letztere kam wohl in besonderem Auftrage zum Feldmarschall Aremberg, denn Bärenklau stand mit einem Korps in Süddeutschland. Überhaupt ist von dem Aufenthalte der Österreicher nicht viel gesagt, weil der Schade, der durch ihn der Stadt erwuchs, sich nur auf wenige hundert Gulden bezifferte. Gerade einen Monat waren sie hier, da kam die Nachricht, dass die Franzosen von der Höhe her im Anmarsche begriffen seien, und eine ausgesandte Husarenpatrouille bestätigte dieselbe. So verliessen die Osterreicher die Stadt am 13. April und zogen sich über die Lahn zurück. Wieder mussten die Bürger mit ihrem Vieh Vorspann leisten. Sie blieben 6 Tage unterwegs und der Schiffer Schnatz brachte ihnen im Nachen Heu und Hafer für ihre Tiere nach bis Neuwied.

Bei den Franzosen war inzwischen an die Stelle Maillebois, der nach Italien berufen wurde, der Prinz Conti getreten und hatte langsam seine Truppen wieder nach der Lahn zu geschoben. Im April hatte er sein Hauptquartier in Wiesbaden. Aremberg fühlte sich zu schwach, den vordrängenden Gegnern zu widerstehen und wich zurück. Sein Hauptquartier verlegte er zunächst nach Neuwied. Wenige Tage nach dem Abzuge der Österreicher, am 17. April kamen die Franzosen wieder in die Stadt. Schon 6 Tage vorher hatten sie Besitz von Limburg genommen. An der Spitze der Avantgarde stand wie früher der Generalleutnant Löwendahl, der nun auch wieder sein altes Quartier im Schlosse bezog. Vorher war er Kommandant in Hochheim gewesen und am 24. März von dort nach Idstein aufgebrochen. Während seines Hochheimer Aufenthaltes trug sich ein öfter erzählter Vorfall zu. Auf eine Anzahl Franzosen die vom linken Rheinufer in das neutrale mainzische Gebiet bei Winkel übersetzen wollten, wurde von da aus geschossen. Dafür liessen die Franzosen einige junge Leute aus Winkel festnehmen. Sie sollten in Hochheim erschossen werden, wurden aber von Löwendahl begnadigt[21]. Auch General Darnault übernahm wieder das Kommando in der Stadt. Bei der Nähe des Feindes, die täglich einen Zusammenstoss erwarten liess, waren die Vorbereitungen zur Sicherung der Stadt bald wieder in vollem Gange. Diesmal wurden besonders die beiden nach dem Rheine zu gelegenen Tore, die Zoll- und Kehrpforte, verschanzt, wozu ausser den Palissaden und

[21] Genth, Rheinischer Kurier 1886, Nr. 99 und 100.

Faschinen auch 8 Wagen „Besserung" benötigt wurden. Von Nastätten, wo das Kriegskommissariat sich befand, mussten mehrere Tonnen Pulver geholt werden. In der Stadt griff man auf die alten Einrichtungen zurück. Das Lazarett wurde abermals im Steinschen Hofe untergebracht[22] und die Bäcker gaben wieder ihre Backstuben für das Militär her. Vor der Stadt „auf der Horlos", die sich von dem Viehtore an der Burgstrasse bis über den jetzigen südöstlichen Teil der Stadt hinaus erstreckte, war der Exercierplatz. Hier befand sich auch die Schlächterei und die Felder und Wiesen waren den Pferden und Schlachtochsen preisgegeben. Dabei hören wir auch von einer jetzt hier nicht mehr angebauten Getreideart, wenn es heisst „Dem Melchior Müller auf der Horlos ein Feld mit Spelz abgefressen." Wegen der Nähe des Feindes war hier, an dem wichtigsten Punkte für einen etwaigen Angriff, die Einquartierung diesmal ganz ausserordentlich stark, und was sie noch besonders drückend machte, war die Belegung mit Husaren und Dragonern. Die einzige erhaltene Quittung Darnaults aus diesem zweiten Aufenthalt bescheinigt der Stadt die Lieferung von 1.190 Rationen Heu zu 8, 260 zu 10 und 12 zu 20 Pfund, 1.546 Rationen Hafer und 1.462 Rationen Stroh für die Zeit vom 17. bis zum 26. April. Der Hofmann im Adelsheimer Hof[23], Melchior Müller, beherbergte allein vier Kompagnien, 366 Mann. Ausserdem beköstigte er an den 3 Osterfeiertagen 36 Husaren mit einem Rittmeister. In den zwei Häusern des Kronenwirts Josef Hergen wurde eine Wachtstube eingerichtet und bei ihm 30 Mann mit einem Marketender und dessen Pferden eingelegt, die Türen und Fenster, Wände und Kelter während ihres Aufenthaltes vollständig ruinierten, ihm nicht nur Hafer und Korn wegnahmen, sondern auch beim Abmarsche zwei Dutzend Servietten, ebensoviel zinnerne Teller und ein halbes Dutzend Bettücher mitgehen hiessen. Als ganz besonders gewalttätige Menschen erwiesen sich die Husaren. Den Bürgermeister Johann Heimbach bedrohten sie mit Schiessen und Schlagen, und als sie zu Ostern in den Adelsheimer Hof einrückten, schlugen sie sogleich im Stalle auf Pferde, Kuh und Kalb des Hofmannes ein, sodass die beiden letzteren starben. Von den übrigen Truppen wird nur eine Jägerkompagnie und als zuletzt angekommen, eine Freikompagnie erwähnt, von Offizieren ein Major Salvatoris und ein Leutnant des gleichen Namens. General Löwendahl kann nur bis gegen Ende April hier gewesen sein, denn am 11. Mai befehligte er in der Schlacht bei Fontenoy die Reservearmee; über seinen Weggang wird nichts gesagt. Der Zustand der Truppen war sicherlich nicht der beste, denn wir lesen nacheinander in der Kriegsrechnung: Item, vier Wagen voll Kranke nach Schwalbach müssen fahren lassen: item, noch Kranke und Bagage nach Wiesbaden fahren

[22] Der Steinsche Hof lag an Stelle der Steinschule.
[23] Der Adelsheimer Hof ist jetzt städtische Markthalle.

lassen; item noch einen Wagen voll Kranke nach Sossenheim mit 5 Ochsen fahren lassen. Während des Monats Mai hatte Prinz Conti noch sein Hauptquartier von Wiesbaden nach Langenschwalbach verlegt, aber zu einem Vorrücken über die Lahn kam es doch nicht, denn inzwischen hatte sich die ganze Kriegslage verändert.

Nach dem Tode Karls VII. hatte der österreichische General Batthyani in kurzer Zeit ganz Bayern erobert. So sah sich der junge Kurfürst Maximilian Josef genötigt, am 22. April zu Füssen mit der Kaiserin Maria Theresia Frieden zu schliessen und ihrem Gemahl seine Stimme bei der Kaiserwahl zu versprechen. Es galt nun, diese energisch zu sichern. Mit der Kriegsführung des Herzogs von Aremberg war man in Wien wenig zufrieden. Auch die Kaiserin beklagte es sehr, das dieser statt vorwärts zu gehen hinter die Lahn zurückgewichen sei. So wurde er denn zum Statthalter von Hennegau ernannt und an die Spitze seines Korps der siegreiche Batthyani gestellt. In Bayern befehligte der Feldmarschall Traun. Die beiden Feldherrn sollten sich von Norden und Süden die Hand reichen und dann gemeinsam den Prinzen Conti über den Main und den Rhein zurückdrängen und Frankfurt und Umgebung frei machen. Für diesen erwuchs daher die Aufgabe, die Vereinigung der beiden feindlichen Heere zu hindern und mit seiner Streitmacht von 45.000 Mann eins von ihnen gesondert zu besiegen[24]. Als nun der Aufmarsch der beiden Heere vor sich ging, zog Conti seine Truppen zusammen. So verliessen am 24. Mai die Franzosen die Stadt, und die Bürger mussten unter Führung des Schöffen Ebenau mit allen Wagen und allem Vieh nach Nastätten, Schwalbach, Wiesbaden und einige noch weiter fahren. An demselben Tage räumten die Franzosen auch Limburg, und unter den 12.000 Mann, die am 26. Mai in Langenschwalbach von der Grafschaft Katzenelnbogen her ankamen, dürfte auch die Einquartierung von Oberlahnstein gewesen sein. So herrschte hier zunächst Ruhe. Der Marsch Batthyanis berührte unsere Stadt nicht. Er ging in weitem Bogen über den Westerwald. Am 16. Juni war er in Giessen; am 27. traf er mit Traun bei Gelnhausen zusammen. Conti stand damals noch bei Höchst. Den vereinigten beiden Heeren war er nicht gewachsen; diese drängten ihn langsam über den Main und an den Rhein; am 19. Juli ging er bei Rheindürkheim auf das linke Rheinufer. Feldmarschall Traun nahm dann im Badischen Aufstellung, General Bärenklau am linken Rheinufer in der Gegend von Oppenheim, und um auch auf dem rechten Rheinufer Frankfurt gegen eine etwaige Streifpartie zu sichern, wurde der hannoversche General Sommerfeld mit einigen tausend Mann nach Biebrich geschickt. Er sollte hier eine Brücke schlagen und Streifscharen bis an die Saar senden. So war Frankfurt völlig gedeckt, und die

[24] Thürheim, Feldmarschall Traun, S. 235.

Wahl konnte am 14. September vor sich gehen. Durch sie bestieg der Gemahl Maria Theresias als Franz I. den deutschen Kaiserthron. Am 4. Oktober erfolgte die Krönung. Um die Winterquartiere erhob sich dann noch ein Streit. Die rheinischen Kreise wollten höchst ungern die Last derselben auf sich nehmen. Der hannöversche General von Sommerfeld hatte schon den Rückmarsch nach Hannover begonnen. Durch die Bitten Trauns liess er sich bewegen, zwischen dem Main und der Lahn Quartiere zu beziehen und daselbst die Befehle seiner Regierung abzuwarten. Am 9. Dezember zogen daher Hannoveraner in unsere Stadt ein und blieben annähernd zwei Monate. Die Rechnungen über ihren Aufenthalt sind verloren gegangen, sodass wir über denselben fast nichts erfahren. Nur gelegentlich wird erwähnt, dass Oberst Freudental Hafer empfängt. Besonders beschwerlich war die Zeit für die Bürger jedenfalls nicht. Am 2. Februar verliessen die Hannoveraner die Stadt. Der Krieg spielte sich in den letzten Jahren nur in den Niederlanden ab. Am Rheine löste sich das österreichische Heer auf. Das Korps Batthyanis zog unter Baranyay wieder nach den Niederlanden; es berührte dabei unsere Gegend nicht. Anfangs waren dort die Franzosen unter dem Marschall von Sachsen im Vorteil, da die Engländer mit dem hessischen Hülfskorps infolge der Landung Karl Eduards in Schottland die Niederlande verliessen. Nach der Schlacht bei Culloden (27. April 1746) kamen sie wieder. Nun erschienen auch Verstärkungen aus Hannover, und österreichische Truppen zogen ebenfalls hin. Sie sollten unsere Gegend an den noch fortdauernden Krieg erinnern. In drei Abteilungen rückten sie über die Höhe heran. Für ihre Versorgung während des Marsches wurden hier schon frühzeitig Vorkehrungen getroffen. Als Lagerplatz war Frücht bestimmt; von dort zogen sie zu dem nächsten Lager bei Engers. Während der Zeit des Marsches befand sich das Kriegskommissariat in Vallendar. Am 13. Juni sollte die erste Abteilung in Frücht sein. Daher wurde der Amtsschreiber Jahn nach Tal-Ehrenbreitstein zum kaiserlichen Oberstleutnant v. Hoym geschickt, um genaue Anweisung zu holen, wie man sich beim Anmarsche der Truppen und während des Aufenthaltes derselben im Lager zu verhalten habe. Am 10. Juni waren die Vertreter der umliegenden Ämter in Ehrenbreitstein versammelt, um die Lieferungen an Stroh, Holz und Fourage auf die einzelnen zu verteilen. Von hier war der Zollschreiberadjunkt Ritter mit dem Schöffen Bamberger dort. Der hiesige kurfürstliche Förster Müller musste das Lager für die anrückenden Truppen bei Frücht abstecken und ihnen dann entgegen reiten, um sie in dasselbe zu führen. Nur für diese erste Abteilung lässt sich mit ziemlicher Sicherheit die Truppe bestimmen. Es war wohl das kaiserliche Dragonerregiment Lichtenstein, das am 12. Juni ein Lager bei Nastätten bezog; am 6. hatte sein Stab in Heldenbergen gelegen[25]. Als die zweite Abteilung einrückte, fand sich

[25] W. St.

wohl ein Mangel, denn Ritter wurde durch zwei Dragoner „zu der Generalität" ins Lager geholt, und der Schöffe Bamberger musste zwei Tage wegen der Fourage dort bleiben. Die dritte Abteilung kam erst am 27. Juni. Darum war wieder vorher eine Ämterkonferenz in Ems wegen der Verteilung der Lieferungen. Oberlahnstein hatte mit Braubach und Nievern zusammen Hafer, Heu und Brot zu besorgen, das zu Schiff bis Ahl gefahren wurde. Ebenfalls zu Wasser musste von hier aus Holz und Stroh in das Lager bei Engers geliefert werden. Damit war unsere Gegend endgültig von Einquartierung und Durchzügen befreit, obwohl der Krieg erst im Jahre 1748 mit dem Frieden zu Aachen sein Ende fand. Im weiteren Verlaufe desselben zeichnete sich General Graf Löwendahl, der wiederholt in unseren Mauern weilte, so aus, dass er zum Marschall von Frankreich ernannt wurde. Er hatte nacheinander in kaiserlichen, dänischen, wieder in kaiserlichen, sächsischen, russischen und französischen Diensten gestanden: ein Kriegerleben, wie es in den damaligen Zeiten nicht vereinzelt dastand[26]. Dass man immer noch im Kriegszustande lebte, zeigte ein kurfürstliches Schreiben, das am 21. Mai einlief und die Aufnahme „der zum Garnison- und Ausschussdienst vorrätigen, sowohl verheirateten als freiledigen jungen Mannschaft" von 14 - 36 Jahren forderte. Die Tabelle, die angefertigt wurde, enthält 24 verheiratete und 67 freiledige Leute. Im trierischen Dienst standen 2, im mainzischen, holländischen und kaiserlichen Dienste je 3 Mann. Im folgenden Jahre betrug die Zahl der verheirateten Dienstpflichtigen 26, der ledigen 77, und es standen je 5 in mainzischen, kaiserlichen und holländischen Diensten.

Um zu zeigen, was die kleine Stadt besonders bei dem französischen Besuche zu leisten und zu leiden hatte, mögen wenigstens einige Notizen Platz finden. Der Schiffer Heimbach fuhr für die Fremden 64 Nachen Holz, das im Stadtwalde gehauen war, lahnabwärts in die Stadt. Ausser dem in Natura gelieferten Holze wurden noch beim Abmarsche für „vakante" Klafter dem General Löwendahl 120, dem General Darnault 50, dem Major Lauzon 60 Gld. gezahlt. Die hiesigen Schutzjuden Salomon Meyer und Jakob Abraham lieferten für die Stadt 1.150 Mainzer Malter Hafer zu 2 Gld. 10 Kreuzer, 2.600 Centner Heu zu 1 Gld. 30 Kreuzer und 3.500 Bauschen Stroh, 100 Bauschen zu 7 Gld. 30 Kreuzer. Dem Fergen Breitenbach musste die Stadt sein zusammengeschossenes Haus für 122 Gld. ausbessern, die 400 von den Soldaten verbrannten Planken seines Gartenzaunes mit 26 und den am Garten durch das Aufwerfen der Schanze angerichteten Schaden mit 65 Gld. ersetzen. Besonders übel erging es den Leuten auf den Höfen. Sie mussten Ochsen und Wagen zu Vorspann und Fuhren hergeben; ihre Scheunen und Kammern wurden geleert, und auf ihren Wiesen und Feldern frassen die

[26] Thürheim a. a. O. S. 177.

Rosse der Fremdlinge das Gras und die junge Saat. In der Nähe der Stadt stand es nicht besser. Die Wiesen am Rhein, am Grenbach und Schlierbach wurden abgeweidet, und den Pächtern der städtischen Grundstücke musste die Pacht ermässigt werden. Auch die Beamten und Gerichtsschöffen erhielten wegen „ohnvermeidlicher extraordinärer Bemühungen mit Hintansetzung eigener Hausgeschäfte" eine besondere Vergütung. So der Adjunkt Ritter 35, Gerichtsschreiber Jehn und Bürgermeister Hergen je 25, Stadtschultheiss Moskopf 20 Gld. u. s. f. Als der Krieg bald zu Ende war, kam noch eine Forderung, die zeigt, wie die Franzosen sich hier als die Herren fühlten. Am 6. Februar 1748 erging auf Ansuchen des französischen Intendanten de Vanolles von Mainz aus ein Schreiben des Inhalts: „Da unterschiedliche Ämter des Erzstiftes den Franzosen noch 800.000 Rationen schuldig geblieben sein sollten, die sich auf 62.166 Gld. 57 Kr. beliefen, so habe das Amt Lahnstein dazu 1.077 Gld. 40 Kr. beizutragen." Weil nicht soviel Geld in der Stadtkasse war, musste bei dem Zollschreiber eine Anleihe gemacht werden. Um die grossen Kosten zu decken, nahm man anfänglich die Zuflucht zum Wald. Noch im Jahre 1745 wurden 20 Klafter Holz, das die Franzosen hatten hauen und liegen lassen, an hiesige Bürger, 21 an einen Herrn Menone in Ehrenbreitstein verkauft. Mit Bewilligung der Regierung liess dann die Stadt 150 abgängige Eichen und im Grubenweg 900 kleine Eichenstämme hauen. Am 1. August 1746 wurde von der Militärkonferenz in Mainz die Einsendung der Rechnungen über das, was von den Franzosen ohne Quittung weggenommen war, eingefordert. Sie liefen teils falsch, teils gar nicht ein, und so kam eine gedruckte Anweisung, wie dieselben anzufertigen seien. „Denen morosi" unter den Schultheissen und Ortsvorstehern wurde die kurfürstliche Ungnade angedroht. Die Rechnungen wurden eingeschickt, desgleichen später die Berechnung der Schädigungen durch die Österreicher und Hannoveraner. Die sämtlichen geschädigten Personen, sowie die Bürgermeister, die die Rechnungen angefertigt hatten, mussten zuvor gemeinsam auf dem Rathause erscheinen und in Anwesenheit des Zollschreibers, des Stadtschultheissen und eines Notars, der das Protokoll aufnahm, vor einem Krucifix und zwei brennenden Kerzen die Wahrheit ihrer Angaben beschwören.

Die Stadt hatte an den entstandenen Kosten lange zu tragen. Am 2. Dez. 1748 schrieb das Gericht hinter die Gesamtberechnung derselben den Nachsatz: „Da nun hiesige arme Gemeinde schon längstens gnädigst vertröstet worden, dass aus andern Ämtern und Orten des hohen Erzstifts, welche nichts oder gar wenig gelitten, ein Mittel würde ausfindig gemacht werden, dass die arme Gemeinde dahier der grossen Schuldenlast in etwa gemindert werde, so ist hiermit unsere untertänigste Bitte, darauf in hohen Gnaden zu flectieren; denn man kein Mittel siehet aus dieser schweren Schuldenlast zu gelangen." Frei wurde die Gemeinde erst, als mit dem Beginn des siebenjährigen Krieges ihr neue und nicht leichtere Lasten winkten.

DER

OBERGERMANISCH-RAETISCHE LIMES

DES

ROEMERREICHES

IM AUFTRAGE DER REICHS-LIMESKOMMISSION

HERAUSGEGEBEN

VON

DEN DIRIGENTEN

OSCAR VON SARWEY
GENERALLEUTNANT Z. D.

ERNST FABRICIUS
PROFESSOR DER GESCHICHTE

LIEFERUNG XXXVI

AUS BAND I B Nr. 4. KASTELL EMS (R. BODEWIG).
AUS BAND II B Nr. 17. KASTELL INHEIDEN (ED. ANTHES).

HEIDELBERG
VERLAG VON OTTO PETTERS
1912

Nr. 4.
Das Kastell Ems.

(Mit drei Tafeln.)

STRECKENKOMMISSAR: PROFESSOR DR. BODEWIG.

Bei Bad Ems, unmittelbar oberhalb der warmen Quellen, überschreitet der Limes die Lahn, deren Uferrand hier ca. 80 m über dem Meere liegt. Auf der Nordseite des Flusses sind 1,65 und 1,11 km von Ems entfernt am Südostabhange der Hohen Bahn die Reste zweier Wachtürme, Nr. 91 und 92 der ersten Strecke (388 und 341 m über dem Meer), und ein langes Stück des Pfahls noch äusserlich sichtbar. Die geradlinige Fortsetzung dieses Zuges führt mit steilem Gefälle durch eine kleine Schlucht in südwestlicher Richtung nach Bad-Ems hinab, wo die Mündung der Schlucht von der „Pfahlgrabenstrasse" eingenommen wird. Auf der Südseite der Lahn steigt der Pfahl, im Wald ebenfalls äusserlich sichtbar, zu dem nordöstlichen Vorsprung des Wintersberges (214 m über dem Meer) hinan, wo 690 m vom Flusse entfernt ein römischer Limesturm, der erste der zweiten Strecke, im Jahre 1873 entdeckt und auf den alten Grundmauern wieder aufgebaut worden ist. Der Übergang des Limes über die Lahn muss hiernach fast genau an der Stelle der jetzigen Bogenbrücke gelegen haben (vgl. Taf, I Fig. 1).

An dieser Stelle erweitert sich das zwischen den Abhängen des Wintersberges und den steilen Felsen der Bäderlei eingeschlossene Tal. Von Süden kommt zwischen dem Wintersberg und dem Malberg der Braunebach herab, und auf der Westseite seiner jetzt unter der Bahnhofstrasse gelegenen Mündung senkt sich der Fuss des Malberges nur allmählich zum Fluss, so dass hier am linken Ufer der Lahn ein zur Bebauung geeignetes Gelände sich ausdehnt. Dieses Gebiet, auf dem die warme „Römerquelle" hervortritt, heisst „Auf der Schanz" und wird seit der Mitte des vorigen Jahrhunderts von einem quadratischen Häuserblock eingenommen, während ältere Bilder noch Gärten zeigen. In der römischen Zeit lag hier dicht hinter der Grenzwehr ein Teil der römischen Niederlassung, möglicherweise ein kleineres Kastell.

Auf dem rechten Ufer der Lahn, wo bei der Mündung der Pfahlgrabenschlucht die bedeutendsten warmen Quellen entspringen, liegen am Fuss des Abhanges die älteren Emser Badeanstalten (jetzt Kurhaus und Badehaus der Felsenquelle), und am Rande der nach Westen sich mehr und mehr erweiternden Talsohle zieht unterhalb des steil ansteigenden Klopps (213 m über dem Meer) die „Römerstrasse" hin, die „Bad-Ems" mit dem ältesten Stadtteil „Dorf-Ems" verbindet. Etwa 1300 m westlich vom Limes fliesst nämlich von Norden kommend der Emsbach in die Lahn, dessen Oberlauf bei dem

Numeruskastell Arzbach-Augst vom Limes gekreuzt wird. Sein von dort noch 5 km langes Tal erweitert sich ungefähr 700 m vor der Mündung des Baches, der hier dicht an dem westlichen Fuss des Berges entlang fliesst. Auf dem rechten Ufer des Baches dehnt sich eine weite Fläche aus, die nur allmählich nach Nordwesten gegen den Ehrlich (214 m) ansteigt und noch besser als das Gelände am Braunebach zur Besiedelung geeignet war. Hier liegt das heutige Dorf-Ems, der eng gebaute, vorzugsweise von den Einheimischen bewohnte Stadtteil, hier lag auch im Mittelalter der Hauptort des Tales, und hier sind rings um die alte romanische Martinskirche die Überreste eines grösseren römischen Kastells zum Vorschein gekommen.

Viele Nachrichten über frühere Funde in Ems und Umgebung hat Oberlehrer Hess im Jahre 1895 teils aus der Literatur, teils auf Grund eigener Beobachtungen und Erkundigungen bei Augenzeugen gesammelt und in verdienstlicher Weise zusammengestellt[1]. Die Besiedelung des Ortes und die Benützung der Emser Quellen durch die Römer ist seit langem bekannt. Bereits in einer im 18. Jahrhundert erschienenen Beschreibung von Ems wird erwähnt, dass in der dortigen Gegend viele römische Waffen und Münzen ausgegraben würden[2]. Bestimmter lautet eine Nachricht aus dem Jahre 1816, dass nicht bloss römische Münzen von Zeit zu Zeit im Felde dicht bei den Badehäusern gefunden würden, sondern vor drei Jahren bei Anlage der jetzigen Römerstrasse auch eine Menge römischer Gräber entdeckt worden seien[3]. Diese Funde wiederholten sich, so oft umfassendere Grundarbeiten in dieser Gegend ausgeführt wurden, so insbesondere bei den Kanalisationen in den Jahren 1835/36 und 1853/54, sowie 1873 bei der Anlage einer Wasserleitung[4]. Inzwischen war die Aufmerksamkeit der Forscher aber nach einer anderen Stelle gelenkt worden.

Als im Jahre 1834 mit der Bebauung des Geländes auf der Schanz (S. 1 [hier S. 386]) begonnen wurde, fand man dort auf der linken Lahnseite nicht bloss römische Altertümer in grosser Menge, sondern auch starkes Mauerwerk und römische Ziegel. Und als im Jahre 1845 der um die Limesforschung in Nassau verdiente Oberstleutnant Schmidt derartige Funde selbst beobachtete und erfuhr, dass unter den Ziegeln auch gestempelte Exemplare gewesen, aber von den Kurgästen mitgenommen worden seien, stellte er die Vermu-

---

[1] H. Hess, Zur Geschichte der Stadt Ems, Programm des Realprogymnasiums zu Bad-Ems, Bad Ems 1895.

[2] Brückmann, Neue Beschreibmig der Brunnen und Bäder zu Ems, Frankfurt u. Leipzig 1772 S. 82.

[3] Thilenius, Ems und seine Heilquellen, Wiesbaden 1816 S. 16. Ein in den Nassauischen Annalen I, 1827, S. 116 beschriebenes angeblich römisches Grab, das in Dorf-Ems an der unteren Coblenzerstrasse gefunden wurde (Hess S. 20), gehört nach den Angaben über seinen Inhalt der Frankenzeit an.

[4] Nassauische Annalen II S. 299, 315 und VI S. 345; Hess a. a. O. S. 17.

tung auf, dass hier zur Deckung des nahen Limesüberganges über die Lahn ein Kastell gelegen habe[5]. Dies blieb fortan die allgemeine Annahme, und K. Rossel brachte alsbald den Namen „Auf der Schanz" damit in Verbindung[6]. Auch ein Emser Bürger, A. Vogelsberger, der zwanzig Jahre lang alle Grabungen in Ems beobachtet und römische Fundstücke gesammelt hatte, schrieb 1873 von dem Kastell am Braunebach, und, auf seine Beobachtungen gestützt, glaubte v. Cohausen annehmen zu dürfen, dass das Kastell etwa 44 zu 30 m gross gewesen sei und abgerundete Ecken gehabt habe[7].

Bereits Rossel hatte indes festgestellt, dass auch auf dem rechten Ufer der Lahn, in Dorf-Ems, gestempelte Legionsziegel gefunden worden waren, und bei den Grundarbeiten, die hier neuerdings tiefere Bodenschichten erschlossen haben, sind römische Reste aller Art beobachtet oder römische Altertümer gesammelt worden. Insbesondere kamen im Jahre 1872 beim Legen von Wasserleitungsröhren in der Coblenzerstrasse, der westlichen Fortsetzung der Römerstrasse vom Emsbache ab, nicht allein Estrichböden und Hypokaustanlagen, sondern Ziegel mit Stempeln der 4. Vindelikerkohorte und der 22. Legion zum Vorschein. Und als im Jahre 1883 beim Legen eines Telegraphenkabels an derselben Stelle ein Altar der Fortuna Conservatrix entdeckt wurde, lag der Gedanke nahe, dass hier ein Militärbad gestanden habe und in seiner Nähe das eigentliche Hauptkastell zu suchen sei. Auf der Nordseite der Coblenzerstrasse war man ausserdem hinter dem „Rheinischen Hof" (Coblenzerstrasse 9, Besitzer K. Eisfeller) auf Mauerwerk gestossen, das der Rest einer sehr langen und starken Mauer zu sein schien, und noch weiter nördlich waren in der Umgebung der Kirche Baulichkeiten, Strassenreste und massenhafte Scherbenfunde beobachtet worden. So bildete sich in Ems selbst bei den einheimischen Forschern die Ansicht, dass in dieser Gegend das Kastell gelegen habe, die denn auch von Hess mit aller Bestimmtheit vertreten wird (S. 18 und S. 23 f.). Gleichzeitig mit dem Erscheinen des Hesschen Programms wurde durch die Reichs-Limeskommission die Gewissheit erbracht.

Der damalige Streckenkommissar Oberstleutnant Dahm († 1908) begann im September 1894 im Garten des Rheinischen Hofes, wo das erwähnte starke Mauerwerk entdeckt worden war, systematische Ausgrabungen, die im April 1895 fortgesetzt wurden. Dahm deckte in dem genannten Garten das Südtor des Kastells auf und glaubte auch Teile der Ost- und der Nordseite des Kastells, sowie in den Höfen der Häuser auf der Westseite der Marktstrasse

[5] Nassauische Annalen VI S. 157 f.; vgl. Hess S. 15

[6] Nassauische Annalen VI S. 845. - Die meisten Benennungen dieser Art in der unteren Lahngegend stammen aus der Zeit der Revolutionskriege, in denen jahraus jahrein bald die eine, bald die andere dort lagernde Partei Schanzen aufwarf.

[7] Vogelsberger, Nassauische Annalen XII S. 328, v. Cohausen, Der römische Grenzwall S. 224 f.

wenigstens die Fundamentgrube der zerstörten Westseite erkennen zu können. Er nahm danach an, dass das Kastell ein Quadrat von 124 m Seitenlänge gebildet habe[8]. Infolge der überaus tiefen Verschüttung des römischen Niveaus, der dichten und sehr alten Bebauung des ganzen in Betracht kommenden Terrains und der massenhaften mittelalterlichen Gebäudereste, die der Boden birgt, war die Untersuchung allerdings sehr schwierig, und Dahm hatte im ganzen nur 10 Tage auf sie verwendet. Seine Annahmen sind denn auch durch spätere Entdeckungen sehr wesentlich berichtigt worden.

Im Herbst 1904 wurde nämlich auf dem Terrain des Rheinischen Hofes ein Neubau ausgeführt und dabei noch auf der Ostseite der Marktstrasse die Südwestecke des Kastells in guter Erhaltung angetroffen. E. Krüger hat die Fundstelle alsbald besichtigt und für uns eine Beschreibung der Mauerreste aufgezeichnet, während Stadtbautechniker Güll in Ems für die genaue Aufnahme Sorge trug. Hiernach stellte sich die Richtung der Südseite des Kastells anders heraus, als Dahm sie angenommen hatte, und nicht bloss die Westfront rückte nunmehr auf die andere Seite der Marktstrasse, sondern auch die Lage der übrigen Seiten, die auf Grund irrtümlicher Voraussetzungen über Richtung und Ausdehnung der Südfront gesucht worden waren, wurde mindestens zweifelhaft.

Die Reichs-Limeskommission unternahm deshalb im Frühjahr 1905 und im Herbst 1909 unter Leitung des Streckenkommissars Bodewig umfangreiche Nachuntersuchungen, über deren Ergebnis unten genauer berichtet werden wird. Endlich im Sommer 1910 wurden bei dem Bau eines evangelischen Gemeindehauses auf der Ostseite der Kirche Gräben für Wasser- und Gasleitungen sowie eine tiefe Fundamentgrube für die Heizanlage ausgehoben, wobei von neuem römische Gebäudereste und namentlich grosse Mengen von Scherben zum Vorschein kamen.

Bei der Untersuchung sowohl wie bei der Bearbeitung des Kastells und der Einzelfunde fand der Streckenkommissar in Ems stets freundliche Unterstützung, insbesondere bei dem Bürgermeister Dr. Schubert, der den römischen Altertümern in Ems ein lebhaftes Interesse zuwendet. Stadtbautechniker Güll hat die meisten Aufnahmen und ihre Einzeichnung in den Katasterplan besorgt. Der Vorsteher der städtischen Sammlung, in die alle neueren Funde aufgenommen worden sind, und Schriftführer des Emser Altertumsvereins, Schriftsteller H. L. Linkenbach, hat dem Streckenkommissar stets auf das bereitwilligste mit Rat und Tat zur Seite gestanden.

[8] Archäolog. Anzeiger 1895 S. 210. Ausser Einträgen in den alten, sehr fehlerhaften Katasterplan im Massstabe von 1 : 500 liegen von Dahm nur ein sehr kurzes Tagebuch und ganz summarische Notizen vor.

1. Das Kastell Dorf-Ems
(Taf. I Fig. 2).

Das Kastell liegt auf einem von Südosten nach Nordwesten nur um wenige Meter ansteigenden Terrain. Die Langseiten laufen der Richtung des Emsbachtales nach von Norden nach Süden, die östliche 25 - 50 m vom Bache entfernt, da, wo auch jetzt dessen Überschwemmungsgebiet endigt, die westliche längs der Marktstrasse in 2 - 3 m Abstand von deren Ostrand. Von den beiden Schmalseiten zieht die südliche parallel der Coblenzerstrasse, etwa 30 m von deren Nordrand entfernt. Nur die Nordseite ist nicht durch Grabungen festgelegt worden; sie muss aus später auszuführenden Gründen hart am Nordrande des Frohnhofes unter den Häusern laufen (vgl. S. 6 [hier S. 403]).

Die Grösse des Kastells beträgt hiernach etwa 90 x 140 m = 13230 qm. Kastell Dorf-Ems ist also etwas grösser als das ältere Steinkastell der Kapersburg mit 12.500 qm und um 1.070 qm kleiner als Kastell Holzhausen mit 14.300 qm, während es hinter den typischen Kohortenkastellen am obergermanischen Limes erheblich zurückbleibt[9]. In der langgestreckten Form gleicht es dem älteren Steinkastell auf dem Zugmantel.

Die Umfassungsmauer ist ganz ungleich erhalten: da, wo keine Häuser über ihr liegen, steht vielfach noch der Oberbau aufrecht; an anderen Stellen haben allerdings die Keller früherer Häuser, die durch Brände längst zerstört sind, jede Spur von ihr verwischt. Sie ist 1,30 m stark, im Fundament noch 20 - 25 cm stärker, das Material besteht aus Grauwacke, und der Mörtel ist gut.

Von der Südseite hat man zunächst das Tor, das bereits von Dahm im April 1895 ausgegraben worden ist (S. 3 [hier S. 398]). Es liegt im Garten des Rheinischen Hofs und hat zwei Türme mit lichten Innenräumen von 3,70 x 2,90 im Weite. Ihre Mauerstärke beträgt auf den freistehenden Seiten im Fundament 1,10 m, in der Obermauer gemessen 0,85 m. Der Torweg ist 3 m breit und mit einer Kiesdecke belegt. An einigen Stellen sind die Türme bis auf den Grund ausgebrochen, an anderen steht noch ein kleines Stück der Obermauer aufrecht. An den Ostturm schliesst sich noch ein 2 m langes Stück der Kastellumfassung mit einer 15 cm hohen Lage Obermauer an, das im Fundament 1,65 m breit ist. Das übrige ist ausgebrochen.

Als weiterer fester Punkt der Südseite und zugleich als sicherer Anhalt für die Festlegung der Westseite kommt die Südwestecke in Betracht. Sie lag unter der Toreinfahrt, die von der Marktstrasse aus zu der Eisfellerschen Besitzung führte, und wurde im Herbst 1904 bei der Ausschachtung eines Kellers entdeckt und bis auf die Rollschicht freigelegt (Taf. I Fig. 5). Das

[9] Nr. 12 Kastell Kapersburg S. 6 und Nr. 6 Kastell Holzhausen S. 3. - Vgl. Nr. 66a Kastell Urspring S. 4 Anm. 2.

Mauerwerk musste, nachdem es untersucht, vermessen und photographiert worden war, des Neubaus wegen abgebrochen werden. In einer Länge von ca. 9 m erhalten, gehörte es zum grösseren Teil noch der Südfront an, zeigte aber deutlich den Anfang der Eckabrundung. Es stand noch 1,70 m hoch aufrecht; sein höchster Punkt lag nur wenige Centimeter unter dem Niveau der Toreinfahrt. Besonders die Innenseite war trefflich erhalten, während auf der Aussenseite die Verblendsteine nur an einer Stelle noch vier Schichten hoch übereinander lagen. Das Fundament bestand in einer 40 cm hohen Stickung aus schräg gestellten Steinen. Der aussen in zwei Reihen treppenartig vorspringende Sockel war dagegen ganz erhalten, und da, wo die Rundung von der Wand des zunächst nördlich gelegenen Nachbarhauses geschnitten wird, zeigte die unterste Sockelschicht einen Vorsprung von 25 - 30 cm Stärke, der auf die Verstärkung des Fundaments für einen Eckturm schliessen lässt. Der Turm selbst war dem Keller des betreffenden Hauses längst zum Opfer gefallen. Der innere Radius der Eckabrundung betrug etwa 8,50 m.

Auf der Westseite konnte die Kastellmauer, nachdem ihre Lage im Süden bestimmt war, auch auf dem Platz vor der Kirche festgestellt werden. Hier standen in den äusseren Ecken bis vor etwa 50 Jahren Häuser, deren Kellern die Mauer hatte weichen müssen, in der Mitte dagegen sind noch grössere Stücke von ihr erhalten.

Gleich südlich von dem Zugang zur Kirche, etwa 2 m von der Marktstrasse entfernt, ist die Kastellmauer 3,80 m weit unterbrochen. Hier lag also das Westtor, aber es hatte keine Türme, sondern nur wie das Südtor des zweiten Steinkastells der Kapersburg Wangenmauern. Die nördliche Wange wurde nach innen noch 3 m weit erhalten vorgefunden. Der Toranschlag ist hier in der Weise gebildet, dass die innere Ecke der Kastellmauer und die Wange um 25 cm zurückgesetzt sind. Aussen sprang die Mauer neben dem Tor risalitartig um 30 cm vor. Von den Vorsprüngen konnte nur an der Südseite des Tores ein 25 cm breiter Rest konstatiert werden. Hier ist an der anschliessenden Kastellmauer der Oberbau bis zu einer Höhe von 90 cm erhalten. Das Fundament zeigt wie an der Eckabrundung zwei Reihen ausspringender Sockelsteine von 6 und 13 cm Breite. Die Wange liess sich hier wegen eines darüber stehenden Baumes nicht untersuchen. In dem ca. 3,00 m breiten Durchgang liegt eine starke Schicht unregelmässig gehäufter Steine, die anscheinend von einem gepflasterten Weg stammen, aber auch Absturz der Torwangen sein könnten.

Nördlich vom Tor ist die Kastellmauer zunächst bis in die Rollschicht ausgebrochen, dann zeigte sie sich wieder in guter Erhaltung: über einem nach innen 8 cm vorspringenden Fundament steht sie hier noch 82 cm hoch aufrecht. Auch der Wall liess sich an dieser Stelle beobachten: seine Masse aus sandigem Lehm wurde 65 cm unter der Oberfläche angetroffen. Im Abstande von 3,20 m von der Kastellmauer zeigte sich die Böschung, ganz bedeckt von dem Schutt eines verbrannten späteren Hauses. Auch neben der südlichen Torwange erschien in geringer Tiefe der harte Boden des Walles, der also hier bis unmittelbar an die Wange herangereicht haben muss.

Im Jahre 1906, bei Gelegenheit der Kanalisation, wurde die Westmauer des Kastells in der Kirchgasse nahe bei der Kirchhofsmauer getroffen. Südlich von dieser Stelle scheint nach früheren Beobachtungen ein Zwischenturm gelegen zu haben. Hess berichtet nämlich (S. 23), dass man beim Legen der Wasserleitung im Januar 1873 an der Ecke der Marktstrasse und Kirchgasse vor den Häusern [Marktstrasse] Nr. 11 und [Kirchgasse] Nr. 18 auf eine 6 m lange Mauer aus Bruchsteinen und kiesigem Kalkmörtel getroffen sei, auf die an den Enden zwei gleichstarke Mauern gestossen seien. Er schliesst daraus selbst auf einen Kastellturm. Hiernach ist anzunehmen, dass zwischen dem Tor und der Südwestecke zwei Zwischentürme angeordnet waren.

Die Ostmauer des Kastells glaubte Dahm an drei Stellen gefunden zu haben: im östlichen Teile des Pfarrgartens an der Fig. 2 mit A bezeichneten Stelle, im Hofe des Jostschen Hauses auf der Nordseite der Kirchgasse (Nr. 12), wo eine senkrecht auf die Kastellmauer stossende Mauer, wie Dahm meinte, die Aussenwand des südlichen Torturmes, angetroffen worden war, und auf der Ostseite des Kirchhofes, wo in Dahms Plan ein wohlerhaltener Zwischenturm mit besonders starkem Mauerwerk eingetragen ist. Wären diese Angaben richtig, so müsste die Ostmauer des Kastells mit der Westseite nach Norden stark konvergiert haben, das Osttor gegen das Westtor erheblich nach Süden und das Südtor aus der Mitte der Südseite erheblich nach Westen verschoben gewesen sein. Bei den Nachuntersuchungen im Jahre 1906 wurde indes in der Südostecke des Kirchhofes ein von Osten nach Westen ziehendes Mauerstück entdeckt und 3 m weit verfolgt, das sich nur als Aussenwand eines und zwar des nördlichen Torturmes deuten und weder nach seiner Lage, noch nach seiner Richtung mit dem von Dahm angenommenen Torbau in Übereinstimmung bringen lässt. Nur der von ihm auf der Ostseite des Kirchhofes entdeckte „wohlerhaltene Zwischenturm“ stimmt einigermassen zu der vermutlichen Mauerrichtung.

Allerdings liess die erwähnte Quermauer, bei der das Bruchstück einer Säule aus Mendiger Basalt und viel Dachschiefer zutage traten, sich nicht über die Umgrenzung des Kirchhofes hinaus bis zu der Kastellmauer selbst verfolgen. Diese muss unter dem schmalen Weg, der am Kirchhof entlang führt, und weiterhin durch die jetzt bedeutend tiefer gelegenen Gärten am Emsbach laufen. Hier ist sie neben der Göbelschen Fabrik, wo ein Einschnitt gemacht wurde, völlig ausgebrochen.

Der Kastellgraben wurde dagegen etwas nördlich vom Osttore in dem jenseits des Fussweges gelegenen Garten der Witwe Havermann geschnitten. Seine östliche Böschung trat dabei klar zutage. Der aus der Tiefe stammende gelbe Lehm war teilweise nach aussen geworfen worden, um das hier lockere Erdreich zu festigen. Die Sohle des Grabens liegt 2,50 m unter der heutigen Oberfläche und 1,85 m tief in dem gewachsenen Boden. Die westliche Böschung war durch eine später angelegte Grube verdorben. Bis tief hinab fanden sich neben den römischen auch mittelalterliche Scherben.

Die Nordseite des Kastells konnte bisher nicht in sicheren Resten nachgewiesen werden. Dahm hatte auf dem Terrain der Göbelschen Fabrik (Fig. 2 bei B) gegraben und in zahlreichen Mauertrümmern die Rundung der Nordostecke und zwei nördlich vorgelagerte, freilich überaus flache Spitzgräben erkennen zu können geglaubt, sowie auf der Südseite des Frohnhofes östlich und westlich des Schäferschen Hauses (Frohnhof 10) eingeschnitten, wo er Teile der Nordmauer und auf der letzteren Seite auch die Innenwand des westlichen Torturms als erhalten bezeichnet. Dieser vermeintliche Befund lässt sich jedoch mit den sicher nachgewiesenen Teilen der Kastellumfassung, dem Südtore, der Südwestecke und der Westseite, auf keine Weise in Einklang bringen. Bei einer Nachuntersuchung, die im Jahre 1905 an der mit B bezeichneten Stelle des Göbelschen Grundstückes vorgenommen wurde, kamen denn auch statt der Eckabrundung des Kastells nur mittelalterliche Trümmer, an den Scherben und einer dabei gefundenen Münze als solche kenntlich, und zwei römische Mauern von 97 und 77 cm Stärke zum Vorschein, die im Abstande von 70 cm voneinander parallel nach Nordosten liefen. Da aber in einem langen, nordsüdlich gerichteten Einschnitt, der nördlich vom Frohnhofe im sogenannten Bachgarten, auf den Wiesen bei C nach der Göbelschen Fabrik hin gezogen wurde, Graben und Mauern noch nicht zum Vorschein kamen, so nimmt der Streckenkommissar an, dass die Nordfront des Kastells unter der nördlichen Häuserreihe des Frohnhofes liegt. Hess berichtet in der Tat (S. 24), dass man am Bachgarten unter den Häusern und in den Gärten „auf sehr festes und altes Mauerwerk gestossen sei“, und weiss von einer Behauptung der Besitzer, dass hier unter den Kellern ein alter gemauerter Gang nach dem Emsbach hin führe.

Die Wallstrasse wurde 15 m östlich vom Südtore im Grasgarten des Rheinischen Hofes und 30 m östlich davon im Garten der Witwe Stengel (Coblenzerstrasse 6) gefunden. Neben dem Wallfuss zeigte sich an beiden Stellen 60 cm unter der Oberfläche eine Kiesanschüttung von ca. 20 cm Stärke. Im Stengelschen Garten war sie 80 cm breit und nach dem Walle zu durch ein in Mörtel gebautes, nur einen Stein breites Mäuerchen abgeschlossen, das zur Festigung des Wallfusses gedient haben wird.

Von den Innenbauten sind bis jetzt nur wenige Reste festgestellt worden. Da das Kastell, nach der Lage der Flankentore zu schliessen, nach Norden orientiert war, muss das Prätorium auf der Fläche südlich von der Kirche gesucht werden, während westlich und östlich davon das Haus des Kommandanten und die Fabrica zu vermuten sind. Von dem Prätorium fehlen bis jetzt noch Überreste; Hess berichtet bloss (S. 23) von römischen

Töpfen, Scherben und Werkzeugen, die in der Kirchgasse zwischen der Marktstrasse und dem Pfarrhause und in den diesem gegenüber gelegenen Häusern gefunden worden seien. Von dem Kommandantenhaus wird ein Estrich herrühren, der bei E des Grundrisses 2 m tief unter einem Haufen Steine angetroffen wurde; die Mauern waren ausgebrochen. Daneben wurde ein Hypokaustziegel von 25 x 25 cm Grösse, ein Mittelerz des Traian und ein Napf vorgefunden. Zu demselben Bau gehörte eine Mauer, die in der Nähe bei der Anlage eines Kanals für das Gemeindehaus zum Vorschein kam. Die von Hess S. 23 erwähnten Teile von Pflaster und einer Mauerung im anstossenden Rosenbachschen Hofe (Kirchgasse 22) sind wohl ebenfalls Überreste dieses Gebäudes gewesen.

Am Nordende des Chores der Kirche wurden bei D Teile eines römischen Gebäudes entdeckt, eine 60 cm starke Mauer in der Richtung der Längsachse des Kastells, an der sich Teile eines Estrichbodens fanden. An diese Mauer schliesst sich in spitzem Winkel ein wohlerhaltenes 40 cm starkes Mäuerchen an, das mit der stärkeren Mauer in fester Verbindung steht, aber höher als diese erhalten ist. Bei den Arbeiten für das Gemeindehaus kam weiter westlich eine andere Mauer zum Vorschein, die dem dünnen Mäuerchen parallel läuft. Die auffallende Richtung der beiden parallelen Mauern lässt vermuten, dass man es hier mit Resten verschiedener Bauperioden zu tun hat[10].

In der Fundamentgrube für den Heizraum des Gemeindehauses erschien in einer Tiefe von 1,20 m der Schutt eines römischen Holzhauses mit Resten der Lehmwände und vielen frühen sowohl als späten Scherben.

Ein gut gemauerter Kanal trat im Pfarrgarten Fig. 2 bei F zutage, der entsprechend dem Gefälle des Kastellterrains von Nordwesten nach Südosten läuft. Er hat 50 cm lichte Weite und Höhe, und seine Seitenmauern sind 50 cm stark. Der Boden ist Beton aus Sand und Kalk mit kleinen Steinchen versetzt, und eine 1 m lange, 10 cm starke, glatte Steinplatte bildete die Decke. Nach Südosten zu sind die Kanalmauern abgebrochen, aber die Fundamentgrube sowie Steine und Mörtel sind noch vorhanden. Ein Einschnitt, der von dem Kanal nach der Ostseite des Kastells gezogen wurde, zeigte das Taf. I Fig. 3 dargestellte Profil: den ca. 5,50 m breiten Rest eines Walles und einen ca. 2,50 m breiten Spitzgraben; der letztere war mit Steinen und römischen Scherben gefüllt. Nach der vermutlichen Richtung der Ostfront muss die

[10] Ca. 20 Meter von der Südostecke der Kirche fand sich auf dem gewachsenen Boden, umgeben von römischem Schutt und über römischen, in den Boden eingedrückten Ziegelbrocken ein Steinkistengrab aus Schiefer ohne Beigaben, das von Osten nach Westen gerichtet ist. Nach der altertümlichen Bestattungsart gehört das Grab der Karolingerzeit an. Ein zweites, ganz gleichartiges Grab wurde im Jahre 1910 unmittelbar nördlich neben dem Chor gefunden. Auch Hess erwähnt S. 52 mittelalterliche Gräber, die in der Nähe des Kastells und innerhalb der römischen Kastellmauern aufgedeckt worden seien, mitten zwischen römischen Resten, aber ohne nähere Angaben zu machen. Vgl. auch oben S. 2 Anm. 3 [hier Fußnote 3].

Kastellmauer ganz in der Nähe gestanden haben. Es ist daher anzunehmen, dass der Graben einer früheren Befestigung angehört und später eingeebnet worden ist, um die Mauer an den bereits vorhandenen Wall anzulehnen. Dieser Befund wie die erwähnten Reste des Holzbaues mit frühzeitigen Scherben spricht dafür, dass vor dem Steinkastell ein Erdwerk bestanden hat, dessen Ausdehnung aber nicht wesentlich kleiner gewesen sein kann, weil sein Graben sonst in den zahlreichen Schnitten im Kirchhof hätte angetroffen werden müssen.

2. Kastellbad, Lagerdorf und Begräbnisplätze
(Taf. I Fig. 1).

Das Badegebäude lag 45 m vom Kastell entfernt vor dem Südtore. Es wurde im Dezember 1872 beim Legen der Wasserleitung entdeckt (S. 3 [hier S. 398]) und der Befund von Hess S. 19 f. beschrieben; Aufnahmen liegen davon nicht vor. Man stiess in der Coblenzerstrasse vor den Häusern Nr. 50 („Deutscher Kaiser", jetzt Nr. 73) und Nr. 51 (jetzt 74) in der Tiefe von 1½ m auf zwei nicht genau rechtwinklig zueinander gerichtete Bruchsteinmauern von 80 - 90 cm Stärke. Dazwischen lag ein Estrich aus 3 cm dicken und 26 cm im Quadrat messenden Platten auf einer 15 cm starken Schicht aus Kalk und grobgestossenen Ziegelstücken.

Einige Meter weiter westlich, in der Strassenkreuzung (Coblenzer- und Bachstrasse) etwa 2 m von der Ecke des genannten Hauses entfernt, zeigte sich in der Tiefe von 1,60 m eine fast unversehrte Hypokaustanlage. Die 60 cm hohen, mit Lehm aufgemauerten Säulchen ruhten auf einem gleichartigen Plattenboden und bestanden aus quadratischen Plättchen von 20 cm Seitenlänge und einer 30 cm langen und breiten Kopfplatte, beide von 6 cm Stärke. Die lichten Abstände betrugen 20 cm. Die Suspensura war durch eine 12 cm starke, doppelte Plattenschicht gebildet aus quadratischen Tonplatten von 40 und 52 cm Seitenlänge und einer 13 cm starken Estrichmasse.

Das Gebäude setzte sich noch weiter nach der Süd- und Westseite hin fort. Da der Berichterstatter den Gesamtbefund als „die obere, aus drei Gemächern bestehende Ecke" des Gebäudes bezeichnet, muss zwischen dem Hypokaustraum und dem Gemach mit dem Plattenboden, in dem „die Heizanlage fehlte", also wohl immer gefehlt hat, noch ein drittes, eben das Eckgemach, gelegen haben, von dessen Beschaffenheit aber nichts gesagt wird. Sein Grund scheint also nicht erreicht worden zu sein.

Die Ziegelplatten trugen Stempel der 4. Vindelikerkohorte, und in dem Schutt, der über dem Boden lag, entdeckte man gestempelte Ziegel der 22. Legion. In der Heizanlage befand sich noch Holzkohle und Asche, und in der über den Resten aufgehäuften Branderde wurden Wand- oder Plafondplatten und verschiedene Eisenklammern der Innenverkleidung gefunden. In der

Mitte der Coblenzerstrasse entdeckte man 10 Jahre später an derselben Stelle die Fortunainschrift (S. 3 [hier S. 398]).

Im Jahre 1906 bei der Kanalisation wurde das Gebäude abermals geschnitten, und es fanden sich auch wieder Ziegel mit Vindelikerstempeln und einem Namenstempel der 22. Legion. Der durch die Mitte der Bachstrasse gezogene Graben legte Spuren heizbarer Räume bloss, während in dem durch die Coblenzerstrasse gezogenen Graben der Abflusskanal des Bades nach dem Emsbach zum Vorschein kam. Er ist im Lichten 25 cm hoch und weit, seine Seitenwände und die Decken sind aus Schiefer hergestellt. Auf einer Strecke von etwa 40 m zieht der Kanal ungefähr in der Mitte der heutigen Strasse, dann tritt er etwa an der Ecke der Friedrichstrasse aus dem Graben der Kanalisation auf der Südseite hinaus.

Nach den Angaben von Hess, der Lage zum Kastell und der Richtung des Abzugskanals dürften die beiden Gemächer ohne Heizeinrichtung das Apodyterium mit dem Kaltwasserbassin, der anstossende Raum mit Hypokaust das Tepidarium gewesen sein, an das sich dann weiter südwestlich das Caldarium anschloss.

Die Überreste der bürgerlichen Niederlassung ziehen sich besonders längs der Coblenzer- und der Marktstrasse hin, erstrecken sich aber auch nach der Lahn zu und reichen in nordwestlicher Richtung weit am Abhang des Ehrlichs hinauf. Genaue Grenzen lassen sich nicht angeben, und namentlich fehlt jede Spur einer schützenden Umfassung.

Auf der Nordseite der Coblenzerstrasse sind zu verschiedenen Zeiten unter den Häusern Nr. 16, 20, 21 und 23 - 26 am Südfusse des Ehrlichs tief verschüttete Mauern mit den für die Keller der Canabae charakteristischen Nischen, Münzen, einem Mühlstein und Scherben gefunden worden (Hess S. 21). Das im Jahre 1840 entdeckte Gebäude an der Stelle der jetzigen Häuser Nr. 20 oder 21 war durch Mauern in drei Abteilungen geteilt, an denen noch Verputz mit farbigem Anstrich haftete. Nach einer bei den Akten des Wiesbadener Altertumsvereins befindlichen Aquarellskizze des Bauaccessisten Mäurer, der auch alsbald über die Entdeckung berichtete[11], war der gelbe Verputz einer Wand aussen und rings um die in ihrer Mitte befindliche 30 cm tiefe Nische mit breiten roten Linien eingefasst. Die in das Wiesbadener Museum gelangten Münzen aus diesem Hause waren drei Grosserze des Hadrian, Antoninus Pius und Marc Aurel. In dem Schutt eines anderen Kellers unter dem Hause Nr. 23 fanden sich Ziegel mit dem Stempel der 22. Legion, ein Hahn aus Bronze und Münzen, angeblich ein Caligula und ein Nero. Weiter unterhalb, dem Dorfe Fachbach zu, fanden sich noch römische Gebäudereste bei Anlage eines Eiskellers (Hess S. 22 Anm. 1).

---

[11] Nassauische Annalen III S. 221. Die Akten sind uns vom Vorstande des Altertumsvereins freundlichst zur Benutzung überlassen worden.

An der Marktstrasse, also westlich vom Kastell und weiter in das Emsbachtal hinein, zeigten sich überall Spuren römischer Bauten. In dem nicht weit von dem Westtore des Kastells gelegenen Hause Nr. 56 (H. Schulz, jetzt Nr. 66 Chr. Schulz) fanden sich Spuren eines stark zerstörten Hypokaustums, dessen Säulchen aus kreisrunden Platten mit viereckiger Deckplatte bestanden (Hess S. 24). Hinter den Häusern auf der Westseite der Marktstrasse stösst man am Abhang noch weit in den tieferen Schichten auf römisches Mauerwerk, Ziegel und Scherben (Hess S. 24 Anm. 1).

In dem breiteren Gelände südlich des Kastells, in dem heutigen Niederdorf, erscheinen römische Funde bis zu dem Distrikt Hallgarten und dem Gebiete der Gasanstalt unweit der Lahn. Im Jahre 1873 wurde bei der Anlage der Friedrichstrasse unweit der Coblenzerstrasse Mauerwerk, dessen Fundament zum Teil Rundungen aufwies, vorgefunden, und aus derselben Gegend sowie weiterhin an der Silberaustrasse werden verschiedene Fundstellen römischer Scherben und Gerätschaften verzeichnet (Hess S. 19 und 23). Etwa 10 m nördlich von der Nordostecke der städtischen Elementarschule traf man im Dezember 1872 ca. 3 m unter der Oberfläche auf eine Grube von 3,25 m Durchmesser, in der sich unter Bimssand und Asche Scherben von mindestens 40 Gefässen, Tierknochen und Reste aus Metall und Glas befanden. Nach den Angaben von Hess, der S. 22 Anm. 2 die Scherben verzeichnet und auch die Stempel, einen von einer Amphora und zwei von Sigillata, notiert, muss es eine grosse Abfallgrube gewesen sein. Da die Sigillatastempel schwerlich richtig gelesen und nicht zu identifizieren sind, lässt sich das Alter der Funde nicht mehr bestimmen. Als im Oktober 1910 gegenüber der Gasanstalt die Fundamentgrube für den Bau des neuen Amtsgerichtes ausgeschachtet wurde, kam ein schmaler, oben offener, mit Steinen umstellter Kanal zum Vorschein, der von Nordosten her in einen Steinhaufen, vermutlich die Füllung einer ehemaligen Senkgrube, hineinführte. Die Reste von römischen Holzbauten und die Scherben waren im westlichen Teil des Bauplatzes besonders zahlreich.

Endlich auf dem linken Ufer des Emsbaches an der Nordseite der Römerstrasse in dem Hause des Schmieds Hinterweller, dem dritten östlich der Bleichstrasse[12], sind im Jahre 1858 die Plattenbruchstücke mit der Inschrift zu Ehren des Septimius Severus und seiner Söhne, Einzelfunde IV 2, und in dem gegenüber gelegenen Hause Nr. 71 (jetzt 76) ist ein korinthisches Kapitell

[12] Hess gibt als Fundort S. 18 Römerstrasse 66 und S. 44 Römerstrasse 59 an; die Numerierung ist öfters geändert worden. Nach amtlicher Feststellung, die wir Herrn Bürgermeister Dr. Schubert verdanken, hatte das Haus bis 1892 die Nummer 87, dann 66, jetzt ist es in zwei Häuser, Nr. 68 und 69, geteilt, von denen das letztere an der Fundstelle der Inschrift steht (Grundbuch Nr. 486/178). Der frühere Eigentümer heisst Hinterweller, nicht Hinterweiler, wie im Corpus inscr. lat. (XIII 7734) gedruckt ist.

[13] Nassauische Annalen VI S. 345.

gefunden worden. Der anscheinend in der Inschrift erwähnte Bergdurchstich würde gut zu der Fundstelle an dem Fuss des steilen Abhanges passen, so dass der Bau, auf den sich die Inschrift bezieht, vielleicht ein kleines Heiligtum, hier zu vermuten wäre. Auf die tatsächlich an dieser Stelle durchgebrochene Strasse kommen wir unten in Abschnitt 4 zurück (S. 16 [hier S. 416]).

Der Hauptbegräbnisplatz lag östlich vom Lagerdorf am Fuss des Abhanges, da, wo jetzt die Römerstrasse sich hinzieht. Auf die häufige Entdeckung römischer Gräber in ihrem Zuge wurde bereits oben S. 2 [hier S. 397] hingewiesen. Nach Hess (S. 17) erstreckten sich die Gräber vom Fürstenhofe (Römerstrasse 47) an aufwärts bis in die Nähe der herrschaftlichen Gebäude (Kurhaus und Umgebung). Beim Fürstenhofe wurden im Jahre 1854 drei schöne, mit blauen und weissen Fäden verzierte Glasgefässe gefunden. Sonst bestanden die Beigaben in Krüglein, Lämpchen, Urnen und Münzen. Präzise Angaben über Beschaffenheit und Inhalt der einzelnen Gräber fehlen. Besonders bemerkenswerte, kostbarere Funde sind in ihnen augenscheinlich nicht gemacht worden. Ihre Zahl muss sehr gross gewesen sein, wenn auch die Angabe Rossels aus dem Jahre 1859, bei sämtlichen Neubauten von Dorf-Ems bis zum „Karlsbade" (jetzt „Herzog von Leuchtenberg", Römerstrasse 40) hinauf seien Gräber an Gräber erschienen[13], in Widerspruch sieht mit der Beobachtung von Hess (S. 18), dass vom Fürstenhofe abwärts bis in die Nähe des Emsbaches nichts mehr entdeckt worden sei, und wohl übertrieben ist[14]. Noch im Jahre 1906 wurden im Keller des Rathauses und ebenso bei einer Kelleranlage im gegenüberliegenden Hause „Oranienstein" (Römerstrasse 48) Gräber gefunden (s. unten S. 16 [hier S. 416]).

Aber auch auf den anderen Seiten der Niederlassung in Dorf-Ems sind vereinzelte römische Gräber festgestellt worden. So erwähnt Hess an der westlich vom Ehrlich gelegenen Bergschlucht verschiedene Gräber, davon er eines, das einzige, das wohlerhalten war, ausführlich beschreibt[15].

---

[14] Hess erwähnt allerdings S. 19 selbst ein Grab, das 1853 im „Prinz Karl" (Coblenzerstr. 1), also auf dem rechten Ufer des Emsbachs, geöffnet worden sei. Nach seiner Beschreibung war es „aus Grauwackenschiefer aufgemauert und mit einer Schieferplatte bedeckt", 30 cm im Quadrat gross und enthielt eine 35 cm hohe doppelhenkelige Urne mit der Asche, Knochen vom Schädel und den Beinen, sowie auf der Urne ein Lämpchen. Nach diesen Angaben ist es indes zweifelhaft, ob das Grab römisch gewesen ist. Jedenfalls ist es an dieser Stelle vereinzelt.

[15] S. 21. „Hier, am Ende des Hanges, entdeckte man hinter dem alleinstehenden Hause (Linde Nr. 12) im Jahre 1888 ein römisches Grab. Es war 1,15 m lang, 1 m tief und 80 cm breit, von oben in den Lehm gegraben. Den Untergrund bildete angeschwemmter Bimssteinsand. Auf dem Boden des Grabes stand die 19 cm breite und 16 cm hohe Urne aus rötlichem Thon. Der übrige Raum war mit feinem Sand und Kalk, vermischt mit Kohlen, Asche und vielen Knochenstückchen ausgefüllt. Diese wurden von Professor Zeiteles in Wien als Knochen verschiedener Vögel bestimmt, insbesondere des Haushuhns, des Zwerghuhns, des Birkhuhns und der Waldschnepfe. Auf dieser Aufschüttung stand noch eine 21 cm breite und 10 cm hohe Schale aus terra sigillata. Das Grab war wieder mit Lehm zugedeckt, und etwas höher lagen

3. Die römische Siedelung auf dem linken Lahnufer
(Taf. I Fig. 1 und 4).

Die Beobachtungen, welche zur Annahme eines Kastells in dem Gelände an der Mündung des Braunebaches „auf der Schanz" geführt haben, wurden bereits in der Einleitung kurz erwähnt. Auch hier hat Dahm mit Mitteln der Reichs-Limeskommission Nachgrabungen vorgenommen und die Lage und Grösse eines römischen Kastells bestimmen zu können geglaubt. Seine Untersuchungen waren indes durch die dichte Bebauung des betreffenden Viertels mit Hotels und Logierhäusern sehr erschwert und konnten, da er nicht einmal zwei volle Tage darauf verwendete, nicht zu sicheren Ergebnissen führen. Seine Angaben über Lage und Grösse des Kastells[16] unterliegen in der Tat grossen Bedenken. Wir müssen indes das gesamte, in der Hauptsache auf die Beobachtungen Vogelsbergers zurückgehende Material vorlegen.

Während in den früheren Berichten immer nur von mehr oder minder starken Mauern die Rede ist, die bei dem Bau der Häuser „auf der Schanz" gefunden und ausgebrochen worden seien (S. 2 [hier S. 397]), liegen bei Hess und namentlich in einem Briefe Vogelsbergers an v. Cohausen[17] etwas genauere Nachrichten über die Reste vor, die in der Bahnhofstrasse bei der Anlage der Wasserleitung im Winter 1872/73 zum Vorschein kamen.

a) Vor dem Hause Nr. 1 „Hotel de France" war eine Mauer geschnitten worden, die schräg nach dem gegenüber gelegenen Hinterbau des Hotels Guttenberg (Mainzerstrasse 5), also nach Nordosten, zu verlaufen schien (Hess S. 16 Anm. 2).

b) Vor dem Hause Nr. 4 „Rheingau" (Göbelsches Inhalatorium) sind in Dahms Plan zwei parallele, quer zur Richtung der Strasse laufende schwache Mauern eingetragen mit der Breitenangabe 3,80 m von Aussenseite zu Aussenseite. Woher Dahm Kenntnis von diesen Mauern erhalten hat, ist aus den vorhandenen Aufzeichnungen nicht zu entnehmen. Im März 1904 sah Fabricius bei dem Besitzer des Hauses, Ingenieur Göbel, zahlreiche Scherben von später Sigillata und gewöhnlichem Geschirr mit wulstigen Randprofilen, die im Winter 1894/95 bei der Anlage eines Kanals im Eingang und im Hof des genannten Hauses gefunden worden waren (vgl. auch Hess S. 16 Anm. 1).

---

dicke Steine, die wahrscheinlich von der alten Strasse stammen und jedenfalls das Grab und die Gefässe geschützt haben, und darüber wieder Lehm." Ein anderes, von Hess S. 24 erwähntes Grab in dem Haus „Lindenhof" (Marktstrasse 9/10) ähnlicher Art wie das im „Prinz Karl" (vgl. oben Anm. 2 [hier Fußnote 14]) ist auch nach dem Inhalt, einer „terra-cotta-Schale mit Ausguss", also einer Reibschale, und dem „Eisen eines Pilums", schwerlich ein wirkliches Grab gewesen.

[16] Archäolog. Anzeiger 1895 S. 214.

[17] Vom 2. Februar 1875; der Brief, der auch einige Skizzen enthält, befindet sich bei den Akten des Nassauischen Altertumsvereins in Wiesbaden.

c) Vor den Häusern Nr. 5 „Bremer Hof“ und Nr. 6 „Vichy“, gegenüber dem zwischen beiden befindlichen Durchgange nach dem Hause „Stadt London“ (Badhausstrasse 2), sah Vogelsberger am 12. Dezember 1872 ein gerundetes Mauerstück von 2½ Fuss Stärke und 5½ m Länge, dessen hohle Seite nach dem Durchgang, also ungefähr nach Westen gerichtet war. Den „Durchmesser“ der Rundung schätzte er auf 24 Fuss. An die Aussenseite der Rundung stiess südlich in spitzem Winkel eine andere Mauer, welche die Richtung nach dem Eisenbahngebäude, also nach Süden, hatte.

d) Näher der Lahn, gegenüber der Türe des Hauses Nr. 7 „Kaiser Adolf“ notiert Hess (S. 16 Anm. 2) „Quermauern“.

e) Vogelsberger erwähnt, dass er beim Brückenbau verschiedene Mauern tief in der Erde gesehen, ihre Richtung aber nicht notiert habe. Er macht aber auch weiter darauf aufmerksam, dass der Braunebach früher offen war und an einer Mauer entlang lief, die also ungefähr die Richtung der Bahnhofstrasse gehabt haben muss.

Hierzu kommen innerhalb des Häuserquadrates die folgenden Anhaltspunkte:

f) Eine der unter c genannten ähnliche Mauerrundung ist angeblich 44 m von ihr entfernt am Westrande des Durchganges oder (nach Hess S. 16) bereits im Garten der „Stadt London“ schon früher als jene gefunden worden. Diese Notiz, die auch v. Cohausen S. 224 verwendet, geht gleichfalls auf Vogelsberger zurück, der die Rundung aber selbst nicht gesehen, sondern nur von dem damaligen Besitzer der „Stadt London“ van der Bruck davon gehört hatte. Genauere Angaben liegen darüber nicht vor[18].

g) In der Südostecke des zu dem Haus „Panorama“, Mainzerstrasse 14, gehörigen Gartens behauptet Dahm „die zum Teil ausgebrochene“ Nordwestecke des Kastells gefunden zu haben. Er zeichnet ein ca. 6 m langes Stück der Rundung und der Westseite mit dem 2,5 m langen Ansatz der Südwand eines Eckturmes.

h) In dem Garten des Hauses „Bellevue“, Badhausstrasse 3, will Dahm Reste von Pflaster und ca. 53 m von der Strasse ein ca. 3 m langes, 1,1 m starkes Mauerstück der Westseite des Kastells gefunden haben.

i) In dem Hof des Hauses „Kronprinz von Württemberg“, Alexanderstrasse 1, gibt Dahm im Abstand von 14,8 m von der Strasse ein über 3 m langes und 1,1 m starkes Mauerstück an, das er als Teil der Südseite des Kastells auffasst.

---

[18] Die Masse bei v. Cohausen, insbesondere die Angabe, dass der Radius der Rundungen auf 4,87 m geschätzt worden sei, ist, wie eine Bleistiftnotiz in dem Briefe Vogelsbergers beweist, nach dessen unter c angeführter Schätzung umgerechnet, die sich nur auf die Mauerrundung c in der Bahnhofstrasse bezieht.

k) Endlich in dem Garten desselben Hauses, 14,1 m von dem unter i angeführten Mauerstück entfernt, zeichnet Dahm drei 0,8 m starke, parallel zu jenem ziehende Mauern mit den lichten Abständen von 1,7 und 2,1 m, die nach seiner Meinung zu den Innenbauten des Kastells gehört haben.

Während nämlich v. Cohausen nur die unter c, d und f verzeichneten Reste berücksichtigt hat und danach unter allem Vorbehalt ein Kastell von 44 m Breite und 30 m Länge rekonstruierte, brachte Dahm die Stellen a, b, c, g, h, i miteinander in Verbindung und gelangte so zur Annahme eines Kastells von etwa 73 m Länge in ostwestlicher Richtung und 59 m Breite von Norden nach Süden.

Durch diese Annahme werden jedoch die aufgezählten Tatsachen und Fundumstände nicht erklärt. Insbesondere müsste man mit Dahm annehmen, dass Vogelsberger sich in der Darstellung des Befundes c geirrt habe. Vor allem erweckt aber das Ergebnis neuer Grabungen, die von dem Streckenkommissar genau beobachtet worden sind, erhebliche Bedenken. Ein annähernd 30 m langer und 1,50 m tiefer Graben, der im Jahre 1909 für den Anschluss an die Kanalisation in nordsüdlicher Richtung durch den Garten der „Stadt London" gezogen wurde und die Nordseite des von Dahm rekonstruierten Kastells hätte schneiden müssen, brachte einen römischen Brunnen und daneben römische Scherben und einen Terrakottakopf sowie ein dünnes Mäuerchen zum Vorschein, aber nicht die Kastellmauer. An der betreffenden Stelle, wo der Kastellgraben und die Mauer hätten gefunden werden müssen, fand sich vielmehr bereits in Metertiefe der unberührte Boden.

Andererseits gibt Dahm ausdrücklich an, dass die Mauer, die er an den unter h und i bezeichneten Stellen gesehen hat, 1,10 m stark und ausserordentlich sauber aus Bruchsteinen hergestellt sei, und nicht minder lässt der Befund bei c auf Bauten von erheblicher Grösse schliessen. Auch alle übrigen Funde in dieser Gegend und allgemeine Erwägungen sprechen sehr zu gunsten der Annahme, dass doch ein zweites, kleineres Kastell an dieser Stelle gelegen hat.

Die ersteren wurden bereits oben S. 2 [hier S. 397] erwähnt. Von den gestempelten Ziegeln befindet sich einer, ein Ziegel der 22. Legion, im Wiesbadener Museum (Einzelfunde VI 5). Nach den Feststellungen von Hess (S. 15 und 16 mit Anm. 1) waren es insbesondere die Häuser am oberen Teil des Platzes, „Hôtel de France" und „König von Württemberg", wo in den dreissiger Jahren „viele Mauern, römische Ziegel, Backsteine, Scherben von grossen Amphoren und Metallgegenstände" gefunden worden sind. Nach demselben Gewährsmann entdeckte man bei der Fassung der am Lahnufer (auf dem Grundstück des Römerbades) entspringenden warmen Mineralquelle eine alte römische Fassung und viele andere römische Fundstücke[19]; auch

[19] Nassauische Annalen VI S. 158.

eine römische Badeanlage mit Wasserleitung soll an der Stelle, wo das jetzige Römerbad steht, gefunden worden sein. Und bei dem Bau des neuen Badehauses auf der Westseite der Badhausstrasse kamen im Jahre 1853 viele Hypokaustplättchen und Deckplatten mit Stempeln der 22. Legion zum Vorschein. Deshalb vermutet Hess hier das zu dem Kastell gehörige römische Badegebäude. Bei den umfangreichen Abtragungen, die neuerdings westlich des Badehauses zur Herstellung einer neuen Quellenfassung ausgeführt worden sind, traten bauliche Reste allerdings nicht zutage.

Zu diesen Überresten kommen mehrere römische Ziegelöfen, die in unmittelbarer Nähe des vermutlichen Kastells entdeckt worden sind. Am besten bekannt ist ein wohlerhaltener Ofen, der im Oktober 1858 beim Bau der Lahntalbahn unter dem Eisenbahnübergang bei dem Hôtel de France entdeckt, aber wieder zugeschüttet worden ist. Ausser einem bei den Akten des Nassauischen Altertumsvereins befindlichen Grundriss mit Schnitten im Massstab von 1 : 25, die wir Taf. II Fig. 1 wiedergeben, liegt bei Hess S. 16 folgende Beschreibung von Augenzeugen vor: „Im Lichten 3 m lang, 1,35 m breit und 1 m hoch, hat er ein Schürloch von 60 cm Höhe und 45 cm Breite. In dem starken Gewölbe finden sich 15 in 3 Reihen geordnete Löcher, die von Mittel zu Mittel 45 cm von einander entfernt sind. Oben darauf lagen vier Schichten von ungebrannten Backsteinen, in je 30 cm Zwischenraum. Auch ein Schüreisen lag dabei." Hiernach stimmt der Ofen in Grösse und Form mit dem von Wolff in den Ziegeleien von Nied entdeckten Ziegelofen überein, wie Wolff selbst bereits an einem ehemals im Wiesbadener Museum befindlichen Modell erkannt hat[20]. Ganz gleiche Öfen, wie der beschriebene, wurden nach Hess beim Bau des Hauses „Alemannia" am Bahnhof (des ersten Hauses links südlich der Bahnunterführung, jetzt Braubacherstrasse 59), und des Hauses „Bellevue", Badhausstrasse 3, entdeckt. Der Besitzer dieses Hauses H. Höfer teilte dem Streckenkommissar mit, dass bei einer neueren Grabung an seinem Hause sich sehr viele römische Scherben gezeigt hätten, die freilich unbeachtet geblieben seien. Trotzdem wird man annehmen müssen, dass auch dieser Ofen zum Brennen von Ziegeln gedient hat, weil in unmittelbarer Nähe zwar mächtige Lösswände anstehen, aber für Töpferei kein geeigneter Ton gefunden wird. Das ungestempelte Ziegelmaterial der Emser Sammlung unterscheidet sich im übrigen nicht von dem gestempelten der Vindelikerkohorte aus Gross-Krotzenburg.

Auch ihren Begräbnisplatz haben die römischen Bewohner dieser Niederlassung auf dem linken Flussufer in der Nachbarschaft gehabt. Schon im Jahre 1858 sind nach Hess (S. 16) am Abhang des Wintersberges „hinter dem Garten des alten katholischen Pfarrhauses, rechts vom Wege, der zwi-

[20] Archiv für Frankfurter Geschichte und Kunst IV 1893 S. 229.

schen diesem und der Kirche nach dem Wintersberge führt, etwa 20 römische Soldatengräber aufgedeckt worden. Sie lagen in zwei Reihen von West nach Ost gerichtet, aus Grauwackenplatten zusammengestellt, 62 cm lang und 48 cm breit, und man fand darin Asche, Töpfchen, Lämpchen und Scherben." Auch im Jahre 1906, als die neue Strasse nach dem Wintersberg angelegt wurde, kam hier in dem Strasseneinschnitt ein kleiner römischer Henkelkrug zutage. Die Gräber lagen an dieser Stelle unmittelbar an dem Pfahlgraben, dessen Profil nach v. Cohausen (S. 224) in einer Lösswand hinter dem Pfarrgarten sichtbar gewesen ist.

Ausser diesen Funden, welche insgesamt auf eine militärische Siedelung hier am linken Lahnufer schliessen lassen, fallen für die Annahme des Kastells die unmittelbare Nähe des Limes und des Lahnüberganges um so mehr ins Gewicht, als von dem über 1,4 km entfernten Kastell Dorf-Ems dieser Übergang selbst und der Zug der Grenzwehr auf dem rechten Ufer nicht einmal eingesehen werden konnten. Und diese Argumente verstärken sich noch, wenn man die Strassen und Wege berücksichtigt, mit denen die Römer an beiden Stellen zu rechnen hatten.

4. Die römischen Strassen in Ems und Umgebung.

An dem Ausgange des Emsbachtales treffen mehrere, bereits in vorrömischer Zeit entstandene Wege zusammen, die von den Römern benutzt worden sind.

Für die Verbindung der Kastelle mit dem Rheintal kam vor allem die Strasse auf dem rechten Ufer der Lahn in Betracht. Sie führte in der ungefähren Richtung der heutigen Coblenzerstrasse über Fachbach und Nievern zu der Lahnmündung. Nur auf dem rechten Ufer des Flusses war ein etwas breiterer, durchgehender Weg möglich, auf der linken Seite tritt das Gebirge mehrfach so nahe an die Lahn heran, dass auch heutzutage hier keine fortlaufende Strasse besteht. Dass der Weg auf der rechten Seite, dessen Existenz in vorrömischer Zeit durch prähistorische Funde gesichert ist[21], auch von den Römern benutzt wurde, beweist der Fund eines römischen Grabes an der

[21] An ihm wurde in Ems selbst bei den „Vier Türmen" ein Grab mit einem grossen gewundenen Halsring der Latènezeit gefunden. Der gleichen Periode gehört wohl ein kleiner Topf an, der unter dem leicht nach aussen gebogenen Rand durch parallele Striche verziert ist; er wurde im Garten des Buchdruckereibesitzers Sommer (Römerstr. 95) etwa 60 m westlich des Rathauses gefunden. Diesem gegenüber im Hause „Oranienstein" (Römerstr. 48) kam mit römischen Gefässen ein kleines vorrömisches Tässchen von 4 cm Höhe und am Rand 7 cm lichter Weite zutage. Beim Bau der jetzigen Lahntalstrasse sind dem Örtchen Miellen gegenüber zwei vorrömische Mahlsteine (sog. Bonapartshüte) gefunden worden (Nass. Annalen III S. 222).

Neverner Schleuse[22]. Nicht minder hat er in frühmittelalterlicher Zeit die Hauptverbindung mit dem Rheintal gebildet[23].

Von der Lahntalstrasse zweigt bei Fachbach ein gleichfalls vorrömischer Weg rechts ab, der über Fachbach an dem ausgegangenen Höhrer Hof vorbei nach Arzheim und Ehrenbreitstein führt[24]. Für die Römer war dieser Weg besonders wichtig, weil er die nächste Verbindung mit Coblenz und dem Kastell Niederberg bildet. An ihm liegen zwischen dem Höhrer Hof und Arzheim mehrere römische Gehöfte.

Auch durch das Emsbachtal zieht ein alter Weg, der von dem Lahntalweg in Dorf-Ems selbst abgegangen sein muss. Er führt in der Richtung der Marktstrasse westlich am Kastell vorüber. Auf beiden Seiten ist sein Zug von vorrömischen Gräbern begleitet[25]. Weiterhin lässt er das Kastell Arzbach-Augst rechts liegen und erreicht über Kadenbach auf der Höhe bei dem von Soldan entdeckten grossen Neuhäuseler Hallstattdorf[26] die alte Strasse von Ehrenbreitstein über Montabaur nach dem Limburger Becken. Für die Römer bildete der Weg durch das Emsbachtal die direkte Verbindung der Kastelle Dorf-Ems und Arzbach-Augst[27].

Der vierte, ebenfalls bereits vorrömische Weg, der von Dorf-Ems ausgeht, ist der „Kemmenauer Kirchweg". In der Nähe des Osttores des Kastells überschreitet er den Emsbach, ersteigt, jetzt in einer Schleife, die Höhe und zieht am Südabhange der Hohen Bahn (S. 1 [hier S. 396]) durch die Feld- und Walddistrikte „Trümmer" und „Trümmerborn" an den Limes[28]. Römische

---

22 Periodische Blätter 1853/54, 4 S. 19.

23 Am Westausgange von Dorf-Ems liegt an der Coblenzerstrasse ein ausgedehntes fränkisches Gräberfeld (vgl. Hess S. 51 f.). Als es im Jahre 1840 zum ersten Male angeschnitten wurde, fand man in den Gräbern fünf römische Bronzemünzen aus der späteren römischen Kaiserzeit (Nass. Annalen III S. 217 und dazu Hess S. 52 Anm. 1). Aus einem im Jahre 1878 entdeckten Grab erwähnt Hess S. 53 einen Silberdenar des Septimius Severus. Eine Anzahl Fundstücke aus diesem Gräberfeld befindet sich in der Emser Sammlung.

24 Am Höhrer Hof liegen Grabhügel und zeigen sich Spuren vorrömischer Besiedelung. Ein von dort stammendes Steinbeil erwähnt Hess S. 9.

25 Die von hier stammenden Gefässe in der städtischen Sammlung und in der „Altdeutschen Weinstube" (Römerstrasse 41) in Ems gehören der frühen Hallstatt- oder jüngeren Bronzezeit an. Ein wohlerhaltener kleiner Hallstattbecher fand sich auch im Kastell unter der römischen Schicht. Im Jahre 1906 wurde bei der Kanalisation noch ein hübsches durchlochtes Steinbeil in der Marktstrasse gefunden.

26 Nassauische Annalen XXXII S. 145 ff.

27 Am Nordende von Dorf-Ems, da, wo die heutige Landstrasse in starker Biegung nach Osten den Emsbach überschreitet, liegen westlich von ihr in der hohen Böschung des Bachbettes alte Baumstämme, die infolge der jüngsten Überschwemmung zutage traten und wohl Reste einer ehemaligen Holzbrücke sind. Ob sie aus römischer Zeit stammen, lässt sich natürlich nicht sagen, aber sie bezeichnen doch den früheren geradlinigen Lauf der Strasse.

28 Da, wo der Weg in dem letztgenannten Distrikt an den Wald stösst, und bei dem Turm Nr. 92 (s. S. 1 [hier S. 396]) liegen verschiedene Grabhügel. Die Bedeutung des Distriktsnamens „Trümmer", der auch sonst vorkommt („Trümmerchen" in Niederwalmenach und Patersberg), ist unklar. In Franken sind „Trümmer" Ackerbruchstücke ausserhalb der Gewanngrenzen, Endstücke; vgl. auch Kluge, Etymologisches Wörterbuch der deutschen Sprache, unter „Trumm".

Funde sind bis jetzt an diesem Wege nicht gemacht worden, er war aber naturgemäss die nächste und bequemste Verbindung des Kastells mit den auf der Höhe gelegenen Wachtstationen auf der Nordseite des Lahntales.

Auch mit dem am Abhange gelegenen Abschnitte der Grenzwehr und dem Limesübergang über die Lahn muss Kastell Ems in direkter Verbindung gestanden haben. Die durchgehende Hauptverkehrsstrasse, von der oben die Rede war, wird kaum den starken Winkel gemacht haben, den heute die Römer- und die Coblenzerstrasse miteinander bilden. In dem Zuge der letzteren liegt ja auch die Ruine des Bades (S. 8 [hier S. 405]), und, um zwischen dem Kastell und dem Bade hindurchzugehen, hätte die Strasse sogar noch stärker nach Norden ausbiegen müssen. Sie wird also im Westen der Niederlassung von der Coblenzerstrasse sich getrennt, an der Elementarschule vorüber (vgl. S. 10 [hier S. 407]) geführt haben und erst weiter östlich in die Richtung der Römerstrasse eingemündet sein. Dazu stimmt auch die Beobachtung von Hess (S. 18, vgl. oben S. 11 [hier S. 408]), dass an der Römerstrasse vom „Fürstenhofe" (Nr. 47) an bis in die Nähe des Emsbaches nichts mehr entdeckt worden sei, während aufwärts an ihr überall Gräber lagen. In den Gräbern, die dicht neben dem Fusssteig auf der Nordseite der Römerstrasse im Februar 1906 bei der Ausschachtung eines Kellers im Hause „Oranienstein" (Römerstrasse 48), dem Nachbarhause des „Fürstenhofes", entdeckt wurden, standen die Gefässe nur 40 cm unter dem jetzigen Strassenniveau, und in zwei Meter Abstand vom Rande des Fusssteiges nach Norden lag der gewachsene Boden schon 30 cm höher als die Strasse. Der römische Weg führte also hier dicht am Bergfusse entlang, der erst in der Neuzeit bei dem Häuserbau abgegraben worden ist[29]. Östlich von dieser Stelle fällt die römische mit der heutigen Römerstrasse zusammen. Die Reste einer alten, aus grossen Bruchsteinen ohne Mörtel aufgesetzten Mauer, die nach Hess (S. 17) hier in der Strassenrichtung wiederholt angetroffen worden ist, mögen von Schutzbauten der Strasse gegen den Fluss herrühren.

Ausserhalb des Limes, wo die Bäderlei unmittelbar an die Lahn herantritt, war im Tal für die Fortsetzung des Weges kein Platz. Er muss entweder wie die heutige Strasse nach Dausenau über die Höhe oder auf das linke Ufer hinüber gegangen sein.

Von dem Osttor des Kastells hat dann aber eine Strasse unter dem Hang hin zu der Hauptstrasse geführt. Sie wurde bei dem Bau des Hauses Römerstrasse 70 (Kemmerer), dem zweiten Hause auf der Nordseite der Strasse von der Ecke der Bleichstrasse, gefunden und dem Streckenkommissar von Vogelsberger gezeigt. Der Strassenkörper besteht aus einer 30 cm starken, mit Kies überdeckten Schotterung, und sein südlicher Rand liegt hier 4 m von der

[29] Das mit den römischen hier gefundene vorrömische Gefäss (S. 15 Anm. 1 [hier Fußnote 21]) lehrt, dass auch in vorrömischer Zeit der Lauf der Strasse derselbe war.

Nordseite der heutigen Römerstrasse entfernt. Es ist unmittelbar neben der Stelle, wo die Inschrift Einzelfunde IV 2 gefunden wurde (S. 10 [hier S. 408]), die sich möglicherweise auf den Bau dieser Strasse bezieht.

Auch auf der linken Seite der Lahn hat wenigstens streckenweise ein Talweg bestanden, als die Römer die Niederlassung an der Mündung des Braunebaches gründeten[30]. Seine Benutzung durch die Römer ist indes nur ganz im Osten durch die zwischen dem Bach und dem Limes gefundenen Gräber (S. 14 [hier S. 413]) gesichert. Nach ihrer Lage ist anzunehmen, dass sich hier auf dem linken Ufer der Lahn die Fortsetzung des Talweges ins Ausland befand und dass der Strassenübergang über die Lahn an der Stelle der jetzigen Bogenbrücke lag, da, wo auch der Limes über den Fluss setzte.

Von dieser Stelle nimmt der ebenfalls wieder vorrömische Weg seinen Anfang, der durch das Braunebachtal über die Höhe am Lahnsteiner Forsthaus vorbei nach Braubach am Rhein zieht[31]. In römischer Zeit wurden mehrere Gehöfte neben ihm angelegt. Auf der Höhe südwestlich vom Lahnsteiner Forsthaus fällt der Weg mit der „alten Nassauer Landstrasse" zusammen, einem von vorrömischen Grabhügeln begleiteten Weg, der von Oberlahnstein nach Nassau zieht. Auch an diesem Wege liegt gegen Oberlahnstein zu ein römisches Gehöfte.

Das Vorhandensein dieser Wege hat sichtlich den Zug der Grenzwehr und die Wahl der Übergangsstelle über den Fluss sowie die Lage des vermuteten Kastells an der Braunebachmündung beeinflusst, wie die Wege auf dem rechten Ufer der Lahn den Platz für das Hauptkastell in erster Linie bestimmt haben. Denn für die Verteidigung gegen feindliche Angriffe lag das Kastell Dorf-Ems so ungünstig wie nur möglich. Konnte es doch von dem überragenden Abhange des Klopps aus bereits in geringer Entfernung vollständig eingesehen werden. Bei seiner Anlage stand also die Rücksicht auf den Verkehr in Friedenszeit, nicht das rein militärische Interesse im Vordergrund.

5. Zur Geschichte des Kastells.

Die wenn auch nicht sehr zahlreichen Überreste aus den verschiedenen Perioden der vorrömischen Zeit beweisen, dass Ems lange vor der Ankunft der Römer besiedelt war, besonders in der Hallstattzeit, die hier wie in der ganzen Gegend die meisten Spuren zurückgelassen hat. Zur Bestätigung der an sich schon wahrscheinlichen Annahme, dass die Römer den Ort nicht

---

[30] An einem Feldweg im Distrikt Maracker hinter der Kaserne der Emserhütte sind in einem Grundstück des Lehrers Herbst Hallstattgräber gefunden worden (Nass. Mitteilungen 1905/06 S. 125). Ebenfalls der Hallstattzeit angehörige Gefässe aus Gräbern im Gebiete des Tonwerkes Friedrichssegen unterhalb Ems befinden sich in der Oberlahnsteiner Sammlung.

[31] An ihm liegen im Distrikt „Preussisch Verhau" mehrere Grabhügel, und beim Eingang in Braubach ist die Strasse von vorrömischen Gräbern begleitet.

unbewohnt angetroffen haben, kann insbesondere der freilich vereinzelte Fund der Latènezeit (S. 15 Anm. 1 [hier Fußnote 21]) dienen.

Einen sicheren chronologischen Anhaltspunkt für die römische Zeit bildet die Erbauung des Badegebäudes. Die Verwendung von Namenstempeln der 22. Legion zeigt, dass das Bad in Dorf-Ems im ersten Drittel des 11. Jahrhunderts, am Ende der Regierung Traians oder im Anfange der Hadrians, errichtet worden sein muss. Es ist also zu derselben Zeit entstanden wie das Bad des Erdkastells Marienfels[32]. Mit diesem Platz stimmt das Kastell Dorf-Ems auch in der Lage überein, insofern es ebenso weit vom Limesübergang über die Lahn entfernt ist wie jenes von der Übergangsstelle über den Mühlbach.

Das Bad hat alsdann gegen Ende des II. oder im Anfange des III. Jahrhunderts, wie die Ziegel der Vindelikerkohorte beweisen, grössere Ausbesserungen erfahren. Die gleichen Typen in Arzbach und Niederberg[33] deuten darauf hin, dass in dieser Zeit hier grössere Um- oder Neubauten ausgeführt worden sind, zu denen Material von Gross-Krotzenburg bezogen wurde.

Für die Bestimmung der Erbauungszeit des Steinkastells gewähren die Fundstücke keinen sicheren Anhalt. Da es für eine Kohorte entschieden zu klein, für ein blosses Detachement zu gross ist, so wird es für einen Numerus erbaut worden sein und gehört hiernach frühestens der Zeit Hadrians an. Die Eigentümlichkeit, dass einem Tor die sonst üblichen Türme fehlen, teilt es mit dem II. Steinkastell der Kapersburg, das erst im III. Jahrhundert erbaut worden ist[34]. Andererseits ist anzunehmen, dass gleichzeitig mit der Erbauung des benachbarten Numeruskastells Arzbach-Augst auch Dorf-Ems steinerne Mauern und massive Innenbauten erhalten hat.

Vorher muss aber ein Erdwerk an seiner Stelle gestanden haben. Die baulichen Reste dieser ersten Periode, die bis jetzt nachgewiesen werden konnten, sind freilich gering (vgl. S. 8 [hier S. 405]), aber die verschiedenen frühen Scherben, auf die in dem Abschnitt über die Einzelfunde besonders hingewiesen werden wird, zeigen in ihrer Gesamtheit, dass die Römer bereits um die Wende des I. und II. Jahrhunderts, noch unter Domitian oder im Anfange der Regierung Traians, in Dorf-Ems festen Fuss gefasst haben. Auch die verhältnismässig grosse Anzahl der Stücke der Flavier und Traians unter den sicher beglaubigten Münzen bestätigt diese Annahme. Das Kastell wird also als Erdwerk gleichzeitig mit dem Erdkastell Marienfels und dem Kastell Niederberg errichtet worden sein. Es gehört hiernach zu den frühesten Anlagen der rheinischen Limesstrecke und war wohl dazu bestimmt, das Lahntal und das Emsbachtal zu sperren. Ob auch die Befestigung an der Mündung des Braunebaches in so frühe Zeit fällt, muss dahingestellt bleiben.

---

[32] Nr. 5 a Kastell Marienfels S. 7.

[33] Nr. 2 a Kastell Niederberg S. 20 und Nr. 3 Kastell Arzbach-Augst S. 8.

[34] Nr. 12 Kastell Kapersburg S. 9 f. und S. 19.

Die warmen Quellen sind von den Römern nicht unbeachtet geblieben (vgl. S. 13 [hier S. 411]), aber dass sie einen grösseren Gebrauch davon gemacht hätten, ist mehr als zweifelhaft. Wäre es geschehen, so müssten auf dem so vielfach durchwühlten Gräberfeld andere und bedeutendere Funde zum Vorschein gekommen sein. Das Inventar der Gräber unterscheidet sich indes keineswegs von dem der Soldaten- und Canabenses-Gräber anderer kleinerer Limeskastelle.

Die späten Krüge und Töpfe sowie die Bruchstücke später Teller, die im Bering des Kastells gefunden worden sind, zeigen, dass Dorf-Ems bis zur Aufgabe des Limes in der Mitte des III. Jahrhunderts bestanden hat.

Die Besatzung wird in der ersten Periode eine Vexillatio der Räterkohorte von Niederberg, das nur zwei Stunden von Dorf-Ems entfernt ist (vgl. S. 15 [hier S. 414]), gebildet haben. Später, seit der Errichtung des Steinkastells, hat ein eigener Numerus in Dorf-Ems gestanden. Denn in dem Centurionen der 5. Legion, der im Bad der Fortuna einen Altar oder ein Standbild gewidmet hat, müssen wir doch wohl den Präpositus der im Kastell liegenden Truppe selbst erblicken. Er wird wie der Befehlshaber von Arzbach-Augst dem Kohortenpräfekten von Niederberg untergeordnet gewesen sein. Weitere Zeugnisse über alle diese Dinge liegen indes vorerst nicht vor.

Nach dem Zusammenbruche der Römerherrschaft im Limesgebiet kann der Platz nicht lange unbewohnt geblieben sein. Das Gräberfeld am Westausgange von Dorf-Ems (S. 15 Anm. 3 [hier Fußnote 23]) gehört der Merowingerzeit an, und die in der Umgebung der Kirche entdeckten karolingerzeitlichen Gräber (S. 7 Anm. 1 [hier Fußnote 10]) zeigen, dass schon früh über dem ehemaligen Prätorium sich eine christliche Kirche erhob. Auch der Zug der vorrömischen und römischen Wege, die in Dorf-Ems zusammentrafen, hat sich mit geringer Verschiebung erhalten: die Coblenzer- und die Marktstrasse sind noch jetzt die Hauptstrassen von Dorf-Ems, so dass hier der Zusammenhang zwischen alter und neuer Zeit ganz besonders deutlich ist.

Einzelfunde.

Von den zahlreichen Funden römischer Waffen und Münzen, von denen die balneologische Literatur des 18. und des beginnenden 19. Jahrhunderts zu berichten weiss (vgl. oben S. 2 [hier S. 397]), ist nichts auf uns gekommen; sie sind alle zugrunde gegangen oder verschollen. Erst seit dem Jahre 1830 etwa, nachdem der neugegründete Verein für Nassauische Altertumskunde seine Tätigkeit begonnen, wurden die in Ems und Umgebung zutage tretenden Altertümer meist in dessen Sammlung in Wiesbaden geborgen. Manches erwarb auch der Weilburger Professor Dr. Guido Sandberger, aus dessen Nachlass das meiste, namentlich die zahlreichen Münzen und die Töpferware, im Jahre 1851 ebenfalls in den Besitz des Nassauischen Landesmuseums übergegangen ist (vgl. Period. Blätter der Geschichts- und Alterthums-Vereine zu Kassel, Darmstadt und Wiesbaden 1854 Nr. 1 S. 11). Ein sorgfältiger, mit Zeichnungen ausgestatteter handschriftlicher Katalog Sandbergers, der sich bei den Akten des Museums befindet, gestattet wenigstens teilweise noch die Identifizierung der einzelnen Stücke.

Vom Anfang der 50er Jahre an gelangten die meisten neuen Funde in die Privatsammlung, die der Emser Bürger A. Vogelsberger dort angelegt hatte. Wertvollere Gegenstände wurden freilich später von ihm verkauft, so an Joseph Zervas in Cöln und an das Lyceum Hosianum in Braunsberg in Ostpreussen. Wieviel er ausserdem an Kurfremde veräussert hat, lässt sich nicht feststellen. Inschriften, namentlich Töpferstempel, die in Vogelsbergers Besitze waren, sind von Rossel, Nass. Annalen VI S. 346 f und von Hess in dem S. 2 [hier Fußnote 1] erwähnten Programm flüchtig publiziert, dann auch von Zangemeister und Bohn für Band XIII des Corpus inscriptionum latinarum neu aufgenommen worden. Ein Heft mit Zeichnungen von Gefässen aus Ems, die Vogelsberger selbst angefertigt hat, befindet sich im Besitze der Reichs-Limeskommission. Was von der Sammlung im Jahre 1906 noch übrig war, ging mit der „Altdeutschen Weinstube" an Dr. Lang über. Die römischen Altertümer wurden im Jahre 1907 von der Stadt Ems erworben und der neugegründeten „Ortsgeschichtlichen Sammlung" einverleibt, die zurzeit in einem von der Kurkommission gemieteten Gebäude neben dem Kurhause untergebracht ist. Hierhin kamen auch die Funde, die bei den Grabungen der Reichs-Limeskommission und sonst gelegentlich in den letzten Jahren gemacht wurden. Ausserdem befinden sich eine Anzahl römischer Gefässe im Besitze des Sanitätsrats Vogler und eine Lampe beim Buchhändler Kirchberger in Ems; sonst ist dort in Privatbesitz nichts mehr vorhanden.

Die Grundlage für die nachstehende Beschreibung hat vor allem der Streckenkommissar Professor Dr. Bodewig gelegt. Dazu haben Dr. Franz Oelmann, Assistent am Akademischen Kunstmuseum in Bonn, und Professor Dr. Fr. Leonhard in Freiburg mancherlei Beiträge geliefert. Wertvolle Mitteilungen werden endlich Professor Dr. Ritterling in Wiesbaden verdankt.

Soweit im folgenden nichts anderes bemerkt wird, ist der Aufbewahrungsort der Funde die Ortsgeschichtliche Sammlung in Ems.

I. Münzen.

Die erste bestimmtere Nachricht über in Ems gefundene römische Münzen findet sich im Erwerbungsbericht der Altertumssammlung des Vereins für Nassauische Altertumskunde vom Jahre 1842 (Nass. Annalen III 2 S. 217 und 221), wo drei sehr verschliffene Grosserze des Hadrian, Antoninus Pius und Marc Aurel sowie „5 durch den Aerugo fast unkenntliche Münzen in Kleinerz aus der späteren Kaiserzeit" (vgl. oben S. 9 [hier S. 406] und S. 15 Anm. 3 [hier Fußnote 23]) aufgeführt sind. Einige Jahre später heisst es in den Periodischen Blättern der Geschichts- und Alterthums-Vereine zu Kassel, Darmstadt und Wiesbaden 1853 Nr. 4 S. 19 „Herr Hausverwalter Hasslacher in Ems verehrte eine schöne Suite dort gefundener römischer Münzen, 30 an der Zahl, von Kaiser Domitian bis auf Valens d. h. vom Jahre 81 - 376 n. Chr.“. Weitere Schenkungen sind Per. Bl. 1854 Nr. 1 S.10 f. und 1858 Nr. 5 S. 108 (aus einem Keller unter dem Hause Coblenzerstrasse 23, s. o. S. 9 [hier S. 406]) erwähnt. Vor allem aber war eine grosse Zahl angeblich aus Ems stammender Münzen, über 140 Stück, schon im Jahre 1851 durch den Ankauf der Sandbergerschen Münzsammlung in das Wiesbadener Museum gelangt (vgl. Nass. Annalen XXVIII S. 190, wo die Angabe, dass der Katalog verloren zu sein scheine, zu berichtigen ist). Was sich dort im Jahre 1895 an Münzen mit der Herkunftsangabe „Ems“ befand, ist von Hess S. 32 f., meist unter Beifügung der Nummern bei Cohen zusammengestellt. Es sind 118 Stück, die sich auf die Zeit von Augustus bis Valentinian II. verteilen.

Auch in Ems selber sind zahlreiche Münzen von privaten Sammlern zusammengebracht worden und dort verblieben. Davon sind die Sammlung der Familie Vogler (40 Stück, von Augustus bis Theodosius) sowie die des Premierleutnants Panthel (10 Stück, von Augustus bis Constantin) in die Ortsgeschichtliche Sammlung in Ems übergegangen[35]. Unter diesen Münzen sind, wie unter den in Wiesbaden befindlichen, so viele Stücke aus der Zeit nach Aufgabe des Limes, dass die Emser Herkunft namentlich der späten Stücke ernstlich in Zweifel gezogen werden muss. Auch lässt das Fehlen der Patina bei den meisten späten Münzen darauf schliessen, dass sie lange Zeit im Wasser gelegen haben. Wenn man dazu beachtet, dass infolge von Funden bei den Rheinübergängen und bei den Ausbaggerungen an der römischen Moselbrücke in Coblenz die ganze Gegend mit späten Münzen überschwemmt wurde, so wird man in der Annahme kaum fehlgehen, dass die Emser Sammler vielfach solche Münzen als einheimische Funde erworben haben. Als historisches Material sind daher diese Münzen nicht oder nur mit grösster Vorsicht zu verwenden. Wir stellen sie unten nach den Angaben von Hess in einem besonderen Verzeichnis B zusammen, indem wir uns in der Regel mit Verweisen auf Cohen, Médailles impériales begnügen.

Mehr Gewähr hat die Fundangabe Ems bei einer Sammlung römischer Münzen, die A. Vogelsberger angelegt hatte, und über deren Verbleib nichts bekannt ist. Vogelsberger hielt die in Ems gefundenen Münzen von anderen streng getrennt, auch befindet sich kein Stück darunter, das über die Zeit des Limes hinausgeht. Es sind 32 Stück, die vom Ende der Republik bis auf Philippus reichen. Sie sind von Hess S. 37 ff. beschrieben. Ein summarisches Verzeichnis von der Hand Vogelsbergers, das einige Ergänzungen und Berichtigungen enthält, befindet sich unter den Akten des Nassauischen Altertumsvereins.

---

[35] Beschrieben von Hess S. 31 ff. und S. 39 f.

Schliesslich ist in der Emser Sammlung eine Anzahl Münzen, die erst seit deren Bestehen einzeln hineingekommen und sicher in Ems gefunden sind. Sie sind zusammen mit den Münzen Vogelsbergers und drei im Jahre 1902 durch Schenkung des Regierungs- und Baurates Angelroth in das Wiesbadener Museum gelangten Münzen sicherer Herkunft, deren Beschreibung wir Ritterling verdanken, in dem Verzeichnis A aufgeführt.

A. Funde gesicherter Herkunft.

1. Republik: Denar. *Brocch[i] III vir,* Kopf der Ceres nach rechts, dahinter eine Ähre; Rv. *L Furi Cn f,* kurulischer Stuhl zwischen Fasces. Babelon, Monn. de la Républ. romaine I S. 528, 23. Vogelsberger (Vb).

2. M. Antonius: Denar. *Ant aug III vir r p c,* Galeere; Rv. *leg XV,* Legionsadler zwischen zwei Feldzeichen. Cohen 47. Vb.

3. C. Caesar und Augustus: Mittelerz, Prägung von Lyon. *Imp Divi f,* Kopf des Augustus und des C. Caesar. Rücken an Rücken; Rv. ohne Schrift, Schiffsvorderteil. Cohen 1. Gef. im Jahre 1872 in der Bahnhofstrasse, Vb.

4. Nero: Kleinerz. Büste nach rechts, abgeschliffen. Gef. im Jahre 1906 bei der Kanalisation, gegenwärtig nicht aufzufinden.

5. Vespasian: a) Mittelerz vom Jahre 70. *Imp Caes Vespasianus Aug p m tr p cos II,* Kopf mit Lorbeerkranz; Rv. *Provide* im Abschnitt, Tempel. Nicht bei Cohen. Gef. in der Hintergasse auf einer Brandstätte im Lehm, Vb. b) Mittelerz. [*Imp Caes*]*ar Vesp*[*asian . . . .*, Kopf nach rechts. Gef. in der Marktstrasse.

6. Titus: Grosserz vom Jahre 72 oder 73. *Imp T Caes Vesp Aug p m tr p c II*; Kopf mit Lorbeerkranz ; Rv. *Judaea capta*, im Abschnitt *s c*, Palmbaum, darunter sitzt rechts eine trauernde Frau, links steht, nach ihr hinblickend, ein gefesselter Krieger, dessen Waffen am Boden liegen. Nicht bei Cohen. Vb.

7. Domitian: a) Grosserz vom Jahre 82. Angeblich *Imp Caes Divi Imp Vespasian f Aug p m,* Kopf mit Lorbeerkranz; Rv. *cos VIII des VIIII,* Pallas mit dem Schild, *s c,* Wohl Cohen 586 oder 588. Vb. - b) Mittelerz. [*Imp Caes Domit*] *Aug Germ c*[*os. . . .*, Kopf mit Lorbeerkranz nach rechts; Rv. *Moneta Augusti s c,* Moneta stehend nach links mit Wage und Füllhorn. Nicht bei Cohen. Gef. bei Fassung der Kränchenquelle.

8. Nerva: Mittelerz vom Jahre 97. *Imp Nerva Caes Aug p m tr p II cos III p p,* Kopf mit Lorbeerkranz (nach rechts); Rv. *Fortuna August,* Fortuna (nach links stehend) mit Steuerruder und Füllhorn. Cohen 71. Vb.

9. I. Jahrhundert: Verschliffenes Kleinerz, Rv. Weibliche Gestalt über einem Altar spendend. Gef. bei Fassung der Kränchenquelle, jetzt nicht aufzufinden.

10. Traian: a) Denar vom Jahre 100. *Imp Caes Nerva Traian Germ,* Kopf des Kaisers; Rv. *p m tr p cos III p p,* „sitzende Fortuna im Opferkranz“. Wohl Cohen 219. Vb. - b) Grosserz. *Imp Caes* [. . . . . .] *Aug Ge*[*r. . . . . .*, Kopf mit

Lorbeerkranz nach rechts; Rv. [. . . . . .] *s* [*c*], Victoria stehend nach rechts, ein Tropaion schmückend. Gef. in der Bachstrasse. - c-d) Zwei abgegriffene Grosserze. Gef. im Jahre 1872 beim Legen der Wasserleitungsrohre vor dem Hause Römerstrasse 17, Vb. e-f) Zwei abgegriffene Grosserze. Gef. im Jahre 1872 in Dorf-Ems, Vb. - g) Grosserz. Gef. in der Nähe des Coblenzer Forsthauses, wahrscheinlich durch Feldbau verschleppt, Vb. - h) Mittelerz aus dem Jahre 116 (?). *Imp Caes Ner Traiano optimo Aug Ger D*[*ac Parthico p m tr p cos VI p p*], Kopf des Kaisers; Rv. *sen*[*atus*] *populusque Romanus* [*s c*], Krieger (Traian ?) zwischen zwei Feldzeichen. Wohl Cohen 356. Gef. im Jahre 1866 in der Bachstrasse, Vb. - i) Mittelerz. Gef. bei den Reichsgrabungen im Kastell.

11. Hadrian: a) Denar. *Hadrianus Aug cos III p* [*p*], Kopf des Kaisers; Rv. *Germania* stehende Germania mit Schild und Lanze. Typus Cohen 802-807. Vb. - b) Abgeschliffener Denar. Vb. - c-d) Zwei Grosserze. Vb. - c) Mittelerz. *Hadrianus Augustus*, Büste mit Lorbeerkranz nach rechts; Rv. *cos* [*III*] *s c*, Pallas stehend nach rechts mit ? und Schild. Cohen 298.

12. Sabina: a) Grosserz. [*Sabina Augusta Hadriani Aug p p*], Büste mit Diadem nach rechts; Rv. *V*[*esta*] *s* [*c*], Vesta sitzend nach links mit Palladium und Scepter. Cohen 82. - b) Gross- oder Mittelerz. [*Sabi*]*na* [*A*]*ugusta Hadriani Aug* [*p p*], Kopf verschliffen; Rv. „Göttin Salus *s c*". Wohl Typus Cohen 65-68. Gef. in der Bachstrasse, Vb.

13. Antonius Pius: a) Grosserz aus den Jahren 140-143. [*Antoni*]*nus Aug Pi*[*us p p tr p cos III*], Kopf mit Lorbeerkranz nach rechts; Rv. [*Salus Aug*] *s c*, Salus stehend nach links mit Ruder auf einer Kugel, eine um einen Altar geringelte Schlange fütternd. Cohen 715. - b) Mittelerz aus dem Jahre 139. *Antoninus Aug Pius p p*, Kopf mit Lorbeerkranz nach rechts; Rv. *For*[*tuna Augusti*] *cos II s c*, Fortuna stehend nach links mit Ruder und Füllhorn. Cohen 382. Gef. im Jahre 1907 in der Bachstrasse. - c) Mittelerz. *Antoninus Aug Pius p p*, Kopf mit Strahlenkrone nach rechts; Rv. [. . . . . .] *s c*, stehende Figur. Gef. im Jahre 1900/1 „bei der Quelle zu Ems". Museum Wiesbaden, Neues Inv. 860. - d) Mittelerz aus den Jahren 140-143. [*Antoni*]*nus Aug Pius p p*, Kopf des Kaisers; Rv. *tr pot cos III s c*, Spes mit der Granatblüte. Cohen 901 oder 902. Vb. - e) Mittelerz. Antonin mit Krone; Rv. [. . . . . .] *s c*, Spes, in der Rechten eine Granatblüte haltend. Etwa Cohen 901-903. Vb. - f) Verschliffenes Mittelerz. Kopf mit Lorbeerkranz; Rv. „zwei verschlungene Hände". Wohl Cohen 134. Vb. - g) Kleinerz aus den Jahren 140-143. *Antoninus Aug Pius p p tr p cos III*, Kopf mit Lorbeerkranz; Rv. „Jupiter mit Kranz und Blitz vor einem Altar". Vb. - h-k) Drei weitere Erzmünzen. Vb.

14. Faustina I: a) Denar. *Diva Faustina*, Kopf mit Perlendiadem; Rv. *Augusta*, „die Salusin, hält in der Linken den Schlangenstab, die Rechte opfernd über einen Altar". Vielleicht Cohen 116. Gef. am nordwestlichen Abhang des Malberges im Steingeröll, Emser Privatbesitz. - b) Gross- oder Mittelerz (nach Vogelsbergers Verzeichnis). *Diva Faustina*, Kopf mit

Perlendiadem; Rv. *s c*, „Pax, hält in der Linken den Merkurstab, in der Rechten eine Fackel". Etwa Cohen 268 oder 269. Vb. - c) Mittelerz. *Diva Augusta Faustina*, Büste mit Diadem nach rechts; Rv. *Piet Aug* [*s c*], brennender Altar. Cohen 256. Gef. im Jahre 1900/1 „bei der Quelle zu Ems". Museum Wiesbaden, Neues Inv. 861. - d -f) Drei Erzmünzen. *Diva Faustina*. Davon zwei gef. Coblenzerstrasse 4, Vb.

15. Marc Aurel: Mittelerz aus dem Jahre 149. *Aurelius Caesar Aug* [*Pii fil*], Kopf des Kaisers; Rv. *tr pot III cos II s c*, „Felicitas mit Scepter". Etwa Typus Cohen 628. Vb.

16. Faustina II: Grosserz. *Faustina Augusta*, Büste nach rechts; Rv. *Hilaritas s c*, Hilaritas stehend nach links mit Palmzweig und Füllhorn. Cohen 112. Gef. in der Marktstrasse.

17. Lucilla: Grosserz. [*Lucillae*] *Au*[*g*] *Anton*[*ini Aug f*], Büste nach rechts; Rv. [*Vesta*] *s c*, Vesta rechts neben einem Altar mit Simpulum und Palladium nach links stehend. Cohen 95. Gef. im Jahre 1906 bei der Kanalisation.

18. Commodus: a) Grosserz. Kopf mit Lorbeerkranz nach rechts; Rv. [. . . . . .] *s c*, Victoria mit Guirlande nach links schreitend. - b) Grosserz vom Jahre 192. *L Ael Aurel Commodus Aug P Fel*, Kopf mit Lorbeerkranz; Rv. *p m tr p XVII imp* [. . ., Kaiser und Kaiserin sich die Hand reichend, zwischen ihnen ein Stern. Vb. - c-d) Zwei weitere Erzmünzen. Vb.

19. Septimius Severus: a) Denar aus den Jahren 198-201. *Severus Aug Part max*, Kopf mit Lorbeerkranz nach rechts; Rv. *restitutor urbis*, der Kaiser mit Lanze nach links stehend, auf einen Dreifuss spendend. Cohen 599 (Büste). - b) Grosserz vom Jahre 194. *Imp Caes L Sept Sev Aug cos II*, Kopf des Kaisers; Rv. „*Victa L*", wohl *Vict Au*[*g*] oder *Vict ae*[*terna*, Victoria mit Kranz und Palmzweigen. Vb.

20. Caracalla: Denar aus dem Jahre 196. *M Aur Anton*[*inus Caes*], jugendliche Büste nach rechts; Rv. *Se*[*veri Aug P*]*ii fil*, Opfergerät. Cohen 587. Gef. im Jahre 1907 in der Marktstrasse.

21. Julia Maesa: Denar. *Julia Maesa Aug*, Büste nach rechts; Rv. *Pudicitia*, Pudicitia mit Scepter nach links sitzend. Cohen 43. Gef. im Distrikt Hallgarten.

22. Severus Alexander: a) Denar. *Imp Sev Alexander Pius Aug*, Büste des Kaisers; Rv. *Mars ultor*, Mars mit Speer und Schild „in Angriffsstellung". Vgl. Cohen 161. Gef. in einem Frankengrabe, Vb. - b-c) Zwei ganz verwitterte Denare. Vb.

23. Maximinus Thrax: Erzmünze (?). Vogelsbergers Verzeichnis.

24. Philippus I: a) Antoninian. *Imp M Jul Philippus Aug*, Kopf mit Strahlenkrone; Rv. *Annona Aug*[*g*], Abundantia. Cohen 25 oder 32. Vb. - b-c) Zwei weitere Münzen. Vogelsbergers Verzeichnis.

25. Constantin I: Münze, gef. bei der „Stadt Frankfurt", jetzt Römerstrasse 72. Hess S. 19. Verschollen.

26. Unbestimmbar: a) Denar - . . . .]*us Aug*[. . . ., „gekrönter Kaiserkopf". Vb. - b) Mittelerz. Gef. im Jahre 1900/1 „bei der Quelle zu Ems", Museum Wiesbaden, Neues Inv. 862.

B. Funde ungesicherter Herkunft.

(P = Sammlung Panthel, V = Sammlung Vogler, W = Museum Wiesbaden, nach Hess S. 32 ff.)

1. Augustus: a) Mittelerz der gens Luria. Cohen 445, mit rechteckigem Nachstempel Caes. W. - b) Mittelerz der gens Maecilia. Cohen 448. W. - c) Mittelerz. Jugendlicher Kaiserkopf, anscheinend Augustus, nach rechts; Rv. stehende, nach links gewandte Göttin. P.

2. Divus Augustus: Mittelerz, Prägung des Tiberius. Cohen 228. V.

3. Agrippa: Mittelerz, Prägung des Tiberius. Cohen 3. V.

4. Tiberius: a) Mittelerz aus dem Jahre 10 n. Chr. Cohen 27. W. - b) Mittelerz aus dem Jahre 10, Altar von Lyon. Typus Cohen 35. V. - c) Mittelerz aus dem Jahre 10, Altar von Lyon. Cohen 37. W. - d) Mittelerz aus dem Jahre 22. Cohen 25. W.

5. Germanicus: Mittelerz. Cohen 2. W.

6. Caligula: a-b) Mittelerze aus dem Jahre 37. Cohen 27. W.

7. Nero: a) Mittelerz. *Nero Caesar Aug Germani*, Kopf mit Lorbeerkranz nach rechts; Rv. *s c*, nicht mehr erkennbare Gestalt nach links (Nero als Kitharöde ?). V. - b) Mittelerz. Cohen 302, W.

8. Vespasian: a) Denar aus dem Jahre 69. Cohen 541. W. - b-c) Denare aus dem Jahre 74. Cohen 363 oder 364. W. - d) Denar. Cohen 43. W. - e) Grosserz, anscheinend Typus Cohen 449 ff. P. - f) Mittelerz aus dem Jahre 76. Cohen 155. W.

9. Domitian: a) Denar aus dem Jahre 92 oder 93. Cohen 281. W. - b) Mittelerz aus den Jahren 92-94. Wohl Cohen 658. V.

10. Nerva: a) Denar aus dem Jahre 97. Cohen 6. W. - b) Mittelerz aus dem Jahre 97. Cohen 73. W.

11. I. Jahrhundert: a-h) Unbestimmbare Mittelerze. P.

12. Traian a) Denar aus den Jahren 104-110. Cohen 86. W. - b) Denar aus den Jahren 104-110. Cohen 467. W. - c) Mittelerz aus dem Jahre 98. Cohen 617. V. - d) Mittelerz aus dem Jahre 100. Cohen 628. W. - e) Mittelerz aus dem Jahre 101 oder 102. Cohen 640. W.

13. Hadrian: a) Denar aus dem Jahre 117. Cohen 1012. W. - b) Denar. Cohen 830. V. - c) Denar. Cohen 1140. W. - d) Denar. Cohen 1324 oder 1327. W. - e) Mittelerz. Cohen 1357. W. - f) Mittelerz. *Hadrianus Aug cens per tr p cos III*; Kopf mit Lorbeerkranz nach rechts; Rv. *S*[*alus*] *publ*[*ica*, im Abschnitt *s c*, Salus nach links sitzend, in der ausgestreckten Rechten eine Schale über einen Altar haltend. Nicht bei Cohen. V.

14. Antoninus Pius: a) Denar aus dem Jahre 144. Cohen 186. W. - b) Denar aus dem Jahre 152. Cohen 196. W. - c) Denar, nach dem Tode des

Kaisers geprägt. Cohen 164. W. - d) Denar. Die Bestimmung bei Hess (Cohen 249) beruht auf augenscheinlichem Versehen. W. - e) Grosserz aus den Jahren 140-143. Cohen 589. W. - f) Grosserz aus den Jahren 140-143. Cohen 742. W. - g) Grosserz aus dem Jahre 151. Cohen 47. W.

15. Faustina I: a) Denar. Cohen 32. W. - b) Denar. Cohen 124. V. - c) Grosserz. Cohen 21. P. - d) Mittelerz. Wohl Cohen 118. P.

16. Marc Aurel: a) Denar aus dem Jahre 145 oder 146. Cohen 600. W. - b) Denar aus dem Jahre 154. Cohen 663 oder 664. W. - c) Grosserz aus dem Jahre 161. Cohen 45 oder 47. W. - d) Grosserz aus dem Jahre 166. Cohen 810. W. - e) Grosserz aus dem Jahre 172. Cohen 272 oder 275. W. - f) Mittelerz vom Jahre 171. Cohen 268. W.

17. Faustina II: a) Denar. Cohen 31. W. - b) Grosserz. Cohen 100. W.

18. L. Verus: Mittelerz aus dem Jahre 168. Cohen 304 oder 305. W.

19. Lucilla: a) Grosserz. Cohen 35. W. - b) Grosserz. Cohen 77. W.

20. Septimius Severus: a) Denar vom Jahre 195. Cohen 48. W. - b) Denar vom Jahre 195. Etwa Cohen 390 oder 391. V. - c) Denar vom Jahre 195. Cohen 391. W. - d) Denar vom Jahre 196. Cohen 419. W. - e) Denar vom Jahre 197. Cohen 357. W.

21. Julia Domna: Denar. Cohen 212. V.

22. Caracalla: a) Antoninian vom Jahre 214. Cohen 244. W. - b) Denar aus den Jahren 204-209. Cohen 144. V. - c) Denar vom Jahre 205. Cohen 422. W.

23. Caracalla: Denar. Unbestimmbar. W.

24. Julia Maesa: a) Denar. Cohen 8. W. - b) Denar. Cohen 45. W.

25. Severus Alexander: a) Denar. Cohen 95-97. W. - b) Denar aus dem Jahre 222. *Imp C M Aurel Sev Alexand Aug*, Büste nach rechts; Rv. *p m tr p cos p p*, „Jupiter, nackt, in der Linken die Hasta, in der Rechten den Blitz". Vgl. Cohen 204. V.

26. Julia Mamaea: a) Denar. Cohen 76. W. - b) Denar. Cohen 5. V.

27. Maximinus Thrax: a) Denar vom Jahre 235 oder 236. Cohen 7. W. - b) Denar vom Jahre 235 oder 236. Cohen 85. V.

28. Paulina: Mittelerz. *Paulina Aug Maximini Aug* (?), Kopf nach rechts; Rv. „Opfernde Frauengestalt, in der Rechten die Schale über den Altar, mit der Linken das Füllhorn haltend". Nicht bei Cohen. V.

29. Gordian III: a) Antoninian des Jahres 239. Cohen 132. W. - b) Antoninian des Jahres 240. Cohen 226. W. - c) Antoninian. Cohen 155. W. - d) Antoninian. Cohen 312. W. - e) Antoninian. Cohen 357. W. - f) Antoninian. Cohen 404. W.

30. Philippus I: a) Antoninian. Cohen 80. W. - b) Antoninian. Cohen 103. W. - c-d) Antoniniane. Cohen 169. W. - e) Mittelerz aus dem Jahre 247/8, Prägung der Kolonie Viminacium. *Imp Philippus Aug*, Büste mit Lorbeerkranz nach rechts; Rv. *p m s col Vim*, im Abschnitt *an VII*, männliche Figur mit erhobenen Armen zwischen einem Stier und einem Löwen, den Zeichen der mösischen Legionen IV und VII. Nicht bei Cohen. P.

31. Volusian: Antoninian. Cohen 70. W.

32. Gallienus: a) Antoninian. Cohen 165 oder 167. W. - b) Antoninian. Cohen 306. W. - c) Antoninian. Cohen 382. W. - d) Antoninian. Cohen 1221. W.

33. Postumus: a) Billon. Cohen 213. W. - b) Billon, Cohen 303. W.

34. Victorinus: a) Weisskupfer. Cohen 101. V. - b) Weisskupfer. Cohen 112. W.

35. Tetricus I: Weisskupfer. Cohen 17. W.

36. Claudius II: Weisskupfer. Cohen 6. W. - b) Weisskupfer. Cohen 230. W. - c) Weisskupfer. Wohl Cohen 293. V.

37. Quintillus: Weisskupfer. Cohen 47. W.

38. Aurelian: a) Weisskupfer. *Aurelianus Aug*, Büste mit Strahlenkrone und Panzer nach rechts; Rv. *Concordia militum*, im Abschnitt *C* zwischen zwei Sternen, „rechts ein Krieger mit Lanze in der Linken, empfängt mit der Rechten von einem gegenüberstehenden, der die Linke erhoben hat, an scheinend einen Kranz mit der Tänie". Nicht bei Cohen. V. - b) Weisskupfer. *Imp C Aurelianus Aug*, Büste mit Strahlenkrone und Panzer; Rv. *Fides militum*, im Abschnitt *C* und Stern, „zwei Krieger stehend, reichen sich die Rechte, darüber eine Kugel", der rechts stehende mit Lanze in der Linken. Nicht bei Cohen. W. - c) Weisskupfer. Wie b; Rv. *Oriens Aug*, im Abschnitt *t m*, „der nackte Sol, hastig vorschreitend, in der Rechten eine Palme, in der Linken die Kugel haltend; zu beiden Seiten sitzen Gefangene." Vielleicht Cohen 153. W.

39. Probus: a) Weisskupfer. Cohen 37. W. - b) Weisskupfer. Cohen 401. V. - c) Kleinerz. Typus Cohen 39. W.

40. Carinus: a-b) Kleinerze. Cohen 8. W.

41. Diocletian: a) Mittelerz aus dem Jahre 305. *D* [*n?*] *Diocletiano Baeatissimo Sum* (wohl verlesen für *Sen*) *Aug*, Kaiser mit Lorbeerkranz nach rechts; Rv. *Providentia deorum quies Aug* [*g?*], rechts *F*, im Abschnitt *s Tr*, zwei einander gegenüberstehende Gestalten, anscheinend links eine Göttin, die mit der Linken auf die Lanze gestützt dem Kaiser (?) einen Kranz (?) überreicht. Etwa Cohen 422 oder 425. V. - b) Mittelerz. Cohen 93. W. - c) Mittelerz. W. - d) Kleinerz. Cohen 151. W. -e) Kleinerz. *Imp Diocletianus Aug*, Büste mit Strahlenkrone und Panzer nach rechts; Rv. *Vict Aug*. Pallas mit Victoria und Lanze nach links sitzend. Nicht bei Cohen. V.

42. Maximianus Herculeus: a) Mittelerz. Cohen 156. W. - b) Mittelerz. Typus Cohen 170 W. - c) Mittelerz. Cohen 187. W. - d) Mittelerz aus dem Jahre 305. Cohen 491. W. - e) Kleinerz. Cohen 438. W. - f) Kleinerz. Cohen 515. V.

43. Galerius: a) Mittelerz. Cohen 141. W. - b) Mittelerz. *Maximianus Nob Caes*, Büste mit Lorbeerkranz nach rechts; Rv. zerstört. P.

44. Maxentius: a) Mittelerz. Cohen 52. W. - b) Mittelerz. *Imp M Maxentius P F Aug*, Büste; Rv. abgeschliffen. W.

45. Licinius: a-b) Kleinerze. Cohen 53. W. - c) Kleinerz. Etwa Cohen 49, im Abschnitt *p T*. V.

46. Licinius d. J.: Kleinerz. Cohen 64. W.

47. Constantin I: a) Mittelerz aus dem Jahre 307. Cohen 217. W. - b) Mittelerz. Cohen 325. W. - c) Kleinerz. Cohen 17. V. - d) Kleinerz. Cohen 244. W. - e) Schlecht versilbertes Kleinerz. *Constantinus Augustus*, sonst wie Cohen 333. Im Abschnitt *p Tr. P.* - f) Kleinerz. Cohen 508, im Abschnitt *p Tr.* V. - g) Kleinerz. Cohen 514 oder 515, im Felde *T F*, im Abschnitt *a Tr.* V. - h) Kleinerz. *Imp Constantinus Aug*, Büste im Helm mit Federbusch, nach links; Rv. *reipublicae reparatio*, im Abschnitt *p Ln*, zwei Victorien halten über einen Altar einen Schild mit der Inschrift *Vota*. Vgl. Cohen 633 ff. V. - i) Kleinerz. Cohen 536. W. - k-l) Zwei weitere Konstantine. W.

48. Helena: a) Kleinerz, Quinar. Cohen 6. W. - b) Kleinerz. Cohen 12 oder 13, im Abschnitt *p T.* V.

49. Urbs Constantinopolis: a) Kleinerz. Wohl Cohen 22, im Abschnitt *p Tr.* V. - b) Wie a, im Abschnitt *Tr p*. Ursprünglich versilbert. P.

50. Urbs Roma: a-b) Kleinerze. Cohen 17. W. - c) Kleinerz. Cohen 17, im Abschnitt *p L* (?). V.

51. Crispus: a) Kleinerz. Typus Cohen 91. W. - b) Kleinerz. Typus Cohen 22-23, nur Büste nach rechts, im Abschnitt *s Tr.* V.

52. Constantin II: a) Kleinerz. Cohen 113. W. - b) Kleinerz. Wohl Cohen 122. V. - c) Kleinerz. Wohl Cohen 38, im Abschnitt: · *s Tr.* V.

53. Constans: Mittelerz. Cohen 9. W.

54. Constantius II: a) Kleinerz. Cohen 36, im Abschnitt *p Tr.* V. - b) Wie a, andere Münzstätte, nicht lesbar; im Felde rechts *E*. V. - c) Kleinerz. Cohen 45. W. - d) Kleinerz. Wohl Cohen 104, hinter der Büste anscheinend *A*. V.

55. Magnentius: a) Mittelerz. Wohl Cohen 18. W. - b) Mittelerz. Cohen 27 (?). W. - e) Mittelerz. Cohen 31 oder 32. W. - d) Mittelerz. Wohl Cohen 66. V.

56. Valens: Kleinerz. Cohen 4. W.

57. Gratian: a) Mittelerz. Cohen 30. W. - b) Kleinerz. Cohen 23, im Felde *C S*, im Abschnitt *P C S*. V.

58. Valentinian II: a) Kleinerz. Cohen 74. W. - b) Kleinerz. Typus Cohen 26, aber *reparatio reipublicae*. W.

59. Theodosius: Kleinerz. *D n Theodosius P F Aug*, Büste mit Diadem und Kriegsmantel nach rechts; Rv. *Concordia Augg*, Frauengestalt mit Kugel und Lanze vor einem Altar, im Abschnitt *Lug p*. Nicht bei Cohen. V.

Übersicht.

Die eingeklammerten Zahlen bedeuten die Stücke des Verzeichnisses A.

1.	Republik (1)	1	34.	Gordian III	6
2.	M. Antonius (1)	1	35.	Philippus I (3)	8
3.	Augustus (1)	4	86.	Volusian	1
4.	Divus Augustus	1	37.	Gallienus	4
5.	Agrippa	1	38.	Postumus	2

6.	Tiberius	4
7.	Germanicus	1
8.	Caligula	2
9.	Nero (1)	3
10.	Vespasian (2)	8
11.	Titus (1)	1
12.	Domitian (2)	4
13.	Nerva (1)	3
14.	I. Jahrhundert (1)	3
15.	Traian (9)	14
16.	Hadrian (5)	11
17.	Sabina (2)	2
18.	Antoninus Pius (10)	17
19.	Faustina I (6)	10
20.	M. Aurel (1)	7
21.	Faustina II (1)	3
22.	L. Verus	1
23.	Lucilla (1)	3
24.	Commodus (4)	4
25.	Septimius Severus (2)	7
26.	Julia Domna	1
27.	Caracalla (1)	4
28.	Elagabal	1
29.	Julia Maesa (1)	3
30.	Severus Alexander (3)	5
31.	Julia Mamaea	2
32.	Maximinus Thrax (1)	3
33.	Paulina	1
39.	Victorinus	2
40.	Tetricus	1
41.	Claudius II	3
42.	Quintillus	1
43.	Aurelian	3
44.	Probus	3
45.	Carinus	2
46.	Diocletian	5
47.	Maximian	6
48.	Galerius	2
49.	Maxentius	2
50.	Licinius	3
51.	Licinius d. J	1
52.	Constantin I (1)	12
53.	Helena	2
54.	Urbs Constantinopolis	2
55.	Urbs Roma	3
56.	Crispus	2
57.	Constantin II	3
58.	Constans	1
59.	Constantius II	4
60.	Magnentius	4
61.	Valens	1
62.	Gratian	2
63.	Valentinian II	2
64.	Theodosius	1
65.	Unbestimmbar (2)	2
	Zusammen (64)	232

II. Bronze.

1. Zügelöse, ähnlich wie Nr. 10 Kastell Feldberg Taf. VI Fig. 4.

2. Fibel wie Nr. 8 Kastell Zugmantel Taf. IX Fig. 16.

3. Schnallenring von 5 cm Durchmesser, mit Dorn; gefunden bei der Martinskirche.

4. Nadelkopf in Gestalt eines Hahns wie Nr. 41 Jagsthausen Taf III Fig. 9; gefunden 1839 an der Coblenzerstrasse mit einem Denar Nervas (s. o. S. 9 [hier S. 406]). Museum Wiesbaden, Inv. 9756.

5. „Bruchstücke eines in Ems gefundenen römischen Bronzegefässes mit vier Öhren und zwei Henkeln“ schenkte Hofrat Dr. Spengler der Sammlung des Nassauischen Altertumsvereins zu Wiesbaden. Vgl. Periodische Blätter 1853 Nr. 4 S. 19.

III. Eisen.

1. Drei Lanzenspitzen von 14,5, 16 und 17 cm Länge; gefunden bei der Kirche. - Weitere Lanzenspitzen, eine von 50 cm, zwei andere von 27 cm Länge, die eine davon sehr breit, sind erwähnt bei Hess S. 30.

2. Lanzenschuh mit runder Tülle, 32 cm lang; gefunden im Distrikt Hallgarten.

3. „Eisen eines Pilums"; gefunden im Haus Marktstrasse 9/10, erwähnt von Hess S. 24. Vgl. oben S. 11 Anm. 3 [hier Fußnote 15].

4. Eine Schwertklinge von 1′ 5″ Länge und 2″ Breite gelangte aus der Sammlung Sandbergers in das Museum Wiesbaden (Sandbergerscher Katalog II S. 54.)

5. Stichmesser von 30 cm Länge, ohne Schneide, mit Bronzebeschlag und Hängering am Griff; gefunden im Jahre 1875 zwischen römischen Scherben. - Messer von 14 cm Länge. Der kreisverzierte beinerne Griff ist mit Bronzedraht umwickelt und am Ende mit Bronzeblech beschlagen. Gefunden im Jahre 1868 in einem Brunnen. Beide im Museum Wiesbaden. - „Messer- und Schwertstücke" aus der Schuttgrube bei der Elementarschule erwähnt Hess S. 22.

6. „Sporn mit kurzem prismatischem Stachel"; gefunden im Jahre 1854 vor dem Hause Wilhelmsburg, Römerstrasse 43. Hess S. 17. Verschollen.

7. „Hufeisen von kleiner, zierlicher Form"; ohne Nagellöcher, „rings an dem äusseren oberen Rande falzenartig umgebogen"; gefunden im Jahre 1872 im Brandschutte des Badegebäudes. Hess S. 20. Verschollen.

8. Meissel von 24 cm Länge; gefunden bei der Kirche. - Über andere Funde von Werkzeugen in der Nähe des Kirchplatzes und in der Kirchgasse („Sicheln, Sensen und Hippen, Hämmer, ähnlich unseren Schusterhämmern, ein mit der Schneide etwas nach innen gekrümmtes Handbeil") vgl. Hess S. 23 und 30.

9. Fragmente eines Rostes wie Nr. 10 Feldberg Taf. III Fig. 31.

10. „Ein Schüreisen" aus dem Ziegelofen Taf. II Fig 1 erwähnt Hess S. 16.

11. Verschiedene Nagelsorten, Kreuznägel und Haken.

12. Nabenring, 5,5 cm breit und 14 cm weit, wie Jacobi, Saalburg Taf. 42 Fig. 12.

13. Hängeschloss, „bestehend aus vier 5 cm langen Zapfen mit Federn, welche eine Tülle mit vier quadratischen Öffnungen zudrückt. Höhe 9¼ cm. Gef. in einem Grabe zusammen mit römischen Gegenständen". Bonner Provinzialmuseum, Inv. 3494. Gekauft 1885 von Dr. Bone-Düsseldorf; gegenwärtig nicht aufzufinden.

14. „Einige dicke unförmliche doppelspitzige Klumpen, offenbar Rohluppen, oder Gänse, eine Form, in der das Eisen im Handel kursirte", gefunden in der Nähe des Kirchplatzes, erwähnt von Hess S. 30.

IV. Stein.

1. Inschriftplatte aus weissem oolithischem Kalkstein[36], 18 cm hoch, 34 cm breit, 6-7 cm dick. Buchstabenhöhe in Z. 1 30, in Z. 2-4 25, in Z. 5 20 mm. Gef. im Jahre 1883 beim Legen eines Telegraphenkabels vor dem Hause Coblenzerstrasse Nr. 51 (jetzt 74) in der Mitte der Strasse, also im Apodyterium des dort gelegenen Bades oder in dessen unmittelbarer Nähe, vgl. S. 8 f. Jetzt in der archäologischen Sammlung des Lyceum Hosianum in Braunsberg in Ostpreussen. Die Inschrift lautet:

Fortuna | Conservatrici | C. Jul. Maianus | (centurio) leg. VIII Aug. v. s. [*l*] *1. m.*

Die Göttin, die nach dem Fundorte hier die Fortuna balinearis ist, führt häufig den Beinamen *Conservatrix* (Roscher, Lexikon der griech. u. röm. Mythologie I S. 1522, Thesaurus ling. lat. IV 1419). Ihr Charakter als Schutz- und Heilgöttin wird es gerade bewirkt haben, dass sie so viel in den Bädern verehrt wurde. - Aus dem Aufstellungsorte ist zu schliessen, dass der Centurio der Strassburger Legion, der den Stein gestiftet hat, zu der Besatzung des Kastells in näherer Beziehung gestanden hat, also wohl Präpositus des Emser Numerus gewesen ist. Vgl. Hess S. 47 und CIL XIII 7733, wo die ältere Literatur verzeichnet ist.

2. Abb. 1: Bruchstücke einer umrahmten Inschrifttafel aus feinem weissem Kalkstein, ursprünglich von 60 cm Höhe und etwa 1,04 m Breite und von 7 cm Stärke, die zum Einlassen in eine Wandfläche bestimmt war. Gefunden im Herbst 1858 verbaut in die Dunggrube eines damals dem Schmied Hinterweller gehörigen Anwesens auf der Nordseite der Römerstrasse,

In h. [*d.*] *d.*
[*p*]*ro salute* [*L. Septimi Severi*]
[*e*]*t M. Aurel*[*i Antonini Augg. et*]
[*P. S*]*eptimi* [*Getae Caes . . . . . .*]
[*. . .*]*io vetera*[*. . . . . ex-*]
[*cis*]*o avio monte i*[*. . . . . . voto sus-*]
[*cept*]*o a solo facien*[*dum curavit . . .*]

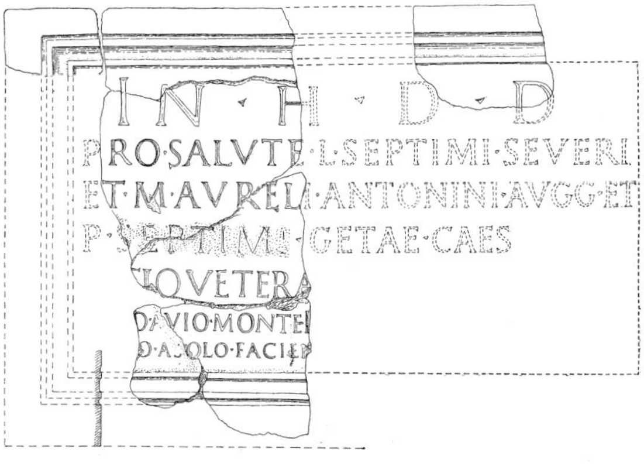

1. Inschriftplatte 1 : 10.
[hier wiedergegeben zu ca. 73 %]

[36] Nach Mitteilung des Direktors des geologischen Instituts der Universität Freiburg Professor Dr. Deecke wahrscheinlich „Oolithe da Jaumont“ von dem Hochplateau westlich von Metz.

damals dem zweiten östlich der Bleichstrasse, unweit der Reste einer römischen Strasse, die vom Osttore des Kastells zur römischen Lahntalstrasse führte, vgl. S. 10 mit Anm. 1 [hier Fußnote 12], sowie Period. Blätter 1859 Nr. 8 S. 205. Die Bruchstücke sind jetzt im Museum in Wiesbaden mit Gips zusammengesetzt. Die obenstehende nach einem Abklatsch hergestellte, von Ritterling mit dem Original verglichene Zeichnung lässt die Stellung der Buchstaben und die Grösse der Lücken genau erkennen.

Die erhaltenen Buchstaben sind bis auf den Anfang von Z. 5 sicher. Hier nahmen die früheren Herausgeber an, dass der erste Buchstabe T gewesen sei, während im Corpus nach Ritterlings Lesung C oder G angegeben sind. Die Linie ist etwas nach unten geneigt, aber nicht gebogen, so dass Ritterling jetzt beide Möglichkeiten offen lassen möchte. - Der dritte Buchstabe kann allenfalls auch Q gewesen sein, wenn der Strich etwas tief angesetzt war.

Nach dem Umfang der Zeilen 1 - 3, deren Ergänzung in der Hauptsache sicher ist, fehlen in Z. 4, wo in dem erhaltenen Teil trotz der Ausmeisselung die Buchstaben noch deutlich zu erkennen sind, am Ende 15 - 16 Buchstaben. Wenn also *Getae Caesaris* ausgeschrieben war, so bleibt nur noch Raum für 3 Buchstaben, war *Caes(ar)* abgekürzt, für 6 - 7 Buchstaben. Z. 4/5 kann also zur Not ein kurzer Name ergänzt werden, z. B. nach Ritterlings Vorschlag [*Getae Caes. Aurel.* | *Mac*]*io vetera*[*nus leg. XXII p. p. f.* oder *ex bf cos.*]. Aber auch [*Getae Caesaris col* | *leg*]*io vetera*[*n*(*orum*) mit folgendem Namen des Stifters oder der Stifter ist sehr wohl möglich. Im Corpus ergänzt v. Domaszewski Z. 5 ff.: [*vi*]*ci*[*q*]*ue Tera*[. . . . . *aquam refoss*]*o avio monte i*[*nduxerunt et balneum* . . . .]*o a solo facien*[*dum curaverunt* . . . . . .] unter Berufung auf das Fehlen der Interpunktion zwischen *vicique* und *Tera,* was für die enge Verbindung dieser Worte spreche. Nach den Fundumständen (vgl. S. 10 [hier S. 407]) handelt es sich in Z. 6 eher um einen Strassendurchbruch, durch den der *mons avius* wegsam gemacht worden war; vgl. die Inschrift aus Didyma, Sitzungsber. d. Kgl. Preuss. Akad. d. Wissensch. Berlin 1900 S. 106: *Imp. - - Traianus - - viam - - excisis collibus conpletis vallibus instituit consummavit dedicavit.* - Z. 6/7 schlägt Ritterling beispielsweise als Ergänzungsmöglichkeit vor: *I*(*ovi*) [*o(ptimo) m(aximo) templum voto sus*|*cept*]*o a solo facien*[*dum curavit* mit folgender Konsulatsangabe. Eine sichere Ergänzung ist unmöglich.

Die Inschrift ist zwischen den Jahren 198 und 211 entstanden; nach dem Tode Getas im Jahre 212 ist dessen Name ausgemeisselt worden. - Vgl. CIL XIII 7734, wo die ältere Literatur verzeichnet ist.

3. Bruchstück einer Säule aus Niedermendiger Basalt, gefunden bei der Grabung in der Südostecke des Kirchhofes im Jahre 1906 (S. 6 [hier S. 402]).

4. Korinthisches Kapitell, gefunden im Jahre 1858 beim Bau des Hauses Römerstrasse 76 (S. 10 [hier S. 407]). Verschollen.

5. Bodenstein einer Handmühle von 36 cm Durchmesser, 8 cm dick. - Bodensteine und Läufer aus Niedermendiger Lava wurden gefunden

Coblenzerstrasse 7 und 74, ferner Coblenzerstrasse 20/21 (s. o. S. 9 [hier S. 406]) und in der Schuttgrube bei der Elementarschule (Hess S. 19, 21 und 22).

6. Taf. II Fig. 6: In den Akten des Nassauischen Altertumsvereins, Faszikel Ems Blatt 4, findet sich der Siegelabdruck einer ovalen Gemme mit der Darstellung eines nach links schreitenden Mannes in Hut, kurzem Leibrock und Schuhen, der in der Rechten einen Stab, in der Linken eine Stange mit Reisebündel und am Arm einen Sack trägt. Das Original ist verschollen.

V. Ton.

A. Terra sigillata.

Literatur: Dragendorff Terra sigillata, Bonner Jahrbb. 96/97 1895 S. 18 ff. mit drei Typentafeln, auf die sich die Bezeichnungen „Dragd. 27" u. dgl. beziehen. Déchelette, Les vases céramiques orniés de la Gaule romaine, Paris 1904, - Ludowici, Stempel-Namen römischer Töpfer von meinen Ausgrabungen in Rheinzabern 1901-1904 („Ludowici I"); derselbe, Stempel-Bilder römischer Töpfer usw. („Ludowici II"); derselbe, Urnengräber römischer Töpfer in Rheinzabern usw. („Ludowici III"). - Knorr, Die verzierten Terra sigillata-Gefässe von Cannstatt und Köngen-Grinario, Stuttgart 1905; derselbe, Die verzierten Terra-Sigillata-Gefässe von Rottweil, Stuttgart 1907; derselbe, Die verzierten Terra-Sigillata-Gefässe von Rottenburg-Sumelocenna, Stuttgart 1910. - Forrer, Die römischen Terra-Sigillata-Töpfereien von Heiligenberg-Dinsheim und Ittenweiler im Elsass, Stuttgart 1911.

Die im Laufe der Zeit aus Ems bekannt gewordene Sigillata ist an Menge gering und bietet wenig Besonderes. Südgallische Ware von La Graufesenque ist nicht darunter, der älteste Import wird durch ein paar Fragmente verzierten Geschirrs aus Lezoux vertreten. Seit Beginn des zweiten Jahrhunderts beherrschen dann ostgallische, d. h. in der ehemaligen Belgica gelegene Manufakturen den Markt fast vollständig. Die Töpfer des glatten Geschirrs lassen sich erst zum geringsten Teile lokalisieren. Auch bei einem Teile der älteren reliefverzierten Ware, vor allem der des Satto, kann die Herkunft noch nicht genau bestimmt werden, dagegen stammt die grosse Masse der späteren Bilderschüsseln sicher aus Trier. Daneben kommt neuerdings noch eine Filiale im benachbarten Remagen in Betracht, doch ist ihrem noch unbekannten Inhaber nur eine Scherbe mit Sicherheit zuzuweisen. Mit den ostgallisch-trierischen haben die obergermanischen Töpfereien offenbar nur schwer konkurrieren können. Aus Ittenweiler liegen ein Tassenboden des Celsinus und ein Relieffragment von Cibisus vor, aus Heiligenberg eine Janusscherbe und ein Teller des Anisatus, aus Rheinzabern schliesslich ein paar Scherben von Avitus, Belsus und Comitialis und wenig unverziertes Geschirr.

a. Die Gefässformen.

1. Teller: Die Formen Dragd. 31 und 32 sind ziemlich gleichmässig vertreten. Vollständig ist nur ein Teller des Anisatus (Dragd. 31). Dazu kommt das Fragment eines Tellers der Form Ludowici III S. 277 Tf. mit Barbotineblättern auf dem niedrigen Rand, sowie ein wohlerhaltener Teller Dragd.

36 (Ludowici Te) im Besitz des Sanitätsrats Vogler in Ems, gefunden 1831 beim Bau des Hauses Römerstrasse 21.

2. Tassen: Neben den gewöhnlichen Formen Dragd. 27 und 33 kommen auch Tassen oder Näpfchen der Form Dragd. 46 (= Ludowici III S. 281 Bc) vor, doch ist die Lippe wie bei dem Teller Ludowici Tt profiliert; sie zeichnen sich aus durch harten Brand und erscheinen sowohl in dunkelroter wie in rötlichgelber Farbe, oft mit spiegelndem Glanz. Bisher scheint noch kein gestempeltes Exemplar dieser Art bekannt zu sein (vgl. Nr. 31 Kastell Wiesbaden S. 107 d). Es ist ein solches in der Oberlahnsteiner Sammlung mit dem Stempel *Nivalis f* (CIL $_{1434\ b,\ k}$). Da, wo die Seitenwand den Boden verlässt, ist auf der Aussenseite durch zwei tief eingedrückte Kreislinien ein Viertelrundstab herausgearbeitet. Ein fast vollständig erhaltener Teller derselben Sammlung, mit gleichem Rand und gleicher Lippe, auch mit einem leicht herausgearbeiteten Stab auf der Aussenseite, mit einem Fuss wie die Tassen und von gelblichroter Farbe, trägt auf dem flachen Boden etwas undeutlich eingedrückt den Stempel *Favenus f.* Der Stempel ist im Corpus nicht verzeichnet; in der genannten Sammlung findet er sich viermal auf flachem und auch auf erhabenem Tellerboden in feingestricheltem Kreise. Es ist daher nicht ausgeschlossen, dass diese Ware, die hier sehr häufig ist, ausser in Rheinzabern auch in einer nicht allzu entfernten linksrheinischen Töpferei hergestellt wurde. In Remagen ist der Stempel nach Mitteilung von Funck nicht gefunden worden. Da der Töpfer Nivalis noch nach Osterburken geliefert hat (vgl. Nr. 40 Kastell Osterburken S. 41, 18), so müssen diese Teller und Tassen noch bis weit in das II. Jahrhundert hinein im Gebrauch gewesen sein.

3. Schälchen: Die Form Dragd. 40 (= Ludowici III S. 281 Sa) ist mehrfach ganz erhalten, daneben ein Exemplar des fusslosen Schälchens Ludowici Sd und ein Bruchstück der Form Dragd. 35 (Ludowici Sc), anscheinend ohne Barbotineverzierung.

4. Schüsseln: Vollständig ist eine Schüssel der Form Ludowici III S. 279 Sb, Fragmente liegen vor von Schüsseln mit Kerbbändern (Ludowici III S. 275 SS), vereinzelt auch von der Form Ludowici III S. 274 SMc (mit Tieren und Ranken in Barbotine).

Die Bilderschüsseln gehören mit einer Ausnahme (Dragd. 30) alle der Form Dragd. 37 an. Näheres s. unter b.

5. Reibschalen kommen in den beiden Formen Dragd. 43 und 45 vor, darunter ein Fragment des Typus 43 mit dem Stempel des Virilis (Nr. 34 der Stempelliste) auf der Innenseite nahe dem Rande. Eine Kragenschale etwa der Form Ludowici III S. 280 RSa mit Tonmalerei findet sich unter den Zeichnungen Vogelsbergers (s. o. S. 19 [hier S. 419]).

6. Verschiedenes. Reste von zwei kugligen Krügen mit niedrigem Hals, einem Henkel und konischer Mündung, wie Koenen, Gefässkunde Taf. XVI 29 (die Form fehlt in Rheinzabern). Ferner Bauchscherben einer Urne wie

Ludowici III S. 276 Vd-Vg, sowie der vierte Teile eines feinen Tellerchens etwa der Form wie Nr. 2a Kastell Niederberg Taf. V Fig. 6 (rot gemalte Ware), doch ohne Standring.

b. Die Bilderschüsseln (Taf. II).

1. Gallische Manufakturen. Import aus Lezoux ist die fragmentierte Schüssel Dragd. 30 (Taf. II Fig. 3). Sie stammt von dem unbekannten Töpfer einer wohlerhaltenen Schüssel aus Wiesbaden, abgebildet Nr. 31 Kastell Wiesbaden Taf. XIV Fig. 31, mit der sie die eingestreuten Tierköpfe und Kymbala gemein hat. Die figürlichen Typen des Merkur und der Venus sind aus Lezoux bekannt (vgl. Déchelette II Typus 298 und 188), ebenso das kronenartige Ornament, das an Stelle der üblichen Punktrosette über die Schnittpunkte der Zickzacklinien gepresst ist (Déchelette II S. 95 Fig. 570, Nr. 33 Kastell Stockstadt Taf. XVIII Fig. 22 (?), Catalogue of the Roman Pottery in the Brit. Mus. S. 55 Fig. 52 und S. 204 Fig. 177, Knorr, Rottweil Taf. IX Fig. 1). Der Töpfer hat enge Beziehungen einerseits zu Satto, der die Gruppe von Pan und Sirene und den Blütenfries wie auf der Wiesbadener Schüssel gern verwendet (z. B. Knorr, Cannstatt Taf. I und II), auf der andern Seite zu dem nicht sicher lokalisierten Rauto (sic ?), auf dessen Heddernheimer Schüssel (Mitt. über röm. Funde in Heddernheim IV Taf. XXII Fig. 11) die Bäumchen der Emser Schüssel wiederkehren. Ranto gehören ausser der schon erwähnten Schüssel von Rottweil, Knorr Taf. IX Fig. 1, auch die Scherben im Britischen Museum, Catalogue S. 204 Fig. 177 und S. 273 Fig. 210, wo die Säulen der Emser Schüssel benutzt sind. - Gleichfalls nach Lezoux gehört wohl die Scherbe Fig. 2.

Von ostgallischen Erzeugnissen liegen einige Scherben aus der Werkstatt des Tocius vor (Fig. 4 und 5), zu denen Nr. 8 Zugmantel Taf. XXII Fig. 10, 12, 15, 19 und 20 zu vergleichen ist.[37] Zwei Fragmente von Satto (eines abgebildet Fig. 12) stimmen in ihrer Dekoration fast genau zu den Scherben Knorr, Rottweil Taf. XVII Fig. 12 und 21, deren letzte noch einen Rest des Stempels des Saturnus aufweist.

Fig. 7 und 8 entstammen der erst kürzlich wieder entdeckten Manufaktur von St. Nicolas bei Nancy, deren Erzeugnisse etwa dasselbe Verbreitungsgebiet gehabt haben wie die Trierer Bilderschüsseln, aber älter sind und noch traianisch-hadrianischer Zeit angehören (vgl. Forrer S. 228 Anm. 3; näheres darüber in der Behandlung der Keramik von Strecke 4 in Abteilung A des Limeswerks). Das Jagdnetz von Fig. 8 kehrt wieder Nr. 8 Zugmantel Taf.

[37] Hierbei sei bemerkt, dass die Zuweisung aller auf dieser Tafel abgebildeten Stücke an die Manufaktur des Toccius in Lavoye sich wohl nicht aufrecht erhalten lässt. Schüsseln wie Fig. 17 z. B. hat an demselben Orte auch Gesatus verfertigt, vgl. Forrer S. 213 Fig. 210. Man wird also die auf der Tafel zusammengestellte Ware, soweit sie nicht gestempelt ist, zunächst besser allgemein als Erzeugnisse von Lavoye bezeichnen.

XXIII Fig. 5, ebenda das Füllhornmotiv von Fig. 7. Der Apoll mit der Leier ist aus Lezoux übernommen, vgl. Déchelette II Typus 45.

2. Obergermanische Manufakturen: Ausser zwei kleinen Scherben von Cibisus aus Ittenweiler (Fig. 9) und Janus aus Heiligenberg (Fig. 10), über die jetzt Forrer S. 207 ff. und 141 ff. zu vergleichen ist, liegen nur Reste von drei Rheinzaberner Bilderschüsseln vor. Fig. 14, von B (elsus) für Atto gearbeitet (Stempel 38), lehrt über diesen Töpfer nichts Neues (vgl. Barthel Nr. 8 Zugmantel S. 124, dazu Forrer S. 140 über seine Tätigkeit in Heiligenberg). Das Rankenwerk und der Eierstab finden sich beispielsweise wieder bei Knorr, Rottenburg S. 12 Fig. 9, die schraffierten Kreise bei Knorr, Rottweil Taf. XXV Fig. 13. Fig. 11 zeigt den Stil des Avitus, der Nr. 8 Zugmantel S. 118 f. eingehend behandelt ist. Die bildlichen Typen wiederholen sich auf den Scherben Nr. 42 Oehringen Taf. IV Fig. C 8 und Nr. 33 Stockstadt Taf. 18 Fig. 40. Ein neues Motiv des Comitialis, eine weibliche Büste mit erhobenem Unterarm, bringt die Scherbe Fig. 13 (mit Stempel 39).

3. Trierer Manufakturen entstammt alles, was sonst an verzierter Sigillata vorhanden ist. Das meiste ist Fig. 15 - 18, 20 - 37 abgebildet, die Dekorationselemente finden sich zum grossen Teile auf den Tafeln XXVI - XXVIII zu Nr. 8 Kastell Zugmantel wieder. Neues bietet Fig. 36, deren Gladiatorenhelm auch auf einem grossen Bruchstück aus Niederberg in der Oberlahnsteiner Sammlung begegnet, ferner Fig. 23 mit ihren für Trier bisher nicht belegten Bildtypen, doch lassen das Dekorationsprinzip sowie die Identität des Hirsches rechts der Diana mit dem von Fig. 33 an der Trierer Herkunft keinen Zweifel. Ungewiss, aber wahrscheinlich bleibt die Zugehörigkeit von Fig. 27, deren Bildertypen gleichfalls neu sind.

Das einzige Stück aus der jüngst entdeckten Töpferei im nahe gelegenen Remagen (Funck, Bonner Jahrbb. 119, 1910 S. 322 ff., vgl. Taf. XXVI Fig. 7 und dazu S. 333) ist Fig. 19 abgebildet.

c. Die Töpferstempel (Abb. 2).

Stempel auf unverziertem Geschirr.

Die Verweisungen auf „CIL" beziehen sich auf CIL XIII Nr. 10010.

1. *Amm[ius]* auf Tassenboden Dragd. 33. Ostgallischer Töpfer. Vgl. CIL $_{110}$.

2. *Anisatus f* auf vollständig erhaltenem Teller Dragd. 31. Töpfer von Heiligenberg, der noch an den äusseren Limes lieferte, vgl. Nr. 38 Kastell Miltenberg S. 59. CIL $_{130\ r}$, identisch mit dem fälschlich *Ambatusi* gelesenen Stempel CIL $_{105}$ (vgl. Nass. Annalen VI S. 346).

3. A · PR · M (A · R · I · M · bei Hess S. 43 Nr. 9), früher bei Vogelsberger in Ems. Der Töpfer hat zuerst in La Graufesenque gearbeitet. CIL $_{140\ s}$.

4. BORIVS, früher bei Vogelsberger. Der Töpfer arbeitete in Lezoux, später in St. Nicolas bei Nancy (vgl. Forrer S. 228 Anm. 3) und vielleicht noch in Lavoye (Röm.-germ. Korr.-Blatt 1909 S. 91). Sein Stempel kommt noch am äusseren Limes vor (Nr. 40 Kastell Osterburken S. 40 und Nr. 41 Kastell Jagsthausen S. 51). CIL $_{344\ n}$.

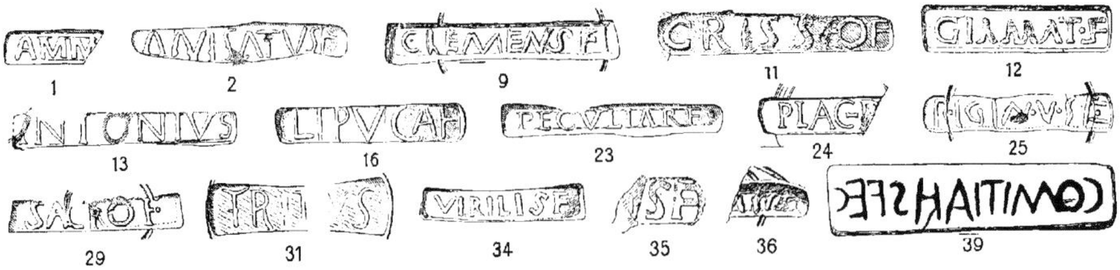

2. Töpferstempel auf Sigillata 1 : 1.

[hier wiedergegeben zu ca. 85 %]

5. CARINVS, früher bei Vogler in Ems (Nass. Ann. VI S. 347). Gallischer Töpfer. CIL $_{457\ 1}$.

6. CATVLLV [. ., früher bei Vogelsberger. Rheinzaberner Töpfer aus der Zeit des äusseren Limes, vgl. Nr. 8 Kastell Zugmantel S. 134. CIL $_{496\ m}$.

7. CELSINVS auf dem Boden einer wohlerhaltenen Tasse Dragd. 27, bei Sanitätsrat Vogler in Ems. Gef. 1831 beim Bau des Voglerschen Hauses Römerstrasse 21. Der Töpfer arbeitete nach Forrer S. 215 in den ersten Jahrzehnten des zweiten Jahrhunderts in Ittenweiler im Elsass, seine Ware kommt aber noch am äusseren Limes vor (Nr. 39 Kastell Walldürn S. 17, 2). Vgl. CIL $_{521}$.

8. CINVS F, Hess S. 43. Sonst nicht bekannt. Vgl. CIL 5112 $_{3062\ e}$ GINVS F in Lüttich (Lesung zweifelhaft). Vielleicht ein abgebrochener und trotzdem weiter benutzter Stempel des Reginus oder Toccinus, vgl. Nr. 59 Kastell Cannstatt S. 47, Nr. 60 Kastell Köngen S. 56, 15 und den Handstempel des (Fir)minus bei Ludowici III S. 84.

9. *Clemens f* auf Tassenboden Dragd. 33. Gef. 1910 in der „Stadt London". Zeit des äusseren Limes, vgl. Nr. 38 Kastell Miltenberg S. 60, 8 und Nr. 39 Walldürn S. 17, 3.

10. CLEMENS F auf Tassenboden, früher bei Vogelsberger (Nass. Ann. VI S. 346). CIL 158 $_{588\ h}$.

11. *Crissto f* auf spitzem Tellerboden. Der Töpfer ist wohl identisch mit dem der Stempel *Cristo* und *Crissio f* bei Ludowici III S. 16, die in Rheinzaberner Gräbern zusammen mit Scherben des Janus, Luteus und Bitunus gefunden wurden (erste Hälfte des II. Jahrhunderts).

12. *Giamat f* auf Tassenboden Dragd. 33. Gallischer Töpfer, dessen Ware am Niederrhein sehr verbreitet ist. CIL $_{964\ c}$. Der gleiche Stempel, ebenfalls auf

Tassenboden Dragd. 33, fand sich im Jahre 1910 beim Bau des neuen Amtsgerichts.

13. [*I*]*ntonius* in Kerbring auf gewölbtem Tellerboden, vielleicht identisch mit Nr. 5 a Marienfels S. 11, 9. Sonst nur vom Niederrhein bekannt, vgl. CIL $_{1038}$.

14. IVNIIM, Hess S. 44. Gefunden 1894 bei den Reichsgrabungen und nicht aufzufinden. Gallischer Töpfer. Vgl. CIL $_{1119}$.

15. LATINVS F mit Zweig dahinter, früher bei Vogelsberger. CIL $_{1119\,f}$. Der Töpfer scheint in Lavoye gearbeitet zu haben. Vgl. Röm.-germ. Korr.-Blatt 1909 S. 90 f.

16. *Lipuca f* auf schwach gewölbtem Tellerboden. Dunkelrote glänzende Ware, wohl ostgallisch. CIL $_{1149\,c}$.

17. MA[I · IAA]VS, abgebildet Nr. 8 Zugmantel Taf. XXIX 205, auf schwach gewölbtem Tellerboden von dunkler glänzender Ware. Innerhalb des Standrings ein Kreuz als Besitzermarke eingeritzt. Gef. in der Marktstrasse. Trierer Töpfer, vgl. Nr. 8 Zugmantel S. 128.

18. MICCIO F rückläufig, Hess S. 43 Nr. 20. Ostgallischer Töpfer aus der Zeit des Hadrian und Pius, vgl. Nr. 8 Zugmantel S. 143.

19. MICCIO F, früher bei Vogelsberger. Hess S. 43 Nr. 19, CIL $_{1355\,v}$.

20. MOXIVS, früher bei Vogler in Ems. CIL $_{1391\,cc}$. Gallischer Töpfer.

21. MOXSIAA, früher bei Vogelsberger. CIL $_{1391\,bb}$.

22. NASSO F, abgebildet Nr. 8 Zugmantel Taf. XXX 250, auf gewölbtem Tellerboden. Ostgallischer Töpfer, der vielleicht in Lavoye arbeitete (Röm.-germ. Korr.-Blatt 1909 S. 90 f.); über seine Zeit vgl. Zugmantel S. 144. CIL $_{1409\,t}$.

23. *Peculiar f* zwischen vorgerissenen Linien, auf flachem Tellerboden mit breitem Kerbband. Gef. bei der Kirche. Ostgallischer Töpfer (vgl. CIL $_{1521}$), der noch an den äusseren Limes lieferte (Nr. 38 Miltenberg S. 60, 28).

24. *Plac-d*[*us* · · (= *Placid*[*us*, vgl. Nr. 53 Kastell Neckarburken-West S. 25 Abb. 7) auf dem Boden einer Tasse Dragd. 27, in deren Wand ein Kreuz eingeritzt ist. Das Bruchstück ist offenbar identisch mit der bei Hess S. 22 Anm. 2 und S. 44 Nr. 27 erwähnten Scherbe aus der Grube bei der Elementarschule, deren Stempel dort *Piacf* oder *Piacp* gelesen wird. Ostgallischer Töpfer (vgl. CIL $_{1537}$) aus der Zeit des Hadrian und Pius (Nr. 8 Zugmantel S. 145, 271).

25. RECINVS F, früher bei Vogelsberger. CIL $_{1618\,\lambda^2}$.

26. $\widehat{\text{RE}}$GNVS, früher bei Vogelsberger. CIL $_{1618\,\lambda^1}$. Rheinzaberner Töpfer, vgl. Nr. 8 Zugmantel Seite 124.

27. *Riginus f* auf Tassenboden Dragd. 33, vgl. dazu den in den Schriftzügen übereinstimmenden Stempel *Riginu f* aus Reims (CIL $_{1633}$). Die beiden von Hess S. 44 Nr. 23 und 24 aufgeführten Stempel REGNVS F und RIGINVS werden ungenau wiedergegeben sein.

28. O · FS, abgebildet Nr. 21 Marköbel Taf. III Fig. V 23, auf Tassenboden Dragd. 27. Ostgallische Ware. CIL $_{1672\,o}$.

29. *Sac$\widehat{\text{ir}}$o f* auf Tassenhoden Dragd. 27. Gallischer Töpfer (vgl. CIL $_{1691}$).

30. SECVNDINVS F, abgebildet Nr. 8 Zugmantel Taf. XXX 320, auf flachem Tellerboden. Gef. 1910 bei der Kirche. Rheinzaberner Töpfer aus der Zeit des äusseren Limes (Nr. 40 Kastell Osterburken S. 42).

31. *Tritus* auf Tassenboden Dragd. 27. Gef. 1910 bei der Kirche. Ostgallische Ware aus der Zeit des Hadrian und Pius. Vgl. Nr. 8 Zugmantel S. 149.

32. VERICVI, „E und R sind gebunden", Hess S. 44 Nr. 26. Ebenda S. 22 Anm. 2 ist derselbe Stempel NERICVI geschrieben. Wahrscheinlich sind beide Schreibungen falsch, da Entsprechendes nicht bekannt ist. Gef. in der Grube bei der Elementarschule (s. oben S. 10 [hier S. 407]).

33. VIMPV[S͡F] zwischen zwei Zweigen, abgebildet Nr. 40 Osterburken S. 41, 45 und Ludowici III S. 76, auf gewölbtem Tellerboden. Nach Hess S. 44 Nr. 22 und CIL $_{2044\ w}$ ist der Stempel früher vollständig gewesen, falls nicht ein anderes Exemplar gemeint ist. Ostgallischer Töpfer, über seine Zeit vgl. Nr. 8 Zugmantel S. 150.

34. *Virilis f* auf der Innenseite des Randes einer Reibschale Dragd. 43. Rheinzaberner Ware. Vermutlich identisch mit CIL $_{2055\ aa}$.

35. . . .]*s f* in Kerbring auf spitzem Tellerboden. Innerhalb des Standrings als Kennmarke ein Kreuz eingeritzt.

36. (Abgeb.) Unleserlicher Rest auf Tassenboden Dragd. 33.

37. Sternrosette auf Tassenboden Dragd. 33.

Stempel auf Bilderschüsseln.

38. B · F · ATTONI rückläufig, abgebildet Nr. 73 Pfünz Taf. VIII^{B} 176 und Ludowici II S. 289 Rheinzaberner Ware, vgl. S. 30, 2.

39. *Comitialis fec* rückläufig, zur Hälfte schon abgebildet Nr. 8 Zugmantel Taf. XXX 467. Gef. im Kastell. Rheinzaberner Ware, vgl. S. 30, 2.

d. Sgraffiti.

1. SIICIATI an der Aussenseite eines Schälchens Dragd. 35 (s. o. S. 29 a 3 [hier S. 433]). Gef. bei der Elementarschule. CIL XIII 10017 $_{775}$.

2. Kreuze als Eigentumsmarken s. Stempelliste Nr. 17, 24 und 35.

B. Das übrige Tongeschirr (Taf. III).

a. Die Gefässe nach Technik und Form.

1. Terra nigra ist nur durch Randstücke von zwei Gefässen vertreten, eines Tellers etwa der Form Nr. 31 Wiesbaden Taf. XIII Fig. 26, aber dünnwandiger, und einer Schüssel der Form Wiesbaden Taf. XIII Fig. 17 mit zwei schmalen Kerbbändern auf dem Kragen.

2. Bemaltes und bronziertes Geschirr. Import, jedenfalls aus Mainz-Weisenau, ist das Bruchstück eines rotmarmorierten Tellerchens wie Nr. 2a Niederberg Taf. V Fig. 6. Dagegen stammt ein zerbrochener Teller der Art wie Niederberg S. 17 Fig. III 1 sicher aus einer Töpferei des Neuwieder Beckens.

Der Spätzeit des Limes gehört ein zweihenkliger Krug an, der in „Schloss Oranienstein" gefunden wurde (Taf. III Fig. 30). Gelblichweisser Ton mit gelbrotem, fleckigem Überzug.

Sehr zahlreich sind die fusslosen Teller aus braunem Ton mit dunkelroter Bemalung auf der Innenseite. Vgl. darüber Nr. 31 Wiesbaden S. 113 Nr. 17 und die Abbildung ebenda Taf. XIII Fig. 26.

Rotbraun überfärbt sind auch mehrere Randstücke von Reibschalen, darunter eines mit dem Stempel *Clamossus f* und eines mit dem viermal nebeneinander gesetzten Stempel *Marcellus f* (S. 35, 7 und 8 [hier S. 443]).

Einen Belag mit Goldglimmer zeigen mehrere ganz erhaltene Gefässe aus hellbraunem Ton, die Gräbern entstammen: zwei fusslose Teller mit schräg ansteigender Wandung und schmalem, nach aussen abfallendem Rand, und zwei halbkuglige Schüsselchen mit gleicher Randbildung. Gleichartige Gefässe aus Niederberg befinden sich in der Oberlahnsteiner Sammlung, weitere Stücke auch im Coblenzer Museum; anderenorts scheinen sie nicht beobachtet worden zu sein. Man wird daher den Herstellungsort im oder um das Neuwieder Becken suchen müssen, vielleicht in Niederberg, wo ein Tellerbruchstück gleicher Technik in einem Töpferofen gefunden wurde (vgl. Günther, Röm.-germ. Korr.-Blatt 1909 S. 69 ff.).

3. Becher mit sogen. Firnisüberzug. Alle gewöhnlicheren Typen sind vertreten, merkwürdigerweise die späteren nur sehr spärlich, ein Zeichen, wie zufällig die Zusammensetzung des vorhandenen Materials ist. Der ältere Typus, d. h. der halslose Becher (Grundform Nr. 31 Wiesbaden Taf. XIII Fig. 11, 12), erscheint in allen Variationen. Eine Reihe ganz erhaltener Exemplare, die aus Gräbern stammen, seien hier aufgezählt: 1. drei Becher mit profiliertem Rand, ohne Griesbewurf, davon einer weisstonig mit dunkelolivgrünem Überzug, 8½ cm hoch (Taf. III Fig. 33), die beiden andern aus braunem Ton mit stumpfschwarzem Überzug, 7 und 8½ cm hoch (Taf. III Fig. 25); 2. ein Becher gleicher Form mit Griesbewurf in Wiesbaden (Inv. 4407); 3. zwei rottonige Becher gleicher Form mit breiten Kerbbändern um den Bauch, davon einer im Besitz von Sanitätsrat Vogler in Ems; 4. zwei rottonige Becher mit profi-

liertem Rand und eingedellter Wandung, schwarzbraun gefirnisst und an der Oberfläche gekörnt; endlich 5. drei Becher ohne profilierten Rand, alle aus weissem Ton mit stumpfem, schwarzem Überzug ohne Körnung Taf. III Fig. 28), davon einer bei Sanitätsrat Vogler.

Die jüngere Form, mit abgesetzter Schulter und mehr oder weniger hohem und steilem Hals, die um das Jahr 180 den älteren Typus bereits gänzlich verdrängt hat, ist nur mit wenigen Scherben aus dem Kastell vertreten. In Vogelsbergers Zeichnungen (s. o. S. 19 [hier S. 419]) finden sich noch ein Faltenbecher dieses Typus und ein ungefalteter Becher mit zwei aufgesetzten weissen Schlickerbändern.

Von anderen, selbständigen Formen sind im Kastell nur ein paar Scherben gefunden: der Fuss eines rottonigen Bechers in Tönnchenform, horizontal geriefelt, und ein Wandstück von einem rottonigen Becher mit senkrechten, feinen Hufeisenreihen in Barbotine aufgesetzt. Ferner hat Vogelsberger einen niedrigen Schuppenbecher der Form Koenen, Gefässkunde Taf, XII 17 gezeichnet.

4. Rauhwandiges Geschirr ist fast nur in Scherben aus dem Kastell vorhanden, darunter sind frühe Formen verschwindend gering. Fast die ganze Masse gehört zu dem spätzeitlichen Geschirr der Urmitzer Töpferei, das nach dem Befund im Kastell Niederbieber spätestens um dessen Erbauungszeit (ca. 180 n. Chr.) im Neuwieder Becken und Umgegend den Markt beherrschte (vgl. die Behandlung der Keramik von Strecke 2 in Abt. A des Limeswerkes). Von Urnen älteren Typus stammen nur zwei einfach umgeschlagene Ränder wie Nr. 31 Wiesbaden Taf. XIII Fig. 21 sowie ein geriefelter Horizontalrand, alle übrigen Randstücke zeigen das sog. herzförmige Profil der Urmitzer Ware. Auffallend durch die weite Öffnung ist der Taf. III Fig. 29 abgebildete Topf aus weniger grobem Ton von gelbbrauner Farbe. Zu Schüsseln früherer Zeit gehören drei geriefelte Horizontalränder; ein Randstück mit Deckelfalz (herzförmigem Profil) und zahlreiche Ränder mit wulstiger Verdickung an der Innenseite stammen aus der Urmitzer Töpferei. Von seltener Form ist eine Schüssel mit geschweifter Wandung (Taf. III Fig. 31), die nach Ton und Technik der gleichen Herkunft ist. Teller und Näpfe (z. B. Taf. III Fig. 23, 26 und 32) sind nur in den späten Formen der Urmitzer Töpferei vertreten.

5. Reibschalen. Die verhältnismässig zahlreichen Bruchstücke zeigen in Farbe und Güte des Tons sowie in der Bildung des Randprofils grosse Mannigfaltigkeit, doch fehlt die Form mit schwachem Knick im oberen Teil der Wandung (vgl. Nr. 73 Kastell Pfünz Taf. VII), die besonders für Rätien charakteristisch ist, aber vereinzelt auch in der Wetterau vorkommt (z. B. Nr. 25 Kastell Heldenbergen Taf. III Fig. 24). Bemerkenswert sind zwei Randstücke mit einem Profil etwa wie Nr. 12 Kastell Kapersburg Taf. V Fig. 34, da sie nach der Beschaffenheit des Tons aus der Urmitzer Töpferei stammen.

Ohne jede Gliederung, einfach horizontal umgebogen, ist das von einer sehr grossen Schüssel stammende Randstück mit dem vierfachen Stempel *Marcellus f*, das wegen seiner roten Überfärbung bereits unter den bemalten Gefässen erwähnt worden ist. Die Stempel siehe unter b.

6. Krüge und Dolien. Bei den Krügen richtet sich die Farbe des Tons im grossen und ganzen nach der Entstehungszeit, die älteren Formen sind fast ausschliesslich weiss oder weisslichgelb, die jüngeren dagegen meist braun oder rot, selten mit schlechtem weissem Überzug. Von den späten einhenkligen Krügen ist eine ganze Anzahl, aus Gräbern stammend, wohl erhalten (vgl. Taf. III Fig. 21, 24 und 27), im übrigen ist die Entwicklung, die die Form des Krugs, besonders die des einhenkligen, während des Bestehens des Kastells durchgemacht hat, an Halsfragmenten gut zu verfolgen. Stücke, die mit Sicherheit der Zeit Domitians zugesprochen werden können, fehlen allerdings, doch ist die gewöhnliche traianisch-hadrianische Form (Taf. III Fig. 1) siebenmal vertreten. Vereinzelt sind Formen wie Fig. 4 und 5 sowie ein Krug aus gelblichem Ton mit trichterförmiger Mündung im Wiesbadener Museum (Inv. 3523, H. 0,17), in der Form ähnlich einem Kruge aus Novaesium Bonner Jahrbb. 111/112 Taf. XXVII Nr. 7. Aus hadrianisch-antoninischer Zeit, wo Mündung und Halsabsatz schon an Schärfe verlieren und der Henkelansatz dicht unter die Mündung hinaufrückt, sind acht Hälse vorhanden (vgl. Taf. III Fig. 2 und 3), darunter schon einige aus braunem oder rotem Ton. Der Zeit von Commodus ab gehören dann die Formen an, bei denen das Mundstück vom Hals gar nicht mehr abgesetzt und ganz zu einer dickwulstigen Lippe geworden ist (Taf. III Fig. 6, 7, 21, 24 und 27, davon Fig. 27 noch am frühsten). Diese Ware ist ganz überwiegend braun- und rottonig und mit der des Kastells Niederbieber identisch. Acht Krüge dieser Art aus Ems befinden sich auch im Museum zu Wiesbaden (Inv. 3519, 3520, 3522, 3526-3528, 3735, 3736). Gleichfalls spät sind drei kleinere weisstonige Krüge, deren Mündung ein wenig zusammengedrückt ist, einer in der Emser Sammlung (Taf. III Fig. 22), die beiden anderen im Besitze von Sanitätsrat Vogler. Von rauhwandigen einhenkligen Krügen sind zwei brauntonige Hälse vorhanden (Taf. III Fig. 8 und 12); der erste, mit 8-förmig eingekniffener Mündung, dürfte noch traianisch-hadrianischer Zeit angehören, der andere, bei dem die Mündung nur schwach eingekniffen ist, ist später.

Zweihenklige Krüge sind weniger zahlreich und nur in Scherben vorhanden. Verhältnismässig früh sind zwei weisstonige Hälse (Taf. III Fig. 14 und 19, letzterer wie in Niederberg, vgl. Röm.-germ. Korr.-Blatt 1909 S. 71 Abb. 23, 14) und ein grosser Hals aus braunem Ton (Fig. 17). Die übrigen Formen (Fig. 15, 18, 20, sämtlich brauntonig) begegnen auch im Kastell Niederbieber, gehören also der Spätzeit an. Nicht genauer zu datieren sind Bruchstücke von weithalsigen Krügen aus weissem Ton wie Nr. 31 Kastell Wiesbaden Taf. XIII Fig. 14, da diese Form sich kaum geändert hat.

Einem dreihenkligen Kruge gehört der rotbraune, grobtonige Hals Taf, III Fig. 13 an. Halsstücke von zwei glatten Krügen aus gelblichbraunem und rötlichem Ton entsprechen in ihrer Form Nr. 25 Heldenbergen Taf. III Fig. 32 und 39.

Von kleineren Dolien findet sich ein Hals aus rotem Ton mit zweiteiligen Henkeln (Taf III Fig. 16), etwa wie Nr. 8 Zugmantel Taf. XVIII Fig. 29. Grosse Amphoren mit runden Henkeln sind nur durch verschiedene Wandstücke und Henkel vertreten. Die Stempel siehe unter b.

7. Lampen (vgl. Taf. III Fig. 9-11). Die neun in der Emser Sammlung befindlichen Lampen gehören dem Firmatypus an (vgl. Nr. 31 Wiesbaden Taf. XIII Fig. 16 und 16 a), desgleichen zwei Lampen des Wiesbadener Museums (Inv. 6050 und 6098), die 1855 in Ems gefunden wurden. Der Ton ist meist gelblich braun, die Oberfläche geglättet oder mit einem mehr oder weniger starken bräunlichen Überzug versehen. Zwei der Emser Lampen zeigen schmutzig weissen Ton mit stumpfem schwarzem Überzug. Der den Spiegel mit der Schnauze verbindende Kanal ist bald breit und offen, bald schmaler und dann vorn und hinten geschlossen. Nur eine Lampe der Emser Sammlung, mit offenem Kanal und ohne Überzug, hat im Spiegel als bildliche Verzierung einen Panskopf zwischen den zwei Eingusslöchern; eine Maske zeigt das oben S. 19 [hier S. 419] erwähnte, auf dem Felde des Buchhändlers Kirchberger gefundene Lämpchen des Strobilis, desgleichen mehrere der in Zeichnungen Vogelsbergers (s. o. S. 19 [hier S. 419]) überlieferten Lampen. Ein Lämpchen der Sandbergerschen Sammlung (Katalog II S. 35) aus gelbem Ton mit offener Rinne zeigt im Spiegel fünf in Kreuzform angeordnete Luftlöcher. Eine ganze Anzahl in früheren Publikationen (Nass. Annalen II S. 299 und 315, VI S. 346 f.) ungenügend beschriebener Lampen ist verschollen oder nicht mehr zu identifizieren. Die Stempel siehe unter b.

b. Stempel.

Auf Amphorenhenkeln.

Verweisungen auf CIL XIII 10002.

1. M · ÆM · RVS, von Zangemeister bei Zervas in Cöln gesehen, der ihn von Vogelsberger erworben hatte. CIL $_{89\,h}$. Wohl identisch mit dem von Hess S. 43 beschriebenen Stempel MAENVRVS F.

2. ELEO, gefunden 1910 beim Bau des Amtsgerichts, in Privatbesitz in Wiesbaden.

3. Abb. 3, 1: III ENN IV͡L mit folgendem Kranz = (*trium*) *Enn*(*iorum*) *Jul*(*iorum*) auf Amphorenhenkel aus rötlichem Ton. Gef. in der Grube bei der Elementarschule (s. o. S. 10 [hier S. 407]). CIL $_{200\,h}$.

4. Abb. 3, 2: QIIWFN auf Amphorenhenkel aus gelblichem Ton, vgl. die verwandten Stempel QIMFN Nr. 8 Kastell Zugmantel S. 170 und QIWF[. Nr. 14 Kastell Butzbach S. 23. CIL $_{269\,b}$.

5. LQS, abgebildet Nr. 38 Miltenberg Taf. IV Fig. 24, auf Amphorenhenkel aus braunem Ton. Gefunden 1909 im Kastell. Vgl. CIL $_{414\,h}$.

6. Abb. 3, 3: LQSK auf Amphorenhenkel aus rötlichem Ton. Vgl. CIL $_{414\,m}$.

Auf Reibschalen.

Verweisungen auf CIL XIII 10006.

7. Abb. 3, 4: CLAMOSSVS F zwischen vorgerissenen Linien quer auf dem Rand einer Reibschale aus gelblichem Ton mit dünner bräunlicher Überfärbung. CIL $_{26\,a}$.

3. Stempel auf Amphorenhenkeln und Reibschalen 1 : 2.

8. Abb. 3, 5: MARCELLVS F viermal untereinander quer auf dem Rand einer grossen Reibschale aus gelblichem Ton mit dünner braunroter Überfärbung. CIL $_{7}$ ist der Stempel fälschlich ARGELIVS · F gelesen.

Auf Lampen.

Verweisungen auf CIL XIII 10001.

9. Rossel erwähnt Nass. Annalen VI 1859 S. 347 ein „im Besitz des Apothekers Weber befindlich gewesenes Lämpchen mit dem Namen ATILIVS, das demselben schon vor längerer Zeit verkommen ist".

10. Abb. 4, 1: ATTILL[VS] F auf fragmentiertem Lampenboden aus braunem Ton ohne Überzug.

11. [AT]TILLVS | F auf dem Boden eines grauen Lämpchens; schon 1859 von Rossel (Nass. Annalen VI S. 346 Nr. 7) als bei Vogelsberger befindlich erwähnt, dann von Hess S. 42 Nr. 1. CIL $_{54\,y}$.

12. vertieft auf dem Boden einer Lampe aus grauem Ton, beschrieben von Hess S, 43 Nr. 7: „der Boden ist durch zwei Durchmesser in vier gleiche Felder geteilt, in deren einem ein P, dem gegenüberliegenden ein B eingedrückt ist." Erwähnt von Rossel, Nass. Ann. VI S.346 Nr. 2. Nach Zeichnung von Vogelsberger, in der das P fehlt, hatte die Lampe breite, offene Rille und einen langbärtigen Kopf in Relief auf dem Spiegel. CIL $_{65}$.

13. FORTIS „in grosser erhabener Schrift". Nach Vogelsbergers Zeichnung Lampe mit offener Rinne und Maske (?) im Spiegel. Hess S. 43 Nr. 3, Rossel a. a. O. Nr. 10. CIL $_{136\,\lambda\lambda}$.

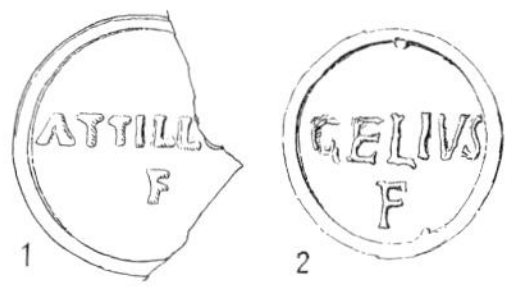

4. Lampenstempel 1:1.
[hier ca. 60 %]

14. Abb. 4, 2: GELIVS | F auf Lampe aus gelblichem Ton ohne Überzug. Rinne vorn und hinten geschlossen. GELLIVS | F bei Rossel Nr. 9. Hess Nr. 2 und 29. CIL $_{147\ r}$.

15. MOXIVS, in erhabener Schrift, früher bei Vogelsberger. Rossel Nr. 8, Hess S. 44 Nr. 28. CIL $_{215}$.

16. NERI auf Lampe aus grauem Ton, nach Vogelsbergers Zeichnung mit vorn geschlossener Rinne. Rossel Nr. 6, Hess Nr. 4. CIL $_{228\ o}$.

17. SARMI mit Halbkreis darüber. Nach Zeichnung von Vogelsberger scheint der Spiegel einen Panskopf getragen zu haben. Rossel Nr. 5, Hess Nr. 5. CIL $_{285\ i}$.

18. SARSV | RI auf dem Boden einer grautonigen Lampe in rückläufiger Kursive eingetieft, darüber ein Halbkreis. Nach Vogelsbergers Zeichnung mit beiderseits geschlossener Rinne und Panskopf auf dem Spiegel. Rossel Nr. 4, liess Nr. 6. CIL $_{286\ d}$.

19. STROBILI. Lampe mit Maske auf dem Spiegel bei Buchhändler Kirchberger in Ems.

20. MEI in eingetiefter Schrift auf dem Boden einer Lampe. Früher bei Vogelsberger. Rossel Nr. 3 CIL $_{371}$.

c. Sgraffiti.

1. PATERNI auf dem Schulterfragment eines doppelhenkligen Kruges.
2. XVII auf dem Henkel einer Amphore.
3. VIII auf dem Amphorenhenkel mit Stempel Nr. 3.

C. Verschiedenes.

1. Abb. 5: Kopf einer Solstatuette mit neunzackigem Strahlenkranz. Weisser Ton. Gefunden „auf der Schanz", Stadt London.

5. Terrakotta 2:3.
[hier wiedergegeben zu ca. 60 %]

2. Kopf mit Hals und Rückenansatz von einer weiblichen Figur. Das Haar ist in der Mitte gescheitelt, das Gewand über den Kopf gezogen. Weisser Ton. Ähnliches Nr. 8 Zugmantel Taf. XX Fig. 10 und 27. Gefunden am Westtor des Kastells.

3. Auf geschweiftem, rundem Sockel stehende Frauenfigur in langem Gewande, unter dem der linke Fuss hervortritt. Füllhorn im linken Arm. Die obere Hälfte der Figur ist verloren. Bläulich weisser Ton. Gefunden im Pfarrgarten.

4. Gewicht aus braun gestrichenem Ton, konisch geformt, verziert mit einer Reihe senkrecht von der Spitze herablaufender Punkte. Um die Wandung läuft die ziemlich tief eingegrabene Inschrift PATRORENIIS. Höhe 10,5 cm. Klein, Bonner Jahrbb. 88, 1889, S. 114 f. CIL 10019_7. Bonner Provinzialmuseum, Inv. 3501.

VI. Ziegel.

A. Ziegel der Legio XXII primigenia pia fidelis.

1. LEG · XXII · P · P · F, abgebildet Nr. 3 Kastell Arzbach Taf. III Fig. 17: a) Platte von 20 x 20 x 5 cm Grösse, gefunden im Kastell. - b) Platte 31 x 31 x 5,5 cm gross, laut Aufschrift gefunden in „Ems linkes Ufer 1855“. Museum Wiesbaden, Inv. 10173

2. Abb. 6, 1: LEG · XXII · PR · P · F, auf 3,5 cm dicker, rings gebrochener Platte. Wohl identisch mit Nr. 29 Hofheim Taf. VII Fig. 29.

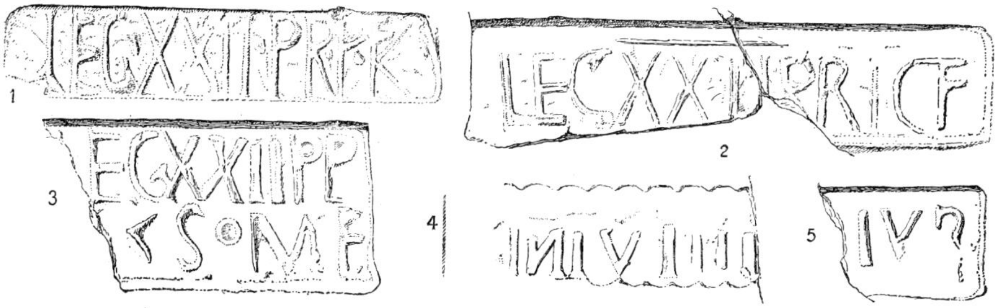

6. Ziegelstempel 1 : 2.
[hier wiedergegeben zu ca. 90 %]

3. Abb. 6, 2: LEG XXII PRICF, auf 6 cm dicken, rings gebrochener Platte. Der Stempel ist identisch mit den Bruchstücken bei Wolff, Die römischen Ziegeleien von Nied (Archiv für Frankfurts Geschichte und Kunst IV 1893) Taf. IV Fig. 93 a und b, wahrscheinlich auch mit Nr. 51 Schlossau Taf. III Fig. 8.

4. LEG XXII PP, abgebildet bei Wolff, Nied Taf. IV, Fig. 66 b. Nach Wolff „aus Ems im Wiesbadener Museum. Platte 0,03 m dick“. Nicht aufzufinden.

5. LEG XXII PPF in tabula ansata, als mehrfach vorkommender Stempel beschrieben von Rossel, Nass. Annalen VI S. 345.

6. LEG XXIP PFI, skizziert bei Hess S. 41 d. Nicht aufzufinden.

7. LIG | XXII / PRP | FID LIG XXII PRP FID, zweizeiliger Stempel, senkrecht in zwei Hälften geteilt, skizziert bei Rossel, Nass. Annalen VI S. 345, der ihn mehrfach gesehen zu haben angibt. Da Rossel S. 346 den kreisförmigen Lampenstempel 12 (vgl. S. 35 [hier S. 443]) als quadratisch wiedergibt, wird der sonst nirgends nachweisbare Ziegelstempel vermutlich mit dem Doppelkreisstempel Nr. 3 Kastell Arzbach Taf. III Fig. 21 identisch sein.

8. LEG XXII PPF., Rundstempel, abgebildet Nr. 1 Heddesdorf Taf. V Fig. 27. Auf Platte von 31 x 31 x 5,2 cm Grösse. Ein gleiches Exemplar aus Ems im Museum Wiesbaden, Inv. 10195.

9. LEG · XXII PPF | VAL SECVN, zweizeiliger Namenstempel bei Hess S. 41 b (die Lesung berichtigt nach einer Photographie von Vogelsberger). Nicht aufzufinden.

10. LEG · XXII PPF | COR · SECV͡N, zweizeiliger Namenstempel, abgebildet Nr. 51 Schlossau Taf. III Fig. 10. Auf Platte von 22 x 22 x 4,5 cm Grösse.

11. Abb. 6, 3: [L]EG XXII PP [·] < S · MF, zweizeiliger Namenstempel, auf 2,5 cm dickem, rings gebrochenem Wandziegelstück. Gef. 1906 im Badegebäude (s. o. S. 9 [hier S. 406]).

Zwei weitere, von Hess S. 41 a und e aufgeführte Stempel der 22. Legion gehören nicht nach Ems, sondern nach Arzbach. Vgl. Nr. 3 Kastell Arzbach S. 7 f. Nr. 3 und 6.

B. Ziegel der Cohors IIII Vindelicorum.

12. COH IIII VIN, abgebildet Nr. 3 Arzbach Taf. III Fig. 22. Sechsmal auf Platten von 17 x 17 x 4,2 cm Grösse.

13. COH IIII VIN, abgebildet Nr. 23 Gross-Krotzenburg Taf. IV Fig. 10. Auf einem 4,5 cm dicken, rings gebrochenen Plattenbruchstück.

14. COH IIII VI͡N, abgebildet Nr. 23 Gross-Krotzenburg Taf. IV Fig. 11. Auf 4,5 cm dickem, rings gebrochenem Plattenbruchstück.

15. COH IIII VINDEL, abgebildet Nr. 23 Gross-Krotzenburg Taf. IV Fig. 19. Auf Platte von 25 x 25 x 5 cm Grösse.

16. COH IIII · VINDEL, abgebildet Nr. 3 Arzbach Taf. III Fig. 25 und Nr. 23 Gross-Krotzenburg Taf. IV Fig. 17, nur ist bei dem Emser Stempel das L am Schlusse deutlicher ausgeprägt. Auf Platte 38 x 25 x 6 cm.

17. COH IIII · VINDEL, abgebildet Nr. 3 Arzbach Taf. III Fig. 24. Auf Platte 25 x 25 x 5 cm.

18. COH · IIII VIND͡EL, rückläufiger Stempel, abgebildet Nr. 3 Arzbach Taf. III Fig. 26. Sechzehnmal auf Platten von 17 x 17 x 4,5 cm Grösse, zweimal auf 5 cm dicken, rings gebrochenen Plattenbruchstücken.

19. Abb. 6, 4: [COH] IIII VIND[· ·], rückläufiger Stempel auf fragmentierter Platte von 16,5 x 16,5 x 4 cm Grösse.

20. COH IIII VI͡ND, rückläufiger Stempel, zweimal auf einer Photographie Vogelsbergers. Jetzt nicht zu finden.

21. COH IIII VINDE͡L, Rundstempel, abgebildet Nr. 23 Gross-Krotzenburg Taf. IV Fig. 27. Viermal auf Platten von 17 x 17 x 4 cm Grösse.

22. COH IIII VINDEL, Rundstempel bei Hess S. 42 Nr. 6, annähernd wie Nr. 23 Gross-Krotzenburg Taf. IV Fig. 26, nur dass, wie bei dem vorhergehenden Stempel, das V auf den Kopf gestellt ist. Jetzt nicht zu finden.

C. Ziegel der Cohors I civium Romanorum.

23. COH · I · IV · R, abgebildet Nr. 3 Arzbach Taf. III Fig. 27. Auf einer Platte von 25 x 25 x 4 cm Grösse im Provinzialmuseum zu Bonn (Inv. 3343), „geschenkt 1884 von Zervas-Cöln".

24. Abb. 6, 5: [COH I C]IV R. Auf einem 4,5 cm dicken, rings gebrochenen Plattenbruchstück.

D. Ungestempelte Ziegel.

25. Zahlreiche quadratische Platten in der Grösse von 20 x 20 x 4,5, 21 x 21 x 5, 26 x 26 x 3,5, 26,5 x 26,5 x 4, 28 x 28 x 6, 38 x 38 x 5,5, 39 x 39 x 5, 58 x 58 x 5, 59 x 59 x 7,5 und 60 x 60 x 6 cm; vgl. auch die im Badegebäude gefundenen Platten (S. 8 [hier S. 405]).

26. Fünf runde Platten von 14 cm Durchmesser und 4 cm Dicke, gefunden in der Marktstrasse bei Schulz (s. S. 9 f. [hier S. 407]).

27. Zwei Tegulae, 41 cm lang und 32 cm breit.

28. Imbrex, 53 cm lang, 19,5 cm breit, 2 cm dick.

29. Wandziegel von 41 x 26,5 x 3 cm Grösse, mit eingerissenen Wellenlinien wie bei Nr. 10 Feldberg Taf, V Fig. 21. Ausserdem viele Bruchstücke derselben Art.

30. Heizkacheln von 25 x 13 x 8 cm Grösse mit rundem Loch von 4 cm Durchmesser in den beiden Schmalseiten. Eine ganz erhalten, von anderen zahlreiche Bruchstücke.

31. Bruchstücke von weissen, sehr hart gebackenen Platten, gefunden im Kastell, vielleicht als Bodenbelag verwandt.

VII. Glas.

1. Flasche anscheinend aus durchsichtigem, schwach grünlichem Glas, von breiter Birnform ohne Henkel, mit kurzem, trichterförmig erweitertem Hals und schwachem Standring. Um den Hals ist in sechsfacher Spirale ein dunkelblauer Faden gelegt, am Bauch sind blaue und weisse Fäden angebracht, die lotosblattförmig beginnen, in Schlangenlinien sich fortsetzen und in einem sich aufbäumenden Schnörkel endigen. Höhe 13 cm. Eine farbige Abbildung befindet sich in den Akten des Nassauischen Altertums-Vereins, Faszikel Ems Blatt 8.

Die Flasche gehört zu der zuletzt von S. Loeschcke, Sammlung Niessen, Cöln 1911 S. 13 f. zusammengestellten Gruppe ausgezeichneter „Gläser des Meisters mit dem Schlangenfaden" und gleicht am meisten den ebenda Taf. IX Fig. 114 und 115 abgebildeten Flaschen aus Cöln. Diese Erzeugnisse der wahrscheinlich in Cöln selbst befindlichen Werkstatt entstammen der Zeit um die Wende des II. und III. Jahrhunderts. Vgl. Kise, Das Glas im Altertume S. 444 ff. und S. Loeschcke a. a. O. S. XIV f.

Das hervorragende, überaus wertvolle Stück ist beim Kanalbau des Jahres 1853/4 in der Gegend des Fürstenhofes Römerstrasse 47 (s. o. S. 10 [hier S. 408]) gefunden worden und später aus dem Besitze Vogelsbergers in den von Jos. Zervas in Cöln übergegangen. Jetziger Verbleib unbekannt. Hess S. 17 und 29.

2. Eine Kanne „mit langem, mit Ausgussrinne versehenem Halse und einem am Halse ansetzenden Henkel", sowie „ein doppelhenkliges kugeliges Fläschchen", beide ohne Verzierung (Hess S. 29 f.), vielleicht von derselben

Fundstelle wie Nr. 1 (vgl. Hess S. 17), befanden sich jedenfalls bei Vogelsberger und sind jetzt verschollen.

Berichtigung.

S. 7 Absatz 3 [hier S. 404 Absatz 1] am Schluss muss es heissen (statt Kirchgasse 22) Kirchgasse 16; so richtig auf Tafel I Fig. 2.

(August 1911.)

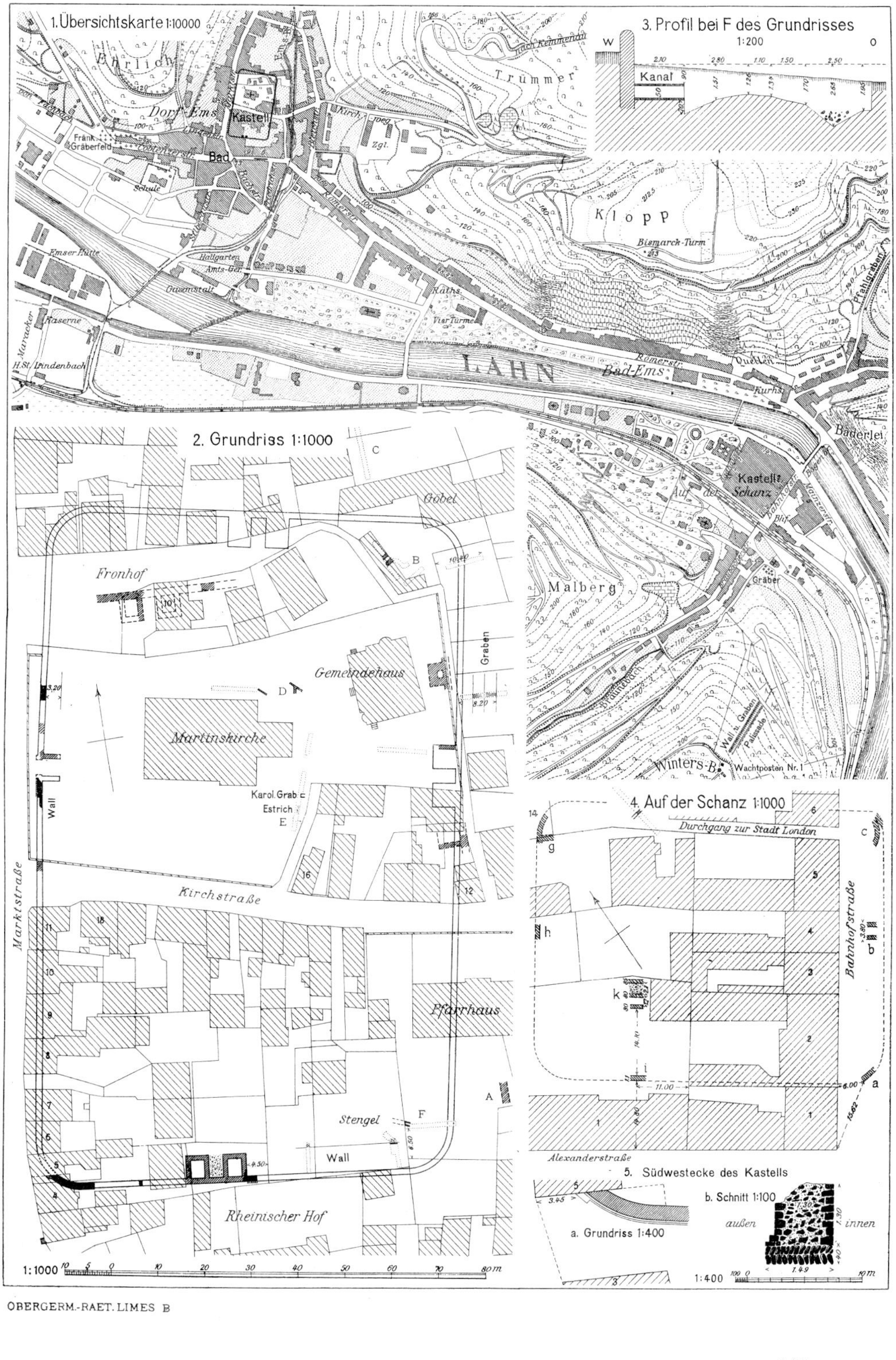
1. Übersichtskarte 1:10000
3. Profil bei F des Grundrisses
1:200
W
O
Kanal
2. Grundriss 1:1000
Fronhof
Gemeindehaus
Martinskirche
Karol. Grab
Estrich
Wall
Graben
Kirchstraße
Marktstraße
Pfarrhaus
Stengel
Rheinischer Hof
1:1000
4. Auf der Schanz 1:1000
Durchgang zur Stadt London
Bahnhofstraße
Alexanderstraße
5. Südwestecke des Kastells
a. Grundriss 1:400
b. Schnitt 1:100
außen
innen
1:400
Dorf Ems
Kastell
Bad
Fränk. Gräberfeld
Schule
Emser Hütte
Kaserne
Trümmer
Klopp
Bismarck-Turm
Pfahlgraben
LAHN
Bad-Ems
Römerstr.
Quellen
Kurhs.
Bäderlei
Kastell z. Schanz
Auf der Schanz
Malberg
Gräber
Wall u. Graben
Palissade
Winters-B.
Wachtposten Nr. 1

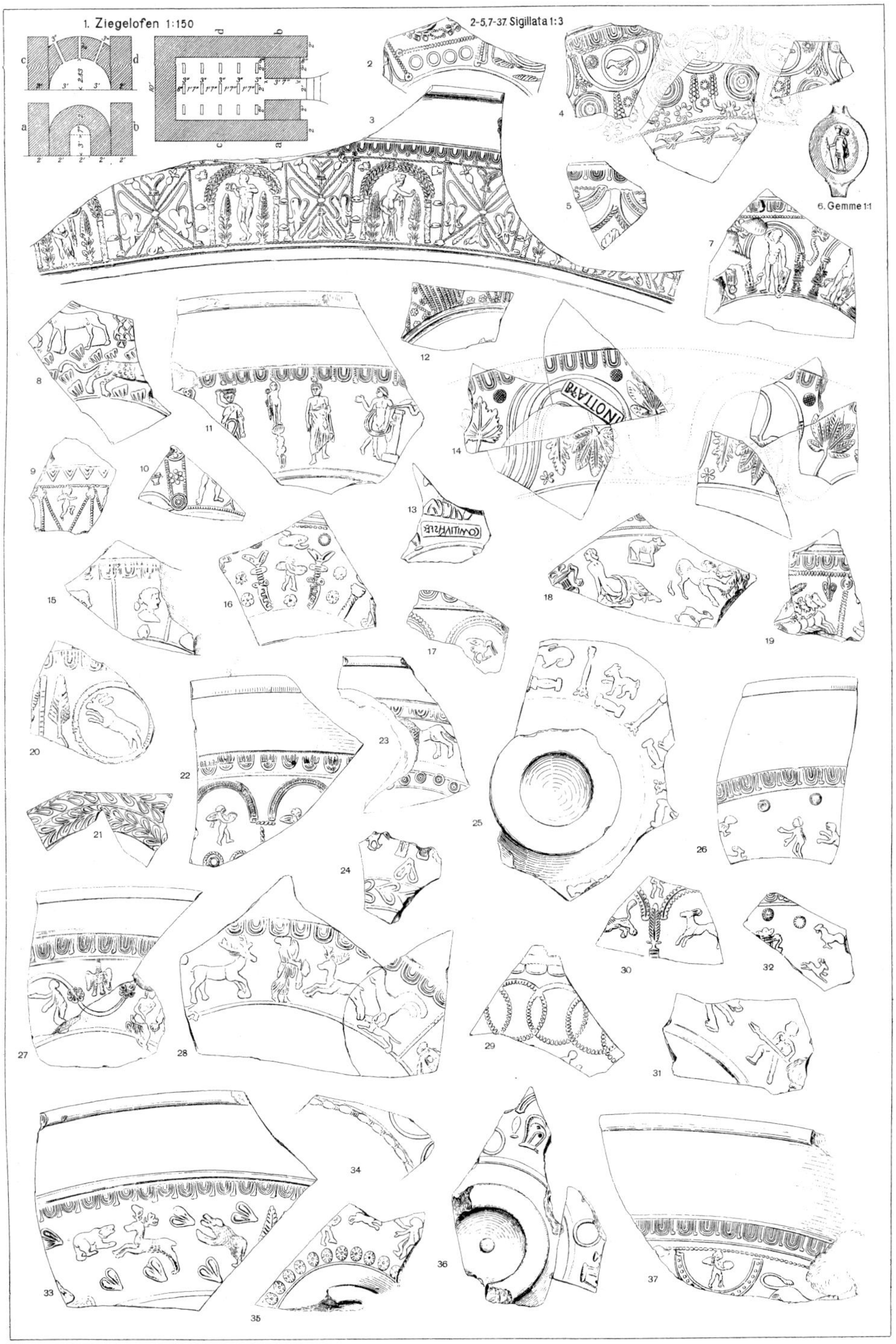
1. Ziegelofen 1:150
2-5,7-37. Sigillata 1:3
6. Gemme 1:1

OBERGERM.-RAET. LIMES B MASSTAB 1:4,25

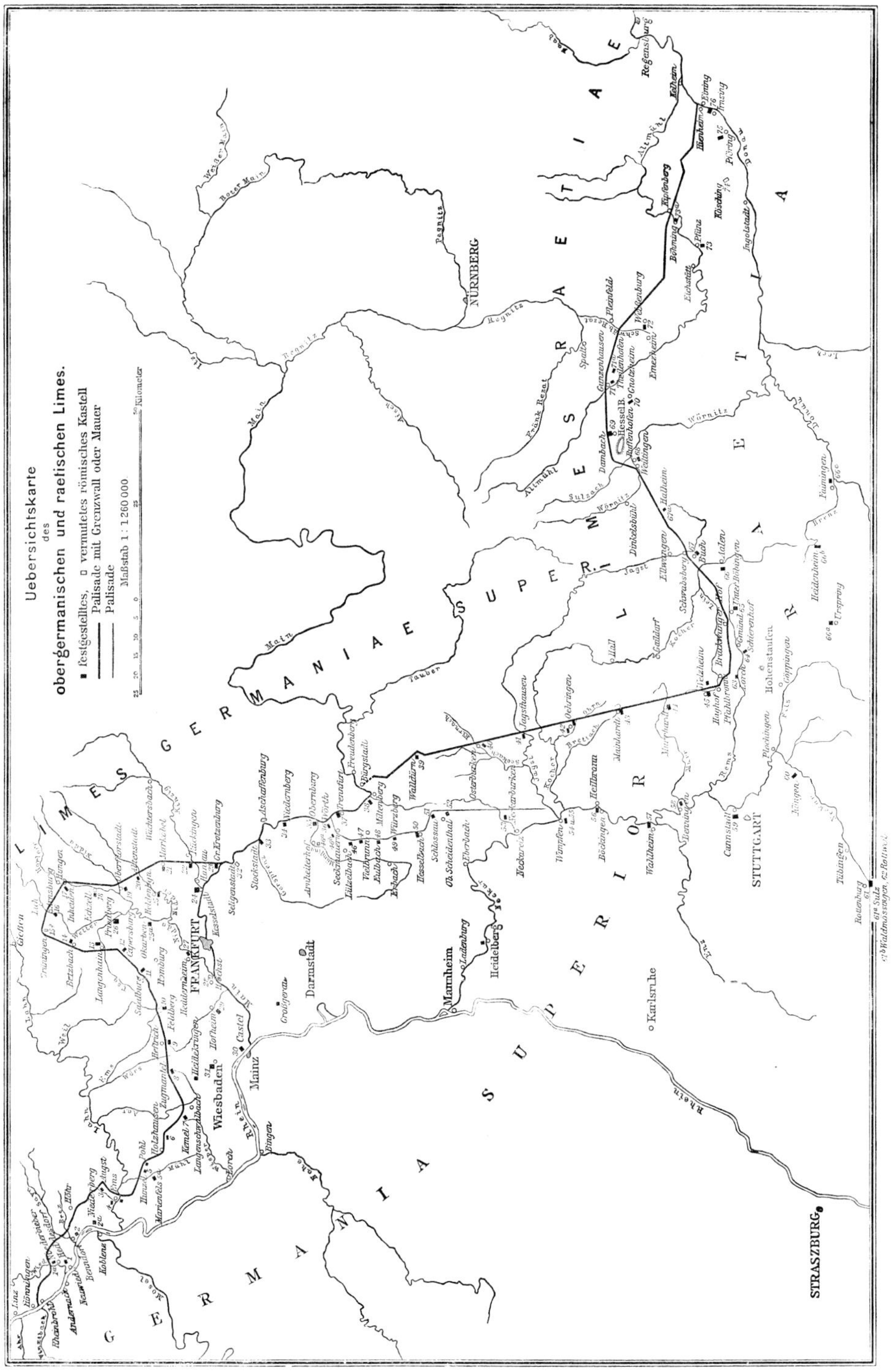
Uebersichtskarte
des
obergermanischen und raetischen Limes.
festgestelltes, vermutetes römisches Kastell
Palisade mit Grenzwall oder Mauer
Palisade
Maßstab 1 : 1 260 000
Kilometer
LIMES GERMANIAE SUPER.
LIMES RAETIAE
GERMANIA SUPERIOR
RAETIA
FRANKFURT
Wiesbaden
Mainz
Darmstadt
Mannheim
Heidelberg
Karlsruhe
STUTTGART
STRASZBURG
NÜRNBERG
Regensburg
Koblenz
Rhein
Main
Donau

Das Straßennetz I.

Nach den Untersuchungen des Straßenkommissars
Professor Dr. R. Bodewig
bearbeitet von Oskar v. Sarwey.

(Hierzu Kartenbeilagen 1-4.)

Zu allen Zeiten galt als das vorzüglichste Mittel, um ein erobertes barbarisches Gebiet der Kultur zu erschließen und sich dauernd dessen Besitz zu sichern, der Bau von Straßen, wozu heute das leistungsfähigste moderne Verkehrsmittel, die Eisenbahn, tritt.

Die Reichs-Limeskommission hat die Erforschung der Römerstraßen in den Grenzgebieten von Obergermanien und Rätien unter ihre Aufgaben aufgenommen in der Erkenntnis, daß die Verbindungen einen wesentlichen Bestandteil der militärischen Einrichtungen ausmachen. Wir mußten uns aber bei diesen Untersuchungen Beschränkung auferlegen, da wir weder über die Mittel noch über die Zeit verfügten, um alle alten Wege auf ihren römischen Ursprung zu prüfen. Auch bei der Entscheidung, wie weit rückwärts in das römische Binnenland hinein die nach der Reichsgrenze führenden Straßen zu untersuchen seien, hatten wir uns Grenzen zu stecken. Hier boten sich der Rhein und die Donau als die natürlichen Ausgangslinien. Innerhalb dieses Rahmens konnte eine Ausscheidung des für unsere Zwecke Unwesentlichen nur auf Grund militärischer Erwägungen erfolgen.

Die Kriegführung strebt nach möglichster Freiheit der Bewegung. Die Operationen sind aber an die gebahnten Wege gebunden. Ein reiches Wegnetz kam vorzugsweise den Römern zugute, deren Überlegenheit über die wenig gelenken Heerhaufen der Barbaren zum guten Teil auf der größeren Operationsfähigkeit beruhte. Ein entsprechend entwickeltes Straßennetz brachte zudem nicht nur der auf Eroberung ziehenden Offensive Gewinn. Zu allen Zeiten, solange das Kriegswesen noch nicht in Verfall geraten war, wurde auch im Verteidigungskriege die Entscheidung nicht in der passiven Defensive gesucht.

Es hat das höchste Staunen erregt, wie die Römer selbst in zunächst wenig bekannten Gegenden die wichtigsten Punkte und Linien rasch ausfindig zu machen verstanden und hiernach ihre Straßen tracierten. Dabei ist wohl nicht immer genügend beachtet worden, daß die natürlichen Linien für den Handelsverkehr und für die Wanderungen einzelner wie ganzer Völkerschaften schon in weit zurückliegenden Zeiten aufgesucht und benützt

---

Mit einem * versehene Seiten-Verweise beziehen sich auf die Streckenbeschreibung von Ernst Fabricius im gleichen Band.

worden sind. Die Naturvölker haben stets die durch die Bodengestaltung begünstigten Bahnen auszuspüren verstanden mit der Sicherheit, wie das Wild seinen Wechsel, das Wasser seinen Lauf findet.

Die systematische Erforschung der vorrömischen Wege konnte leider nicht in unser Programm aufgenommen werden. Nur gelegentlich, insbesondere, wenn ihre Benützung oder ihr Ausbau durch die Römer erkannt wurde, haben wir auch germanische oder keltische Wege innerhalb unseres Gebietes rekognosziert.

Wenn auch unser Wissen bei der seitherigen Vernachlässigung des Vorrömischen noch äußerst lückenhaft ist, so übersehen wir doch schon heute, daß die Römer bei der Besitznahme des rechtsrheinischen Gebietes verhältnismäßig zahlreiche Wege vorfanden. Im Laufe unserer Untersuchungen ist immer klarer hervorgetreten, daß diese vorrömischen Wege einen bestimmenden Einfluß auf die militärische Einrichtung der Grenzlande durch die Römer gehabt haben.

Dieser Einfluß machte sich auf die Gestaltung des römischen Straßennetzes, sowie auf die Anlage und den Ausbau der Grenzsperre geltend. Die Wahl der Örtlichkeiten für die Kastelle und Wachttürme ist vielfach durch die Rücksicht auf vorhandene ältere Wege bedingt[1].

Die Römer benützten und verbesserten von den vorgefundenen älteren Wegen die für ihre Zwecke brauchbaren und ergänzten sie nach Bedarf. Ihre Nachfolger, die Alemannen und Franken, nahmen ihrerseits die Römerstraßen in Gebrauch, und viele waren im Mittelalter und mitunter noch bis in die Neuzeit in Benützung.

Der Einfluß der Oberflächengestaltung auf den Lauf der großen Verkehrslinien bleibt im allgemeinen zu allen Zeiten der gleiche. Die zahlreichen anderen mitwirkenden Faktoren hingegen, die militärisch-politischen wie die wirtschaftlichen Verhältnisse, unterliegen dem Wandel. So kommt es, daß alte Straßen an Bedeutung gewinnen oder verlieren, sogar mitunter gänzlich veröden, während andererseits neue Verbindungen entstehen. Unsere Kenntnis des Wechsels jener Verhältnisse in weit zurückliegenden Zeiten ist freilich zu lückenhaft, um die Ursachen der Umgestaltung im einzelnen immer nachweisen zu können.

Die sichersten Wegweiser im unbekannten Lande und zugleich die gegebenen Bahnen für die Naturwege bieten die Wasserläufe mit den ihnen entsprechenden Terrainsenken. Schon in den Urzeiten schlossen sich ihnen die wichtigsten Verkehrswege an, freilich indem sie in der Regel den Talgrund vermieden und vorzugsweise über die anliegenden Hochflächen hinzogen. Hiermit hängt es auch zusammen, daß an der Grenzsperre fast bei jedem Durchlauf eines nennenswerten Gewässers ein Kastell nachzuweisen ist,

---

[1] Vgl. hierüber oben S. 19* mit Anm. 2, S. 20* f., S. 23* mit Anm. 3 und 4, S. 24*, 48* und 56* f.

mehr zur Sperrung des vom Auslande hereinführenden Naturweges und der bis zur Grenze ausgebauten Römerstraße als des Tales selbst.

Aus dem nordöstlichen Gallien führten zahlreiche Straßen[2] nach dem Rhein. Für den vorliegenden Zweck wähle ich den bedeutsamen Straßenknoten Trier als Ausgangspunkt. Hier fließen aus dem Inneren Galliens wichtige Militärstraßen zusammen, und von ebenda ziehen solche radial nach den wichtigeren Punkten am Mittelrhein[3]. Für unsere Strecke kommt vor allem in Betracht die Militärstraße, welche von Trier auf der südlichen Vorstufe der Eifel über Bertrich, Kaisersesch und Mayen wahrscheinlich in dreifacher Gabelung nach Andernach, Weißenthurm und Koblenz führt[4]. Hier mündeten diese Verbindungen in die schon unter Augustus bestehende große Militärstraße, die von Windisch über Augst, Straßburg und Mainz auf dem linken Ufer des Rheins nach Bonn, Köln und Xanten zog und den Strom bis zu seiner Mündung in die Nordsee begleitete.

Diese linksrheinische Heerstraße erfüllte mit Bezug auf die rechtsrheinischen Gebietsteile im Durchbruchsgebiete die wichtigsten militärischen Aufgaben, zumal da das rechte Stromufer einer durchlaufenden Talstraße entbehrte. Sie bildet die nächste Verbindung dieser Grenzgebiete mit Italien, sie verknüpft, gedeckt durch den Strom, die rheinischen Legionslager mit einander und bildet die große Rochierlinie hinter der Grenze. Endlich faßt sie alle aus dem gallischen Hinterland nach der Rheinbasis führenden Straßen auf, wie von ihr aus jenseits des Stromes zahlreiche Wege nach der Grenzsperre ziehen.

1. Das rechtsrheinische Strassennetz im allgemeinen.

Die Verhältnisse für die Anlage des Straßennetzes in dem schmalen rechtsrheinischen Landstreifen liegen erheblich einfacher als in Gebietsteilen von bedeutenderer Tiefe. Im wesentlichen wird hier den militärischen Anforderungen wie denjenigen des bürgerlichen Verkehrs Genüge geleistet werden, wenn von geeigneten Punkten am Rhein Aufstiege auf die Hochfläche mit

---

[2] Die Untersuchung der linksrheinischen Straßen gehörte nicht zu unsern Aufgaben. Sofern die militärischen Betrachtungen die Verbindung mit dem Hinterlands nicht unberührt lassen können, sind wir auf die sich zum Teil widersprechenden Angaben früherer Forscher angewiesen. Die hauptsächlich benützten Quellen finden sich in den Bonner Jahrbb. Heft 31, 61. 62 und 68. Ferner sind einige im Archive des Großen Generalstabes niedergelegte Rekognoszierungen von Römerstraßen des Oberstleutnant Schmidt (vgl. oben S. 13*) benützt worden.

[3] Vgl. Schumacher, Die Erforschung des römischen und vorrömischen Straßennetzes in Westdeutschland, Berichte der Röm.-German. Kommission III (1906/7), Frankfurt a. M. 1909 S. 23 mit Taf. I, letztere vom Autor verbessert auch bei Koepp, Die Römer in Deutschland, 2. Aufl., Bielefeld u. Leipzig 1912 Karte XXIV.

[4] Vgl. jetzt auch Schumacher, Beiträge zur Topographie und Geschichte der Rheinlande IV, Mainzer Zeitschrift VIII/IX 1914 S. 101 ff.

Fortsetzungen bis zum Grenzwalle führen und wenn die in der Hauptsache durch die linksseitige Rheintalstraße hergestellte Verknüpfung der Wege durch Verbindungen ergänzt wird, welche parallel oder schräg zu dem Rheintal laufen.

Das rechte Stromufer war zur Römerzeit in dem Durchbruchsgebiete von keiner durchlaufenden Straße begleitet. Auf dieser Seite treten die felsigen Vorsprünge an vielen Stellen so dicht an den Strom, daß die Anlage einer Uferstraße nur mittels bedeutender Kunstbauten zu bewerkstelligen gewesen wäre. Von solchen müßten aber Spuren noch heute unbedingt zu bemerken sein. Die aus dem Ende des 18. und aus dem Anfang des 19. Jahrhunderts stammenden Karten zeigen, daß damals noch keine Straße am Ufer entlang von Vallendar nach Ehrenbreitstein führte, und die Talstraßen von Rheinbrohl nach Irlich, wie von Bendorf nach Vallendar sind nur wenig älter. Es lag auch nicht im militärischen Interesse der Römer, hier, so nahe hinter der Grenze, eine durchgehende Heerstraße auf dem rechten Stromufer anzulegen. Eine solche würde den Germanen, die den Grenzwall durchbrochen hätten, die Möglichkeit freier Bewegung am Rhein entlang geboten und damit den gewaltsamen Übergang über den Strom erleichtert haben, während beim Fehlen einer rechtsrheinischen Uferstraße die Gegner, die auf den mehr oder minder isolierten Abstiegen vom Gebirge bis zum Rhein vorgedrungen waren, sich nicht leicht vereinigen und seitlich verschieben konnten, wenn sie die Übergangsstellen besetzt fanden.

Die linksrheinische Talstraße erfüllte hiernach zugleich für das rechtsrheinische Gebiet den Zweck einer die verschiedenen Aufstiege auf die Hochflächen des Westerwaldes und des Taunus untereinander verknüpfenden Verbindung. Hierdurch gewinnen die den Verkehr von ihr nach dem rechten Ufer vermittelnden Übergänge besondere Bedeutung.

Die römische Literatur enthält zwar keinerlei Andeutung, daß die Römer fliegende Brücken gekannt haben. Trotzdem müssen wir annehmen, daß sie solche Einrichtungen besaßen. Verfügbare Fahrzeuge und Anlandestellen waren sicher überall vorhanden, wo die militärischen und bürgerlichen Verhältnisse eine ständige Verbindung erheischten. Wir werden sehen, daß die Zahl solcher Überfahrten auf der vorliegenden Rheinstrecke verhältnismäßig bedeutend war. Das Bedürfnis war um so größer bei dem Mangel einer rechtsseitigen Uferstraße. Welche Überfahrten gleichzeitig im Gebrauche gewesen sind, läßt sich freilich heute kaum mehr nachweisen.

Unsere Untersuchungen hatten das Ergebnis, daß in dem Gebiete nördlich der Lahn zwischen dem Rhein und der Grenzsperre die überwiegende Mehrzahl der von den Römern benützten Verbindungen schon in vorrömischer Zeit bestanden haben und daß Straßen mit festem Steinunterbau hier vollständig fehlen. Nur an ein paar vorrömischen Wegen und auch an diesen nur stellenweise waren Ausbesserungen durch die Römer nachzuweisen.

Wenn sich auch in den anderen Teilen des Limesgebietes gezeigt hat, daß die Römer viel mehr, als bisher angenommen wurde, ältere Wege benützt und ausgebaut haben, so ist dies doch nirgends in demselben Umfange der Fall gewesen wie in dem rheinischen Gebietsstreifen.

Cäsar fand hier nicht ganz anderthalb Jahrhunderte vor der Besitzergreifung durch Domitian die Ubier, welche den gallischen Kelten in Gesittung und Lebensweise nur wenig nachstanden. Sie empfingen in ihren Wohnstätten den römischen Kaufmann und vermittelten selbst den Warenaustausch zwischen den Galliern und den Germanen. Aber beredter als die dürftige geschichtliche Überlieferung sprechen die zahllosen, freilich noch nicht systematisch erforschten Überreste aus vorrömischer Zeit. Dörfer, Einzelgehöfte und Gräber aus der Hallstatt- und Latène-Periode zeigen, daß bereits Jahrhunderte vor der Besitznahme durch die Römer das Land reich besiedelt war.

So fanden die Römer, als sie gegen Ende des ersten Jahrhunderts n. Chr. den rechtsrheinischen Landstrich in ihr Gebiet einbezogen, bereits ein reichentwickeltes Wegenetz vor. Wir unterscheiden bei den vorrömischen Wegen solche, die dem Fernverkehr dienten, und solche, die als Verbindungen niederer Ordnung den Verkehr zwischen benachbarten Ansiedlungen vermittelten. Unter den ersteren nehmen die großen Völker- und Handelsstraßen, die aus dem Inneren Germaniens nach dem Rheine und über diesen hinaus in das Innere Galliens führten, die erste Stelle ein. In zweiter Linie stehen die Höhenwege, die dem Rhein annähernd parallel, in der Regel möglichst die lokale Wasserscheide innehaltend, über den Rücken des Gebirges ziehen. Entlang dieser errichteten die Bewohner der benachbarten Gegenden mit Vorliebe ihre Grabhügel, für den heutigen Forscher die wichtigsten Merkmale des hohen Alters dieser Verkehrslinien. Der Weg auf der Wasserscheide wird nicht selten die Grenze zwischen den Völkerschaften, Gauen oder Dorfgemeinden gebildet haben. An den Höhenweg sind endlich wie Rippen an ein gemeinsames Rückgrat die Verbindungen niederer Ordnung angeschlossen. Denn von den Dörfern und Gehöften, die hier am Fuße oder auf den Abhängen des Gebirges lagen und dort sich über die wellenförmigen Hochflächen ausbreiteten, führten Wege zu dem gemeinsamen Höhenweg hinauf und vermittelten so den Verkehr von Ort zu Ort, zwischen Tal und Hochfläche.

Mit diesem Wegesystem hatten die Römer bei der militärischen Einrichtung der neuen Grenze zu rechnen. Die aus dem Inneren Deutschlands in das einbezogene Gebiet mündenden Völkerwege wurden durch Hauptkastelle gedeckt. Wo der Höhenweg die Grenze zwischen solchen Gauen oder Gemeinden gebildet hat, die römisch wurden, und solchen, die ausgeschlossen blieben, schloß der Limes sich seinem Laufe an, und einzelne Stücke werden dann als Begleitweg an der römischen Grenzwehr beibehalten worden sein (vgl. S. 19* und 21*).

Die vorrömischen Wege der dritten Gruppe aber erhielten, soweit sie in das römische Gebiet fielen, vielfach eine neue Bestimmung. Als Aufstiege vom Rheintal zum Plateau ließen sie sich leicht dem militärischen Bedürfnis nach möglichst zahlreichen Verbindungen der Übergangsstellen über den Strom mit der Grenzsperre anpassen. Und in der Tat haben die Römer sie in dieser Weise sich zu nutze gemacht. Wie bereits in der Beschreibung der Limesanlagen dargelegt worden ist, wurden die Wachttürme und namentlich die kleinen Kastelle vorzugsweise an solchen Stellen errichtet, wo die alten aus dem Rheintale heraufführenden Wege die Grenze erreichten. Wieweit sie hinfort auch für die Zwecke des bürgerlichen Verkehrs freigegeben und demgemäß Durchgänge durch die Grenzsperre eingerichtet wurden, wird im einzelnen nach militärischen Gesichtspunkten entschieden worden sein.

Eine Erklärung fordert hiernach die Tatsache, daß die Römer, die doch sonst so großen Wert auf einen soliden Straßenkörper legten, in unserem Abschnitte nicht allein die vorgefundenen kunstlosen Erdwege nicht ausbauten, sondern auch ihre sie ergänzenden Neuanlagen nicht mit Steinkörpern ausgestattet haben. Mehr als durch die Bodenbeschaffenheit wird dies damit zu rechtfertigen sein, daß die Straßenstücke kurz waren und die Bewegung größerer Truppenmassen auf ihnen kaum in Betracht kam. Außerdem fehlte es in dem schmalen Streifen an jeder größeren bürgerlichen Niederlassung, die Straßen benötigt hätte. Außer den Kastelldörfern gibt es nur Einzelsiedlungen, die meist etwas abseits vom Wege liegen.

2. Die Wege zwischen Rheinbrohl und dem Wiedbach.

(Kartenbeilage 1.)

Die Grenzsperre schneidet auf dem Abschnitt vom Rheinanschluß bis zum Wiedtal, sich nirgends über 4 km vom Strom entfernend, die Vorsprünge des Gebirges ab. Das Wegenetz in dem engbegrenzten Gebiet ist auf einen dem Rhein parallel laufenden Höhenweg und einige von ihm oder von dem Limes zu Tal führende Wege beschränkt.

1. Der Höhenweg Marsfeld - Rodenbach.

Aus der Gegend der unteren Sieg zieht ein alter Weg über Notscheid und Hargarten (nordöstlich von Linz) am Römerich (386,4 m) und Mahlberg (394,2 m) vorüber nach dem Neuwieder Becken. Er berührt auf dem Marsfeld das römische Gebiet, führt am Weierhof und am Gebranntehof vorbei zuerst als Wald-, später als Feldweg über die Wasserscheide von Wiedbach und Rhein und steigt an dem Höhenrand auf der Südseite des Rodenbachs zum Wiedtal hinab. Von Oberstleutnant Schmidt wird er als Hohe Straße bezeichnet, während er heutzutage bei den Einheimischen nach der Anhöhe, auf der

Wp. 18 liegt, nach der Wurzel (S. 75*), in der Regel Wurzelweg heißt.

Von Wp. 10 am Marsfeld (S. 67*) bis zur Wied schließt sich der Grenzwall scheinbar eng an den Höhenweg an. Aber da dieser zum Teil auf römischem, zum Teil auf germanischem Gebiete läuft, so ergibt sich der Schluß, daß die Römer bei Tracierung ihrer Grenze nur wenig Rücksicht auf den Höhenweg genommen haben. In der Zeit der Römerherrschaft wird also der Verkehr auf ihm zum Teil unterbrochen gewesen sein. Ein zusammenhängender Weg hinter der Grenzsperre war aber ein militärisches Bedürfnis und insbesondere auf dieser Strecke, welche auf die Kastelle an der Wied angewiesen war. Es ist daher anzunehmen, daß an denjenigen Stellen, wo der vorrömische Weg außerhalb der Grenzsperre lag, die Verbindung durch den Limes selbst und nach Anlage des Pfahls durch den freilich nicht immer nachzuweisenden Begleitweg hergestellt worden ist (vgl. S. 24*).

Östlich von der Wurzel trennt sich von dem Höhenweg der Rennweg ab und zieht über die hier eine lokale Wasserscheide bildenden Höhen zwischen Schloß Monrepos und dem Hahnhof hindurch nach Segendorf. Er wird hier jetzt als Fußweg benutzt, während für den Wagenverkehr die neue Fahrstraße nach Monrepos östlich von dem alten Weg in Windungen die Höhe gewinnt. Der letztere ist aber mit mehreren Fahrbahnen tief in den Lehm- und Tonboden eingeschnitten. Nordwestlich vom Hahnhof liegt eine Anzahl breiter, flacher Grabhügel, und bei Erbauung des Schlosses sollen alte Gräber gefunden worden sein.

Für die Römer waren vorzugsweise die Verbindungen des Höhenwegs mit dem Rheintal von Wichtigkeit, weil sie ihnen den Zugang zu den verschiedenen Teilen der Grenzsperre vermittelten.

2. Steinbrink und Hottels Buchen - Arienheller - Rheinbrohl.

Hierhin gehören zunächst die Abstiege, die im Anfang der Limesstrecke von den Höhen auf der Westseite des Beulenberges nach der Mündung des Nassenbachtales oder über den Lampentaler Hof nach dem Rheintale führen. Sie zweigen von dem Höhenweg bei dem Punkt 317,7 (Schutzhütte) westlich ab und führen zum Teil in tief eingeschnittenen Hohlen über die aus Löß bestehenden Talgehänge (vgl. oben S. 64* f.).

3. Fresshelder - Rheinbrohl.

Südlich vom Marsfeld zweigt sich von dem Höhenweg bei Wp. 11 auf dem Freßhelder der sogenannte Römerweg ab und führt an dem trigonometrischen Punkt 330,5 vorbei über den gegen Rheinbrohl vorspringenden mäßig steilen Rücken, zum Teil tief in den Löß eingeschnitten, an den Rhein hinab (vgl. S. 68* f. und die photographische Ansicht dieses Weges, die zugleich für die übrigen Wege dieser Art im Bereich unserer Strecke charakteristisch ist, ebenda Abb. 8). An diesem Weg wurde im Jahre 1853 bei der Kirche von

Rheinbrohl ein römisches Haus mit Heizkacheln aufgedeckt[5], und aus Rheinbrohl stammen römische Gefäße im Wiesbadener Museum und ein Mittelerz des Antoninus Pius[6].

Bei Rheinbrohl, ca. 250 m oberhalb des Bahndurchganges, ragten bis vor einigen Jahren aus der Böschung des Rheinufers 2,5 m starke Mauerstücke hervor. Diese Überreste, welche im Volksmunde das Alte Kloster hießen, sind inzwischen durch die erweiterte Bahnhofanlage überdeckt worden, doch liegen noch heute zahlreiche große Tuffsteine und Reste von schweren römischen Dachziegeln im Strombette. Die bedeutende Mauerstärke erinnert an spätrömische Befestigung, und der Straßenkommissar sieht in diesem Bau wie in dem sogenannten Heidenmäuerchen bei Engers (siehe unten S. 146 [hier S. 467]) gleichartige Anlagen. Daß zugleich mit der Grenzsperre in der Nähe ihres Anschlusses an den Strom eine Überfahrt eingerichtet worden ist, dürfen wir sicher annehmen. Ob diese Anlandestelle sich hier, gegenüber der Mündung des Brohlbaches oder weiter abwärts in der Nähe des Kastells Rheinbrohl am Caput limitis gegenüber der Vinxtbach-Mündung befand, läßt sich nicht entscheiden.

4. Kastell Am Forsthofweg - Ober-Hammerstein.

Südöstlich vom Weierhof zweigt sich von dem Höhenweg bei Wp. 13 der Rennweg in der Richtung auf den Forsthof ab, und 300 m weiter östlich durchbricht ein von Rockenfeld kommender alter Weg bei Wp. 13a die Grenzsperre und mündet gleichfalls in den Rennweg ein. Die Durchgangsstelle ist auf Taf. 5 Fig. 1 und 2 dargestellt und oben S. 70* f. beschrieben worden. Der letztere Weg ist auf der Höhe, wo er nach Regen sehr naß ist, in römischer Zeit ausgebaut worden, hatte aber zwischen den ihn begleitenden Gräbchen nur eine Breite von 1,40 m. Der Rennweg führt am Forsthof vorbei und erreicht den Rhein am Fuß der Burg Hammerstein. Das kleine Kastell Am Forsthofweg liegt 180 m östlich von dem erwähnten Limesdurchgang an der höchsten Stelle der Grenzsperre zwischen Rheinbrohl und dem Wiedbach. Von einer Rheinüberfahrt haben sich bei Ober- und Nieder-Hammerstein keine Spuren gefunden.

5. Abstiege nach Leutesdorf und Fahr.

Weniger sicher ist der vorrömische oder römische Ursprung der Wege, die sich weiter südlich von dem Grenzwalle zwischen Wp. 19 und 20 abzweigen und einerseits über Moselborn nach Leutesdorf, andererseits über Hüllenberg nach Fahr führen. An einem dritten Weg dagegen, der aus der Schlucht des Rodenbaches heraufkommend die Grenzsperre bei Wp. 24 durchschnei-

[5] Vgl. v. Cohausen, Der römische Grenzwall S. 274.
[6] Nassauische Annalen XVIII 1887 S. 300.

det und hier die Hohl genannt in gerader Richtung durch Wollendorf nach Fahr führt, sind in dem Feldbezirk „Mertensställe" Steinkistengräber gefunden worden.

6. Nieder-Bieber - Segendorf - Fahr.

Ein weiterer Weg[7], von den Anwohnern Römerstraße genannt, führt vom rechten Ufer der Wied bei Segendorf gegenüber dem Kastell Nieder-Bieber aus an der Tonnenmühle vorbei, zwischen Feldkirchen und Wollendorf hindurch nach Fahr, wo in seiner Velängerung heute eine Fähre nach Andernach abstößt. Eine Bearbeitung dieses Erdweges, der mit Kiesschotterung versehen war, konnte nur vor einem römischen Hause nachgewiesen werden, das unweit des Wiedbaches an diesem Wege lag. Die Verbindung Nieder-Bieber - Fahr gewann für die Römer erst Bedeutung mit dem Bau des Kastells Nieder-Bieber. Auch die Scherben, die aus dem erwähnten römischen Hause stammen, sprechen für die Annahme, daß der Weg um die Wende vom II. zum III. Jahrhundert anglegt worden ist.

Daß von den Römern zwischen Fahr und Andernach eine Überfahrt eingerichtet war ist zwar durch Funde nicht nachzuweisen, aber in hohem Grade wahrscheinlich. Wenn die Ummauerung von Antunnacum - Andernach auch erst dem IV. Jahrhundert angehört, so war der Punkt doch wichtig genug, da dort mehrere Militärstraßen zusammentrafen (siehe oben S. 137 [hier S. 455]). Auch gewinnt der Römerweg Nieder-Bieber - Fahr erst Bedeutung durch eine solche Überfahrt. Übrigens ist wohl sicher anzunehmen, daß bei Andernach, von wo zahlreiche vorrömische und römische Funde aus der frühen Kaiserzeit vorliegen, ursprünglich ein bis jetzt freilich nicht gefundenes Drususkastell lag[8].

Der Gebietsstreifen nordwestlich vom Mündungslaufe der Wied ist militärisch und kulturell von untergeordneter Bedeutung. Er vermittelt nur den Anschluss der Grenzsperre an den Rhein gegenüber der Abgrenzung der römischen Provinzen Ober- und Nieder-Germanien. Da hier tatsächlich nichts Wesentliches zu schützen war, konnte dieser Gebietsteil eines größeren Kastells entbehren, um so mehr, als er unter der Einwirkung von Heddesdorf-Niederbieber lag.

---

[7] Der Weg ist schon früher als römisch bezeichnet worden, vgl. Nassauische Annalen XIX 1888 S. 168 und Bonner Jahrbb. H. 78, 1881 S. 2.

[8] Ausgrabungsbericht Bonner Jahrbb. H. 107, 1901 S. 27 f. Die dort von Lehner ausgesprochene Vermutung, daß das Drususkastell seine Rolle nach Errichtung des Limes ausgespielt haben werde und zunächst gewissermaßen durch Heddesdorf ersetzt worden sei, ist gewiß zutreffend, ebenso daß nach Verlust der Grenzsperre die Rheinlinie durch die spätere Ummauerung von Antunnacum einen neuen Stützpunkt erhalten hat, vgl. a. a.O. S. 34 f.

3. Die Wege im Neuwieder Becken.

(Kartenbeilage 1 und 2.)

Die militärische Bedeutung der Talweite von Neuwied ist schon oben aus den allgemeinen geographischen Verhältnissen abgeleitet worden (S. 7*). Sie tritt besonders klar hervor, wenn wir die alten Wege betrachten, die hier zusammenfließen[9].

1. Kreuzkirche - Nieder-Bieber - Heddesdorf - Neuwied.

Der wichtigste ist die vorrömische Straße[10], die, wahrscheinlich sowohl von der Sieg, wie von der mittleren Lahn herkommend, über Rengsdorf, Melsbach, an der Kreuzkirche und an dem dort gelegenen Wp. 33 vorüber nach Nieder-Bieber und durch Heddesdorf bei Neuwied an den Rhein führt. Die Verfolgung dieses Völkerweges in das Innere Germaniens muß der Zukunft vorbehalten bleiben. Bei v. Cohausen und andern sind verschiedene Wehranlagen erwähnt, welche außerhalb der Grenzsperre diesen alten Weg queren. Unser Straßenkommissar hat die nächstgelegenen rekognosziert. Die erste bei Rengsdorf[11] zeigt drei Wälle, einen Sohlgraben und zwei Spitzgräben. Hier wurden früher Scherben gefunden, welche nach der Beschreibung Eltesters[12] vorrömisch zu sein scheinen. Eine ganz ähnliche Wehr findet sich 9 km weiter nördlich von Rengsdorf vor dem Dorfe Linkenbach. Die Anlage kreuzt dort den alten Weg und senkt sich zu beiden Seiten in die anstoßenden Tälchen hinab. Andere Anlagen liegen aber auch seitwärts der Straße. Welchen Zeiten die verschiedenen Wehren angehören, kann nur durch Grabungen festgestellt werden. Römischen Ursprungs sind sie nicht. Jedenfalls zeugen sie dafür, daß dieser Anmarschlinie zu verschiedenen Zeiten eine militärische Bedeutung beigemessen worden ist.

Einzelne Spuren von vorrömischer Ansiedlung finden sich außerhalb der römischen Grenze z. B. an der alten Straße nordwestlich von Rengsdorf und beim Straßenhaus von Jahrsfeld in der Mitte zwischen Rengsdorf und Linkenbach. Innerhalb des römischen Gebietes liegen unweit der alten Straße Hallstattgräber an dem Nordostabhange der Höhe 126,4 nördlich von Heddesdorf, da, wo die heutige Anhäuser Landstraße nach Süden biegt.

---

9 Über prähistorische Funde im Neuwieder Becken vgl. insbesondere Bonner Jahrbb. H. 110, 1903 S. 39 f., über seine Bedeutung in vorhistorischer Zeit im allgemeinen ebenda H. 104, 1899 S. 4 (H. Nissen).

10 Vgl. Nassauische Annalen VI 1859 S. 190 und v. Cohausen, Der röm. Greuzwall S. 249 ff.

11 W. Dorow, Römische Alterthümer in und um Neuwied, Berlin 1826 S. 15; v. Cohausen, Bonner Jahrbücher Heft 47, 1869 S. 39 ff.

12 Ebenda S. 41.

Am Südostabfalle der genannten Höhe tritt der alte Weg unter die moderne Anhäuser Straße bis zum Rathause von Heddesdorf und führt dann in gerader Richtung, entlang des Weidchenweges, unter dem Klärbassin der Neuwieder Wasserleitung hindurch nahe dem Südrande des Schloßparkes an den Rhein[13]. Im letzten Teile ist bis jetzt zwar nur der römische Straßenkörper sicher nachgewiesen, aber es wird anzunehmen sein, daß beide Straßen, die vorrömische und die römische, auf dieser Strecke zusammenfielen. Hierfür sprechen auch die auf dem linken Rheinufer gerade in die Verlängerung fallenden zahlreichen vorrömischen Ansiedlungen.

2. Kastell Anhausen - Heddesdorf (Nieder-Bieber).

Die Anhäuser Straße selbst dürfte gleichfalls in der Hauptsache einem vorrömischen Wege entsprechen, der von dem Plateau bei dem Dorfe Anhausen her an dem gleichnamigen kleinen Kastell vorbei nach der Wiedmündung zog. Der auffällige Knick der von Melsbach kommenden Straße zwischen Nieder-Bieber und Heddesdorf bei dem Punkt 111,6 könnte damit zusammenhängen, daß an dieser Stelle die beiden Wege sich vereinigten. Der genaue Lauf des Anhäuser Weges steht allerdings nicht fest, und außer den erwähnten Hallstattgräbern bei Heddesdorf sind auch keine prähistorischen Anlagen an ihm zutage getreten. Bei den Ausgrabungen des Kastells Anhausen und bei den Untersuchungen in seiner Nachbarschaft, z. B. in dem als Wp. 41 bezeichneten Gebäude, wurden indes prähistorische Scherben gefunden, so daß vorrömische Gräber oder Siedlungen in der betreffenden Gegend vorauszusetzen sind. Die Römer müssen diesen Weg benutzt haben, auf dem sie in 1½ Stunden vom Kastell Heddesdorf zum Anhäuser Limeskastell gelangen konnten. Auch für die Besatzung von Nieder-Bieber war es weit bequemer, nach dem Kastell Anhausen diesen nur eine starke Stunde weiten, bequemen Aufstieg als den Weg am Limes entlang zu benutzen, der gerade hier so große Höhenunterschiede aufweist.

3. Der Höhenweg Anhausen - Engers.

Auch nach dem Mündungsgebiet der Sayn führt von der Hochfläche bei Anhausen aus ein alter Weg, der, anfangs nicht mehr deutlich, östlich vom Kastell Anhausen auf den Limes trifft und ihm etwa von Wp. 42 ab in südöstlicher Richtung bis über Wp. 48 auf dem Hormorgen hinaus folgt. Er hat auf diesem Abschnitt ganz den Charakter eines prähistorischen Höhenwegs und gleicht in seiner Tracierung auffällig dem oben an die Spitze gestellten Höhenweg des ersten Abschnitts. Von Norden her mündet in ihn ein alter Weg, der unweit des Wp. 45 an dem Spielmanns-Heiligenhäuschen, einem

[13] vgl. Abteilung B Nr. 1 Kastell Heddesdorf S. 5 [hier S. 271] und Taf. I.

alten Bildstock, vorüberführt. Das Alter dieser Wege wird namentlich erwiesen durch das ausgedehnte Gräberfeld der Hallstattzeit und die vermutlich gleichzeitige prähistorische Ansiedlung auf dem Burghoffeld, deren Wehrplatz die benachbarte Alteburg gebildet hat (vgl. oben S. 97* f.). Vom Hormorgen zog der alte Höhenweg in südlicher und südwestlicher Richtung nach Engers hin ab .

4. Abstiege vom Höhenweg in die Rheinebene.

Auch die Abstiege, die heute meist als tiefe Hohlwege von dem Höhenweg in südwestlicher Richtung in die Ebene führen, dürften derselben Periode angehören, in der die weithin sichtbare Höhe des Burghoffeldes (trigonometrischer Punkt 296,9, vgl. oben S. 97*) besiedelt war. So durchbricht etwa 1 km östlich vom Kastell Anhausen bei Wp. 43 der Kieselweg den Grenzwall, an dem die oben S. 96* erwähnten Grabhügel gelegen sind. Seine Fortsetzung scheint über Heimbach nach Engers geführt zu haben. Die Ansiedlung auf dem Burghoffeld muß auch direkt mit der Ebene durch Wege verbunden gewesen sein. An dem vom Pfahl zwischen Wp. 47 und 48 nach Weis hinabführenden Weg liegen gleichfalls Grabhügel der Hallstattzeit. Die in einem von ihnen gemachten Bronzefunde sind auf S. 100* erwähnt worden.

5. Heddesdorf - Bendorf.

Von Heddesdorf und Neuwied führt in der Richtung der heutigen Landstraße ein Weg nach Bendorf, dessen vorrömischer Ursprung durch Funde prähistorischer Scherben beim Bahnhofe Neuwied, durch ein Gräberfeld in dem Terrain der Westfälischen Schwemmsteinfabrik 2,5 km östlich von Heddesdorf und durch zahlreiche Funde zwischen Engers und Bendorf wahrscheinlich gemacht wird. Seine Ausbiegung nach Norden ist durch einen alten Rheinarm bedingt, der das sogenannte Railer Feld gegenüber von Urmitz umschließt. Das alles weist darauf hin, daß in vorrömischer Zeit wie an der Mündung der Wied, so auch an derjenigen der Sayn ein wichtiger Mittelpunkt des Verkehrs gewesen ist.

Die Römer fanden somit im Neuwieder Becken Wege in genügender Zahl für ihre Zwecke vor. Ausbesserungen durch die Römer konnten an ihnen jedoch bis jetzt nur an den Straßen Nieder-Bieber - Neuwied und Heddesdorf - Bendorf nachgewiesen werden und auch bei diesen nur in den Lagerdörfern oder vor römischen Gehöften.

An der Straße Nieder-Bieber - Neuwied (S. 142, 1 [hier S. 462]) wurden Verbeserungen des Straßenkörpers durch Grabungen auf Neuwieder Gemarkung in einem Felde der Brüdergemeinde und in Heddesdorf neben dem Pfarrgarten unter der Anhäuser Straße festgestellt. Die Profile ergaben eine 20 - 30 cm starke Kiesschotterung mit einer Decke aus Flußgeschiebe und einer Sandschicht darüber. Die Straße hat unter der heutigen Anhäuser Landstraße eine Breite von 4 m. Ein regelmäßiger Steinkörper wurde dagegen nirgends entdeckt, auch nicht bei den mannigfachen Aufschlüssen zum Zwecke der Kanalisation und ähnlichen Arbeiten. Größere Steine wurden nur bei der Anlage des Klärbassins in der Nähe des Schlosses Neuwied dicht am Rhein gefunden, welche darauf schließen lassen, daß der Aufgang vom Strom in einer gepflasterten Rampe bestand. Hier befand sich vermutlich die Landungsstelle der von den Römern eingerichteten Rheinüberfahrt.

Die Straße Heddesdorf - Bendorf (S. 144, 5 [hier S. 464]) tritt aus dem rechten Flankentore des Heddesdorfer Kastells 4,2 m breit heraus, mit Gräbchen zu beiden Seiten. Sie hat hier eine 15 cm starke Kiesschotterung und darüber eine Lage groben Sandes. Diese Beschaffenheit behält sie 200-300 m weit bei, solange sie von den Steinbauten des Lagerdorfes begleitet ist. In dem darauffolgenden Gräberfeld ist der alte Weg nicht verbessert. Nur noch an einer Stelle, da, wo der vom Heddesdorfer Kirchhof kommende Weg die alte Straße schneidet, und wo den Scherbenfunden nach ein römisches Haus gestanden zu haben scheint, fand sich eine Ausbesserung der letzteren, eine Lage von Kies, die mit Steinen untermengt ist. Ein zusammenhängender fester Straßenkörper hätte sich bei den zahlreichen Gruben der Schwemmsteinfabriken, die von beiden Seiten an die Straße herantreten, der Beobachtung nicht entziehen können.

Ein römisches Erdkastell ist an der Hauptbiegung der Straße auf der Nordseite des Railer Feldes durch den Streckenkommissar Loeschcke in einer Sandgrube in den auf Taf. 7 Fig 3 dargestellten Überresten erkannt worden. Die Profile eines ursprünglich über 4 m breiten und 2,15 m tiefen Spitzgrabens hoben sich an den Böschungen der Grube im Bimssand mit großer Deutlichkeit ab. In der Richtung der Straße, die über die Anlage hinwegführt, betrug ihre Ausdehnung von Graben- zu Grabensohle 64,60 m. In der anderen Richtung konnte die Größe der Eisenbahn wegen nicht festgestellt werden, wie denn überhaupt zu einer genaueren Untersuchung dieses Werkes die örtlichen Verhältnisse zu ungünstig waren. Es wird sich um eine vorübergehende Anlage aus der Zeit der Okkupation handeln, deren Datierung vielleicht durch die Scherbenfunde möglich ist. Wir werden im Abschnitt über die Einzelfunde darauf zurückkommen.

Sehbstverständlich ist nicht ausgeschlossen, daß noch an anderen Stellen dieser beiden Straßen, sowie an den übrigen aufgeführten vorrömischen Wegen im Neuwieder Becken von den Römern Ausbesserungen gemacht worden sind, ausgedehnte Kunststraßenbauten der Römer könnten unseren Nachforschungen aber schwerlich entgangen sein.

Schließlich mögen hier noch einige Wege erwähnt werden, die ältere Forscher den Römern zugeschrieben haben. Dorow nimmt eine Römerstraße an, deren größtenteils dreifach übereinander gelegtes Steinpflaster beim Bau des

Rasselsteiner Kanals entdeckt worden sei und sich „durch die Wiedbach, an der alten Brücke hin" ziehe[14]. Es könnte etwa einer lokalen Verbindung von Heddesdorf mit dem rechten Ufer der Wied angehört haben. Dorows weitere Angaben, insbesondere, daß das Pflaster aus Quarzgeschieben und Bachkieseln, mit Mörtel verbunden, bestanden habe, lassen indes befürchten, daß er selbst oder seine Gewährsmänner durch Mauerabsturz getäuscht worden sind. Die Annahme einer römischen Straße in der Sohle des Wiedtales, die sich von der Hauptstraße in Heddesdorf abgezweigt und nahezu parallel mit ihr nach Nieder-Bieber und weiter geführt hätte, ist ganz unwahrscheinlich. Durch das enge und gewundene Wiedtal ist auch schwerlich ein vorrömischer Weg gezogen.

Ferner wird von Dorow und v. Cohausen[15] der sogenannte Prozessionsweg als römisch bezeichnet. Dieser Weg geht von Kastell Nieder-Bieber aus, überschreitet den Aubach östlich vom Dorf Nieder-Bieber, zieht südlich von den Ortschaften Gladbach, Heimbach und Weis durch die Felder und mündet wenig westlich von Sayn in die von Weis herkommende Vizinalstraße. Eine Verbindung entlang des Bergfußes, also in der ungefähren Richtung des Prozessionsweges, entspricht unzweifelhaft dem militärischen Bedürfnisse, insbesondere, nachdem die Reserve für den Neuwieder Abschnitt in dem Kastell Nieder-Bieber untergebracht war, und um so mehr, als der Weg am Limes, wie oben gezeigt wurde, gerade auf dieser Strecke nicht zusammenhängend durchgeführt war (S. 24*). Auffallenderweise ist aber bis jetzt entlang des Prozessionsweges noch nichts Römisches gefunden worden, keine Ansiedlung, keine Einzelfunde, nur ein fränkisches Grabfeld auf Gladbacher Markung. Auch ist in den Schwemmsteingruben, die den Weg bis zur Breite eines schmalen Fußsteiges einengen, keine Spur einer künstlichen Festigung desselben hervorgetreten. Hiernach ist der römische Ursprung dieses Weges nicht gesichert.

Die militärischen Einrichtungen des Neuwieder Beckens lassen deutlich die Rücksichtnahme der Römer auf die vom Auslande einmündenden vorrömischen Wege erkennen. Die wichtigste dieser Verbindungen ist unzweifelhaft diejenige, welche sich auf römischem Gebiete an die untere Wied knüpft. Deshalb haben die Römer den Schwerpunkt ihrer Verteidigungseinrichtungen, die Kastelle Heddesdorf und Nieder-Bieber, an diese Linie gelegt. Wir dürfen es heute, freilich nur als eine Vermutung, aussprechen, dass in der erwähnten Richtung einer jener uralten Völkerwege zog, der tief aus dem Innern Germaniens, wahrscheinlich von der Elbe und Weser zum Rhein und über diesen hinaus in das Innere Galliens führte. Solche Wege waren aber die

[14] Dorow, Römische Alterthümer in und um Neuwied, Berlin 1826 S. 13.
[15] Dorow, ebenda Taf. I; v. Cohausen, Bonner Jahrbb. H. 47, 1869 S. 61 f. u. Röm. Grenzwall S. 304.

natürlichen Operationslinien für größere Invasionen und bedurften daher einer besonderen Überwachung oder nachhaltigerer Sperrung. Dasselbe kann kaum für die nach dem Mündungslaufe der Sayn führenden vorrömischen Wege gelten. Die römischen Erdkastelle bei Bendorf sind schon zur hadrianischen Zeit endgültig aufgegeben worden. Auch wurden bis jetzt westlich des Rheins hier keinerlei Anhaltspunkte für die Fortführung gefunden.

Am südöstlichen Ende von Engers befindet sich in der Fortsetzung des oben unter Ziffer 2 beschriebenen vorrömischen Höhenweges hart am Rhein eine Ruine, die im Volksmunde das Heidenmäuerchen heißt. Die 2,5 m starken Mauerreste liegen zum Teil noch 1-2 m hoch zu Tage. Die verschiedensten Deutungen hat dieser merkwürdige Bau erfahren. Cohausen[16] hält ihn für eine mittelalterliche Burg. Aber abgesehen davon, daß keine von den sehr zahlreichen Urkunden aus der dortigen Gegend einer solchen Erwähnung tut, sprechen sehr gewichtige Gründe dafür, daß an dieser Stelle ursprünglich eine römische Anlage war. In den Spitzgräben, die das Mauerwerk umgeben, fanden sich römische Ziegel und Scherben, und aus dem Schutte des Gemäuers wurden römische Goldmünzen entnommen. Hiezu kommt die Analogie mit der oben S. 141 [hier S. 460] erwähnten, unzweifelhaft römischen Ruine „am Kloster" bei Rheinbrohl. Bodewig hält beide Anlagen für spätrömische Burgi und meint, wir dürften in diesen Überresten zwei der von Valentinian I. auf der rechten Rheinseite angelegten Werke erblicken, die den Zweck hatten, den Uferwechsel zu sichern[17].

4. Die Wege zwischen der Sayn und der Lahn, nördliche Gruppe.

(Kartenbeilage 2 und 8.)

Auch das Gebiet zwischen Sayn und Lahn zeigt die deutlichsten Spuren starker Besiedlung aus der vorrömischen Zeit. Die Römer müssen also auch hier bereits zahlreiche Wege vorgefunden haben, die zum Teil jedenfalls nur von lokaler Bedeutung waren. Da bei vielen von ihnen der Ausgangspunkt im Hinterland nicht feststeht, gehen wir in der Beschreibung von ihren Endpunkten am Rheine aus.

---

[16] Bonner Jahrbb. H. 47, 1869 S. 13. Über Münzfunde berichten Nassauische Annalen VI 1859 S. 171 und Programme des Coblenzer Gymnasiums Jahrg. 1844 und 1845. Vgl auch Dorow a. a. O. S. 20 ff.

[17] Ammian. Marcellinus XXVIII 2, 1: Valentianus Rhenum omnem - - communiebat - - nonnunquam etiam ultra flumen aedificiis positis subradens barbaros fines. Die Annahme des Straßenkommissars erhält durch einen unlängst aufgefundenen spätrömischen Burgus an der Mündung der Lahn bei Nieder-Lahnstein erwünschte Bestätigung.

1. Sayn - Stromberg.

Von Sayn führt ein alter Weg in tief ausgefahrenen Hohlen auf die Höhe zwischen dem Sayn- und dem Brexbachtal und zieht auf der rechten Seite des noch immer etwas ansteigenden Kammes nach Stromberg. Auf der Kehr, wo dieser Weg die Höhe erreicht, wird er unweit des Wp. 52 vom Limes gekreuzt. An derselben Steile, die auf Taf. 15 Fig. 2 im Maßstab 1:1.000 dargestellt und oben S. 103* ff. genau beschrieben worden ist, durchschneidet der Weg in einer gegenwärtig über 4 m tiefen Hohle ein Gräberfeld der Hallstattzeit. Die genauere Untersuchung ergab, daß der Weg älter als die römische Limespalissade ist, die auf beiden Seiten jener tiefen Hohle aussetzt, daß der Wegeinschnitt aber mindestens die jetzige Breite noch nicht gehabt haben kann, als die Gräber entstanden sind, da zwei von ihnen an seiner Böschung größtenteils abgestürzt sind. Ein Blick auf unseren Lageplan macht das beides klar.

Achthundert Meter nordöstlich des Gräberfeldes, da, wo der Weg auf das Gebiet der Provinz Hessen-Nassau übertritt, läuft quer über den Weg ein Wall und Graben, den v. Cohausen, Der römische Grenzwall S. 240 genau beschrieben und auf Taf. XLVI als Pfahlgrabenprofil XXIX 20 abgebildet hat. Vielleicht diente diese Befestigung, die einem Abschnittswall gleicht, dazu, die zu dem Gräberfeld gehörige Niederlassung gegen Nordosten zu schützen.

2. Bendorf - Grenzhausen.

Auf der Südseite des Brexbachtales zieht ein prähistorischer Weg, der in seiner Führung dem Wege von Engers nach Anhausen (S. 143, 3 [hier S. 463]) sehr ähnlich ist, in allmählicher Steigung auf die Höhe beim Meisenhof und folgt, mehr in östliche Richtung übergehend, von Wp. 57 bis Wp. 60 dem Limeslauf. Auf diesem Abschnitt, wo der Weg den Rücken des Höhenzuges einhält, liegen rechts und links von ihm wieder zahlreiche, zum Teil sehr stattliche Hügelgräber. Das erste, ein sehr großer Grabhügel, befindet sich links vom Weg an der Stelle, wo der Steinbrücker Weg nach Wp. 58 abzweigt. Bei den Untersuchungen dieses Wachtpostens wurden auffallend viele prähistorische Scherben angetroffen. Weiterhin durchschneidet der Weg zwei umfangreiche, aber verflachte Grabhügel und bei dem Waldgrenzstein Nr. 5/6 einen dritten. Die Hügel mehren sich in der Nähe des Wp. 59, und da, wo bei Wp. 60 der Weg ins Ausland tritt, liegt wieder eine Gruppe stattlicher Grabhügel beieinander (vgl. Taf. 17 Übersichtskarte 1:5.000, wo indes die Grabhügel nur bei Wp. 60 und auch hier nicht vollständig eingetragen sind, und oben S. 111* ff.).

In Vallendar laufen nicht weniger wie fünf oder sechs vorrömische Wege zusammen, die beweisen, daß auch hier wieder ein Mittelpunkt des Verkehrs und vermutlich eine Übergangsstelle über den Rhein gelegen hat[18]. Für die

[18] Unweit des Rathauses wurden Hallstattgräber gefunden.

römische Zeit läßt sich das aus einem Münzfunde erschließen, der hier beim Baggern im Rhein gemacht wurde und in das Provinzialmuseum nach Bonn (Inv. 5893) gelangt ist. Von 106 Kupfermünzen gehören drei Kleinerze dem IV. und V. Jahrhundert an, während alle übrigen Stücke, durchaus Mittelerze, mit Augustus beginnen und, soweit sie überhaupt bestimmbar sind, vorwiegend aus dem I. und nur zum kleineren Teil aus dem II. Jahrhundert stammen. Im Privatbesitz befindet sich eine gleichfalls hier ausgebaggerte Goldmünze aus der Zeit der Antonine, in Antiochia geprägt. Auf eine von den Römern militärisch organisierte Überfahrt wird man aus diesen Funden nicht schließen dürfen, zumal dafür sonst keinerlei Anhalt vorliegt. Eine Insel, wie Niederwerth, konnte zwar für einen Brückenschlag Vorteile bieten, aber für eine Überfahrt nur unbequem sein.

3. Vallendar - Grenzhausen.

Auf dem Bergrücken zwischen dem Wüstebach und dem Fehrbach zieht ein alter Weg über den sogenannten Gummschlag nach Nordosten, der sich 700 m vor Grenzhausen mit dem erwähnten alten Bendorfer oder Sayner Weg vereinigt. Dicht an ihm sind bei der Vallendarer Kirche vorrömische Scherben gefunden worden, und auf dem Schwarzen-Berg liegt an dem Weg der Mautzenhügel, ein großer, schon durchwühlter Grabhügel, in dessen Nähe neuerdings Scherben und andere Spuren vorrömischer Besiedlung beobachtet worden sind.

4. Vallendar - Höhr durch das Fehrbachtal.

Dieses sachte ansteigende, nicht zu schmale Tal bietet einen äußerst bequemen Aufstieg. Auf der Ostseite des Tales, unterhalb der Vallendarer Tongrube im Distrikt Eselsborn mündet (bei dem Höhenpunkt 181) ein kleines Seitentälchen ein. An seinem Südwestabhang liegen Reihen uralter Hüttenstellen, auf der Nordostseite zieht ein ca. 100 m langer, unregelmäßiger Graben, der durch den Abbau einer zu Tage liegenden Erzader entstanden ist. In der anliegenden Wiese fand sich ein mit Lehmbrocken untermischter Schlackenhaufen. Die veranlaßte technische Untersuchung ergab, daß die Schlacken aus einer Eisenschmelze stammen. Der Betrieb war aber ein sehr primitiver, da aus dem 41,11 % Eisen enthaltenden Gestein nur 5,48 % metallisches Eisen gewonnen worden war, was mit Sicherheit auf vorrömische Zeit schließen läßt. An der Markungsgrenze von Vallendar und Höhr, im Distrikt Krautseifen, wurden bei einer Weganlage Hütten eines zweiten Dorfes angeschnitten, das nach den Scherben der Hallstattzeit angehört. Auch hier fanden sich Spuren von Erzbau sowie viele Latène-Scherben. Wir dürfen unter der heutigen Landstraße sicher einen vorrömischen Weg annehmen, den das kleine, am Durchgang durch den Grenzwall gelegene Kastell Fehrbach (s. o. S. 118* f.) sperrte. Dieser Weg kam auch in erster Reihe für die Verbindung des Kastells Fehrbach mit der Kohorte in Niederberg in Betracht, die nur über Vallendar (s. u. S. 150, 2 [hier S. 473]) diese Station am Limes bequem, in etwa 2 ½ Stunden, erreichen konnte.

5. Vallendar - Höhr über den Wandhof.

Auch die „Alte Höhrer" oder wie man in Höhr selbst sagt, „Alte Vallendarer Straße"[19] dürfte vorrömischen Ursprungs sein. Etwa 500 m, bevor sie den Limes bei Wp. 65 durchbricht, führt sie an einem Grabhügel vorüber. Die 18 m breite Unterbrechung des Pfahls bei Wp. 65 und der Durchgang durch die Palissade, die hier festgestellt worden sind, lassen vermuten, daß der Weg auch in römischer Zeit benützt worden ist (vgl. Taf. 18 Fig. 3 und S. 121*).

6. Vallendar - Hillscheid durch das Tal des Hillscheider Baches.

Die heutige Landstraße führt in sanfter Steigung von Vallendar nach Hillscheid durch das Tal des Löhr- und des Hillscheider Baches. Mit Bestimmtheit ist anzunehmen, daß dieser bequeme Aufstieg schon in vorrömischer Zeit benützt worden ist. Auf dem Südabhange des Hillscheider Baches, im Mallendarer Bollert, ziemlich in der Mitte zwischen Hillscheid und Vallendar liegen dicht neben einander zahlreiche, kräftig ausgeprägte Hanghütten. Der bis zu 45° geböschte Abhang ist zu zwei Dritteln seiner Höhe in einer Erstreckung von 3 km damit überdeckt.

Diese Ansiedlung tritt südöstlich nahe an das von Soldan bei Neuhäusel nachgewiesene Hüttendoff heran (s. o. S. 129*). Die Gegend des Hillscheider- und Kaltenbaches war also in vorrömischer Zeit außergewöhnlich stark besiedelt. Das Kastellchen Hillscheid (vgl. S. 124* ff.) sperrte den vorrömischen Weg, der von den Römern benützt, aber nicht ausgebaut worden ist.

Außer dem Talwege ist in vorrömischer Zeit auch ein Höhenweg Vallendar - Hillscheid im Gebrauch gewesen. Bald nach dem Zusammenfluß von Feisternacht- und Hillscheider Bach führen aus dem Tale des letzteren alte, jetzt verwachsene Wegrisse auf den Rücken zwischen beiden Talsenken. Im Distrikt Pedel entspricht der alte dem neuen Pedelwege, der nordwestlich von Hillscheid in die Landstraße mündet. Im Pedel liegt ein Grabfeld zu beiden Seiten der Straße. Östlich von dem Gräbergebiete schließen sich alte Felder an, deren Raine auf dem geneigten Boden scharf hervortreten. Auch weisen viele Scherben, die bei einer Weganlage gefunden wurden, auf frühe Besiedelung hin.

7. Vallendar - Simmern - Neuhäusel.

Von der Südseite von Vallendar führt ein alter Weg in tief eingeschnittener Hohle zu dem Mallendarer Berg hinan und weiter in südöstlicher Richtung

---

[19] Vgl. v. Cohausen, Röm. Grenzwall S. 304.

über den Krebsberg auf der Nordseite des Mallerbachtälchens hin, hier in östliche Richtung übergehend, nach Simmern und von da nach Neuhäusel. Abgesehen von dem Fund vorrömischer Scherben auf der sogenannten Humboldthöhe südlich von Vallendar sind bis nach Simmern vorrömische Überreste an diesem Wege bis jetzt nicht nachgewiesen worden, aber das Dorf Simmern selbst liegt an der Stelle einer vorrömischen Siedlung, die durch Scherben der Latènezeit datiert ist, und auch 400 m östlich des Dorfes im Bezirk Am See sind Hütten und Gräber der Latènezeit festgestellt worden. Endlich haben sich im Distrikt Eisenköppel auf der Nordseite des Weges Grabhügel erhalten. Hiernach dürfte der ganze Zug dieses Weges, der die große Hallstatt-Niederlassung bei Neuhäusel mit Vallendar verband, als gesichert zu betrachten sein.

5. Die Wege zwischen Sayn und Lahn, südliche Gruppe.

(Kartenbeilage 3 und 4.)

1. Der Höhenweg Montabaur - Ehrenbreitstein.

Von den alten Wegen, die gegenüber der Moselmündung zusammenlaufen, ist der wichtigste der vorrömische Höhenweg, der in der Richtung der heutigen Landstraße von Montabaur über Neuhäusel nach Ehrenbreitstein zieht. Der alte Weg tritt vielfach neben der neuen Straße, vorwiegend auf ihrer Südseite zu Tage. Kurz vor Neuhäusel, wo der Weg den Limes bei Wp. 78 auf dem Haferröder kreuzt, liegt die von Soldan entdeckte und untersuchte große Niederlassung der Hallstattzeit, die auf der Übersichtskarte unserer Taf. 19 dargestellt und oben S. 129* erwähnt worden ist.

Eine bedeutende Abweichung von der heutigen Straße zeigt der alte Weg, indem er westlich von dem Übergang über den Meerkatzbach die Höhe Kiesel überschreitet und sich mit der Chaussee erst wieder bei Arenberg vereinigt. Zwischen Arenberg und Niederberg ist der alte Weg von römischen Gebäuden begleitet. Er geht südlich von Niederberg über den Kreuzberg und unter dem Namen Kniebrech hinab nach Ehrenbreitstein. Im Jahre 1900 wurde bei Gelegenheit der Anlage eines Wagenschuppens für die elektrische Bahn der Kniebrechweg in einer Länge von 125 m aufgegraben. Hierbei zeigte sich in der Tiefe eine Stickung von schiefrigem Gestein. Die Platten sind flach gelegt und bilden einen Körper von beiläufig 20 cm Dicke. Am oberen Ende der aufgegrabenen Strecke beträgt die Breite 7 m. Der Straßenkommissar ließ auf derselben Strecke, 40 m oberhalb des unteren Endes, ein Profil ausgraben. Es zeigt auf der dem Abhange zugekehrten, westlichen Seite eine sanfte Böschung und neben dieser eine mit Wacken und Schiefer bekleidete Rinne, während auf der anderen Seite der Straße, gegen den Berg zu, nur eine flache Böschung festgestellt wurde. Hier wie in der Rinne auf der Westseite lag viel Kies, der offenbar von der abgeschwemmten Decke der alten Straße herrührt. Der Kniebrechweg war die Zufahrtstraße zu dem Kastell Niederberg, und der Steinkörper muß von den Römern hergestellt worden sein. Ob der vorrömische Weg hier unter dem römischen liegt oder aber durch das Tal herunterführte, bleibt dahingestellt.

Der Lauf des Höhenweges außerhalb des römischen Gebietes von der mittleren Lahn und weiter her wurde von uns nicht rekognosziert. Schumacher[20] läßt ihn über Hadamar ziehen. Der sichere Nachweis im Gelände muß der Zukunft vorbehalten bleiben.

Daß bei Koblenz von den Römern eine Vorkehrung für den Uferwechsel getroffen war, ist schon aus militärischen Gründen ohne weiteres anzunehmen. Wahrscheinlich liegt unter der heutigen Rheinstraße in Koblenz, an der unweit des Rheins ein römischer Grabfund gemacht wurde, eine römische Straße, welche nach dem unter der jetzigen Altstadt befindlichen Confluentes führte. Hiernach wird die Übergangsstelle in der östlichen Fortsetzung der Rheinstraße zu suchen sein. In dieser Richtung liegt im Strom eine Sandbank, der Kapuzinergrund, über den die jetzige Schiffbrücke führt. Dort beobachtete im Jahre 1829 der Bauinspektor Elsner Pfähle, die in einer Erstreckung von 30 Fuß entlang dieser Sandbank eingerammt waren[21]. Die Pfähle waren 10-12 Zoll stark, teils rund, teils viereckig. Sie schienen dem Techniker zu einer alten Brücke zu gehören. Aus welcher Zeit die Verpfählung stamme, blieb unaufgeklärt. Der Straßenkommissar hält es für wahrscheinlich, daß sie zu einer römischen Brücke gehörten, welche zutreffendenfalls der einzige stehende Übergang abwärts von Mainz innerhalb des Limesgebietes gewesen wäre.

Mit der Höhenstraße stehen zahlreiche alte Wege in Beziehung, von welchen zunächst diejenigen aufgeführt werden sollen, die von ihr nördlich abzweigen.

Eine Talstraße auf dem rechten Rheinufer zur Verbindung von Ehrenbreitstein mit dem Neuwieder Becken bestand zur Römerzeit und noch anderthalb Jahrtausende später nicht[22]. Die hart an den Strom herantretenden Felswände hätten bedeutende Kunstbauten erheischt, und noch in neuester Zeit haben sich die großen technischen Schwierigkeiten in dem Bergsturze

[20] Bericht über die Fortschritte der röm.-germanischen Forschung 1906/7 (1909) S. 29; Mainzer Zeitschrift VII 1912 S. 73

[21] Rheinischer Antiquarius S. 768 f.

[22] v. Cohausen, Bonner Jahrbb. H. 47, 1869 S. 3 führt an, daß noch zu Anfang des 19. Jahrhunderts hier keine Talstraße bestand. Noch damals habe man, um von Tal-Ehrenbreitstein nach Vallendar zu fahren, den Rücken bei Niederberg überschreiten müssen, um dann durch das Tal des Mallerbaches den Rhein bei Mallendar zu erreichen.

bei Vallendar gezeigt, durch den die heutige Talstraße und die Eisenbahn auf Wochen außer Betrieb gesetzt wurden.

2. Niederberg - Bendorf.

Die alte Verbindung scheint oberhalb des Kniebrechweges von der Höhenstraße abgegangen zu sein und entlang der vorderen Front des Kastells hinziehend durch das Dorf geführt zu haben. Sie ersteigt dann als Hohle die Höhe südlich von Urbar und zieht in ziemlich gerader Richtung, Urbar und Besselich links lassend, nach Vallendar. Von hier bis Vallendar konnte sie sich unschwer dem Rheine anschließen. Auf der sogenannten Alten Burg, der Höhe zwischen Vallendar und dem Wambach, wurden im Herbst 1896 unter Ritterlings Leitung Ausgrabungen vorgenommen, die ein 11 m breites und 16 m langes Wirtschaftsgehäude und einen kleinen Keller, beide in sehr zerstörtem Zustande erkennen ließen. Schon vorher war hier ein Denar Hadrians und einer des Severus Alexander gefunden worden[23]. Jenseits Vallendars ersteigt die Straße wieder die Höhe von Weitersburg, in dessen Nähe ein großes römisches Gehöft liegt. Dieses ist gleichfalls im Herbst 1896 von Ritterling ausgegraben worden. Es hatte über 60 m Länge und 50 m Breite und stammt nach den zahlreichen Scherben, die darin gefunden wurden, aus der zweiten Hälfte des II. Jahrhunderts. Dabei kam auch ein sehr verschliffenes Großerz Trajans und ein Großerz der Julia Domna zu Tage[24].

Bei Bendorf zieht die Straße etwa 60 m nördlich von den dortigen Erdkastellen vorüber. Nirgends, soweit angegraben, zeigt der Weg einen Steinkörper. Auf der ganzen Erstreckung und auch in Niederberg wurde bis jetzt nichts Vorrömisches gefunden. Wir müssen deshalb annehmen, daß der Weg römischen Ursprungs ist. Dafür sprechen auch der teilweise geradlinige Zug und zahlreiche römische Scherben, die an seiner Seite auf den Feldern umherliegen. Jedenfalls war die Verbindung von Kastell Niederberg mit dem Neuwieder Becken ein militärisches Bedürfnis. Die Fortsetzung von Bendorf nach Heddesdorf haben wir schon oben kennen gelernt; die Verlängerung in südlicher Richtung über Ehrenbreitstein nach Nieder-Lahnstein wird weiter unten nachgewiesen werden.

3. Niederberg - Hillscheid.

Diese Verbindung zweigt an dem Nordostausgange des Dorfes Niederberg von dem eben erwähnten Wege ab. Auf der Strecke bis zum Holderberger Hof im Mallerbachtal fand man viele römische Scherben, auf der Ostseite des Krebsbergs römisches Mauerwerk. Hier lief der Weg in die oben S. 149, 7 [hier

[23] Ritterling im Limesblatt (1897) Sp. 569 f.
[24] Vgl. Ritterling, Limesblatt a. a. 0. und Bonner Jahrbb. H. 102, 1897 S. 265.

S. 470] behandelte Verbindung Vallendar - Simmern ein und folgte ihr über das letztere Dorf hinaus, um sich dann weiterhin nach Hillscheid zu wenden. Nordöstlich von Hillscheid zeigen sich die Spuren unseres Weges, der vor der Nordwestseite des Hillscheider Kastells vorbeizieht und dann den Grenzwall schneidet. Ob auch dieser Weg, wie nach seinem ganzen Verlauf und aus der Lage des Kastells Hillscheid zu ihm zu vermuten ist, vorrömischen Ursprungs ist, konnte noch nicht festgestellt werden, wie auch sein weiterer Verlauf im Auslande ungewiß ist. Für die Römer war er indes als direkte Verbindung des Kohortenkastells Niederberg mit dem kleinen Kastell Hillscheid unentbehrlich, und er gehört daher zu den für den Grenzdienst wichtigsten Verbindungen in dem südlichen Teil unserer Limesstrecke. Kastell Hillscheid war von Niederberg aus auf diesem Weg in etwa 2½ Stunden erreichbar.

4. Niederberg - Arzbach-Augst.

Nicht minder wichüg für die Besatzung des Kastells Niederberg war eine direkte Verbindung mit dem Numeruskastell Arzbach-Augst, und auch für diese konnten vorrömische Wege benutzt werden. Zunächst bot die alte Straße Ehrenbreitstein - Montabaur sich dar, die wir oben S. 149 [hier S. 470] unter Ziffer 1 besprochen haben. Jenseits Arenberg bei dem Punkt 313 der Karte, wo die Hauptstraße sich nach Nordosten wendet, zweigt von ihr rechts ein alter Weg ab, der die bisher innegehaltene östliche Richtung beibehält. Er zieht über Denzerhaide nach Eitelborn und steigt von hier in das Emsbachtal hinab, das er bei dem Bierhaus unterhalb des Kastells Augst erreicht. Die Entfernung der beiden Kastelle Niederberg und Augst betrug auf dem beschriebenen Weg etwa 2½ Stunden. Der vorrömische Ursprung dieses Weges ist durch Funde bei dem Vorwerk Denzerhaide und am Schloßberg südlich von Eitelborn wahrscheinlich gemacht. Ein Hallstatt-Gräberfeld liegt auf der Südseite des Weges, etwa in der Mitte zwischen Punkt 313 und 333,5 der Karte. Auch stand die Stelle des Bierhauses, wo die Täler von Kadenbach und Arzbach sich vereinigen, bereits in vorrömischer Zeit nicht allein mit Ems (siehe unten S. 153, 3 [hier S. 477]), sondern auch über Kadenbach mit der Hochstraße Ehrenbreitstein - Montabaur und der Hallstatt-Niederlassung bei Neuhäusel in Verbindung.

Kadenbach wird seit langem auch als Stätte einer römischen Niederlassung angesehen. Man ist dort vielfach in den Feldern auf altes Mauerwerk gestoßen, und es wird von Funden römischer Münzen und anderer Antikaglien berichtet, die dort vor längerer Zeit gefunden sein sollen[25]. Diese Angaben sind freilich durch neuere Beobachtungen noch nicht bestätigt worden.

5. Niederberg - Ems.

Von Ehrenbreitstein führt ein alter Weg über Arzheim, an dem ausgegangenen Höhrerhof, der Kuppe der Höhr (331,0 m) und dem Lahnbergerhof vorbei nach Fachbach unterhalb von Ems, wo er 1,5 km vor Kastell Ems in die Lahntalstraße mündet. Dieser sogenannte Alte Emser Weg bildet noch heute eine vielbenutzte Verbindung zwischen Niederberg und Ems. Auf ihm konnte die Besatzung von Kastell Niederberg das Emser Kastell in zwei Stunden leicht erreichen. An diesem Wege sind zwischen Arzheim und Fachbach mehrere römische Ansiedlungen nachgewiesen[26]. Am Höhrerhof liegen aber auch Grabhügel und Spuren vorrömischer Besiedlung, und es wird ein von dort stammendes Feuersteingerät erwähnt[27].

6. Das Lahntal.

(Kartenbeilage 3 und 4).

Auf die große Bedeutung des Lahntals für die rheinische Limesstrecke wurde oben in der militärgeographischen Übersicht bereits hingewiesen (S. 7*). Unterhalb des Limburger Beckens war das tief eingeschnittene, enge, vielgewundene Tal für den Verkehr ungeeignet. Der alte Völkerweg aus dem Innern Deutschlands zog deshalb über die Hochfläche nördlich des Flusses, und auch die lokalen Verbindungen werden die Talwindungen und Schleifen abgeschnitten haben.

Innerhalb des römischen Gebietes erheben sich die beiderseitigen Talränder zwischen 130 und 240 m über den Wasserspiegel. Die mittlere Breite der Talsohle beträgt etwa 250 m. Nur bei der Einmündung des Emsbaches erweitert sich das Tal auf etwa 600 m. Hier war also Raum für die Anlage des Emser Kastells und weiter unterhalb, wenigstens auf dem rechten Ufer, für einen Weg am Fluß entlang.

1. Ems - Nieder-Lahnstein - Ehrenbreitstein.

Über die Straßen in der Umgebung des Kastells Ems ist bereits in Abteilung B dieses Werkes Nr. 4 S. 14 ff. [hier S. 413] gehandelt worden. Als Hauptverbindung mit dem Rheintal kommt eben der Weg auf dem rechten

---

[25] C. F. Hoffmann, Über die Zerstörung der Römerstädte an dem Rheine. Neuwied 1823 S. 24 und Nassauische Annalen VI 1859 S. 166.

[26] H. Heß, Zur Geschichte der Stadt Ems, Programm des Realprogymnasiums zu Bad-Ems, Bad-Ems 1895 S. 27. Neuerdings bat Bodewig noch mehrere Villae rusticae an diesem Wege entdeckt.

[27] Vgl. Abt. B Nr. 4 Kastell Ems S. 15 Absatz 2 [hier S. 414], Heß a. a. O. S. 9.

Ufer der Lahn in Betracht, dessen Bestehen in vorrömischer und in römischer Zeit an der angeführten Stelle nachgewiesen worden ist. Hier haben wir nur noch seinen weiteren Verlauf von der Nieverner Schleuse ab und seine Fortsetzung im Rheintal bis Ehrenbreitstein zu verfolgen. Die jetzt im Gebrauch befindliche rechtsufrige Lahntalstraße ist erst seit 50 Jahren als Staatsstraße ausgebaut. Die mittelalterliche Straße kommt am Fuße des Mehrsberges, wo sie von einer Sandgrube durchschnitten ist, zu Tage. Ihr wird auch der Weg im Altertum entsprochen haben. Oberhalb der Eisenbahnbrücke am Fuß des Allerheiligenberges zweigt der „Bergweg" von der heutigen Straße rechts ab und zieht dicht an der Nordseite der Bahn bin, bis er in die Straße Nieder-Lahnstein - Ehrenbreitstein mündet. Der Bergweg ist wohl ein Stück der Römerstraße, die im weiteren Verlaufe unter der heutigen rechtsrheinischen Staatsstraße liegt. Dicht an der letzteren fanden sich gegenüber dem Bahnhofe Nieder-Lahnstein römische Gräber mit Gefäßen des II. Jahrhunderts. Die alte Straße muß schließlich bei dem Rheinübergang von Ehrenbreitstein mit dem direkten Weg von Ems über Arzheim (s. o. S. 152, 5 [hier S. 475]), dem Völkerweg von Montabaur (S. 149,1 [hier S. 471]) und dem Abstieg vom Kastell Niederberg (S. 150, 2 [hier S. 473]) zusammengetroffen sein. Die genaue Lage der alten Straße ist indes innerhalb der Stadt Ehrenbreitstein unbekannt. Bei Gelegenheit der Kanalisation im Juli 1901 wurde in Ehrenbreitstein die Landstraße in einer Länge von etwa 100 m aufgerissen. Hier zeigten sich drei Straßenkörper untereinander. Trotz der großen Tiefe (bis zu 4 m) scheint auch der unterste Straßenkörper einer mittelalterlichen Straße angehört zu haben, da nur Scherben dieser Zeit gefunden wurden.

2. Horchheim - Horchheimer Höhe.

Bei Horchheim wurde in der Nähe des Kirchhofes ein Gräberfeld angeschnitten, das Funde der Hallstatt- und Latènezeit und frührömische Gefäße enthielt[28]. Von der Fundstelle aus führt ein alter Hohlweg, von den Einheimischen Römerstraße genannt, auf die Horchheimer Höhe hinauf, an dem auf der höchsten Kuppe bei dem Punkt 356,8 zahlreiche vorrömische Gräber liegen. Die weitere Fortsetzung des also jedenfalls schon vorrömischen Weges ist bis jetzt noch nicht gefunden worden. Er endet wohl bei der größeren Siedelung der Hallstatt- und Latènezeit in der Lehmgrube des Ahler Tonwerks, nördlich vom Geierkopf.

An der Südspitze der Insel Oberwerth und am Garten der Wirtschaft Holler in Horchheim wurden in den Jahren 1877-80 bei Baggerarbeiten im

[28] Zeitschrift Rhenus, Oberlahnstein 1883 S. 3 und 1884 S. 23 ff. Vgl. auch Bonner Jahrbb. H. 110, 1903 S. 40

Rhein Münzfunde gemacht, deren Bestand von der republikanischen Zeit bis in das IV. Jahrhundert unserer Zeitrechnung reicht. Der Straßenkommissar vermutet hier eine Rheinüberfahrt mit Benützung der Insel Oberwerth, wo eine keltische Niederlassung nachgewiesen ist, nach dem linken Ufer bei der Mündung des Laubachtales[29]. Durch dieses führt der Aufstieg nach dem großen im Koblenzer Walde gelegenen Keltendorf, dem Vicus Ambitarvius, und nach der keltischen, in dortiger Gegend fälschlich Römerstraße genannten Hochstraße, die von Koblenz über Karthause und Waldesch nach Simmern zieht[30]. Die Horchheimer Überfahrt war, wenn sie in römischer Zeit bestanden hat, sicher nicht zu militärischen Zwecken eingerichtet, so wenig wie die gleichfalls vermutete Überfahrt bei Vallendar (S. 147 f. [hier S. 468]).

3. Ems - Arzbach-Augst.

Über den vorrömischen Weg durch das Emsbachtal, der den Römern zur Verbindung der Kastelle Ems und Arzbach-Augst gedient hat, ist bereits in Abt. B Nr. 4 S. 15 [hier S. 414] gehandelt worden. Bei dem Bierhaus (5 km von Ems, s. o. S. 151 [hier S. 474]) scheint der Weg sich geteilt und ein Arm über Kadenbach nach der Hochstraße bei Neuhäusel geführt zu haben, während der andere Arm in nördlicher Richtung über Arzbach nach derselben Straße zog. Der erstere Weg, der schon oben (S. 151 f. [hier S. 474]) erwähnt wurde, bildete etwa über den Limesabschnitt Wp. 74-71 die nächste Verbindung der Kastelle Ems und Augst mit dem kleinen Kastell Hillscheid. Von Ems waren es auf diesem Weg etwa 2½, von Augst 1½ Stunden dahin.

Auf der Höhe des Blöskopfes zwischen dem Emsbach und dem Limes haben sich nach Dahm[31] Spuren römischen Bergbaues gefunden, Reste eines kleinen, aus zwei Schmelzöfen bestehenden Hüttenwerks inmitten einer kastellartigen Umwallung von 24 x 30 m.

Über den vorrömischen Weg Ems - Kemmenau ist a. a. O. S. 15 f. [hier S. 404] das Nötige bereits mitgeteilt worden.

(September 1914.)

---

[29] Westdeutsche Zeitschr. XVII 1898 S. 233.

[30] R. Bodewig, Westdeutsche Zeitschr. XIX 1900 S. 1 ff. [hier S. 157] und Tafel II.

[31] Bonner Jahrbb. H. 101, 1897 S. 120 f.

Das Straßennetz II.

Nach den Untersuchungen des Straßenkommissars
Professor Dr. R. Bodewig
bearbeitet von Oskar von Sarwey.
(Hierzu Kartenbeilage 4-6 und Übersichtskarte Blatt 1.)

Der Unterabschnitt des Limesgebietes, den die zweite Strecke durchzieht, gehört dem westlichen Flügel des Taunus an. Er wird durch die Taleinschnitte der Aar und der Walluf, des Schlangenbader Baches, von dem zentralen Teile des Gebirges geschieden.

Der Taunus ist ein einseitiges Gebirge. Aus der Untermainebene mit der Wetterau und aus dem Rheingau erhebt er sich wallartig und erscheint, von diesen niederen Landschaften aus betrachtet, verhältnismäßig hoch. Die Kaminbildung ist im zentralen Teile des Gebirges wenig geschlossen. Westlich der Idsteiner Senke gestaltet sich der Kamm allmählich wieder einheitlich. Gegen Norden geht das Gebirge in eine Hochfläche über, die jenseits der Lahn ihre Fortsetzung im Westerwald findet.

Im Süden und Westen bildet der Rhein die Abgrenzung des zu betrachtenden Gebietes. Nachdem der Strom, mit dem von Osten her kommenden Main vereinigt, unterhalb Kastels vor dem Massiv des Taunus ausweichend, seinen Lauf bis Bingen in ostwestlicher Richtung eingeschlagen hat, beginnt er von letzterem Punkte an, unter scharfer Wendung nach Nordnordwest das Gebirge zu durchbrechen. Der Strom zeigt im Rheingau bis oberhalb von Bingen weite Talbildung, ansehnliche Breite und mehrfach langgestreckte Inseln. Anders auf der Strecke zwischen den Mündungen der Nahe und der Lahn. Hier ist er tief und schroff in das Gebirge eingerissen; sein Bett ist einheitlich. Die Strombreite beträgt im Durchschnitt 300, an der schmalsten Stelle, beim Lurleifelsen, nur 170 m. Das Tal ist schluchtartig eng; nur an der Innenseite stärkerer Krümmungen erweitert sich die Talsohle ein wenig, so namentlich unterhalb von Boppard auf dem rechten Ufer zwischen Filsen und Osterspai. Die bedeutendsten Erhebungen über dem Wasserspiegel liegen im Süden, wo das Jägerhorn zu 464 m und der auf dem linken Ufer gegenüberliegende Franzosenkopf zu 526 m relativer Höhe ansteigen. Der Rhein, im Zusammenhange mit den beiderseitigen Gebirgsabstürzen, bildet in diesem Teile seines Durchbruches ein ernstes Hindernis.

Die nördliche Abgrenzung des Unterabschnittes bildet die Lahn. Sie durchbricht abwärts des weiten und flachen Limburger Beckens das Gebirge in engem, tief eingeschnittenem, vielgewundem Tale.

Mit einem * versehene Seiten-Verweise beziehen sich auf die Streckenbeschreibung von Ernst Fabricius im gleichen Band.

Gegen Nordosten entbehrt das römische Gebiet eines natürlichen Hindernisses. Die Abscheidung von dem Auslande wird lediglich durch den Limes bewirkt, der in seinem Lauf einen Winkel mit dem Scheitel bei Kemel bildet, welcher ungefähr dem Rheinknie bei Bingen entspricht. Der dem römischen Reiche einverleibte rechtsrheinische Gebietsstreifen nimmt von Norden nach Süden an Tiefe zu. Die Entfernung von Ems bis zur Lahnmündung beträgt, in der Luftlinie gemessen, nur 9 km, diejenige von Kemel bis Lorch 22 km.

Das Rheingaugebirge streicht in ostwestlicher, nur wenig gegen Süden abweichender Richtung von der Einsenkung der Walluf gegen die Rheinstrecke Aßmannshausen - Lorch. Der einheitliche, ziemlich breite Rücken erhebt sich zu einer relativen Durchschnittshöhe von 500 m. Gegen Süden fällt das Gebirge mit nicht allzusteilen Hängen nach dem 2-3 km breiten, sanft gewellten Gelände ab, das landschaftlich unter dem Namen Rheingau bekannt ist. Schon etwas oberhalb von Bingen treten die Hänge nahe an den Strom heran. Schroff und vielfach unzugänglich sind dagegen die Abstürze des Gebirges gegen das dort beginnende Durchbruchtal des Rheins.

Gegen Nordwesten bildet das tief eingerissene Talsystem der Wisper den Abschluß des Rheingaugebirges. Dieses Flüßchen greift mit seinen vielverzweigten Nebentälern tief in die Nordabdachung des Gebirges ein. Das Wispergebiet zeigt das zerrissenste Landschaftsbild in dem ganzen Unterabschnitte. Aber die zugehörigen Täler sind großenteils nicht zu enge und dabei von so mäßigem Gefälle, daß sie die Anlage von Verbindungen erleichtern. Wir werden weiter unten sehen, daß diese Täler schon in uralten Zeiten hierzu benützt worden sind. Welche Bedeutung dem dortigen Verkehr auch im Mittelalter beigelegt worden ist, bezeugen zahlreiche Burgen im Tale und an den Hängen. Auch in der Neuzeit benützt die vortreffliche Straße Lorch - Langen-Schwalbach das Wisper- mit dem Dornbachtal zur Verknüpfung des Rheintales mit der Hochfläche des Taunus.

Es greifen also zwei Einschnitte, Walluf- und Wispertal, tief in den westlichen Flügel des Gebirges ein und leiten von der Rheinstrecke bequem auf die Hochfläche hinüber. Aber auch zwischen diesen beiden Einschnitten setzt der Kamm des Rheingaugebirges dem Überschreiten an mehreren Stellen keine allzu bedeutenden Schwierigkeiten entgegen, so namentlich nördlich von Geisenheim, wo die Paßhöhe eine relative Erhebung von nur 362 m hat.

Von der Nordabdachung des Taunus kommt für uns zunächst der römische Gebietsstreifen zwischen dem Limes und dem Rhein in Betracht. Der östliche, bei weitem größere Teil der Abdachung, der sich außerhalb des Limes zwischen dem Gebirgskamm und der Lahn nach der Hessischen Senke erstreckt, ist von uns in seinem Verhältnis zum Taunus-Limes als dessen Vorland aufzufassen und militärisch zu würdigen.

Gegen Norden hat der Taunuskamm großenteils einen kürzeren Steilabfall, der bald in die sehr allmähliche Abdachung gegen den linken Talrand der

Lahn übergeht. Diese Hochfläche zeigt im allgemeinen die Wellenform, aber ihre Gleichförmigkeit wird vielfach aufgehoben durch aufgesetzte Höhenzüge, welche als Abzweigungen von dem Hauptkamm vorwiegend nach Norden streichen. Der Abdachung dieser Hochfläche entspricht auch vorwiegend der Ablauf der Gewässer, welche der Lahn zufließen, während nur wenige den Kamm durchbrechend sich dem Main zuwenden. Von den ersteren sind der Mühlbach, der Dörsbach mit dem Hasenbach, die Aar, der Emsbach mit dem Wörsbach und die Weil für unsere Betrachtung von Wichtigkeit.

Diese an und für sich unbedeutenden Gewässer sind zwar nur stellenweise tiefer und schroffer eingerissen, aber ihre Täler, im Vereine mit den zwischen ihnen in südnördlicher Richtung streichenden Hügelreihen, geben der ganzen Hochfläche eine ausgesprochene Gliederung. Diese Einschnitte stehen in verschiedener Beziehung zu den beiden Armen des Taunus-Limes. Mit dem kürzeren Schenkel Ems - Kemel laufen jene Linien parallel und bilden somit eine Reihe von natürlichen Abschnitten in dem Anmarschgelände von der Hessischen Senke nach dieser Teilstrecke. Zu dem längeren Arme Kemel - Kapersburg, dessen Front im wesentlichen gegen Norden gerichtet ist, laufen sie senkrecht. Sie kommen daher für diese Strecke nicht sowohl als Geländehindernisse in Betracht, sondern vielmehr als die natürlichen Aufstiege von Norden her auf dem Gebirgskamm und darüber, um so mehr, da die vorrömischen Wege sich an die Wasserlinien anzuschmiegen pflegten.

Von den genannten Lahnzuflüssen treten mit unserm Unterabschnitt nur der Mühl- und der Dörsbach in unmittelbare Berührung. Der erstere entspringt bei Welterod auf der Hochfläche nördlich der Wisper. Im Oberlaufe fließt er durch eine Talmulde, deren mäßig geböschte Hänge durchschnittlich zu 100 m ansteigen. Im Mittellaufe, unterhalb Nastätten, verflacht und verbreitert sich das Tal, vornehmlich zwischen Miehlen und Marienfels. Von der Dickmühle, wo der Limes das Tal überschreitet, abwärts verengt es sich schluchtartig. Der Bach windet sich mit vielen Krümmungen zwischen schroff bis zu 200 m relativer Höhe ansteigenden Steilhängen hindurch. Die äußerst enge und vielfach nasse Talsohle kann nie einen Weg aufgenommen haben. Ebensowenig ist anzunehmen, daß ein solcher von erheblicher Bedeutung in alter Zeit quer über diese Talschlucht geführt habe.

Die Hochfläche zwischen Mühlbach und Rhein ist im allgemeinen flach gewellt, und die Wasserscheide zwischen beiden bildet eine langgestreckte, sanftgeböschte Welle, auf deren Höhe großenteils der unten zu besprechende vorrömische Höhenweg Braubach - Bogel - Ransel - Wispertal hinzieht. Von dieser mächtigen Erdwelle fließen einige an sich geringfügige Wasserrinnen dem Rheine zu, deren Bedeutung darin liegt, daß sie den rechten Talrand des Stromes in kurzen Schluchten durchbrechend den Abstieg von der Hochfläche in das Rheintal erleichtern.

Östlich vom Mühlbache, die Wasserscheide zwischen diesem und dem Dörsbache bildend, streicht eine zweite langgestreckte Welle mit der vorerwähnten parallel. Sie wurde zu der Anlage des uralten Hochweges benützt, dessen Zuge im allgemeinen die spätere Bäderstraße Nassau - Holzhausen - Kemel entspricht.

A. Das Wegnetz zwischen Lahn und Wisper im allgemeinen. Vorrömische Besiedelung.

Die Spuren vorrömischer Besiedelung in diesem Gebiete sind außerordentlich zahlreich. Der Wald hat sehr viele Gräberfelder erhalten, von denen verschiedene eine Menge von Hügeln aufweisen. Ihre Entstehung verteilt sich auf einen langen Zeitraum. Die untersuchten Gräber gehören großenteils der Hallstattperiode und nur wenige der Latènezeit an. Es ist indes nicht ausgeschlossen, daß dieses Verhältnis trügerisch ist, da wenigstens im Rheintale die Ansiedler der Latènezeit nur in Flachgräbern bestattet haben, die wenig in die Augen fallen und der Zerstörung durch die Kultur mehr unterliegen. Verschiedene der geöffneten Gräber, namentlich von der Gruppe bei Zorn an der Kohlstraße, greifen tief in die Bronzezeit zurück. Im allgemeinen scheint jedem größeren Gräberfeld ein in der Nähe liegendes Dorf zu entsprechen. Ein Beispiel dichtester Besiedelung geben eine Reihe von prähistorischen Dörfern in der Gegend der Lahnmündung. Die bei Ober-Lahnstein gemachten Beobachtungen zeigen, daß die dort ansässige Bevölkerung auch unter der Römerherrschaft ihre Wohnsitze beibehielt und friedlich ihre Äcker bebaute.

Jedenfalls haben die Römer hier, wie auch auf dem gegenüberliegenden Rheinufer[1], ein schon von uralten Zeiten her mehr oder weniger kultiviertes Gebiet vorgefunden, dem es an Verkehrswegen nicht mangelte. Diese Wege sind zum Teil noch heute in Gebrauch. Das vorhandene Wegnetz genügte auch den in diesem Abschnitte ziemlich beschränkten Bedürfnissen der Römer. Wenigstens ist kein einziger Weg gefunden worden, von dem anzunehmen wäre, daß er in römischer Zeit neu angelegt worden sei. Sämtliche alten Verbindungen sind Erdwege. Waren sie durch längeren Gebrauch schlecht geworden, so benützte man eine neue Bahn zur Seite; daher die vielen Hohlen, die so oft nebeneinander herlaufen.

---

[1] Von dem linken Rheinufer führen sehr zahlreiche alte Wege auf die Höhe des Hunsrücks, so von Rhens, Boppard, Salzig, St. Goar, Oberwesel, Bacharach und Rhein-Diebach aus.
Die Besiedelung des dortigen Gebietes war schon in vorrömischer Zeit ziemlich dicht, vgl. Bodewig, Ein Trevererdorf im Coblenzer Stadtwalde, Westd. Zeitschr. XIX 1900 S. 1 ff [hier S. 157].

Auf einzelnen Strecken finden sich bei den Hochwegen auch Steinsetzungen, die meist aus unregelmäßigen, nebeneinander gelegten Steinblöcken bestehen und mit Kies überdeckt sind. Aber diese Wegverbesserungen gehören ausschließlich neuerer Zeit an, so an dem Höhenwege, der von Braubach nach dem Wispertale zieht, bei Dachsenhausen und Winterwerb, und an der Hessenstraße bei Patersberg. Die heutigen Einwohner erzählen, daß ihre Voreltern die dortige Straßenausbesserung in Fronarbeit ausführen mußten. Die Römer haben in diesem Abschnitte keinen der vorgefundenen alten Erdwege ausgebaut. Nur an wenigen Stellen wurden Ausbesserungen durch Aufwerfen von Steinschotter beobachtet, die vielleicht in römischer Zeit vorgenommen worden sind. Ein fester Steinkörper mit Kiesbedeckung wurde nur in der Verlängerung der Via praetoria des der ersten Periode angehörigen größeren Kastells Marienfels gefunden, aber nur soweit der Weg durch das zugehörige Lagerdorf führt. Bei den jüngeren Kastellen Hunzel und Holzhausen scheinen mitunter auf schadhafte Stellen kleine Steine und Kies geworfen worden zu sein, aber ein eigentlicher Steinkörper fand sich hier nirgends. Die gleiche Erscheinung wurde auch in dem Gebiete nördlich der Lahn beobachtet, wo bei den älteren Kastellen die Wegausbesserungen gründlicher ausgeführt sind als bei den jüngeren (Strecke 1 S. 141, 4 und 144, 5 [hier S. 460 u. 464]).

Bei der Betrachtung des Wegnetzes in dem ganzen Abschnitte vom Rheinanschluß bis zur Aar müssen wir im Auge behalten, daß die alten Wege ausschließlich vorrömischen Ursprunges sind. Es ist daher ausgeschlossen, ihren Zug durch die Grenzsperre erklären zu wollen. Im Gegenteil werden wir nach dem Einflusse zu forschen haben, den das vorhandene Wegnetz auf die Tracierung der Grenze ausgeübt hat. Wir werden annehmen dürfen, daß die Römer in erster Linie diejenigen vorrömischen Wege in Gebrauch genommen haben, die ihnen militärisch dienlich waren. Ihre bürgerlichen Niederlassungen wurden naturgemäß vorzugsweise in der Nähe dieser Wege angelegt. In dem Gebietsteile zwischen Lahn und Wisper entsprach der Zug der vorgefundenen Wege fast durchgängig den Zwecken der Römer. Dies hängt mit der Oberflächengestaltung zusammen, die jederzeit eine genügende Anzahl von Aufstiegen vom Rheintal auf die Hochfläche, sowie Längsverbindungen erheischte.

B. Die Längsstrassen zwischen Lahn und Wisper.

(Kartenbeilage 4 und 5.)

1. Der Talweg am rechten Rheinufer.

Im Rheintale von der Lahnmündung aufwärts bis Rüdesheim führte auf dem rechten Stromufer nur im unteren Teil ein Weg. Die verhältnismäßig breitere Talsohle abwärts von Braubach veranlaßte hier schon in vorrömischer Zeit eine dichte Besiedelung.

Bei Braubach sind an verschiedenen Stellen vorrömische Ansiedelungen nachgewiesen[2], so namentlich dicht am Rhein beim Bahnhof und an den Abhängen der Marksburg, hier insbesondere an der nördlichen Seite. Die Niederlassung am Rhein, deren ausgedehntes Gräberfeld sich östlich der Straße nach Ober-Lahnstein am Fuß des Bergabhangs hinzieht, ist kurz vor unserer Zeitrechnung niedergebrannt. Die Wohnplätze der Römer werden mehr nach dem Gebirge hin zu suchen sein. Bis jetzt sind nur römische Scherben und ein römisches Grab gefunden worden.

In den Gruben der modernen Ziegeleien halbwegs Braubach - Ober-Lahnstein erkannte Bodewig die Profile alter Hütten. Sie gehören ebenfalls der Latènezeit an und sind, wohl zur gleichen Zeit wie die Braubacher Niederlassung, durch Brand zerstört worden. Östlich von diesen Gruben, neben der Landstraße, zeigten sich die Spuren eines Dorfes der jüngeren Bronzezeit[3], über dem später eine römische Ansiedelung angelegt wurde. Hier finden sich vorrömische und römische Scherben vereint. Die letzteren reichen anscheinend noch über das Ende der römischen Herrschaft hinaus und zeigen zum Teil eigenartige, den Latènegefäßen nachgebildete Formen. Ein kleines römisches Gehöfte, bestehend aus Wohnhaus und drei Nebenbauten wurde beim Bau der neuen Landstraße hier aufgedeckt[4].

Bei der im Jahre 1901 vorgenommenen Anlage eines Lagerplatzes bei Ober-Lahnstein unweit der Lahnmündung beobachtete der Straßenkommissar ein vorrömisches Gräberfeld und in dieses eingebaut einen fränkischen Friedhof. Einige Schnitte förderten vorwiegend vorrömische aber auch römische Scherben in solcher Zahl zutage, daß man auf Niederlassungen aus beiden Perioden schließen muß[5].

Ziehen wir in Betracht, daß auch bei Nieder-Lahnstein und insbesondere bei Horchheim zahlreiche Spuren vorrömischer und römischer Besiedelung nachgewiesen worden sind (vgl. Strecke 1 S. 152 f. [hier S. 475]) so ergibt sich, daß das rechte Stromufer von Braubach abwärts bis zu dem Herantreten der Pfaffendorfer Höhe in beiden Perioden von einer fast zusammenhängenden Reihe von Ansiedelungen besetzt war. Diese Ansiedelungen waren schon in vorrömischer Zeit durch einen Weg verbunden, der vielfach von vorrömischen Gräbern begleitet ist. In Ober-Lahnstein wird er, den im Hafengebiet

---

[2] Über das Keltendorf Braubach vgl. Bodewig, Nass. Annalen XXXIII 1902/03 S. 1 ff. [hier S. 223]; über Spuren keltischen Bergbaues ebenda S. 29 ff. und Nass. Mitteil. 1907/08 Sp. 41 f.

[3] Korrespondenzbl. der Westd. Zeitschr. XX II 1903 Sp. 169 f.

[4] Vgl. Bodewig, Römische Gehöfte zwischen Limes und Rhein, Nass. Annalen XXXVI 1906 S. 152 ff. und 157 [hier S. 331].

[5] Auf Kartenbeilage 4, wo die Fläche des Lagerplatzes kenntlich ist, nachzutragen.

aufgefundenen Gräbern nach zu urteilen, nahe am Rhein zu suchen sein. Weiter oberhalb zog er in der Nähe des Bergfußes, ziemlich in der Trace der heutigen Straße hin.

Es ist nicht ausgeschlossen, daß auch oberhalb Braubachs ein Talweg den Strom noch eine Strecke weit begleitete, den wir uns aber wohl nur als Saumpfad zu denken haben. Einzelne Funde deuten hier auf eine allerdings nur dünne Besiedelung des rechten Ufers hin, so ein Grab aus hadrianischer Zeit am Spayer Fahr oberhalb von Braubach und Münzfunde in Kamp und Bornhofen[6]. Es liegen auch Anzeichen dafür vor, daß das flache Gelände zwischen Osterspai und Filsen schon in vorrömischer Zeit besiedelt war. Vom Kloster Bornhofen aufwärts treten die Steilhänge so hart an den Strom heran, daß auf eine längere Strecke ohne ganz bedeutende Kunstbauten keine Siedelungen entstehen konnten. Ein Talweg war hier sicher nicht vorhanden. Dem durchlaufende Verkehr suchte daher seinen Weg über die benachbarte Hochfläche.

2. Der Höhenweg von Braubach über Bogel nach dem Wispertale.

Ein sehr alter Höhenweg geht von Braubach durch das Großbachtal am Ostfuße des Marksburghügels entlang zur Martinskapelle[7], wo auf dem Bergsattel ein Zugang vom Rhein her sich mit ihm vereinigt. Von hier ersteigt er in ziemlich gerader Richtung und nicht übermäßig steil die Hochfläche[8]. Den Falkenborner und den Erlenborner Hof südlich lassend, zieht er, als Alte Straße bekannt, in ziemlich geradem Zuge auf der Wasserscheide zwischen Mühlbach und Rhein über Bogel bis Lautert und von hier südwärts über Ransel zum Wispertal. Vor dem Steilabfalle des letzteren endet die durchweg sehr breite Bahn des Höhenweges. Die Fortsetzung in das Tal selbst, bei der Einmündung des Tiefenbaches, ist nur noch in einzelnen Spuren vorhanden, die neben dem heute in das Tal hinabführenden Fußwege zu sehen sind. Daß der Höhenweg aus vorrömischer Zeit stammt und daß viele Ansiedelungen an ihm entlang lagen, bezeugen die außerordentlich zahlreichen Grabhügel,

---

[6] Periodische Blätter der Geschichts- und Alterthums-Vereine zu Kassel usw. 1860 Nr. 15/16 S. 462 und Nass. Mitteil. 1904/05 Sp. 39.

[7] Die Weinberge nördlich der Martinskapelle heißen zwar „Alteburg" und enthalten Mauerwerk; dieses gehört aber, wie mehrere dort gefundene Gefäße zeigen, einer neueren Zeit an. Es sind nach der Zeitschrift Rhenus II 1884 Sp. 45 die Reste einer Beginenbehausung, die einst „Klause" hieß.

[8] In Schlag 12 des Waldbezirks Neuweg befindet sich vor dem Punkt 299, 4 (Kartenbeilage 4), da, wo der Weg hart am Steilrand des Großbachtals hinführt, auf seiner Westseite ein wahrscheinlich vorrömischer, aber 100 m langer Abschnittswall mit südlich vorliegendem Graben, der wohl zur Deckung des Weges angelegt war. Vgl. Nass. Annalen XVII 1882 S. 108, 4: Abschnittswall Ribenberg und XXXIII 1902/03 S. 12 f. [hier S. 236].

die bald vereinzelt, bald in größeren Gruppen ihn begleiten. Sie beginnen im Bezirk Neuweg. Hier liegt eine größere Anzahl von Grabhügeln nördlich und nordwestlich dem Kuppe 368, 8 (Kartenbeilage 4). Ausgedehnte Gräberfelder liegen bei dem Hof Erlenborn, im Gemmericher Wald sowie in der Umgegend von Bogel, in den Bezirken Meisenheck, Dickheck, Froschheck und Kuhheck. Weitere Gräberfelder folgen zwischen Lautert und Ransel[9]. Vereinzelte Grabhügel finden sich namentlich an Punkten, wo der Höhenweg von einem anderen alten Wege gekreuzt wird, vermutlich Familiengrabstätten von Einzelhöfen, die in der Nähe zu suchen sind.

Daß der Höhenweg auch in römischer Zeit von Bedeutung gewesen ist, zeigen zahlreiche römische Bauten, die ihn, mitunter bis über 1 km abgelegen, begleiten. Ansehnlichere Gehöfte wurden nachgewiesen: westlich von der Kuppe 368,8 auf der Deutschherrenwiese[10], bei Eschbach in der Wiesenflur Gillborn, auf Kasdorfer Markung in der Flur Rödern; ein sehr großer Gutshof, dessen Umfassungsmauern 170 x 210 m lang sind, wurde von Bodewig 1 km südlich von Bogel entdeckt und teilweise ausgegraben[11]. Auch steckt an verschiedenen anderen Stellen dieses Plateaus, z. B. westlich von Ransel, römisches Mauerwerk im Boden. Im Mittelalter diente der Weg gleichfalls dem Fernverkehr[12].

3. Der Höhenweg Nassau - Holzhausen - Wiesbaden

(vgl. Kartenbeilage 5-6)

Er entspricht im wesentlichen der heutigen Bäderstraße. Dieser alte Hochweg verband das untere Lahntal in ziemlich geradem Zuge mit der Mündungsgegend des Mains. Er zieht von Nassau bis kurz vor Holzhausen außerhalb der römischen Grenze hin; von Holzhausen bis Kemel schneidet er den Limesbogen, der den Grauen Kopf und die Kemeler Heide einschließt, ab; von Kemel ab führt er innerhalb des römischen Gebietes nach Wiesbaden und Kastel.

---

9 Über Bronzefunde von dort vgl. Period. Blätter Jan. 1858 Nr. 4 S. 7. Nach den Untersuchungen E. Brenners, Nass. Heimatblätter 17, 1913 S. 33 ff. reicht auch die im frühen Mittelalter wieder benutzte und neu hergerichtete Lipporner Schanze, die 1,5 km östlich des Weges über dem linken Ufer des Werkerbaches liegt, mindestens bis in die Latènezeit hinauf; sie ist bei ihrer geringen Ausdehnung (50 x 100 m) wohl als befestigter Gutshof anzusehen.

10 Bodewig, Nass. Mitteilungen 1904/05 Sp. 75 f. und Nass. Annalen XXXVI 1906 S. 152 [hier S. 350].

11 Vgl. Limesblatt Sp. 681 ff. und Nass. Annalen XXXVI 1906 S. 133 ff [hier S. 331].

12 In dem aus dem 10. Jahrhundert stammenden Einschiebsel Codex diplomaticus Nassoicus I 1 S. 3 Urkunde 1 wird der Höhenweg zwischen Falkenborn und Gemmericher Wald als *via que dicitur retuuech* (Reitweg) erwähnt; eine Urkunde aus dem Jahre 1361 (ebenda I 3 S. 336 Urk. 3031) bezeichnet die Strecke zwischen Lautert und Ransel als *die hoen strazze*. - Als bequemer Aufstieg aus dem Braubacher Tal zum Höhenweg hat wohl schon in früher Zeit der sogenannte Spalt gedient, durch den jetzt ein Fahrweg von Braubach nach Gemmerich führt (Kartenbeilage 4). Auch er wird schon in Urkunde 1 erwähnt.

Von Nassau aus erreicht der Weg in steilem Anstiege die Höhe beim Hofe Bubenborn. Von hier ab fällt er mit der heutigen Landstraße zusammen und führt in gerader Richtung und ziemlich eben durch Singhofen nach dem Hunzeler Wald. Westlich von Lollschied verläßt er die Richtung der heutigen Landstraße und erscheint unter dem Namen Alte Straße als breiter Feldweg 300-500 m nordöstlich davon, um sich bei dem Kirchhofe von Holzhausen wieder mit der Landstraße zu vereinigen und mit ihr, abgesehen von geringen Abweichungen, über Kemel hinaus weiter zu ziehen. Im Defilee von Kemel, wo die Alte Limburger und die Wispertalstraße mit ihm zusammentreffen, führt er zwischen den Erdschanzen des Pohls und dem Steinkastell hindurch. Am Ostende des Ortes zweigt in der Richtung des Limes der Weg nach Lindschied von ihm ab, dessen vorrömischer Ursprung durch anliegende Grabhügel erwiesen ist. Wo die Straße Kemel - Langen-Schwalbach eine scharfe Ausbiegung nach Osten macht, geht der alte Weg in der seitherigen Richtung weiter am Schindkopf vorbei und über den Neunzehntberg bis zum Bienkopf. Hier spaltet er sich. Der nach Osten weisende Arm, von hier an als Hochstraße bezeichnet, mündet südöstlich vom Roten Stein in die moderne Straße Langen-Schwalbach - Wiesbaden ein (vgl. unten Abschnitt 5 Nr. 1). Der andere, südliche Arm führt westlich an Bärstadt vorbei nach Eltville am Rhein (vgl. unten 5 Nr. 4).

Als bedeutende Verkehrsstraße der Vorzeit kennzeichnen den Weg Nassau - Wiesbaden eine Anzahl von anliegenden Gräberfeldern. So bei Nassau germanische Brandgräber der früheren Kaiserzeit[13], zwischen Singhofen[14] und Pohl die große Nekropole im Hunzeler Wald nordwestlich von Lollschied, an die sich Hügelgräber im Berger Gemeindewald anschließen, dann die Gräberfelder im Pohler Wäldchen und auf dem nach Südwesten ziehenden Höhenrücken, im Kohlwald und am Pfarrhofen[15], zwischen dem Mückenhügel und dem Grauen Kopf[16], auf den Kuppen nord- und südöstlich von Egenroth, am Heideküppel bei Mappershain, am Heideköpfchen südwestlich von Kemel und endlich die Hügel am Neunzehntberg. Römische Baureste sind dagegen, die Limesbauten ausgenommen, nur wenige an diesem

---

[13] Vgl. Brenner, Nass. Mitteil. 15, 1911/12 S. 105 ff.

[14] Über eine südöstlich von Hof Bubenborn gelegene Hügelgruppe im Singhofer Gemeindewald Wildstruth mit Skelettgräbern wohl der älteren Latènezeit vgl. Ritterling, Nass. Mitteil. 1902/03 Sp. 46, 4. Über die Alteburg an der Mühlbachschlucht, in deren Nähe ebenfalls flache Grabhügel liegen, s. oben S. 40* Anm. 1.

[15] Auch am südlichen Ende des Pfarrhofens, nahe bei Buch, liegt eine Nekropole von über 70 Grabhügeln, vgl. v. Cohausen, Nass. Annalen XVII 1882 S. 103, 3.

[16] Vgl. Lehner, Nass. Annalen XXIX 1897/98 S. 170 ff.

Höhenwege nachgewiesen[17]. Den Römern diente er insbesondere zur Verbindung der Grenzkastelle mit Mainz und Wiesbaden. Im Mittelalter[18] und bis in die Neuzeit war er ein beliebter Handels- und Reiseweg, bis der Bau der Bahnen und die Ausgestaltung der Stromverbindung den großen Verkehr ablenkten.

4. St. Goarshausen - Weisel -Lorch.

Da oberhalb von St. Goarshausen die hart an den Strom herantretenden Steilhänge die Anlage eines Wegs im Tal ungemein erschwerten, führte die Längsverbindung in alter Zeit hier über die Höhe. Vermutlich zog sie, wie noch die heutige Straße, von St. Goarshausen durch das Schweizertal nach Bornich, wo unmittelbar vor dem Eingang ins Dorf auf der Ostseite des Weges ein größeres römisches Gehöft nachgewiesen ist. Grabhügel anscheinend der Hallstattzeit, die zu der nahen Abschnittsbefestigung der Lurlei[19] gehören, liegen auf dem Rücken südwestlich des Schweizertals. Weiterhin bis Weisel fehlt es allerdings an vorrömischen und römischen Überresten. Zwischen Weisel und Lorch sind dafür wenigstens die ersteren umso zahlreicher. Hier finden sich Grabhügel in dem Bezirk Graderschlag, wo der Dreieckstein auf einem solchen steht. Ein zweites Gräberfeld liegt gleichfalls am Weg in dem Bezirk Silbergrube[20], ein drittes gegen den Waldbezirk Scheuer zu und ein viertes in diesem Bezirk selbst. Der Weg führt schließlich, tief in den Fels eingeschnitten, am östlichen Steilabhang des Nollich hinab zur Wispermündung.

---

[17] Über ein einzelnes Gebäude im Grebenrother Gemeindewald südlich des Grauen Kopfs vgl. Wagner, Nass. Annalen VI 1859 S. 209 f. Es lag im Bezirk Bärbach 160 m südlich des Kilometersteines 27,1 der Bäderstraße, 30 m vom Grebenrother Weg entfernt. Die Maße der jetzt ganz ausgebrochenen Mauern betrugen 14 x 19 m. Ein kräftiger Amphorenscherben bezeugt die römische Herkunft des Baues.

[18] Nach Nidhard, Historiarum lib. III 7 zog am 17. und 18. März 842 Karlmann von Mainz über den Einrich nach Koblenz. Er kann wohl keinen andern Weg eingeschlagen haben als den über die Bäderstraße und von Holzhausen oder Pohl aus über Marienfels, den Mittelpunkt des Einrichgaues, nach Braubach (s. unten 3 Nr. 2 und 4). Vgl. Ed. Ausfeld, Westd. Zeitschr. XIV 1895 S. 343 ff.

[19] Bodewig, Nass. Mitteil. 1904/05 S. 67 f. und 110.

[20] Im Kauber Stadtwald nördlich der Silbergrube tritt eine Wehranlage an den Weg heran, die nach v. Cohausen, Nass. Annalen XV 1879 S. 372, 96 der Zeit des Dreißigjährigen Krieges angehört.

C. Die Aufstiege von der Lahn und dem Rhein auf die Nordabdachung des Taunus.

(Kartenbeilage 4 und 5)

Die Lahn hatte abwärts von Ems auf ihrem linken Ufer sicher keine Talstraße. Die Hänge treten am Fuße von Lahneck und weiter aufwärts wiederholt so nahe an das Flußbett heran, daß hier höchstens ein Fußpfad gewesen sein kann. Die eigentlichen Verkehrswege führten von Ober-Lahnstein und Ahl (Bahnhof Friedrichssegen) auf die Höhe. Ein die Grenzsperre begleitender Weg war an dem Steilabhang des Lahntales nicht nachzuweisen, die dammartige Erhebung westlich von dem Wintersberger Hof, in der frühere Forscher[21] eine Römerstraße suchten, wurde bereits oben S. 31* als natürlicher Fels erklärt.

Für die Aufstiege von der Rheinseite kommen als Ausgangspunkte vor allem die Mündungsgegenden der größeren dem Rheine zufließenden Bäche in Betracht, die mit ihren Verzweigungen tiefer in die Hochfläche eingreifen: so des Mühl- und Großbachs bei Braubach, des Hasen- und Forstbachs bei St. Goarshausen und der Wisper bei Lorch (vgl. auch oben B Nr. 2 und 4). Die zahlreichen kürzeren Wasserrinnen, die den rechten Talrand durchbrechen, waren, wie meist noch heutzutage, für größeren Verkehr ohne Bedeutung, wenn sie auch, wie vereinzelte Spuren in ihrer Nähe zeigen, in römischer Zeit nicht ganz unbeachtet geblieben sind[22]. Dagegen ist der bequemere Zugang zur Höhe, den die in mehreren Stufen aufsteigende Rheinhalbinsel zwischen Osterspai und Filsen bietet, schon in vorrömischer Zeit offenbar stärker benutzt worden.

1. Ems - Braubach.

Vom Kastell Auf der Schanz aus steigt ein Weg allmählich durch das Tal des Braubaches zum Oberlahnsteiner Forsthause und führt von da ab ziemlich eben auf die Höhe nördlich von Braubach, um dann als Kerkertsweg steil von der Grube Rosenberg nach der Braubacher Kirche abzufallen. Der Weg ist sehr alt. In Braubach wie in Ems[23] wurden vorrömische Funde gemacht. Entlang des Aufstieges aus Braubach bis zu dem erwähnten Bergwerk ist der Weg von Gräbern begleitet, die vorwiegend der Latènezeit angehören. Im

---

[21] Vgl. v. Cohausen, Der Röm. Grenzwall S. 223 und H. Heß, Zur Geschichte der Stadt Bad Ems, Programm des Realprogymnasiums zu Bad Ems, 1895 S. 26.

[22] So beobachtete der Straßenkommissar auf der Höhe südöstlich von Nieder-Kestert in der Flur Lammerstück Mauerreste und römische Scherben. In Wellmich wurde nach den Periodischen Blättern 1857 Nr. 2 S. 46 eine Goldmünze Valentinians II. gefunden.

[23] Vgl. Abt. B Nr. 4 Kastell Ems S. 15-17 [hier S. 413] und Heß a. a. O. S. 7 ff. Die hier beschriebene Schüssel gehört der Latènezeit an, die einst im Besitze Vogelsbergers zu Ems befindlichen Gefäße entstammen der jüngeren Bronzezeit.

Bezirke Preußisch-Verhau, südöstlich von Friedrichssegen, liegen neben alten Wegrissen zwei Grabhügel[24]. Aus römischer Zeit stammen zwei anliegende Gehöfte, von welchen das auf dem Königstiel von Dahm untersucht worden ist[25].

2. Ahl - Marienfels.

Dieser Weg führt von der Gegend des Bahnhofs Friedrichssegen über Frücht, Oberlahnsteiner Forsthaus Wolfsbusch, dann weiterhin in der Nähe der Grenzsperre über Schweighausen und Geisig nach Marienfels. Es scheint, daß der Weg jenseits des Wachtpostens 8 am Grauen Stein eine Strecke weit in das Ausland getreten ist.

Kurz vor Marienfels mündet der Weg in den von Braubach herankommenden Weg (s. unten Nr. 4) ein. Wie die beiden vereinigten Wege sich mit dem Kastell Marienfels abgefunden haben, ließ sich mit Sicherheit nicht bestimmen. Eine Umgehung des Kastells auf der Südwestseite hätte, bei der gründlichen Durchwühlung des Bodens in dieser Richtung, zutage treten müssen. Das wahrscheinlichste ist, daß der Weg das Kastell nordöstlich umging. Das in dieser Richtung liegende, jetzt versumpfte Wiesengelände, ist zu römischer Zeit trocken gewesen, wie mehrere in ihm gelegene römische Bauten, darunter das Bad, zeigen (vgl. Abt. B Nr. 5a Kastell Marienfels S. 4 und 6 [hier S. 310]). Daß die Spuren eines Weges in dem versumpften Böden nicht mehr nachzuweisen sind, kann nicht auffallen. Es ist aber auch möglich, daß hier ausnahmsweise der gesamte Verkehr durch das Kastell geleitet worden ist. Die gerade Fortsetzung des Braubacher Weges führt nämlich nach der Porta decumana, wo auch bis jetzt die einzigen Gräber in der Richtung des Braubacher Wegs gefunden worden sind (a. a. O. S. 6).

Jenseits des Kastells führte der Weg weiter durch den Bezirk Rennweg gegen Miehlen (a. a. O. S. 6 f. und Taf. I Fig. 1), wo zu beiden Seiten des Mühlbaches römische Villen liegen[26]. So lange er Kastell und Lagerdorf durchzieht, ist der Weg mit einer Lage schiefrigen Gesteins versehen. Die Platten sind flach gelegt. An einer Stelle fanden sich aufrecht gestellte Randsteine, aber nirgends Straßengräbchen. Die Breite ist schwankend, aber nicht über 6 m. Nach dem Austritt aus dem Lagerdorf ist er wieder ein reiner Erdweg ohne Kies. Er scheint sich über Miehlen hinaus bis zu den vorrömischen Ansiedelungen in der Gegend von Buch und Holzhausen fortgesetzt zu haben.

---

[24] Nass. Annalen XXXIII 1902/03 S. 12 [hier S. 235]. Sie fehlen auf unserer Kartenbeilage 4.

[25] Bonner Jahrbb. H. 101, 1897 S. 118 ff.; vgl. auch Bodewig, Nass. Annalen XXXVI 1906 S. 154 [hier S. 353]. Über angebliche Spuren antiken Bergbaues bei Friedrichssegen s. Bonner Jahrbb. H. 101 S. 122 ff.; sicher römische oder vorrömische Reste haben sich nicht gefunden.

[26] Nass. Mitteil. 1902/03 Sp. 73 und Nass. Annalen XXXVI 1906 S. 149 [hier S. 347].

Der vorrömische Ursprung des Weges Ahl - Marienfels ist gesichert durch zahlreiche anliegende Grabhügel. Besonders ausgedehnt ist das Gräberfeld südöstlich von Frücht, ungefähr 50 Hügel. In Ahl wurden schon früher Gräber der Hallstattzeit untersucht (Abt. B Nr. 4 Kastell Ems S. 16 Anm. 3 [hier S. 416 Fußnote 30]). Andere Gräbergruppen liegen zwischen dem Oberlahnsteiner Forsthaus und dem Wolfsbusch bei Becheln sowie zwischen Schweighausen und Dornholzhausen zu beiden Seiten des Weges (vgl. oben S. 33* f., 38* und 40*).

3. Ober-Lahnstein - Oberlahnsteiner Forsthaus - Ems.

Von Ober-Lahnstein führt ein alter Weg an der Heiliggeistkapelle vorbei über den Kleinen Feldberg (Lahnhöll) und den Rabelstein nach dem Wege Ems - Braubach (s. oben Nr. 1), durch welchen der weitere Verkehr über das Oberlahnsteiner Forsthaus nach Ems vermittelt wurde. Viele tiefe Risse, die den Weg begleiten, zeugen von seinem Alter. Ein Hügelgrab, vielleicht mit zugehörigem Wohnhaus, liegt auf der Kuppe 213 westlich vom Rabelstein[27]. Auf dem Großen und Kleinen Feldberge sind römische Gehöfte nachgewiesen[28], die lediglich auf diese Verbindung angewiesen waren. Im Mittelalter wird der Weg als Hohe Landstraße bezeichnet[29].

Die Wichtigkeit von Braubach mit seiner starken Besiedelung in vorrömischer und römischer Zeit ergibt sich auch aus der großen Zahl alter Wege, die von hier aus auf die rechtsufrige Hochfläche und von dem gegenüberliegenden Stromufer aus auf die Höhe zwischen Rhein und Mosel führen. Wir dürfen daher mit ziemlicher Sicherheit annehmen, daß die Römer hier eine ständige Überfahrt eingerichtet hatten.

4. Braubach - Marienfels - Pohl.

In der Umgegend als Alte Marienfelser Straße bezeichnet, verläßt dieser Weg das Tal des Braubaches nordöstlich von der Marksburg, gewinnt den Pankerter Kopf in steilem Anstieg, um von da an allmählich die Höhe des Hilberstiels zu erreichen. Nach anliegenden römischen Bauresten zu schließen[30], scheint schon in alter Zeit ein zweiter Aufstieg vom Mühlbachtal aus nach dem Helberstiele geführt und sich erst östlich des Hilberstiels mit dem Hauptweg vereinigt zu haben; er wird jetzt Eselspfad genannt und kann auch in alter Zeit nur ein Saumpfad gewesen sein.

[27] Nass. Annalen XXXIII 1902/03 S. 13 [hier S. 236]. Es fehlt auf Kartenbeilage 4.

[28] Nass. Mitteil. 1897 Sp. 54 f. und Nass. Annalen XXXVI 1906 S. 150 ff [hier S. 349].

[29] Vgl. Bodewig, Programm des Gymnasiums Ober-Lahnstein 1895 S. 26 [hier S. 63]. Die Doppelgräben am Rabelstein sind Reste eines mittelalterlichen Gebücks.

[30] Nass. Mitteil. 1903/04 Sp. 10.

Der Hauptweg trifft 1 km östlich von Dachsenhausen die heutige Landstraße Braubach - Marienfels und folgt von hier an im wesentlichen ihrem Zuge. Die Fortsetzung führt von dem Osttore des Kastells Marienfels in nordöstlicher Richtung mit steilem Aufstiege durch den Marienfelser Wald nach Pohl. Im freien Feld ist der Weg in der breiten Schneise zu erkennen, die, etwas südlich von dem heutigen Fahrweg, an dem Punkt 302 vorbeigeht. Nördlich von Pohl tritt er in der tiefen Hohle zutage, die am Dorfrand nach der Kirche hinzieht. Westlich von Pohl wurde dicht neben der Hohle die Breite des von einem Gräbchen begleiteten Weges auf 4,5 m festgestellt. Über dem gewachsenen Boden lag hier eine 30 cm starke Schicht von kleinen Steinen und Kies. Von dem Wege Marienfels - Pohl zweigt im Marienfelser Wald ein alter Weg nach dem Kastell Hunzel ab. Er ist jetzt überackert, aber an der erhaltenen doppelten Baumreihe zu erkennen (vgl. auch Abt. B Nr. 5 Kastell Hunzel S. 4 [hier S. 98]).

Der Ursprung des Weges Braubach - Pohl ist wieder durch verschiedene anliegende Gräberfelder als vorrömisch erwiesen. Bei Braubach zieht er durch ein Gräberfeld der Latènezeit. Ein vereinzelter Grabhügel liegt links am Wege auf der Nordseite des Pankerts. Von Punkt 290,3 westlich des Hilberstiels bis Dachsenhausen zu ist er auf eine Länge von 4 km von Grabhügeln begleitet. Auch im Felde nordwestlich von Pohl liegt allem Anschein nach ein größeres Gräberfeld; ein stark verschleifter Grabhügel ist nördlich des Hohlweges noch jetzt erkennbar, und bei jedem Eingraben stößt man dort auf vorrömische Scherben. Auch römische Baureste liegen entlang dieser Verbindung westlich von Marienfels, und römische Scherben fanden sich nordöstlich von Ehr bei dem alten Dreieckstein 86l.

5. Filsen - Marienfels.

Von Filsen (Boppard, dem alten Boudobriga, gegenüber) ersteigt ein alter Weg, großenteils tief eingeschnitten, die Hochfläche. Die untere flache Stufe, an die sich Filsen anlehnt, zeigt Spuren römischer Ansiedelung[31]. Auf der Höhe ist der Weg[32] von vielen Grabhügeln begleitet, die besonders zahlreich in den Waldbezirken Dreispitz und Hohwald (südwestlich vom Hofe Neuborn) auftreten. Zwischen diesen Bezirken liegt bei Punkt 361 auf der Nordseite ein kräftiger Wall mit Graben. Diese Anlage zeigt aber die Formen späterer Zeit. Etwa 500 m nördlich davon im Schlag 5 Ginsterheck des Osterspaier Waldes liegen römische Gebäude, darunter ein Merkurtempel[33].

[31] Nass. Annalen XXXVI 1906 S. 133 [hier S. 331].

[32] Die von v. Cohausen S. 302 f. erwähnten vermeintlichen Wälle und Gräben bei dem jetzt eingegangenen Hasenhof erwiesen sich als Wegrisse.

[33] Bodewig, Nass. Mitteil. 1906/07 Sp. 71 und Nass. Annalen XLII 1913 S. 1 ff [siehe Band II].

Weiter zieht der Weg an den Höfen Neuborn und Dachsborn, dann, nachdem er den Höhenweg Braubach - Bogel (s. oben B Nr. 2) gekreuzt, nördlich an Gemmerich vorüber, hier als breite, in späterer Zeit gesteinte Straße, und durch die Schaarheck (Kartenbeilage 5), wo rechts einige Grabhügel liegen, nach der Flur Markersweg bei Marienfels. Ein Stück Kiesweg, das bei Anlage des Bahnhofes Marienfels aufgedeckt wurde, scheint dem alten Weg anzugehören (vgl. Abt. B Nr. 5a S. 6 [hier S. 313]). Ein kleineres römisches Gehöfte liegt etwa 1 km abseits des Höhenweges südlich von Hof Neuborn in den Engelbornwiesen der Gemarkung Dahlheim[34]. Auf Gemmericher Gebiet ist ein römisches Grab nachgewiesen[35].

6. St. Goarshausen - Kastell Holzhausen,
später als Hessenstraße bezeichnet[36]

St. Goarshausen, wo wir eine römische Überfahrt vermuten, weist nur spärliche römische Fundstücke auf[37]. Raum für eine größere Ansiedelung war dort zu römischer Zeit kaum vorhanden. Für das heutige Städtchen ist der Platz erst durch Felssprengungen und Anschüttungen geschaffen worden.

Von dem Bahnhof St. Goarshausen führt der Weg steil bergan nach Patersberg, im Aufstiege meist über dem zutage liegenden Fels, in dem tiefe Geleise eingeschnitten sind. Östlich von Patersberg zeigt die Straße an der einen Seite ein rohes, sicher aus späterer Zeit stammendes Wackenpflaster, die andere Hälfte ist Erdweg. Weiter führt der Weg über Nieder-Wallmenach, kreuzt nördlich von Lautert den Höhenweg (s. oben B Nr. 2), durchquert dann bei Hof Schwall den Mühlbach und überschneidet jenseits Martenroth[38] die Bäderstraße und bei dem Kastell Holzhausen die Grenzsperre (Kartenbeilage 5 und 6). Die Fortsetzung in das Ausland führt v. Cohausen über Katzenelnbogen, Hahnstätten, Kirberg und Nieder-Selters nach Butzbach; ein andrer Zweig zieht von Katzenelnbogen als Rint- oder Rennstraße nach der Lahn bei Diez[39].

---

[34] Bodewig, Nass. Mitteil. 14, 1910/11 S. 25.

[35] Nass. Annalen IV 1, 1850 S. 231.

[36] Dieser Name hängt damit zusammen, daß der Weg die Grafschaft Katzenelnbogen mit der Feste Rheinfels verknüpfte, die beide damals hessischer Besitz waren.

[37] Nass. Mitteil. 1865 Nr. 4 S. 17.

[38] Landmesser Wagner, Nass. Annalen VI 2, 1859 Taf. IV führt die Hessenstraße im Bogen nördlich um Martenroth herum über den Mückenhügel zur Bäderstraße.

[39] Röm. Grenzwall S. 208 f. und 302, 38. Über die an dieser Strecke bei Hahnstätten auf der Höhe Altgeheg und in der Gärtchesheck und weiter bei Kirberg - Ohren, sowie längs der Rintstraße gelegenen großen Grabhügelgruppen vgl. Nass. Annalen XV 1879 S. 383 und XIX 1885, 86 S. 178 ff. Aus der oben S. 58* erwähnten Reihe anliegender Ringwälle ist nach Ch. L. Thomas, Nass. Mitteil. 12, 1908/09 S. 100 die Ringmauer beim Spriesterbacher Hof zu streichen.

Auf den vorrömischen Ursprung der Straße St. Goarshausen - Holzhausen weisen wieder Gräberfelder hin. Ein solches liegt bei dem jüdischen Begräbnisplatz von Reitzenhain, ein zweites mit sehr hohen Hügeln begleitet den Weg nach seiner Kreuzung mit dem Höhenweg bis in den Bezirk Altes Geheg im Nastätter Stadtwald. Römische Überreste sind an der Hessenstraße nur in der Nähe des Kastells Holzhausen gefunden worden[40]. Die Straße wurde zwischen dem Kastell und der Bäderstraße mehrfach genauer untersucht. Stellenweise zeigten sich Steine, die aber augenscheinlich nur zur Ausbesserung in nicht zu bestimmender Zeit daraufgeworfen sein werden. Ein eigentlicher Straßenkörper wurde nirgends gefunden.

Noch einige andere alte Wege führen von St. Goarshausen auf die Hochfläche. So ein Weg über Nochern und Weyer, der im Gemmericher Wald in den Höhenweg einmündet. Hier liegen südöstlich von Eschbach nahe dem Punkte 380,4 mehrere Grabhügel, und westlich davon zeigen sich alte Feldraine. Auch durch das zu einem Aufstiege besonders geeignete Tal des Bogeler Baches scheint schon in ältester Zeit ein Weg von St. Goarshausen zum dem Höhenweg geführt zu haben. Endlich führt ein alter, zeitlich nicht näher zu bestimmender Weg südlich von dem jetzigen Fahrweg St. Goarshausen - Bornich auf die Höhe. Er heißt der Alte Rheinweg und wird jetzt noch streckenweise als Weinbergsweg benützt (vgl. auch oben B Nr. 4).

7. Lorch - Espenschied - Kastell Holzhausen.

Dieser Weg verläßt das Wispertal, das bei seiner Breite und geringen Steigung stets gangbar gewesen sein muß, bei der Kammerburger Mühle, gewinnt in schrägem, steilem Aufstiege die Höhe des Werkerkopfes und führt an Espenschied und Zorn vorbei nach dem Egenrother Stock, wo er in die Bäderstraße einmündet. Der Weg wird auch als Kohlstraße bezeichnet. Sein vorrömischer Ursprung ergibt sich aus den Gräberfeldern bei Espenschied und Zorn, die mit Hunderten von Hügeln durch Wald und Feld ihn begleiten[41].

Etwa 1.800 m nordwestlich von dem Egenrother Stock zweigt von der Bäderstraße die Alte Retterter Straße ab. Sie zieht östlich am Kastell Holzhausen vorbei und mündet 1 km nördlich davon in die Hessenstraße.

---

[40] Die Flurnamen „Auf der Weil" an der Landstraße östlich von Patersberg und „Hauseck" bei dem Gräberfeld am jüdischen Begräbnisplatz lassen indes auf weitere römische Reste schließen.

[41] Den Namen Kohlstraße erhielt der Weg, weil auf ihm die Holzkohlen aus den Wäldern der Hochfläche über Laufenselden nach der Michelbacher Hütte geführt wurden. Über die bis in die späte Bronzezeit hinaufreichenden Gräberfelder vgl. v. Cohausen, Nass. Annalen XV 1879 S. 386 und Behrens, Bronzezeit Süddeutschlands, Kataloge des Röm.-Germ. Central-Museums Nr. 6, Mainz 1916, S. 198, 478. Die Rundschanze in der Strutheck 600 m südlich von Zorn (v. Cohausen a. a. O. S. 362, 51) gehört wohl ebenso wie die nahen Schlackenhalden jüngerer Zeit an.

Daß auch sie aus vorrömischer Zeit stammt, zeigt ein außerhalb des Limes an ihr liegendes Gräberfeld.

Ergebnisse.

In dem bisher besprochenen Gebiet fanden die Römer vorrömische Wege in für ihre Zwecke ausreichender Zahl vor, die von dem Rhein und dem Lahntal auf die Nordabdachung des Taunus und an die zu errichtende Grenzsperre führten. Als die wichtigsten Ausgangspunkte am Rheine erscheinen Ober-Lahnstein, Braubach, St. Goarshausen und Lorch, der wichtigste Knotenpunkt ist Marienfels, und die wichtigsten Übergänge über den Limes sind Pohl, Kastell Holzhausen und Kemel. Sämtliche vom Rhein nach der Grenzsperre führenden Wege sind durch Querverbindungen untereinander verknüpft. Der Höhenweg Braubach - Bogel - Ransel - Wispertal erfüllt den Zweck einer Längs- (Parallel-)Verbindung und findet eine Ergänzung in der südöstlichen Strecke der Bäderstraße, sowie in der Verbindung St. Goarshausen - Weisel - Lorch - Rüdesheim (vgl. unten D Nr. 1). Die Bäderstraße läuft zwar in ihrem Zuge von der Lahn bis Pohl außerhalb des römischen Gebietes, findet aber innerhalb desselben einen Ersatz in dem Höhenweg, der von Ems und Ahl über Becheln, Schweighausen und Marienfels nach Pohl hinaufführt.

Hiernach entsprachen die alten Wege, die den Teilabschnitt zwischen Lahn und Wisper umspannen, durchaus den militärischen Bedürfnissen der Eroberer.

Zwar entbehrte der Rhein auch in diesem Abschnitt auf dem rechten Ufer einer durchlaufenden Talstraße; aber wie auf der ersten Strecke trat hiefür neben den genannten Höhenwegen die linksrheinische Heeresstraße vom Niederrhein nach Mainz mit den an einzelnen Punkten eingerichteten ständigen Überfahrten ein.

Als die militärisch wichtigste Verbindung zwischen dem Gebiete südlich der Lahn und Mainz werden wir aber jedenfalls die Bäderstraße mit ihren Verzweigungen zu betrachten haben.

D. Die Wege zwischen dem Wispertal und dem westlichen Rheingau.

(Kartenbeilage 6 und Übersichtskarte 1.)

Das vielverästelte Talsystem der Wisper scheidet das Plateau südöstlich der Lahn von dem Rheingau und weist den Verkehr zwischen diesen beiden Gebieten vorzugsweise auf die Wasserscheide zwischen Wisper und Aar auf das Defilee bei Kemel an. Andererseits erleichterten aber die Verzweigungen des Flüßchens die Anlage von Aufstiegen auf die Höhe.

An der Ausmündung bei Lorch fand sich Raum für eine Niederlassung, auch sind in dem Städtchen römische Gräber nachgewiesen und liegen Nachrichten über Münzfunde vor[42]. Auf dem linken Ufer des Rheins führt Lorch gegenüber ein alter Weg über Ober-Diebach auf die Höhe des Hunsrücks nach Simmern, der gemeinhin als Römerstraße bezeichnet wird. Seinem Ursprunge nach gehört er aber jedenfalls der vorrömischen Zeit an. Daß die Römer bei Lorch eine ständige Überfahrt eingerichtet hatten, dürfen wir in Verbindung damit aus der Zahl der Wege schließen, die hier von der rechtsrheinischen Hochfläche herabkommen.

Bei Besprechung des Teilabschnittes zwischen der Lahn und der Wisper hat sich schon gezeigt, daß die Spuren alter Besiedelung besser auf den Höhen erhalten sind als im Rheintal. Das trifft in erhöhtem Maße im Gebiete des Rheingaues zu, wo der tiefgründige Weinbau und Anlagen aller Art im Tale das meiste verwischt haben, während auf den Höhen mit ihrer verhältnismäßig dünnen Bevölkerung und ihrer ausgedehnten Bewaldung das Alte erhalten bleibt. Auf der Höhe müssen in vorrömischer Zeit zahlreiche Siedelungen bestanden, haben, die aber zumeist wohl schon vor der römischen Besitzergreifung zerstört waren. In der römischen Zeit hat die Verödung dort weitere Fortschritte gemacht. Nirgends zeigen sich dorfähnliche römische Siedelungen, selbst Einzelgehöfte scheinen fast ganz zu fehlen. Erst an den Südhängen des Gebirges, da, wo die Tälchen der dem Rheine zufließenden Bäche sich verflachen, finden sich sichere Spuren römischer Niederlassungen, so bei Schloß Vollraths, bei Neudorf und Frauenstein. Zahlreicher werden sie gegen den Rhein zu, vor allem im östlichen Teile des Rheingaues, in der Umgegend von Wiesbaden, dem Hauptorte der Mattiaker, bei Eltville, Walluf, Schierstein und in Biebrich-Mosbach. Im übrigen ist aber der Rheingau von den Römern nicht so dicht besiedelt gewesen, wie man im Hinblick auf diese gesegneten Fluren und den Schutz, den ihm das Standlager von Mainz gewährte, vermuten möchte.

1. Lorch - Forsthaus Kammerforst - Rüdesheim.

Ein Talweg auf dem rechten Stromufer von der Wispermündung aufwärts bis Rüdesheim war in alter Zeit nicht vorhanden. Die Anlage eines solchen hätte sehr bedeutende Kunstbauten notwendig gemacht. Auch die Schiffahrt war auf dieser Strecke durch Felsen und Untiefen (Binger Loch) schwierig. Daher entstand bereits in vorrömischer Zeit ein Verkehrsweg über die Höhe des Kammerforstes, der bei Rüdesheim, jenseits des Rheindurchbruchs, wieder den Strom traf.

---

[42] Gräber: Nass. Mitteilungen 1867 Nr. 5 und 6 S. 16; Münzen: ebenda 1863 Nr. 2 S. 39, Period. Blätter 1855 Nr. 7 S. 230, 1856 Nr. 8 S. 263 und 1859 Nr. 11 S. 297. Über Funde der älteren Bronze-, Hallstatt- und Latènezeit vgl. Nass. Annalen XLII 1913 S. 189, 195 und 196.

Dieser Weg steigt von Lorch aus an dem Kirchhofe vorbei steil bergan und ist auf einer langen Strecke mit einer in späterer Zeit eingefügten Steinsetzung versehen. Nachdem er in den Kammerforst eingetreten ist, begleiten ihn in einer Länge von ungefähr 800 m zu beiden Seiten zahlreiche, zum Teil sehr große Grabhügel[43]. Da, wo der Weg das Bodental im Bogen zu umgehen beginnt, im Bezirk Bodentalhang, ist das Plateau von einer mächtigen Steinrassel überragt, die wahrscheinlich einem zerstörten Ringwall angehört. Auf dem Plateau liegen eine Anzahl Steinhügel, die wohl als Gräber zu betrachten sind. An der Eisernen Hand, wo sich der Weg nach dem Forsthause Kammerforst wendet, liegt wieder ein bedeutendes Gräberfeld, das bei weitem bedeutendste aber, es zählt gegen 100 dicht beieinander liegende Hügel, ist im Bezirk Harwitt etwa 2 km jenseits des Forsthauses Kammerforst[44]. Dort ist der Weg an den abschüssigen Stellen in jüngerer Zeit durch eine Steinstickung gefestigt worden. In Rüdesheim mündet er in die Niedergasse ein. Der Weg hat später die Bezeichnung Kaufmannsweg erhalten, weil die Kaufleute, um die Stromschnellen zu umgehen, ihre Waren in Lorch und Rüdesheim umzuladen pflegten.

Die an dem Wege liegenden Gräber gehören, soweit sie untersucht sind, der älteren Latènezeit an. In Rüdesheim selbst wurde auffallenderweise nur wenig Römisches entdeckt, so daß an eine stärkere Besiedelung in römischer Zeit wohl nicht zu denken ist; etwas bedeutender sind die fränkischen Funde[45]. Bezüglich einer Fortsetzung des Weges entlang des Stromes nach Kastel vgl. unten E Nr. 2.

2. Rüdesheim - Hausen vor der Höhe.

Von Rüdesheim steigt ein vorrömischer Weg über Eibingen zum Kloster Nothgottes[46] und an der Ruine Plixholz vorbei nach dem Wald an, in dem er sich alsbald auf 7-8 m verbreitert. Die Fortsetzung geht, anfangs Weibspfad, jenseits Stephanshausen Hohe Straße genannt, nach der Kalten Herberge. Eine Reihe von Grabhügeln begleitet den Weg auf der Höhe bis gegen den Erbacher Kopf hin. An dem Bollwerk, einem Teil des Rheingauer Gebückes[47] (1¼ km südsüdwestlich von Hausen), zieht der Weg östlich vorbei. Hier scheint er mitten durch ein vorrömisches Dorf zu führen. Etwa 300 m südlich

---

[43] Nass. Annalen XII 1873 S. 241 ff.

[44] Nass. Annalen IV 1, 1850 S. 201, 10.

[45] Bonner Jahrbb. H. 83, 1887 S. 219 - Nass. Annalen IV 1, 1850 S. 175, 11 und 16. - Nass. Annalen VII 2, 1864 S. 53 - Nass. Mitteilungen 1865 Nr. 4 S. 4 und 14.

[46] Über einen Depotfund der spätesten Bronzezeit aus der Nähe des Klosters vgl. Pallat, Nass. Annalen XXIX 1897/98 S. 1 ff. und Behrens a. a. O. S. 42, 147. - Auf dem Nothgotteser Berge liegen Grabhügel der Latènezeit, vgl. Periodische Blätter der Geschichts- und Alterthums-Vereine zu Kassel usw. 1856 Nr. 8 S. 259 und 263.

[47] Vgl. v. Cohausen, Nass. Annalen XIII 1874 S. 148 ff. und Zedler, Nass. Mitteil. 15, 1911/12 S. 8 ff. und 73 ff.

von Hausen schneidet er ein Gräberfeld und biegt dann östlich nach dem Dreibornskopf und der Grünen Bank ab. Südlich dieser Strecke liegt der wohlerhaltene Ringwall Heidenkeller[48]. Eine alte Abzweigung scheint von Hausen mit dem jetzigen Bärstadter Wege nach dem Bienkopf zu führen.

Eine direkte östliche Fortsetzung der Hohen Straße über die Grüne Bank hinaus ist nicht nachgewiesen. Dagegen führt ein alter Weg von der Grünen Bank nach Rauenthal (s. unten E Nr. 4 am Schluß).

3. Von Geisenheim nach der Wisper.

Der Weg geht von Geisenheim in mäßigem Anstiege durch Weinberge und Felder zur Antoniuskapelle, wo mehrere Grabhügel ausgegraben worden sind[49]. Von hier aus zieht er in ansehnlicher Breite weiter, überschreitet den Weibspfad (s. oben Nr. 2), umgeht den Röspelkopf auf seiner Westseite und trifft 2 km nordwestlich von Stephanshausen bei dem Punkt, der auf dem Meßtischblatt als Große Eiche bezeichnet ist, mit einem von Mittelheim und Winkel heraufkommenden Wege (s. unten Nr. 4) zusammen, mit dem er bis zum Forsthaus am Weißen Turm weiterläuft. In den Waldbezirken Weiersborn und Bordenkreuz und weiter bis zum Weißen Turm ist der Weg auf beiden Seiten von Grabhügeln begleitet, von welchen die untersuchten der älteren Latènezeit angehören[50]. Vom Forsthaus aus zieht in gerader Verlängerung unter dem Namen Mühlweg ein alter Weg an einem Gräberfeld im Bezirk Finstergrund vorbei nach der Kammerburger Mühle ins Wispertal, zuletzt in sehr steilem Abstieg. Gegenüber ersteigt den rechten Talrand der Wisper der oben S. 96 [hier S. 494] unter C Nr. 7 besprochene Weg, der über Zorn nach der Kemeler Heide führt. Der Übergangsstelle über die Wisper wurde auch im Mittelalter Bedeutung beigelegt, da hier die Ruinen der Kammerburg und der Burg Rheineck liegen.

Vom Weißen Turm zweigt noch ein anderer alter Weg über den Hahnenberg zur Wisper ab, die er an der Einmündung des Ernstbaches trifft. Er ist unter dem Namen Hermannstraße bekannt und dient heute als Waldschneise. Auch dieser Weg ist auf eine längere Strecke von Grabhügeln begleitet. Sie gehören, soweit untersucht, wie die im Kammerforste der Latènezeit an.

4. Von Mittelheim (Östrich) zur Wisper.

Von Mittelheim ausgehend führt ein Weg an der Ostseite des dortigen Kirchhofs vorbei, überschreitet östlich von Schloß Vollraths den sogenannten

---

48 Vgl. v. Cohausen, Nass. Annalen XV 1879 S. 350, 4 und Ch. L. Thomas, Nass. Mitteil. 13, 1909/10 S. 13 ff. Über den vermeintlichen Ringwall auf dem südwestlich vom Heidenkeller gelegenen Heidenkopf s. ebenda S. 15.

49 Vgl. Nass. Annalen IV 1, 1850 S. 201, 10.

50 Vgl. H. Schalk, Nass. Annalen VII 2, 1864 8.201 ff.; Nass. Mitteil. 1867 Nr. 5 und 6 S. 22.

Sterzelpfad (s. unten E Nr. 3) und zieht, den Vorsprung des Kohlrechs im Bogen ersteigend, weiter ziemlich geradlinig zur Hohen Straße (s. oben Nr. 2). Am Sterzelpfad wurde im Jahre 1843 ein römisches Gehöft angegraben, das unter anderen Funden Münzen von Augustus bis Antoninus Pius ergab[51]. Etwa 1 km nördlich im „Backofen" am Südhang des Kohlrechs, nur 200 m vom Wege entfernt, wurde neuerdings ein weiteres römisches Gehöft festgestellt[52]. Im Waldbezirk Unner östlich der Eisenberge liegt links hart an dem Wege eine Gruppe großer, flacher Grabhügel. Von der Kreuzung mit der Hohen Straße aus umzieht der Weg, auch weiterhin in den Bezirken Still und Grüner Pfuhl von Grabhügeln begleitet[53], unter dem Namen Rennweg das Tal von Stephanshausen, um sich nördlich vom Bordenkreuz mit dem von Geisenheim kommenden Weg zu vereinigen. Seine Fortsetzung über das Forsthaus am Weißen Turm ins Wispertal wurde oben unter Nr. 3 besprochen.

5. Von Erbach nach der Wisper.

Von Erbach führt ein alter Weg in bequemem Anstieg auf die Höhe zwischen Eichberg und Kiedrich[54], vereinigt sich bei Punkt 377 mit einem Zugang von Eltville und Kiedrich her[55] und kreuzt dann westlich vom Erbacher Kopf die Hohe Straße (oben Nr. 2). Weiterhin ist er von größeren Grabhügelgruppen begleitet. Bevor er bei Punkt 481 aus dem Walde heraustritt, liegt auf seiner nordöstlichen Seite ein hohes Schanzwerk, das Bossenhainer Bollwerk, das dem Rheingauer Gebück angehört[56]. Etwas westlich vom Erbacher Forsthause, bei einem großen Gräberfeld[57], teilt sich der Weg. Der nördliche Arm wandte sich ehemals, 500 m weit von Hügelgräbern begleitet, über den schmalen Rücken des Stelzert dem Wispertale zu, um kurz, bevor er es erreichte, mit mäßigem Gefäll in das Tal des Gladbaches hinabzuführen, das er unterhalb der Matzenmühle traf. Seine Fortsetzung bildete wohl der sogenannte Hohe Weg, der von der Mündung des Dornbachs aus östlich des oberen Wispertals über Springen und das mit Grabhügeln bedeckte Heideköpfchen[58] nach Kemel führt. Der westliche Arm zieht als Münch-

---

[51] Vgl. Nass. Annalen IV 1, 1850 S. 152 ff.

[52] Nass. Annalen XXVIII 1896 S. 351.

[53] Über Grabungen an dem etwa 600 m nördlich vom Rennweg gelegenen Gräberfeld auf dem Hörkopf vgl. H. Schalk, Nass. Annalen VII 2, 1864 S. 197 ff.

[54] In der Nähe des Weges sind wohl die Grabhügel zu suchen, aus denen die Bronzebeile Period. Blätter 1860 Nr. 14 S. 396 (vom Eichberg) und Nass. Mitteil. 1907/08 Sp. 38 (aus der Nähe von Eberbach) stammen.

[55] Zwischen Eltville und Kiedrich liegen an der Westseite der Landstraße, der Schreibersmühle (jetzt Rehmsmühle) schräg gegenüber, die Reste eines römischen Gehöftes aus der zweiten Hälfte des II. Jahrhunderts; vgl. Ritterling, Nass. Mitteil. 1904/05 Sp. 14 ff.

[56] Vgl. Zedler a. a. O. S. 80.

[57] Vgl. Landmesser Wagner, Nass. Annalen I 1, 1827 S. 30 ff.

[58] Vgl. auch Wagner a. a. 0. S. 26 ff.

hütter Weg nach dem Stockborn und von da gegen Süden abbiegend über den Hörkopf und durch den Backofengraben in das Tal des Ernstbaches. Auch diesen Weg begleiten ausgedehnte Gräberfelder.

E. Die Wege im östlichen Rheingau.

(Kartenbeilage 6 und Übersichtskarte 1, sowie die Kartenbeilage Abt. B Band II 3 Nr. 31 Kastell Wiesbaden.)

Wir knüpfen wieder an das Wegnetz zwischen Lahn und Wisper an. Wie dort gezeigt worden ist, bot die Natur günstige Gelegenheit zur Anlage einer Längsverbindung auf der Wasserscheide zwischen dem Mühlbach und dem Dörsbach dar. Dieser Höhenzug setzt sich, das Quellgebiet der Wisper südlich lassend, nach dem Kamme des Rheingaugebirges fort. Durch das tiefe Eingreifen der Quelläufe der Wisper wird der Straßenzug in der Gegend von Kemel defileeartig eingeengt (s. oben S. 97 [hier S. 495]). Weiter gegen Osten begegnet die Ausmündung in den Rheingau keinen größeren Schwierigkeiten. Diese Linie wurde schon in Urzeiten zur Anlage des Naturweges benützt, der dann in der Folge zu der sogenannten Bäderstraße ausgestaltet worden ist.

1. Die Fortsetzungen der Bäderstrasse nach Wiesbaden und Kastel.

Beim Bienkopfe spaltet sich, wie wir oben S. 91 [hier S. 487] dargelegt haben, dieser von Nassau über Kemel heranziehende Höhenweg in zwei Arme, von welchen der eine westlich an Bärstadt vorbei über die Grüne Bank in südsüdwestlicher Richtung nach Eltville führt (s. unten E Nr. 4), während der andere in mehr östlicher Richtung nach Wiesbaden zieht. Dieser letztere Arm wird im allgemeinen als die eigentliche Fortsetzung der Bäderstraße angesehen.

Die Strecke vom Bienkopf nach Wiesbaden hat in der Tat den Charakter eines Höhenweges, wie sie auch südlich und östlich vom Bienkopf auf den Karten als Hochstraße bezeichnet wird. Jenseits des Chausseehauses (4 km nordwestlich von Wiesbaden) teilt sie sich. Der linke Strang, jetzt Emser Straße benannt, führt in ostsüdöstlicher Richtung in die Stadt hinein[59]. Sein vorrömischer Ursprung ist wohl durch die steinzeitliche Siedelung an der Lahnstraße und die Gräber bei Klarenthal gesichert[60]; Überreste, die seine Benutzung durch die Römer beweisen könnten, sind nicht zum Vorschein

---

[59] Über den Verlauf der Emser oder Schwalbacher Straße im Mittelalter gibt eine Karte der Gemarkung Wiesbaden von 1701 noch genauere Auskunft, vgl. C. Spielmann, Die Wiesbadener Landstrassen im 18. und 19. Jahrhundert, Nass. Annalen XXX 1899 S. 111, 2.

[60] Nass. Mitteil. 1903/04 Sp. 81; Dorow, Opferstätte und Grabhügel der Germanen und Römer am Rhein, Wiesbaden 1826, I S. 12 ff. und 30 ff.

gekommen[61]. Der andere Strang führt von der Haltestelle Chausseehaus in mehr südlicher Richtung als Grenze zwischen dem Wiesbadener Stadt- und Landkreis durch den Wald, östlich von Dotzheim an dem römischen Gebäude Hollerborn[62] vorbei, teilweise auch hier die Kreisgrenze bildend, teilweise auch jetzt durch Eisenbahnanlagen, Ziegeleien und moderne Bauten aller Art verwischt, geradlinig auf Mosbach zu, von wo er in der Richtung der heutigen Landstraße seine Fortsetzung nach Kastel fand. Auf älteren Karten führt dieser Weg zwischen dem Chausseehaus und Mosbach den Namen Holzstraße, und sein hohes Alter wird durch zahlreiche Funde bewiesen. Unweit des Chausseehauses in den Bezirken Kohlheck und Ruhehag begleitet ihn ein ausgedehntes Gräberfeld, das der Hallstattzeit anzugehören scheint[63], und Mosbach war bereits in neolithischer Zeit bewohnt[64]. Die militärische Bedeutung dieses Stranges in römischer Zeit als nächste Verbindung des Mainzer Legionslagers mit dem Defilee von Kemel und dem weiter nördlichen Limeszug leuchtet ohne weiteres ein.

2. Spuren einer Strasse von Rüdesheim nach Kastel.

Es lag nahe, eine Römerstraße von Rüdesheim aufwärts an dem rechten Rheinufer anzunehmen. Trotz eifriger Nachforschungen haben sich indes irgendwelche sichere Überreste nicht nachweisen lassen. Der Straßenkommissar ging bei seinen Untersuchungen davon aus, daß die Orte entlang dieser Rheinstrecke schon in vorrömischer Zeit besiedelt waren. Sicher bewiesen ist das freilich nicht, da nicht von all diesen Rheinorten vorrömische Funde vorliegen.

In Winkel, bei Nieder-Walluf, gegenüber dem Bahnhof, bei Schierstein und entlang des Fahrwegs Mosbach - Wiesbaden wurden allerdings Wohnstätten, Gräber und Kleinfunde nachgewiesen, die zum Teil bis in frühneolithische Zeit hinaufreichen[65]. Bei Schierstein lag die neolithische Siedlung in dem Winkel zwischen der Straße nach Wiesbaden und dem Fahrwege nach Mosbach; sie war, wie neuerdings festgestellt wurde, durch eine Befestigung der Michelsberger Periode geschützt[66].

---

[61] Die Straße hat deshalb bei der Behandlung des Kastells Wiesbaden und seiner Straßenverbindungen keine Berücksichtigung finden können. Dagegen sind die weiteren Verbindungen mit Kastel und Mainz dort ausführlich behandelt worden. Vgl. Abt. B Bd. II 3 Nr. 31 S. 42 ff, und die Kartenbeilage.

[62] Vgl. Nass, Annalen I 2/3, 1830 S. 138 ff. und V 3, 1876 S. 54 ff.

[63] Vgl. Nass. Annalen I 1, 1827 S. 37 ff.; II 2, 1834 S. 65 ff.; XXI 1889 S. 8 f.

[64] Über die ausgedehnte Dorfanlage und das Hockergräberfeld der steinzeitlichen Bevölkerung vgl. Ritterling, Nass. Mitteil. 1901/02 Sp. 107; 1903/04 Sp. 39, 79 ff. und 116; 1904/05 Sp. 3, 5, 35, 38 und 68 f.; 1905/06 Sp. 7 und 68; 1906/07 Sp. 3 und 38; 1907/08 Sp. 5 und 100.

[65] Nass. Mitteil. 13, 1909/10 Sp. 121 ff. - Nass. Annalen XVIII 1883 S. 197 ff. - Annalen II 2, 1834 S. 193, XXIV 1892 S. 240 f.; Mitteil. 1904/05 Sp. 71. - Annalen XLI 1910/11 S. 341, XLII 1913 S. 187 ff. und 196 ff.

[66] Die Altertümer unserer heidnischen Vorzeit V 1911 8. 100 f. und Nass. Annalen XLIII 1914/15 S. 376 f.

Auch als römische Fundstätten sind dem Straßenkommissar Winkel, Nieder-Walluf, Schierstein und Biebrich bekannt. Bei Niedler-Walluf sind römische Brandgräber entdeckt worden; in der Flur Sauerborn gefundene Scherben gehören dem II. Jahrhundert an[67]. In der Nähe aber auf Schiersteiner Gemarkung, steckt hie und da römisches Mauerwerk im Boden. Ein ausgedehntes römisches Trümmerfeld liegt im Bezirk Kaltloch am Flößchen, einem kleinen Bach, der in der Mitte zwischen Walluf und Schierstein mündet. Auch nördlich vom Bahnhofe Schierstein stieß man auf römisches Mauerwerk und fand im Jahre 1898 in einem naheliegenden Brunnen die bekannte Gigantensäule[68] mit der Inschrift CIL XIII 7609. Über die Reste bei Biebrich ist bereits in der Beschreibung Kastels gehandelt worden (Abt. B Bd. II 3 Nr. 30 S. 15 f.).

Von angeblichen Überresten der vermuteten Römerstraße wurden folgende nachgeprüft: Etwa 1 km westlich von Schierstein, in dem erwähnten Bezirk Kaltloch wollte ein Ackersmann vor Zeiten eine gepflasterte Straße ausgebrochen haben[69]. Bei der Nachprüfung kam die Rollschicht eines römischen Baues zutage, die aus kleinen Steinen und Wacken bestand. Eine dammartige Anschwellung, die man nördlich der Bahn in den Feldern zwischen Walluf und Mosbach wahrnimmt, wurde vielfach als Überrest der Römerstraße betrachtet. Bei einer Durchgrabung stieß der Straßenkommissar in geringer Tiefe auf einen hartgetretenen Erdweg, unter dem aber keinerlei Spuren eines älteren Weges zu finden waren. Endlich wurde im Jahre 1902 bei Anlage einer Rohrleitung am östlichen Ende von Winkel unter der heutigen Landstraße in der Tiefe von 1 m ein alter Straßenkörper angetroffen, der aus dem dort vorhandenen Material, Kies und Wacken, aufgeschüttet war. Auch am Westrande des Ortes soll ein ähnlicher Straßenkörper in 2 m Tiefe beobachtet worden sein. Aber der römische Ursprung dieser beiden Straßenreste ist durchaus unsicher.

3. Der Sterzelpfad.

Von Rüdesheim aus läßt sich auf eine lange Strecke ein Weg verfolgen, der über Eibingen, Johannisberg, Hallgarten nach Kiedrich führt und sich über Neudorf, Frauenstein und Dotzheim fortsetzt nach Wiesbaden. Er zieht immer über den unteren Teil der Hänge, vorwiegend durch die Weingärten hin. Der Weg wurde von Habel und Reuter als römische Verbindung von Rüdesheim nach Wiesbaden erklärt[70]. Veranlassung hierzu gaben römische

[67] Nass. Mitteil. 1900/01 Sp. 19 und 41.
[68] Nass. Annalen XXII 1890 S. 132 ff.; vgl. auch S. 135 ff.
[69] Nass. Annalen II 2, 1834 S. 193.
[70] Habel, Nass. Annalen IV 1, 1850 S. 156 f.; Reuter, Die Römer im Mattiakerlande, Wiesbaden 1884, S. 42 ff. - Vgl. auch Abt. B Bd. II 3 Nr. 31 Kastell Wiesbaden S. 52 f.

Funde, die in verschiedenen anliegenden Orten gemacht worden waren, so bei Johannisberg, Vollraths und Hallgarten, in Neudorf, Frauenstein und Dotzheim, endlich die römischen Gräber und Gebäude an der Nordseite der heutigen Straße Wiesbaden - Dotzheim. Etwa 300 m östlich von Hallgarten hat der Straßenkommissar einen Durchschnitt durch den Sterzelpfad machen lassen. In der Tiefe von 60 cm stieß man auf den gewachsenen Lehmboden, darüber lagen Steine und Schutt mit neuzeitlichen Scherben; von einem regelmäßigen Straßenkörper war keine Spur zu finden. Der Weg von Wiesbaden bis Frauenstein mag schon in römischer Zeit benutzt worden sein, von da an aber ist alles unsicher. Als nächste und besonders bequeme Verbindung zwischen Wiesbaden und Rüdesheim kann der Sterzelweg überhaupt nicht in Betracht kommen. In Wirklichkeit führt er in mannigfachen Windungen bergauf, bergab und ist wesentlich weiter und unebener als eine entlang des Rheines geführte Straße[71].

4. Eltville - Kemel.

Von Eltville aus zieht ein durchweg 5-6 m tiefer Hohlweg, bei den Anwohnern Kühhohle genannt, auf der Ostseite des Kiedricher Baches zur Höhe. Unweit vom Walde verflacht er sich und führt über den Hainbuckel und südöstlich am Heidenkeller (s. oben S. 99 [hier S. 498]) vorüber zur Grünen Bank, wo er mit der Fortsetzung der Hohen Straße (s. oben D Nr. 2) zusammentrifft, und weiter zum Bienkopf. Hier mündet er in die Bäderstraße ein (s. oben Nr. 1), der er bis nach Kemel folgt, um von dort als Alte Kemel-Limburger Straße auf dem Höhenzug zwischen Dörsbach und Aar nach der mittleren Lahn zu ziehen. Das hohe Alter des Weges ist durch Grabhügel bezeugt, so an der Strecke Eltville - Bienkopf im Bezirk Dicknet des Eltviller Gemeindewaldes[72] und außerhalb der römischen Grenzsperre wenig nördlich von Wp. 44 bei Huppert. Eine Rundschanze und ein Wallstück mit Graben, die in der Nähe von Bärstadt an dem Wege liegen, sind Reste des Rheingauer Gebückes[73]. An einzelnen Stellen des Weges zeigen sich neuere Ausbesserungen.

Bei der Grünen Bank zweigt ein anderer vorrömischer Weg nach Rauenthal ab, der wahrscheinlich eine Verlängerung über Neudorf ins Wallufer Tal

---

[71] Der Name des Weges hängt nach freundlicher Mitteilung von Archivrat Richter mit dem mittelalterlichen Sterzeln = Vagabundieren zusammen (vgl. auch „Landstörzer"). Die Deutung Vagabunden- oder Bettlerpfad würde zu der Bezeichnung Pfaffenstraße stimmen, wie der Weg auch genannt wird wegen der vielen Klöster, die an ihm oder in seiner Nähe lagen und für die Bettler Anziehungspunkte bildeten.

[72] Nass. Mitteil. 1900/01 Sp. 44, 1. - Auf der Ostseite der Kühhohle stieß Gastwirt Emmel von Eltville beim Baumsetzen nördlich vom Friedhof auf ein Grab; ein Mittelerz des Claudius aus der am Anfang der Kühhohle gelegenen Ziegelei Hartmann ist im Besitz des Straßenkommissars.

[73] Nass. Mitteil. 15, 1911/12 Sp. 76 f.

hat (s. oben D Nr. 2). Grabhügel im Walde Kling nördlich von Rauenthal bestätigen seinen vorrömischen Ursprung.

5. Schierstein - Bienkopf - Kemel.

Aus der Gegend des Bahnhofes von Schierstein ziehen mehrere Hohlwege durch Felder und Weinberge zur Höhe. Der Straßenkommissar ließ ca. 200 m nördlich von dem Bahnhof einen Durchschnitt machen, der 1 m unter der Oberfläche einen 5 m breiten Erdweg zutage förderte. Auf der Höhe im Bezirk Heide vereinigen sich die verschiedenen ausgefahrenen Bahnen zu einem sehr breiten, begrasten Weg, der im Walde sich auf ca. 8 m verschmälert. Er führt über den Frauensteiner Berg, quert die Rheingauer Straße (s. unten Nr. 7), läßt Georgenborn südlich liegen und strebt in gerader Richtung in das Schlangenbader Tal, um dann in den Talkessel von Bärstadt hinüberzuleiten. Jenseits von Bärstadt wird er auf eine kurze Strecke als Fußweg benutzt, während der neue Fahrweg, um die bedeutende Steigung zu vermeiden, nach Norden ausbiegt. Am Bienkopf mündet er zusammen mit dem von Eltville kommenden Weg (Nr. 4) in die Bäderstraße ein. Viele Spuren früherer Besiedelung finden sich entlang dieses Weges. So namentlich Grabhügel bei seinem Eintritt in den Wald und besonders in der Umgebung des Hämmereisens[74]. Nach ihrem Inhalte gehören sie der Hallstatt- und Latènezeit an. Zahlreiche Funde aus dieser Gegend sind in das Wiesbadener Museum gekommen.

6. Schierstein - Wiesbaden.

Schon in früher Zeit müssen diese beiden Orte miteinander verbunden gewesen sein. Bei Schierstein liegen neolithische Gräber an der heutigen Straße nach Wiesbaden (s. oben S. 101 [hier S. 501]), und in Wiesbaden fanden sich neolithische Reste vorwiegend in der Gegend, wo die Schiersteiner Straße in die Stadt eintritt (vgl. Abt. B Bd. II 3 Nr. 31 S. 64 f.). Wir können bestimmt annehmen, daß der älteste Verbindungsweg die Richtung der fast geradlinigen heutigen Landstraße eingeschlagen hat. Auf dieselbe Richtung in römischer Zeit weist ein römisches Gehöft (ca. 70 m östlich der Straße) auf dem Gräselberg hin[75].

7. Nieder-Walluf - Aartal.

Dieser Weg, seit alters die Rheingauer Straße genannt, ersteigt von Nieder-Walluf in nordwestlicher Richtung die Höhe. Im Tal ist ihr Zug durch die Anlage der Bahn gestört, doch eine Mulde im Felde zeigt, daß die Straße von der Gegend des jetzigen Bahnhofes ausging. Unweit der Höhe geht die Mulde, die längere Zeit neben dem jetzigen Wege herläuft, in diesen über. Die

[74] Nass. Annalen II 2, 1834 S. 151 und 182 und XIV 1877 S. 166 ff.
[75] Nass. Annalen II 2, 1834 S. 194 f.

Straße umgeht dann das Quellgebiet des Grorother Baches und führt westlich am Grauen Steine vorbei. Im Walde ist sie fast durchweg auf beiden Seiten mit alten Kastanien besetzt. Sie kreuzt östlich von Georgenborn die alte von Schierstein heraufkommende Straße (s. oben Nr. 5), zieht dicht westlich an der Oberförsterei Chausseehaus vorbei und geht in gerader Richtung, jetzt eine breite Schneise, zur Eisernen Hand[76]. Hier zweigt sich die Straße nach Bleidenstadt von ihr ab, während ihre Fortsetzung in der Eisenstraße zu suchen ist, die nordöstlich von Watzhahn den Limes überschreitet und bei dem Hüttenwerk Michelbach das untere Aartal erreicht.

Das hohe Alter der Rheingauer Straße wird unter anderem auch durch anliegende Gräberfelder bezeugt[77].

Ergebnis.

Weniger ausgebildet als in dem nordwestlichen Teilabschnitte ist das vorrömische Wegnetz im Gebiete des Rheingaus, doch ist auch hier die Zahl der vorgefundenen Wege keineswegs gering. Das Prinzip, nach dem die Bewohner in der vorrömischen Zeit ihre Wege ausgesucht haben, liegt klar zutage. Es galt zunächst, für die Siedelungen auf der Höhe Verbindungen nach dem Rheine zu schaffen. Dazu wählten sie die Querrücken, die sich von dem Hauptkamm abtrennend gegen den Rhein zu senken. Dann bedurften sie einer Verbindung von Dorf zu Dorf. So mögen die Hochstraßen allmählich entstanden sein. Daß außerdem noch Wege angelegt worden sind, die lediglich lokalen, meist nicht mehr festzustellenden Zwecken gedient haben mögen, ist selbstverständlich.

Daß die Wege schon in Urzeiten zum Teil mit gutem Verständnis traciert worden sind, zeigt die Tatsache, daß die Römer einen großen Teil der vorgefundenen Erdwege in Gebrauch genommen und auf die Anlage neuer Straßen verzichtet haben, und daß die meisten dieser alten Wege noch heute als Vizinalverbindungen benützt werden. Als sprechendes Beispiel hiefür mag auf die Bäderstraße hingewiesen werden, deren Trace in der Hauptsache seit Jahrtausenden unverändert geblieben ist und die als wichtiger Verkehrs- und Handelsweg gedient hat, bis infolge der Einführung von Lokomotive und Dampfschiff der große Verkehr von ihr abgelenkt worden ist.

Über den örtlichen Schutz des Rheingaus können wir uns nach den obigen Ausführungen auf einige kurze Bemerkungen beschränken. Er beruht im wesentlichen auf der Nähe des Standlagers in Mainz mit seinem Brückenkopf Kastel, während die auf die Nordabdachung des Taunus vorgeschobene

[76] Auf dem Schläferskopf nordöstlich vom Chausseehause soll nach v. Cohausen, Nass. Annalen XV 1879 S. 351, 5 ein durch Steinbrüche zerstörter Ringwall liegen.

[77] Nass. Annalen XXI 1889 S. 59. Vielleicht gehört hierher auch das Annalen I 1, 1827 S. 39 erwähnte Gräberfeld „auf den Heideküppeln" im Frauensteiner Forst bei Kloster Tiefenthal.

Grenzsperre hierzu im Verhältnis einer Vorpostenlinie steht. Kein einziges Kastell gehört dem Rheingau an; nur das nahe Wiesbaden steht zu ihm in engerer Beziehung. Nach den Darlegungen Ritterlings (Abt. B Bd. II 3 Nr. 31 S. 66 ff.) befand sich schon zu augusteischer Zeit eine Siedelung von gewisser Bedeutung an dieser Stelle. Er nimmt an, daß die Römer den wegen seiner heißen Quellen und auch in militärischer Hinsicht begehrenswerten Punkt von vornherein mit Truppen besetzt haben. Von dieser Zeit an scheint die zurückgebliebene oder neuangesiedelte Bevölkerung reichsuntertänig geblieben zu sein. Aufgegeben wurde das Kastell unter Hadrian.

Daß das Kastell Wiesbaden zu keiner Zeit als ein eigentliches Limeskastell aufzufassen ist, geht schon aus seiner rückwärtigen Lage hervor. Sein Zweck wird, abgesehen von dem Schutze der dortigen Ansiedelung einschließlich der Thermen, darin zu suchen sein, daß es für die mainaufwärts gerichteten römischen Heereszüge die nötige Flanken- und Rückendeckung bildete, indem es die von Nordwesten, Norden und Nordosten hier zusammenlaufenden Straßen sperrte und zugleich das in der Frühzeit besonders bedeutsame Defilee beherrschte, das zwischen dem Vorsprunge des Taunus und dem Rheine von dem Rheingau nach der Wetterau und der Mainmündung hinüberleitet.

(Oktober 1916.)

Die Abschnitte V. Die Organisation des Grenzschutzes und VI. Die Einzelfunde, deren Bearbeitung sich infolge des Krieges verzögert, mit den zugehörigen Tafeln sowie die Inhaltserläuterung zu den Tafeln werden, wie die entsprechenden Abschnitte der ersten Strecke, mit einer späteren Lieferung erscheinen.